Mit freundlicher Unterstützung der
Novartis Pharma GmbH, Nürnberg

NOVARTIS

Erland Erdmann (Hrsg.)
Herzinsuffizienz

Herzinsuffizienz

Ursachen, Pathophysiologie und Therapie

Herausgegeben von
E. Erdmann, Köln,

unter Mitarbeit von
F.M. Baer, D. Beuckelmann, K. Brixius, H. Diedrichs, M. Flesch, U.C. Hoppe, J. MÜller-Ehmsen, H. Reuter, S. Rosenkranz, C. Schneider, R.H.G. Schwinger, C. Zobel

Mit 154 Abbildungen und 98 Tabellen
3., völlig neu bearbeitete Auflage

WVG

Wissenschaftliche Verlagsgesellschaft mbH Stuttgart 2003

Anschrift des Herausgebers:

Prof. Dr. E. Erdmann
Direktor der
Klinik III für Innere Medizin
der Universität zu Köln
Joseph-Stelzmann-Str. 9
50924 Köln

Tel.: 0221–478 4503
Fax: 0221–478 6275
e-mail: erland.erdmann@uni-koeln.de

Anschriften der Autoren:

Prof. Dr. Frank M. Baer
Dr. Klara Brixius
Dr. Holger Diedrichs
Priv.-Doz. Dr. Markus Flesch
Priv.-Doz. Dr. Uta C. Hoppe
Dr. Jochen Müller-Ehmsen
Dr. Hannes Reuter
Dr. Stephan Rosenkranz
Priv.-Doz. Dr. Christian Schneider
Priv.-Doz. Dr. Robert H. G. Schwinger
Dr. Carsten Zobel
Klinik III für Innere Medizin
der Universität zu Köln
Joseph-Stelzmann-Str. 9
50924 Köln

Prof. Dr. Dirk Beuckelmann
Interne Klinik Dr. Argirov GmbH
Münchner Str. 23–29
82335 Berg

Bibliografische Information Der Deutschen Bibliothek
Die Deutsche Bibliothek verzeichnet diese Publikation
in der Deutschen Nationalbibliografie;
detaillierte bibliografische Daten sind im Internet über
http://dnb.ddb.de abrufbar

ISBN 3-8047-2009-9

Birkenwaldstr. 44, 70191 Stuttgart
Printed in Germany
Satz: Mitterweger & Partner, Plankstadt
Druck: C.H. Beck, Nördlingen

Vorwort

Zweifellos ist der Fortschritt der medikamentösen Therapie der chronischen Herzinsuffizienz gerade in den letzten Jahren derart groß, dass man kaum noch mit dem kritischen Lesen der vielen neuen Studien nachkommt. Akronyme wie CIBIS II, COPERNICUS, HOPE oder RALES haben für das heutige therapeutische Vorgehen eine immense Konsequenz. Trotz der relativ kurzen Zeit seit der Publikation dieser wegweisenden Untersuchungen mit Betarezeptorenblockern, ACE-Hemmern oder Spironolacton ist kaum eine andere medizinische Behandlung so gut hinsichtlich ihrer Wirkungen und Nebenwirkungen untersucht worden. Man darf von gesicherten Therapieergebnissen ausgehen. Leider gelten diese durchaus positiven Studienresultate nicht für die immer noch problematische Behandlung der akuten Herzinsuffizienz. Vielleicht liegt hier die Zukunft mehr bei den mechanischen Unterstützungssystemen oder dem zeitlich begrenzten maschinellen Herzersatz. Die *left ventricular assist devices* werden immer kleiner und neigen inzwischen auch weniger zu thromboembolischen Komplikationen.

Es darf aber nicht vergessen werden, dass dieses Buch primär das Ziel einer rational begründeten Therapie der Herzinsuffizienz im weitesten Sinne verfolgt. Es gilt, die Überlebenswahrscheinlichkeit zu erhöhen und die Lebensqualität Herzinsuffizienter zu verbessern. Dazu sollte man heute nur noch nach *evidence based medicine-Kriterien* vorgehen. Was mit Maß und Zahl belegt werden kann, sollte auch dementsprechend objektiviert werden. Die von den Fachgesellschaften herausgegebenen entsprechenden Leitlinien dienen uns heute als Basis und Richtschnur einer qualitativ guten Medizin. Leider gibt es auch Kollegen, die ungeprüfte „Außenseitermethoden" anwenden und obskure Extrakte aus Tierorganen (z.B. Cor bovis) oder Pflanzen (z.B. scilla maritima) verordnen, deren Wirkungen nie in kontrollierten, multizentrischen und internationalen Studien nachgewiesen wurden. Wenn heute Politiker im Rahmen einer „Positivliste" derartige Absonderlichkeiten aus nicht nachvollziehbaren Gründen für verordnungsfähig erklären, so kann man je nach Temperament darüber den Kopf schütteln oder belustigt sein. Wir halten uns bewusst an die pathophysiologisch verständliche, wissenschaftlich geprüfte und – wenn immer möglich – an eine durch kontrollierte und günstige Studienergebnisse begründete Therapie. Das vielfältige und sehr positive Echo aus dem Kollegenkreis und auch die Tatsache, dass man uns schon jetzt zu dieser Neuauflage drängte, scheinen uns Recht zu geben.

Der Wissenschaftlichen Verlagsgesellschaft sowie allen Kolleginnen und Kollegen, die dieses Buch jetzt in der 3. Auflage ermöglichten, danke ich herzlich.

Erland Erdmann Köln, im März 2003
für die Herausgeber

Inhaltsverzeichnis

3 Therapie der akuten Herzinsuffizienz

4 Therapie der chronischen Herzinsuffizienz

5 Herztransplantation

R. H. G. Schwinger, H. Diedrichs

Ursachen der akuten und chronischen Herzinsuffizienz

1

1.1 Herzinsuffizienz – Ein zunehmendes Problem mit belasteter Prognose

E. ERDMANN

Definitionen

Eine gute Definition der Herzinsuffizienz ist schwierig, da es so viele Facetten dieses Symptomenkomplexes gibt, die nicht in ein starres Schema passen. Allgemein akzeptiert ist die Definition: *Unfähigkeit des Herzens, trotz ausreichenden venösen Blutangebots die Bedürfnisse des Organismus zu befriedigen.* Die WHO hat das Syndrom Herzinsuffizienz sowohl physiologisch als auch klinisch definiert. Unter pathophysiologischen Gesichtspunkten heißt Herzinsuffizienz die Unfähigkeit des Herzens, Blut bzw. Sauerstoff in einem Maße zu transportieren, welches den Bedürfnissen des Organismus gerecht wird. Unter klinischen Gesichtspunkten bedeutet *Herzinsuffizienz, dass dem Symptomenkomplex der Luftnot und der schnellen Ermüdbarkeit eine kardiale Erkrankung als Ursache zugrundeliegt.* Damit erfordert die klinische Diagnosestellung der Herzinsuffizienz den Nachweis einer *kardialen Erkrankung* und gleichzeitig *die typischen Symptome und Zeichen der Herzinsuffizienz.* Dem schließt sich auch die Task Force on Heart Failure der Europäischen Kardiologischen Gesellschaft (Remme et al., 2001) an und definiert:

- Herzinsuffizienzsymptome (in Ruhe oder unter Belastung),
- objektivierte kardiale Dysfunktion,
- Ansprechen auf eine Herzinsuffizienztherapie.

Von Milton Packer stammt eine sehr gute, wenn auch etwas ungenaue Definition: „Herzinsuffizienz ist ein komplexes klinisches Syndrom, welches durch eine linksventrikuläre Dysfunktion und neurohumorale Fehlregulationen charakterisiert ist, und dementsprechend einhergeht mit Belastungsintoleranz, Flüssigkeitsretention und verkürzter Lebensdauer."

Damit kann die Kreislaufinsuffizienz klar von der Herzinsuffizienz abgegrenzt werden. Die Ursachen der Kreislaufinsuffizienz liegen im Bereich des peripheren Gefäßsystems (Vasodilatation bei Sepsis, vasovagale Reaktion) oder des zirkulierenden Blutvolumens (Entblutungsschock, Leber- oder Nierenerkrankung mit Wasserretention).

Ursachen der Herzinsuffizienz

Die Ursachen der Herzinsuffizienz sind primär kardialer Art, man kann sie pathophysiologisch zusammenfassen als Änderung der Vorlast, der Nachlast, der Kontraktilität und der Herzfrequenz (siehe Tab. 1.1).

Die häufigste Ursache der Herzinsuffizienz ist zweifellos die koronare Herzerkrankung mit konsekutivem Herzmuskelzelluntergang (Z. n. Myokardinfarkt) mit dann mehr oder weniger umschriebener Pumpfunktionsstörung (siehe Abb. 1.1). Deutlich seltener sind primäre oder sekundäre Kardiomyopathien mit globaler Einschränkung der

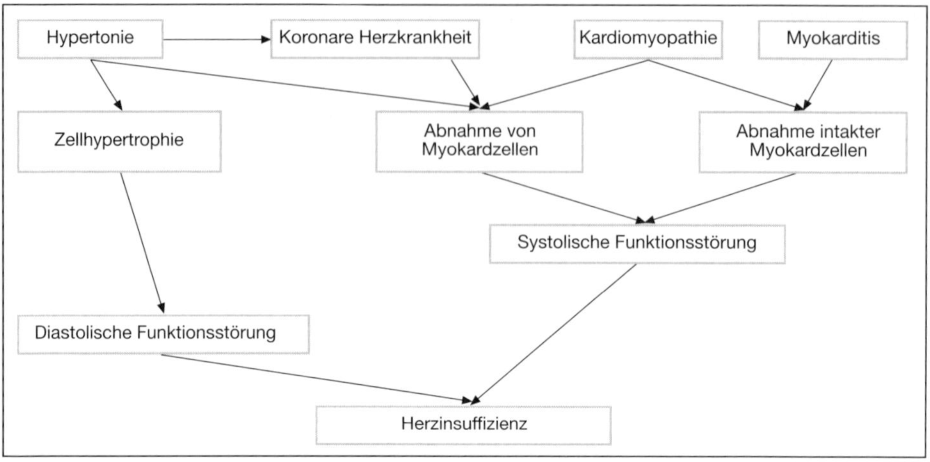

Abb. 1.1 Ursachen der Herzinsuffizienz

Tab 1.1 Pathogenese des Myokardversagens: Einteilung nach herzmuskelmechanischen Gesichtspunkten.

- Veränderung der Vorlast
  Volumenbe- und -entlastungen (z. B. Hypervolämie, Aorteninsuffizienz, Mitralinsuffizienz; vermindertes venöses Angebot)
- Veränderungen der Nachlast
  Druckbe- und -entlastungen (z. B. art. Hypertonie, pulm. Hypertonie, arterioläre Vasodilatation)
- Veränderungen der Kontraktilität
  Ischämische Herzerkrankung, negativ-inotrop wirkende Pharmaka, Myokarditis
- Veränderungen der Herzfrequenz
  Bradykarde oder tachykarde Herzrhythmusstörungen (unterhalb und oberhalb der sog. kritischen Herzfrequenz)

Pumpfunktion, Herzklappenerkrankungen sowie entzündliche oder toxische Ursachen der kardialen Dysfunktion. Eine detailliertere Einteilung nach zellphysiologischen Gesichtspunkten gibt Tabelle 1.2 wieder.

Sehr genaue Untersuchungen weisen darauf hin, dass die arterielle Hypertonie wohl die häufigste Ursache der chronischen Linksherzinsuffizienz ist (siehe Tab. 1.3). Die chronische Drucküberlastung des linken Ventrikels führt über eine Hypertrophie zur Steifigkeitszunahme des Herzmuskels mit vorwiegender oder sogar ausschließlicher diastolischer Herzinsuffizienz (siehe Abb. 1.2). Nach der Framingham-Studie (McKee

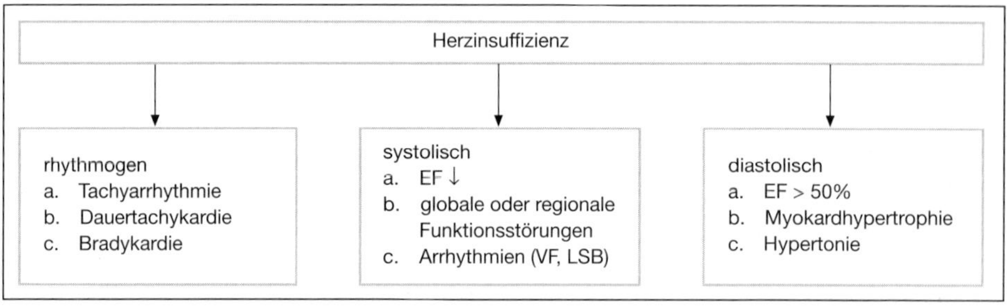

Abb. 1.2 Auswirkungen und Formen der Herzinsuffizienz

Tab. 1.2 Pathogenese des Kontrakttilitätsversagens: Einteilung nach zellphysiologischen Gesichtspunkten.

- Beeinflussung zellmembranständiger Rezeptoren für Hormone und Pharmaka (z. B. Schilddrüsenhormone, STH, β-Blocker, Glykoside) und des cAMP-Systems
- Beeinflussung der passiven Permeabilität der Zellmembran für Ionen (z. B. Lidocain, Anticholinergika, Calciumantagonisten, Urämietoxine, Nickel, Saponine, diverse Schlangengifte, Bienen- oder Wespengifte, Bakterientoxine)
- Beeinflussung des aktiven Ionentransports (z. B. Glykoside, Lithium, Kalium)
- Funktionsänderungen des sarkoplasmatischen Retikulums (z. B. durch Senkung der extrazellulären Calciumkonzentration, nach Blockilerung der oxidativen Phosphorylierung, nach Freisetzen membranschädigender Enzyme aus Lysosomen, Membranschädigung durch Schlangengifte)
- Störungen der oxidativen Phosphorylierung (O_2-Mangel, DNP, Oligomycin, Kobalt, Blei, Thallium, CN, CO, Halothan)
- Regulatorische und kontraktile Proteine: Veränderungen der Sarkomeren (z. B. Vorlast): abnormes Myofibrillenwachstum (z. B. hypertrophisch-obstruktive Kardiomyopathie)
- Verminderung der Ca^{2+}-abhängigen ATPase-Aktivität (Azidose, Kobalt, Nickel, Chloropromazin, Halothan)
- Schädigung der Lyososomen mit Freisetzen lysosomaler Enzyme (Blei, Schlangengifte, Viren)
- Änderungen der Proteinsynthese (Antimetaboliten, Viren, Antiarrhythmika, Alkohol, Diphtherietoxin, andere Bakterientoxine, ionisierende Strahlen)
- Störungen des mitochondrialen ATP-ADP-Transports (durch Autoantikörper, Toxine)

et al.,1971) war die chronische Drucküberlastung des linken Ventrikels eindeutig die häufigste Ursache der Herzinsuffizienz. Natürlich führt die arterielle Hypertonie auch zur koronaren Herzerkrankung und dann sekundär zur systolischen Herzinsuffizienz (siehe Tab. 1.3).

Tab. 1.3 Häufigkeit ätiologischer Faktoren bei der Entwicklung der Herzinsuffizienz; Daten der Framingham-Studie (32 Jahre).

	Männer [%]	Frauen [%]
Hypertonie*	76,4	79,1
Koronare Herzkrankheit**	45,8	27,4
Rheumatische Herzerkrankung	2,4	3,2
Andere***	11,2	16,8

* RR > 160/95 oder Behandlungspflicht
** Alle klinischen Manifestationen
*** Keine der genannten Ursachen, z.B. Kardiomyopathien

Die ventrikuläre Dysfunktion muss nicht auf regionalen Schädigungen mit Pumpfunktionsstörungen beruhen (siehe Abb. 1.3 und 1.4), sondern kann globaler Art sein (z.B. dilatative Kardiomyopathie) oder bei erhaltener Pumpfunktion auf einer Compliancestörung des meist hypertrophierten Herzmuskels beruhen (siehe Tab. 1.4).

Es konnte nachgewiesen werden, dass die Höhe des Blutdrucks unmittelbar mit der Inzidenz einer Herzinsuffizienz korreliert, dabei war das Auftreten der Herzinsuffizienzsymptomatik vor allem bei älteren Patienten ab 75 Jahren zu beobachten (siehe Abb. 1.5).

Außerdem ist die linksventrikuläre Hypertrophie allgemein als Prädiktor für das Auftreten von Komplikationen

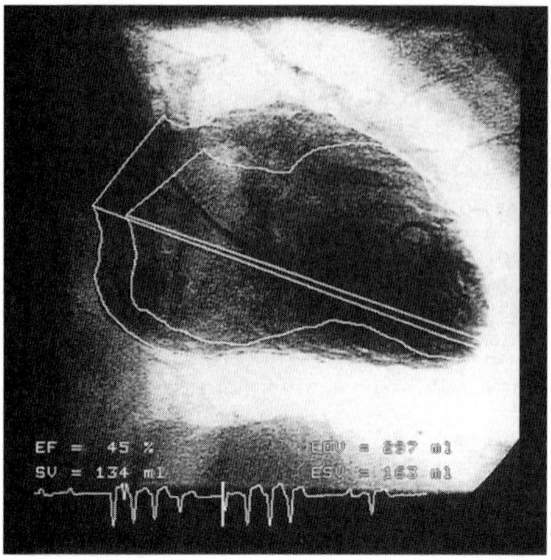

Abb. 1.3 Linksventrikuläre Angiographie bei Z. n. Vorderwandinfarkt mit Akinesie der Vorderwandspitzenregion. Die Auswurffraktion ist mit 45 % deutlich erniedrigt, das Schlagvolumen postextrasystolisch normal und das enddiastolische Volumen mit 297 ml erhöht. Dieser linke Ventrikel wird wahrscheinlich zunehmend größer werden und die schon bestehende mittelgradige Herzinsuffizienz verschlechtern.

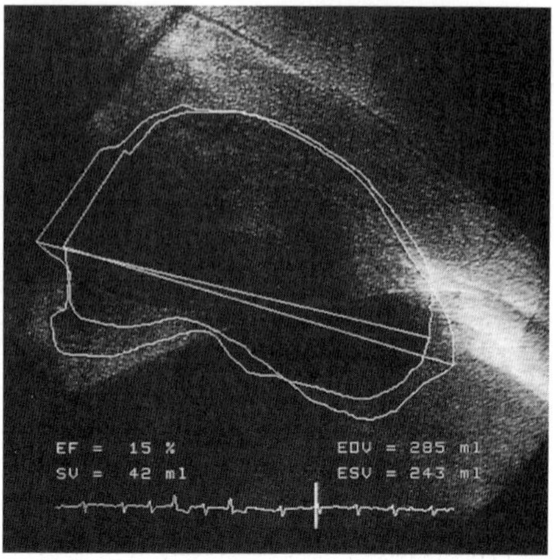

Abb. 1.4 Linksventrikuläre Angiographie bei dilatativer Kardiomyopathie. Die äußere Linie gibt das enddiastolische Volumen an, die innere das endsystolische Volumen. Wie man unschwer erkennen kann, ist die Auswurffraktion extrem niedrig. Bei normalem Koronarbefund handelt es sich hier um eine globale Pumpfunktionsstörung, wie sie bei dilatativer Kardiomyopathie typisch ist.

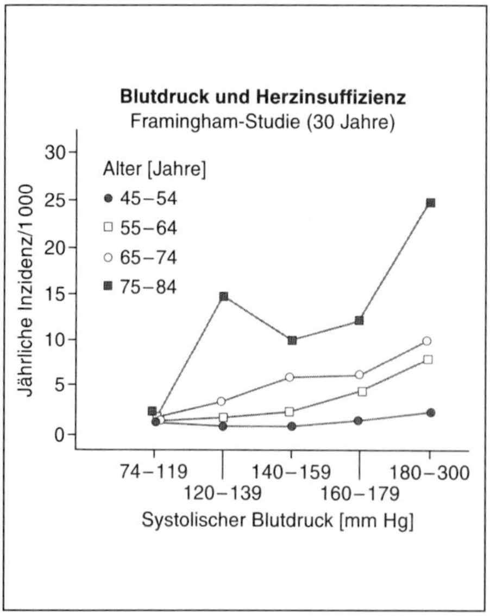

Abb. 1.5 Einfluss der Höhe des Blutdruckes auf die Inzidenz der Herzinsuffizienz (Daten der Framinghamstudie).

ebenso bekannt wie für eine schlechte Prognose bei bereits bestehender Herzinsuffizienz. Schon die Linksherzhypertrophiezeichen im EKG weisen auf eine 6-18-fache Erhöhung des Risikos der

Tab. 1.4 Klassifikation der ventrikulären Dysfunktion.

I. „Vorwärts- und Rückwärtsversagen"	
1. Vorwärts-versagen:	Verminderte EF, erniedrigte Kontraktilität
2. Rückwärts-versagen:	vermehrte Steifigkeit, verminderte Füllung
II. Systolische- und diastolische Herzinsuffizienz	
1. Systolische Insuffizienz:	exzentrische Hypertrophie, Abnahme der Muskelmasse
2. Diastolische Insuffizienz:	konzentrische Hypertrophie, asymmetrische Hypertrophie

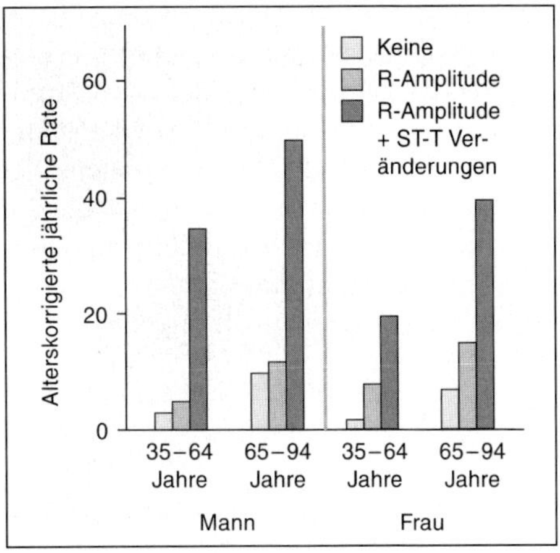

Abb. 1.6 Alterskorrigierte jährliche Rate des Auftretens einer Herzinsuffizienz in Abhängigkeit von Hypertrophiezeichen im EKG und vom Alter der Patienten (Kannel et al., 1987).

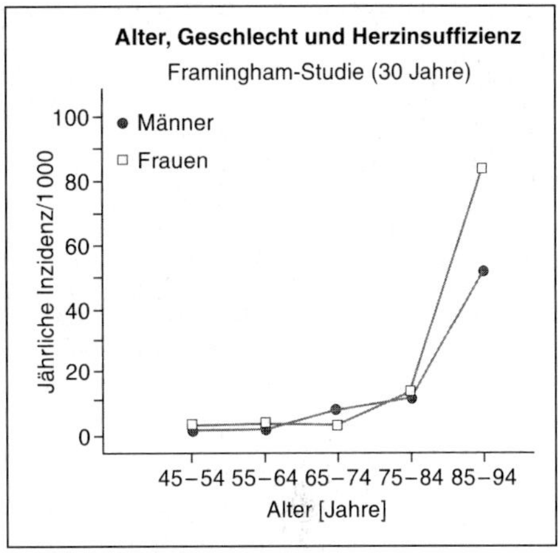

Abb. 1.8 Einfluss von Alter und Geschlecht auf die Inzidenz der Herzinsuffizienz (Daten der Framingham-Studie).

Entwicklung einer manifesten Herzinsuffizienz hin (siehe Abb. 1.6). Die Höhe der Herzfrequenz korreliert ebenfalls mit der Entwicklung einer Herzinsuffizienz (siehe Abb. 1.7). Je höher die Ruheherzfrequenz, desto größer ist auch die Wahrscheinlichkeit, dass sich eine Herzinsuffizienz entwickelt. Außerdem korreliert natürlich das Alter mit dem Auftreten der Herzinsuffizienz (siehe Abb. 1.8). Die jährliche Inzidenz liegt bei den über 75jährigen bei etwa 2-5 % und steigt dann mit zunehmendem Alter deutlich an.

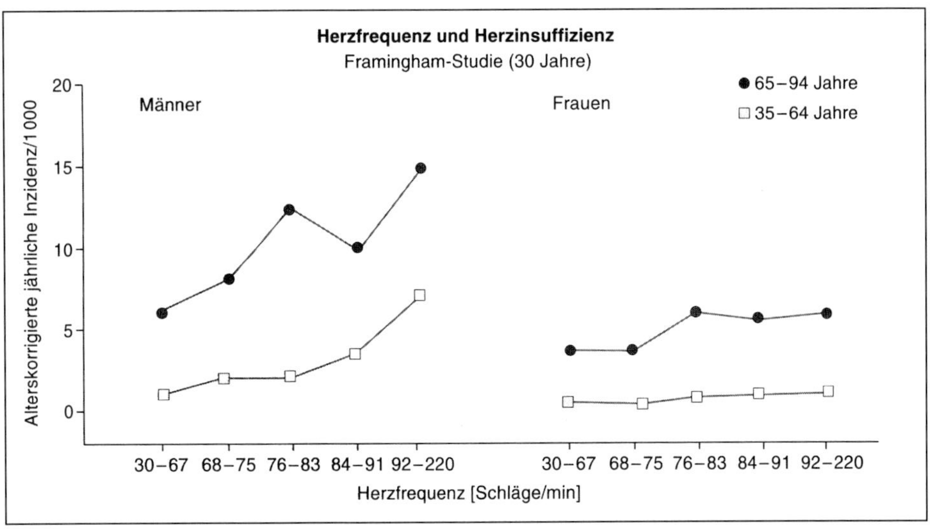

Abb. 1.7 Einfluss von Alter und Herzfrequenz auf die Inzidenz der Herzinsuffizienz (Daten der Framingham-Studie).

Prognose

Leider hat sich in den vergangenen Jahren die überaus schlechte Prognose der chronischen Linksherzinsuffizienz nicht wesentlich verbessert. Wir müssen unser Augenmerk deutlich mehr auf die Prophylaxe legen. Das bedeutet, dass wir uns intensiver als bisher um die korrekte Therapie der arteriellen Hypertonie, die Prophylaxe der ischämischen Herzerkrankungen und die Verhinderung des Myokardinfarktes kümmern müssen. Ist ein Myokardinfarkt schon eingetreten, muss das Remodelling (die linksventrikuläre Dilatation mit kugeliger Umformung des linken Ventrikels) unbedingt verlangsamt werden durch eine adäquate Therapie. Wenn man Therapiestudien zur speziellen Herzinsuffizienzbehandlung betrachtet, so gewinnt man den Eindruck, dass die 1-Jahresletalität bei 7-18 % liegt. Epidemiologische Untersuchungen zeigen demgegenüber auch heute noch eine Absterberate von 20-30 % pro Jahr (Levy et al., 2002). Eine bewiesenermaßen lebensverlängernde Therapie ist mit den ACE-Inhibitoren und den Betablockern möglich.

Die chronische Herzinsuffizienz ist die häufigste internistische Erkrankung, die zur stationären Aufnahme und Behandlung führt. Frühzeitig und nach evidence based medicine Kriterien behandelt, lässt sich die Prognose durchaus verbessern.

Literatur

Levy, D. et al.: Long-Term trends in the incidence of and survival with heart failure. N Engl J Med, **347**, 1397 (2002).

McKee, P. A., Castelli, W. P., McNamara, P. M.: The natural history of congestive heart failure: The Framingham Study. N Engl J Med **26**, 1441–1446 (1971).

Remme, W., Swedberg, K: Guidelines for the diagnosis and treatment of chronic heart failure. Eur Heart J **22**, 1527–60, (2001).

1.2 Physiologie und Pathophysiologie der elektro-mechanischen Kopplung

D. Beuckelmann

Unter der elektro-mechanischen Kopplung des Herzens versteht man den Kopplungsmechanismus zwischen elektrischer Erregung der Zellmembran und Kontraktion der einzelnen Herzmuskelzelle. Durch Aktivierung des Aktionspotentials erreicht das Membranpotential der Herzmuskelzelle ein Niveau, bei dem sich spannungsabhängige Ca^{2+}-Kanäle öffnen. Ionenkanäle wie der Ca^{2+}-Kanal sind spezifische Proteine, die die Zellmembran quer durchspannen und in geöffnetem Zustand selektiv für bestimmte Ionen permeabel sind. Sie weisen in der Regel einen Spannungssensor auf, der bei bestimmten Membranpotentialen zu einer Konformationsänderung des Proteins führt, das hierdurch für Ionen permeabel wird. Diese Ionen können dann entlang des elektro-chemischen Gradienten in die Zelle oder aus der Zelle in den Extrazellulärraum strömen (Tsien et al., 1987). Der Einstrom von Ca^{2+} über die Ca^{2+}-Kanäle führt über das Prinzip der Ca^{2+}-induzierten Ca^{2+}-Freisetzung zur Freisetzung von Ca^{2+} aus dem sarkoplasmatischen Retikulum (Fabiato 1985). Hierdurch kommt es zum Anstieg der freien intrazellulären $[Ca^{2+}]_i$-Konzentration, die die Kontraktion der Zelle initiiert. In Abbildung 1.9 ist die Abfolge der elektro-mechanischen Kopplung schematisch dargestellt.

Die $[Ca^{2+}]_i$-Homöostase der Myokardzelle ist zu jedem Zeitpunkt eines elektrischen und mechanischen Herzzyklus abhängig von dem Ca^{2+}-Einstrom über die Zellmembran durch Ca^{2+}-Kanäle vom L-Typ, der Freisetzung von Ca^{2+} aus dem sarkoplasmatischen Retikulum (SR) (Nagasaki, Fleischer 1988) und, je nach thermodynamischem Gleichgewicht, dem Ein- oder Ausstrom

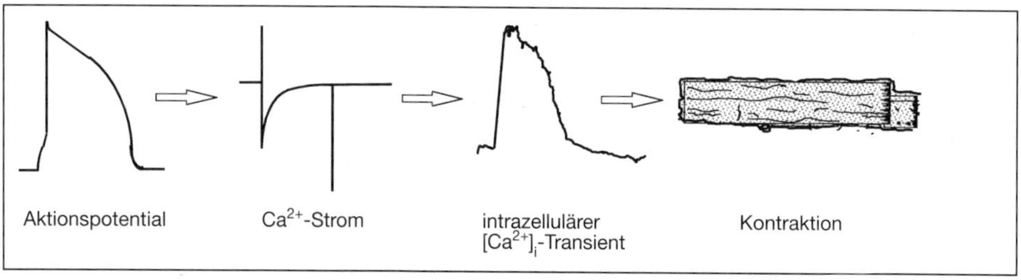

Abb. 1.9 Elektro-mechanische Kopplung des Herzens. Durch Depolarisation der Zellmembran wird ein Aktionspotential ausgelöst. Depolarisation der Zellmembran während der Plateauphase des Aktionspotentials (Phase 2) führt zur Öffnung spannungsabhängiger Ca^{2+}-Kanäle. Dieser Ca^{2+}-Einstrom triggert die Freisetzung von Ca^{2+} aus dem sarkoplasmatischen Retikulum und führt zum $[Ca^{2+}]_i$-Anstieg im Zytoplasma. Durch Bindung von Ca^{2+} an die kontraktilen Proteine wird die Kontraktion initiiert, Charakteristisch ist, dass das Maximum der Kontraktion erst deutlich nach dem Maximum des $[Ca^{2+}]_i$-Transienten erreicht wird.

von Ca^{2+} über das Na^{+}/Ca^{2+}-Austauschsystem (Barcenas-Ruiz et al., 1987; Beuckelmann, Wier 1989). Darüber hinaus wird Ca^{2+} durch eine Ca^{2+}-abhängige ATPase in das SR wieder aufgenommen sowie durch Bindung an und Diffusion von intrazellulären Puffern (z. B. Calmodulin und Troponin C) in seiner Kinetik erheblich beeinflusst.

Die membrangebundene Ca^{2+}-ATPase der Zellmembran hat beim Menschen qualitativ keine Bedeutung (Lindner et al., 1998). Insgesamt ist dieses System in der Lage, den etwa 10000-fachen Ca^{2+}-Gradienten zwischen extra- und intrazellulärem Milieu aufrechtzuerhalten. Dieses System ist schematisch in Abbildung 1.10 dargestellt.

Die Mediatorfunktion des intrazellulären $[Ca^{2+}]_i$ wird durch seine Bindung an Troponin C vermittelt (Gulati et al., 1988). Der größte Teil dieses $[Ca^{2+}]_i$ wird hierbei beim Menschen aus dem SR freigesetzt, und nur ein geringer Teil ist durch den direkten Einstrom über den Ca^{2+}-Kanal oder das Na^{+}/Ca^{2+}-Austauschsystem (Beuckelmann, Wier 1989) bedingt. Der Triggermechanismus der Ca^{2+}-Freisetzung aus dem SR wiederum ist abhängig vom Ca^{2+}-Einstrom über den Ca^{2+}-Kanal. Die Größe der Ca^{2+}-Freisetzung aus dem SR wird hierbei durch die Größe und Kinetik des Ca^{2+}-Stroms fein graduiert. Inzwischen konnte von verschiedenen Arbeitsgruppen gezeigt werden, dass die Ca^{2+}-Frei-

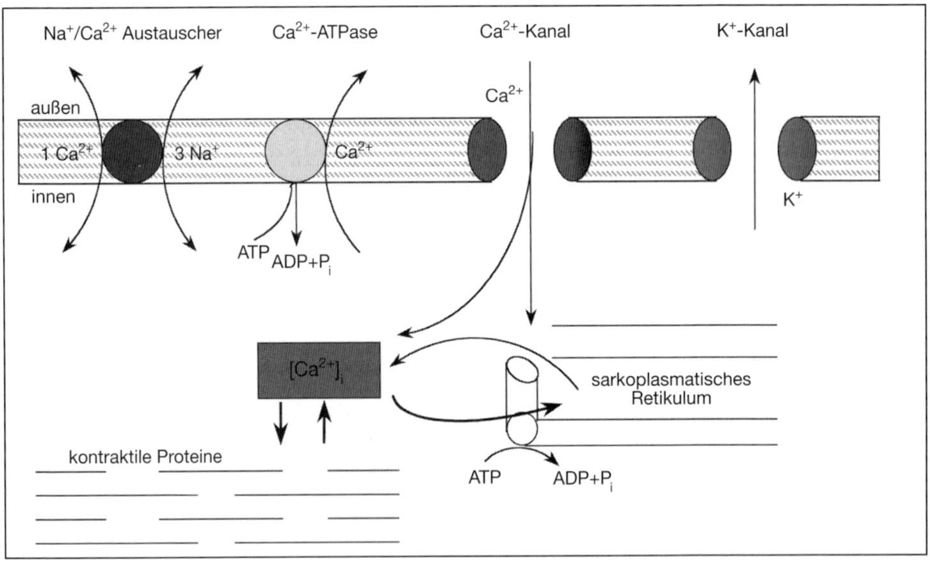

Abb. 1.10 Schema der $[Ca^{2+}]_i$-Homöostase der Herzmuskelzelle. Durch Auslösung eines Aktionspotentials öffnen sich Ca^{2+}-Kanäle der Zellmembran. Form und Länge des Aktionspotentials werden wesentlich durch den Ca^{2+}-Strom und durch repolarisierende K^{+}-Ströme determiniert. Das einströmende Ca^{2+} triggert als Ca^{2+}-Strom (I_{Ca}) die Öffnung der Ca^{2+}-Freisetzungskanäle des sarkoplasmatischen Retikulums, die durch $[Ca^{2+}]_i$ inaktiviert werden (+/-). Das freigesetzte Ca^{2+} bindet an Troponin C und initiiert so die Kontraktion der Zelle. Die Kinetik des freien $[Ca^{2+}]_i$ wird hierbei wesentlich von der Ca^{2+}-Sensitivität der intrazellulären Pufferproteine beeinflusst. Freies $[Ca^{2+}]_i$-wird von einer ATPase in das sarkoplasmatische Retikulum wieder aufgenommen und durch das Na^{+}/Ca^{2+}-Austauschsystem gegen aufgenommenes Na^{+} über die Zellmembran ausgeschleust. Die membranständige Ca^{2+}-ATPase hat beim Menschen keine quantitative Bedeutung.

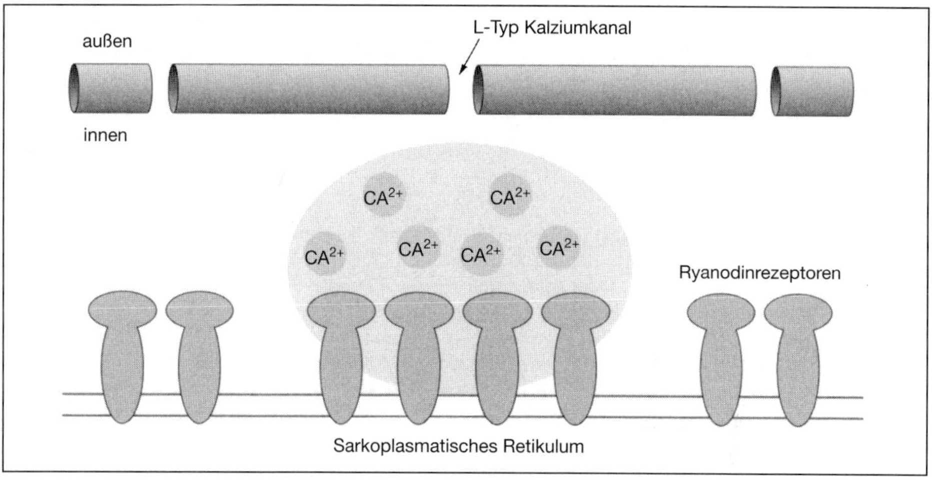

Abb. 1.11 Kalziuminduzierte Kalziumfreisetzung: Kalziumspark (lokale Kalziumfreisetzung).

setzung aus dem sarkoplasmatischen Retikulum lokal kontrolliert wird. Der Ca^{2+}-Kanal reguliert im Bereich der transversalen Tubuli der Zellmembran einen in unmittelbarer Nähe liegenden Cluster von Ca^{2+}-Freisetzungskanälen des SR (Wier et al., 1994; Cannell et al., 1995) (siehe Abb. 1.11). Diese lokale Kontrolle ist die Grundlage für die abgestufte Graduierung der Ca^{2+}-Freisetzung aus dem SR.

Manche dieser Systeme (z.B. das Na^+/Ca^{2+}-Austauschsystem) sind wiederum spannungsabhängig und werden dadurch indirekt von anderen Ionenkanälen, insbesondere K^+-Kanälen (Beuckelmann et al., 1993), beeinflusst. Besondere Bedeutung hat das Na^+/Ca^{2+}-Austauschsystem insbesondere für die Ca^{2+}-Beladung des sarkoplasmatischen Retikulums. Dieses System ist das primäre Transportsystem, das die Netto-Ca^{2+}-Homöostase der Zelle wiederherstellt, indem es den Ca^{2+}-Einstrom über den Ca^{2+}-Kanal ausgleicht. Es handelt sich um ein passives Ionentransportsystem, das 3 Na^+-Ionen gegen 1 Ca^{2+}-Ion entsprechend des thermodynamischen Gleichgewichts austauscht. Dadurch, dass das System mit Na^+ jeweils eine positive Ladung transportiert, wird es durch das Membranpotential, also durch Form und Länge des Aktionspotentials, in seiner Transportrichtung und Transportkapazität beeinflusst (Eisner, Lederer 1985).

Bei normaler intrazellulärer Na^+-Konzentration ($\approx$ 8 mM) wird während des überwiegenden Zeitraums eines Aktionspotentials Ca^{2+} im Austausch gegen Na^+ aus der Zelle transportiert. Die intrazelluläre Na^+-Homöostase wiederum wird durch die Na^+/K^+-ATPase der Zellmembran ausgeglichen. Eine Erhöhung der intrazellulären Na^+-Konzentration, wie sie z.B. im Rahmen einer Therapie mit Herzglykosiden erreicht wird, führt zu einer Verschiebung des thermodynamischen Gleichgewichts mit der Folge einer verminderten Ca^{2+}-Ausschleusung aus der Zelle. Dieses in der Zelle verbliebene Ca^{2+} kann wieder in das sarkoplasmatische Retikulum aufgenommen werden, und es steht beim nächsten Herzzyklus mehr Ca^{2+} aus dem SR zur Freisetzung zur Verfügung.

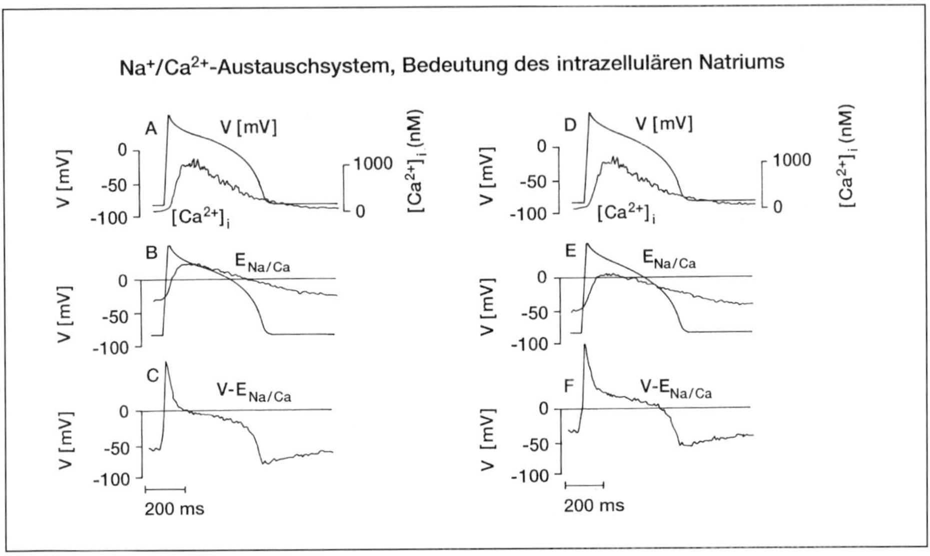

Abb. 1.12 Na^+/Ca^{2+}-Austauschsystem des Herzens. A, D) Registrierung eines Aktionspotentials und der parallel hierzu gemessenen intrazellulären $[Ca^{2+}]_i$-Konzentration. B) Gleichgewichtspotential des Na^+/Ca^{2+}-Austauschsystems. Zugrunde gelegt wurden eine intrazelluläre Na^+-Konzentration von 8 mMol, eine extrazelluläre Ca^{2+}-Konzentration von 2 mMol und Na^+-Konzentration von 140 mMol. C) Differenzspannung zwischen Membranpotential und Gleichgewichtspotential des Na^+/Ca^{2+}-Austauschsystems. Ein positiver Ausschlag symbolisiert einen Ca^{2+}-Einstrom über das Austauschsystem. Während des überwiegenden Teils des Aktionspotentials wird Ca^{2+} aus der Zelle transportiert. E) Gleichgewichtspotential bei Annahme einer 10 mMol intrazellulären Na^+-Konzentration. F) Ca^{2+} fließt während eines deutlich längeren Zeitraums über das System in die Zelle.

Abbildung 1.12 zeigt einen registrierten $[Ca^{2+}]_i$-Transienten während eines Aktionspotentials (A). Unter Annahme einer intrazellulären Na^+-Konzentration von 8,0 mM und einer extrazellulären Ca^{2+}-Konzentration von 2,0 mM lässt sich entsprechend dem von Beuckelmann und Wier (1989) entwickelten Modell des Na^+/Ca^{2+}-Austauschers das Gleichgewichtspotential (ENaCa) des Austauschers berechnen (B). Wenn das Membranpotential positiver als das Gleichgewichtspotential ist, wird Ca^{2+} über das System in die Zelle transportiert, im umgekehrten Fall fungiert das System in umgekehrter Richtung, also als Ca^{2+}-Effluxmechanismus. Ein Auswärtsstrom deutet also einen Kalziuminflux über den Austauscher an, ein Einwärtsstrom markiert die Kalziumeffluxfunktion des Systems. Es wird deutlich, dass unter physiologischen Natriumkonzentrationen nur während eines sehr kurzen Zeitraumes zu Beginn des Aktionspotentials ein Kalziuminflux stattfindet, die überwiegende Zeit fungiert das System als Kalziumeffluxmechanismus. Wenn die intrazelluläre Na^+-Konzentration in diesem Modell auf 10 mM erhöht wird, kommt es zu einer Verschiebung des Gleichgewichtspotentials in negativer Richtung (E). Unter diesen Bedingungen kommt es während einer wesentlich längeren Zeit zum Ca^{2+}-Influx über das Na^+/Ca^{2+}-Austauschsystem (F) (Wier et al., 1988). Aus diesem Befund lässt sich die enorme Bedeutung der intrazellulären Na^+-Konzentration z. B. im Rahmen einer Digitalistherapie für die Ca^{2+}-Beladung des sarkoplasmatischen Retikulums ersehen.

Jede Veränderung von Plateau und Länge des Aktionspotentials hat darüber hinaus unmittelbaren Einfluss auf Ausmaß und Dauer des Kalziumefflux über das Na^+/Ca^{2+}-Austauschsystem. Die Verlängerung des Aktionspotentials führt zu einem verlängerten Zeitraum, während dessen die Zellmembran depolarisiert ist. Während der Depolarisation wird nur wenig Kalzium aus der Zelle in den Extrazellulärraum zurückgepumpt (siehe Abb. 1.13). Somit steht während eines elektrischen Herzzyklus insgesamt weniger Zeit für den Kalziumefflux zur Verfügung. Dieses intrazellulär verbleibende Kalzium wird in das sarkoplasmatische Retikulum aufgenommen und steht im nächsten Herzzyklus vermehrt zur Freisetzung zur Verfügung. Die Verlängerung des Aktionspotentials mag somit einen Kompensationsmechanismus für den verminderten systolischen Anstieg des freien intrazellulären Kalziums, wie er im Rahmen einer schweren Herzinsuffizienz nachgewiesen werden konnte (Beuckelmann et al., 1992), darstellen (siehe Kap. 2.5).

Die Regulation der Schlagkraft des Herzens geschieht beim Gesunden in erster Linie durch Veränderung der Größe des Ca^{2+}-Stroms und damit des Triggermechanismus und Beladungszustandes des sarkoplasmatischen Retikulums mit Ca^{2+} (Brown 1990). Durch Aktivierung der Adenylatcyclase, z. B. im Rahmen einer adrenergen Aktivierung bei körperlicher Aktivität, kommt es zur Besetzung von β-Adrenozeptoren des Arbeitsmyokards. Diese Besetzung des Rezeptors mit dem natürlichen β-Sympathomimetikum Noradrenalin führt über Vermittlung guaninbindender Proteine und Aktivierung der Adenylatcyclase zur Erhöhung der intrazellulären Konzentration von zyklischem Adenosinmonophosphat (cAMP), dem universellen intrazellulären „second messenger" (siehe Kap. 1.3). Eine Erhöhung der intrazellulären Konzentration von cAMP wiederum aktiviert die Proteinkinase A der Herzmuskelzelle. Durch Aktivierung dieses Enzyms wird der Ca^{2+}-Kanal vermehrt phosphoryliert (Beno-

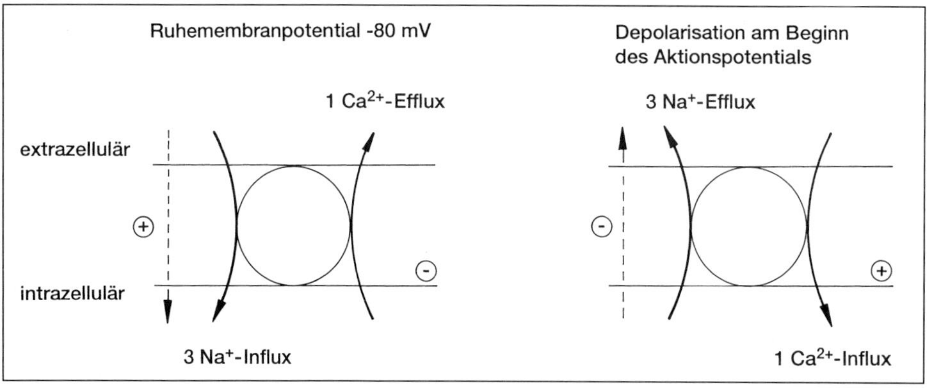

Abb. 1.13 Schema des Na^+/Ca^{2+}-Austauschsystems des Herzens. Während der Repolarisation der Zelle wirkt das System als Ca^{2+}-Effluxmechanismus, nur während der Initialphase des Aktionspotentials wird Ca^{2+} in die Zelle transportiert.

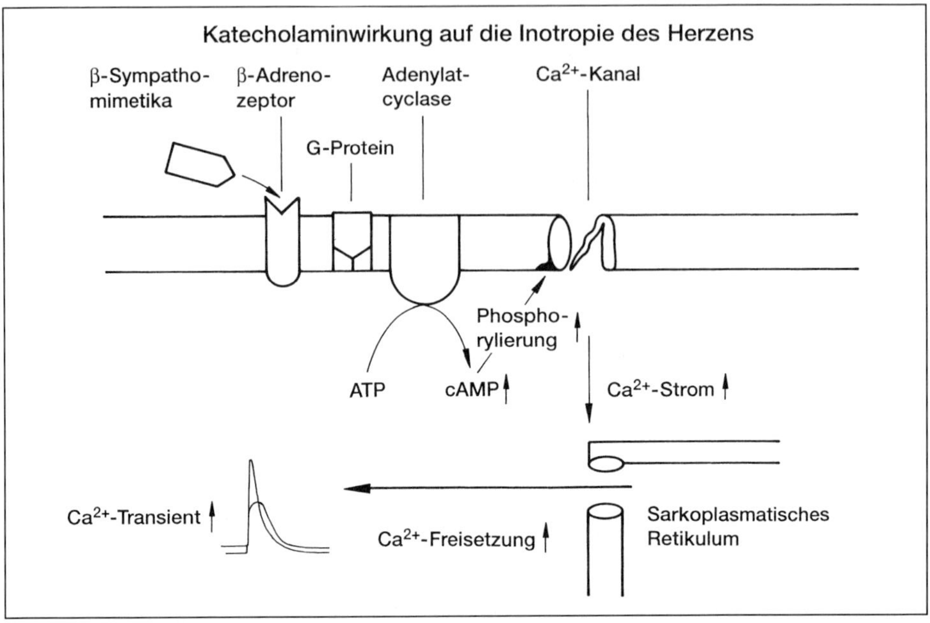

Abb. 1.14 Prinzip der Katecholaminwirkung auf die Inotropie des Herzens. Bindung eines β-Sympathomimetikums an den β-Adrenozeptor führt über Vermittlung stimulatorischer guaninbindender Proteine zur Aktivierung der Adenylatcyclase. Hierdurch wird die intrazelluläre cAMP-Konzentration erhöht. Über Vermittlung der Proteinkinase A wird das Kanalprotein des Ca^{2+}-Kanals phosphoryliert. Dies hat eine Erhöhung der Öffnungswahrscheinlichkeit des Ca^{2+}-Kanals und so eine Vergrößerung des Ca^{2+}-Stroms zur Folge. Hierdurch kommt es zum Anstieg der freien intrazellulären $[Ca^{2+}]_i$-Konzentration und so zur positiv inotropen Wirkung.

vic et al., 1989). Der einzelne phosphorylierte Ca^{2+}-Kanal hat eine höhere Öffnungswahrscheinlichkeit und es kommt durch die Gesamtheit aller phosphorylierten Ca^{2+}-Kanäle zu einem vergrößerten Gesamt-Ca^{2+}-Einstrom in die Zelle (Brown 1990). Die Regulation des Ca^{2+}-Kanals durch β-adrenerge Stimulation ist in Abbildung 1.14 schematisch verdeutlicht.

Neben der positiv inotropen Wirkung einer β-adrenergen Stimulation, vermittelt durch die oben dargestellte Phosphorylierung des Kalziumkanals, kommt es durch Erhöhung der intrazellulären cAMP-Konzentration zu einer Beschleunigung der Relaxation des Herzens (positiv lusitroper Effekt). Im Gegensatz zur Kalziumfreisetzung, die einen passiven Efflux von Kalzium in das Zytosol aus dem Extrazellulärraum und aus dem sarkoplasmatischen Retikulum durch Öffnung von Kanälen darstellt, benötigt die Relaxation einen aktiven Rücktransport in das sarkoplasmatische Retikulum. Hierzu wird ATP benötigt, um den Transport gegen einen starken Konzentrationsgradienten zu ermöglichen. Dieser Rücktransport vermag sehr rasch die freie intrazelluläre Kalziumkonzentration des Zytoplasmas zu senken, wodurch $[Ca^{2+}]_i$ auf ein Niveau absinkt, das niedrig genug ist, damit Ca^{2+}von Troponin C abdiffundieren und der Muskel relaxieren kann. Ein ATP-Molekül wird hierbei für die Rückauf-

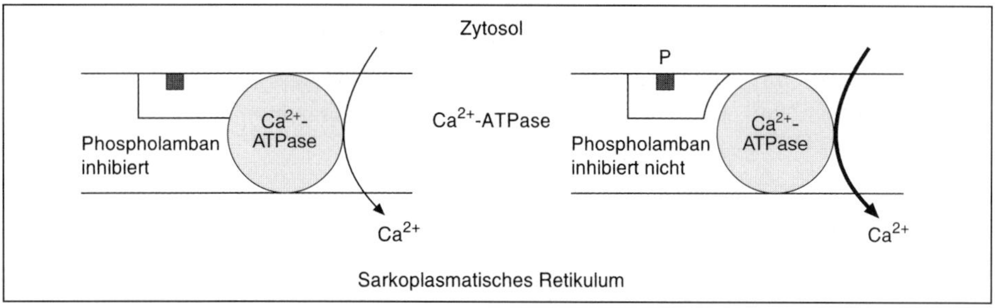

Abb. 1.15 Wirkung von Phospholamban auf das sarkoplasmatische Retikulum. In nicht phosphoryliertem Zustand wird die Ca^{2+}-ATPase des sarkoplasmatischen Retikulums in ihrer Aktivität inhibiert. Phosphorylierung durch Vermittlung der Proteinkinase A führt zu einer Deinhibierung der Ca^{2+}-ATPase und so zu einer vermehrten Rückaufnahme von Ca^{2+} in das sarkoplasmatische Retikulum.

nahme von 2 Ca^{2+}-Ionen in das sarkoplasmatische Retikulum benötigt.

Die beschleunigte Ca^{2+}-Rückaufnahme in das sarkoplasmatische Retikulum wird über das Protein Phospholamban vermittelt. Phospholamban inhibiert die basale Kalziumtransportrate der Ca^{2+}-ATPase des sarkoplasmatischen Retikulums und ist Substrat für verschiedene Proteinkinasen. Phospholamban kann seine inhibierende Wirkung auf die Ca^{2+}-ATPase jedoch nur im nicht phosphorylierten Zustand ausüben. Über Vermittlung der Proteinkinase A kommt es durch Erhöhung von cAMP zu einer Phosphorylierung des Proteins (James et al., 1989). Hierdurch ändert es seine Konformation und verliert seine Funktion als Inhibitor der Ca^{2+}-ATPase (Sham et al., 1991). Phosphorylierung von Phospholamban führt zu einer erhöhten Kalziumsensitivität und einer erhöhten Pumprate der Ca^{2+}-ATPase, nicht nur mit dem Effekt einer beschleunigten Pumpfunktion, sondern auch einer erhöhten Kalziumsensitivität der Kalziumpumpe. Dies erklärt, warum die freie intrazelluläre Kalziumkonzentration nicht nur beschleunigt, sondern auch auf ein niedrigeres Niveau absinkt. Der Effekt einer β-adrenergen Stimulation mit Erhöhung von cAMP auf die Kalziumrückaufnahme in das sarkoplasmatische Retikulum ist in Abbildung 1.15 schematisch verdeutlicht.

Aus den oben skizzierten, ineinander greifenden Mechanismen wird deutlich, dass jeder einzelne Teil des Systems „elektro-mechanische Kopplung" von den anderen Teilsystemen abhängt bzw. beeinflusst wird. Es ist hierdurch in der Lage, die Ca^{2+}-Homöostase unter verschiedenen externen Einflüssen aufrechtzuerhalten und eine geordnete und dem Bedarf angepasste Kontraktion zu gewährleisten.

Literatur

Barcenas-Ruiz, L., Beuckelmann, D. J., Wier, W. G.: Sodium-calcium exchange in heart: Currents and changes in $[Ca^{2+}]_i$. Science **238**, 1720-1722 (1987).

Benovic, J. L., Deblasi, A., Stone, W. C., Caron, M. G., Lefkowitz, R. J.: b-adrenergic receptor kinase: Primary structure delineates a multigene family. Science **246**, 235-240 (1989).

Beuckelmann, D. J., Wier, W. G.: Sodium-calcium exchange in guinea-pig cardiac cells: Exchange current and intracellular calcium. J Physiol (London) **414**, 499-520 (1989).

Beuckelmann, D. J., Näbauer, M., Erdmann, E.: Intracellular calcium handling in ventricular myocytes from patients with terminal heart failure. Circulation **85**, 1046-1055 (1992).

Beuckelmann, D. J., Näbauer, M., Erdmann, E.: Alterations of K^+-currents in isolated human ventricular myocytes from patient with terminal heart failure. Circulation Research **73**, 379-385 (1993).

Brown, A. M.: Ionic channels and their regulation by G protein subunits. Ann Rev Physiol **52**, 197-213 (1990).

Brown, A. M.: Regulation of heartbeat by G protein-coupled ion channels. Am J Physiol **259**, H1621-H1628 (1990).

Campbell, D. L., Giles, W. R., Robinson, K., Shibata, E. F.: Studies of the sodium-calcium exchanger in bullfrog atrial myocytes. J Physiol (London) **403**, 317-340 (1988).

Cannell, M. B., Cheng, H., Lederer, W. J.: Control of Ca^{2+} release from sarcoplasmic reticulum. Science **268**, 1045-1048 (1995).

Eisner, D. A., Lederer, W. J.: Na-Ca exchange: Stoichiometry and electrogenicity. Am J Physiol **248**, C189-C202 (1985).

Fabiato, A.: Simulated calcium current can both cause calcium loading in and trigger calcium release from the sarcoplasmic reticulum of a skinned canine cardiac purkinje cell. J Gen Physiol **85**, 291-320 (1985).

Gulati, J., Scordilis, S., Babu, A.: Effect of troponin C on the cooperativity in $Ca2^+$ activation of cardiac muscle. FEBS Letters **236**, 441-444 (1988).

James, P., Inui, M., Tada, M., Chiesi, M., Carafoli, E.: Natur and site of phospholamban regulation of the Ca^{2+} pump of sarcoplasmic reticulum. Nature **342**, 90-92 (1989).

Lindner, M., Erdmann, E., Beuckelmann, D. J.: Calcium content of the sarcoplasmic reticulum in isolated ventricular myocytes from patients with terminal heart failure. J Mol Cell Cardiol. **30** (4), 743-9 (1998).

Nagasaki, K., Fleischer, S.: Ryanodine sensitivity of the calcium release channel of sarcoplasmic reticulum. Cell Calcium **9**, 1-7 (1988).

Nilius, B., Hess, P., Lansman, J. B., Tien, R. W.: A novel type of cardiac calcium channel in ventricular cells. Nature **316**, 443-446 (1985).

Sham, J. S. K., Jones, L. R., Morad, M.: Phospholamban mediates the b-adrenergic-enhanced Ca^{2+}-uptake in mammalian ventricular myocytes. Am J Physiol **261**, H1344-H1349 (1991).

Tsien, R. W., Hess, P., McCleskey, E. W., Rosenberg, R. L.: Calcium channels: Mechanism of selectivity, permeation, and block. Ann Rev Biophys Chem **16**, 265-290 (1987).

Wier, W. G., Beuckelmann, D. J., Barcenas-Ruiz, L.: $[Ca^{2+}]_i$ in single isolated cardiac cells: A review of recent results obtained with digital imaging microscopy and fura-2. Can J Physiol Pharmacol 66, 1224-1231 (1988).

Wier, W. G., Egan, T. M., Lopez-Lopez, J. R., Balke, C. W.: Local control of exitation-contraction coupling in rat heart cells. J Physiol (London) **474**, 463-471 (1994).

1.3 Physiologie und Pathophysiologie der elektromechanischen Kontraktionskraftregulation

R. H. G. Schwinger, H. Reuter

1.3.1 Kommunikation durch Signaltransduktionskaskaden

Die Leistung des Herzens bedarf einer kontinuierlichen Anpassung an den Bedarf des Organismus. Zur Regulation der Kontraktionskraft stehen dem Körper eine Fülle an Kontrollmechanismen zur Verfügung, die sich teils ergänzen, teils mehrfach angelegt sind, um stets eine optimale Funktion des Systems gewährleisten zu können. Die Regulation der Herzleistung ist dabei abhängig von der Kommunikation des Körpers mit dem Herzen meist als Reaktion auf äußere Einflüsse. Diese Kommunikation erfolgt über Signaltransduktionskaskaden, an deren Ende ein Nachrichtenmolekül durch Stimulation eines höchst spezifischen, kardialen Rezeptors die Anpassung des Herzzeitvolumens vermittelt. Diese Nachrichtenmoleküle, auch Liganden genannt, umfassen Eiweiße, Katecholamine, Steroide und Derivate von Fettsäuren neben einer Reihe kleinerer Moleküle (siehe Tab. 1.5).

Unter diesen Nachrichtenmolekülen haben diejenigen, die über Membranrezeptoren an Guanin-Nukleotid-bindende Proteine (G-Proteine) koppeln, in den letzten Jahren eine zentrale Bedeutung insbesondere für das pathophysiologische Verständnis zur Therapie der symptomatischen Herzinsuffizienz erlangt. Dies hat zu einem fundamentalen Umdenken und zu neuen Therapiestrategien geführt. Im Folgenden soll daher insbesondere auf die G-Protein vermittelte Regulation der kardialen Kontraktionskraft eingegangen werden.

1.3.2 Signaltransduktion durch Guanin-Nukleotid-bindende Proteine

G-Proteine werden durch eine Gruppe von Rezeptoren aktiviert, die sieben transmembranäre α-Helices umfassen und über eine große zytoplasmatische Schleife zwischen Helix 5 und 6 das G-Protein binden können (siehe Abb. 1.16). Einige wichtige Vertreter dieser Rezeptorfamilie sind in Tabelle 1.6 aufgeführt.

Die regulatorischen G-Proteine bestehen aus einer α-Untereinheit sowie aus β- und χ-Untereinheiten (Brodde 1991). Bei der Aktivierung des G-Proteins durch den mit einem Agonisten besetzten Rezeptor kommt es unter Bindung von GTP zur Dissoziation der α-Untereinheit von den $\beta\chi$-Untereinheiten. Im freien Zustand können beide, die GTP gebundene α-Untereinheit als auch das $\beta\chi$-Dimer, unabhängig voneinander das Signal weiterleiten. Dabei kann der Effektor zum einen direkt in seiner Funktion beeinflusst werden, wie dies für $G\beta\chi$ beschrieben wurde, wenn nach Stimulation muskarinerger Rezep-

Tab. 1.5 Extrazellulläre Nachrichtenmoleküle mit Einfluss auf die Regulation der Kontraktionskraft (Modifiziert nach Katz, A.M. Physiology of the heart, third edition, Lippincott, Williams & Wilkins, Philadelphia 2001).

Eiweiße	Agonisten G-Proteingekoppelter Rezeptoren		
		Angiotensin II	
		Antidiuretisches Hormon (ADH)	
		Bradykinin	
		Endothelin	
	Agonisten Enzymgekoppelter Rezeptoren		
		Wachstumsfaktoren (Growth factors)	Fibroblast growth factor (FGF) Platelet-derived growth factor Insulin-like growth factor (IGF) Vascular endothelial growth factor
		Zytokine	Tumor necrosis factor α (TNF-α) Interleukine Wachstumshormone Transforming growth factor (TGF)
		Andere	Atriales natriuretisches Peptid (ANP)
Katecholamine	Adrenalin und Noradrenalin Dopamin		
Steroide	Aldosteron		
Fettsäuren	Prostaglandine		
Andere	Acetylcholin Stickstoffmonoxid (NO) Histamin Thyroxin		

Tab. 1.6 G-Protein bindende Rezeptoren (Modifiziert nach Katz, A.M.: Physiology of the heart, third edition, Lippincott, Williams & Wilkins, Philadelphia 2001).

Rezeptor	Ligand	Wirkungsort	Botenstoff oder Effektor	
α-adrenerg	α-Agonisten	Phospholipase C	Diacylglycerol, $InsP_3$	↑
β-adrenerg	β-Agonisten	Adenylatzyklase ↑	cAMP	↑
Muskarinerg	Acetylcholin	K^+-Kanal	Auswärtsgerichteter K_+-Strom	↑
Muskarinerg	Acetylcholin	Adenylatzyklase ↓	cAMP	↓
Angiotensin (AT_1)	Angiotensin II	Phospholipase C	Diacylglycerol, $InsP_3$	↑
Purinerg (P_1)	Adenosin	K^+-Kanal	Auswärtsgerichteter K^+-Strom	↑
Purinerg (P_1)	Adenosin	Adenylatzyklase ↓	cAMP	↓
Endothelin	Endothelin	Phospholipase C	Diacylglycerol, $InsP_3$	↑

$InsP_3$: Inositol 1,4,5-triphosphat

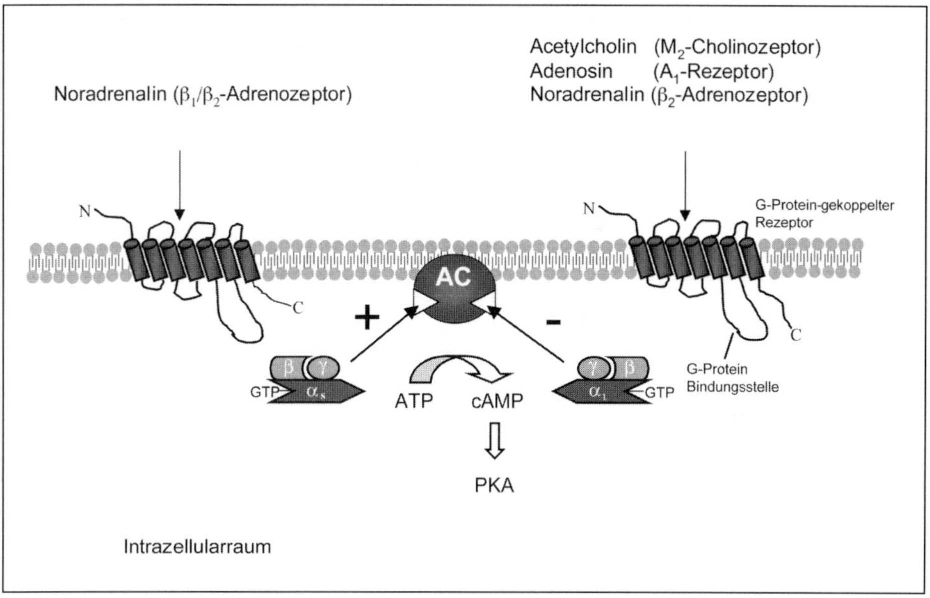

Abb. 1.16 Schematische Darstellung der gegensätzlichen Wirkmechanismen der sympathischen (β_1/β_2, links) sowie sympathischen (β_2), parasympathischen und purinergen (rechts) Stimulation auf die Adenylatzyklase. Der G-Protein-gekoppelte Rezeptor besteht aus sieben transmembranären Helices. Der stimulierende Ligand bindet extrazellulär zwischen Helix 3 und 4; das G-Protein koppelt an die große zytoplasmatische Schleife zwischen Helix 5 und 6. Die Wirkung der stimulierten β-Adrenozeptoren wird durch stimulatorische (G_s) oder inhibitorische (G_i) Guanin-Nukleotid-bindende Regulatorproteine vermittelt. Die funktionelle Spezifität wird durch die jeweilige α-Untereinheit (α_s: 45 kDa, 52 kDa; α_i: 39-42 kDa) gewährleistet. Die Aktivierung der katalytischen Untereinheit der Adenylatzyklase führt zur vermehrten Bildung von cAMP aus ATP, das durch eine Aktivierung der cAMP-abhängigen Proteinkinase (PKA) eine Phosphorylierung von Ca^{2+}-regulierenden Proteinen im Sarkolemm und dem sarkoplasmatischen Retikulum bewirkt. Durch A_1- und M_2-Rezeptoren wird durch Kopplung an das inhibitorische Guanin-Nukleotid-bindende Protein die Adenylatzyklase gehemmt.

toren das Dimer direkt an einen Kaliumkanal der Plasmamembran bindet. Die Wirkung der aktiven Untereinheiten des G-Proteins kann aber auch indirekt über intrazelluläre Botenstoffe vermittelt werden, wie z. B. durch cAMP nach Aktivierung der Adenylatzyklase, durch die β-Adrenozeptorkinase (βARK), Inositol (1,4,5)-Triphosphatkinase oder Phospholipase C. Die an der α-Untereinheit befindliche GTPase-Aktivität führt durch Hydrolyse von GTP zur Inaktivierung der α-Untereinheit der G-Proteine. Sie reassoziiert mit ihren $\beta\chi$-Untereinheiten und liegt wiederum im inaktiven Zustand als Heterotrimer vor (Brodde 1991).

Die Vielfalt der G-Protein-vermittelten Signalkaskaden wird ermöglicht durch hunderte bekannter G-Protein-gekoppelter Rezeptoren, sowie durch mindestens 20 Isoformen der Gα Untereinheit, 6 Gβ Untereinheiten und 12 Gχ Untereinheiten (Clapham et al., 1997). Dabei interagiert ein aktivierter Rezeptor nur selten mit einem einzigen Gα

Subtyp zur Vermittlung eines klar umschriebenen Signals. In den meisten Fällen aktiviert ein besetzter Rezeptor mehrere Gα-Subtypen simultan, um vielfältige Antworten entlang mehrerer Signalkaskaden zu erzeugen.

1.3.3 Regulation der Kontraktionskraft bei Herzinsuffizienz

Die Herzinsuffizienz des Menschen ist ein klinisches Syndrom unterschiedlicher Ätiologie, bei der das Herz aufgrund einer Abnahme der kardialen Pumpleistung nicht fähig ist, Blut in einer den Erfordernissen des metabolisierenden Gewebes angepassten Menge auszuwerfen. Der Organismus reagiert auf diesen Mangel mit der Aktivierung oben genannter Signaltransduktionskaskaden (siehe Tab. 1.5) zur Steigerung der Herzauswurfleistung. Von zentraler Bedeutung ist dabei die Aktivierung des sympathischen Nervensystems, das kurzfristig über eine vermehrte Bildung des Botenstoffes cAMP nach Aktivierung der Adenylatzyklase mittels Gαs zur Phosphorylierung Ca^{2+}-regulierender Proteine führt und somit über einen gesteigerten intrazellulären Ca^{2+}-Umsatz seine positiv inotrope, chronotrope und dromotrope Wirkung entfaltet (Cohn 1990). Die Überträgerstoffe im peripheren vegetativen Nervensystem wirken dabei nicht nur postsynaptisch auf die Effektormembranen, sondern beeinflussen auch die Transmitterfreisetzung aus den präsynaptischen Strukturen selbst im Sinne eines positiven oder negativen Rückkopplungsmechanismus (siehe Abb. 1.17).

Patienten mit Herzinsuffizienz weisen bereits unter Ruhebedingungen erhöhte Plasma- Noradrenalinspiegel auf, die in der Belastungssituation exzessiv ansteigen und mit der Prognose der Erkrankten korrelieren (Cohn 1990). Swedberg und Mitarbeiter (Swedberg et al., 1984) haben Katecholaminspiegel an Patienten, die an einer koronaren Herzkrankheit litten, gemessen und mit Serumspiegeln herzinsuffizienter Patienten verglichen. Am insuffizienten Herzen waren Noradrenalinkonzentrationen im arteriellen als auch im Koronarsinusvenenblut vermehrt. Zudem zeigte sich nur bei der Herzinsuffizienz, dass die Plasmaspiegel für Noradrenalin, nicht aber für Adrenalin, im koronarvenösen Blut zusätzlich deutlich im Vergleich zum arteriellen Blut erhöht sind. Das bedeutet, dass das Herz selbst vermehrt Noradrenalin bei Herzinsuffizienz freisetzt und somit als endokrines Organ zu den erhöhten Noradrenalinspiegeln beiträgt. Diese exzessive Stimulation hat Konsequenzen für das Adrenozeptor-Adenylatzyklasesystem der Myokardzelle:

1.3.3.1 β-Adrenozeptoren

Drei unterschiedliche Arten β-adrenerger Rezeptoren, β1-, β2- und β3-Adrenozeptoren, sind bislang aus Säugetierzellen isoliert worden. Der überwiegende Subtyp im menschlichen Herzen ist der β1-Adrenozeptor, der normalerweise 70 % bis 80 % der β-adrenergen Rezeptoren umfasst (Brodde 1991). Die Bindung von Noradrenalin an diese β1-Rezeptoren aktiviert die stimulatorische Untereinheit Gαs, die über erhöhte cAMP Spiegel die Inotropie und Lusitropie des arbeitenden Myokards erhöht. β2-Rezeptoren sind sowohl an Gαi gekoppelt, das eine Hemmung der Adenylatzyklase bewirkt, vermittelt sei-

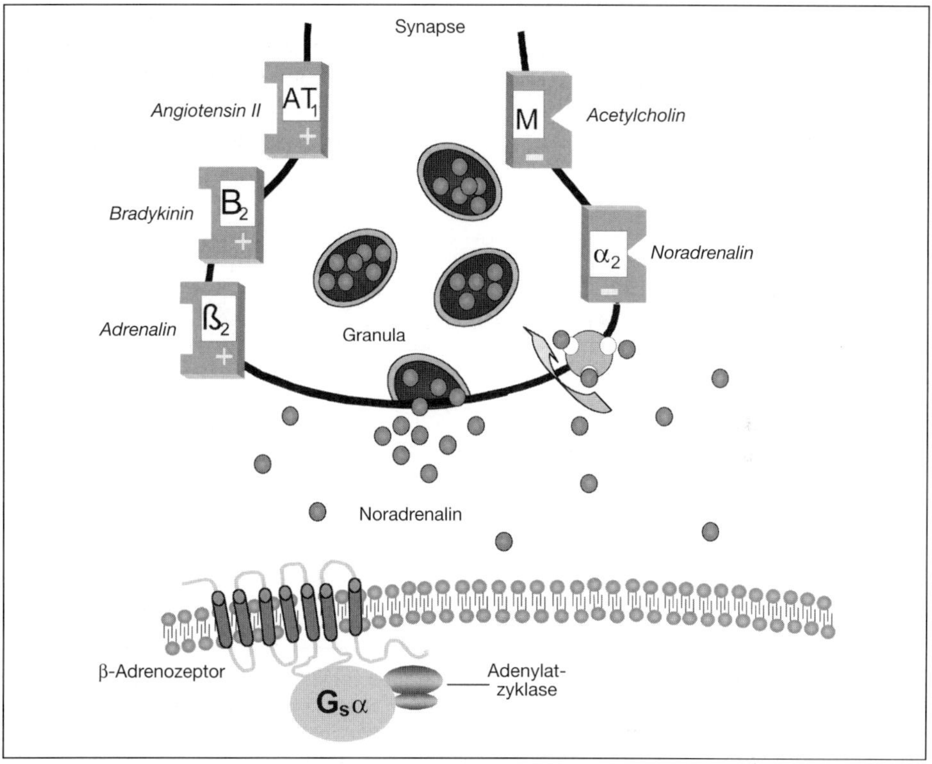

Abb. 1.17 Die Überträgerstoffe im peripheren vegetativen Nervensystem wirken nicht nur postsynaptisch auf die Effektormembranen, sondern beeinflussen auch die Transmitterfreisetzung aus den präsynaptischen Strukturen selbst. Im Sinne eines negativen Rückkopplungsmechanismus führt Noradrenalin im synaptischen Spalt zu einer Begrenzung der weiteren Freisetzung von Noradrenalin über α-adrenerge Rezeptoren. Auch Acetylcholin, freigesetzt aus parasympathischen Nervenendigungen, mindert durch Bindung an präsynaptische muskarinerge Rezeptoren (M) die Freisetzung von Noradrenalin. Zirkulierendes Adrenalin aus dem Nebennierenmark hingegen fördert durch Reaktion mit den präsynaptischen β-Rezeptoren die Noradrenalinfreisetzung. Auch Angiotensin II (über AT_1-Rezeptoren) und Bradykinin (über B_2-Rezeptoren) können die Freisetzung von Noradrenalin und somit die sympathische Aktivität steigern. Dieser Rückkopplungsmechanismus stellt ein klassisches Beispiel der Verzahnung und gegenseitigen Verstärkung unterschiedlicher Signaltransduktionskaskaden dar.

ne Wirkung gleichzeitig aber auch über Gαs, das zu einer vermehrten Synthese von cAMP führt, und unterscheiden sich daher wesentlich von der Wirkung der β1-Adrenozeptoren (Kuschel et al., 1999). Diese komplexe und teils widersprüchliche Wirkung der Adrenozeptoren kann nur erklärt werden, wenn eine Unterteilung des zytoplasmatischen Raumes in subzelluläre Kompartimente mit lokal begrenzter Wirkung der Signaltransduktionskaskaden vorausgesetzt wird (Kuschel et al., 1999; Bers et al., 2001). Es gibt Hinweise, dass β2-Adrenozeptoren im Gegensatz zu β1 fast ausschließlich in sarkolemmalen Invaginationen, so genannten Caveolae, vorkommen und dort lokal über Gαs zur

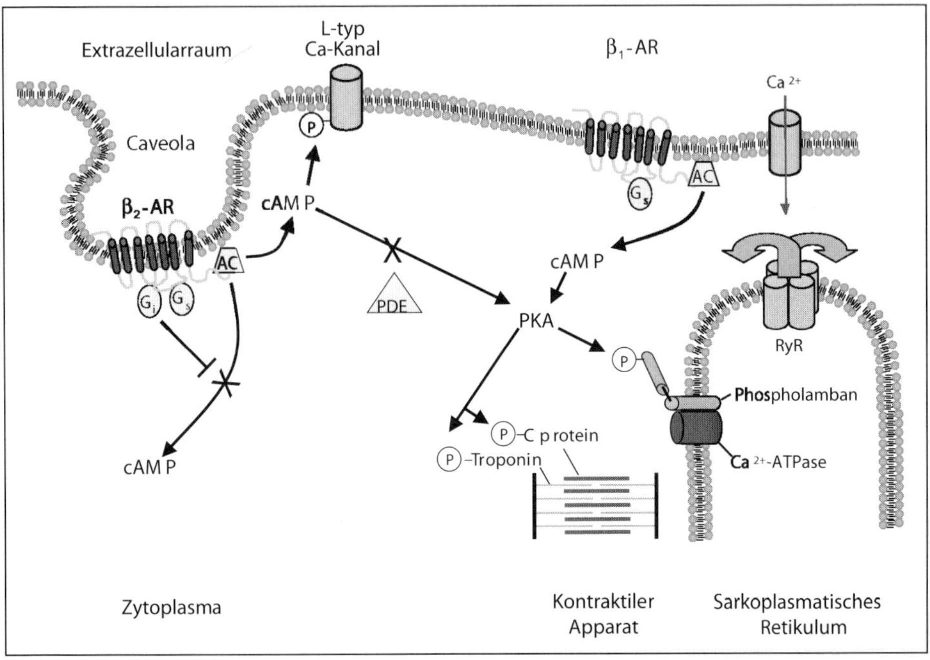

Abb. 1.18 Mögliche Bedeutung subzellulärer Kompartimente für die lokal begrenzte Antwort β-adrenerger Signaltransduktionskaskaden in kardialem Herzuskelgewebe. Es wird angenommen, dass β1- und β2-Adrenozeptoren in getrennten subsarkolemmalen Kompartimenten den Phosphorylierungsgrad zellulärer Proteine beeinflussen. Eine Diffusion von cAMP zwischen den Kompartimenten wird durch Dephosphorylierung durch Phosphodiesterasen (PDE) erschwert.

Phosphorylierung und Aktivierung von L-Typ Ca^{2+}-Kanälen führen (siehe Abb. 1.18). Hingegen bewirkt die inhibitorische Wirkung von Gαi gleichzeitig eine verminderte cAMP Produktion in anderen Regionen des Zytosols und verhindert hier eine signifikante Phosphorylierung der Proteine des Sarkoplasmatischen Retikulums und der kontraktilen Filamente (Kuschel et al., 1999). Eine ähnlich lokal begrenzte Antwort wird auch für andere G-Protein gekoppelte Rezeptoren postuliert, zum Beispiel Histamin, Prostaglandin E oder das Glukagon-like peptide-1, die trotz starker Stimulation der cAMP Produktion im Vergleich zu β1 keine oder nur geringe positiv inotrope Wirkung entfalten.

Aufgrund exzessiver Stimulation des β-Adrenozeptor-Adenylatzyklasesystems am insuffizienten menschlichen Herzen ist von mehreren Autoren eine verminderte Funktion und Proteindichte der kardialen β-Rezeptoren beschrieben worden. Durch intrazelluläre Phosphorylierung des gebundenen Rezeptors kommt es zur Bindung des zytosolischen Proteins β-Arrestin an den β-Adrenozeptor. Dieser wird dadurch unmittelbar von den G-Proteinen und somit der folgenden Signaltransduktionskaskade entkoppelt. In einem zweiten Schritt kann der Rezeptor in leichte Vesikel internalisiert und schließlich proteolytisch abgebaut werden. Die Folge ist eine langfristige Abnahme der Rezeptorendichte („Downregulation"), die für β1-Rezeptoren bei der menschlichen Herzinsuffizienz gut belegt ist (Bristow et al., 1982; Böhm et al., 1988; Schwinger et al., 1990; Bristow et al., 1991; Brodde 1991). Nur am Vorhofmyokard, nicht aber an linksventrikulärem Gewebe werden mehr β-Rezeptoren exprimiert, als für die Übermittlung der maximalen β-Rezeptor-vermittelten Antwort nötig sind. Somit ist am ventrikulären Myokard eine Abnahme der Rezeptorendichte direkt mit einer verminderten β-Adrenozeptor-vermittelten Wirkung verbunden (Schwinger et al., 1990). Das Ausmaß der Downregulation ist dabei nicht von der Art der zugrundeliegenden Herzerkrankung, sondern vom Schweregrad der Herzmuskelinsuffizienz abhängig (Steinfath et al., 1991). Für β2-Adrenozeptoren konnte eine entsprechende „Downregulation" der Rezeptorendichte nicht gezeigt werden, wohl aber eine reversible funktionelle Entkopplung durch Rezeptorphosphorylierung (Bristow et al., 1989).

Neben dem proteolytischen Abbau von Membranproteinen konnte für β-Adrenozeptoren auch die Regulation der Proteinexpression auf transkriptionaler und posttranskriptionaler Ebene nachgewiesen werden. In Zellkulturen konnte durch die akute Gabe von β-Agonisten eine kurzfristige Hochregulation der β-Adrenozeptor-mRNA gezeigt werden. Dieser Mechanismus ist jedoch für die chronische Stimulation mit β-Agonisten nicht von Bedeutung. Auch systemisch wirkende Hormone können die kardiale Expression der Adrenozeptoren auf transkriptionaler Ebene beeinflussen. Der anhaltende Einfluss von Glukokortikoiden führt zur „Downregulation" des β1- und vermehrten Synthese des β2-Adrenozeptors. Auch Schilddrüsenhormone können die Expression der β-Adrenozeptoren steigern. Die Bedeutung dieser Regulationsmechanismen für das insuffiziente Herz ist jedoch wahrscheinlich nur indirekt in dem Maße zu bewerten, in dem die Herzinsuffizienz die Spiegel dieser Botenstoffe im peripheren Blut beeinflusst. Ein direkter Zusammenhang zur Herzinsuffizienz hingegen konnte für die posttranskriptionale Destabilisierung der β-Adrenozeptor-mRNA durch Bindung des Proteins AUF1 nachgewiesen werden. Es konnte mehrfach gezeigt werden, dass bei der Herzinsuffizienz des Menschen dieses Bindungsprotein vermehrt exprimiert wird. AUF1 koppelt mit hoher Affinität an die menschliche β-Adrenozeptor-mRNA und führt durch Destabilisierung der Basenketten zu einer Abnahme der mRNA-Konzentration und sekundär der Proteindichte von β-Adrenozeptoren (Danner et al., 1998; Mitchusson et al., 1998).

Die Proteindichte des inhibitorischen Gαi ist bei Herzinsuffizienz deutlich erhöht (um 40 % bis 116 % je nach Untersuchungsmethode), wie von mehreren Autoren anhand von Western Blots, Radioimmunoassays sowie durch bakterientoxin-induzierte ADP-Ribosylierung unter Verwendung eines radioaktiv markierten Substrates (^{32}P-NAD) eindrucksvoll gezeigt werden konnte (Feldman et al., 1988; Böhm et al., 1990). Die Proteinmenge des stimulatorischen Gαs hingegen zeigte sich in mehreren unabhängigen Untersuchungen am insuffizienten Herzen unverändert (Feldman et al., 1988; Bristow et al., 1991).

Mit Zuwachs der Informationen aus genetischen Datenbanken und nach Abschluss des Human Genome Project wird zunehmend die Bedeutung bestimmter Polymorphismen (SNP) des β1- und β2-Adrenozeptor Gens für die Prognose und den Therapieerfolg der

Herzinsuffizienz erkannt. Am β1-Gen führt ein G/C Polymorphismus zu einem Gly oder Arg an Aminosäure 389. Arg389 koppelt und stimuliert dabei vergleichsweise wesentlich effektiver die Adenylatzyklase. Bei Patienten mit Herzinsuffizienz hingegegn wurde für den Gly389 Polymorphismus kürzlich eine Minderung der körperlichen Belastbarkeit beschrieben. Auch am β2-Gen wurden bisher drei häufige und funktionell bedeutsame SNPs identifiziert. In vitro Untersuchungen zeigten eine verstärkte Downregulation bei Arg/Gly16 Mutationen, wohingegen Glu/Gln27 Varianten resistent gegenüber einer Downregulation waren. Der Thr/Ile164 Polymorphismus kommt in der Bevölkerung nur zu 5 % in heterozygoter Ausprägung vor, ohne dass Ile164 homozygote Individuen bislang identifiziert werden konnten. Sowohl in vitro als auch am Tiermodell in vivo scheint die Thr164 Variante zu einer signifikant stärkeren Stimulation der Adenylatzyklase zu führen im Vergleich zu Ile164. Trotz des zunehmenden Verständnisses über die Bedeutung von SNPs bei der Ausprägung individueller Merkmale bedarf es noch weitergehender Studien zur Definition ihrer klinischen Bedeutung und Formulierung einer therapeutischen Konsequenz.

Aufgrund untypischer Wirkungen von β-Adrenozeptorantagonisten mit partiell agonistischer Aktivität wie z. B. Pindolol in hohen Konzentrationen wurde die mögliche Existenz weiterer β-Adrenozeptoren abgeleitet. Der β3-Adrenozeptor wurde in jüngerer Zeit aus Fettgewebe geklont und kürzlich auch im menschlichen Herzen nachgewiesen. In

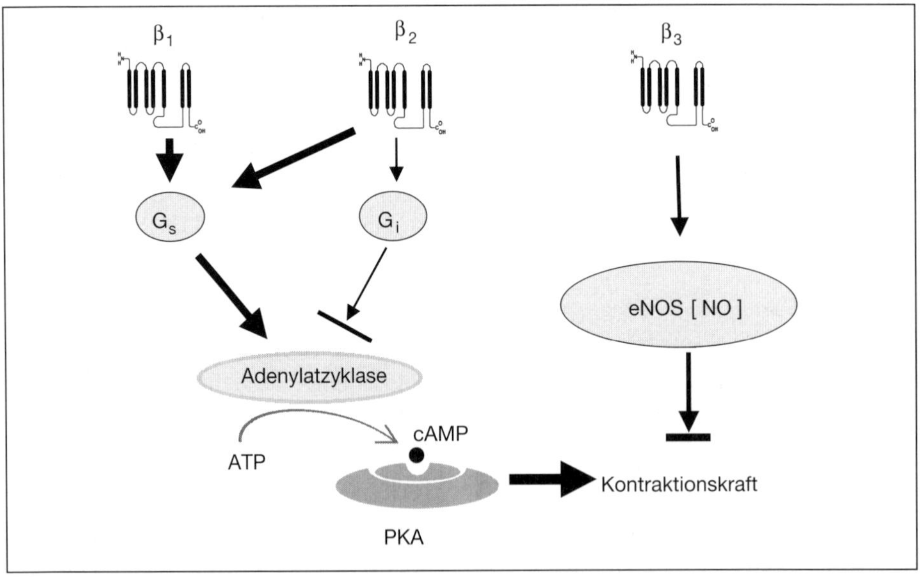

Abb. 1.19 Schematische Darstellung unterschiedlicher Signaltransduktion vermittelt durch Stimulation der drei identifizierten Subtypen kardialer β-Adrenozeptoren. Während β_1- und β_2-Adrenozeptoren durch Stimulation/Inhibition der Adenylatzyklase die zytoplasmatischen Konzentrationen des Botenstoffes cAMP regulieren, gibt es erste Hinweise, dass die Stimulation von β_3-Adrenozeptoren über die Aktivierung der endothelialen NO-Synthase (eNOS) zu einem Anstieg von NO führt (Pott et al., 2002).

linksventrikulärem Myokard vermitteln Agonisten des β3-adrenergen Systems eine negativ inotrope Wirkung. Interessanterweise scheint die Stimulation von β3-Adrenozeptoren in β1- und β2-Knock-out Mäusen auch eine Vasodilatation vermitteln zu können. Dabei konnte die Wirkung der β3-Agonisten durch Antagonisierung der Stickstoffmonoxid (NO)-vermittelten Signaltransduktionskaskade signifikant vermindert werden. In menschlichem Vorhofgewebe konnte inzwischen nachgewiesen werden, dass die Stimulation von β3-Adrenozeptoren über die Aktivierung der endothelialen NO-Synthase (eNOS) zu einem Anstieg von NO führt (Pott et al., 2002). Quantitative oder qualitative Veränderungen des β3 Adrenozeptors bei Herzinsuffizienz konnten bislang nicht nachgewiesen werden.

Die Existenz eines möglichen β4-Adrenozeptors wurde ebenfalls beschrieben (Molenaar et al., 1997), ohne dass der molekularbiologische Nachweis eines solchen Proteins bisher gelang. Aufgrund funktioneller Untersuchungen wird vermutet, dass es sich auch um einen atypischen Funktionszustand des β1-Rezeptors handeln könnte (Bundkirchen et al., 2002).

1.3.3.2 α-Adrenozeptoren

Die Expression des α1-Adrenozeptors konnte von mehreren unabhängigen Arbeitsgruppen sowohl in atrialem als auch ventrikulärem menschlichem Myokard nachgewiesen werden. Dabei ist die Proteindichte und inotrope Wirkung des humanen α1-Rezeptors sowohl im Vergleich zu anderen Spezies als auch verglichen mit den β-Adrenozeptoren des menschlichen Herzens deutlich geringer. Kardiale α1-Adrenozeptoren können neben einer Aktivierung der Proteinkinase C (PKC), Phospholipase C und D auch die Aktivität mehrerer Ionenkanäle (I_{Ca}, I_{to}, $I_{K\,Ach}$) und Transporter der Plasmamembran (Na^+, K^+-ATPase, Na^+/H^+ Austauscher) direkt modulieren (Clerk et al., 1997). Die Signaltransduktion vermittelt durch α1-Stimulation bewirkt unter den meisten Bedingungen eine Steigerung der Inotropie, doch könnte insbesondere eine Aktivierung von PKC auch zu einer effektiven

Tab. 1.7 Pharmakodynamik einiger β-Rezeptorenblocker an menschlichem ventrikulärem Myokard. Die Daten sind der Arbeit von Bristow und Mitarbeitern entnommen (1992). Rezeptorendichte und Bindungsaffinität wurde durch kompetitive Verdrängung mit [^{125}I]iodocyanpindolol an Rohmembranhomogenaten bestimmt. Eine Bindungskurve mit biphasischem Verlauf läßt auf unterschiedliche Bindungsaffinitäten schließen und ist ein indirektes Maß für die Selektivität des β-Blockers (K_D H: hoch affine Bindungskonstante; K_D L: niedrig affine Bindungskonstante). In der rechten Spalte ist die Anzahl der Zellen mit biphasischem Bindungsverhalten im Verhältnis zur Anzahl gemessener Zellen insgesamt angegeben.

β-Blocker	Affinität			Selektivität	Bindungskurven
	IC_{50} (nM)	K_D H (nM)	K_D L (nM)	β1/β2	biphas./gesamt (n)
Propranolol	3,63 ± 0,6	3,63 ± 0,6	–	NA	0 /18
Carvedilol	2,15 ± 0,5	1,76 ± 0,15	29,1 ± 18,7	55:1	12/28
Metoprolol	142 ± 82	42,6 ± 17,1	3,21 ± 1,34	80:1	13/13
Bisoprolol	101 ± 56	57,2 ± 28,2	3,24 ± 1,88	100:1	6/ 7

Minderung der Kontraktionskraft führen. Zudem wurde von mehreren Arbeitsgruppen die Bedeutung einer Aktivierung von α1-Adrenozeptoren als Stimulus für die Entwicklung der kardialen Hypertrophie diskutiert (Autelitano et al., 1998; Olson et al., 1999).

Am insuffizienten menschlichen Herzen wurde von einigen (Böhm et al., 1988; Bristow et al., 1988), wenngleich nicht von allen Studien (Steinfath et al., 1992) eine unveränderte inotrope Antwort auf α1-Adrenozeptoragonisten beschrieben bei ebenfalls unveränderter Proteinexpression im Vergleich zu nicht insuffizientem Myokard. Insbesondere bei chronischer Herzinsuffizienz mit „Downregulation" und Entkopplung der β-Adrenozeptoren könnte die Signaltransduktionskaskade der α1-Adrenozeptoren als Reservemechanismus zum Erhalt der Inotropie eine spezielle Bedeutung erlangen.

1.3.3.3 Muskarinerge Rezeptoren

Von den fünf bekannten und geklonten muskarinergen Rezeptortypen (M_1-M_5) wird die cholinerge Wirkung am Herzen im Wesentlichen über den Rezeptor M_2 vermittelt. Dieser ist an die inhibitorische Gαi Untereinheit gekoppelt zur Inhibition der Adenylatzyklase, kann seine negativ inotrope und chronotrope Wirkung indirekt aber auch über Phospholipase A_2 und D, Proteintyrosinkinase oder direkt über K^+- und Ca^{2+}-Kanäle vermitteln. Während die Stimulation muskarinerger Rezeptoren in Vorhofgewebe die basale Herzfrequenz und Kontraktionskraft vermindern, konnte am menschlichen ventrikulären Myokard durch Acetylcholin oder Carbachol nur eine indirekte antiadrenerge negativ inotrope Wirkung nach vorheriger Stimulation der Kontraktionskraft durch Erhöhung der intrazellulären cAMP-Spiegel mittels Isoprenalin oder Forskolin erreicht werden (Böhm et al., 1990; Köglin et al., 1994). Es gibt Hinweise, dass die Minderung der Kontraktionskraft durch M_2-Stimulation an menschlichem Vorhof- und Ventrikelmyokard vornehmlich durch die Reduktion des systolischen L-Typ Ca^{2+}-Einstroms bei verringerten intrazellulären cAMP-Spiegeln vermittelt wird. Die negativ chronotrope Wirkung von Carbachol konnte in vivo am Menschen jedoch auch ohne vorherige β-adrenerge Stimulation nachgewiesen werden (Köglin et al., 1994). Ein Grund für die unterschiedliche Wirksamkeit an menschlichem Vorhof- und Ventrikelgewebe könnte die höhere Dichte parasympathischer Innervation an Sinus- und AV-Knoten im Vergleich zum linken Ventrikel sein. An isolierten atrialen Kardiomyozyten konnte ebenfalls gezeigt werden, dass Acetylcholin über Gαi direkt den einwärtsgerichteten „rectifying" (gleichrichtenden) K^+-Kanal ($I_{K, Ach}$) öffnen kann. Dies führt über die Hyperpolarisation des Membranruhepotentials direkt zur Verkürzung des Aktionspotentials und Verkürzung des L-Typ Ca^{2+}-Einstromes mit dem Resultat der beschriebenen negativen Inotropie und Chronotropie (Belardinelli et al., 1983).

Für die chronische Herzinsuffizienz konnte im Gegensatz zum gesteigerten Sympathikotonus eine verminderte vagale Aktivität nachgewiesen werden. Die Dichte und Aktivität muskarinerger Rezeptoren hingegen war am isolierten insuffizienten Myokard im Vergleich zu Kontrollherzen nicht verändert (Böhm et al., 1990), die Aktivität des inhibitorischen Gαi sogar erhöht (Feldman et al., 1988; Böhm et al., 1990). Der vagale Tonus sowie die Aktivität des inhibitorischen Gαi könnten bei Herzinsuffizienz von Bedeutung für die Entstehung ventrikulärer Arrhythmien sein (Eschenhagen et al., 1996; Grimm et al., 1998).

1.3.3.4 Angiotensin-Rezeptoren

Die systemische Bildung des Octapeptids Angiotensin II (AT II) aus Angiontensinogen der Leber über eine Kaskade proteolytischer Reaktionen des sogenannten Renin-Angiotensin-Systems ist seit langem bekannt und gut belegt. Neuerdings wurde von mehreren Arbeitsgruppen in Abgrenzung zu dieser systemischen Bildung auch die Bedeutung einer lokalen, gewebegebundenen Synthese hervorgehoben. Hierbei kann AT II in verschiedenen Organen durch gewebeständiges Angiotensin converting enzyme (ACE) gebildet werden und als parakrines Signal die benachbarten Zellen aktivieren oder im Sinne einer autokrinen Aktivität an Rezeptoren der eigenen Zelle seine Wirkung entfalten. Diese in situ, gewebegebundene Signaltransduktion konnte auch am nicht insuffizienten Herzen nachgewiesen werden mit erhöhter Aktivität bei der menschlichen Herzinsuffizienz (Zisman et al., 1998). Es gibt Hinweise, dass ATII,

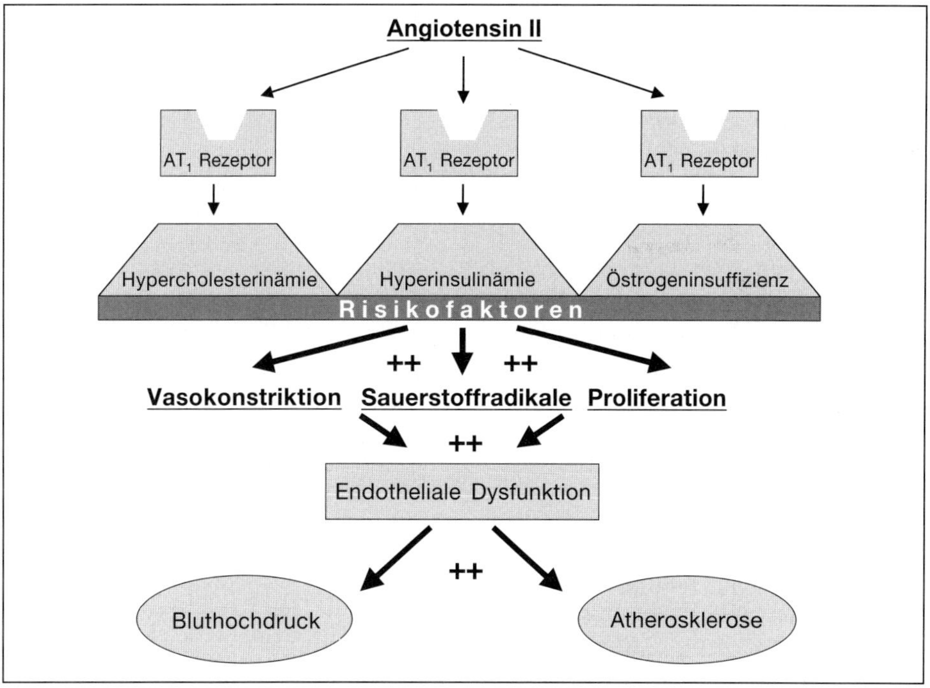

Abb. 1.20 Bedeutung koronarer Risikofaktoren für Atherosklerose und Herzinsuffizienz durch gesteigerte Expression des AT_1-Rezeptors. Die vermehrte Dichte des AT1-Rezeptors führt zu einem erhöhten oxidativen Stress, beschleunigtem Wachstum glatter Gefäßmuskelzellen und erhöhter Vasokonstriktion. Diese schädigenden Faktoren führen im Zusammenspiel mit komorbiden Veränderungen zu endothelialer Dysfunktion mit Monozytenadhäsion, gesteigerter Gerinnung und eingeschränkter Vasodilatation u.a. Diese Kaskade begünstigt die Ausbildung von Bluthochdruck und Atherosklerose (Nickenig et al., 2002).

synthetisiert im zirkulierenden System oder gewebeständig in situ, eine unterschiedliche Bedeutung zukommt: Während zirkulierendes AT II hauptsächlich die Vasomotorik steuert, vermittelt gewebeständiges AT II wahrscheinlich insbesondere proliferative Signale (Remodeling) und reguliert die Genexpression des Organs (Baker et al., 1990).

Die Wirkung des AT II wird hauptsächlich über zwei Gruppen von AT II-Rezeptoren vermittelt. Die sogenannten AT_1- und AT_2-Rezeptoren induzieren qualitativ unterschiedliche Antworten, die überwiegend zueinander antagonistisch sind. Beide Rezeptortypen werden auch im Myokard exprimiert, wobei der AT_1-Rezeptor beim Adulten überwiegt. AT_1-Rezeptoren vermitteln die vasokonstriktorische Aktivität des AT II und sind von zentraler Bedeutung für die Entstehung atherosklerotischer Plaques, bilden aber einen nur schwachen Stimulus zur Induktion der kardialen Hypertrophie und zur Steigerung der Kontraktilität. Die Stimulation der AT_2-Rezeptoren hingegen zeigt vornehmlich eine inhibitorische Wirkung an Herz und Gefäßen mit Vasodilatation und Proliferationshemmung. Der Benefit dieser Gegenregulation durch selektive Inhibition der AT_1-Rezeptoren für die Therapie der Herzinsuffizienz des Menschen konnte anhand multizentrischer, Plazebo-kontrollierter Studien belegt werden (Riegger et al., 1999; Pitt et al., 2000). Neben der pharmakologischen Inhibition der AT_1-Rezeptoren häufen sich in letzter Zeit die Anzeichen, dass die Rezeptorendichte unter verschiedenen Bedingungen variiert und dabei von entscheidender prognostischer Bedeutung ist. Dieses Phänomen, genannt heterologe AT_1-Rezeptor Regulation, wird u.a. durch Wachstumsfaktoren induziert, wie zum Beispiel PDGF (platelet derived growth factor), EGF (epidermal growth factor) oder FGF (fibroblast growth factor). Glukokortikoide, Insulin, LDL, Östrogen und Isoprenalin gehören zu einer Reihe weiterer Faktoren, die die Expression des AT_1-Rezeptors beeinflussen. Gleichzeitig konnte der veränderten Rezeptorendichte eine direkte funktionelle Bedeutung zugeordnet werden, mit vermehrter Bildung atherosklerotischer Läsionen und vermehrtem Blutdruckanstieg bei erhöhter AT_1-Rezeptorendichte. Diese Untersuchungen sind wahrschienlich von grundlegender klinischer Bedeutung, da sie einen engen kausalen Zusammenhang der individuellen koronaren Risikofaktoren arterielle Hypertonie, Hyperinsulinämie und Hypercholesterinämie aufzeigen (Nickenig et al., 2002).

Literatur

Autelitano, D. J. ,Woodcock, E. A.: Selective activation of alpha1A-adrenergic receptors in neonatal cardiac myocytes is sufficient to cause hypertrophy and differential regulation of alpha1-adrenergic receptor subtype mRNAs. J Mol Cell Cardiol **30**, 1515-1523. (1998).

Baker, K. M. ,Aceto, J. F.: Angiotensin II stimulation of protein synthesis and cell growth in chick heart cells. Am J Physiol **259**, H610-618. (1990).

Belardinelli, L. ,Isenberg, G.: Isolated atrial myocytes: adenosine and acetylcholine increase potassium conductance. Am J Physiol **244**, H734-737. (1983).

Bers, D. M. ,Ziolo, M. T.: When is cAMP not cAMP? Effects of compartmentalization. Circ Res **89**, 373-375. (2001).

Böhm, M., Diet, F., Feiler, G., Kemkes, B., Erdmann, E.: Alpha-adrenoceptors and alpha-adrenoceptor-mediated positive inotropic effects in failing human myocardium. J Cardiovasc Pharmacol **12**, 357-364. (1988).

Böhm, M., Gierschik, P., Jakobs, K. H., Pieske, B., Schnabel, P., Ungerer, M. ,Erdmann, E.: Increase of Gi alpha in human hearts with dilated but not ischemic cardiomyopathy. Circulation **82**, 1249-1265. (1990).

Bristow, M. R., Anderson, F. L., Port, J. D., Skerl, L., Hershberger, R. E., Larrabee, P., O'Connell, J. B., Renlund, D. G., Volkman, K., Murray, J. ,et al.: Differences in beta-adrenergic neuroeffector mechanisms in ischemic versus idiopathic dilated cardiomyopathy. Circulation **84**, 1024-1039. (1991).

Bristow, M. R., Larrabee, P., Minobe, W., Roden, R., Skerl, L., Klein, J., Handwerger, D., Port, J. D. ,Muller-Beckmann, B.: Receptor pharmacology of carvedilol in the human heart. J Cardiovasc Pharmacol **19**, S68-80. (1992).

Bristow, M. R., Ginsburg, R., Minobe, W., Cubicciotti, R. S., Sageman, W. S., Lurie, K., Billingham, M. E., Harrison, D. C., Stinson, E. B.: Decreased catecholamine sensitivity and beta-adrenergic-receptor density in failing human hearts. N Eng J Med **307**, 205-211 (1982).

Bristow, M. R., Hershberger, R. E., Port, J. D., Minobe, W. ,Rasmussen, R.: Beta 1- and beta 2-adrenergic receptor-mediated adenylate cyclase stimulation in nonfailing and failing human ventricular myocardium. Mol Pharmacol **35**, 295-303. (1989).

Bristow, M. R., Minobe, W., Rasmussen, R., Hershberger, R. E. ,Hoffman, B. B.: Alpha-1 adrenergic receptors in the nonfailing and failing human heart. J Pharmacol Exp Ther **247**, 1039-1045. (1988).

Brodde, O. E.: Beta 1- and beta 2-adrenoceptors in the human heart: properties, function, and alterations in chronic heart failure. Pharmacol Rev **43**, 203-242. (1991).

Bundkirchen, A., Brixius, K., Bölck, B., Schwinger, R. H. G.: Bucindolol exerts agonistic activity on the propranolol-insensitive state of beta 1-adrenoceptors in human myocardium. JPET **300**, 794-801 (2002).

Clapham, D. E., Neer, E. J.: G protein beta gamma subunits. Annu Rev Pharmacol Toxicol **37**, 167-203 (1997).

Clerk, A. ,Sugden, P. H.: Regulation of phospholipases C and D in rat ventricular myocytes: stimulation by endothelin-1, bradykinin and phenylephrine. J Mol Cell Cardiol **29**, 1593-1604. (1997).

Cohn, J. N.: Abnormalities of peripheral sympathetic nervous system control in congestive heart failure. Circulation **82**, I59-67. (1990).

Danner, S., Frank, M. ,Lohse, M. J.: Agonist regulation of human beta2-adrenergic receptor mRNA stability occurs via a specific AU-rich element. J Biol Chem **273**, 3223-3229. (1998).

Eschenhagen, T., Mende, U., Diederich, M., Hertle, B., Memmesheimer, C., Pohl, A., Schmitz, W., Scholz, H., Steinfath, M., Böhm, M., Michel, M. C., Brodde, O. E., Raap, A.: Chronic treatment with carbachol sensitizes the myocardium to cAMP-induced arrhythmia. Circulation **93**, 763-771. (1996).

Feldman, A. M., Cates, A. E., Veazey, W. B., Hershberger, R. E., Bristow, M. R., Baughman, K. L., Baumgartner, W. A. ,Van Dop, C.: Increase of the 40,000-mol wt pertussis toxin substrate (G protein) in the failing human heart. J Clin Invest **82**, 189-197. (1988).

Grimm, M., Gsell, S., Mittmann, C., Nose, M., Scholz, H., Weil, J. ,Eschenhagen, T.: Inactivation of (Gialpha) proteins increases arrhythmogenic effects of beta-adrenergic stimulation in the heart. J Mol Cell Cardiol **30**, 1917-1928. (1998).

Köglin, J., Böhm, M., von Scheidt, W., Stäblein, A. ,Erdmann, E.: Antiadrenergic effect of carbachol but not of adenosine on contractility in the intact human ventricle in vivo. J Am Coll Cardiol **23**, 678-683. (1994).

Kuschel, M., Zhou, Y. Y., Cheng, H., Zhang, S. J., Chen, Y., Lakatta, E. G. ,Xiao, R. P.: G(i) protein-mediated functional compartmentalization of cardiac beta(2)-adrenergic signaling. J Biol Chem **274**, 22048-22052. (1999).

Kuschel, M., Zhou, Y. Y., Spurgeon, H. A., Bartel, S., Karczewski, P., Zhang, S. J., Krause, E. G., Lakatta, E. G. ,Xiao, R. P.: beta2-adrenergic cAMP signaling is uncoupled from phosphorylation of cytoplasmic proteins in canine heart. Circulation **99**, 2458-2465. (1999).

Mitchusson, K. D., Blaxall, B. C., Pende, A. ,Port, J. D.: Agonist-mediated destabilization of human beta1-adrenergic receptor mRNA: role of the 3' untranslated translated region. Biochem Biophys Res Commun **252**, 357-362. (1998).

Molenaar, P., Sarsero, D. ,Kaumann, A. J.: Proposal for the interaction of non-conventional partial agonists and catecholamines with the 'putative beta 4-adrenoceptor' in mammalian heart. Clin Exp Pharmacol Physiol **24**, 647-656. (1997).

Nickenig, G. ,Harrison, D. G.: The AT(1)-type angiotensin receptor in oxidative stress and atherogenesis: part I: oxidative stress and atherogenesis. Circulation **105**, 393-396. (2002).

Olson, E. N. ,Molkentin, J. D.: Prevention of cardiac hypertrophy by calcineurin inhibition: hope or hype? Circ Res **84**, 623-632. (1999).

Pitt, B., Poole-Wilson, P. A., Segal, R., Martinez, F. A., Dickstein, K., Camm, A. J., Konstam, M. A., Riegger, G., Klinger, G. H., Neaton, J., Sharma, D. ,Thiyagarajan, B.: Effect of losartan compared with captopril on mortality in patients with symptomatic heart failure: randomised trial--the Losartan Heart Failure Survival Study ELITE II. Lancet **355**, 1582-1587. (2000).

Pott, C., Brixius, K., Bundkirchen, A., Bölck, B., Bloch, W., Steinritz, D., Mehlhorn, U., Schwinger, R. H. G.: The preferential beta 3-adrenoceptor agonist 37344 increases force via beta 1-/beta 2-adrenoceptors and induces endothelial nitric oxide synthase via beta 3-adrenoceptors in human atrial myocardium. Br J Pharmacol in press, (2002).

Riegger, G. A., Bouzo, H., Petr, P., Munz, J., Spacek, R., Pethig, H., von Behren, V., George, M. ,Arens, H.: Improvement in exercise tolerance and symptoms of congestive heart failure during treatment with candesartan cilexetil. Symptom, Tolerability, Response to Exercise Trial of Candesartan Cilexetil in Heart Failure (STRETCH) Investigators. Circulation **100**, 2224-2230. (1999).

Schwinger, R. H., Böhm, M. ,Erdmann, E.: Effectiveness of cardiac glycosides in human myocardium with and without „downregulated" beta-adrenoceptors. J Cardiovasc Pharmacol **15**, 692-697. (1990).

Schwinger, R. H., Böhm, M. ,Erdmann, E.: Evidence against spare or uncoupled beta-adrenoceptors in the human heart. Am Heart J **119**, 899-904. (1990).

Steinfath, M., Danielsen, W., von der Leyen, H., Mende, U., Meyer, W., Neumann, J., Nose, M., Reich, T., Schmitz, W., Scholz, H. ,et al.: Reduced alpha 1- and beta 2-adrenoceptor-mediated positive inotropic effects in human end-stage heart failure. Br J Pharmacol **105**, 463-469. (1992).

Steinfath, M., Geertz, B., Schmitz, W., Scholz, H., Haverich, A., Breil, I., Hanrath, P., Reupcke, C., Sigmund, M. ,Lo, H. B.: Distinct down-regulation of cardiac beta 1- and beta 2-adrenoceptors in different human heart diseases. Naunyn Schmiedebergs Arch Pharmacol **343**, 217-220. (1991).

Swedberg, K., Viquerat, C., Rouleau, J. L., Roizen, M., Atherton, B., Parmley, W. W., Chatterjee, K.: Comparison of myocardial catecholamine balance in chronic congestive heart failure and in angina pectoris without failure. Am J Cardiol **54**, 783-786. (1984).

Zisman, L. S., Asano, K., Dutcher, D. L., Ferdensi, A., Robertson, A. D., Jenkin, M., Bush, E. W., Bohlmeyer, T., Perryman, M. B. ,Bristow, M. R.: Differential regulation of cardiac angiotensin converting enzyme binding sites and AT1 receptor density in the failing human heart. Circulation **98**, 1735-1741. (1998).

Pathophysiologie der akuten und chronischen Herzinsuffizienz

2

2.1 Der kardiogene Schock

D. Beuckelmann

Der kardiogene Schock ist definiert als Minderperfusion der Organperipherie mit Multiorganversagen, verursacht durch einen unzureichenden Blutauswurf und bedingt durch einen primären Defekt des Herzens. Vom kardiogenen Schock ist das Kreislaufversagen mit plötzlich auftretender Bewusstlosigkeit (Synkope) zu trennen, das entweder durch eine akute Vasodilatation oder plötzlichen Herzstillstand bedingt ist. Mit unzureichender Organdurchblutung kommt es zur Gewebehypoxie, nutritiver Minderversorgung sowie zur Ansammlung von Stoffwechselabbauprodukten. Primär stellen die peripheren Organe ihre Funktion ein und die Struktur der Organe bleibt erhalten. Wenn die Ursache des Schocks in diesem Stadium beseitigt wird, kommt es nach einer mehr oder minder langen Latenz in der Regel zu einer Wiederherstellung der Funktionen.

Wenn der Schockzustand zu lang andauert, wird auch die Struktur der Organe geschädigt, so dass eine vollständige „restitutio ad integrum" auch nach Beseitigung der Ursache nicht mehr möglich ist. Die Dauer bis zur Funktionseinstellung und Strukturschädigung ist sowohl abhängig vom Ausmaß des Schocks als auch von der organspezifischen Sensibilität gegenüber einer Minderperfusion.

In Sektionen finden sich bei mehr als zwei Drittel aller Patienten mit kardiogenem Schock hochgradige Einengungen aller 3 Koronararterien. Nahezu alle Patienten weisen einen thrombotischen Verschluss einer Arterie auf, die eine große Region des Myokards versorgt. In einer Sektionsstudie konnte gezeigt werden, dass bei den Patienten, die auf dem Boden eines kardiogenen Schocks verstarben, mindestens 40 % der myokardialen linksventrikulären Masse nekrotisch war.

Patienten, die auf dem Boden eines kardiogenen Schocks versterben, haben häufig fleckige Nekrosen als Hinweis auf eine progrediente Myokardnekrose vom Rand eines Infarktes in die ischämische Randzone. Kennzeichen hierfür ist in der Regel eine persistierende Erhöhung der CK-MB im Serum.

2.1.1 Ursachen und Diagnostik

Die wesentlichen Ursachen des kardiogenen Schocks sind in Tabelle 2.1 zusammengefasst. Die therapeutischen Maßnahmen sind natürlich abhängig von der Ursache des kardiogenen Schocks und müssen sich an den zugrunde liegenden pathophysiologischen Veränderungen orientieren.

Der kardiogene Schock ist charakterisiert durch eine deutliche und persistierende (länger als 30 Minuten) anhaltende Hypotonie mit Verminderung des arteriellen Blutdruckes meist unter 80 mm Hg und einer deutlichen Vermin-

Tab. 2.1 Ursachen des kardiogenen Schocks.

▪ Myokardiales Pumpversagen	Akuter Myokardinfarkt Akute Myokarditis Intoxikation mit negativ inotropen Substanzen
▪ Rhythmogen	Bradykardie Tachykardie
▪ Akute Insuffizienzvitien	Papillarmuskelabriss Akute Klappenzerstörung bei Endokarditis Akute Aorteninsuffizienz bei Aortendissektion
▪ Akute Füllungsbehinderung des Ventrikels	Perikardtamponade Hypertrophisch obstruktive Kardiomyopathie

derung des Herzindex (in der Regel unter 2,2 l/min/cm^2). Der linksventrikuläre Füllungsdruck ist in der Regel deutlich über 18 mm Hg erhöht. Aufgrund der verminderten Organperfusion und des hierdurch verminderten O_2 Angebots ist die Sauerstoffausschöpfung erhöht, messbar durch Erniedrigung der gemischt venösen Sauerstoffsättigung und Zunahme der arteriovenösen O_2-Extraktion.

Eine plötzliche hämodynamische Verschlechterung bei einem Patienten mit akutem Myokardinfarkt sollte immer die Suche nach einer mechanischen Komplikation, z.B. akute Mitralinsuffizienz, Ventrikelseptumdefekt oder Ruptur, initiieren. Die infarktbedingte Ventrikelruptur tritt in der Regel wenige Tage nach dem Infarkt auf, meist im Rahmen eines großen Vorderwandinfarktes. Die verzuglose Diagnose dieser Komplikationen ist deshalb wichtig, weil in diesen Fällen nur die rasche operative Therapie lebensrettend sein kann.

2.1.2 Therapie

Die Wiederherstellung einer ausreichenden Durchblutung der vitalen Organe und Gewebe ist das oberste Ziel der symptomatischen Schocktherapie. Die Maßnahmen müssen so frühzeitig einsetzen, dass ein dauerhafter Zellschaden verhindert wird. Bei allen Schockformen ist die Therapie der zugrunde liegenden Erkrankung vordringliche Aufgabe. Hierzu zählt die Wiederherstellung einer antegraden Perfusion in einer verschlossenen Koronararterie des Infarktgebietes bzw. die Entlastung eines Perikardergusses bei Perikardtamponade.

Durch den Schockzustand kommt es regelhaft zur Katecholaminausschüttung mit Anstieg der Herzfrequenz sowie einer Steigerung der Kontraktilität des verbliebenen Restmyokards. Zusätzlich führt die Ausschüttung von Noradrenalin zu einer massiven peripheren Vasokonstriktion. In den Initialstadien des kardiogenen Schocks können diese Mechanismen den systemischen Blutdruck und so den zerebralen und koronaren Blutfluss aufrecht erhalten, jedoch auf Kosten einer verminderten Blutversorgung der Nieren, Haut und anderer innerer Organe. Das Prinzip der Katecholamintherapie beim akuten kardiogenen Schock basiert daher auf der Vorstellung, dass die natürlicherweise vorkommenden Katecholamine Adrenalin und Noradrenalin entweder nicht in ausreichender Menge ausgeschüttet oder nicht genügend selektiv wirksam werden. Bei Stimulation der Kontraktilität mit Katecholaminen muss jedoch berücksichtigt werden, dass die positiv inotrope Stimulation zu einer deutlichen Erhöhung des myokardialen Sauerstoffbedarfs führt und gefährdetes ischämisches Gebiet somit zusätzlich geschädigt werden kann. **Dobutamin** (siehe Kap. 3.1) scheint seine positiv inotrope Wirkung per se jedoch ohne eine wesentliche Steigerung des myokardialen Sauerstoffverbrauchs zu entfalten. Die pharmakologischen Behandlungsverfahren, insbesondere die Therapie mit Katecholaminen, werden an anderer Stelle ausführlich beschrieben (siehe Kap. 3.1).

Einerseits ist die Abhängigkeit des Herzzeitvolumens von der Vorspannung des Myokards im kardiogenen Schock deutlich geringer als beim Gesunden (siehe Kap. 2.7), d.h. umgekehrt, dass eine Verminderung der Vorlast nicht im gleichen Maße zu einer Abnahme des Herzzeitvolumens wie beim nicht herzinsuffizienten Patienten führt. Andererseits hat die Maximierung der ventrikulären Funktion durch Modifikation des linksventrikulären Füllungsdrucks eine besondere Bedeutung für die Hämodynamik. Es soll ein optimaler „preload" gewährleistet sein, ohne die Gasaustauschfunktion der Lunge wesentlich zu beeinträchtigen. Bei Patienten mit akuter Herzinsuffizienz werden daher keine Normalwerte des linksventrikulären Füllungsdrucks (LVEDP) angestrebt. Da der „preload" einen wesentlichen Faktor der ventrikulären Kontraktilität darstellt, sollte das Blutvolumen mit Hilfe eines Rechtsherzkatheters so angepasst werden, dass das Herzzeitvolumen erhöht wird, ohne ein Lungenödem zu verursachen. Durch die verminderte Compliance des linken Ventrikels in der myokardialen Ischämie liegt der ideale Füllungsdruck deutlich höher als beim normalen, nicht koronarkranken Patienten, in der Regel zwischen 18 und 22 mm Hg. Insbesondere in diuretisch vorbehandelten Patienten kann die reine Gabe von Flüssigkeit oder von Plasmaexpandern, zum Beispiel in Form von Hydroxyethylstärke, zu einer deutlichen Besserung der hämodynamischen Situation führen. Bei diesen Patienten kann die Anhebung des linksventrikulären Füllungsdrucks von Normalwerten um 12 mm Hg auf etwa 20 mm Hg ausreichend sein, um den Blutdruck und das Herzzeitvolumen zu stabilisieren und die Schocksymptomatik zu beseitigen. Wenn der linksventrikuläre Füllungsdruck jedoch massiv erhöht ist, so dass Symptome des Lungenödems vorliegen, sollte durch intravenöse **Furosemid**- oder **Etacrynsäure**gabe eine Diurese initiiert werden, um den pulmonalen Venenverschlussdruck in den optimalen Bereich zu bringen.

Die Senkung des peripheren Gefäßwiderstandes wird bei allen Formen der Herzinsuffizienz grundsätzlich angestrebt. Definitionsgemäß ist bei Patienten im kardiogenen Schock der Blutdruck jedoch bereits erniedrigt. Das Ziel einer pharmakologischen Senkung des peripheren Widerstandes wird beim kardiogenen Schock daher in der Regel selten zu erreichen sein.

Die Wiederherstellung einer sequentiellen Erregung von Vorhöfen und Kammern stellt eine der einfachsten Maßnahmen dar, das Herzzeitvolumen akut zu erhöhen. Bei stark erhöhtem linksventrikulärem Füllungsdruck scheint die Bedeutung der Vorhofkontraktion für die Hämodynamik jedoch deutlich kleiner zu sein als bei normalem LVEDP. Dennoch sollte bei neu aufgetretenem Vorhofflimmern versucht werden, durch Kardioversion die AV-sequentielle Erregung des Herzens wieder herzustellen.

Der Erfolg einer Thrombolysetherapie bei Patienten mit kardiogenem Schock im Rahmen eines akuten Myokardinfarktes hat bisher enttäuscht. So ließ sich in einer Subgruppenanalyse der

GISSI-1-Studie (GISSI, 1987) kein Letalitätsunterschied zwischen lysierten und konservativ behandelten Patienten nachweisen (69,9 % vs. 70,1 %). Auch die 1-Jahres-Letalitätsraten waren in beiden Gruppen nicht unterschiedlich (76,6 % vs. 72,4 %). Die Lysetherapie ist zur Therapie des kardiogenen Schocks somit in der Regel ungeeignet. Inzwischen liegen jedoch eine Reihe von Untersuchungen vor, die nachweisen konnten, dass die akute Revaskularisation bei kardiogenem Schock in Form der Koronardilatation mit Wiedereröffnung des verschlossenen Infarktgefäßes zu einer deutlichen Senkung der Letalität führt. Es wurden Patienten im kardiogenen Schock, bei denen eine Reperfusion gelang, mit solchen verglichen, bei denen eine Reperfusion nicht möglich war. Eine Metaanalyse von 14 Studien zeigte, dass durch eine gelungene Wiedereröffnung des Infarktgefäßes eine Letalitätssenkung von ca. 80 % auf etwa 30 % gelang. In einer größeren Studie stellten Lee et al. (1991) die Ergebnisse von 69 Patienten zusammen, die einer erfolgreichen bzw. erfolglosen Koronardilatation des Infarktgefäßes unterzogen wurden. Die Langzeitüberlebensrate bis zu 2 Jahren nach Infarkt von Patienten mit gelungener Reperfusion war wiederum deutlich gebessert (55 % vs. 20 %). Dieser Unterschied war im wesentlichen bereits innerhalb von 3 Tagen nachweisbar und die gebesserte Prognose blieb im Beobachtungszeitraum unverändert. Eine retrospektive Auswertung der Gusto-1-Studie über 2000 Patienten im kardiogenen Schock (Berger et al., 1997) ergab eine Senkung der Letalität von etwa 60 auf 35 %. Auch die Einjahresüberlebensraten waren signifikant besser (Berger et al., 1999), der Effekt einer PTCA (Perkutane transluminale Koronarangioplastie) auf das Überleben ist somit anhaltend. In der SHOCK-Studie (Hochman et al., 1999) wurde bei über 300 Patienten eine akute PTCA nach Herzinfarkt untersucht. Die 6 Monatsletalität war signifikant durch die Revaskularisation gesenkt. Besonders bemerkenswert war, dass der positive Effekt auch bei Patienten, die länger als 6 Stunden seit Schmerzbeginn revaskularisiert wurden nachweisbar war. Die Überlegenheit der PTCA im Vergleich zur medikamentösen thrombolytischen Therapie dürfte darauf zurückzuführen sein, dass durch die PTCA eine komplette Reperfusion schneller und in einem höheren Prozentsatz möglich ist als durch Thrombolyse allein. Die neuesten therapeutischen Möglichkeiten mit zusätzlicher Stentimplantation und GP-IIb/IIIa- Antagonisten haben die Sicherheit und Effektivität der Akut-PTCA bei kardiogenem Schock weiter steigern können.

Zusammenfassend müssen die vorliegenden Ergebnisse von Lysestudien dahingehend interpretiert werden, dass eine Senkung der Letalität bei akutem Myokardinfarkt mit kardiogenem Schock durch eine Thrombolyse in der Regel nicht gelingt. Die verzuglose Koronarangiographie mit Wiedereröffnung des verschlossenen Infarktgefäßes führt demgegenüber zu einer eindrucksvollen Senkung der Letalität. Eine Verlegung in ein Zentrum, das diesen Eingriff durchführen kann, sollte daher möglichst rasch erfolgen. Dieses Vorgehen hat Eingang gefunden in die Empfehlungen der American Heart Association, der Deutschen Gesellschaft für Kardiologie und der Task Force der Europäischen Gesellschaft für Kardiologie. Unabhängig hiervon kommt dem invasiven hämodynamischen Monitoring, mit Hilfe eines Rechtsherzkatheters zur korrekten Einstellung von Vorlast und Widerständen im großen und kleinen Kreislauf, sowie einer Therapie bradykarder und tachykarder Rhythmusstörungen vorrangige Bedeutung zu.

Literatur

Berger, P. B., Holmes, D. R. Jr., Stebbins, A. L., Bates, E. R., Califf, R. M., Topol, E. J.: Impact of an aggressive invasive catheterization and revascularization strategy on mortality in patients with cardiogenic shock in the Global Utilization of Streptokinase and Tissue Plasminogen Activator for Occluded Coronary Arteries (GUSTO-I) trial. An observational study. Circulation, **96** (1), 122-7 (1997).

Berger, P. B., Tuttle, R. H., Holmes, D. R. Jr., Topol, E. J., Aylward, P. E., Horgan, J. H., Califf, R. M.: One-year survival among patients with acute myocardial infarction complicated by cardiogenic shock, and its relation to early revascularization: results from the GUSTO-I trial. Circulation, **99** (7), 873-8 (1999).

(GISSI) Gruppe Italiano per lo Studio della Streptochinasi nell'Infarto Miocardico: Long term effects of intravenous thrombolysis in acute myocardial infarction: Final report of the GISSI study. Lancet, 871-874 (1987).

Hochman, J. S., Sleeper, L. A., Webb, J. G., Sanborn, T. A., White, H. D., Talley, J. D., Buller, C. E., Jacobs, A. K., Slater, J. N., Col, J., McKinlay, S. M., LeJemtel, T. H.: Early revascularization in acute myocardial infarction complicated by cardiogenic shock. SHOCK Investigators. Should We Emergently Revascularize Occluded Coronaries for Cardiogenic Shock. N Engl J Med. **341**(9), 625-34 (1999).

Lee, L., Erbel, R., Brown, T. M., Laufer, N., Meyer, J., O'Neill, W. W.: Multicenter registry of angioplasty therapy of cardiogenic shock: Initial and long-term survival. J Am Coll Cardiol **17**, 599-603 (1991).

2.2 Neurohumorale Aktivierung, Zytokine und Wachstumsfaktoren

M. Flesch, Ch. Schneider

Die Herzinsuffizienz wird als eine chronisch progressive Erkrankung betrachtet, bei der es nach einer initialen Schädigung und einem initialen Kontraktilitätsverlust zur Aktivierung neuroendokriner Mechanismen kommt, insbesondere des Renin-Angiotensin-Systems (RAS) und des sympatho-adrenergen Systems. Die Aktivierung dieser Mechanismen trägt akut zur Aufrechterhaltung einer normalen Kreislauffunktion bei, begünstigt jedoch langfristig das Voranschreiten der Erkrankung (Francis et al., 1993; Rousseau et al., 1994) (siehe Abb. 2.1).

Zu den Mechanismen, über die das RAS und das sympathoadrenerge System zu einer progredienten Verschlechterung der ventrikulären Pumpfunktion beitragen, gehören Wachstumseffekte und toxische Effekte von Hormonen wie Angiotensin II und Noradrenalin an Kardiomyozyten und Fibroblasten oder durch diese Hormone hervorgerufene Veränderungen der kardiomyozytären intrazellulären Signaltransduktion, der kontraktilen Proteine und der intrazellulären Kalziumhomöostase (Mann et al., 1992; Tan et al., 1991; Teerlink et al., 1994). In den vergangenen Jahren wurde deutlich, dass neben den klassischen Neurohormonen eine weitere Gruppe von biologisch aktiven Molekülen, die

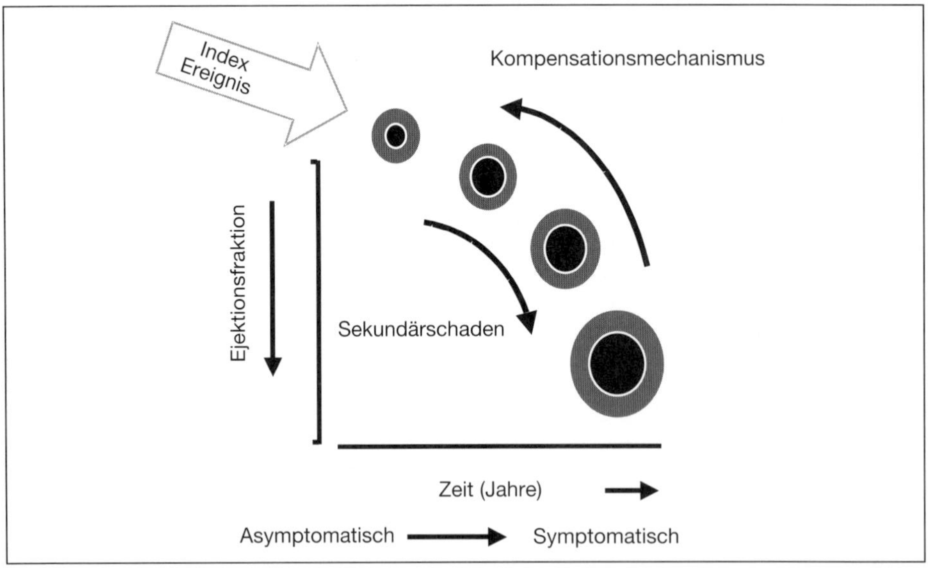

Abb. 2.1 Progression der Herzinsuffizienz durch Aktivierung von neurohumoralen und inflammatorischen Kompensationsmechanismen. (Modifiziert nach Mann, 1999).

sogenannten Zytokine, v.a. Tumornekrosefaktor (TNF), in der Lage ist, den Progress der chronischen Herzinsuffizienz ungünstig zu beeinflussen (Bozkurt et al., 1998; Levine et al., 1990; Seta et al., 1996; Torre-Amione et al., 1996a). Die Bedeutung dieser verschiedenen Systeme für die Pathophysiologie der chronischen Herzinsuffizienz soll in den nachfolgenden Kapiteln dargestellt werden.

2.2.1 Sympathisches Nervensystem

M. Flesch

2.2.1.1 Sympathikusaktivierung bei Herzinsuffizienz

Die Aktivität des sympathischen Nervensystems ist bei Patienten mit einer chronischen Herzinsuffizienz gesteigert (Cohn et al., 1984). Dies zeigt sich an einer erhöhten Ausscheidung von Katecholaminmetaboliten im Urin, bei der Bestimmung von Katecholaminplasmaspiegeln und auch bei Untersuchungen zur elektrischen Aktivität von Skelettmuskeln (Chidsey und Braunwald, 1966; Thomas und Marks, 1978; Levine et al., 1982). Die gesteigerte Sympathiskusaktivierung ist bereits bei Patienten in Ruhe nachweisbar, bei denen im Vergleich zu Gesunden zirkulierende Noradrenalinspiegel um das zwei- bis dreifache der Norm gesteigert sind (Thomas und Marks, 1978). Unter vergleichbarer Belastung steigen die Plasmakatecholaminspiegel bei Patienten mit einer chronischen Herzinsuffizienz dann zunächst stärker an als bei Kontrollprobanden, erreichen aber früher ein Maximum, was einerseits als Ausdruck einer stärkeren Aktivierung des sympathischen Nervensystems gewertet wird, andererseits als Ausdruck einer verminderten Katecholaminreserve interpretiert wird (Chidsey et al., 1966; Francis et al., 1985).

Eine gesteigerte Sympathikusaktivität zeigt sich bereits bei Patienten mit milder oder asymptomatischer Herzinsuffizienz (Francis et al., 1990). Plasmakatecholaminspiegel korrelieren dabei sowohl mit dem Schweregrad der Herzinsuffizienz als auch mit der Prognose der Erkrankung. So beträgt das Sterblichkeitsrisiko von Patienten mit einer chronischen Herzinsuffizienz und normalen Plasmakatecholaminspiegeln in zwei Jahren etwa 50 %, während es bei Patienten mit Plasmakatecholaminspiegeln über 1200 pg/ml bei 80 % liegt (Cohn et al., 1984). (siehe Abb. 2.2) Dies legt nahe, dass die gesteigerte Katecholaminfreisetzung bei Patienten mit einer chronischen Herzinsuffizienz nicht nur einen Kompensationsmechanismus darstellt, der über eine Vasokonstriktion und eine Steigerung von Herzfrequenz und Kontraktionskraft zu einer Aufrechterhaltung des Blutdrucks beiträgt, sondern dass die gesteigerte Katechol-

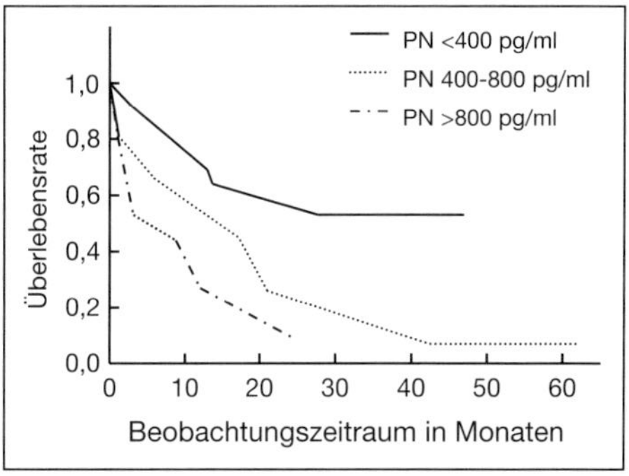

Abb. 2.2 Zusammenhang zwischen zirkulierenden Plasmanoradrenalinspiegeln und der Überlebensrate bei Patienten mit chronischer Herzinsuffizienz (Modifiziert nach Cohn et al., 1984).

aminfreisetzung direkten Einfluss auf den Krankheitsverlauf hat.

2.2.1.2 Myokardiale Freisetzung von Katecholaminen

Die Erhöhung zirkulierender Plasmakatecholaminspiegel bei Patienten mit Herzinsuffizienz resultiert aus einer Kombination von gesteigerter neuronaler Katecholaminfreisetzung und verminderter Wiederaufnahme von Noradrenalin in periphere Nervenendigungen (Esler et al., 1997). So konnte durch mikroneurographische Untersuchungen gezeigt werden, dass die sympathische Nervenaktivität bei Patienten mit Herzinsuffizienz gesteigert ist und dass das Ausmaß der sympathischen Nervenaktivität mit zirkulierenden Katecholaminspiegeln korreliert (Leimbach et al., 1986). Auch scheint das Herz wesentlich zur Katecholaminfreisetzung beizutragen. Während beim Gesunden das Myokard Katecholamine aus der Zirkulation aufnimmt, sind bei Patienten mit Herzinsuffizienz Katecholaminspiegel im Koronarsinusblut höher als im arteriellen Blut (Rose et al., 1985). Dies zeigt an, dass das Herz selbst in der Lage ist, Katecholamine freizusetzen. In Übereinstimmung hiermit konnte nachgewiesen werden, dass der Katecholamingehalt in Myokardproben von Patienten mit Herzinsuffizienz niedriger ist als in Gewebeproben von gesunden Herzen (Chidsey und Braunwald, 1966; Daly et al., 1990). Die kardiale Freisetzung von Noradrenalin bei Herzinsuffizienzpatienten führt somit zu einer Entleerung myokardialer Katecholaminspeicher. Interessant ist in diesem Zusammenhang auch, dass der Katecholamingehalt in Myokardbiopsien von Herzinsuffizienzpatienten mit der kardialen Ejektionsfraktion korreliert und umgekehrt proportional zu den zirkulierenden Katecholaminplasmaspiegeln ist. Ein weiterer Grund für die Abnahme des myokardialen Katecholamingehaltes ist eine verminderte Wiederaufnahmefähigkeit von Noradrenalin in myokardiale präsynaptische Nervenendigungen (Eisenhofer et al., 1996).

2.2.1.3 Barorezeptorfunktion und Herzinsuffizienz

Eine Erklärung für die gesteigerte Sympathikusaktivierung bei Patienten mit einer chronischen Herzinsuffizienz stellt eine Störung des Barorezeptorreflexes dar (Hirsch et al., 1987; Rea et al., 1990). Bei gesunden Kontrollprobanden führt eine Steigerung des Blutdrucks oder eine Zunahme des linksventrikulären und atrialen Füllungsdruckes über eine Aktivierung von ateriellen oder kardiopulmonalen Druckrezeptoren zu einer Aktivierung des Nucleus tractus solitarius und des Nucleus ambiguus in der Medulla oblongata. Reflektorisch kommt es zu einer Abnahme sympathischer Efferenzen aus dem Hirnstamm und zu einer Steigerung der parasympathischen Nervenaktivität. Bei Patienten mit einer chronischen Herzinsuffizienz ist dieser Reflexmechanismus aufgehoben, was sich daran zeigt, dass die Aktivierung des sympathischen Nervensystems bei experimentellem Blutdruckabfall und umgekehrt die Abnahme der sympathischen Nervenaktivität bei Blutdruckanstieg reduziert sind (Levine et al., 1983; Hirsch et al., 1987; Rea et al., 1990; Wang et al., 1990; Olivari et al., 1983). Eine mögliche zelluläre Ursache für den aufgehobenen Barorezeptorreflex bei Herzinsuffizienz ist eine Störung der Na^+-, K^+-ATPase-Aktivität (Rea et al., 1990; Wang et al., 1990). So konnte bei Tieren mit experimenteller Herzinsuffizienz durch Perfusion von isolierten Barorezeptoren mit Digitalis oder niedrigmolekularem K^+ die Barorezeptorsensitivtät wieder hergestellt werden (Wang et al., 1990), und auch bei Herzinsuffizienzpatienten kommt es unter Gabe von Digitalis zu einer Resensibilisierung des Barorezeptorreflexes (Ferguson et al., 1984).

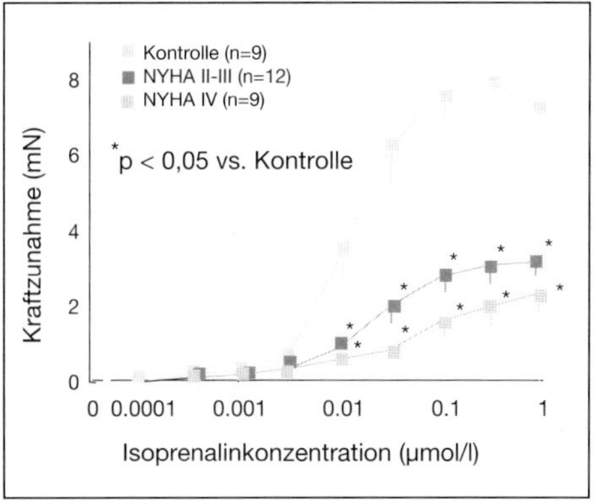

Abb. 2.3 In-vitro-Kontraktionskraftmessungen an isolierten Papillarmuskelstreifen von insuffizienten (NYHA II-III und NYHA IV) und gesunden menschlichen Herzen (Kontrolle). Isoprenalingabe in das Organbad führte bei Präparaten von gesunden Herzen zu einer signifikanten Zunahme der Kontraktionskraft. Bei den insuffizienten Präparaten war der Kraftzuwachs deutlich vermindert (Modifiziert nach Boehm et al., 1995).

2.2.1.4 Katecholaminrefraktärität des insuffizienten Myokards

Eine wesentliche Folge der gesteigerten Katecholaminfreisetzung bei Herzinsuffizienzpatienten und eine charakteristische Veränderung im insuffizienten Myokard ist die Desensibilisierung der myokardialen Adenylatzyklase. Bei Patienten mit einer chronischen Herzinsuffizienz ist die Steigerung der echokardiographisch bestimmten kardialen Ejektionsfraktion deutlich geringer als bei gesunden Kontrollprobanden (Colucci et al., 1988). Auch die Steigerung der Kontraktionskraft von isolierten elektrisch stimulierten Papillarmuskelstreifen als Antwort auf die Exposition gegenüber Katecholaminen ist bei Präparaten aus insuffizienten Herzen deutlich geringer als bei Kontrollpräparaten (Bristow et al., 1990; Böhm et al., 1988). (siehe Abb. 2.3)

Die Katecholaminrefraktärität ist Ausdruck einer Desensibilisierung der myokardialen β-Adrenozeptoren und einer Abnahme der myokardialen β-Rezeptorendichte. Die akute Desensibilisierung von myokardialen β-Rezeptoren erklärt sich durch eine Phosphorylierung des Rezeptors nach Ligandenbindung durch die β-Adrenozeptorkinase (β ARK). Die Phosphorylierung des Rezeptors führt zur Bindung an das zytosolische Protein β-Arrestin. Daraufhin kommt es zu einer Abkoppelung des Rezeptors vom Rezeptor und Adenylatzyklase funktionell verbindenden stimulatorischen Guanin-bindenden Protein (G_i) (homologe Desensibilisierung). Auch die Stimulation anderer Rezeptoren, wie z.B. des Angiotensinrezeptors kann zu einer Phosphorylierung von myokardialen β-Rezeptoren führen. Dieser Prozess dauert länger und ist durch eine Aktivierung der Proteinkinase A (PKA) vermittelt (heterologe Desensibilisierung). Langfristig führt die Phosphorylierung und Entkoppelung des Rezeptors zu seiner Degradation (zur Übersicht siehe Flesch et al., 1996). In Übereinstimmung hiermit zeigen Radioligandenbindungsexperimente, dass der β-Rezeptorengehalt im Myokard von Patienten mit einer chronischen Herzinsuffizienz signifikant reduziert ist (Bristow et al., 1982; Böhm et al.,1988). Dies gilt sowohl für Patienten mit einer ischämischen als auch mit einer dilatativen Kardiomyopathie. Das Ausmaß der β-Rezeptorherabregulation korreliert mit dem Schweregrad der Erkrankung. Die Abnahme der β-Rezeptorendichte ist zurückzuführen auf eine Herabregulation von β_1-Rezeptoren, während der Gehalt an β_2-Rezeptoren im insuffizienten Myokard im Vergleich zu gesunden Kontrollen unverändert ist. Neben der aktiven Degradation des Rezeptors scheint auch eine verminderte *de novo*-Synthese für die Abnahme der β_1-Rezeptorendichte verantwortlich zu sein, da sich im insuffizienten Myokard auch eine Abnahme des β_1-Rezeptor-mRNA-Gehalts zeigt (Ungerer et al., 1993; Bristow et al., 1993). Ein weiterer Grund für die Desensibilisierung der myokardialen β-Rezeptoren ist eine Heraufregulation von inhibitorischen Guanin-nukleotid-bindenen Proteinen ($G_{i\alpha}$). $G_{i\alpha}$ ist wesentlich für die inhibitorische Regulation der Adenylatzyklase, z.B. durch inhibitorische M_2-muskarinerge Rezeptoren und A_1-Adenosinrezeptoren. Im linksventrikulären Myokard von Patienten mit einer dilatativen Kardiomyopathie oder einer ischämischen Kardiomyopathie wurde eine Zunahme des Gehalts an $G_{i\alpha}$ um 40 % bis 90 % beobachtet (Feldman et al., 1988; Böhm et al., 1990). Parallel dazu kommt es zu einem ähnlichen Anstieg des $G_{i\alpha}$-mRNA-Gehalts (Eschenhagen et al., 1992). Die funktionelle Relevanz dieser Befunde konnte dadurch nachgewiesen werden, dass die Vorbehandlung von Myokardmembranpräparationen und von isolierten Herzmuskelzellen aus dem insuffizienten menschlichen Herzen mit G_i-inaktivierendem

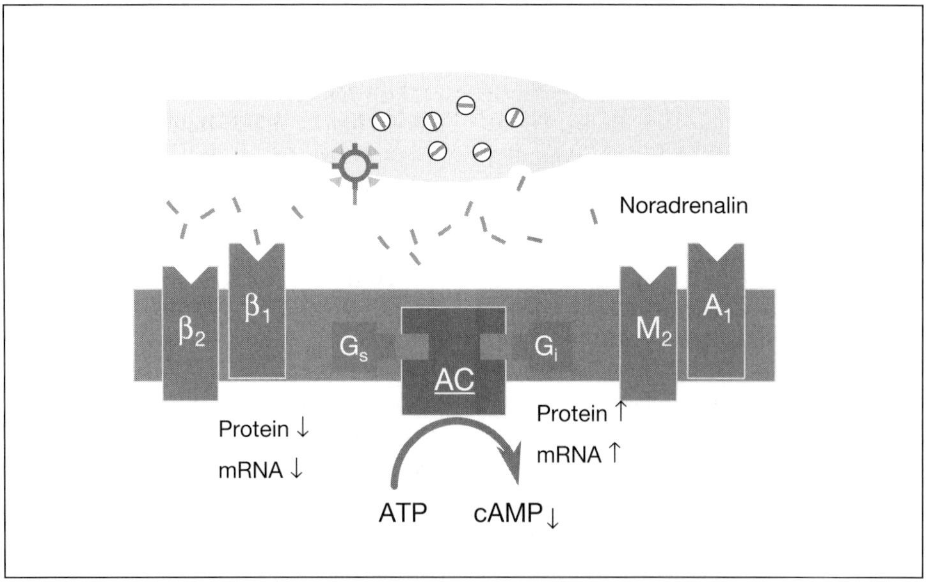

Abb. 2.4 Schematische Darstellung der Veränderungen des β-adrenergen Systems im insuffizienten Myokard. Eine vermehrte Freisetzung von Katecholaminen führt zu einer Herabregulation der β-Adrenozeptorendichte (β_1) und einer vermehrten Expression von inhibitorischen G-Proteinen (G_i) und konsekutiv zu einer verminderten cAMP-Bildung.

Pertussistoxin zu einer gesteigerten cAMP-Bildung und zu einer verbesserten Kontraktionsantwort auf Isoprenalin führte (Feldman et al., 1988; Brown und Harding 1992) (siehe Abb. 2.4).

In vitro wurde eine Herabregulation der β-Rezeptorendichte in isolierten adulten und neonatalen Kardiomyozyten nach Stimulationen mit Katecholaminen nachgewiesen (Flesch et al., 1999). Dies bestätigt das Konzept der homologen Rezeptordesensibilisierung. Die Rezeptorherabregulation lässt sich dabei durch einen β_1-selektiven β-Rezeptorantagonisten aufheben, was möglicherweise eine Erklärung für die Verbesserung der linksventrikulären Pumpfunktion und Katecholaminsensitivität bei Patienten mit einer Herzinsuffizienz ist, die mit β-Blockern behandelt werden (Flesch et al., 1999). Auch die Heraufregulation von $G_{i\alpha}$ wurde als Folge einer Stimulation von Kardiomyozyten mit Katecholaminen beoabachtet (Reithmann et al., 1989).

2.2.1.5 Katecholamine und myokardialer Phänotyp

Experimente an isolierten Kardiomyozyten in vitro zeigen, dass die Stimulation von β-adrenergen Rezeptoren zu einer Zunahme des kardiomyozytären Proteinsyntheserate führt (Knowlton et al., 1993). Die Noradrenalin-induzierte Hypertrophie ist zumindest bei neonatalen Kardiomyozten von einer Reexpression fetaler Gene begleitet, wie sie typischerweise auch im insuffizienten Myokard vorkommt. Hierzu gehören die vermehrte Expression von atrialem natriuretischem Faktor und von β-Myosinschwerkettenprotein. Umgekehrt führt die Stimulation von neonatalen Kardiomyozyten mit Katecholaminen auch zu der für das insuffiziente Myokard charakteristischen Herabregulation der Ca^{2+}-ATPase des sarkoplasmatischen Retikulums (SERCA2a) (Knowlton et al., 1993). Bei Ratten führte die Infusion von Isoprenalin über drei Tage zu einer 40%-igen Zunahme des Myokardgewichtes und zu subzellulären Veränderungen wie sie typischerweise bei der Herzinsuffizienz auftreten, nämlich eine Herabregulation der SERCA2a, einer Myosinschwerketten-Isoformenverschiebung hin zu einer gesteigerten Expression von β-Myosinschwerkettenprotein und einer gesteigerten Expression von atrialem natriuretischen Faktor (Boluyt et al., 1995). Dass für die Veränderungen des myokardialen Phänotyps infolge einer gesteigerten Katecholamineinwirkung auch der β_1-Rezeptor von entscheidender Bedeutung ist, zeigen Experimente an β_1-Rezeptor-überexprimierenden Mäusen, die nach einer Phase der Hyperkontraktilität mit zunehmenden Lebensalter eine Myokardhypertrophie und eine Myokardfibrose sowie eine kardiale Pumpfunktionsstörung entwickeln (Engelhardt et al., 1999 und 2001). (siehe Abb. 2.5) Zudem wurden toxische Effekte von Katecholaminen am Myokard beschrieben. Zu diesen Effekten gehören die Nekrose von isolierten Kardiomyozyten nach Behandlung mit hohen Katecholaminkonzentrationen (Mann et al., 1992), aber auch der apoptotische Untergang von Kardiomyozyten nach Behandlung mit Noradrenalin (Communal et al., 1998). (siehe Abb. 2.6)

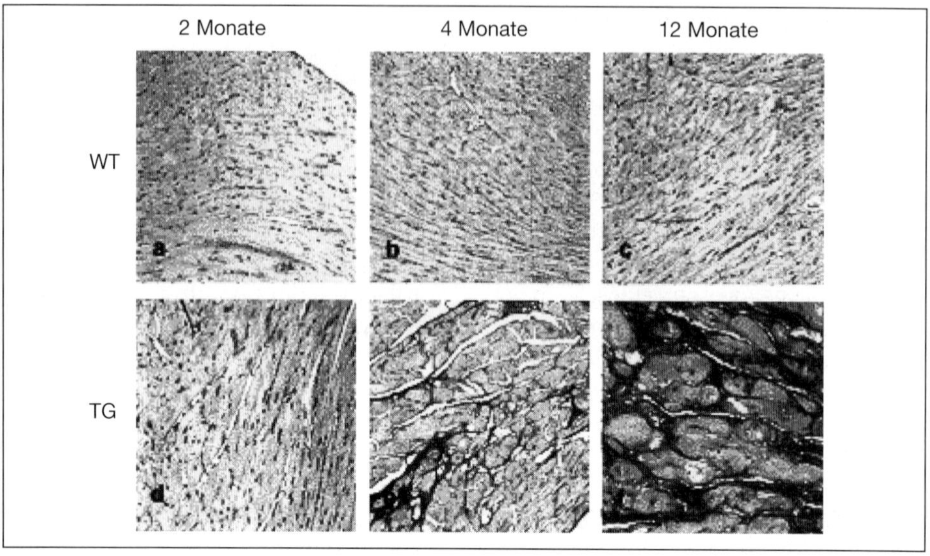

Abb. 2.5 Transgene herzspezifische Überexpression des β_1-Rezeptors bei Mäusen. Eine Folge ist die deutliche Zunahme des kardialen Kollagengehaltes (Modifiziert nach Engelhardt et al., 2001).

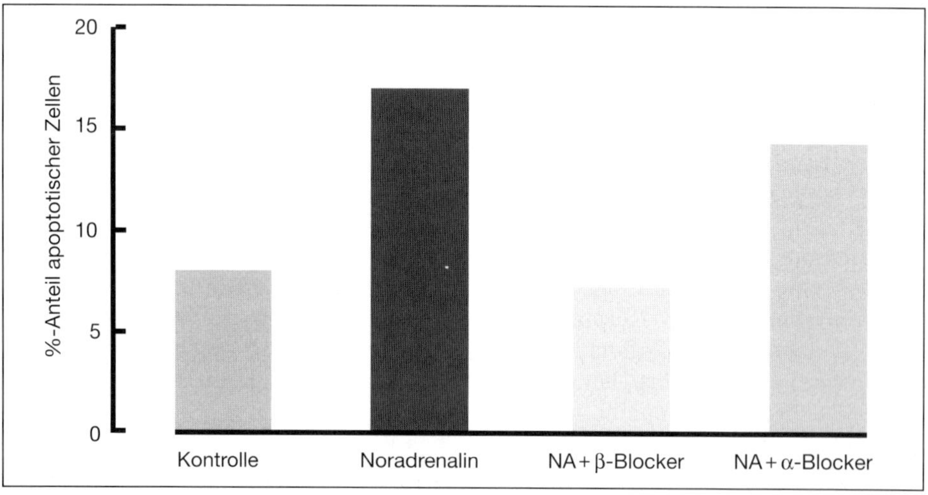

Abb. 2.6 Induktion von apoptotischem Untergang von Rattenkardiomyozyten in vitro durch Inkubation mit Noradrenalin (10 umol/l). Der Effekt von Noradrenalin wird durch β-Blockade, nicht aber durch α-Blockade aufgehoben (Modifiziert nach Communal et al, 1998).

2.2.2 Renin-Angiotensin-System

M. Flesch

2.2.2.1 Zirkulierendes Renin-Angiotensin-System

Das Renin-Angiotensin-System (RAS) galt ursprünglich als ein zirkulierendes Hormonsystem, wobei in der Leber gebildetes Angiotensinogen unter Einwirkung von in der Niere freigesetztem Renin in Angiotensin I umgewandelt wird. Angiotensin I wird durch das primär im Gefäßendothel lokalisierte Angiotensinkonversionsenzym (ACE) in Angiotensin II (Ang II) umgewandelt. Angiotensin II übt seine Effekte an den Zielorganen über Bindung an spezifische Rezeptoren aus, wobei der AT_1- (bzw. die beiden extrem homologen Rezeptoren AT_{1A} und AT_{1B}) und der AT_2-Rezeptor am besten charakterisiert sind. Bindung von Angiotensin II an den G-Protein gekopppelten AT_1-Rezeptor führt zu einer intrazellulären Ca^{2+}-Freisetzung und Aktivierung der Phospholipase C. Der ebenfalls G-Protein-gekoppelte AT_2-Rezeptor führt zu einer Aktivierung von Tyrosin- oder Serin/Threoninproteinphosphatasen (Ichiki et al., 1995). AT_{1A}- und wahrscheinlich ebenfalls AT_{1B}-Rezeptor-Stimulation führen in den meisten experimentellen Systemen zu Vasokonstriktion, positiver Inotropie und Zellwachstum. Beide Rezeptoren können mit AT_1-Rezeptorblockern wie Losartan, Irbesartan oder Candesartan gehemmt werden (Lorell 1999).

Die Rolle des AT_2-Rezeptors ist bislang weniger präzise definiert. Experimente an isolierten Nervenzellen und Gefäßmuskelzellen legen nahe, dass über diesen Rezeptorsubtyp primär antiproliferative Signale vermittelt werden (Lorell 1999).

2.2.2.2 Gewebeständiges Renin-Angiotensin-System

Neben dem zirkulierenden RAS gibt es im Herzen wie auch in anderen Organen ein gewebeständiges RAS. Angiotensinogen wurde in allen Herzkammern von verschiedenen Säugetierherzen (Dostal et al., 1992a; Lee et al., 1996), auch beim Menschen (Sawa et al., 1992), nachgewiesen. Für die chronische Herzinsuffizienz sind eine Zunahme der mRNA für Angiotensinogen (Finckh et al., 1991) und ein erhöhter Umsatz linksventrikulären myokardialen Angiotensinogens beschrieben (Danser et al., 1997). Die Bedeutung der lokalen Angiotensinogenexpression unter physiologischen Bedingungen für die myokardiale Angiotensin I-Generierung ist dabei unklar. Im isolierten Rattenherzen wurde gezeigt, dass Angiotensin I nur dann generiert wird, wenn der Perfusionsflüssigkeit Renin und Angiotensinogen zugegeben wird (de Lannoy et al., 1997).

Ebenfalls wurde die mRNA für Renin in Vorhof und Ventrikel neonataler und adulter Rattenherzen (Dostal et al., 1992; Kawaguchi und Kitabatake, 1995; Lindpaintner et al., 1990; Pieruzzi et al., 1995) und in isolierten adulten Rattenkardiomyozyten nachgewiesen (Dzau und Re 1987). Wie für Angiotensinogen wurde in Experimenten mit nephrektomierten Schweinen auch für Renin gezeigt, dass der größte Teil des myokardialen Renins jedoch aus der Niere stammt und aktiv in das Myokard aufgenommen wird (Danser et al., 1994). Eine Aufnahme von zirkulierendem Renin in das Myokard wurde auch für das gesunde und insuffiziente menschliche Myokard nachgewiesen (Danser et al., 1997).

ACE kommt im menschlichen und im Rattenherzen vor (Hokimoto et al., 1995; Schunkert et al., 1990) und hier neben Fibroblasten und Endothelzellen auch in Kardiomyozyten (Dostal et al., 1992; Zhang et al., 1995) (Paul et al., 1996). Nach chronischer Druckbelastung und nach einem Myokardinfarkt steigt im Rattenherz die ACE-Genexpression an (Hirsch et al., 1991; Schunkert et al., 1990). Ebenfalls wurde im linksventrikulären Myokard von Patienten mit terminaler Herzinsuffizienz und in linksventrikulären Aneurysmen bei Patienten nach einem Myokardinfarkt eine Zunahme des ACE-mRNA-Gehalts beobachtet (Hokimoto et al., 1995; Studer et al., 1994).

Zusätzlich zu ACE tragen auch andere Enzyme im Herzen zur Bildung von Angiotensin II bei. Hierzu gehören die Serinproteasen Cathepsin G (Klickstein et al., 1982) und Tonin (Ikeda et al., 1988), eine Aspartylprotease, Cathepsin D (Katwa et al., 1997) und insbesondere die chymostatin-sensitive Serinprotease Chymase (Urata et al., 1993). Die Chymase macht in vitro 80-90% der im menschlichen Herzen lokalisierten Angiotensin II-Bildungskapazität aus (Urata et al., 1990). In vivo ist die Bedeutung dieses Enzyms aufgrund des Vorkommens endogener Peptidasen möglicherweiser wesentlich geringer. (Kokkonen et al., 1997).

Angiotensin I und Angiotensin II wurden in Vorhof und Ventrikel von Hunde-, Schweine- und Rattenherzen nachgewiesen (Balcells et al., 1997; Flesch et al., 1997a; Luchner et al., 1996; Nagano et al., 1992). Der Nachweis von Angiotensin I und Angiotensin II in kultivierten Kardiomyozyten, Fibroblasten und Endothelzellen (Fischer et al., 1997; Sadoshima und Izumo 1996) lässt darauf schließen, dass alle myokardialen Zellreihen zur Generierung von Angiotensin II im Myokard beitragen.

Sowohl AT_1- als auch AT_2-Rezeptoren sind im Herzen exprimiert. Die Rezeptordichte an Kardiomyozyten und im Myokard ist jedoch gering. Beim Menschen entspricht der Gehalt an Angiotensinrezeptoren etwa einem Zehntel des Gehalts an β-Rezeptoren (Asano et al., 1997). AT_1-Rezeptoren machen im Rattenherzen mindestens 50-60% der Rezeptoren aus (Lopez et al., 1994; Sechi et al., 1991). Einzelne Autoren gehen sogar davon aus, dass in isolierten Kardiomyozyten oder im intakten Myokard überhaupt keine AT_2-Rezeptoren vorkommen (Crabos et al., 1994; Kambayashi et al., 1993; Mukoyama et al., 1993). Im menschlichen Myokard wurden Gentranskripte für beide Rezeptorsubtypen nachgewiesen, und es wurde gezeigt, dass im insuffizienten Myokard der AT_1-Rezeptor-mRNA-Gehalt abnimmt (Asano et al., 1997; Haywood et al., 1997). Umgekehrt wurde auch eine Zunahme der AT_2-Rezeptordichte im insuffizienten menschlichen Myokard beschrieben (Tsutstumi et al., 1998).

2.2.2.3 Renin-Angiotensin-System und Myokardhypertrophie

Die gesteigerte ACE-Aktivität im insuffizienten Myokard (Studer et al., 1994) (siehe Abb. 2.7) und in linksventrikulären Aneurysmen nach einem Myokardinfarkt (Hokimoto et al., 1995) und tierexperimentelle Befunde zur Heraufregulation der ACE-Aktivität bei chronischer Druckbelastung des Myokards (Schunkert et al., 1990) und nach einem Myokardinfarkt (Hirsch et al., 1991)

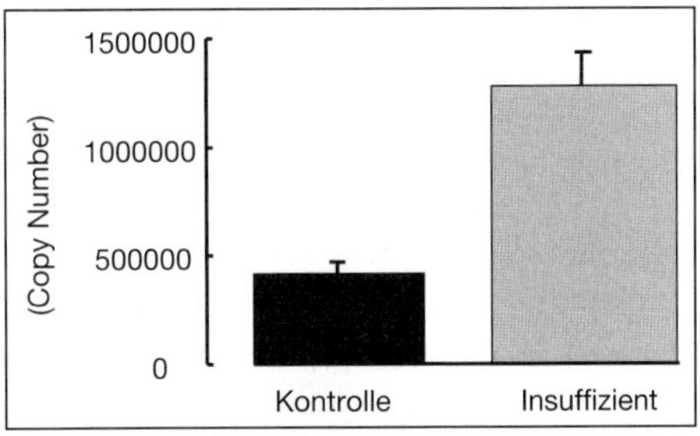

Abb. 2.7 Quantifizierung des ACE-mRNA-Gehaltes im menschlichen Myokard von Patienten mit und ohne Herzinsuffizienz durch RT-PCR. Die verstärkte Expression von ACE-mRNA im insuffizienten Myokard ist ein Indiz für die Aktivierung des gewebeständigen Renin-Angiotensin-Systems im insuffizienten menschlichen Myokard. (Modifiziert nach Studer et al., 1994)

sprechen für die essentielle Bedeutung des RAS bei myokardialen Umbauprozessen.

Dies zeigen auch verschiedene Experimente an isolierten neonatalen Rattenkardiomyozten. Dehnung führte hier zu einer Heraufregulation von AT_1-Rezeptoren, zu einer Angiotensin II-Freisetzung und über AT_1-Rezeptorstimulation zur Aktivierung von Wachstumssignaltransduktionskaskaden (Kijima et al., 1996; Sadoshima und Izumo 1996; Yamazaki et al., 1995). (siehe Abb. 2.8 und Abb. 2.9) Weiter führte die AT_1-Rezeptorstimulation in neonatalen Kardiomyozyten zur Induktion fetaler Genexpressionsmuster, wie sie typischerweise bei Myokardhypertrophie und Herzinsuffizienz vorkommen (Ju et al., 1996; Sadoshima und Izumo 1993). In isolierten Fibroblasten induzieren Angiotensin

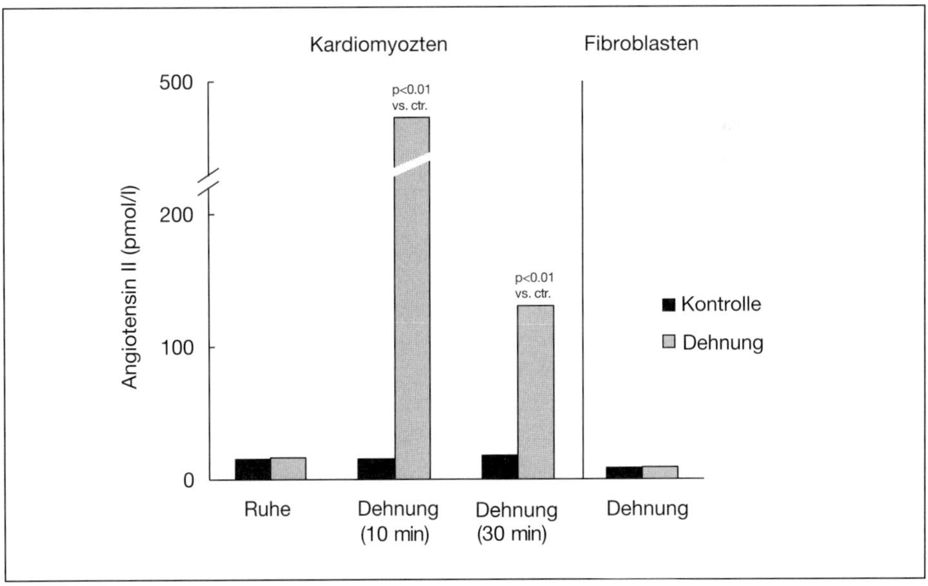

Abb. 2.8 Einfluss von mechanischem Stress auf die Angiotensin II-Freisetzung von isolierten Rattenkardiomyozyten und Rattenkardiomyoblasten in vitro. Dehnung führt zur akuten autokrinen Freisetzung von Angiontensin II in Herzmuskelzellen, nicht aber in kardialen Fibroblasten (Modifiziert nach Sadoshima et al, 1993).

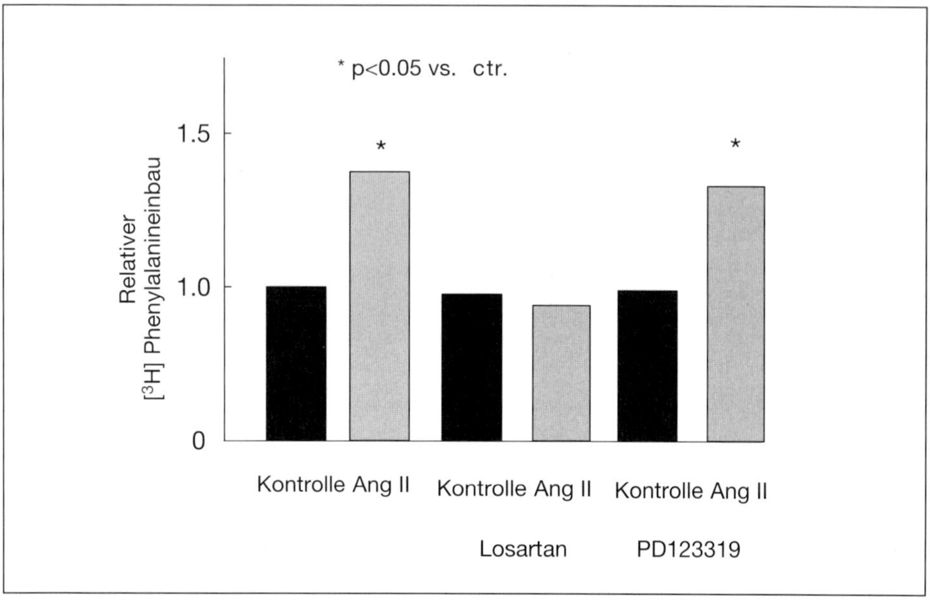

Abb. 2.9 Einfluss von Angiotensin II auf den Proteinsyntheserate in isolierten Rattenkardiomyozyten. Angiotensin II führt zu einer deutlichen Kardiomyozytenhypertrophie, die durch AT_1-Rezeptorblockade mit Losartan, nicht aber durch AT_2-Rezeptorblockade mit PD123319 aufgehoben wird (Modifiziert nach Sadoshima und Izumo, 1993).

II und Aldosteron eine gesteigerte Kollagensynthese (Brilla et al., 1994).

Die Bedeutung des RAS für myokardiale Umbauprozesse wurde weiter durch Untersuchungen an transgenen Ratten mit einer Überexpression des Mäusereningens unterstrichen. Diese Ratten entwickeln eine Aktivierung des gewebeständigen RAS und daraus folgend eine fulminante arterielle Hypertonie und eine Myokardhypertrophie. An diesem Modell für die Renin-induzierte kompensierte hypertensive Kardiomyopathie ließen sich einige der für das insuffiziente menschliche Myokard charakteristischen Merkmale nachweisen. So liegt eine Abnahme der kontraktilen Antwort isolierter Papillarmuskeln auf adrenerge Stimuli vor, die wie bei der menschlichen Herzinsuffizienz auf eine Abnahme der β-Adrenozeptorendichte und eine Zunahme des Gehalts an inhibitorischen Guaninnukleotid-bindenden Proteinen zurückzuführen ist (Böhm et al., 1995). Ebenfalls wurden eine systolische und diastolische Kontraktionsstörung nachgewiesen, die mit einer relativen Zunahme des β-Myosinschwerkettengehalts und einer verminderten Genexpression für die Ca^{2+}-ATPase des sarkoplasmatischen Retikulums und von Phospholamban einhergingen. Diese hier als Folge einer RAS-Aktivierung vorkommenden Veränderungen der intrazellulären Ca^{2+}-Homöostase lassen sich typischerweise auch im menschlichen insuffizienten Myokard nachweisen (Flesch et al., 1996a, Flesch et al., 1996b). (siehe Abb. 2.10) Die Behandlung mit einem AT_1-Rezeptorblocker, nicht aber mit Hydralazin verhinderte in diesem Modell Myokardhyper-

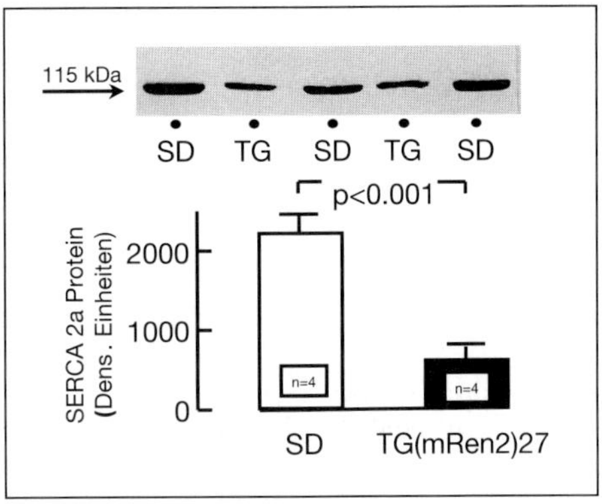

Abb. 2.10 Abnahme des linksventrikulären myokardialen SERCA2a-Proteingehalts bei Ratten mit einer Überexpression des Mäuse-Reningens und einer Aktivierung des gewebeständigen RAS (TGm(Ren2)27). Ergebnis einer Western-Blot-Analyse (Modifiziert nach Flesch et al., 1997a).

trophie, Pumpfunktionsstörung und zelluläre myokardiale Veränderungen (Flesch et al., 1997b; Zolk et al., 1998).

Schließlich wird die Bedeutung einer Aktivierung des RAS für myokardiale Umbauprozesse dadurch unterstrichen, dass durch eine Therapie mit ACE-Hemmern oder AT_1-Rezeptorantagonisten die Ausbildung einer Myokardhypertrophie bei Patienten mit einer arteriellen Hypertonie verhindert oder rückgängig gemacht werden kann (Dahlof, 1995; Mitsunami et al., 1998; Sabbah 2000).

Umgekehrt wurde durch Experimente an AT_{1A}-Rezeptor-Knockout-Mäusen gezeigt, dass trotz Fehlens dieses Rezeptors eine Aortenstriktur zu einer Myokardhypertrophie führt (Hamawaki et al., 1998; Harada et al., 1998). In Übereinstimmung damit konnte an isolierten adulten Rattenkardiomyozyten eine durch mechanische Dehnung hervorgerufene Zunahme der DNA-Syntheserate nicht durch AT_1-Rezeptorblockade gehemmt werden (Kent und McDermott 1996). Aus diesen Experimenten ergibt sich, dass eine AT_1-Rezeptorstimulation nicht exklusive Grundvoraussetzung für die Ausbildung einer druckinduzierten Myokardhypertrophie ist.

2.2.2.4 Renin-Angiotensin-System und kardiomyozytäre Apoptose

Unter Apoptose oder dem programmierten Zelltod versteht man einen Vorgang, bei dem sich Zellen einem induzierbaren, nicht nekrotischen zellulären Suizid unterziehen. Im Gegensatz zum nekrotischen Zelltod hängt die Apoptose von der Neusynthese von Proteinen ab, die als Antwort auf bestimmte Stimuli durch Aktivierung von endogenen Proteinasen den zellulären Suizid einleiten. Die myozytäre Integrität und insbesondere die Integrität der Zellmembran bleiben dabei zunächst erhalten (Kerr et al., 1972).

Eine Reihe verschiedener Stimuli können im Herzen und in isolierten Kardiomyozyten Apoptose auslösen: 1. Ischämie, Ischämie-Reperfusion und freie Sauerstoffradikale, 2. erhöhte intrazelluläre Kalziumionenkonzentrationen, 3. Zytokine, insbesondere TNF, 4. Stickstoffmonoxid (NO), möglicherweise in Zusammenwirkung mit Peroxinitrit ($ONOO^-$), 5. neurohumorale Faktoren wie Angiotensin II und Noradrenalin, 6. mechanischer Stress (Feuerstein und Young 2000; Sabbah 2000).

Das Vorkommen apoptotischer Kardiomyozyten wurde im menschlichen insuffizienten Myokard erstmals von Narula et al. (1996) beschrieben. An menschlichen explantierten Herzen beobachtete diese Gruppe, dass der Anteil apoptotischer Kardiomyozyten im insuffizienten menschlichen Myokard zwischen 5 % und 35 % liegt. Olivetti et al. (1997) bestätigten diese Beobachtung im Grundsatz, zählten jedoch lediglich zwischen 673 und 6549 apoptotische Zellkerne pro 1.000.000 Zellkerne im insuffizienten Myokard. Mechanische Druckentlastung führt zu einer Abnahme der Inzidenz apoptotischer Kardiomyozyten, wie durch eine Untersuchung an linksventrikulären Myokardproben von Patienten mit einer chronischen Herzinsuffizienz beobachtet wurde, die mit einem Left Ventricular Assist Device behandelt worden waren (Flesch et al., 2001).

Eine mögliche Bedeutung von Angiotensin II bei der Induktion des programmierten Zelltods in Kardiomyozyten wurde durch Experimente an isolierten adulten Kardiomyozyten deutlich, in denen Stimulation des AT_1-Rezeptors durch Zugabe des Hormons oder durch autokrine Angiotensin II-Freisetzung nach mechanischer Dehnung zu einer Zunahme der Apoptosehäufigkeit führte (Kajstura et al., 1997; Leri et al., 1998). Auch die nach einem Myokardinfarkt in Rattenkardiomyozyten beobachtete Zunahme der Apoptosehäufigkeit war durch AT_1-Rezeptorblockade hemmbar, während AT_2-Rezeptorblockade auf diese Parameter keinen Einfluss hatte (Horiuchi et al., 1998). Dem AT_1-Rezeptor scheint damit in Kardiomyozten eine andere Bedeutung für die Apoptoseinduktion zuzukommen als in anderen Zellsystemen, in denen Apoptose durch AT_2-Rezeptor-Aktivierung induziert wird.

2.2.3 Tumornekrosefaktor

M. Flesch

Tumornekrosefaktor (TNF) ist ein proinflammatorisches Molekül, das sowohl seine eigene Produktion als auch die Ausschüttung anderer Mediatormoleküle wie die des Plättchen-aktivierenden Faktors, von Eicosanoiden oder freien Sauerstoffradikalen oder die Synthese anderer Zytokine wie die von Interleukin-1 stimulieren kann (Meldrum 1998). Primärer Ort der Bildung von TNF sind Makrophagen, durch die TNF in nahezu jedem Organ freigesetzt werden kann (Arras et al., 1996). Über die Freisetzung aus Makrophagen erklärt sich möglicherweise auch der Nachweis von TNF im Myokard von Patienten mit einer chronischen Herzinsuffizienz, da bei Herzinsuffizienzpatienten erhöhte Neopterin-Spiegel als Marker für eine Monozytenaktivierung nachgewiesen wurden. Darüber hinaus wurde nachgewiesen, dass das Myokard selbst in der Lage ist, TNF zu synthetisieren (Habib et al., 1996; Torre-Amione et al., 1996b; Wagner et al., 1998). Während TNF im gesunden Myokard nicht exprimiert wird (Kapadia et al., 1997; Satoh et al., 1997; Torre-Amione et al., 1996a), wird seine Bildung akut durch eine Reihe von Stressfaktoren induziert, die möglicherweise zur Entstehung der chronischen Herzinsuffizienz beitragen: Druckbelastung des Myokards und Dehnung von Kardiomyozyten (Kapadia et al., 1997), oxidativer Stress (Meldrum et al., 1998) und myokardiale Ischämie oder Infarzierung (Gurevitch et al., 1996).

Die kardiale Freisetzung von TNF ist nach dieser Hypothese eine Ursache für die nachgewiesene Erhöhung zirkulierender TNF-Serumspiegel bei Patienten

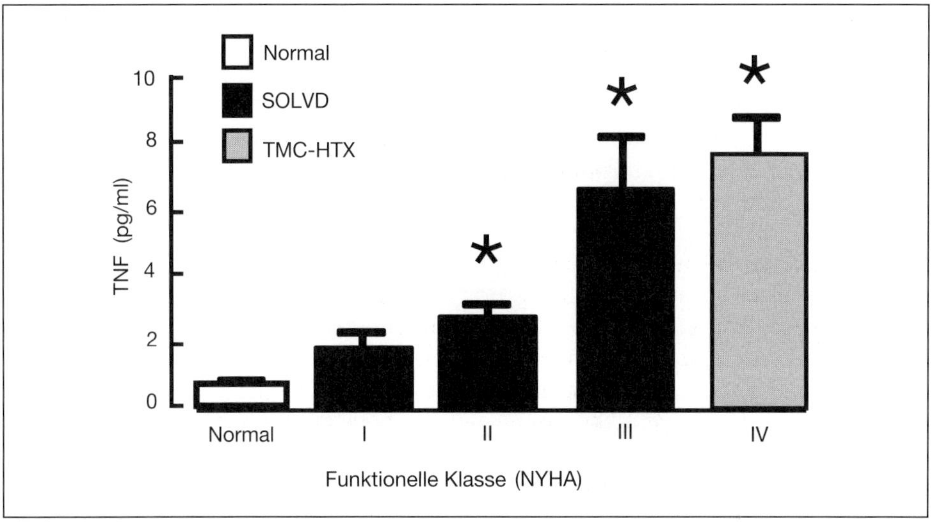

Abb. 2.11 Korrelation zwischen der Höhe zirkulierender TNF-Spiegel und dem Schweregrad der Herzinsuffizienz bei Patienten der SOLVD-Studie. Die Patienten wurden entsprechend der Definition der New York Heart Association funktionell klassifiziert. NYHA IV-Patienten waren Patienten, die sich im Texas Medical Center in Houston einer Herztransplantation (HTX) unterzogen (Modifiziert nach Torre-Amione et al., 1996b).

mit chronischer Herzinsuffizienz (Levine et al., 1990). Dabei besteht eine Korrelation zwischen zirkulierenden TNF-Serumspiegeln und dem Schweregrad der Herzinsuffizienz (Torre-Amione et al., 1996b). (siehe Abb. 2.11)

Die zellulären Effekte von TNF werden über Bindung an zwei distinkte Rezeptoren vermittelt, einen 55 kDA schweren Rezeptor mit niedriger Affinität (TNF-R1) und einen 75 kDA schweren Rezeptor mit höherer Affinität (TNF-R2). Beide Rezeptoren kommen sowohl im gesunden als auch im insuffizienten Myokard vor (Torre-Amione et al., 1996a). Ein besonderes Charakteristikum dieser Rezeptoren ist es, dass sie nach einer Reihe von Stimuli, die zunächst zu einer vermehrten Synthese von TNF führen, von der Zelloberfläche abgesetzt werden und als lösliche Rezeptoren in der Peripherie nachgewiesen werden können. Unklar ist, ob diese Rezeptorabscherung einen negativen Rückkoppelungsmechanismus darstellt oder ob TNF durch Bindung an zirkulierende Rezeptoren als Heterotrimer stabilisiert und dadurch seine Bioaktivität gesteigert wird (Kapadia et al., 1998). Bei Patienten mit einer chronischen Herzinsuffizienz wurde eine Zunahme löslicher TNF-R1 und TNF-R2 nachgewiesen (Anker et al., 1997; Ferrari et al., 1995; Torre-Amione et al., 1996a), und es wurde gezeigt, dass bei Patienten mit schwerer Herzinsuffizienz Serumspiegel für lösliche TNF-R2 als unabhängiger Parameter mit der ungünstigen Kurzzeitprognose korrelieren (Ferrari et al., 1995).

Da TNF eine Reihe von phänotypischen Veränderungen induziert, wie sie für die Herzinsuffizienz charakteristisch sind, darunter linksventrikuläre kon-

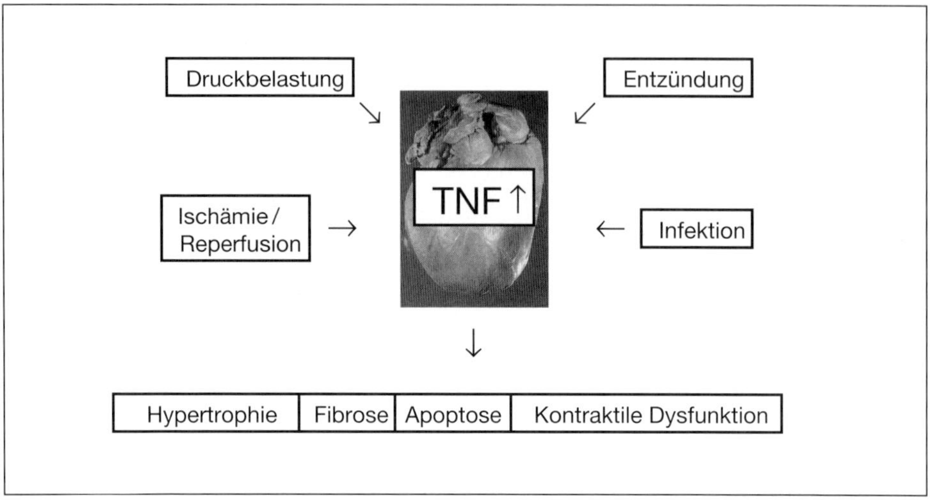

Abb. 2.12 Schematische Darstellung der Stimuli, die im Herzen zu einer gesteigerten TNF-Synthese führen, sowie der nachgewiesenen myokardialen Effekte von TNF.

traktile Dysfunktion, linksventrikuläres Remodeling, Lungenödem und Kardiomyopathie (Eichenholz et al., 1992; Hegewisch et al., 1990; Horgan et al., 1993; Lo et al., 1992; Murray und Freeman, 1996; Natanson et al., 1989; Yokoyama et al., 1993), ist es naheliegend, dass TNF eine Schlüsselposition in der Pathogenese der Herzinsuffizienz zukommt. (siehe Abb. 2.12)

2.2.3.1 Tumornekrosefaktor und kardiale Kontraktilität

Der direkte Nachweis eines negativ inotropen Effektes von TNF wurde durch Experimente an Hamsterpapillarmuskeln (Finkel et al., 1992) und an isolierten Kardiomyozyten erbracht (Gulick et al., 1989), die zeigten, dass Zytokine zu einer Abnahme der kardialen Kontraktionskraft und zu einer Katecholaminrefraktärität führten. Der negativ inotrope Effekt ist zum Teil durch eine verstärkte Freisetzung von NO und eine Aktivierung der löslichen Guanylatzyklase vermittelt (Flesch et al., 1999; Flesch et al., 1997c). Während dieser Effekt akut über eine Aktivierung der kalziumabhängigen Isoform der Stickstoffmonoxidsynthase (cNOS) vermittelt ist (Finkel et al., 1992), spielt langfristig die verstärkte Expression der induzierbaren Isoform der Stickstoffmonoxidsynthase (iNOS) eine bedeutende Rolle, die wesentlich größere Mengen NO als die kalziumabhängige Isoform freisetzen kann (Brady et al., 1992; Goldhaber et al., 1996; Schulz et al., 1995). Zusätzlich tragen außer NO auch eine vermehrte Freisetzung freier Sauerstoffradikale zur Endotoxin- und TNF-induzierten kontraktilen Dysfunktion bei, wie durch Untersuchungen am menschlichen isolierten Myokard gezeigt wurde (Flesch et al., 1999; Flesch et al., 1996b). Ein weiterer entscheidender Mediator ist Sphingosin, das nach Bindung von TNF an TNF-R1 in Kardiomyozyten über eine Aktivierung der neutralen Sphingomyelinase freigesetzt wird und zu einer Kontraktionskraftabnahme führt (Oral et al., 1997). Dieser Effekt ist möglicherweise durch eine Blockade des Ryanodinrezeptors des sarkoplasmatischen Retikulums und eine Abnahme des intrazellulären Kalziumtransienten bedingt (Krown et al., 1995). Möglich ist, dass über TNF der kardiodepressive Effekt von Endotoxin (Suffredini et al., 1989; Flesch et al., 1999) oder von menschlichem Septikerserum vermittelt ist (Kumar et al., 1999).

2.2.3.2 Tumornekrosefaktor und Myokardhypertrophie

Die Bedeutung von TNF für die Ausbildung einer Myokardhypertrophie wurde durch Experimente an isolierten adulten Katzenkardiomyozyten herausgestellt, in denen TNF konzentrationsabhängig zu einer Zunahme der Proteinsynthese-rate und zu einer Zunahme von β-Aktin- und α-Myosinschwerkettenprotein führte (Yokoyama et al., 1997). Dieser Effekt ist ähnlich wie der von Angiotensin II über eine Freisetzung freier Sauerstoffradikale vermittelt (Nakamura et al., 1998). Transgene Mausmodelle mit einer myokardspezifischen Überexpression von TNF zeigen darüber hinaus, dass eine chronische TNF-Überexpression zu einer linksventrikulären Dilatation und Herzinsuffizienz führt (Bryant et al., 1998; Kubota et al., 1997; Sivasubramanian et al., 2001). Dabei scheint ein wesentlicher Mechanismus für den linksventrikulären myokardialen Gefügeverlust eine Abnahme des myokardialen Kollagengehaltes (Bozkurt et al., 1998) bzw. ein Strukturverlust des verbliebenen Kollagens zu sein (Sivasubramanian et al., 2001). Ursächlich sind hieran möglicherweise eine TNF-induzierte gesteigerte Genexpression des Wachstumsfaktors TGF β und eine daraus resultierende gesteigerte Aktivität von Matrixmetalloproteinasen (MMP) beteiligt (Sivasubramanian et al., 2001).

2.2.3.3 Tumornekrosefaktor und Apoptose

Durch TNF induzierte Apoptose wurde in einer Reihe von Zelltypen nachgewiesen (Ayala et al., 1996; Obeid et al., 1993; Ohta et al., 1994), darunter in isolierten Rattenkardiomyozten (Ohta et al., 1994). Der genaue Mechanismus, über den TNF eine Apoptose in den verschiedenen Zelltypen initiiert, ist nicht geklärt. Ein wesentlicher Mechanismus scheint die Bindung von TNF an den TNF-Rezeptorsubtyp TNF-R1 zu sein. Nach einem Modell führt die Aktivierung des TNF-R1 und eines zweiten Rezeptors, des Fas-Rezeptors, zu einer Bindung spezifischer zytoplasmatischer Proteine, TRADD (TNF-Rezeptor-assoziierte Todesdomäne), TRAF2 (TNF-Rezeptor-assoziierter Faktor 2) und FADD (Fas-assoziierte Todesdomäne), an die intrazytoplasmatische Domäne des Rezeptorproteins. Die Interaktion zwischen beiden Todesdomänen wird durch ein sogenanntes Rezeptor-Interaktionsprotein (RIP) ermöglicht (Meldrum, 1998). Die Weiterleitung des Signals erfolgt durch Aktivierung einer Kette von Cysteinproteasen, den sogenannten Caspasen, wobei in einem Modell Procaspase-8 in Caspase-8 überführt wird, welche durch Aktivierung von Caspase-3 das Apoptosesignal zum Nukleus weiterleitet. (Schmitz et al., 2000). Unabhängig davon gibt es Hinweise darauf, dass TNF-R_1 und Fas über eine Aktivierung der sauren Sphingomyelinase und transiente Sphingomyosinhydrolyse und über Generierung von

Ceramid zur Apoptoseinduktion beitragen (Feuerstein und Young 2000; Krown et al., 1996).

Interessant ist, dass TNF nicht nur pro-apoptotische Effekte hat, sondern auch vor Apoptose schützen kann. So waren bei TNF-R1- und TNF-R2-defizienten Mäusen das Ausmaß des durch eine Koronarokklusion induzierten Myokardinfarktes und die kardiomyozytäre Apoptoserate deutlich ausgeprägter als in Wildtypmäusen oder in Mäusen, in denen nur einer von beiden TNF-Rezeptoren fehlte (Kurrelmeyer et al., 2000).

2.2.4 Interleukine

M. Flesch

Neben TNF sind die Interleukine 1 (IL-1) und 6 (IL-6) für die Pathophysiologie der Herzinsuffizienz von Bedeutung. Von IL-1 existieren drei Isoforme, wobei IL-1α und IL-1β Interleukinrezeptoragonisten sind, die beide an den gleichen Rezeptor binden und sich daher in ihren biologischen Effekten sehr ähneln. Während IL-1α primär intrazellulär oder zellmembrangebunden vorkommt, wird IL-1β nach Spaltung und Aktivierung durch eine spezifische Protease, das Interleukin-Conversions-Enzym (ICE), aus der Zelle sezerniert. Ähnlich wie TNF wird auch IL-1β im Myokard als Antwort auf Stressreize synthetisiert. Seine Effekte übt IL-1 durch Bindung an zwei distinkte Rezeptoren aus, einen 68 kDa schweren Rezeptor mit höherer und einen 80 kDa schweren Rezeptor mit niedriger Affinität. Ein endogener Interleukinrezeptor-Antagonist, die dritte IL-1-Isoform, kann durch Verdrängung der anderen beiden Isoformen vom Rezeptor deren Effekte abschwächen. Ob im Herzen ein IL-1-Rezeptor vorkommt, ist bislang unklar. Funktionell wurden Effekte von IL-1 an isolierten Kardiomyozyten nachgewiesen (Kapadia et al., 1998). Auch wurden erhöhte IL-1-Plasmaspiegel bei Patienten mit einer chronischen Herzinsuffizienz gefunden (Testa et al., 1996).

IL-6 wird als Antwort auf eine Endotoxinstimulation oder beim myokardialen Stunning freigesetzt. Auch scheint es eine Mediatorfunktion für die Effekte von TNF und IL-1 zu haben. Erhöhte IL-6-Spiegel wurden sowohl für Patienten mit einer chronischen Herzinsuffizienz (Testa et al., 1996) als auch bei Patienten nach einem akuten Myokardinfarkt nachgewiesen (Ikeda et al., 1992; Neumann et al., 1995).

2.2.5 Endothelin

Ch. Schneider

Plasma Endothelin (ET)-1 Spiegel sind bei Patienten mit Herzinsuffizienz ca. 2-3 fach höher als bei gesunden Probanden (McMurray, 1992; Cody, R. J., 1992) und korrelieren mit der Angiotensin-II Konzentration, der Höhe des pulmonalarteriellen Drucks, der NYHA Klasse und der linksventrikulären Ejektionsfraktion. Erwartungsgemäß zeigte sich, dass Patienten mit erhöhten ET-1 Spiegeln (> 5pg/ml) eine schlechtere Prognose haben als die übrigen Patienten (Pousset, F., 1997; Hulsman, N.,1998) (siehe Abb. 2.13).

Ursache für die ET-1 Erhöhung sind die Aktivierung des Renin-Angiotensin-Aldosteron Systems sowie Hypoxie, Ischämie, und Zytokine. Endotheline

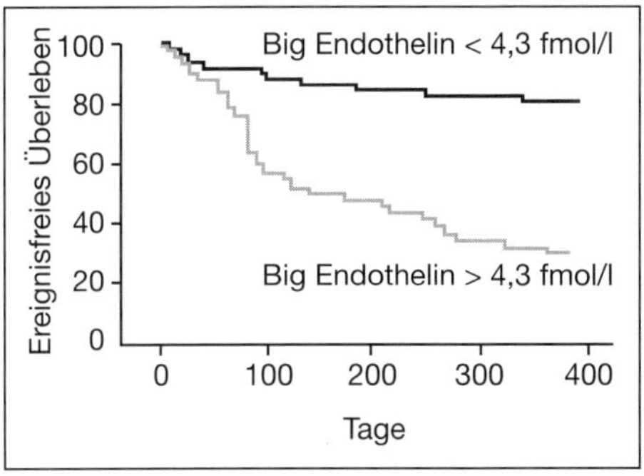

Abb. 2.13 Die prognostische Bedeutung des big endothelin, das Vorläuferpeptid des Endothelin 1, bei Patienten mit Herzinsuffizienz (n = 218). Patienten mit niedrigen Endothelin-Spiegeln hatten die beste Prognose. (Hulsman, N. et al.: J Am Coll Cardiol 32:1695-1699, 1998).

werden über entsprechende Rezeptoren (Endothelin Rezeptoren A, B, C) wirksam und führen zumindest bei Patienten mit eingeschränkter Pumpfunktion zu einer peripheren Vasokonstriktion (Cowburn 1999). Bei Patienten mit Herzinsuffizienz führen erhöhte ET-Spiegel außerdem zu einer renalen Vasokonstriktion und zu einer vermehrten Natriumretention (Rabelink 1994). Darüber hinaus führt eine chronische ET Stimulation zu einer Myokardhypertrophie und Proliferation von Fibroblasten, was möglicherweise durch stress-aktivierte Proteinkinasen vermittelt wird.

Aufgrund der oben genannten Zusammenhänge und aufgrund günstiger tierexperimenteller (Mishima 2000) und akuter hämodynamischer Befunde bei der Anwendung im Menschen hatte man große Erwartungen für die chronische Anwendung von Endothelin-Rezeptor-Antagonisten bei Patienten mit Herzinsuffizienz. Diese Erwartungen sind jedoch bislang enttäuscht worden. Sowohl in der ENABLE-Studie (ENABLE 2002) mit Bosentan als auch in der ENCOR-Studie (ENCOR 2002) mit Enrasentan konnte kein Nutzen der ET-Rezeptor-Antagonisten-Therapie bei Patienten mit symptomatischer Herzinsuffizienz gegenüber Plazebo gezeigt werden. Im Gegenteil, in beiden Studien waren mehr Nebenwirkungen (Hospitalisierung, Ödemneigung) unter der Verum-Therapie zu verzeichnen.

2.2.6 Natriuretische Peptide

Ch. Schneider

Das atriale natriuretische Peptid und das brain natriuretic peptide (BNP) sind die natürlichen Gegenspieler des Renin-Angiotension-Aldosteron-Systems und der adrenergen Stimulation bei Patienten mit Herzinsuffizienz. Sie wirken vasodilatierend, natriuretisch und diuretisch (Wilkins 1997).

Das *atriale natriuretische Peptid* (ANP) wird ganz überwiegend in den kardialen Vorhöfen gebildet und in Abhängigkeit des intraatrialen Volumens freigesetzt. Die meisten Wirkungen des ANP werden über den ANP Rezeptor A vermittelt, der zur Aktivierung von Guanylat-Zyklase und zur Bildung von zyklischem GMP führt.

ANP ist ein peripherer Vasodilatator, das außerdem zu einer Natriurese und Diurese über eine Steigerung der glomerulären Filtrationsrate führt. Weitere Wirkungen sind eine verminderte Natriumreabsorption, eine Verminderung der renalen Renin- und Angiotensin-II Freisetzung sowie eine Hemmung des antidiuretischen Hormons.

Trotz dieser klaren pathophysiologischen Zusammenhänge ist die Bedeutung des ANP für die Wasser und Natrium-Regulation insbesondere bei der Herzinsuffizienz nicht eindeutig (deNicola 1997). ANP-Infusions-Studien am Menschen haben gezeigt, dass der diuretische Effekt nicht sehr ausgeprägt ist, möglicherweise durch eine die Infusion begleitende Abnahme des Blutdrucks.

Die Bedeutung des *brain-natriuretischen Peptids (BNP)* in Diagnostik, Prognose-Abschätzung und neuerdings Therapie ist verglichen mit dem ANP viel eindeutiger. BNP, initial im Gehirn nachgewiesen, wird als Antwort auf steigende Füllungsdrücke in menschlichen Ventrikeln gebildet und sezerniert und führt wie das ANP via BNP-Rezeptor (natriuretischer Rezeptor-B) zu einer Vasodilatation, Diurese und vermehrter Natrium-Ausscheidung (Mair 2001).

Hohe BNP- oder NTpro-BNP Spiegel finden sich insbesondere bei stark eingeschränkter linksventrikulärer Funktion und scheinen sich als gute prognostische Parameter bei Patienten mit symptomatischer und asymptomatischer Herzinsuffizienz (siehe Abb. 2.14) (Tsutamoto 1997) sowie nach akutem Koronarsyndromen (deLemos 2001) (siehe Abb. 2.15) zu etablieren. Auch in der Differentialdiagnose unklarer Luftnotzustände scheint die Analyse eines BNP-Wertes hilfreich zu sein: wegen des hohen negativ-prädiktiven Wertes schließt ein normaler BNP-Wert eine Herzinsuffizienz als Ursache der Beschwerden mit ausreichend hoher Zuverlässigkeit aus.

Von besonderem Interesse sind die Veränderungen eines erhöhten BNP-Wertes in Abhängigkeit von der Therapie. Erste Untersuchungen zeigen, dass eine BNP-orientierte Therapie effektiver ist als eine Therapie, die sich an klinischen Gesichtpunkten (Ödeme, Gewicht etc.) orientiert (Troughton 2000).

Besonderes Interesse findet BNP aktuell, da ein rekombinantes BNP (Neseritide) möglicherweise eine Rolle in der Therapie der akuten dekompensierten Herzinsuffizienz spielen könnte (Colucci 2000). Neseritide führt zu einer Abnahme des linksventrikulären enddiastolischen, des rechts-atrialen und des Systemwiderstandes, während Schlagvolumen und Herzindex zunehmen. Inwieweit die Prognose dieser Patienten verbessert werden kann, muss abgewartet werden.

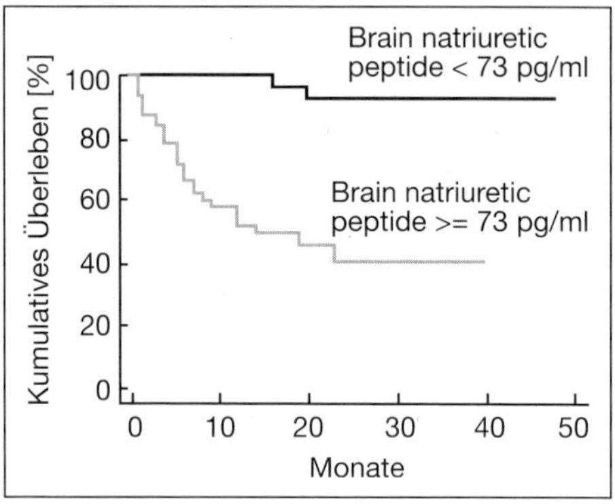

Abb. 2.14 Prognostische Bedeutung von BNP bei Patienten mit Herzinsuffizienz. (Tsutamoto, T. et al., Circulation 96:509-512, 1997).

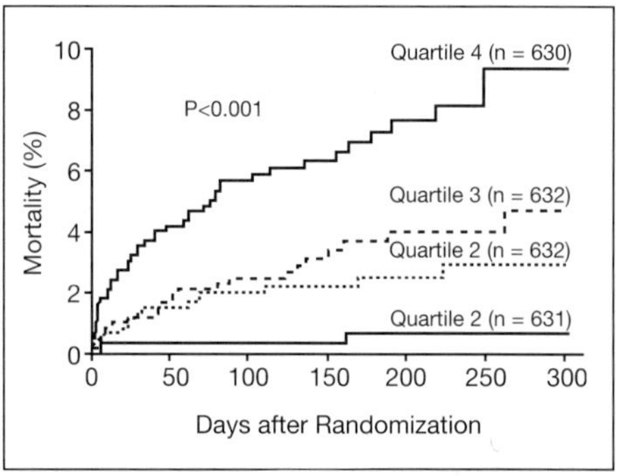

Abb. 2.15 Prognostische Bedeutung des BNP bei Patienten mit akutem Koronarsyndrom. Es findet sich eine stufenweise Verschlechterung der Sterblichkeit in Abhängigkeit von der Höhe des BNP Spiegels (De Lemos, J. A. et al.: N Engl J Med 345:1014-1019, 2001).

Literatur

Anker, S. D., Egerer, K. R., Volk, H. D., Kox, W. J., Poole-Wilson, P. A., Coats, A. J. S.: Elevated soluble CD14 receptors and altered cytokines in chronic heart failure. American Journal of Cardiology **79**, 1426-1429 (1997).

Ayala, A., Herdon, C. D., Lehman, D. L., Ayala, C. A., Chaudry, I. H.: Differential induction of apoptosis in lymphoid tissues during sepsis: variation in onset, frequency, and the nature of the mediators. Blood. **87**(10), 4261-75 (1996).

Arras, M., Hoche, A., Bohle, R., Eckert, P., Riedel, W., Schaper, J.: Tumor necrosis factor-alpha in macrophages of heart, liver, kidney, and in the pituitary gland. Cell Tissue Res **285**: 39-49 (1996).

Asano, K., Dutcher, D. L., Port, J. D., Minobe, W. A., Tremmel, K. D., Roden, R. L., Bohlmeyer, T. J., Bush, E. W., Jenkin, M. J., Abraham, W. T., Raynolds, M. V., Zisman, L. S., Perryman, M. B., Bristow, M. R.: Selective downregulation of the angiotensin II AT1-receptor subtype in failing human ventricular myocardium. Circulation **95**, 1193-1200 (1997).

Baker, K. M., Chernin, M. I., Wixson S. K., Aceto, J. F.: Renin-angiotensin system involvement in pressure-overload cardiac hypertrophy in rats. Am J Physiol **259**, H324-H332 (1990).

Balcells, E., Meng, Q. C., Johnson, W. H. Jr., Oparil, S., Dell'Italia, L. J.: Angiotensin II formation from ACE and chymase in human and animal hearts: methods and species considerations. Am J Physiol. **273**(4 Pt 2), H1769-74 (1997).

Böhm, M., Gierschik, P., Jakobs, K. H., Pieske, B., Schnabel, P., Ungerer, M., Erdmann, E.: Increase of Gi alpha in human hearts with dilated but not ischemic cardiomyopathy. Circulation. **82**(4), 1249-65 (1990).

Böhm, M., Castellano, M., Agabiti-Rosei, E., Flesch, M., Paul, M., Erdmann, E.: Dose-dependent dissociation of ACE-inhibitor effects on blood pressure, cardiac hypertrophy, and beta-adrenergic signal transduction. Circulation **92**, 3006-3013 (1995).

Böhm, M., Diet, F., Feiler, G., Kemkes, B., Kreuzer, E., Weinhold, C., Erdmann, E.: Subsensitivity of the failing human heart to isoprenaline and milrinone is related to beta-adrenoceptor downregulation. J Cardiovasc Pharmacol **12**, 726-32 (1988).

Böhm, M., Eschenhagen, T., Gierschik, P., Larisch, K., Lensche, H., Mende, U., Schmitz, W., Schnabel, P., Scholz, H., Steinfath, M., Erdmann, E.: Radioimmunochemical quantification of Gi alpha in right and left ventricles from patients with ischaemic and dilated cardiomyopathy and predominant left ventricular failure. J Mol Cell Cardiol **26**, 133-49 (1994a).

Böhm, M., Moll, M., Schmid, B., Paul, M., Ganten, D., Castellano, M., Erdmann, E.: Beta-adrenergic neuroeffector mechanisms in cardiac hypertrophy of renin transgenic rats. Hypertension **24**, 653-662 (1994b).

Boluyt, M. O., Long, X., Eschenhagen, T., Mende, U., Schmitz, W., Crow, M. T., Lakatta, E. G.: Isoproterenol infusion induces alterations in expression of hypertrophy-associated genes in rat heart. Am J Physiol **269**, H638-47 (1995).

Booz, G. W., Baker, K. M.: Role of type 1 and type 2 angiotensin receptors in angiotensin II- induced cardiomyocyte hypertrophy. Hypertension **28**, 635-640 (1996).

Bozkurt, B., Kribbs, S. B., Clubb, F. J., Jr., Michael, L. H., Didenko, V. V., Hornsby, P. J., Seta, Y., Oral, H., Spinale, F. G., Mann, D. L.: Pathophysiologically relevant concentrations of tumor necrosis factor-alpha promote progressive left ventricular dysfunction and remodeling in rats. Circulation **97**, 1382-1391 (1998).

Brady, A. J., Poole-Wilson, P. A., Harding, S. E., Warren J.B. Nitric oxide production within cardiac myocytes reduces their contractility in endotoxemia. Am J Physiol **263**, H1963-H1966 (1992).

Brilla, C. G., Zhou, G., Matsubara, L., Weber, K. T.: Collagen metabolism in cultured adult rat cardiac fibroblasts: response to angiotensin II and aldosterone. :J Mol Cell Cardiol **26**, 809-820 (1994)

Bristow, M. R., Ginsburg, R., Minobe, W., Cubicciotti, R. S., Sageman, W. S., Lurie, K., Billingham, M. E., Harrison, D. C., Stinson, E. B.: Decreased catecholamine sensitivity and beta-adrenergic-receptor density in failing human hearts. N Engl J Med **22**, 205-11 (1982).

Bristow, M. R., Hershberger, R. E., Port, J. D., Gilbert, E. M., Sandoval, A., Rasmussen, R., Cates, A. E., Feldman, A. M.: Beta-adrenergic pathways in nonfailing and failing human ventricular myocardium. Circulation **82** (2 Suppl.), I12-25 (1990).

Bristow, M. R., Minobe, W. A., Raynolds, M. V., Port, J. D., Rasmussen, R., Ray, P. E., Feldman, A. M.: Reduced beta 1 receptor messenger RNA abundance in the failing human heart. J Clin Invest **92**, 2737-45 (1993).

Brown, L. A., Harding, S. E.: The effect of pertussis toxin on beta-adrenoceptor responses in isolated cardiac myocytes from noradrenaline-treated guinea-pigs and patients with cardiac failure. Br J Pharmacol. **106**, 115-22 (1992).

Bryant, D., Becker, L., Richardson, J., Shelton, J., Franco, F., Peshock, R., Thompson, M., Giroir, B.: Cardiac failure in transgenic mice with myocardial expression of tumor necrosis factor-alpha. Circulation **97**, 1375-1381 (1998).

Chidsey, C. A., Sonnenblick, E. H., Morrow, A. G., Braunwald, E.: Norepinephrine stores and contractile force of papillary muscle from the failing human heart. Circulation **33**, 43-51 (1966).

Cody, R. J., Haas, G. J., Binkley, P. F., Capers, Q., Kelley, R.: Plasma endothelin correlates with the extent of pulmonary hypertension in patients with chronic congestive heart failure. Circulation **85**, 504-9 (1992).

Cohn, J. N., Levine, T. B., Olivari, M. T., Garberg, V., Lura, D., Francis, G. S., Simon, A. B., Rector, T.: Plasma norepinephrine as a guide to prognosis in patients with chronic congestive heart failure. N Engl J Med **311**, 819-23. (1984).

Colucci, W. S., Denniss, A. R., Leatherman, G. F., Quigg, R. J., Ludmer, P. L., Marsh, J. D., Gauthier, D. F.: Intracoronary infusion of dobutamine to patients with and without severe congestive heart failure. Dose-response relationships, correlation with circulating catecholamines, and effect of phosphodiesterase inhibition. J Clin Invest **81**, 1103-10 (1988).

Colucci, W. S., Elkayam, U., Horton, D. P., Abraham, W. T., Bourge, R. C., Johnson, A. D., Wagoner, L. E., Givertz, M. M., Liang, C. S., Neibaur, M., Haught, W. H., LeJemtel, T. H.: Intravenous nesiritide, a natriuretic peptide, in the treatment of decompensated congestive heart failure. Nesiritide Study Group. N Engl J Med **343**, 246-53 (2000).

Communal, C., Singh, K., Pimentel, D. R., Colucci, W. S.: Norepinephrine stimulates apoptosis in adult rat ventricular myocytes by activation of the beta-adrenergic pathway. Circulation **98**, 1329-34 (1998).

Cowburn. P. J., Cleland, J. G., McArthur, J. D., MacLean, M. R., McMurray, J. J., Dargie, H. J., Morton, J. J.: Endothelin B receptors are functionally important in mediating vasoconstriction in the systemic circulation in patients with left ventricular systolic dysfunction. J Am Coll Cardiol **33**, 932-8 (1999).

Crabos, M., Roth, M., Hahn, A. W., Erne, P.: Characterization of angiotensin II receptors in cultured adult rat cardiac fibroblasts. Coupling to signaling systems and gene expression. J Clin Invest **93**, 2372-2378 (1994).

Danser, A. H., van Kats, J. P., Admiraal, P. J., Derkx, F. H., Lamers, J. M., Verdouw, P. D., Saxena, P. R., Schalekamp, M. A.: Cardiac renin and angiotensins. Uptake from plasma versus in situ synthesis. Hypertension **24** (1), 37-48 (1994).

Danser, A. H., van Kesteren, C. A., Bax, W. A., Tavenier, M., Derkx, F. H., Saxena, P. R., Schalekamp, M. A.: Prorenin, renin, angiotensinogen, and angiotensin-converting enzyme in normal and failing human hearts. Evidence for renin binding. Circulation. **96** (1), 220-6 (1997).

Daly, P. A., Sole, M. J.: Myocardial catecholamines and the pathophysiology of heart failure. Circulation **82** (2 Suppl), I35-43 (1990).

Dahlof, B.: Effect of angiotensin II blockade on cardiac hypertrophy and remodelling: a review. J Hum Hypertens **9** Suppl 5, S37-S44 (1995).

de Lannoy, L., M., Danser, A. H., van Kats, J. P., Schoemaker, R. G., Saxena, P. R., Schalekamp, M. A.: Renin-angiotensin system components in the interstitial fluid of the isolated perfused rat heart. Local production of angiotensin I. Hypertension **29**, 1240-1251 (1997).

de Lemos, J. A., Morrow, D. A., Bentley, J. H., Omland, T., Sabatine, M. S., McCabe, C. H., Hall, C., Cannon, C. P., Braunwald, E.: The prognostic value of B-type natriuretic peptide in patients with acute coronary syndromes. N Engl J Med **345**,1014-21 (2001).

Dell'Italia, L. J., Meng, Q. C., Balcells, E., Straeter-Knowlen, I. M., Hankes, G. H., Dillon, R., Cartee, R. E., Orr, R., Bishop, S. P., Oparil, S.: Increased ACE and chymase-like activity in cardiac tissue of dogs with chronic mitral regurgitation. Am J Physiol **269**, H2065-H2073 (1995).

De Nicola, L., Bellizzi, V., Cianciaruso, B., Minutolo, R., Colucci, G., Balletta, M., Fuiano, G., Conte, G. T. I.: Pathophysiological role and diuretic efficacy of atrial natriuretic peptide in renal patients. J Am Soc Nephrol **8**, 445-55 (1997).

Dostal, D. E., Rothblum, K. N., Chernin, M. I., Cooper, G. R., Baker, K. M.: Intracardiac detection of angiotensinogen and renin: a localized renin-angiotensin system in neonatal rat heart. Am J Physiol **263**, C838-C850 (1992).

Dzau, V. J., Re, R. N.: Evidence for the existence of renin in the heart. Circulation **75**, I134-I136 (1987).

Eichenholz, P. W., Eichacker, P. Q., Hoffman, W. D., Banks, S. M., Parrillo, J. E., Danner, R. L., Natanson, C.: Tumor necrosis factor challenges in canines: patterns of cardiovascular dysfunction. American Journal of Physiology **263**, H668-H675 (1992).

Eisenhofer, G., Friberg, P., Rundqvist, B., Quyyumi, A. A., Lambert, G., Kaye, D. M., Kopin, I. J., Goldstein, D. S., Esler, M. D.: Cardiac sympathetic nerve function in congestive heart failure. Circulation **93**, 1667-76 (1996).

ENABLE-Trial. Williams, E. S., Miller, J. M.: Results from late-breaking clinical trial sessions at the American College of Cardiology 51st Annual Scientific Session. J Am Coll Cardiol **40**, 1-18 (2002).

ENCOR trial. Data presented at ACC 50th Annual Session, Orlando, Florida (2001).

Engel, D., Peshock, R., Mann, D. L.: Cardiac myocyte apoptosis and LV remodeling in transgenic mice with targeted cardiac overexpression of tumor necrosis factor. Circulation **102**, II-212 (2001).

Engelhardt, S., Boknik, P., Keller, U., Neumann, J., Lohse, M. J., Hein, L.: Early impairment of calcium handling and altered expression of junction in hearts of mice overexpressing the beta1-adrenergic receptor. FASEB J **15**, 2718-20 (2001).

Engelhardt, S., Hein, L., Wiesmann, F., Lohse, M. J.: Progressive hypertrophy and heart failure in beta1-adrenergic receptor transgenic mice. Proc Natl Acad Sci U S A **96**, 7059-64 (1999).

Esler, M., Kaye, D., Lambert, G., Esler, D., Jennings, G.: Adrenergic nervous system in heart failure. Am J Cardiol **80**(11A), 7L-14L (1997).

Eschenhagen, T., Mende, U., Nose, M., Schmitz, W., Scholz, H., Haverich, A., Hirt, S., Doring, V., Kalmar, P., Hoppner, W.: Increased messenger RNA level of the inhibitory G protein alpha subunit Gi alpha-2 in human end-stage heart failure. Circ Res **70**, 688-96 (1992).

Feldman, A. M., Cates, A. E., Veazey, W. B., Hershberger, R. E., Bristow, M. R., Baughman, K. L., Baumgartner, W. A., Van Dop, C.: Increase of the 40,000-mol wt pertussis toxin substrate (G protein) in the failing human heart. J Clin Invest **82**, 189-97 (1988).

Ferguson, D. W., Abboud, F. M., Mark, A. L.: Selective impairment of baroreflex-mediated vasoconstrictor responses in patients with ventricular dysfunction. Circulation **69**, 451-60 (1984).

Ferrari, R., Bachetti, T., Confortini, R., Opasich, C., Febo, O., Corti, A., Cassani, G., Visioli, O.: Tumor necrosis factor soluble receptors in patients with various degrees of congestive failure. Circulation **92**, 1479-1486 (1995).

Ferrari, N. R., Escalante, B. A., Zhao, Y., An, S. J., McGiff J. C.: Angiotensin II induces TNF production by the thick ascending limb: functional implications. American Journal of Physiology **274**, F148-55 (1998).

Ferrari, N. R., Zhao, Y., Takizawa, H., McGiff, J. C.: Tumor necrosis factor-alpha-angiotensin interactions and regulation of blood pressure. J Hypertens **15**, 1481-1484 (1997).

Feuerstein, G. Z., Young, P. R.: Apoptosis in cardiac diseases. Cardiovascular Research **45**, 560-569 (2000).

Fielitz, J., Hein, S., Mitrovic, V., Pregla, R., Zurbrugg, H. R., Warnecke, C., Schaper, J., Fleck, E., Regitz-Zagrosek, V.: Activation of the cardiac renin-angiotensin system and increased myocardial collagen expression in human aortic valve disease. J Am Coll Cardiol **37**, 1443-1449 (2001).

Finck, M., Hellmann, W., Ganten, D., Furtwangler, A., Allgeier, J., Boltz, M., Holtz, J.: Enhanced cardiac angiotensinogen gene expression and angiotensin converting enzyme activity in tachypacing-induced heart failure in rats. Basic Res Cardiol **86**, 303-316 (1991).

Finkel, M. S., Oddis, C. V., Jacob, T. D., Watkins, S. C., Hattler, B. G., Simmons, R. L.: Negative inotropic effects of cytokines on the heart mediated by nitric oxide. Science **257**, 387-389 (1992).

Fischer, T. A., Ungureanu-Longrois, D., Singh, K., de Zengotita, J., DeUgarte, D., Alali, A., Gadbut, A. P., Lee, M. A., Balligand, J. L., Kifor, I., Smith, T. W., Kelly, R. A.: Regulation of bFGF expression and ANG II secretion in cardiac myocytes and microvascular endothelial cells. Am J Physiol **272**, H958-H968 (1997).

Flesch, M., Schwinger, R. H. G., Schnabel, P., Schiffer, F., van Gelder, I., Bavendiek, U., Sudkamp, M., Kuhn-Regnier, F., Böhm, M.: Sarcoplasmic reticulum Ca2+Amdiek, TPase and phospholamban mRNA and protein levels in end-stage heart failure due to ischemic or dilated cardiomyopathy. J Mol Med. **74**(6), 321-32 (1996).

Flesch, M., Margulies, K. B., Mochmann, H. C., Engel, D., Sivasubramanian, N., Mann, D. L.: Differential regulation of mitogen-activated protein kinases in the failing human heart in response to mechanical unloading. Circulation. **104**(19), 2273-6 (2001).

Flesch, M., Erdmann, E., Bohm, M.: Changes in beta-adrenoceptors and G-proteins during the transition from cardiac hypertrophy to heart failure. J Card Fail **2** (4 Suppl), S35-43 (1996).

Flesch, M., Ettelbruck, S., Rosenkranz, S., Maack C., Cremers, B., Schluter, K. D., Zolk, O., Bohm, M.: Differential effects of carvedilol and metoprolol on isoprenaline-induced changes in beta-adrenoceptor density and systolic function in rat cardiac myocytes. Cardiovasc Res **49**, 371-80 (2001).

Flesch, M., Kilter, H., Cremers, B., Laufs, U., Sudkamp, M., Ortmann, M., Muller, F. U., Böhm, M.: Effects of endotoxin on human myocardial contractility involvement of nitric oxide and peroxynitrite. J Am Coll Cardiol **33**, 1062-1070 (1999).

Flesch, M., Kilter, H., Cremers, B., Lenz, O., Sudkamp, M., Kuhn-Regnier, F., Böhm, M.: Acute effects of nitric oxide and cyclic GMP on human myocardial contractility. J Pharmacol Exp Ther **281**, 1340-1349 (1997c).

Flesch, M., Maack, C., Cremers, B., Baumer, A. T., Sudkamp, M., Bohm, M.: Effect of beta-blockers on free radical-induced cardiac contractile dysfunction. Circulation **100**, 346-53 (1999).

Flesch, M., Margulies, K., Mochmann, H. C., Engel, D., Sivasubramanian, N., Mann, D. L.: Differential regulation of mitogen activated protein kinases in the failing human heart in response to mechanical unloading. Circulation, akzeptiert zur Publikation (2001).

Flesch, M., Schiffer, F., Zolk, O., Pinto, Y., Rosenkranz, S., Hirth-Dietrich, C., Arnold, G., Paul, M., Böhm, M.: Contractile systolic and diastolic dysfunction in renin-induced hypertensive cardiomyopathy. Hypertension **30**, 383-391 (1997a).

Flesch, M., Schiffer, F., Zolk, O., Pinto, Y., Stasch, J. P., Knorr, A., Ettelbruck, S., Böhm, M.: Angiotensin receptor antagonism and angiotensin converting enzyme inhibition improve diastolic dysfunction and Ca^{2+}-ATPase expression in the sarcoplasmic reticulum in hypertensive cardiomyopathy. J Hypertens **15**, 1001-1009 (1997b).

Flesch, M., Schwinger, R. H. G., Schnabel, P., Schiffer, F., van Gelder, I., Bavendiek, U., Südkamp, M., Kuhn-Regnier, F., Böhm, M.: Sarcoplasmic reticulum Ca^{2+}-ATPase and phospholamban mRNA and protein levels in end-stage heart failure due to ischemic or dilated cardiomyopathy. J Mol Med **74**, 321-332 (1996a).

Francis, G. S., Goldsmith, S. R., Ziesche, S., Nakajima, H., Cohn, J. N.: Relative attenuation of sympathetic drive during exercise in patients with congestive heart failure. J Am Coll Cardiol. **5**(4), 832-9 (1985).

Francis, G. S., Benedict, C., Johnstone, D. E., Kirlin, P. C., Nicklas, J., Liang, C. S., Kubo, S. H., Rudin-Toretsky, E., Yusuf, S.: Comparison of neuroendocrine activation in patients with left ventricular dysfunction with and without congestive heart failure. A substudy of the Studies of Left Ventricular Dysfunction (SOLVD). Circulation **82**, Nov. (5):1724-9 (1990).

Francis, G. S., Cohn, J. N., Johnson, G., Rector, T. S., Goldman, S., Simon, A.: Plasma norepinephrine, plasma renin activity, and congestive heart failure. Circulation **87**, VI-40-VI-48 (1993).

Feuerstein, G. Z., Young, P. R.: Apoptosis in cardiac diseases: stress- and mitogen-activated signaling pathways. Cardiovasc Res. **45** (3), 560-9 Rev. (2000).

Goldhaber, J. I., Kim, K. H., Natterson, P. D., Lawrence, T., Yang, P., Weiss J. N.: Effects of TNF-alpha on $[Ca^{2+}]_i$ and contractility in isolated adult rabbit ventricular myocytes. Am J Physiol **271**, H1449-H1455 (1996).

Guo, X., Liu, W. L., Chen, L. W., Guo, Z. G.: High glucose enhances H_2O_2-induced apoptosis in bovine aortic endothelial cells. Acta Pharmacol Sin **21**, 41-45 (2000).

Gulick, T., Chung, M. K., Pieper, S. J., Lange, L. G., Schreiner, G. F.: Interleukin 1 and tumor necrosis factor inhibit cardiac myocyte beta-adrenergic responsiveness. Proc Natl Acad Sci USA. **86**(17), 6753-7 (1989).

Gurevitch, J., Frolkis, I., Yuhas, Y., Paz, Y., Matsa, M., Mohr, R., Yakirevich, V.: Tumor necrosis factor-alpha is released from the isolated heart undergoing ischemia and reperfusion. J Am Coll Cardiol **28**, 247-252 (1996).

Habib, F. M., Springall, D. R., Davies, G. J., Oakley, C. M., Yacoub, M. H., Polak, J. M.: Tumour necrosis factor and inducible nitric oxide synthase in dilated cardiomyopathy. Lancet **347**, 1151-1155 (1996).

Hamawaki, M., Coffman, T. M., Lashus, A., Koide, M., Zile, M. R., Oliverio, M. I., DeFreyte, G., Cooper, G. 4th, Carabello, B. A.: Pressure-overload hypertrophy is unabated in mice devoid of AT1A receptors. Am J Physiol. **274** (3 Pt 2), H868-73 (1998).

Harada, K., Komuro, I., Zou, Y., Kudoh, S., Kijima, K., Matsubara, H., Sugaya, T., Murakami, K., Yazaki, Y. Acute pressure overload could induce hypertrophic responses in the heart of angiotensin II type 1a knockout mice. Circulation Research **82**, 779-785 (1998).

Haywood, G. A., Gullestad, L., Katsuya, T., Hutchinson, H. G., Pratt, R. E., Horiuchi, M., Fowler, M. B.: AT1 and AT2 angiotensin receptor gene expression in human heart failure. Circulation **95**, 1201-1206 (1997).

Hegewisch, S., Weh, H. J., Hossfeld, D. K.: TNF-induced cardiomyopathy. Lancet **335**, 294-295 (1990).

Hirsch, A. T, Dzau, V. J., Creager, M. A.: Baroreceptor function in congestive heart failure: effect on neurohumoral activation and regional vascular resistance. Circulation **75**, IV36-48 (1987).

Hirsch, A. T., Talsness, C. E., Schunkert, H., Paul, M., Dzau, V. J.: Tissue-specific activation of cardiac angiotensin converting enzyme in experimental heart failure. Circulation Research **69**, 475-482 (1991).

Hokimoto, S., Yasue, H., Fujimoto, K., Sakata, R., Miyamoto, E.: Increased angiotensin converting enzyme activity in left ventricular aneurysm of patients after myocardial infarction. Cardiovascular Research **29**, 664-669 (1995).

Horgan, M. J., Palace, G. P., Everitt, J. E., Malik, A. B.: TNF-α release in endotoxemia contributes to neutrophil-dependent pulmonary edema. American Journal of Physiology **264**, H1161-H1165 (1993).

Horiuchi, M., Akishita, M. und Dzau, V. J.: Molecular and cellular mechanism of angiotensin II-mediated apoptosis. Endocr Res **24**, 307-314 (1998).

Hulsmann, M., Stanek, B., Frey, B., Sturm, B., Putz, D., Kos, T., Berger, R., Woloszczuk, W., Putz, D., Kos, T., Berger, R., Woloszczuk, W., Maurer, G., Pacher, R.: Value of cardiopulmonary exercise testing and big endothelin plasma levels to predict short-term prognosis of patients with chronic heart failure. J Am Coll Cardiol **32**, 1695-700 (1998).

Ichiki, T., Labosky, P. A., Shiota, C., Okuyama, S., Imagawa, Y., Fogo, A., Niimura, F., Ichikawa, I., Hogan, B. L., Inagami, T.: Effects on blood pressure and exploratory behaviour of mice lacking angiotensin II type-2 receptor. Nature **377**, 748-750 (1995).

Ikeda, M., Sasaguri, M., Maruta, H., Arakawa, K.: Formation of angiotensin II by tonin-inhibitor complex. Hypertension **11**, 63-70 (1988).

Ikeda, U., Ohkawa, F., Seino, Y., Yamamoto, K., Hidaka, Y., Kasahara, T., Kawai, T., Shimada, K.: Serum interleukin 6 levels become elevated in acute myocardial infarction. J Mol Cell Cardiol. **24**(6), 579-84 (1992).

Jacobs, M., Staufenberger, S., Gergs, U., Meuter, K., Brandstatter, K., Hafner, M., Ertl, G., Schorb, W.: Tumor necrosis factor-alpha at acute myocardial infarction in rats and effects on cardiac fibroblasts. J Mol Cell Cardiol **31**, 1949-1959 (1999).

Ju, H., Scammel-La Fleur, T., Dixon, I. M.: Altered mRNA abundance of calcium transport genes in cardiac myocytes induced by angiotensin II. J Mol Cell Cardiol **28**: 1119-1128 (1996).

Kajstura, J., Cigola, E., Malhotra, A., Li, P., Cheng, W., Meggs L., G., Anversa, P.: Angiotensin II induces apoptosis of adult ventricular myocytes in vitro. J Mol Cell Cardiol **29**, 859-870 (1997).

Kambayashi, Y., Bardhan, S., Takahashi, K., Tsuzuki, S., Inui, H., Hamakubo, T., Inagami, T.: Molecular cloning of a novel angiotensin II receptor isoform involved in phosphotyrosine phosphatase inhibition. J Biol Chem **268**, 24543-24546 (1993).

Kapadia, S., Dibbs, Z., Kurrelmeyer, K., Kalra, D., Seta, Y., Wang, F., Bozkurt, B., Oral, H., Sivasubramanian, N., Mann, D. L.: The role of cytokines in the failing human heart. Cardial Clin 16 (4), 645-656 (1998).

Kapadia, S. R., Oral, H., Lee, J., Nakano, M., Taffet, G. E., Mann, D. L.: Hemodynamic regulation of tumor necrosis factor-alpha gene and protein expression in adult feline myocardium. Circulation Research **81**, 187-195 (1997).

Kapadia, S. R., Yakoob, K., Nader, S., Thomas, J. D., Mann, D. L., Griffin, B. P.: Elevated circulating levels of serum tumor necrosis factor-alpha in patients with hemodynamically significant pressure and volume overload. J Am Coll Cardiol **36**, 208-212 (2000).

Katwa, L. C., Campbell, S. E., Tyagi, S. C., Lee, S. J., Cicila, G. T., Weber, K. T.: Cultured myofibroblasts generate angiotensin peptides de novo. J Mol Cell Cardiol **29**, 1375-1386 (1997).

Kawaguchi, H., Kitabatake, A.: Renin-angiotensin system in failing heart. J Mol Cell Cardiol **27**, 201-209 (1995).

Kent, R. L., McDermott, P. J.: Passive load and angiotensin II evoke differential responses of gene expression and protein synthesis in cardiac myocytes. Circulation Research **78**, 829-838 (1996).

Kerr, J. F., Wyllie, A. H., Currie, A. R.: Apoptosis: a basic biological phenomenon with wide-ranging implications in tissue kinetics. Br J Cancer **26**, 239-257 (1972).

Kijima, K., Matsubara, H., Murasawa, S., Maruyama, K., Mori, Y., Ohkubo, N., Komuro, I., Yazaki, Y., Iwasaka, T., Inada, M.: Mechanical stretch induces enhanced expression of angiotensin II receptor subtypes in neonatal rat cardiac myocytes. Circulation Research **79**, 887-897 (1996).

Klahr, S., Morrissey, J.: Angiotensin II and gene expression in the kidney. Am J Kidney Dis **31**, 171-176 (1998).

Klickstein, L. B., Kaempfer, C. E., Wintroub, B. U.: The granulocyte-angiotensin system. Angiotensin I-converting activity of cathepsin G. J Biol Chem **257**, 15042-15046 (1982).

Knowlton, K. U., Michel, M. C., Itani, M., Shubeita, H. E., Ishihara, K., Brown, J. H., Chien, K. R.: The alpha 1A-adrenergic receptor subtype mediates biochemical, molecular, and morphologic features of cultured myocardial cell hypertrophy. J Biol Chem **268**, 15374-80 (1993).

Kokkonen, J. O., Saarinen, J., Kovanen, P. T.: Regulation of local angiotensin II formation in the human heart in the presence of interstitial fluid. Inhibition of chymase by protease inhibitors of interstitial fluid and of angiotensin-converting enzyme by Ang-(1-9) formed by heart carboxypeptidase A-like activity. Circulation **95**, 1455-1463 (1997).

Krown, K. A., Page, M. T., Nguyen, C., Zechner, D., Gutierrez, V., Comstock, K. L., Glembotski, C. C., Quintana, P. J., Sabbadini, R. A.: Tumor necrosis factor alpha-induced apoptosis in cardiac myocytes. Involvement of the sphingolipid signaling cascade in cardiac cell death. J Clin Invest **98**, 2854-2865 (1996).

Krown, K. A., Yasui, K., Brooker, M. J., Dubin, A. E., Nguyen, C., Harris, G. L., McDonough, P. M., Glembotski, C. C., Palade, P. T., Sabbadini, R. A.: TNF alpha receptor expression in rat cardiac myocytes: TNF alpha inhibition of L-type Ca^{2+} current and Ca^{2+} transients. FEBS Lett **376**, 24-30 (1995).

Kubota, T., McTiernan, C. F., Frye, C. S., Slawson, S. E., Lemster, B. H., Koretsky, A. P., Demetris, A. J., Feldman, A. M.: Dilated cardiomyopathy in transgenic mice with cardiac-specific overexpression of tumor necrosis factor-alpha. Circulation Research **81**, 627-635 (1997).

Kudoh, S., Komuro, I., Hiroi, Y., Zou, Y., Harada, K., Sugaya, T., Takekoshi, N., Murakami, K., Kadowaki, T., Yazaki, Y.: Mechanical stretch induces hypertrophic responses in cardiac myocytes of angiotensin II type 1a receptor knockout mice. Journal of Biological Chemistry **273**, 24037-24043 (1998).

Kudoh, S., Komuro, I., Mizuno, T., Yamazaki, T., Zou, Y., Shiojima, I., Takekoshi, N., Yazaki, Y.: Angiotensin II stimulates c-Jun NH2-terminal kinase in cultured cardiac myocytes of neonatal rats. Circulation Research **80**, 139-146 (1997).

Kumar, A., Brar, R., Wang, P., Dee, L., Skorupa, G., Khadour, F., Schulz, R., Parrillo, J. E.: Role of nitric oxide and cGMP in human septic serum-induced depression of cardiac myocyte contractility. Am J Physiol **276**, R265-R276 (1999).

Kurrelmeyer, K., Michael, L., Baumgarte, G., Taffet, G., Peschon, J., Sivasubramanian, N., Mann, D. L.: Endogenous myocardial tumor necrosis factor protects the adult cardiac myocyte against ischemic-induced apoptosis in a murine model of acute myocardial infarction. Proc Natl Acad Sci U S A **290**, 5456-5461 (2000).

Lee, Y. A., Liang, C. S., Lee, M. A., Lindpaintner, K.: Local stress, not systemic factors, regulate gene expression of the cardiac renin-angiotensin system in vivo: a comprehensive study of all its components in the dog. PNAS **93**, 11035-11040 (1996).

Leimbach, W. N., Jr., Wallin, B. G., Victor, R. G., Aylward, P. E., Sundlof, G., Mark, A. L.: Direct evidence from intraneural recordings for increased central sympathetic outflow in patients with heart failure. Circulation **73**(5), 913-9 (1986).

Leri, A., Claudio, P. P., Li, Q., Wang, X., Reiss, K., Wang, S., Malhotra, A., Kajstura, J., Anversa, P.: Stretch-mediated release of angiotensin II induces myocyte apoptosis by activating p53 that enhances the local renin-angiotensin system and decreases the Bcl-2-to-Bax protein ratio in the cell. J Clin Invest **101**, 1326-1342 (1998).

Levine, T.B., Francis, G.S., Goldsmith, S.R., Simon, A.B., Cohn, J.N.: Activity of the sympathetic nervous system and renin-angiotensin system assessed by plasma hormone levels and their relation to hemodynamic abnormalities in congestive heart failure. Am J Cardiol **49**, 1659-66 (1982).

Levine, B., Kalman, J., Mayer, L., Fillit, H. M., Packer, M.: Elevated circulating levels of tumor necrosis factor in severe chronic heart failure. New England Journal of Medicine **223**, 236-241 (1990).

Lindpaintner, K., Jin, M. W., Niedermaier, N., Wilhelm, M. J., Ganten, D.: Cardiac angiotensinogen and its local activation in the isolated perfused beating heart. Circulation Research **67**, 564-573 (1990).

Lindpaintner, K., Lu, W., Neidermajer, N., Schieffer, B., Just, H., Ganten, D., Drexler, H.: Selective activation of cardiac angiotensinogen gene expression in post- infarction ventricular remodeling in the rat. J Mol Cell Cardiol **25**, 133-143 (1993).

Lo, S. K., Everitt, J., Gu, J., Mailk, A. B.: Tumor necrosis factor mediates experimental pulmonary edema by ICAM-1 and CD18-dependent mechanisms. Journal of Clinical Investigation **89**, 981-988 (1992).

Lopez, J. J., Lorell, B. H., Ingelfinger, J. R., Weinberg, E. O., Schunkert, H., Diamant, D., Tang, S. S.: Distribution and function of cardiac angiotensin AT1- and AT2-receptor subtypes in hypertrophied rat hearts. Am J Physiol **267**, H844-H852 (1994).

Lorell, B. H.: Role of angiotensin AT1, and AT2 receptors in cardiac hypertrophy and disease. Am J Cardiol **83**, 48H-52H (1999).

Luchner, A., Stevens, T. L., Borgeson, D. D., Redfield, M. M., Bailey, J. E., Sandberg, S. M., Heublein, D. M., Burnett, J. C., Jr.: Angiotensin II in the evolution of experimental heart failure. Hypertension **28**, 472-477 (1996).

Mair, J., Hammerer-Lercher, A., Puschndorf, B.: The impact of natriuretic peptide determination on the diagnosis and management of heart failure. Clin Chem Lab Med **11**, 571-588 (2001).

Mann, D. L., Kent, R. L., Parsons, B., Cooper, G.: Adrenergic effects on the biology of the adult mammalian cardiocyte. Circulation **85**, 790-804 (1992).

McMurray, J. J., Ray, S. G., Abdullah, I., Dargie, H. J., Morton, J. J.: Plasma endothelin in chronic heart failure. Circulation **85**, 1374-9 (1992).

Meggs, L. G., Coupet, J., Huang, H., Cheng, W., Li, P., Capasso, J. M., Homcy, C. J., Anversa, P.: Regulation of angiotensin II receptors on ventricular myocytes after myocardial infarction in rats. Circulation Research **72**, 1149-1162 (1993).

Meldrum, D. R.: Tumor necrosis factor in the heart. American Journal of Physiology **274**, R577-R595-(1998).

Meldrum, D. R., Dinarello, C. A., Cleveland, J. C., Jr., Cain, B. S., Shames, B. D., Meng, X., Harken, A. H.: Hydrogen peroxide induces tumor necrosis factor alpha-mediated cardiac injury by a P38 mitogen-activated protein kinase-dependent mechanism. Surgery **124**, 291-296 (1998).

Mishima, T., Tanimura, M., Suzuki, G., Todor, A., Sharov, V. G., Goldstein, S., Sabbah, H. N.: Effects of long-term therapy with bosentan on the progression of left ventricular dysfunction and remodeling in dogs with heart failure. J Am Coll Cardiol **35**, 222-9 (2000).

Mitsunami, K., Inoue, S., Maeda, K., Endoh, S., Takahashi, M., Okada, M., Sugihara, H., Kinoshita, M.: Three-month effects of candesartan cilexetil, an angiotensin II type 1 (AT1) receptor antagonist, on left ventricular mass and hemodynamics in patients with essential hypertension. Cardiovasc Drugs Ther **12**, 469-474 (1998).

Mukoyama, M., Nakajima, M., Horiuchi, M., Sasamura, H., Pratt, R. E., Dzau, V. J.: Expression cloning of type 2 angiotensin II receptor reveals a unique class of seven-transmembrane receptors. J Biol Chem **268**, 24539-24542 (1993).

Murray, D. R., Freeman, G. L.: Tumor necrosis factor-α induces a biphasic effect on myocardial contractility in conscious dogs. Circulation Research **78**, 154-160 (1996)

Nagano, M., Higaki, J., Nakamura, F., Higashimori, K., Nagano, N., Mikami, H., Ogihara, T.: Role of cardiac angiotensin II in isoproterenol-induced left ventricular hypertrophy. Hypertension **19**, 708-712 (1992).

Nakamura, K., Fushimi, K., Kouchi, H., Mihara, K., Miyazaki, M., Ohe, T., Namba, M.: Inhibitory effects of antioxidants on neonatal rat cardiac myocyte hypertrophy induced by tumor necrosis factor-alpha and angiotensin II. Circulation 98, 794-799 (1998).

Narula, J., Haider, N., Virmani, R., DiSalvo, T. G., Kolodgie, F. D., Hajjar, R. J., Schmidt, U., Semigran, M. J., De,c G. W., Khaw, B. A.: Apoptosis in myocytes in end-stage heart failure. N Engl J Med **335**, 1182-1189 (1996).

Natanson, C., Eichenholz, P. W., Danner, R. L., Eichacker, W., Hoffman, D., Kuo, S. M., Banks, T. J., MacViottie, T. J., Parrillo, J. E.: Endotoxin and tumor necrosis factor challenges in dogs simulate the cardiovascular profile of human septic shock. Journal of Experimental Medicine **169**, 823-832 (1989).

Neumann, F. J., Ott, I., Gawaz, M., Richardt, G., Holzapfel, H., Jochum, M., Schomig, A.: Cardiac release of cytokines and inflammatory responses in acute myocardial infarction. Circulation. **92**(4), 748-55 (1995).

Nio, Y., Matsubara, H., Murasawa, S., Kanasaki, M., Inada, M.: Regulation of gene transcription of angiotensin II receptor subtypes in myocardial infarction. J Clin Invest **95**, 46-54 (1995).

Nyui, N., Tamura, K., Yamaguchi, S., Nakamaru, M., Ishigami, T., Yabana, M., Kihara, M., Ochiai, H., Miyazaki, N., Umemura, S., Ishii, M.: Tissue angiotensinogen gene expression induced by lipopolysaccharide in hypertensive rats. Hypertension **30**, 859-867 (1997).

Obeid, L. M., Linardic, C. M., Karolak, L. A., Hannun, Y. A.: Programmed cell death induced by ceramide. Science **259**, 1769-1771 (1993).

Ohta, H., Yatomi, Y., Sweeney, E. A., Hakomori, S., Igarashi, Y.: A possible role of sphingosine in induction of apoptosis by tumor necrosis factor-alpha in human neutrophils. FEBS Lett **355**, 267-270 (1994).

Olivari, MT, Levine, TB, Cohn, JN.: Abnormal neurohumoral response to nitroprusside infusion in congestive heart failure. J Am Coll Cardiol **2**, 411-7 (1983).

Olivetti, G., Abbi, R., Quaini, F., Kajstura, J., Cheng, W., Nitahara, J. A., Quaini, E., Di, Loreto, C., Beltrami, C. A., Krajewski, S., Reed, J. C., Anversa, P.: Apoptosis in the failing human heart. N Engl J Med **336**, 1131-1141 (1997).

Oral, H., Dorn, G. W., II., Mann, D. L.: Sphingosine mediates the immediate negative inotropic effects of tumor necrosis factor-α in the adult mammalian cardiac myocyte. Journal of Biological Chemistry **272**, 4836-4842 (1997).

Paul, M., Stoll, M., Kreutz, R., Fernandez-Alfonso, M. S.: The cellular basis of angiotensin converting enzyme mRNA expression in rat heart. Basic Res Cardiol **91** Suppl 2, 57-63 (1996).

Pieruzzi, F., Abassi, Z. A., Keiser, H. R.: Expression of renin-angiotensin system components in the heart, kidneys, and lungs of rats with experimental heart failure. Circulation **92**, 3105-3112 (1995).

Pousset, F., Isnard, R., Lechat, P., Kalotka, H., Carayon, A., Maistre, G., Escolano, S., Thomas, D., Komajda, M.: Prognostic value of plasma endothelin-1 in patients with chronic heart failure. Eur Heart J **18**, 254-8 (1997).

Rabelink, T. J., Kaasjager, K. A., Boer, P., Stroes, E. G., Braam, B., Koomans, H. A.: Effects of endothelin-1 on renal function in humans: implications for physiology and pathophysiology. Kidney Int **46**, 376-81 (1994).

Rea, R. F., Berg, W. J.: Abnormal baroreflex mechanisms in congestive heart failure. Recent insights. Circulation **81**(6), 2026-7 (1990).

Reithmann, C., Gierschik, P., Sidiropoulos, D., Werdan, K., Jakobs, K. H.: Mechanism of noradrenaline-induced heterologous desensitization of adenylate cyclase stimulation in rat heart muscle cells: increase in the level of inhibitory G-protein alpha-subunits. Eur J Pharmacol **172**, 211-21 (1989).

Reithmann, C., Gierschik, P., Werdan, K., Jakobs, K. H.: Tumor necrosis factor alpha up-regulates Gi alpha and G beta proteins and adenylyl cyclase responsiveness in rat cardiomyocytes. Eur J Pharmacol **206**, 53-60 (1991).

Rose, C. P., Burgess, J. H., Cousineau, D.: Tracer norepinephrine kinetics in coronary circulation of patients with heart failure secondary to chronic pressure and volume overload. J Clin Invest. **76**(5), 1740-7 (1985).

Rousseau, M. F., Konstam, M. A., Benedict, C. R., Donckier, J., Galanti, L., Melin, J., Kinan, D., Ahn, S., Ketelslegers, J. M., Pouleur, H.: Progression of left ventricular dysfunction secondary to coronary artery disease, sustained neurohormonal activation and effects of ibopamine therapy during long-term therapy with angiotensin-converting enzyme inhibitor. American Journal of Cardiology **73**, 488-493 (1994).

Sabbah, H. N.: Apoptotic cell death in heart failure. Cardiovascular Research **45**, 704-712 (2000).

Sadoshima, J., Izumo, S.: Signal transduction pathways of angiotensin II–induced c-fos gene expression in cardiac myocytes in vitro. Roles of phospholipid-derived second messengers. Circulation Research **73**, 413-438 (1993).

Sadoshima, J., Xu, Y., Slayter, H. S., Izumo, S.: Autocrine release of angiotensin II mediates stretch-induced hypertrophy of cardiac myocytes in vitro. Cell. 75(5), 977-84 (1993).

Sadoshima, J., Izumo, S.: Autocrine secretion of angiotensin II mediates stretch-induced hypertrophy of cardiac myocytes in vitro. Contrib Nephrol **118**, 214-221 (1996).

Sasamura, H., Nakazato, Y., Hayashida, T., Kitamura, Y., Hayashi, M., Saruta, T.: Regulation of vascular type 1 angiotensin receptors by cytokines. Hypertension **30**, 35-41 (1997).

Satoh, M., Nakamura, M., Tamura, G., Makita, S., Segawa, I., Tashiro, A., Satodate, R., Hiramori, K.: Inducible nitric oxide synthase and tumor necrosis factor-alpha in myocardium in human dilated cardiomyopathy. J Am Coll Cardiol **29**, 716-724 (1997).

Sawa, H., Tokuchi, F., Mochizuki, N., Endo, Y., Furuta, Y., Shinohara, T., Takada, A., Kawaguchi, H., Yasuda, H., Nagashima, K.: Expression of the angiotensinogen gene and localization of its protein in the human heart. Circulation **86**, 138-146 (1992).

Schmitz, I., Kirchhoff, S., Krammer, P. H.: Regulation of death receptor-mediated apoptosis pathways. Int J Biochem Cell Biol **32**, 1123-1136 (2000).

Schulz, R., Panas, D. L., Catena, R., Moncada, S., Olley, P. M., Lopaschuk, G. D.: The role of nitric oxide in cardiac depression induced by interleukin-1 beta and tumour necrosis factor-alpha. Br J Pharmacol **114**, 27-34 (1995).

Schunkert. H., Dzau. V. J., Tang. S. S., Hirsch. A. T., Apstein. C. S., Lorell. B. H.: Increased rat cardiac angiotensin converting enzyme activity and mRNA expression in pressure overload left ventricular hypertrophy. Effects on coronary resistance, contractility, and relaxation. J Clin Invest **86**, 1913-1920 (1990).

Sechi, L. A., Grady, E. F., Griffin, C. A., Kalinyak, J. E., Schambelan, M.: Characterization of angiotensin II receptor subtypes in the rat kidney and heart using the non-peptide antagonists DuP 753 and PD 123 177. J Hypertens Suppl **9**, S224-S225 (1991).

Seta, Y., Shan, K., Bozkurt, B., Oral, H., Mann, D. L.: Basic mechanisms in heart failure: the cytokine hypothesis. Journal of Cardiac Failure **2**, 243-249 (1996).

Sivasubramanian, N., Coker, M. L., Kurrelmeyer, K. M., MacLellan, W. R., DeMayo, F. J., Spinale, F. G., Mann, D. L.: Left ventricular remodeling in transgenic mice with cardiac restricted overexpression of tumor necrosis factor. Circulation **104**, 826-831 (2001).

Studer, R., Reinecke, H., Muller, B., Holtz, J., Just, H., Drexler, H.: Increased angiotensin-I converting enzyme gene expression in the failing human heart. Quantification by competitive RNA polymerase chain reaction. J Clin Invest **94**, 301-310 (1994).

Suffredini, A. F., Fromm, R. E., Parker, M. M., Brenner, M., Kovacs, J. A., Wesley, R. A., Parrillo, J. E.: The cardiovascular response of normal humans to the administration of endotoxin. N Engl J Med **321**, 280-287 (1989).

Tan, L. B., Jalil, J. E., Pick, R., Janicki, J. S., Weber, K. T.: Cardiac myocyte necrosis induced by angiotensin II. Circulation Research **69**, 1185-1195 (1991).

Teerlink, J. R., Pfeffer, J. M., Pfeffer, M. A.: Progressive ventricular remodeling in response to diffuse isoproterenol-induced myocardial necrosis in rats. Circulation Research **75**, 105-113 (1994).

Testa, M., Yeh, M., Lee, P., Fanelli, R., Loperfido, F., Berman, J. W., LeJemtel, T. H.: Circulating levels of cytokines and their endogenous modulators in patients with mild to severe congestive heart failure due to coronary artery disease or hypertension. J Am Coll Cardiol. **28**(4), 964-71 (1996).

Thomas, J.A., Marks, B.H.: Plasma norepinephrine in congestive heart failure. Am J Cardiol **41**, 233-43 (1978).

Thienelt, C. D., Weinberg, E. O., Bartunek, J., Lorell, B. H.: Load-induced growth responses in isolated adult rat hearts. Role of the AT1 receptor. Circulation **95**, 2677-2683 (1997).

Troughton, R. W., Frampton, C. M., Yandle, T. G., Espiner, E. A., Nicholls, M. G., Richards, A. M.: Treatment of heart failure guided by plasma aminoterminal brain natriuretic peptide (N-BNP) concentrations. Lancet **355**, 1126-30 (2000).

Torre-Amione, G., Kapadia, S., Benedict, C., Oral, H., Young, J. B., Mann, D. L.: Proinflammatory cytokine levels in patients with depressed left ventricular ejection fraction: a report from the Studies of Left Ventricular Dysfunction (SOLVD). J Am Coll Cardiol **27**, 1201-1206 (1996b).

Torre-Amione, G., Kapadia, S., Lee, J., Durand, J. B., Bies, R. D., Young, J. B., Mann, D. L.: Tumor necrosis factor-alpha and tumor necrosis factor receptors in the failing human heart. Circulation **93**, 704-711 (1996a).

Touyz, R. M., Fareh, J., Thibault, G., Schiffrin, E. L.: Intracellular Ca^{2+} modulation by angiotensin II and endothelin-1 in cardiomyocytes and fibroblasts from hypertrophied hearts of spontaneously hypertensive rats. Hypertension **28**, 797-805 (1996).

Tsutamoto, T., Wada, A., Maeda, K., Hisanaga, T., Maeda, Y., Fukai, D., Ohnishi, M., Sugimoto, Y., Kinoshita, M.: Attenuation of compensation of endogenous cardiac natriuretic peptide system in chronic heart failure: prognostic role of plasma brain natriuretic peptide concentration in patients with chronic symptomatic left ventricular dysfunction. Circulation **96**, 509-16 (1997).

Tsutsumi, Y., Matsubara, H., Ohkubo, N., Mori, Y., Nozawa, Y., Murasawa, S., Kijima, K., Maruyama, K., Masaki, H., Moriguchi, Y., Shibasaki, Y., Kamihata, H., Inada, M., Iwasaka, T.: Angiotensin II type 2 receptor is upregulated in human heart with interstitial fibrosis, and cardiac fibroblasts are the major cell type for its expression. Circulation Research **83**, 1035-1046 (1998).

Ungerer, M., Bohm, M., Elce, J. S., Erdmann, E., Lohse, M. J.: Altered expression of beta-adrenergic receptor kinase and beta 1-adrenergic receptors in the failing human heart. Circulation **87**, 454-63 (1993).

Urata, H., Boehm, K. D., Philip, A., Kinoshita, A., Gabrovsek, J., Bumpus, F. M., Husain, A.: Cellular localization and regional distribution of an angiotensin II- forming chymase in the heart. J Clin Invest **91**, 1269-1281 (1993).

Urata, H., Kinoshita, A., Misono, K. S., Bumpus, F. M., Husain, A.: Identification of a highly specific chymase as the major angiotensin II- forming enzyme in the human heart. J Biol Chem **265**, 22348-22357 (1990).

van der Poll, T., Buller, H. R., ten Cate, H., Wortel, C. H., Bauer, K. A., van Deventer, S. J. H., Hack, C. E., Sauerwein, H. P., Rosenberg, R. D., ten Cate, J. W.: Activation of coagulation after administration of tumor necrosis factor to normal subjects. New England Journal of Medicine **322**, 1622-1627 (1990).

van Kesteren, C. A., van Heugten, H. A., Lamers, J. M., Saxena, P. R., Schalekamp, M. A., Danser, A. H.: Angiotensin II-mediated growth and antigrowth effects in cultured neonatal rat cardiac myocytes and fibroblasts. J Mol Cell Cardiol **29**, 2147-2157 (1997).

Wagner, D. R., Combes, A., McTiernan, C., Sanders, V. J., Lemster, B., Feldman, A. M.: Adenosine inhibits lipopolysaccharide-induced cardiac expression of tumor necrosis factor-alpha. Circulation Research **82**, 47-56 (1998).

Wang, W., Chen, J. S., Zucker, I. H.: Carotid sinus baroreceptor sensitivity in experimental heart failure. Circulation 1990 Jun;**81**(6), 1959-66

Weber, K. T.: Fibrosis, a common pathway to organ failure: angiotensin II and tissue repair. Semin Nephrol **17**, 467-491 (1997).

Wilkins, M. R., Redondo, J., Brown, L. A.: The natriuretic-peptide family. Lancet **349**, 1307-10 (1997).

Xia, Z., Ghildyal, N., Austen, K. F., Stevens, R. L.: Post-transcriptional regulation of chymase expression in mast cells. A cytokine-dependent mechanism for controlling the expression of granule neutral proteases of hematopoietic cells. Journal of Biological Chemistry **271**, 8747-8753 (1996).

Yamazaki, T., Komuro, I., Kudoh, S., Zou, Y., Shiojima, I., Hiroi, Y., Mizuno, T., Maemura, K., Kurihara, H., Aikawa, R., Takano, H., Yazaki, Y.: Endothelin-1 is involved in mechanical stress-induced cardiomyocyte hypertrophy. Journal of Biological Chemistry **271**, 3221-3228 (1996).

Yamazaki, T., Komuro, I., Kudoh, S., Zou, Y., Shiojima, I., Mizuno, T., Takano, H., Hiroi, Y., Ueki, K., Tobe, K., Yazaki, Y.: Angiotensin II partly mediates mechanical stress-induced cardiac hypertrophy. Circulation Research **77**, 258-265 (1995).

Yokoyama, T., Nakano, M., Bednarczyk, J. L., McIntyre, B. W., Entman, M., Mann, D. L.: Tumor necrosis factor-alpha provokes a hypertrophic growth response in adult cardiac myocytes. Circulation **95**, 1247-1252 (1997).

Yokoyama, T., Sekiguchi, K., Tanaka, T., Tomaru, K., Arai, M., Suzuki, T., Nagai, R.: Angiotensin II and mechanical stretch induce production of tumor necrosis factor in cardiac fibroblasts. Am J Physiol **276**, H1968-H1976 (1999).

Yokoyama, T., Vaca, L., Rossen, R. D., Durante, W., Hazarika, P., Mann, D. L.: Cellular basis for the negative inotropic effects of tumor necrosis factor-alpha in the adult mammalian heart. Journal of Clinical Investigation **92**, 2303-2312 (1993).

Zhang, X., Dostal, D. E., Reiss, K., Cheng, W., Kajstura, J., Li, P., Huang, H., Sonnenblick, E. H., Meggs, L. G., Baker, K. M.: Identification and activation of autocrine renin-angiotensin system in adult ventricular myocytes. American Journal of Physiology **269**, H1791-802 (1995).

Zolk, O., Flesch, M., Schnabel, P., Teisman, A. C., Pinto, Y. M., van Gilst, W. H., Paul, M., Böhm, M.: Effects of quinapril, losartan and hydralazine on cardiac hypertrophy and beta-adrenergic neuroeffector mechanisms in transgenic (mREN2)27 rats. Br J Pharmacol **123**, 405-412 (1998).

2.3 Herzmuskelhypertrophie

R. H. G. Schwinger, C. Zobel

Die Herzmuskelhypertrophie ist möglicherweise ein Vorstadium im klinischen Verlauf einer sich entwickelnden Herzinsuffizienz. Zudem ist sie ein unabhängiger Risikofaktor für die kardiale Morbidität und Letalität. Sie kann durch eine Vielzahl von Stimuli ausgelöst werden und stellt die Antwort des Myokards an eine erhöhte Belastung durch eine Zunahme der Muskelmasse dar. Diese Zunahme der Muskelmasse entsteht überwiegend durch Hypertrophie vorhandener Herzmuskelzellen und nicht durch eine Vermehrung derselben, da Herzmuskelzellen schon kurz nach der Geburt terminal differenzieren. Entgegen dieser „Lehrmeinung" weisen jedoch jüngste Untersuchungsergebnisse auf eine Teilungsfähigkeit adulter Kardiomyozyten hin. Der adaptive Vorgang der Hypertrophie kann als effektiver Kompensationsmechanismus bezeichnet werden, welcher später im Sinne einer Maladaption von einer kompensierten Hypertrophie in eine dekompensierte Hypertrophie übergeht und letztlich in einer manifesten Herzinsuffizienz münden kann.

2.3.1 Definition

Da es im Rahmen einer myokardialen Hypertrophie zu einer Zunahme der Herzmuskelmasse über das normale Maß hinaus kommt, müssen zunächst die normalen Werte für das Herzgewicht definiert werden, um Vorhandensein und Ausmaß der Hypertrophie einschätzen zu können. Aus anatomischen Studien weiß man, dass die obere Grenze des „normalen" Herzgewichts ~450 g für Männer und ~400g für Frauen beträgt. Diese Werte müssen unter Berücksichtigung des epikardialen Fettes, des Body Mass Index und des Alters korrigiert werden. Hieraus ergibt sich ein Grenzwert von 36 $g/m^{2,7}$ für das Gewicht des linken Ventrikels, der in beiden Geschlechtern unter normalen Umständen nicht überschritten wird. Im klinischen Alltag wird die Diagnose einer Myokardhypertrophie natürlich nicht pathologisch-anatomisch, sondern durch verschiedene Untersuchungsverfahren (z. B. EKG, Echokardiographie) festgestellt.

2.3.2 Pathogenese der Hypertrophieentstehung

Als Auslöser für die Entstehung einer myokardialen Hypertrophie konnte eine Vielzahl von Mechanismen identifiziert werden, die hormonelle Störungen, genetische Mutationen kardialer Proteine sowie eine mechanische Druck oder Volumenbelastung des Herzens beinhalten. Da mechanische Belastungen des Herzens die weitaus häufigste Ursache darstellen, sollen diese hier im Detail besprochen werden. Es wird angenommen, dass die mechanische Belastung des Herzens eine Kaskade von Signaltransduktionsmechanismen (siehe hierzu auch zelluläre Mechanismen der Hypertrophie) anstößt, welche auf zellulärer Ebene zur Hypertrophie führen. Prinzipiell lassen sich zwei Formen der mechanisch induzierten Hypertrophie unterscheiden, die durch Druckbelastung (z.B. arterielle Hypertonie, Aortenstenose) ausgelöste konzentrische Hypertrophie und die durch eine Volumenbelastung (z.B. Aorteninsuffizienz) hervorgerufene exzentrische Hypertrophie. Wesentliches Ziel einer stabilen Myokardfunktion ist die Aufrechterhaltung einer konstanten Wandspannung gemäß dem La Place'schen Gesetz (Wandspannung = (Druck × Radius)/(2 × Wanddicke)). Daher führt eine Druck- oder Volumenbelastung des Ventrikels kompensatorisch zu einer Zunahme der Wanddicke und somit zur Hypertrophie (siehe Abb. 2.16).

Diese adaptiven Vorgänge stellen jedoch keineswegs einen perfekten Regelkreis dar, der unter allen Bedingungen eine optimale Wandspannung aufrecht

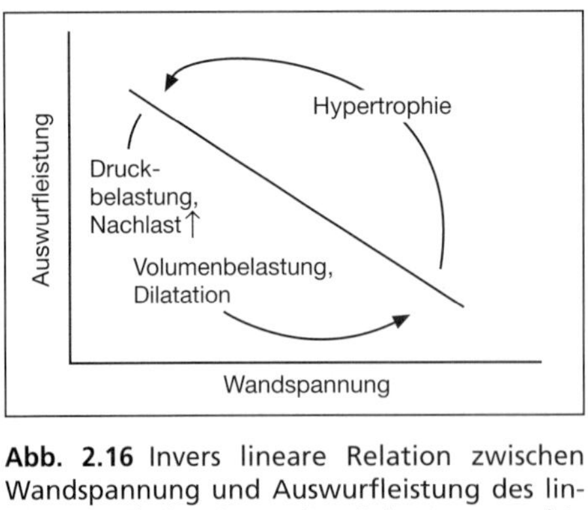

Abb. 2.16 Invers lineare Relation zwischen Wandspannung und Auswurfleistung des linken Ventrikels. Die myokardiale Hypertrophie normalisiert kompensatorisch die durch Druck- und Volumenbelastung erhöhte Wandspannung.

erhält. Es kommt vielmehr häufig zu Fehlanpassungen, die zu ungünstigen Veränderungen der Wandspannung führen. Nach einem großen Myokardinfarkt kommt es zu einer Volumenbelastung des verbleibenden Myokards, welches rasch zu einer Hypertrophie führt die mit einer Dilatation des linken Ventrikels einhergeht. Die initiale Dilatation führt innerhalb definierter Grenzen zu einer Aufrechterhaltung des Schlagvolumens, allerdings kommt es meistens im weiteren Verlauf zu einer sphärischen Verformung des Ventrikels, die zu einer Zunahme der Wandspannung führt, welche die weitere Dilatation vorantreibt. Auch die konzentrische Hypertrophie bei Patienten mit einer Aortenstenose und arterieller Hypertonie führt häufig zu einer überschießenden Hypertrophie, die mit einer suboptimalen Wandspannung einhergeht. Auf der Ebene des einzelnen Kardiomyozyten lassen sich die beiden Formen der mechanisch induzierten Hypertrophie ebenfalls morphologisch unterscheiden, im Rahmen einer konzentrischen Hypertrophie kommt es zu einer überwiegenden Zunahme der Breite der Kardiomyozyten durch parallele Anlagerung neuer kontraktiler Elemente, während eine exzentrische Hypertrophie mit einer seriellen Anlagerung kontraktiler Elemente verbunden ist, die zu einer Längenzunahme der Herzmuskelzelle führt.

2.3.3 Physiologische Hypertrophie

Die Hypertrophie des Herzens ist unter folgenden Bedingungen als physiologisch anzusehen und somit nicht mit einer erhöhten Morbidität oder Letalität verbunden: Wachstumsphase, Schwangerschaft und körperliches Training. Während des Wachstums kommt es zu einer ca. 10-fachen Zunahme der linksventrikulären Myokardmasse, welche ungefähr linear mit der Zunahme des Körpergewichts verläuft, als grober Anhaltspunkt entspricht hier das physiologische Gewicht des linken Ventrikels in Gramm dem 3-4 fachen des Körpergewichts in Kilogramm. Im Rahmen einer Schwangerschaft (Volumenbelastung) kommt es durch den Bedarf eines höheren Herzzeitvolumens zu einer deutlichen Zunahme der linksventrikulären Dimensionen sowie ebenfalls der linksventrikulären Myokardmasse, welche sich in den Monaten nach der Geburt langsam zurückbildet. Auch die konzentrische Hypertrophie des linken Ventrikels bei Sportlern, die vorwiegend isometrische Muskelanstrengungen durchführen (z.B. Gewichtheben, Ringen), als auch die exzentrische Hypertrophie, wie sie bei Ausdauersportarten auftritt, sind nicht als pathologisch anzusehen und gehen mit einer normalen systolischen und diastolischen Funktion einher. Ob es das Sportlerherz als „physiologische" Form des hypertrophen Herzen gibt ist zumindest zweifelhaft. Die Frage nach dem grundsätzlichen Unterschied zwischen einer physiologischen Hypertrophie und einer pathologischen Hypertrophie ist bisher nicht eindeutig geklärt, es ist jedoch zu vermuten, dass die zugrundeliegenden Signaltransduktionskaskaden die gleichen sind, jedoch die Dauer und/ oder Ausprägung der Aktivierung unterschiedlich ist. Es bleibt festzuhalten, dass eine alleinige Zunahme der linksventrikulären Myokardmasse noch nicht als pathologisch anzusehen ist und im Zusammenhang mit dem klinischen Kontext beurteilt werden muss.

2.3.4 Diagnose der linksventrikulären Hypertrophie

Selbst eine deutlich pathologische Hypertrophie kann über Jahre hinweg unbemerkt bestehen, bevor sie sich durch eine manifeste Herzinsuffizienz oder einen plötzlichem Herztod manifestiert. Somit stellen in der klinischen Praxis die Echokardiographie oder neuere nicht invasive bildgebende Verfahren (z.B. Magnetresonanztomographie oder Computertomographie) die wesentlichen Werkzeuge zur Diagnose einer Hypertrophie dar. Erste Hinweise auf das Bestehen einer Hypertrophie kann natürlich auch das Elektrokardiogramm liefern, eine genauere Einschätzung des Ausmaßes und eine Verlaufsbeurteilung sind jedoch nur eingeschränkt möglich, außerdem stellt die Echokardiographie das weitaus sensitivere Untersuchungsverfahren dar. Zur Bestimmung der linksventrikulären Muskelmasse wird unter zweidimensionaler Kontrolle in der langen Achse ein M-Mode-Echokardiogramm erstellt, und hieraus werden die Wanddicken des Septums (IVST), der Hinterwand (PWT) sowie die enddiastolische Dimension des linken Ventrikels ($LVID_d$) nach den Richtlinien der American Society of Echocardiography (Leading-Edge-Methode) unter Zuhilfenahme der von Devereux und Mitarbeitern entwickelten Formeln durchgeführt: $LVM\ ASE = 0.8\ (1.04\ (IVST + PWT + LVID_d)^3 - (LVID_d)^3) + 0.6\ g$. Die so bestimmte linksventrikuläre Muskelmasse wird in Relation zum Körpergewicht und zur Körpergröße gesetzt und durch die Körperoberfläche geteilt. Auf diesem Wege erhält man den linksventrikulären Muskelmassenindex (LVMI). Unter Berücksichtigung der Relativen

Wanddicke ($RWT = 2 \times PWT/LVID_d$) lässt sich bei normaler Muskelmasse ein Normalbefund oder ein konzentrisches Remodelling (erste geometrische Anpassung) bzw. bei erhöhtem LVMI eine exzentrische bzw. konzentrische Hypertrophie ermitteln:

Unter Verwendung der in der Framingham Heart Study (Remme et al., 2001) erhobenen Daten zur Distribution der linksventrikulären Masse in der gesunden Bevölkerung wurden unter Berücksichtigung von Geschlecht, Größe und Body Mass Index Mittelwerte festgestellt, die als Ausgangspunkt für eine individuelle Einschätzung dienen können. Wird eine Abweichung der linksventrikulären Masse von größer als zwei Standardabweichungen vom Mittelwert als pathologisch angenommen, findet sich eine Prävalenz der Hypertrophie von 16 % bei Frauen und 19 % bei Männern in der gesamten Population der Framingham Heart Study.

2.3.5 Zelluläre Mechanismen der linksventrikulären Hypertrophie

Wie wird die Erhöhung der Wandspannung, d.h. eine mechanische Stimulation, in eine biochemische Antwort, d.h. die Hypertrophie, übertragen? Die Beantwortung dieser Frage könnte mithelfen die Pathogenese einer hypertrophiemediierten Herzinsuffizienz zu verstehen und damit eine kausale Behandlung ermöglichen. Das Wachstum der Herzmuskelzellen wird durch eine Vielzahl von endokrinen, parakrinen und autokrinen Faktoren reguliert, die verschiedene membrangebundene Rezeptoren stimulieren. Diese Aktivierung wiederum triggert multiple zytoplasmatische Signaltransduktionskaskaden, welche dann ultimativ nukleare Faktoren und somit die Genexpression beeinflussen (siehe Abb. 2.18). Zwar ist eine Vielzahl von Bausteinen dieser Abläufe bekannt, aber deren genaues Zusammenspiel ist noch weitgehend unklar.

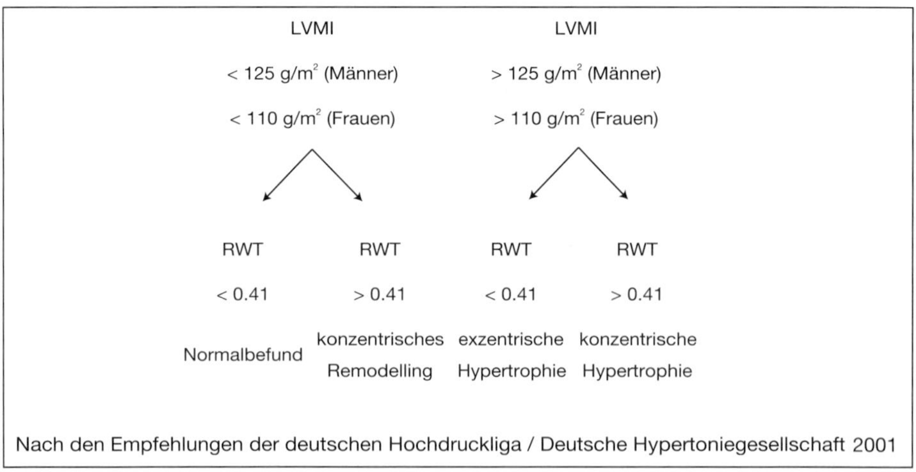

Abb. 2.17 Diagnostische Kriterien für die Hypertrophie nach Bestimmung des linksventrikulären Muskelmassenindex (LVMI) unter Berücksichtigung der Relativen Wanddicke (RWT).

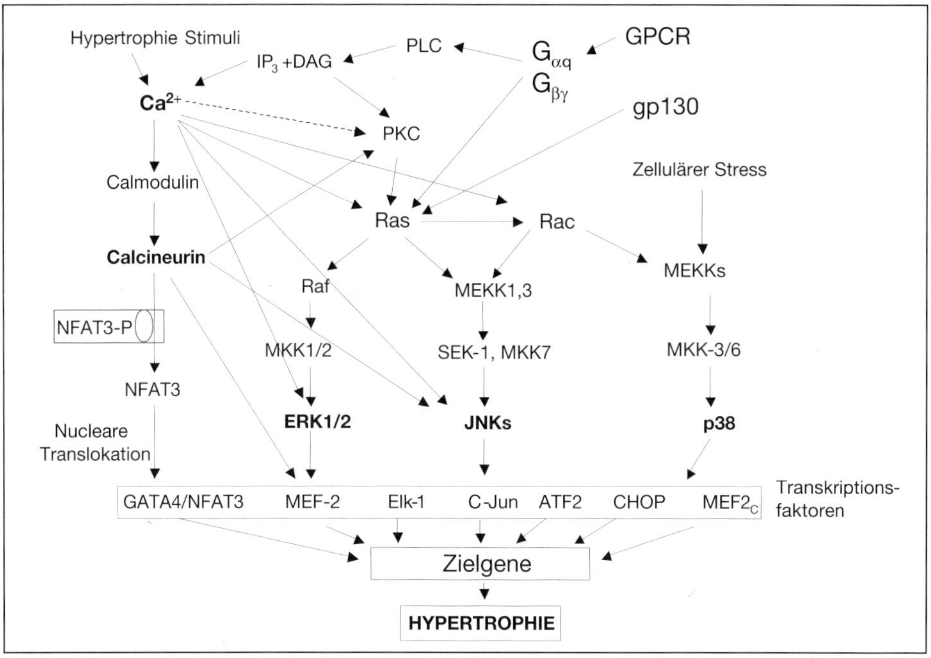

Abb. 2.18 Rezeptoren, Signaltransduktionswege und Genexpression der hämodynamischen und und neurohumeralen Hypertrophieinduktion.

Rezeptoren an der Oberfläche der Herzmuskelzellen lassen sich grob in drei Gruppen einteilen, die ß-adrenergen Rezeptoren, die primär durch Adrenalin stimuliert werden, die cholinergen Rezeptoren, die primär durch Acetylcholine aktiviert werden und die dritte Gruppe, die Angiotensin II, Endothelin und α-adrenerge Rezeptoren umfasst. Die letztgenannte Gruppe von Rezeptoren ist weniger wichtig in der Regulation der akuten Funktion der Herzmuskelzelle, sondern spielt wahrscheinlich eine wesentliche Rolle in der langfristigen Anpassung an Belastungen des Herzens (Molkentin und Dorn 2001). Diese drei Klassen von membrangebundenen Rezeptoren korrespondieren zu drei Hauptgruppen von sogenannten G-Proteinen (heterotrimere GTP-bindende Proteine), die stimulierende oder hemmende Signale an den Rezeptoren intrazellulär weiterleiten. Hierbei sind die ß-adrenergen Rezeptoren vorwiegend an $G_{\alpha s}$ gekoppelt, cholinerge Rezeptoren an $G_{\alpha i}$ und die dritte Klasse ist zum überwiegenden Anteil an $G_{\alpha q}$ gekoppelt. Alle G-Proteine bestehen aus separaten G_{α} und $G_{\beta\gamma}$ Untereinheiten, die unter Umwandlung von GDP in GTP dissoziieren, wenn es zur Bindung des Agonisten an den Rezeptor kommt. Beide Untereinheiten sind daraufhin frei und können die Aktivität untergeordneter Effektoren modulieren. Hierzu zählen typischerweise die Adenylatzyklase (beeinflusst durch $G_{\alpha s}$ und $G_{\alpha i}$) oder Phospolipase C (moduliert durch $G_{\alpha q}$). Zusätzlich werden durch $G_{\beta\gamma}$ die Mitogen-aktivierten Protein (MAP) Kinasen, die Phosphatidylinositol-3-Kinase und Ras abhängige Signalkaskaden gesteuert. Im Folgenden wird die Rolle der wesentlichen G-Proteine für die Hypertrophieentstehung besprochen. Die Aktivierung von $G_{\alpha i}$ resultiert in einer direkten Verminderung der Adenylatzyklaseaktivität. Die Adenylatzyklase katalysiert die Bildung von cAMP, welches die myokardiale Kontraktionskraft durch Aktivierung nachgeschalteter Proteinkinasen steigert. Insbesondere ist hier die Proteinkinase A zu nennen, die unter anderem über eine Inhibierung von Phospholamban indirekt zu einer gesteigerten Aktivität der SERCA2 (Kalzium-ATPase des sarkoplasmatischen Retikulums) führt und so durch einen gesteigerten Kalziumumsatz die Kontraktionskraft beeinflussen kann. Da $G_{\alpha i}$ die Adenylatzyklaseaktivität vermindert, wurde früh eine Rolle dieses Proteins für die Hypertrophieentstehung vermutet. Es konnte nachgewiesen werden, dass $G_{\alpha i}$ in verschiedenen Hypertrophiemodellen heraufreguliert ist und zu einer verminderten Adenylatzyklaseaktivität führt (Böhm et al., 1992).

Während eine erhöhte Expression von $G_{\alpha i}$ übereinstimmend als bedeutsam für die verminderte Wirksamkeit ß-adrenozeptorabhängiger Stimulation in der Hypertrophie angesehen wird, ist die Rolle einer veränderten $G_{\alpha s}$ Expression weit weniger klar, da sich die veröffentlichen Daten hier in ihren Aussagen widersprechen.

Übereinstimmend wird $G_{\alpha q}$ hingegen als wesentlich bei der Entstehung von Hypertrophie angesehen. Es konnte in Untersuchungen an kultivierten Zellen gezeigt werden, dass alle Agonisten (Noradrenalin, Phenylephrin, Angiotensin II, Endothelin, Prostaglandin $F_2\alpha$), die an $G_{\alpha q}$-abhängige Rezeptoren binden, in der Lage sind eine Hypertrophieantwort auszulösen. Diese Ergebnisse werden unterstrichen von Daten aus transgenen Mäusen, die $G_{\alpha q}$ überexpremieren, hier zeigten die Tiere alle Charakteristika einer durch Druckbelastung ausgelösten Myokardhypertrophie. Weiterhin konnte nachgewiesen werden, dass eine selektive Inhibition von $G_{\alpha q}$ die untersuchten Mäuse resistent gegen eine durch Druckbelastung stimulierte Hypertrophie macht. Die Frage, ob sich diese Ergebnisse aus tierexperimentellen Studien auf den Menschen übertragen lassen, lässt sich nur schwer beantworten, da dort nur wenig Daten vorliegen. Indirekte Hinweise für eine bedeutsame Rolle für $G_{\alpha q}$ im Menschen lassen sich jedoch aus den überzeugenden Ergebnissen der ACE-Hemmer und möglicherweise auch der AT_1-Rezeptor-Antagonisten für die Regression der kardialen Hypertrophie ableiten (Dunn et al., 1984). Zusammenfassend lässt sich festhalten, dass die $G_{\alpha q}$-gekoppelte Signaltransduktion sowohl notwendig als auch ausreichend für die Entstehung von myokardialer Hypertrophie ist.

Ein wichtiges, den G-Proteinen nachgeschaltetes Signalmolekül ist Ras, welches zur Gruppe der niedermolekularen GTPasen gehört und durch $G_{\beta\gamma}$, Kalzium und Rezeptortyrosinkinasen aktiviert wird. Übereinstimmend wird für Ras und verwandte GTPasen (RhoA, Rac1) eine wichtige Rolle in der Stimulation von Hypertrophie angenommen. Ras selbst führt zur Aktivierung aller drei Mitogen-aktivierten Proteinkinase-Systeme (Extrazellulär-Signal-regulierte Kinasen 1 und 2, c-Jun-NH_2-terminale Kinasen und p38), welche ebenfalls ein Rolle in der Hypertrophiegenese spielen.

Die genannten MAP-Kinasen werden durch ein breites Spektrum von Stimuli aktiviert, hierzu gehören chemischer

Stress, mechanische Belastung, osmolarer Stress, Strahlenbelastung und G-Protein gekoppelte Rezeptoraktivierung durch Agonisten wie Angiotensin II, Endothelin und Phenylephrin. Die genaue Rolle der verschiedenen Zweige der MAP-Kinasen für die Entstehung von einzelnen Aspekten von Hypertrophie ist immer noch Gegenstand der aktuellen Forschung.

Ein weiterer wichtiger Mediator im komplexen System der Regulation von Hypertrophie des Herzmuskels ist die Proteinkinase C-Familie, die eine Gruppe von Serin-Threonin-Kinasen darstellt, welche eine Rolle für nahezu alle membranassoziierten Signaltransduktionswege spielt. Die PKC-Familie besteht aus über 10 Isoenzymen, welche jeweils eine gewebsspezifische Expression und agonistabhängige Aktivierung zeigen. In Herzmuskelzellen wird über die Expression und funktionelle Bedeutung von PKCα, PKCβ, PKCε und PKCδ berichtet.

Neben den bereits erwähnten und gut untersuchten kinase-abhängigen Signaltransduktionsmechanismen wendet man sich zunehmend auch den weniger gut erforschten Signalwegen zu, welche durch dephosphorylierende Mechanismen gekennzeichnet sind. Als wichtigster Vertreter ist hier die Kalzium-Calmodulin abhängige Serin-Threonin Phosphatase Calineurin zu nennen, welche im Zusammenhang mit dem Nukleären Faktor Aktivierter T-Zellen (NFAT) eine wichtige Rolle in der Hypertrophieregulation spielt. Die Entdeckung dieses Kalzium-abhängigen Signalwegs war besonders interessant, da schon lange ein Zusammenhang zwischen einer veränderten intrazellulären Kalziumhomöostase und der Entstehung einer Hypertrophie vermutet worden war. Die Rolle von Calcineurin im menschlichen Herzen wird durch eine Studie belegt, die eine erhöhte Calcineurinaktivität in hypertrophierten Herzen nachweisen konnte, die interessanterweise bei insuffizienten Herzen weniger ausgeprägt war (Haq et al., 2001) (siehe Abb. 2.19). Des weiteren bestehen Hinweise für eine Calcineurin-abhängige Regulation der Kalzium-ATPase des sarkoplasmatischen Retikulums (Münch et al., 2002). Es wäre verführend diesen Signaltransduktionsweg als therapeutischen Ansatz für die Behandlung von Hypertrophie und Herzinsuffizienz vorzuschlagen, insbesondere da sich Calcineurininhibitoren bereits zur Immunsupression im klinischen Einsatz befinden (z.B. Cyclosporin A). Leider sind erhebliche Nebenwirkungen dieser Medikamente bekannt, die unter anderem eine arterielle Hypertonie beinhalten.

Ein weiterer Signaltransduktionsweg, dem eine Bedeutung in der Hypertrophieregulation zugeschrieben wird, kann über die Interleukin-6 Familie von Zytokinen aktiviert werden, zu denen auch Cardiotrophin-1 gehört. Diese Agonisten interagieren mit dem gp130 Rezeptor und dem niedrig affinen Leuk-

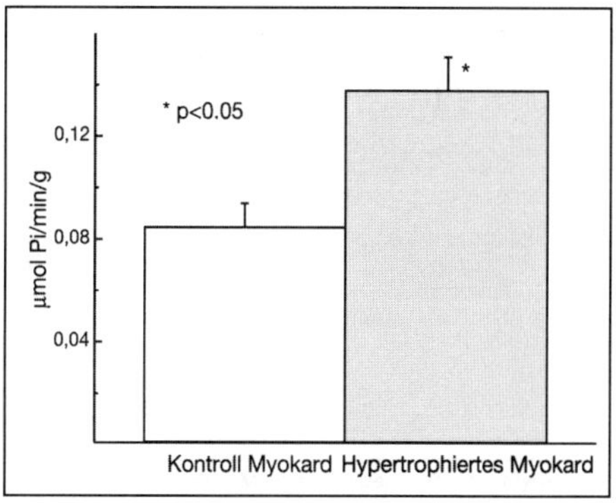

Abb. 2.19 Calcineurinaktivität in linksventrikulärem menschlichem Myokard (eigene Daten: Diedrichs, Schwinger, 2003)

ämie inhibierenden Rezeptor und führen zur intrazelluären Aktivierung einer Familie von STAT (Signal Transduktion und Aktivation von Transkription) genannten Faktoren, die die Genexpression beeinflussen. Desweiteren wurde ebenfalls über eine durch Ras vermittelte Stimulation der MAP-Kinasen berichtet.

Insulin-ähnliche Wachstumsfaktoren (IGFs) spielen ebenfalls eine Rolle in der Regulation von Hypertrophie, durch Stimulation von spezifischen membrangebundenen Rezeptoren mit intrinsischer Tyrosinkinase-Aktivität kommt es zur nachgeschalteten Aktivierung verschiedener intrazellulärer Mediatoren (Akt, p70SK6), die einen Einfluss auf die Translation haben.

Natürlich kann diese kurze Übersicht keinen Anspruch auf Vollständigkeit erheben, und es ist davon auszugehen, dass weitere Signalmoleküle eine Rolle in der Regulation von Hypertrophie spielen. Diese Befunde belegen das komplexe Zusammenspiel verschiedener Regulationswege, die adaptiv oder regulativ eine Hypertrophie induzieren können. Anhand von groben Schätzungen ist davon auszugehen, dass von den 50.000 menschlichen Genen 1100 Kinasen und 300 Phosphatasen darstellen. Diese Zahlen lassen auf eine überwältigende Komplexität der Signaltransduktion in Säugetierzellen schließen und machen die Schwierigkeiten deutlich, pharmakologische Substanzen zu entwickeln, die in dieses Geschehen mit hoher Spezifität und Effektivität eingreifen. Auf der anderen Seite konnte gezeigt werden, dass durch eher unspezifische Inhibition zentraler Signaltransduktionswege die Hypertrophieantwort erfolgreich zu beeinflussen ist. Hier sind in erster Linie die Erfolge zu nennen, die mit ß-Adrenozeptor-Blockern, ACE-Hemmern und L-Typ-Kalziumkanal-Blockern erzielt werden konnten (Dahlof et al., 1992).

2.3.6 Veränderte Genexpression in den Herzmuskelzellen

Folge und Sinn der oben dargestellten Aktivierung multipler Signaltransduktionswege ist natürlich eine veränderte Genexpression auf Ebene der einzelnen Herzmuskelzelle mit dem Ziel der Anpassung an die veränderte Belastung. Hierunter kommt es zu quantitativen und qualitativen Veränderungen in der Expression wesentlicher kardialer Proteine. Im hypertrophierten Myokard kann ein Expressionsmuster nachgewiesen werden, das dem in fetalen Kardiomyozyten ähnlich ist. Es wird daher auch von einer Reaktivierung eines „fetalen Genprogramms" gesprochen. Die durch die Aktivierung der Signaltransduktionswege hervorgerufenen Veränderungen führen zu einer veränderten Expression von Proteinen sowie einer Modifikation der Funktion (siehe Abb. 2.20)

Die Exitations-Kontraktions-Kopplung beginnt mit dem Aktionspotential und bereits hier kommt es durch eine veränderte Expression und Funktion verschiedener Ionenkanäle zu einer Verlängerung sowie zu einer Modulation der Form des Aktionspotentials, die eine Veränderung der Kinetik und Menge des Kalziumeinstroms zur Folge haben (Wickenden et al., 1998). Dieser veränderte Kalziumeinstrom, der über die sogenannte Kalzium-induzierte Kalziumfreisetzung aus dem sarkoplasmatischen Retikulum die Kontraktion trig-

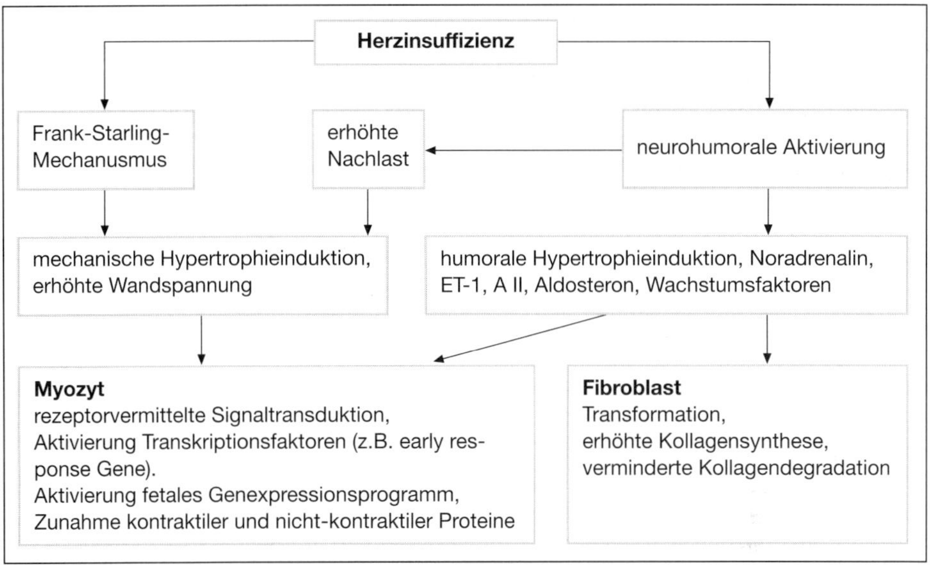

Abb. 2.20 Hypertrophieregulation bei Herzinsuffizienz. Erläuterungen, siehe Text.

gert, führt im Zusammenhang mit einer veränderten Expression/Funktion der für die intrazelluläre Kalziumhomöostase wesentlichen Proteine (Kalzium-ATPase des sarkoplasmatischen Retikulums, SERCA2 (Schwinger et al., 1995), Ryanodinrezeptor (Münch et al., 2001), Na^+/Ca^{2+}-Austauscher (Schwinger et al., 1999) zu Veränderungen des intrazellulären Kalziumtransienten. Zusätzlich bestehende Veränderungen auf Ebene der kontraktilen Proteine, die unter anderem mit einer veränderten Kalziumsensitivität einhergehen, tragen ebenfalls zu Störungen der Exitations-Kontraktionskopplung bei (Schwinger et al., 1994).

Neben Veränderungen von Proteinen, die direkt die Kontraktionskopplung beeinflussen, wurde auch über ein Missverhältnis zwischen der Zunahme der kontraktilen Elemente und den vorhandenen Mitochondrien berichtet, aus der eine defizitäre Versorgung mit ATP resultiert.

2.3.7 Veränderungen der extrazellulären Matrix

Damit die hypertrophierten Herzmuskelzellen die erhöhte biomechanische Belastung auch tragen können ist eine koordinierte Zunahme der interzellulären Strukturen wie Bindegewebe, Gefäßversorgung und Nervennetze notwendig. Der primäre Bestandteil des Bindegewebes ist Kollagen, zusätzlich sind Elastin, Laminin und Fibronectin vorhanden. Die Kollagentypen I, III und V sind im Herzmuskelgewebe vertreten, wobei Kollagen I mit 85 % den größten Anteil hat. Das komplexe Kollagennetzwerk ist für die Umsetzung der individuellen Kontraktion einzelner Kardiomyozyten in die Kontraktion des gesamten Ventrikels verantwortlich, ebenso spielt es eine große Rolle für die passive diastolische Steifheit des Herzmuskelgewebes. Die im Rahmen einer Hypertrophie durch Druckbelastung auftretende Zunahme des Kollagengehalts muss von einer pathologischen Kollagenablagerung unterschieden werden, die durch perivaskuläre und interstitielle Fibrose gekennzeichnet ist. Es ist bisher nicht hinreichend geklärt, ob der Stimulus für die reaktive Fibrose durch Defekte im Kontakt zwischen Zellen und Extrazellulärmatrix, myokardiale Ischämie oder die lokale Aktivierung von trophischen Peptiden wie Angiotensin II, Aldosterone und/oder Katecholamine hervorgerufen wird. Eine Rolle für das Renin-Angiotensin-Aldosteron-System in der Fibroblastenstimulation lässt sich aus Tierexperimenten ableiten, in denen eine hochdruckinduzierte Myokardfibrose durch Spironolacton oder ACE-Hemmer nachgewiesen werden konnte. Daten am Menschen zur Fibroseprävention fehlen bisher, indirekte Hinweise lassen sich aus den Ergebnissen der RALES-Studie ziehen, die überzeugend einen morbiditäts- und letalitätssenkenden Effekt des Aldosteronantagonisten Spironolacton bei Herzinsuffizienz nachweisen konnte.

Im Rahmen der Veränderungen der extrazellulären Matrix kommt es bei vermehrter Bildung aller Kollagentypen zu einer relativen Zunahme des Typs I. Der normale Kollagengehalt gesunden Myokards beträgt 2-4 %, er kann im Rahmen der Hypertrophie bis über 20 % zunehmen.

Die Veränderungen der extrazellulären Matrix bei Volumenbelastung scheinen sich wesentlich von denen bei Druckbelastung zu unterscheiden. Es kommt zu einer Dilatation der Herzkammer, die sowohl durch Elongation der einzelnen Herzmuskelzellen, als auch durch Veränderungen in der Verknüpfung der Kollagenmoleküle und des Kollagennetzwerks gekennzeichnet ist. Die Lockerung des Kollagennetzwerks wird vorwiegend mit einer Aktivierung sogenannter Matrix-Metalloproteasen in Verbindung gebracht, die eine Familie von zinkhaltigen Proteinen darstellen, zu denen Stromalysine, Kollagenasen, Gelatinasen und membrangebundene Matrix-Metalloproteasen gehören. Eine Aktivierung dieser Proteasen und eine verminderte Expression spezifischer Inhibitoren konnte in menschlichem Herzmuskelgewebe unter pathologischen Bedingungen nachgewiesen werden.

2.3.8 Veränderungen der Gefäße

Im Rahmen der Hypertrophie des Myokards kommt es zur Entstehung eines Missverhältnisses zwischen Kapillarquerschnitt und Myozytendichte, daher ist in Ruhe ein höherer absoluter Koronarblutfluss erforderlich, um pro Gramm Muskelmasse eine unveränderte Durchblutung zu garantieren. Hierdurch kommt es jedoch zu einer Einschränkung der Koronarreserve des hypertrophierten Myokards. Darüber hinaus besteht eine Verminderung des subendokardialen Blutflusses. Zusätzlich findet sich eine Mediaverdickung der intramyokardialen Koronararterien sowie eine perivaskuläre Fibrose. Die Mechanismen der dekompensierten Hypertrophie sind in Abbildung 2.21 zusammengefasst.

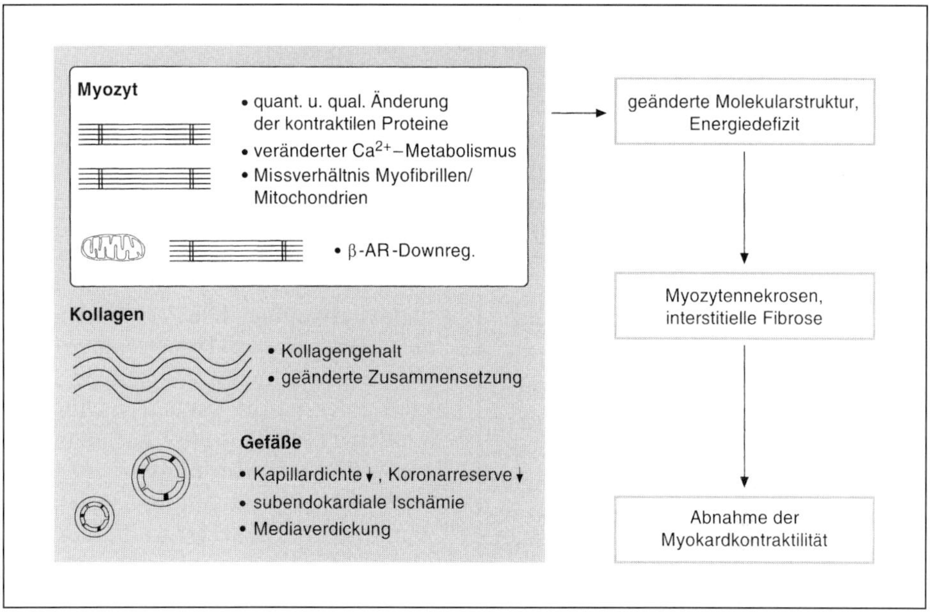

Abb. 2.21 Myozytäre, interstitielle und vaskuläre Mechanismen der dekompensierten Myokardhypertrophie. Erläuterungen, siehe Text.

Funktionelle und strukturelle Konsequenzen der linksventrikulären Hypertrophie

Die linksventrikuläre Hypertrophie kann sich in unterschiedlichen Formen klinisch manifestieren. Patienten können mit einer Hypertrophie im kompensierten Stadium ohne Symptome und mit nahezu normaler Belastbarkeit über Jahre hinweg leben, andere zeigen ein Fortschreiten der Erkrankung vom kompensierten Stadium hin zu einer manifesten Herzinsuffizienz, hervorgerufen durch eine diastolische und/oder systolische Funktionsstörung des linken Ventrikels.

Die diastolische Dysfunktion wird zum einen durch eine Störung der Relaxation als auch der passiven Füllung des linken Ventrikels erklärt. Die Dynamik der passiven Füllung und das Verhältnis zwischen diastolischem Volumen und Druck werden durch den Zeitverlauf der aktiven Relaxation und der passiven Deformationseigenschaften des Ventrikels beeinflusst. Diese wiederum werden durch subzelluläre Eigenschaften der Herzmuskelzellen (siehe zelluläre Mechanismen der Hypertrophie) sowie der Wanddicke und ihrer Zusammensetzung bestimmt (siehe Veränderungen der extrazellulären Matrix). Eine Einschätzung der diastolischen Herzfunktion erlaubt die Dopplerechokardiographie, die anhand einer Messung der Flussgeschwindigkeitskurven durch die Mitralklappe Rückschlüsse auf die Entleerung des linken Vorhofs und der Füllung des Ventrikels zulässt. Die Geschwindigkeit und Größe der diastolischen ventrikulären Füllung, gerade nach der Öffnung der Mitralklappe, steht in direkter Korrelation zum Druckgradienten über der Mitralklappe, welcher sowohl durch den linksatrialen Druck als auch durch die aktive Relaxation des linken Ventrikels bestimmt wird. Das Ausmaß der Störung der diastolischen Funktion kann grob in drei Stadien eingeteilt werden. Im ersten Stadium der verzögerten Relaxation kommt es zu einer Verminderung der frühen diastolischen Einflussgeschwindigkeit, welche durch eine kompensatorische Steigerung der linksatrialen Kontraktion kompensiert wird (vermindertes E/A Verhältnis). Die Zunahme der Dysfunktion ist durch eine Pseudonormalisierung mit normalen E/A Verhältnis gekennzeichnet, die allerdings mit einer raschen Abnahme der frühen Flussrate über die Mitralklappe einhergeht. Im dritten Stadium bildet sich ein restriktives Muster heraus, das durch explosionsartige Füllung während der frühen Diastole, einhergehend mit einer extrem raschen Abnahme der Flussgeschwindigkeit, charakterisiert ist. Es kann festgehalten werden, dass diastolische Funktionsstörungen üblicherweise Veränderungen der systolischen Funktion vorausgehen und in 50 % der Patienten mit Druckbelastung des linken Ventrikels und noch normaler systolischer Funktion nachgewiesen werden können.

Die systolische Dysfunktion manifestiert sich in einer verminderten Ejektionsfraktion des linken Ventrikels und charakterisiert den Übergang einer kompensierten Hypertrophie zu einer manifesten Herzinsuffizienz.

2.3.9 Prognostische Bedeutung der linksventrikulären Hypertrophie

Es gibt keinen Zweifel an der prognostischen Bedeutung einer echokardiographisch diagnostizierten linksventrikulären Hypertrophie. Die Diagnose einer linksventrikulären Hypertrophie beinhaltet ein erhöhtes Risiko für das Eintreten einer kardiovaskulären Morbidität oder Letalität, selbst nachdem andere wesentliche Risikofaktoren (Alter, Blutdruck, Nikotinabusus, Diabetes, Übergewicht, Cholesterin) berücksichtigt werden (Levy et al., 1990; Verdecchia et al., 2001). Eine linksventrikuläre Hypertrophie geht ebenfalls mit einem erhöhten Risiko für einen plötzlichen Herztod einher.

2.3.10 Therapie der linksventrikulären Hypertrophie

Aus den oben erwähnten prognostischen Auswirkungen der linksventrikulären Hypertrophie ergibt sich die Notwendigkeit von Therapien, die die Hypertrophie begrenzen oder sogar den Prozess umkehren können. An erster Stelle stehen hier natürliche kausale Ansätze, die auf eine Beseitigung des auslösenden Stimulus abzielen. Es konnte überzeugend dargestellt werden, dass Patienten mit Aortenstenose oder Aorteninsuffizienz, die durch eine ausgeprägte linksventrikuläre Hypertrophie, erhebliche interstitielle Kollagenablagerungen und diastolische Funktionsstörungen gekennzeichnet waren, nach Klappenersatz eine rasche Regression der Hypertrophie (~ 35 % Abnahme) innerhalb weniger Wochen zeigten. Auch die Veränderungen der interstitiellen Matrix waren reversibel, allerdings vergingen hier Monate bis Jahre, bis eine vollständige Normalisierung eingetreten war. Durch die rasche Abnahme der Größe der einzelnen Herzmuskelzellen bei noch bestehenden Veränderungen der extrazellulären Matrix kam es in den untersuchten Patienten sogar zunächst zu einer Verschlechterung der diastolischen Funktion durch die relative Zunahme des Bindegewebes.

Diese kausalen Therapien sind auf eine relativ kleine Patientenpopulation begrenzt, während die große Masse von Patienten nur einer symptomatischen Therapie durch die pharmakologische Blockierung von Signaltransduktionswegen und Neurohormonen zugänglich ist. An erster Stelle stehen hier Patienten mit arterieller Hypertonie. In einer großen Metaanalyse (Dahlof et al., 1992) von 109 Studien und 2357 Patienten konnte gezeigt werden, dass ACE-Hemmer die linksventrikuläre Masse um 15 % reduzierten. Eine geringere Reduktion konnte mit Diuretika (11 %), ß-Blockern (8 %) oder Kalziumkanal Blockern (8,5 %) erreicht werden. Zusammengenommen konnte eine Reduktion der Hypertrophie um 11,9 % erreicht werden, was natürlich im Vergleich zu den mit kausalen Therapien erreichten Werten enttäuschend ist. Ähnliche Ergebnisse konnten in neueren Studien erhoben werden (Liebson et al., 1995; Gosse et al., 2000). Die Ursache für die nur geringe Regression liegt hier jedoch möglicherweise nicht in einer inadäquaten Inhibierung der Signaltransduktionswege, sondern in einer unvollständigen Verminderung der erhöhten Blutdruckwerte. Daher ist zu hoffen, dass durch eine konsequentere Therapie der arteriellen Hypertonie unter Berücksichtigung der aktuellen Therapieleitlinien (2001) eine vollständigere Regression der Hypertrophie zu erreichen ist, die sich den Ergebnissen der kausalen Therapien annährt.

Literatur

Leitlinien für die Prävention, Erkennung, Diagnostik und Therapie der arteriellen Hypertonie. Deutsche Hochdruckliga, Deutsche Hypertonie Gesellschaft (2001).

Böhm, M., Gierschik, P., Knorr, A., Larisch, K., Weismann, K., & Erdmann, E.: Role of altered G-protein expression in the regulation of myocardial adenylate cyclase activity and force of contraction in spontaneous hypertensive cardiomyopathy in rats. J Hypertens **10**, 1115-1128 (1992).

Dahlof, B., Pennert, K., & Hansson, L.: Reversal of left ventricular hypertrophy in hypertensive patients. A metaanalysis of 109 treatment studies. Am J Hypertens **5**, 95-110 (1992).

Dunn, F. G., Oigman, W., Ventura, H. O., Messerli, F. H., Kobrin, I., & Frohlich, E. D.: Enalapril improves systemic and renal hemodynamics and allows regression of left ventricular mass in essential hypertension. Am J Cardiol **53**, 105-108 (1984).

Gosse, P., Sheridan, D. J., Zannad, F., Dubourg, O., Gueret, P., Karpov, Y., De Leeuw, P. W., Palma-Gamiz, J. L., Pessina, A., Motz, W., Degaute, J. P., & Chastang, C.: Regression of left ventricular hypertrophy in hypertensive patients treated with indapamide SR 1.5 mg versus enalapril 20 mg: the LIVE study. J Hypertens **18**, 1465-1475 (2000).

Haq, S., Choukroun, G., Lim, H., Tymitz, K. M., del Monte, F., Gwathmey, J., Grazette, L., Michael, A., Hajjar, R., Force, T., & Molkentin, J. D.: Differential Activation of Signal Transduction Pathways in Human Hearts With Hypertrophy Versus Advanced Heart Failure. Circulation **103**, 670-677 (2001).

Levy, D., Garrison, R. J., Savage, D. D., Kannel, W. B., & Castelli, W. P.: Prognostic implications of echocardiographically determined left ventricular mass in the Framingham Heart Study. N Engl J Med **322**, 1561-1566 (1990).

Liebson, P. R., Grandits, G. A., Dianzumba, S., Prineas, R. J., Grimm, R. H., Jr., Neaton, J. D., & Stamler, J.: Comparison of five antihypertensive monotherapies and placebo for change in left ventricular mass in patients receiving nutritional-hygienic therapy in the Treatment of Mild Hypertension Study (TOMHS). Circulation **91**, 698-706 (1995).

Molkentin, J. D. & Dorn, I. G.: Cytoplasmic signaling pathways that regulate cardiac hypertrophy. Annu Rev Physiol **63:391-426.**, 391-426 (2001).

Münch, G., Bolck, B., Karczewski, P., & Schwinger, R. H.: Evidence for calcineurin-mediated regulation of SERCA 2a activity in human myocardium. J Mol Cell Cardiol **34**, 321-334 (2002).

Münch, G., Bolck, B., Sugaru, A., Brixius, K., Bloch, W., & Schwinger, R. H.: Increased expression of isoform 1 of the sarcoplasmic reticulum $Ca(^{2+})$-release channel in failing human heart. Circulation **103**, 2739-2744 (2001).

Remme, W., Swedberg, K: Guidelines for the diagnosis and treatment of chronic heart failure, Eur Heart J **22**, 1527-60, (2001).

Schwinger, R. H., Böhm, M., Koch, A., Schmidt, U., Morano, I., Eissner, H. J., Uberfuhr, P., Reichart, B., & Erdmann, E.: The failing human heart is unable to use the Frank-Starling mechanism. Circ Res **74**, 959-969 (1994).

Schwinger, R. H., Böhm, M., Schmidt, U., Karczewski, P., Bavendiek, U., Flesch, M., Krause, E. G., & Erdmann, E.: Unchanged protein levels of SERCA II and phospholamban but reduced Ca^{2+} uptake and $Ca(^{2+})$-ATPase activity of cardiac sarcoplasmic reticulum from dilated cardiomyopathy patients compared with patients with nonfailing hearts. Circulation **92**, 3220-3228 (1995).

Schwinger, R. H., Wang, J., Frank, K., Muller-Ehmsen, J., Brixius, K., McDonough, A. A., & Erdmann, E.: Reduced sodium pump alpha1, alpha3, and beta1-isoform protein levels and Na^+,K^+-ATPase activity but unchanged Na^+-Ca^{2+} exchanger protein levels in human heart failure. Circulation **99**, 2105-2112 (1999).

Verdecchia, P., Carini, G., Circo, A., Dovellini, E., Giovannini, E., Lombardo, M., Solinas, P., Gorini, M., & Maggioni, A. P.:. Left ventricular mass and cardiovascular morbidity in essential hypertension: the MAVI study. J Am Coll Cardiol **38**, 1829-1835 (2001).

Wickenden, A. D., Kaprielian, R., Kassiri, Z., Tsoporis, J. N., Tsushima, R., Fishman, G. I., & Backx, P. H.:. The role of action potential prolongation and altered intracellular calcium handling in the pathogenesis of heart failure. Cardiovasc.Res. **37**, 312-323 (1998).

2.4 Kalziumhomöostase

D. Beuckelmann

Die myokardiale kontraktile Dysfunktion ist der Endzustand einer Reihe pathophysiologischer Prozesse, in deren Mittelpunkt die gestörte $[Ca^{2+}]_i$-Homöostase der Zelle steht. Sie ist gekennzeichnet durch eine verminderte systolische Kontraktion und eine pathologisch verzögerte diastolische Relaxation. Theoretisch wäre es hierbei denkbar, dass jeder einzelne der in Abbildung 1.12 des Kapitels 1.2 dargestellten Anteile der $[Ca^{2+}]_i$ -Regulation ursächlich für die gestörte Kontraktilität verantwortlich sein könnte.

Es existieren eine Fülle von experimentellen Befunden sowohl im Tiermodell als auch beim Menschen, die Störungen elektrophysiologischer Charakteristika, der Freisetzungs- oder Wiederaufnahmefunktion des sarkoplasmatischen Retikulums für Ca^{2+}, des intrazellulären Energiestoffwechsels oder der Interaktion kontraktiler Proteine mit Kalzium nachweisen konnten.

Intrazelluläre $[Ca^{2+}]_i$-Transienten

Durch die Untersuchung menschlicher Herzmuskelpräparate, gewonnen im Rahmen von Herztransplantationen, ist der Kenntnisstand bezüglich der Veränderungen der intrazellulären Kalziumhomöostase bei der Herzinsuffizienz des Menschen inzwischen in vielen Details klarer.

Gwathmey et al. (1987) konnten erstmals mit Hilfe des Biolumineszenzfarbstoffes Aequorin Hinweise dafür finden, dass in Papillarmuskelstreifen insuffizienter Herzen das intrazelluläre $[Ca^{2+}]_i$ länger erhöht ist und wahrscheinlich auch ein höheres Ruheniveau aufrecht erhalten wird.

In jüngerer Zeit ist es nun gelungen, ventrikuläre Herzmuskelzellen aus dem Myokard von Patienten mit schwerer Herzinsuffizienz, die sich einer Herztransplantation unterziehen mussten, zu isolieren (Beuckelmann et al., 1991; Beuckelmann et al., 1992). Mit Hilfe der „patch-clamp"-Technik und unter Verwendung kalziumsensitiver, fluoreszierender Indikatoren, wie zum Beispiel Fura-2 (Grynkiewicz et al., 1985; Beuckelmann et al., 1992), war es möglich, Größe und Kinetik des triggernden Ca^{2+}-Stroms sowie parallel hierzu die freie intrazelluläre $[Ca^{2+}]_i$-Konzentration und intrazelluläre $[Ca^{2+}]_i$-Kinetik quantitativ zu bestimmen. Abbildung 2.22 zeigt beispielhaft die Registrierung eines $[Ca^{2+}]_i$-Transienten während externer Stimulation einer Herzmuskelzelle eines gesunden Herzens und eines Herzens mit schwerer Herzinsuffizienz auf dem Boden einer dilatativen Kardiomyopathie. Es ist deutlich erkennbar, dass es unter Normalbedingungen zu einem raschen Anstieg des $[Ca^{2+}]_i$ von Ruhewerten um 100 nM auf ein Maximum von etwa 7oo nM kommt, gefolgt von einem raschen Abfall. Wenn dasselbe Protokoll bei der Herzmuskelzelle des insuffizienten Herzens angewendet wurde, stieg $[Ca^{2+}]_i$ von einer höheren

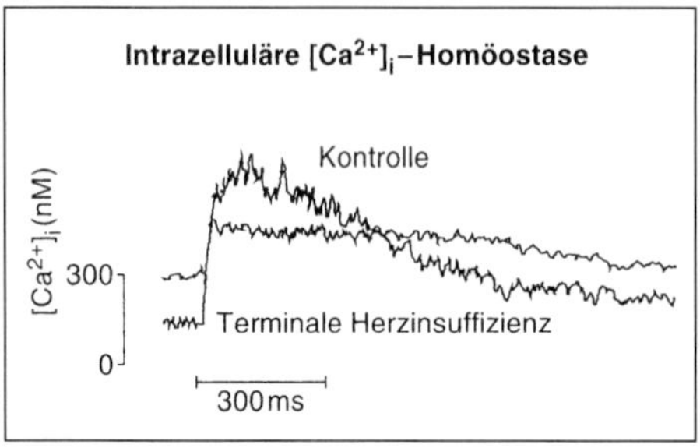

Abb. 2.22 Intrazelluläre freie $[Ca^{2+}]_i$-Konzentration gemessen mit Hilfe des floureszierenden Indikators FURA 2 in einer Herzmuskelzelle, isoliert aus dem Myokard eines Patienten mit terminaler Herzinsuffizienz, und nicht insuffizientem Kontrollmyokard. Die diastolische Ca^{2+}-Konzentration ist erhöht, der systolische Anstieg vermindert und der diastolische Abfall deutlich verringert (nach Beuckelmann et al., 1992).

Ruhekonzentration auf lediglich 4oo nM an. Auch der Abfall war wesentlich langsamer.

Unter Bedingungen eines kontrollierten Membranpotentials ließen sich diese Veränderungen ebenso nachweisen. Während Depolarisation auf +10 mV war der triggernde Ca^{2+}-Strom zwar etwa gleich groß, der $[Ca^{2+}]_i$-Transient wies aber in der insuffizienten Herzmuskelzelle die gleichen Veränderungen wie bei externer Stimulation auf (siehe Abb. 2.23a). Die Ergebnisse sind in Abb. 2.23b zusammengefasst.

Zusammengefasst findet sich bei der schweren Herzinsuffizienz somit ein deutlich verminderter $[Ca^{2+}]_i$-Anstieg während der Systole, ein verzögerter Abfall während der Diastole und eine erhöhte Ruhe-Kalziumkonzentration. Diese Veränderungen der intrazellulären $[Ca^{2+}]_i$-Homöostase bei der Herzinsuffizienz vermögen die wesentlichen klinischen Phänomene, verminderte Kontraktilität und verzögerte Relaxation zumindest teilweise zu erklären.

Sarkolemmaler L-Typ-Kalziumkanal

Der Kalziumeinstrom über den L-Typ-Kalziumkanal ist der Trigger zur Initiierung der elektromechanischen Kopplung. Die Aktivierung des L-Typ-Kalziumkanals durch Depolarisation der Zellmenbran erlaubt, dass extrazelluläres Kalzium entlang seines Konzentrationsgradienten in die Herzmuskelzelle einströmt und führt zur Freisetzung von Kalzium aus dem sarkoplasmatischen Retikulum. (Ca^{2+}-induzierte Ca^{2+}-Freisetzung). Diese Freisetzung aus dem SR vermittelt die Muskelbrückeninteraktion der Myofilamente und die anschließende myokardiale Kontraktion. Die Größe des Kalziumstromes ist eine wesentliche Determinante der Kontraktionsregulation.

Veränderung des maximalen L-Typ-Kalziumstromes an isolierten Herzmuskelzellen konnten in verschiedenen Tiermodellen einer Hypertrophie und Herzinsuffizienz dokumentiert werden. In allen Tiermodellen einer Hypertrophie war deren Ausmaß bestimmend für die relative Größe des Kalziumstroms. In Untersuchungen mit milder Hypertrophie war der gemessene L-Typ-Kalziumstrom in Vergleich zu Kontrollen vergrößert. Mit zunehmender Ausprägung des Hypertrophieprozesses nahm diese Differenz eher ab. Beispielsweise war die Entwicklung einer ventrikulären Dysfunktion in kardiomyopathischen Hamstern in einigen Untersuchungen mit unveränderten, in anderen mit verminderten Stromdichten vergesellschaftet (Krüger et al., 1994).

Viele klinische Untersuchungen konnten zeigen, dass die Entwicklung einer Herzinsuffizienz beim Menschen mit Störungen der intrazellulären Kalziumhomöostase vergesellschaftet ist. Die

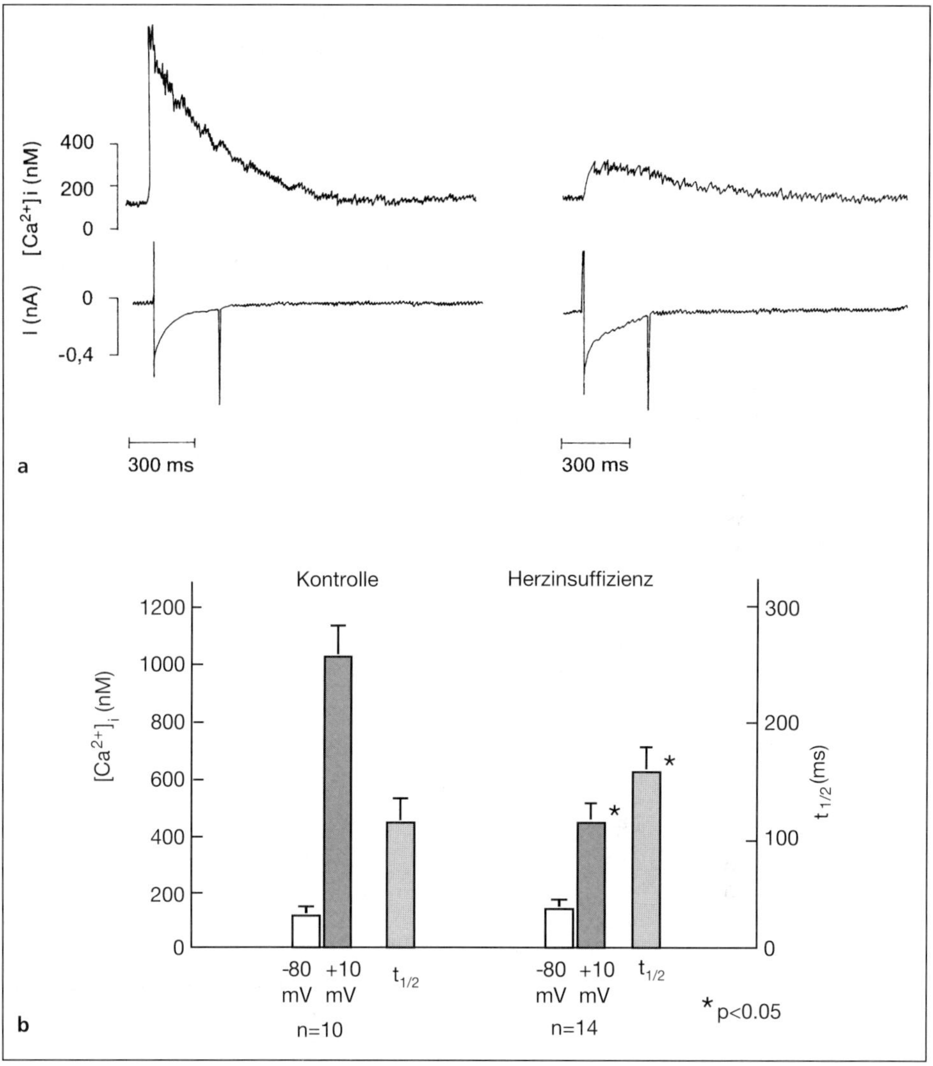

Abb. 2.23 a) Intrazelluläre $[Ca^{2+}]_i$-Konzentration und triggernder Ca^{2+}-Strom bei nichtinsuffizientem und schwergradig herzinsuffizientem Myokard. b) Signifikante Erhöhung des diastolischen Kalziums (-80 mV), Verminderung des systolischen Kalziums (+10 mV), und Verzögerung des diastolischen Kalzium-Abfalls (t1/2) bei der Herzinsuffizienz.

Ergebnisse zum L-Typ-Ca^{2+}-Strom sind jedoch widersprüchlich. Piot et al. (1996) wiesen nach, dass die frequenzabhängige Zunahme der Größe des L-Typ-Kalziumstroms mit steigender Stimulationsfrequenz bei Patienten mit Herzinsuffizienz abgeschwächt war. Takahashi et al. (1992) berichteten, dass die mRNA-Expression für die $Alpha_1$ C-Untereinheit und die Anzahl von Dihypyridinbindungsstellen um etwa 48 % bei Patienten mit chronischer Herzinsuffizienz vermindert sind. Neuere Untersuchungen von Schröder et al. (1998) und Schwinger et al. (1999) wiesen jedoch keinen signifikanten Unterschied der Alpha-1-Untereinheit des Ca^{2+}-Kanals, also der ionenleitenden Pore, bei herzinsuffizienten Patienten nach. Beuckelmann et al. (1992) konnten auch keine Differenz der unstimulierten L-Typ-Kalziumströme in Herzmuskelzellen, isoliert von Patienten mit terminaler Herzinsuffizienz im Vergleich zu solchen von nicht insuffizienten Herzen finden. (siehe Abb. 2.24). Auch Mewes und Ravens (1994) fanden unveränderte Kalziumstromdichten. Ouadid et al. (1995) wiederum wiesen nach, dass der maximale L-Typ-Kalziumstrom bei Patienten mit terminaler Herzinsuffizienz unter einer Therapie mit Betarezeptorenblockern oder Kalziumkanalblockern vermindert ist. Möglicherweise ist die medikamentöse Therapie eine Erklärung für die differierenden Ergebnisse der unterschiedlichen Untersuchungen. Übereinstimmung herrscht jedoch darüber, dass die Stimulierbarkeit des L-Typ-Kalziumstroms durch betaadrenerge Stimulation bei Patienten mit Herzinsuffizienz vermindert ist (Beuckelmann und Erdmann, 1992; Ouadid et al. 1995).

Zusammengefasst ergeben sich aus den vorliegenden Befunden beim Menschen keine eindeutigen Hinweise darauf, dass die gestörte Kontraktilität wesentlich durch Änderungen des L-Typ-Kalziumstroms verursacht ist. Diese Ergebnisse stehen im Gegensatz zu tierexperimentellen Befunden, bei denen in den meisten Modellen im Stadium der klinisch manifesten Herzinsuffizienz eine Verminderung des Kalziumstroms nachweisbar ist. Insofern scheinen sich Tiermodelle von der Situation beim Menschen zu unterscheiden. Allerdings liegen bis zum heutigen Zeitpunkt keine validen Daten zur Frage der Kalziumstromgröße bei mittelschwerer oder leichter Herzinsuffizienz des Menschen vor.

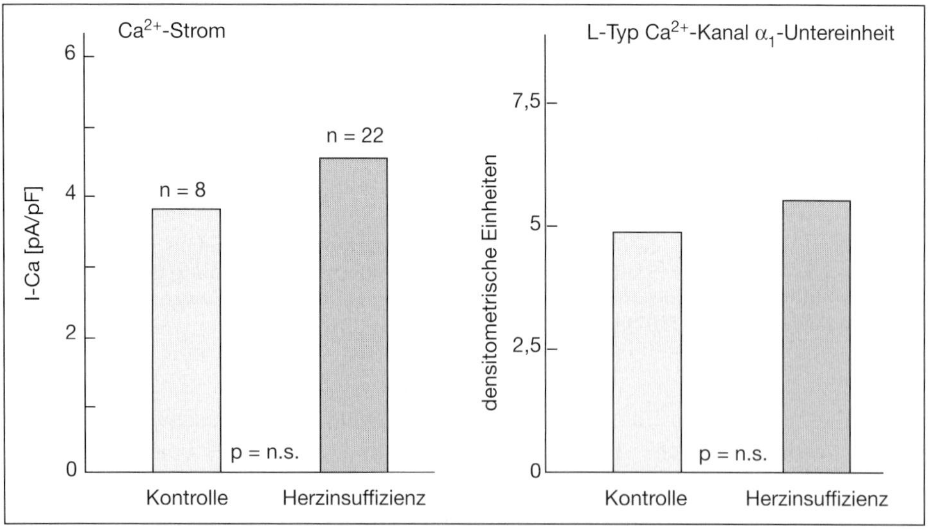

Abb. 2.24 Kein Unterschied der Ca^{2+}-Stromdichte und der Proteinexpression der porenbildenden Alpha-1-Untereinheit des Ca^{2+}-Kanals bei der Herzinsuffizienz.

Ca^{2+}-Freisetzungskanal des sarkoplasmatischen Retikulums

Der kalziumsensitive Kalziumfreisetzungskanal des sarkoplasmatischen Retikulums (Ryanodinrezeptor) wird durch Kalzium reguliert, das die Zelle durch spannungsabhängige L-Typ-Kalziumkanäle erreicht. Bei Aktivierung durch den Kalziumeinstrom öffnet der Kalziumfreisetzungskanal und setzt Kalzium zur Aktivierung der kontraktilen Proteine frei. Dieser Prozess wird als kalziuminduzierte Kalziumfreisetzung bezeichnet. Der Ryanodinrezeptor besteht aus einer tetramerischen Struktur aus vier Monomeren (Wagenknecht et al., 1989). Molekularbiologische Untersuchungen haben zeigen können, dass zwei verschiedene Gene für die herzmuskel- und skelettmuskelspezifischen Rezeptoren kodieren (Marks et al., 1989; Otsu et al., 1990).

Verschiedene Gruppen haben die mRNA Expression des Ryanodinrezeptors im Herzmuskelgewebe von Patienten mit Herzinsuffizienz untersucht, wobei die Ergebnisse widersprüchlich sind (Brillantes et al., 1992). Auch die Daten von Bindungsexperimenten (^{3}H)-Ryanodinbindungsstellen) sind widersprüchlich. So fanden Go et al. (1995) eine Verminderung der Ryanodinbindungsstellen im linksventrikulären Myokard von Patienten mit dilatativer oder ischämischer Kardiomyopathie um 31 %, während Meyer et al. (1995) keine signifikanten Unterschiede nachweisen konnten.

Funktion des Kalziumfreisetzungskanals

D'Agnolo et al. (1992) wiesen nach, dass die Wirkung von Koffein auf die Öffnung des Kalziumfreisetzungskanals bei Patienten mit Herzinsuffizienz signifikant abgeschwächt ist. Die Autoren schlossen daraus, dass der Gating-Mechanismus des Kalziumfreisetzungskanals bei dilatativer Kardiomyopathie beeinträchtigt ist. Nimer et al. (1995) fanden ebenfalls ein verändertes Ansprechen des Kalziumfreisetzungskanals auf Ryanodin, wenngleich andere Autoren in Einzelkanalmessungen unveränderte elekrophysiologische Charakteristika des Ryanodinrezeptors beschrieben. (Holmberg et al., 1989). Auch zur Funktion des Ryanodinrezeptors gibt es somit keine einheitlichen Ergebnisse.

Kalziumsparks

Seit jüngster Zeit ist es möglich, die elementare Freisetzung von Kalzium aus dem sarkoplasmatischen Retikulum mit Hilfe der konfokalen Mikroskopie in Form von „Kalziumsparks" zu untersuchen. Die Kontrolle der Öffnung der Ryanodinrezeptoren erfolgt lokal, d.h. ein L-Typ-Kalziumkanal im transversalen Tubulus der Zellmembran ist assoziiert mit mehreren Ryanodinrezeptoren und kontrolliert so deren Öffnung („lokale Kontrolltheorie"; Stern 1992). Der Kalziumtransient ist daher als Summe multipler lokaler Kalziumfreisetzungen während der Depolarisation der Zellmembran aufzufassen. Kalziumsparks scheinen also die Freisetzung von Kalzium aus einer oder mehreren lokalen Einheiten der elektromechanischen Kopplung anzuzeigen.

Spontane Kalziumsparks wurden in ventrikulären Herzmuskelzellen als auch in Skelettmuskelzellen verschiedener Tierspezies beschrieben. In einem Tiermodell von Herzmuskelhypertrophie und Herzinsuffizienz fanden Gomez et al. (1997), dass zwar die Zeitcharakteristika der spannungsinduzierten Kalziumsparks bei Herzinsuffizienz dieser Tiere unverändert sind. In diesem Modell war der globale Kalziumtransient jedoch vermindert und verlängert, wenn die Tiere klinische Zeichen einer Herzinsuffizienz aufwiesen, wobei der Kalziumstrom unverändert war. Die Autoren folgerten aus ihren Beobachtungen, dass die veränderte intrazelluläre Kalziumhomöostase durch eine Veränderung der Mikroarchitektur zwischen Ryanodinrezeptor und sarkolemmalem L-Typ-Kalziumkanal verursacht wird.

In eigenen Untersuchungen konnten wir auch an isolierten menschlichen Herzmuskelzellen spontane Kalziumsparks nachweisen. Die Zellen wurden mit dem fluoreszierenden Kalziumindikator Fluo-3 (10 µM) beladen und in einem konfokalen Mikroskop im Line-scan-Modus untersucht. Jede Herzmuskelzelle wurde repetitiv entlang ihrer longitudinalen Achse gescannt. Alle Bilder wurden mit einer Frequenz von 4,8 ms für jeden Scan aufgenommen. Ein Line-scan-Bild bestand aus 512 Linien, die Pixelgröße war etwa 0,1 μm^3. Abbildung 2.25 (A) zeigt das Beispiel spontaner Kalziumsparks einer Herzmuskelzelle, isoliert aus einem nicht insuffizienten Herzen, Abbildung 2.25 (B) aus einer herzinsuffizienten Muskelzelle. Es fällt auf, dass die Kalziumspark-Frequenz und -Größe bei der Herzinsuffizienz deutlich geringer ist. Die Ergebnisse dieser Untersuchungen lassen somit die Interpretation zu, dass die Veränderungen spontaner Kalziumsparks in isolierten Herzmuskelzellen von Patienten mit schwerer Herzinsuffizienz durch eine verminderte Beladung des sarkoplastischen Retikulums mit Kalzium bedingt sind.

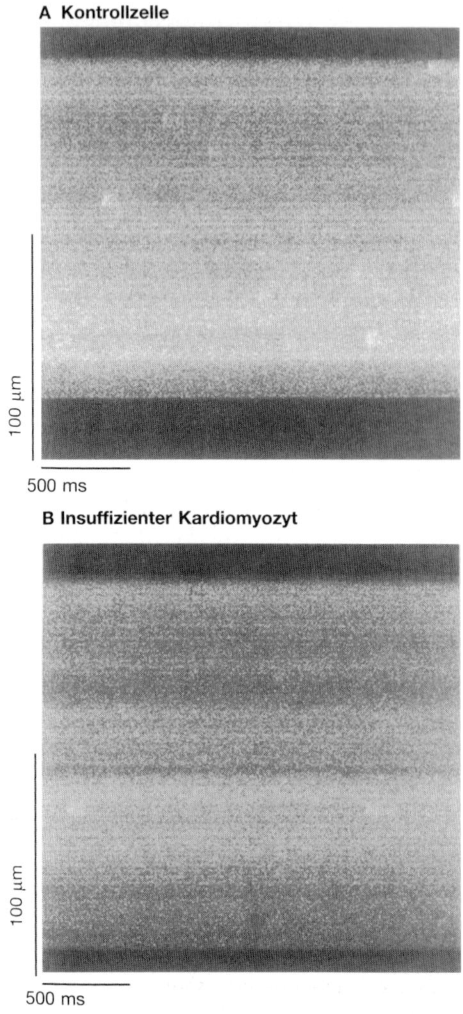

Abb. 2.25 Registrierung von Ca^{2+}-Sparks in menschlichen Herzmuskelzellen eines nicht insuffizienten (A) und eines schwergradig herzinsuffizienten (B) Patienten. Die Darstellung erfolgte im Line-Scan-Modus, die X-Achse entspricht der Zeit, die Y-Achse dem Längsschnitt durch die Herzmuskelzelle. Die Aufhellungen entsprechen den spontanen Freisetzungen von Ca^{2+} aus dem sarkoplasmatischen Retikulum.

Ca^{2+}-ATPase des sarkoplasmatischen Retikulums

Der Kalziumtransport in das sarkoplasmatische Retikulum aus dem Zytoplasma erfolgt durch die Ca^{2+}-ATPase des sarkoplasmatischen Retikulums (SERCA-2). Es handelt sich um einen energieverbrauchenden Prozess, bei dem der Transport zweier Kalziumionen die Hydrolyse eines engergiereichen ATP-Moleküls erfordert. Diese Pumpe ist zusammen mit dem Natrium-Kalziumaustauschersystem der wesentliche Transportmechanismus zur Entfernung von Kalzium aus dem Zytoplasma und initiiert so die Relaxation des Myokards. Darüber hinaus füllt es das sarkoplasmatische Retikulum wieder mit Kalzium auf, damit dieses während des nächsten Herzzyklus zur Freisetzung zur Verfügung steht. Während der Wiederaufnahme konkurriert die Ca^{2+}-ATPase der SR mit dem Na^{+}/Ca^{2+}-Austauschersystem um das zytosolische Kalzium.

Bis heute wurden 5 verschiedene Isoformen der Ca^{2+}-ATPase differenziert. Die kardiale Form (SERCA 2 A) wird ebenfalls im langsam kontrahierenden Skelettmuskel exprimiert. Eine Verschiebung der SERCA-Isoformen konnte bei der Herzinsuffizienz bisher nicht nachgewiesen werden (Arai et al. 1994). Verschiedene Arbeitsgruppen haben die Proteinkonzentrationen und mRNA-Expressionen der SERCA 2 bei Patienten mit Herzinsuffizienz untersucht. Alle Gruppen finden eine Verminderung der mRNA-Expression bei der Herzinsuffizienz um etwa 50 %. Die Befunde auf Proteinebene sind widersprüchlich. Manche Arbeitsgruppen finden eine Verminderung, andere unveränderte Proteinkonzentrationen bei Patienten mit Herzinsuffizienz.

Tabelle 2.2 fasst die Ergebnisse der bisherigen Untersuchungen zur Quantifizierung der SERCA-2 bei Patienten mit Herzinsuffizienz zusammen.

Phosphorylierung der SERCA 2 A

Die Aktivität der Ca^{2+}-ATPase wird durch das Protein Phospholamban reguliert. Dieses inhibiert im nicht phosphorylierten Zustand die Aktivität der SERCA. Phosphorylierung von Phospholamban über eine cAMP-abhängige

Tab. 2.2 Ergebnisse der bisherigen Untersuchungen zur Quantifizierung der SERCA-2 bei Patienten mit Herzinsuffizienz.

Krankheit	Methode	Veränderung	Referenz
DCM, ICM	Northern blot	– 48 %	Mercadier
DCM, ICM	Northern blot	– 50 %	Takahashi et al., 1992
DCM, ICM	Northern blot	– 50 %	Studer et al., 1994
DCM	Northern blot	– 54 %	Schwinger et al. 1995
DCM, ICM	Northern blot	– 50–60 %	Linck et al., 1996
DCM, ICM	Western blot	– 40 %	Studer et al., 1994
DCM, ICM	Western blot	– 36 %	Hasenfuß et al. 1994
DCM	Western blot	unverändert	Movsesian et al., 1994
DCM	Western blot	– 33 %	Meyer et al., 1995
DCM	Western blot	unverändert	Schwinger et al., 1995
DCM, ICM	Western blot	unverändert	Linck et al., 1996

Tab. 2.3 Phospholamban bei Herzinsuffizienz. Ergebnisse bisheriger Untersuchungen zur Quantifizierung von Phospholamban bei Patienten mit Herzinfuffizienz. ICM: Ischämische Kardiomyopathie; DCM: Dilatative Kardiomyopathie.

Krankheit	Methode	Ergebnis	Referenz
ICM	Northern-Blot	28 % ↓	Brilliantes et al. 1992
DCM	Northern-Blot	↔	Brilliantes et al. 1992
DCM	Northern-Blot	Abhängigkeit von ANP	Arai et al. 1993
DCM, ICM	Northern-Blot	31 % ↓	Go et al. 1995
DCM	Western-Blot	↔	Meyer et al. 1995
ICM	Western-Blot	↔	Schillinger et al. 1996

ICM = ischämische Kardiomyopathie; DCM = dilatative Kardiomyopathie; ANP = atriales natriuretisches Peptid

Proteinkinase A vermindert diese inhibitorische Wirkung und führt somit zu einer gesteigerten Pumpaktivität.

Bei der menschlichen Herzinsuffizienz konnten Meyer et al. (1995) zeigen, dass das inhibitorische Protein Phospholamban nur geringfügig und nicht signifikant vermindert ist. Dieses führt bei gleichzeitig deutlicher Abnahme der Ca^{2+}-ATPase (s. o.) zu einer relativ gesteigerten Inhibition der SERCA durch Phospholamban. Auch die meisten anderen Autoren finden eine unveränderte Expression von Phospholamban bei schwerer Herzinsuffizienz, sowohl auf Ebene der kodierenden RNA als auch bei der Proteinexpression (siehe Tab. 2.3).

Kalziumbindungsproteine im sarkoplasmatischen Retikulum

Das quantitativ bedeutungsvollste Kalziumbindungsprotein im sarkoplasmatischen Retikulum ist Calsequestrin. Es handelt sich um ein Protein mit hoher Kapazität und relativ geringer Affinität zu Kalzium. Zwei Isoformen von Calsequestrin wurden bisher identifiziert. Eine Isoform wird in schnell und langsam kontrahierenden Skelettmuskelfasern exprimiert, die kardiale Isoform vor allem im Herzen (Fliegel et al. 1987). Meyer et al. (1995) konnten nachweisen, dass sowohl mRNA-Expression als auch die Proteinkonzentration von Calsequestrin bei Patienten mit Herzinsuffizienz unverändert ist (Movsesian, 1994). Ähnliche Ergebnisse wurden in verschiedenen Tiermodellen einer myokardialen Hypertrophie und Herzinsuffizienz gefunden.

Calreticulin ist das Kalziumbindeprotein im endoplasmatischen Retikulum nicht muskulärer Zellen. Auch dieses Protein scheint unverändert exprimiert zu werden.

Zusammengefasst ergeben sich somit bei der Herzinsuffizienz keine Hinweise für eine Veränderung kalziumbindender Proteine im sarkoplasmatischen Retikulum.

Ca^{2+}-Beladung des sarkoplasmatischen Retikulums

Aufgrund der verminderten Funktion der Ca^{2+}-APTase des sarkoplasmatischen Retikulums ist zu erwarten, dass die Beladung des intrazellulären Speichers mit Kalzium vermindert ist. Lind-

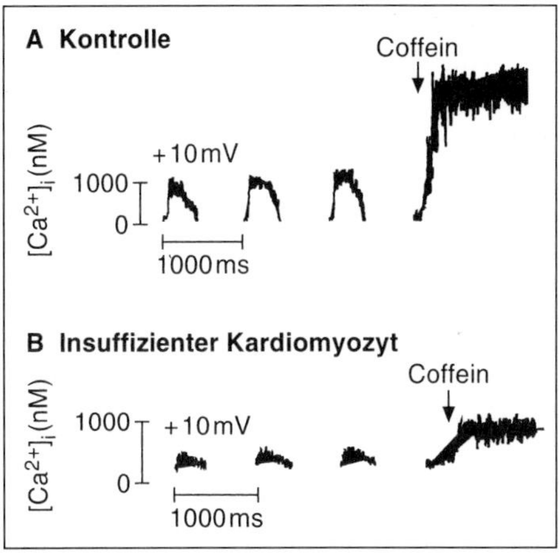

Abb. 2.26 Koffein-induzierte Ca^{2+}-Freisetzung aus dem sarkoplasmatischen Retikulum einer nicht insuffizienten (A) und einer schwergradig herzinsuffizienten (B) Herzmuskelzelle. Nach Stimulation zur Beladung des sarkoplasmatischen Retikulums im Steady State erfolgt eine kurzzeitige Applikation einer 10 mM Koffeinlösung. Diese führt zur Ausschüttung von Ca^{2+} aus dem sarkoplasmatischen Retikulum. Der Anstieg in der herzinsuffizienten Herzmuskelzelle ist deutlich vermindert als Hinweis auf die signifikant verminderte Beladung des intrazellulären Speichers.

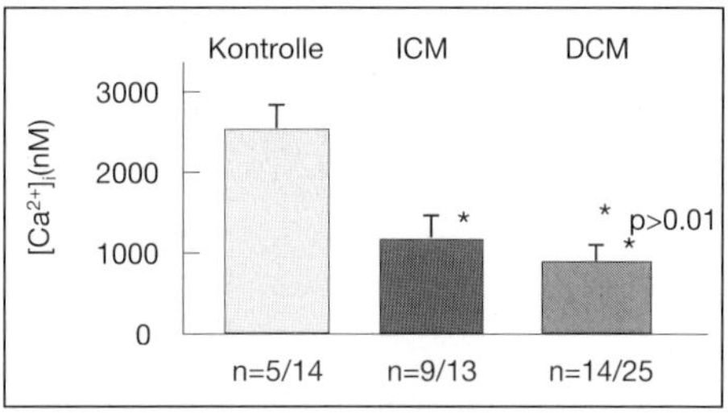

Abb. 2.27 Signifikante Verminderung der Ca^{2+}-Beladung des sarkoplasmatischen Retikulums bei der Herzinsuffizienz unabhängig von der Ätiologie der Erkrankung (ICM – ischämische Kardiomyopathie; DCM – dilatative Kardiomyopathie)

ner et al (1998) untersuchten zu diesem Zweck isolierte menschliche Herzmuskelzellen nach Stimulation im Gleichgewichtszustand. Diese wurden rasch in einer hohen Konzentration Koffein inkubiert. Durch Koffein in einer Konzentration von 10 mM öffnen die Ca^{2+}-Freisetzungskanäle des sarkoplasmatischen Retikulums und das gesamte Speicher-Kalzium wird in das Zytoplasma abgegeben. Der koffein-induzierte Ca^{2+}-Anstieg kann somit als Maß für die Ca^{2+}-Beladung des SR angesehen werden. Erwartungsgemäß fand sich nach Koffeinapplikation ein signifikant verminderter Ca^{2+}-Anstieg bei Herzmuskelzellen, isoliert aus insuffizienten Herzen (siehe Abb. 2.26 und Abb. 2.27).

Interessanterweise fand sich hierbei eine positive Korrelation zwischen Ausmaß der Herzinsuffizienz (Auswurffraktion – EF) und Ca^{2+}-Beladung des sarkoplasmatischen Retikulums (siehe Abb. 2.28). Stellte man den Ca^{2+}-Anstieg während elektrischer Stimulation der Herzmuskelzelle mit dem nach Koffeinapplikation in Beziehung, so zeigte sich, dass der Anteil des während eines Herzzyklus aus dem SR freigesetzten Kalziums bei herzinsuffizienten Zellen offenbar relativ erhöht war (siehe Abb. 2.29).

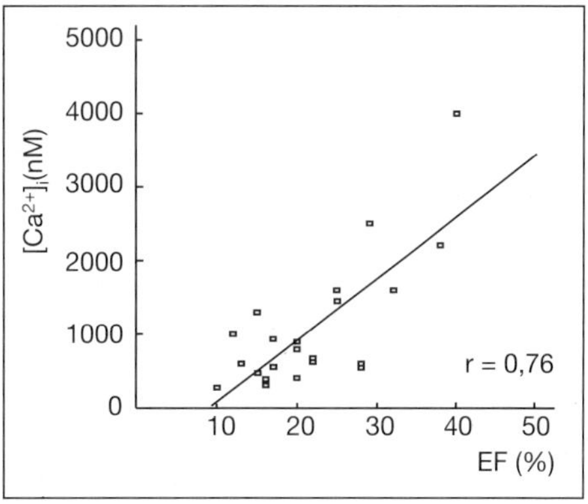

Abb. 2.28 Positive Korrelation zwischen Auswurffraktion (EF) und koffein-induziertem Kalzium-Transienten als Maß für die Kalziumbeladung des sarkoplasmatischen Retikulums.

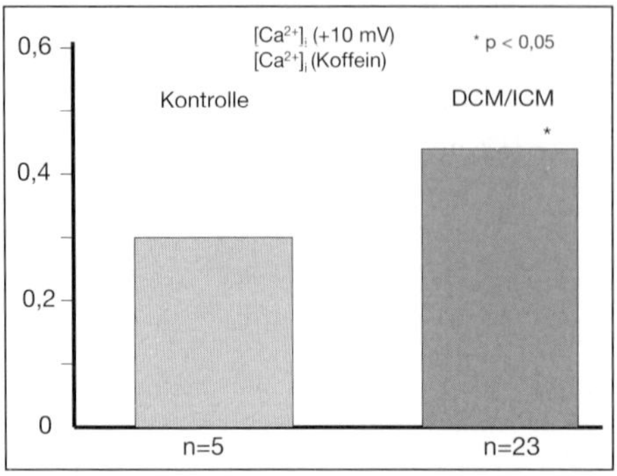

Abb. 2.29 Relation zwischen Kalzium-Transienten während Membrandepolarisation und nach Koffeinapplikation. Bei der Herzinsuffizienz wird während eines Herzzyklus ein relativ größerer Anteil des verfügbaren Kalziums aus dem sarkoplasmatischen Retikulum freigesetzt.

Diese Ergebnisse zeigen somit, dass die verminderte Funktion der SERCA 2 A als direkte funktionelle Konsequenz zu einer verminderten Beladung der sarkoplasmatischen Retikulums führt. Ähnliche Ergebnisse wurden inzwischen auch von anderen Arbeitsgruppen bestätigt (Pieske et al., 1999).

Na^+/Ca^{2+}-Austauschersystem

Mehrere Arbeitsgruppen haben nachweisen können, dass sowohl die mRNA-Expression des Natrium-Kalziumaustauschers als auch die Proteinkonzentration bei Patienten mit Herzinsuffizienz signifikant erhöht sind. Darüber hinaus konnte gezeigt werden, dass das insuffiziente Myokard von Patienten mit einer diastolischen Relaxationsstörung im Rahmen einer Herzinsuffizienz bei den Patienten, die eine starke Überexpression des Natrium-Kalziumaustausches aufweisen schneller erschlafft, als bei den Patienten, bei denen die erhöhte Aktivität des Natrium-Kalziumaustauschers nicht nachweisbar war. Dieses Kalzium geht den Herzmuskelzellen zur Aktivierung der kontraktilen Proteine jedoch verloren. In wieweit die positiven Effekte einer Überexpression des Natrium-Kalziumaustausches (beschleunigte Relaxation des Herzmuskels) und die Negativeffekte (verminderte Kalziumbeladung des sarkoplasmatischen Retikulums mit vermindertem systolischen Kalziumtransienten) im Einzelfall überwiegen, lässt sich zur Zeit noch nicht präzise abschätzen. (Flesch et al. 1996).

Sarkolemmale Kalziumpumpe

Die sarkolemmale Kalziumpumpe entfernt in einem energieverbrauchenden Prozess Kalzium direkt aus dem Zytoplasma in den Extrazellulärraum. Die Bedeutung dieses Transportsystems wurde in isolierten Herzmuskelzellen untersucht, bei denen durch Inkubation in natriumfreier Lösung intra- und extrazelluär der Natrium-Kalziumaustauscher inhibiert und die Funktion des sarkoplasmatischen Retikulums durch Inkubation in hohe Konzentrationen von Koffein (10 mmol) entkoppelt wurde. Es zeigte sich, dass über den Verlauf eines Herzzyklus die Kalziumkonzentration unverändert bleibt. Dieses Transportsystem scheint somit quantitativ zur myokardialen Relaxation und Kalziumelimination aus dem Zytoplasma während eines Herzzyklus nicht beizutragen. Offen muss zum jetzigen Zeitpunkt aber bleiben, ob die $[Ca^{2+}]_i$-Homöostose im Langzeitverlauf hierdurch beeinflusst wird.

Aktionspotential

Das Aktionspotential (AP) ist die Folge eines komplexen Ablaufs zeitlich aufeinanderfolgender und gleichzeitiger Aktivierung und Inaktivierung verschiedener depolarisierender und repolarisierender Kanäle der myokardialen Zellmembran. Hierbei wird die Depolarisation durch Öffnen von Natriumkanälen initiiert und das typische Plateau des myokardialen AP ist bedingt durch Aktivierung des L-Typ-Kalziumkanals. Die Repolarisation ist vorwiegend durch Aktivierung verschiedener Kaliumkanäle im zeitlichen Ablauf des Aktionspotentials bedingt. Während der gesamten Zeit des AP führt der elektrogene Na^+/Ca^{2+}-Austauscherstrom zu einer Modulation von Form und Dauer des AP. Ein wesentlicher Anteil der verzögerten Relaxation scheint einer Verlängerung des Aktionspotentials bei der Herzinsuffizienz zuzukommen. Eine derartige Verlängerung ist im menschlichen Myokard gut belegt (Beuckelmann et al., 1992). Abbildung 2.30 zeigt ein Beispiel eines menschlichen Aktionspotentials und die Dauer bei nicht-insuffizienten und schwergradig herzinsuffizienten Patienten. Es handelt sich um eine Reaktion des Myokards, die offenbar universell auch bei verschiedenen Tiermodellen einer Hypertrophie und Herzinsuffizienz zu finden ist. Über den spannungsabhängigen Na^+/Ca^{2+}-Austauschmechanismus kommt es zu einem verzögerten Ca^{2+}-Efflux aus der Zelle mit der Folge einer verzögerten Relaxation.

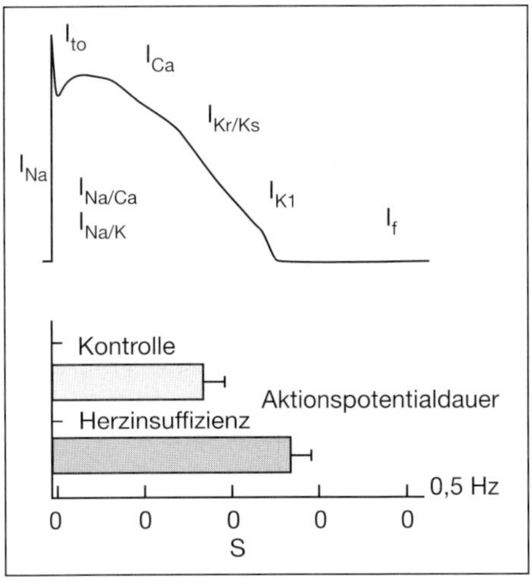

Abb. 2.30 Wichtige determinierende Ströme des menschlichen Aktionspotentials: I_{Na} – Natriumstrom; I_{to} – transienter Auswärtsstrom; I_{Ca} – L-Typ Ca^{2+}-Strom; $I_{Kr/Ks}$ – langsame und schnelle Komponente des verspäteten Gleichrichterstroms; I_{K1} – Einwärtsgleichrichterstrom; I_f – Schrittmacherstrom; $I_{Na/Ca}$ – Na/Ca-Austauscherstrom; $I_{Na/K}$ Pumpenstrom. Das Aktionspotential ist bei der Herzinsuffizienz signifikant verlängert.

Das Aktionspotential ist bei der Herzinsuffizienz signifikant verlängert

Die Ursache einer derartigen Verlängerung der systolischen Depolarisation ist bis zum heutigen Tage nicht genau geklärt und scheint darüber hinaus speziesabhängig zu sein. Sie wurde bereits in verschiedenen Tiermodellen, aber auch beim Menschen in isometrisch kontrahierenden Papillarmuskeln beschrieben (Aronson, 1980; Nordin et al., 1989; Schouten et al., 1990; Gwathmey et al., 1990). Bedeutungsvoll scheinen Veränderungen repolarisierender K^+-Ströme zu sein. So konnte in jüngster Zeit nachgewiesen werden, dass die Stromdichte des repolarisierenden transienten Auswärtsstroms und des Einwärtsgleichrichters, beides K^+-Ströme, die wesentlich zur Repolarisation beitragen, signifikant vermindert sind (Beuckelmann et al., 1993; Näbauer et al., 1993). Simulationsmodelle zeigen jedoch, dass auch die gestörte intrazelluläre $[Ca^{2+}]_i$ -Homöostase wesentlichen Anteil an dieser Verlängerung hat. Somit kommt es zu einer Interaktion und gegenseitigen Beeinflussung zwischen intrazellulärem Kalzium und

Membranpotential im Ablauf des Aktionspotentials.

Funktionelle Bedeutung der gestörten $[Ca^{2+}]_i$-Homöostase

Die Beziehung zwischen intrazellulärem $[Ca^{2+}]_i$-Transienten und der Kontraktilität der einzelnen Herzmuskelzelle ist komplex und nicht unmittelbar aufeinander übertragbar. So lässt sich der Anstieg von $[Ca^{2+}]_i$ bereits vor Initiierung der Kontraktion nachweisen und der diastolische $[Ca^{2+}]_i$-Abfall erfolgt bereits bevor die Relaxation einsetzt. Dennoch findet sich eine positive Korrelation zwischen systolischem $[Ca^{2+}]_i$-Anstieg und systolischer Kontraktilität der Herzmuskelzelle. Ursächlich hierfür scheint in erster Linie eine gestörte Wiederaufnahme von Ca^{2+} in das sarkoplasmatische Retikulum zu sein. Diese verminderte Aufnahme führt in ihrer Folge zu einer verminderten Beladung des sarkoplasmatischen Retikulums mit Kalzium, das zur Aktivierung der kontraktilen Proteine somit nur vermindert zur Verfügung steht. Weitere Folge der verzögerten Aufnahme von Kalzium in das SR ist die gestörte Relaxation der Herzmuskelzelle. Ob die gesteigerte Aktivität des Na^+/Ca^{2+}-Austauschersystems hier als Kompensationsmechanismus auftreten kann, ist zur Zeit noch umstritten. Der Preis hierfür ist jedoch eine gesteigerte Ausschleusung von Ca^{2+} aus dem Zytoplasma das für die Initiierung der Kontraktion während des folgenden Herzzyklus nicht mehr zur Verfügung steht und so zu einer weiteren Verschlechterung der systolischen Funktion führen kann. Die Verlängerung des Ak-

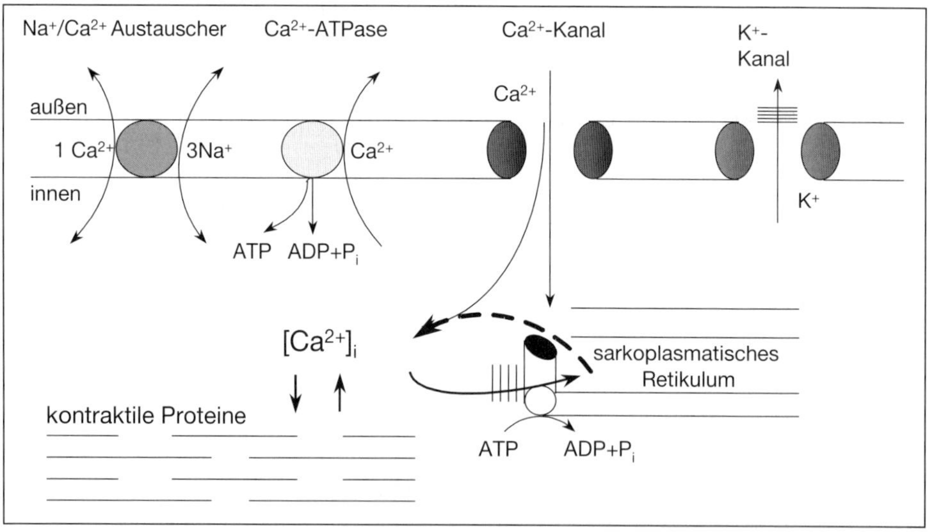

Abb. 2.31 Schema der Störungen der direkten und indirekten Kalziumtransportsysteme bei der Herzinsuffizienz. Bei unveränderter Größe des L-Typ-Kalziumkanals fließt im Rahmen des Aktionspotentials Kalzium in die Zelle und aktiviert den Kalziumfreisetzungskanal des sarkoplasmatischen Retikulums (SR). Wegen dessen geringerer Kalziumbeladung wird weniger Kalzium aus dem SR freigesetzt (- - -). Ursache hierfür ist eine verminderte Rückaufnahme von Kalzium in das SR wegen geringerer Aktivität der SR-Ca-ATPase (////). Wesentlich für die Kalziumregulation ist ferner eine Verminderung repolarisierender Kalziumströme (////). Die Kalzium-ATPase der Zellmembran hat quantitativ keine Bedeutung. Die kontraktilen Proteine sind unverändert.

tionspotentials, teilweise bedingt durch eine Herabregulation repolarisierender Kaliumströme, scheint wiederum diesem Effekt entgegenzuwirken. Abbildung 2.31 fasst die Veränderungen der intrazellulären $[Ca^{2+}]_i$-Homöostase schematisch zusammen.

Völlig offen ist jedoch bis heute, ob die veränderte $[Ca^{2+}]_i$-Regulation als Folge und somit als Epiphänomen der Herzinsuffizienz anzusehen ist oder ob ihr eine ursächliche pathophysiologische Bedeutung zukommt. Unabhängig von dieser Frage hat die veränderte $[Ca^{2+}]_i$-Homöostase jedoch eine erhebliche Bedeutung für die Veränderungen der Kontraktilität und Relaxation des Herzens in vivo bei Patienten mit Herzinsuffizienz.

Literatur

Arai, M, Hirosuke, M., Periasamy, M.: Sarcoplasmic reiticulum gene expression in cardiac hypertrophie and heart faliure. Circ Res **74**, 555-564 (1994).

Aronson, R. S.: Characteristics of action potential of hypertrophied myocardium from rats with renal hypertension. Circ Res **47**, 443-454 (1980).

Beuckelmann, D. J., Erdmann, E.: Ca^{2+}-currents an intracellular (Ca^{2+})-transients in single ventricular myocytes isolated from terminally failing human hearts. Basic Res Cardiol **97** (Suppl. 1), 235-243 (1992).

Beuckelmann, D. J., Näbauer, M., Erdmann, E.: Alterations of K^+ currents in isolated human ventricular myocytes from patients with terminal heart failure. Circ Res. **73**(2), 379-85 (1993).

Beuckelmann, D. J., Nabauer, M., Erdmann, E.: Intracellular calcium handling in isolated ventricular myocytes from patients with terminal heart Failure. Circulation **85**, 1046-1055 (1992).

Beuckelmann, D. J.: Contributions of Ca^{2+}-influx via the L-type Ca^{2+}-current an Ca^{2+}-release from the carcoplasmiec reticulum to (Ca^{2+})-transients in human myocytes. Basic Res Cardiol **92** (Suppl. 1) 105-110 (1997).

Beuckelmann, D. J., Näbauer, M., Erdmann, E.: Characteristics of calcium-current in isolated human ventricular myocytes from patients with terminal heart failure. J Mol Cell Cardiol **23**, 929-937 (1991).

Beuckelmann, D. J., Näbauer, M., Erdmann, E.: Intracellular calcium handling in ventricular myocytes from patients with terminal heart failure. Circulation **85**, 1o46-1o55 (1992).

Beuckelmann, D. J., Wier, W. G.: Mechanism of release of calcium from sarcoplasmic reticulum of guinea-pig cardiac cells. J Physiol (London) **4o5**, 233-255 (1988).

Brillantes, A. M., Allen, P., Takahashi, T. et al.: Differences in cardiac calcium release channel (ryanodine receptor) expression in myocardium from patients with endstage heart failure caused by ischemic versus dukated cardiomyopathy. Circ Res. **71**, 18-26 (1992).

D'Agnolo, A., Luciani, G. B., Mazzucco, A. et al.: Contractile properties an Ca^{2+} release activity of the sacroplasmic reticulum in dilated cardiomyopathy. Circulation **85**, 518-525 (1992).

Flesch, M., Schwinger, R. H. G., Schiffer, F. et al.: Evience for functinal relevance fo an enhanced expression of the Na^+-Ca^{2+} – exchanger in failing human myocardium. Circulation **94**, 992-1002 (1996).

Fliegel, L., Ohnishi, M., Carpenter, M. R. et al.: Amino acid sequence of fast-twitch skeletal muscle calsequestrin deduced from cDNA and peptine sequencing. Proc Natl. Acad Sci USA **84**, 1167-1171 (1987).

Go, L. O., Moschella, M. C., Watras, J. et al. Differential regulation of two types of intracellular calcium release channels during ent-stage heart failure. J Clin Invest **95**, 888-894 (1995).

Gomez, A. M., Valdivia, H. H., Cheng, H. et al.: Defective excitation-contraction coupling in experimental cardiac hypertrophiy and heart failure. Science **272**, H657-H668 (1997).

Grynkiewicz, G., Poenie, M., Tsien, R. Y.: A new generation of Ca^{2+}-indicators with greatly improved fluorescence properties. J Biol Chem **26o** (6), 344o-3450 (1985).

Gwathmey, J. K., Copelas, L., MacKinnon, R., Schoen, F. J., Feldman, M. D., Grossman, W., Morgan, J. P.: Abnormal intracellular calcium handling in myocardium from patients with end-stage heart failure. Circ Res **6l**, 7o-76 (1987).

Gwathmey, J. K., Slawsky, M. T., Hajjar, R. J., Briggs, G. M., Morgan, J. P.: Role of intracellular calcium handling in force-interval relationship of human ventricular myocardium. J Clin Invest **85**, 1599-1613 (1990).

Hasenfuß, G., Reinecke, H., Studer, R. et al.: Relation between myocardial function and expression of sacroplasmic reticulum Ca^{2+}-ATPase in failing and nonfailing human myocardium. Circ Res **75**, 434-442 (1994).

Holmberg, S. R. M., Williams, A. J.: Single channel recordings from human cardiac sarcoplasmic reticulum. Circ Res **65**, 1445-1149 (1989).

Krüger, C., Erdmann, E., Näbauer, M., Beuckelmann, D. J.: Intracellular calcium handling in isolated ventricular myocytes from cardiomyopathic hamsters (strain BIO 14.6) with congestive heart failure.Cell Calcium (Scotland). **16**(6), 500-8 (1994).

Linck, B., Boknik, P., Eschenhagen, T. et al.: Messenger RNA expression an immunological qauntification of phosopholamban and SR.Ca^{2+} – ATPase in failing an nonfailing human hearts. Cardiovasc Res **31**, 625-632 (1996).

Lindner, M., Erdmann, E., Beuckelmann, D. J.: Calcium Content of the Sarcoplasmic Reticulum in Isolated Ventricular Myocytes from Patients with Terminal Heart Failure. J Mol Cell Cardiol **30**, 743-749 (1998).

Marks, A. R., Tempst, P., Hwang, K. S. et al.: Molecular cloning an characterization of the ryanodine receptor/junctional channel complex cDNA from skeletal muscle sarcorplasmic reticulum. Proc Natl. Acad Sci USA **86**, 8683-8687 (1989).

Mercadier, J. J., Lompre, A. M., Duc, P., Boheler, K. R., Fraysse, J. B., Wisnewsky, C., Allen, P. D., Komajda, M., Schwartz, K.: Altered sarcoplasmic reticulum Ca^{2+}-ATPase gene expression in the human ventricle during end-stage heart failure. J Clin Invest **85**, 3o5-3o9 (1990).

Mewes, T., Ravens, U.: L-type calcium currents of human myocytes from ventricle of non-failing an failing myocytes hearts and from atrium. J Mol Cell Cardiol **26**, 1307-1320 (1994).

Meyer, M., Schillinger, W., Pieske, B. et al.: Alterations of sarcoplasmic reticulum proteins in failing human dilated cardiomyopathy. Circulation **92**, 778-784 (1995).

Movsesian, M. A., Karimi, M., Green, K. et al.: Ca^{2+} -transporting ATPase, phospholamban, an calsequestrin levels in norfailing and failing human myocardium. Circulation **90**, 653-657 (1994).

Movsesian, M. A., Bristow, M. R., Krall, J.: Ca^{2+} uptake by cardiac sarcoplasmic reticulum from patients with idopathic dilated cardiomyopathy. Circ Res **65**, 1141-1144 (1989).

Näbauer, M., Beuckelmann, D. J., Erdmann, E.: Characteristics of transient outward current in human ventricular myocytes from patients with terminal heart failure. Circ Res. **73**(2), 386-94 (1993).

Nimer, L. R., Needleman, D. H., Hamilton, S. L., Krall, J., Movsesian, M. A.: Effect of ryanodine on sarcoplasmic reticulum $Ca2^{+}$ accumulation in nonfailing and failing human myocardium. Circulation. **92**(9), 2504-10 (1995).

Nordin, C., Siri, F., Aronson, R. S.: Electrophysiologic characteristics of single myocytes isolated from hypertrophied guinea-pig heart. J Mol Cell Cardiol **21**, 729-739 (1989).

Otsu, K., Willard, H. F., Khanna, V. K. et al.: Molecular cloning of cDNA encoding the Ca^{2+} release channel (ryanoide receptor) of rabbit cardiac muscle sarcoplasmic reticulum. J Biol Chem **265**, 13472-13483 (1990).

Ouadid, H., Albat, B., Nargoet, J.: Calcium currents in diseased human cardiac cells. J Cardiovasc Pharmocol **25**, 282-291 (1995).

Pieske, B., Maier, L. S., Bers, D. M., Hasenfuss, G.: $Ca2^{+}$ handling and sarcoplasmic reticulum $Ca2^{+}$ content in isolated failing and nonfailing human myocardium. Circ Res. **85**(1), 38-46 (1999).

Piot, C., Lemaire, S., Albat, B. et al.: High frequency-induced upregulation of human cardiac calcium channels. Circulation **93**, 120-128 (1996).

Schouten, V. J. A., Bucx, J. J. J., De Tombe, P. P., Ter Keurs, H. E. D. J.: Sarcolemma, sarcoplasmic reticulum, and sarcomeres as limiting factors in force production in rat heart. Circ Res **67**, 913-922 (1990).

Schouten, V. J. A., Vliegen, H. W., Van der Laarse, A., Huysmans, H. A.: Altered calcium handling at normal contractility in hypertrophied rat heart. J Mol Cell Cardiol **22**, 987-998 (1990).

Schröder, F., Handrock, R., Beuckelmann, D. J., Hirt, S., Hullin, R., Priebe, L., Schwinger, R. H. G., Weil, J., Herzig, S.: Increased availability and open probability of single L-type calcium channels from failing compared with nonfailing human ventricle. Circulation. **98**(10), 969-76 (1998).

Schwinger, R. H. G., Böhm, M., Schmidt, U. et al.: Unchaged protein levels of SERCA II and phospholamban but reduced Ca^{2+} uptake an Ca^{2+} -ATPase activity of cardiac sarcorplasmic reticulum from dilated cardiomyopathy patients compared with patients with nonfailing hearts. Circulation **92**, 3220-3228 (1995).

Stern, M. D.: Theory of excitation-contraction coupling in cardiac muscle. Biophys J **63**, 497-517 (1992).

Studer, R., Reinecke, H., Bilger, J. et al.: Gene expression of the cardiac Na^{2}-Ca^{2+} – exchanger in end-stage human heart failure. Cir Res **75**, 433-453 (1994).

Takahashi, T., Allen, P. D., Lacro, R. V. et al.:. Expression of dihydrophyridine receptor (Ca^{2+} channel) and calsequestrin genes in the myocardium of patients with end-stage heart failure. J Clin Invest **90**, 927-935 (1992).

Wagenknecht, T., Grassucci, R., Fank, J. et al.: Three dimensional architecture of the calcium channel-foot structure of sarcoplasmic reticulum. Nature **338**, 167-170 (1989).

2.5 Die Herzfrequenz

R. H. G. Schwinger, E. Erdmann

Die frequenz-induzierte Kontraktionskraftzunahme ist am insuffizienten menschlichen Myokard aufgrund einer verminderten Aktivität der SERCA II reduziert.

2.5.1 Die Kraft-Frequenz-Beziehung

Das nicht insuffiziente Herz reagiert auf einen Frequenzanstieg mit einer Kontraktionskraftsteigerung (Bowditch-Effekt, positive Kraft-Frequenz-Beziehung, (Bowditch 1871; Buckley et al., 1972). Dies wurde auf eine Erhöhung des sarkolemmalen Ca^{2+}-Einstroms über die spannungsabhängigen L-Typ Ca^{2+}-Kanäle während der Systole zurückgeführt (Piot et al., 1996). Der erhöhte Ca^{2+}-Einstrom bewirkt eine vermehrte Ca^{2+}-Aufnahme in das sarkoplasmatische Retikulum. Während der nachfolgenden Kontraktionen kommt es infolgedessen zu einer vermehrten Freisetzung von Ca^{2+} aus dem sarkoplasmatischen Retikulum.

Am insuffizienten Myokard wird eine Erhöhung der Stimulationsfrequenz von einer Abnahme der Kontraktionskraft in vitro und in vivo begleitet (Mulieri et al., 1992; Schwinger et al., 1992; Schwinger et al., 1993) (siehe Abb. 2.32).

Die veränderte Kraft-Frequenzbeziehung bei der Herzinsuffizienz des Menschen könnte die Folge einer primär veränderten intrazellulären Ca^{2+}-Homöostase sein, wie simultane Messungen des intrazellulären Ca^{2+}-Transienten und der isometrischen Kontraktionskraft mit Aequorin von Pieske et al. (1995) bzw. mit FURA 2 von Brixius et al. (1997) zeigen. (siehe Abb. 2.33)

Sie könnte aber auch auf eine veränderte Ca^{2+}-Sensitivität der Myofilamente zurückzuführen sein (Gwathmey et al., 1990). Es ist in diesem Zusammenhang unklar, welchen Einfluss diastolische Ca^{2+}-Veränderungen auf die

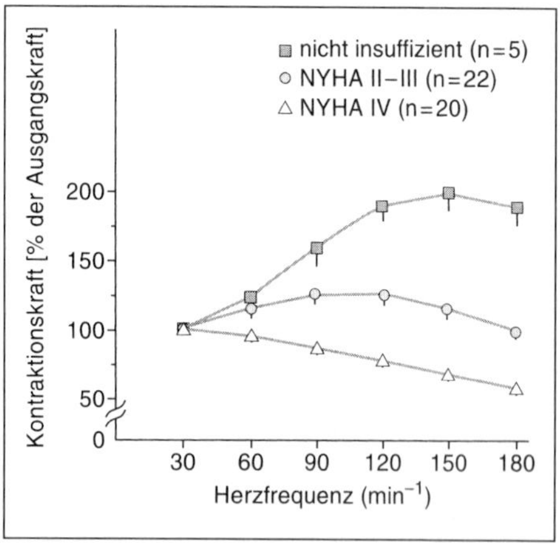

Abb. 2.32 Messung der Kontraktionskraftzunahme am isolierten elektrisch stimulierten humanen Papillarmuskelstreifen von nicht-insuffizienten und insuffizienten Herzen sowie von Patienten mit mittelgradiger Herzinsuffizienz (Mitralvitien, NYHA II-III): Bei terminaler Herzinsuffizienz nimmt mit steigender Frequenz die Kraft nicht zu, sondern ab. Auch bei mittelgradiger Herzinsuffizienz ist die Kontraktionskraftzunahme vermindert.

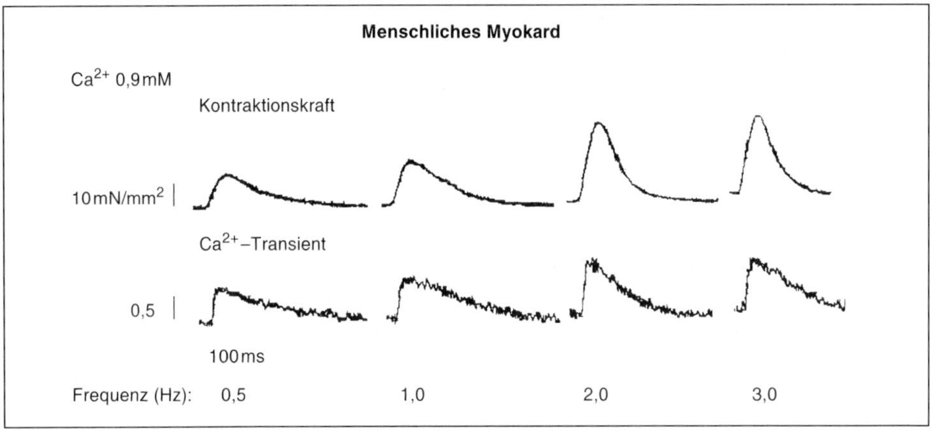

Abb. 2.33 Simultane Messung des intrazellulären Ca^{2+}-Transienten und der isometrischen Kontraktionskraft nach Erhöhung der Stimulationsfrequenz am nicht insuffizienten Myokard (Brixius et al. 1997). Die positive Kraft-Frequenz-Beziehung am nicht-insuffizienten Myokard beruht auf einer simultanen Zunahme des intrazellulären systolischen Ca^{2+}-Transienten.

Entwicklung der Kontraktionskraft nach Erhöhung der Stimulationsfrequenz haben.

Die verzögerte Ca^{2+}-Rückaufnahme, wie sie bei der Herzinsuffizienz des Menschen beschrieben wurde (Limas et al., 1987; Gwathmey et al., 1990; Hasenfuß et al., 1994; Schwinger et al., 1995; Schwinger et al., 1999), würde sich bei niedrigen Herzfrequenzen mit langer Diastole weniger stark auswirken als bei hohen Frequenzen. Eine veränderte Ca^{2+} -Rückaufnahme in das SR über die SERCA II während der Diastole bei hohen Stimulationsfrequenzen könnte dabei zu einer verminderten Auffüllung des sarkoplasmatischen Retikulums führen. Bei der nächsten Systole kann dann Ca^{2+} nicht in ausreichender Menge freigesetzt werden. So könnte der verminderte Anstieg der Ca^{2+}-Konzentration in der Systole des insuffizienten Herzens möglicherweise die Folge einer primär diastolischen Störung durch verlangsamte Ca^{2+}-Wiederaufnahme in das sarkoplasmatische Retikulum sein. Wie in Abbildung 2.34 gezeigt, korreliert die SERCA II Funktion, nicht aber die Proteinexpression, mit der optimalen Stimulationsfrequenz sowie dem maximalen Kraftanstieg, der nach einer Erhöhung der Stimulationsfrequenz an nicht insuffizientem und insuffizientem Myokard gemessen wurde (Munch et al., 1998).

Interessant ist in diesem Zusammenhang, dass die Kraft-Frequenzbeziehung durch die Applikation positiv inotroper Substanzen in Konzentrationen, in denen sie selbst nicht positiv inotrop wirksam sind, verbessert wurde (Schwinger 1992), möglicherweise über eine Stimulation der SERCA II (PKA-abhängige Phosphorylierung von Phospholamban oder Stimulation mit Magnesium) (Schwinger et al., 1993a) oder über eine Aktivierung des Na^{+}/Ca^{2+}-Austauscher-getriebenen Ca^{2+}-Auswärtstransportes (nach Stimulation mit dem Na^{+}-Kanalmodulator BDF 9146 oder dem Herzglykosid g-Strophanthin) (Schwinger et al., 1993b). Hemmung der SERCA II-

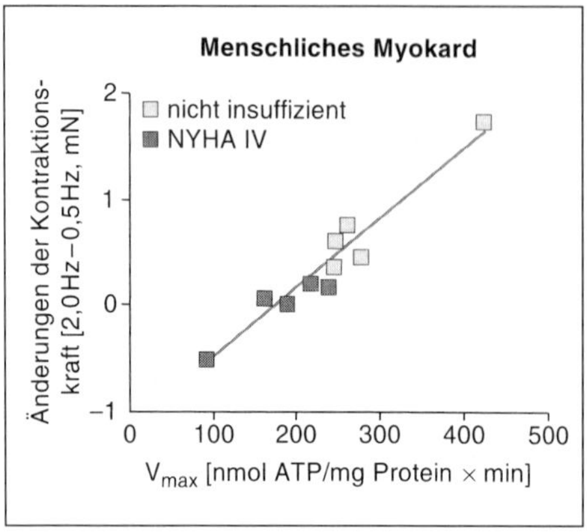

Abb. 2.34 Korrelation zwischen der maximalen Aktivität der Ca^{2+}-ATPase des sarkoplasmatischen Retikulums (SERCA II) und den Veränderungen der Kontraktionskraft nach Erhöhung der Stimulationsfrequenz von 0,5 auf 2,0 Hz (Frank et al. 1998).

Aktivität durch Cyclopiazonsäure wandelt die positive Kraft-Frequenzbeziehung am nicht-insuffizienten menschlichen Myokard in eine negative um (Schwinger et al. 1997). Die herausragende Bedeutung der SERCA II und des Regulatorproteins Phospholamban für die intrazelluläre Ca^{2+}-Homöostase und die Herzmuskelkontraktion und -relaxation belegen Untersuchungen an Phospholamban-defizienten transgenen Mäusen aus der Arbeitsgruppe von Frau Professor L. Kranias (Wolska et al. 1996). Neben den Befunden aus unserer Arbeitsgruppe, die eine Abhängigkeit der V_{max} der SERCA II und der frequenzinduzierten Kontraktionskraftzunahme (siehe Abb. 2.34) am menschlichen Myokard belegen, ist eine Korrelation der Proteinexpression der SERCA II und der Kontraktionskraftzunahme bei erhöhter Stimulationsfrequenz beschrieben worden (Hasenfuß et al., 1994).

2.5.2 Klinische Bedeutung der Herzfrequenz

Eine permanente Tachyarrhythmie, aber auch eine Sinustachykardie kann zu Ventrikelfunktionsstörungen mit Herzinsuffizienz führen. Dies kann entweder bedeuten, dass beim Auftreten von paroxysmalen supraventrikulären oder ventrikulären Tachykardien eine akute Verschlechterung der linksventrikulären Funktion auftritt (häufigste Form) oder dass eine angeborene permanente Tachykardie sich oft bereits im Kindesalter durch eine Herzvergrößerung mit Kardiomyopathie äußert. Diese letztere Form ist in der Regel durch eine atrioventrikuläre Reentry-Tachykardie vom permanenten Typ bedingt, die eine retrograd langsam leitende, posteroseptal gelegene akzessorische Leitungsbahn einbezieht (Kuck 1990). Die medikamentöse Behandlung dieser angeborenen Tachykardie bleibt häufig erfolglos trotz der Gabe verschiedener Substanzen wie Digitalis, ß-Blocker, Verapamil, Amiodaron oder Klasse-I-Antiarrhythmika. Deshalb wird dann in der Regel eine Ablation der akzessorischen Leitungsbahn angestrebt.

Bei tachykardieinduzierten Ventrikelfunktionsstörungen mit Herzinsuffizienz bessert bereits die alleinige Senkung der Frequenz in aller Regel die Beschwerdesymptomatik. Unabhängig davon tritt bei Herzinsuffizienz häufig sekundär eine Tachykardie auf. Diese Frequenzzunahme bei Herzinsuffizienz ist als ein generelles Phänomen im Gefolge einer erhöhten Noradrenalinausschüttung anzusehen, welches die verminderte kontraktile Funktion kompensiert und das reduzierte Schlagvolumen ausgleichen soll. Durch diese Frequenzzunahme wird allerdings der myokardiale Sauer-

Tab. 2.4 Folgen der Frequenzzunahme bei chronischer Herzinsuffizienz.

- Abnahme der Diastolendauer
- Zunahme des LVEDP
- Abnahme des koronaren Perfusionsdruckes
- Abnahme der Kontraktionskraft
- Abnahme der Lusitropie
- Diastolische Compliancestörungen
- Zunahme des myokardialen O_2-Verbrauches
- Ischämiereaktion

stoffverbrauch erhöht bei gleichzeitiger Reduktion des myokardialen Sauerstoffangebotes (Abnahme der Diastolendauer, diastolische Dysfunktion, verminderter koronarer Perfusionsdruck) (siehe Tab. 2.4). Deshalb kann bei vorhandenen Koronarstenosen die Frequenzzunahme zu Ischämiereaktionen und nachfolgend zu weiteren Kontraktionsstörungen führen. Aus den Untersuchungen der Framingham-Studie geht hervor, dass neben Alter und Bluthochdruck auch eine hohe Herzfrequenz das Auftreten einer Herzinsuffizienz wahrscheinlich machen. Somit kommt einer hohen Herzfrequenz klinische, pathophysiologische, aber auch prognostische Bedeutung zu.

Tierexperimentell konnte nachgewiesen werden, dass allein durch die Senkung der Frequenz ischämiebedingte Kontraktionsstörungen unter Belastung trotz gleicher myokardialer Leistung ausblieben (McLaurin et al., 1973; Freeman et al., 1987). Da bei Frequenzzunahme die ventrikuläre Füllung in die späte Diastole verschoben wird, können erhöhte diastolische Drücke im Sinne einer diastolischen Dysfunktion resultieren.

Diese pathophysiologischen Betrachtungen veranschaulichen, dass eine hohe Herzfrequenz für die Energieversorgung und die Kontraktilität des insuffizienten Herzens deletär sein kann. Unter diesem Gesichtspunkt wäre eigentlich eine langsamere Herzfrequenz bei chronischer Herzinsuffizienz wünschenswert (erhöhte Kontraktilität des Einzelschlages, verminderter myokardialer Sauerstoffverbrauch, erhöhtes myokardiales Sauerstoffangebot, verminderte Ischämiereaktionen). Die Erfolge der herzfrequenzsenkenden ß-Rezeptorenblockertherapie in der Primär- und Sekundärprophylaxe und möglicherweise auch bei der Therapie der schweren chronischen Herzinsuffizienz (CIBIS II-, MERIT-HF-Studie) scheinen für diese Annahme zu sprechen. Andererseits führt die Verbesserung der myokardialen Pumpfunktion unter einer effektiven medikamentösen Therapie der chronischen Herzinsuffizienz sekundär auch zu einer Abnahme der Herzfrequenz (Reduktion der Plasmakatecholamine etc.). Eine Frequenzreduktion ist hierbei oft Folge einer verminderten neurohumoralen Aktivität, z.B. messbar an verminderten zirkulierenden Noradrenalinspiegeln. So kann direkt die Frequenzreduktion (z.B. durch eine ß-Blockertherapie), aber indirekt auch eine suffiziente medikamentöse Therapie, die primär die Kontraktilität verbessert, die Hämodynamik günstig beeinflussen. Die langfristig deletären Folgen der Frequenzzunahme werden also durch eine Frequenzreduktion positiv beeinflusst (siehe Tab. 2.4).

Die optimale Herzfrequenz bei Herzinsuffizienz ist nicht bekannt (Levine et al., 1990). Andererseits hat sich gezeigt, dass alle Medikamente, die die Herzfrequenz noch weiter steigern, die Prognose verschlechtern. Dies scheint auch die wesentliche Ursache dafür zu sein, dass Phosphodiesteraseinhibitoren und partielle β-Adrenozeptorantagonisten (Xamoterol) die Prognose der chroni-

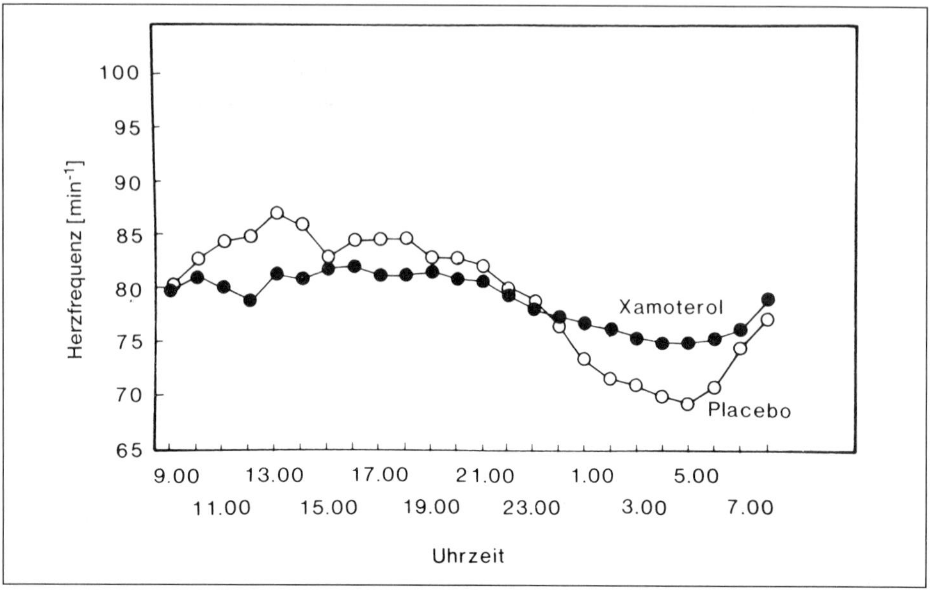

Abb. 2.35 Bei Patienten mit schwerer Herzinsuffizienz wurde der partielle β_1-adrenerge Rezeptorantagonist Xamoterol unter der Vorstellung gegeben, dass bei hohem Plasmaadrenalin die antagonistische (ß-blockiernde Wirkung dominieren würde und bei niedrigem Plasmakatecholamin (unter Ruhebedingungen) die β_2-adrenerge agonistische Wirkung die Kontraktionskraft steigern würde. Tatsächlich resultierte unter Xamoterol eine erhöhte nächtliche Herzfrequenz. Die Verschlechterung der Prognose unter Xamoterol wird heute auf diese Herzfrequenzzunahme während der Nachtruhe zurückgeführt (aus: The Xamoterol in Severe Heart Failure Study Group, 1990).

schen Herzinsuffizienz eher verschlechtern (The Xamoterol Group 1990; Thierfelder et al., 1991). Für Xamoterol wurde nachgewiesen, dass die Herzfrequenz unter nächtlichen Ruhebedingungen deutlich erhöht ist aufgrund des ß-Adrenozeptor-agonistischen Anteils dieser Substanz (siehe Abb. 2.35).

Andererseits führen ß-Adrenozeptorenblocker sowohl bei Patienten mit dilatativer Kardiomyopathie als auch bei Patienten mit ischämischer Kardiomyopathie zu einer signifikanten Frequenzreduktion. Sowohl bei Patienten nach einer ß-Blocker-Therapie mit Carvedilol (unspezifischer ß-Blocker) als auch mit Bisoprolol (β_1-selektiver ß-Blocker, CIBIS II) oder Metoprolol (MERIT-HF) wurde die Überlebenszeit signifikant verlängert (siehe Kap. 4.12). Es scheint zur Zeit außerdem sicher zu sein, dass eine medikamentös induzierte Frequenzzunahme für die Prognose herzinsuffizienter Patienten generell ungünstig ist.

Literatur

Bowditch, H. P.: Über die Eigenthümlichkeiten der Reizbarkeit, welche die Muskelfasern des Herzens zeigen. Berl Sächs Ges (Akad) Wiss 652-689 (1871).

Brixius, K., Pietsch, M., Hoischen, S., Muller-Ehmsen, J., Schwinger, R. H. G.: Effect of inotropic interventions on contraction and Ca^{2+} transients in the human heart. J Appl Physiol **83**, 652-660 (1997).

Buckley, N. M., Penefsky, Z. J., Litwak, R. S.: Comparative force-frequency relationships in human and other mammalian ventricular myocardium. Pflugers Arch **332**, 259-270 (1972).

Frank, K., Bolck, B., Bavendiek, U., Schwinger, R. H. G.: Frequency dependent force generation correlates with sarcoplasmic calcium ATPase activity in human myocardium. Basic Res Cardiol. **93**(5), 405-11 (1998).

Freeman, G. L., Little, W. C., O'Rourke, R. A.: Influence of heart rate on left ventricular performance in conscious dogs. Circ Res **61**, 455-464 (1987).

Gwathmey, J.K., Slawsky, M.T., Hajjar, R.J., Briggs, G.M., Morgan, J.P.: Role of intracellular calcium handling in force-interval relationships of human ventricular myocardium. J Clin Invest **85**, 1599-613 (1990).

Hasenfuß, G., Reinecke, H., Studer, R., Meyer, M., Pieske, B., Holtz, J., Holubarsch, C., Posival, H., Just, H., Drexler, H.: Relation between myocardial function and expression of sarcoplasmic reticulum Ca^{2+}-ATPase in failing and nonfailing human myocardium. Circ Res **75**, 434-442 (1994).

Kuck, K. H.: Herzrhythmusstörungen bei Kardiomyopathien. In: Arrhythmiebehandlung und Hämodynamik. S. 73-81. Lüderitz, B. (Hrsg.) Springer Verlag, Berlin (1990).

Levine, H. J.: Optimum heart rate of large failing hearts. Am J Cardiol **61**, 633-636 (1990).

Limas, C. J., Olivari, M. T., Goldenberg, I. F., Levine, T. B., Benditt, D. G., Simon, A.: Calcium uptake by cardiac sarcoplasmic reticulum in human dilated cardiomyopathy. Cardiovasc Res **21**, 601-5 (1987).

McLaurin, L. P., Rolett, E. L., Grossman, W.: Impaired left ventricular relaxation during pacing-induced ischemia. Am J Cardiol **32**, 751-757 (1973).

Mulieri, L. A., Hasenfuß, G., Leavitt, B., Allen, P. D., Alpert, N. R.: Altered myocardial force-frequency relation in human heart failure. Circulation **85**, 1743-1750 (1992).

Munch, G., Bolck, B., Hoischen, S., Brixius, K., Bloch, W., Reuter, H. Schwinger, R. H. G.: Unchanged protein expression of sarcoplasmic reticulum Ca^{2+}-ATPase, phospholamban, and calsequestrin in terminally failing human myocardium. J Mol Med **76**, 434-441 (1998).

Pieske, B., Kretschmann, B., Meyer, M., Holubarsch C., Weirich, J., Posival, H., Minami, K., Just, H.-J., Hasenfuß, G.: Alterations in intracellular calcium handling associated with the inverse force-frequency relation in human dilated cardiomyopathy. Circulation **92**, 641-648 (1995).

Piot, C., Lemaire, S., Albat, B., Seguin, J., Nargeot, J., Richard, S.: High frequency-induced upregulation of human cardiac calcium currents. Circulation **93**, 120-128 (1996).

Schwinger, R. H. G., Bohm, M., Koch, A., Erdmann, E.: Force-frequency relation in human heart failure. Circulation **86**, 2017-2018 (1992).

Schwinger, R. H. G., Bohm, M., La Roseé, K., Schmidt, U., Erdmann, E.: Effect of the phosphodiesterase inhibitor UK 61260 on human myocardial inotropy and diastolic relaxation. J Cardiovasc Pharmacol **19**, 966-974 (1992).

Schwinger, R. H. G., Bohm, M., Uhlmann, R., Schmidt, U., Uberfuhr, P., Kreuzer, E., Reichart, B., Erdmann, E.: Magnesium restores the altered force-frequency relationship in failing human myocardium. Am Heart J **126**, 1018-1021 (1993a).

Schwinger, R. H. G., Bohm, M., Muller-Ehmsen, J., Uhlmann, R., Schmidt, U., Stablein, A., Kreuzer, E., Reichart, B., Eissner, H.J., Erdmann, E.: Effect of inotropic stimulation on the egative force-frequency relationship in the failing human heart. Circulation **88**, 2267-2276 (1993b).

Schwinger, R. H. G., Bohm, M., Schmidt, U., Karczewski, P., Bavendiek, U., Flesch, M., Krause, E. G., Erdmann, E.: Unchanged protein levels of SERCA II and phospholamban but reduced Ca^{2+} uptake and Ca^{2+}-ATPase activity of cardiac sarcoplasmic reticulum from dilated cardiomyopathy patients compared with patients with nonfailing hearts. Circulation **92**, 3220-3228 (1995).

Schwinger, R. H. G., Brixius, K., Bavendiek, U., Hoischen, S., Muller-Ehmsen, J., Bolck, B. Erdmann, E.: Effect of cyclopiazonic acid on the force-frequency relationship in human nonfailing myocardium. J Pharmacol Exp Ther **283**(1), 286-292 (1997).

Schwinger, R. H. G., Munch, G., Bolck, B., Karczewski, P., Krause, E. G., Erdmann, E.: Reduced Ca^{2+}-sensitivity of SERCA 2a in failing human myocardium due to reduced serin-16 phospholamban phosphorylation. J Mol Cell Cardiol **31**, 479-91 (1999).

The Xamoterol in Heart Failure Study Group Xamoterol in severe heart failure. Lancet **336**, 1-6 (1990).

Thierfelder, L., Holubarsch, Ch., Hasenfuß, G., Heiß, H. W., Just, H.: The effect of the partial ß1-adrenoceptor agonist xamoterol on haemodynamics and myocardial energetics in patients with idiopathic dilated cardiomyopathy. J Cardiovasc Pharmacol **17**, 593-599 (1991).

Wolska, B. M., Stojanovic, M. O., Luo, W., Kranias, E. G., Solaro, R. J.: Effect of ablation of phospholamban on dynamics of cardiac myocyte contraction and intracellular Ca^{2+}. Am J Physiol **271**, C391-C397 (1996).

2.6 Vorlastabhängige Änderungen der Kontraktionskraft: Frank-Starling-Mechanismus und Anrep-Effekt

R. H. G. Schwinger, K. Brixius

2.6.1 Einleitung

Die Determinanten der Herzfunktion sind

- Herzfrequenz
- Vorlast (enddiastolisches Ventrikelvolumen)
- Nachlast (Auswurfwiderstand bzw. arterieller Gefäßwiderstand) und
- die entwickelte Kontraktionskraft (elektromechanische Kopplung und deren Regulationsvorgänge).

Das nicht-insuffiziente Herz ist in der Lage, sein Herzzeitvolumen über einen weiten physiologischen Bereich den entsprechenden körperlichen Erfordernissen anzupassen. So kann das Herzzeitvolumen, d.h. die Blutmenge, die von der rechten bzw. linken Herzkammer in einer Minute ausgeworfen wird, bis auf das 5-fache gesteigert werden. Diese physiologische Regulation der Herzarbeit wird durch intrakardiale Faktoren (z.B. Kraft-Frequenz-Beziehung, Myokardhypertrophie) sowie durch extrakardiale Faktoren (neurovegetative und hormonale Aktivierung) gesteuert. Die vorlast-abhängige Regulation der kardialen Kontraktilität ist ein weiterer wichtiger intrakardialer Mechanismus, der es dem Herzen erlaubt, seine Kontraktionskraft an wechselnde Vorlastbedingungen anzupassen und dadurch den enddiastolischen Füllungszustand des Herzens konstant zu halten.

2.6.2 Der Frank-Starling-Mechanismus

1895 zeigte zuerst O. Frank, dann später in Jahr 1914 S. Patterson und E.H. Starling, dass eine Dehnung des Myokards während der Diastole die Kontraktilität des Herzens während der Systole erhöhte (Frank 1895; Patterson 1914). Aus diesen Versuchen leitete Starling die Hypothese ab, *'....dass der regulatorische Mechanismus, der das Herz befähigt, mehr oder weniger Arbeit zu leisten, je nach der Blutmenge, welche ausgetrieben werden muss, und je nach dem Widerstand, den der Blutstrom von Seiten des arteriellen Druckes erfährt, dass dieser regulatorische Mechanismus in den Wandungen des Herzes selbst gelegen ist, vermutlich in den Muskelfasern, aus denen die Wandungen des Herzens bestehen...' (Starling 1920).*

Den eigentlichen Nachweis, dass die Muskellänge in direktem Zusammenhang mit der entwickelten Kontraktionskraft steht, zeigten Untersuchungen von Gordan, Huxley und Julian im Jahr 1966 (Gordon et al. 1966). Eine schematische Zusammenfassung ihrer Ergebnisse findet sich in Abbildung 2.36. Dargestellt sind auf der linken Seite die Änderungen des Überlappungsgrades von dicken und dünnen Filamenten im Bereich des Sarkomers, der kleinsten Einheit der Myofilamente. Die dicken Filamente in der Mitte des Sarkomers enthalten die Myosin-ATPase, ein ruderför-

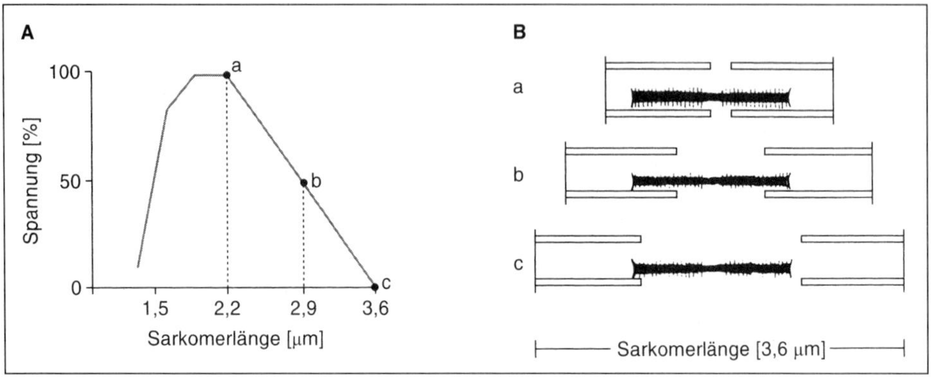

Abb. 2.36 Beziehung zwischen Kontraktionskraft, Sarkomerlänge und Filamentüberlagerung. Die Kurve zeigt ein charakteristisches Optimum bei einer Muskelsarkomerlänge von 2.0-2.2 μm. Bei kleineren Muskel- oder Sarkomerlängen ist die Kraft geringer, weil sich in diesem Längenbereich die Aktin- und Myosinfilamente gegenseitig behindern und weil in kürzeren Muskeln die elektromechanische Kopplung beeinträchtigt ist. Werden die Muskeln über die optimale Sarkomerlänge gedehnt, so fällt die Kontraktionskraft ab, weil dann die Aktinfilamente aus der Anordnung der Myosinfilamente herausgleiten.

miges Molekül, das im aktivierten Zustand über seine Kopfstruktur mit den dünnen Filamenten verbunden ist und unter ATP-Spaltung, die dünnen Filamente zur Mitte hin in das Sarkomer hineinzieht, wodurch es zur Muskelverkürzung und damit zur Kraftentwicklung kommt. Von der Sarkomerlänge ist die Anzahl der Myosinköpfe abhängig, die mit Aktin in Interaktion treten. Die Überlappung ist bei mittlerer Vordehnung optimal; bei großer Vordehnung können die Aktinfilamente aus dem Bereich der Myosinfilamente herausgezogen werden (siehe Abb. 2.36), bei kleiner Vordehnung können sich die Filamente sogar übereinander schieben und so blockieren.

Abb. 2.37 (A) zeigt die Ca^{2+}-abhängige Kraftentwicklung gemessen an chemisch gehäuteten Herzmuskelpräparaten aus nicht insuffizientem menschlichen Myokard. An diesen Präparaten wurde durch Inkubation mittels einer Detergenz-Lösung (0.1 % Triton X) die Zellmembran und das sarkoplasmatische Retikulum zerstört, so dass die Kontraktion der Myofilamente nicht mehr spannungsabhängig von dem Ca^{2+}-Einstrom über den sarkolemmalen L-Typ Ca^{2+}-Kanal reguliert wird, sondern durch Zugabe von physiologischen Salzlösungen mit definierten Ca^{2+}- Konzentrationen variiert werden kann. In einer solchen Versuchsanordnung bewirkt eine Erhöhung der Sarkomerlänge von 1,9 auf 2,1 μm eine Erhöhung der maximalen Ca^{2+}-aktivierten Kraft (siehe Abb. 2.37 A). Desweiteren bewirkt eine Erhöhung der Sarkomerlänge eine Erhöhung der Ca^{2+}-Empfindlichkeit der Myofilamente (siehe Abb. 2.37 B). Letzteres bedeutet, dass bei gleicher vorgegebener Ca^{2+}-Konzentration die Kraftentwicklung nach Erhöhung der Sarkomerlänge größer ist.

Die längenabhängige Zunahme der Kontraktionskraft wird zum einen bestimmt durch physikalische Faktoren, z.B. durch die Anzahl der sich aus der Überlappung ergebenden Aktin-Myosin-Verbindungen (Querbrücken), durch

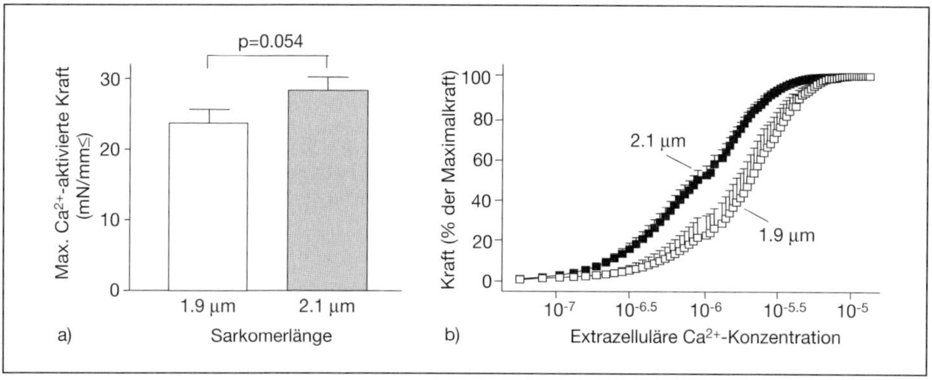

Abb. 2.37 Ca^{2+}-aktivierte Kraft gemessen an chemisch gehäuteten Herzmuskelfasern aus nicht-insuffizientem menschlichen Myokard gemessen bei einer Sarkomerlänge on 1.9 µm und 2.1 µm. A: Maximale Ca^{2+}-aktivierte Kraft. Nach Erhöhung der Sarkomerlänge steigt die maximale Ca^{2+}-aktivierte Kraft an. Dieser Kraftanstieg ist vermutlich auf eine Zunahme der Aktin/Myosin-Interaktionen in dieser Situation zurückzuführen. B: Ca^{2+}-abhängige Veränderungen der Kraft. Nach Erhöhung der Sarkomerlänge ist die Ca^{2+}-Empfindlichkeit der Myofilamente erhöht. Dies bedeutet, dass bei gleicher Ca^{2+}-Konzentration, die Kraftentwicklung erhöht ist.

die räumliche Entfernung von dicken und dünnen Filamenten und durch die Rückstellkräfte der Myofilamente, die sich aus den elastischen Komponenten der Fasern ergeben. Desweiteren bewirkt eine Dehnung der Myofilamente eine Erhöhung der Ca^{2+}-Affinität von Troponin C, was bedeutet, dass die Kraftentwicklung bei gleicher intrazellulärer Ca^{2+}-Konzentration erhöht ist (Übersicht bei Allen und Kentish 1985).

Zusammengefasst kann festgehalten werden, dass am nicht-insuffizienten menschlichen Myokard der Frank-Starling Mechanismus auf einer Erhöhung der Aktin-Myosin Interaktion (Querbrückenkinetik) beruht und eine Erhöhung der maximalen Ca^{2+}-aktivierten Kraft sowie eine Erhöhung der Ca^{2+}-Empfindlichkeit der Myofilamente bewirkt.

2.6.3 Der Anrep-Effekt

Neben funktionellen Veränderungen des kontraktilen Apparates bewirkt eine Zunahme der Muskellänge am nicht-insuffizienten Myokard eine Erhöhung des intrazellulären Ca^{2+}-Transienten. Diese zweite Phase der längen-induzierten Kontraktionskraftzunahme schließt sich an den Frank-Starling Mechanismus an und zieht sich über einige Minuten hin (sog. Anrep-Effekt, (Von Anrep 1912)). Sie beruht auf einer Zunahme des intrazellulären Ca^{2+}-Transienten. Abbildung 2.38 zeigt Orginalregistrierungen der simultanen Messung des intrazellulären Ca^{2+}-Transienten und der Kontraktionskraft nach Erhöhung der Muskellänge. Die längenabhängige Zunahme der Kontraktionskraft sowie der diastolischen Muskelspannung geht einher mit einer Zunahme des intrazellulären diastolischen und systolischen Ca^{2+}-Transienten.

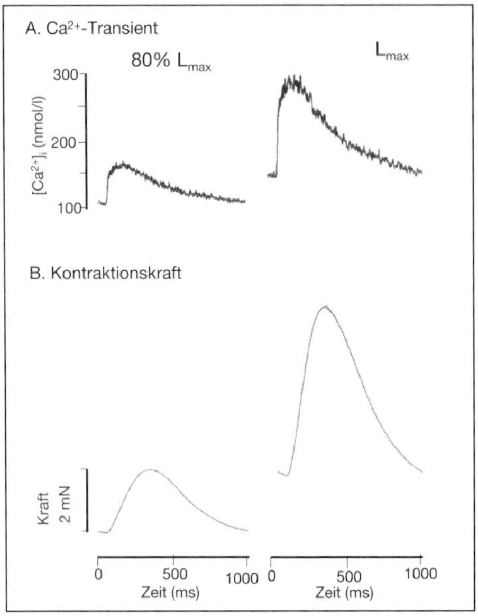

Abb. 2.38 Simultane Messung des intrazellulären Ca^{2+}-Transienten sowie der Kontraktionskraft an einem isolierten, elektrisch stimulierten linksventrikulärem Papillarmuskelstreifen aus menschlichem nicht insuffizientem Myokard. Eine Zunahme der Muskellänge (80 % L_{max} auf L_{max} = Muskellänge mit maximaler Kraftentwicklung) ist verbunden mit einer Zunahme des systolischen Ca^{2+}-Transienten und der Kontraktionskraft.

Es wird diskutiert dass der Anrep-Effekt u. a. auf

- einer längenabhängigen Zunahme des Aktionspotentials (Allen 1977),
- einer längenabhängigen Aktivierung der sarkoplasmatischen Ca^{2+}-Freisetzung (Fabiato und Fabiato 1975) und der sarkoplasmatischen Ca^{2+}-Aufnahme, letzteres infolge einer dehnungsinduzierten Erhöhung der diastolischen Ca^{2+}-Konzentration (Nichols 1985; Allen, Nichols et al. 1988),
- einer längenabhängigen Freisetzung von cAMP (Todaka et al. 1998) und/oder Inositoltriphosphat (Dassouli et al. 1993) und
- der Aktivierung von längenabhängigen Ionenkanälen (Tavi und Weckström 1998)

beruht.

Wie kürzlich gezeigt wurde, scheint auch ein autokrin-parakriner Mechanismus, der über eine Freisetzung von Angiotensin II und der sich daran anschließenden Freisetzung von Endothelin über den Endothelin A-Rezeptor zur Aktivierung des sarkolemmalen Na^+/H^+-Austauschers führt, für den langsamen längen-induzierten Kraftanstieg am Herzen eine Rolle zu spielen. Der durch die Aktivierung des Na^+/H^+-Austauschers induzierte Anstieg der intrazellulären Na^+-Konzentration bewirkt sekundär eine Erhöhung der intrazellulären Ca^{2+}-Konzentration durch den Na^+/Ca^{2+}-Austauscher, der dann im *reverse mode* arbeitet und Na^+ im Gegenzug von Ca^{2+} aus der Zelle pumpt (Alvarez et al., 1999). Möglicherweise kommt es durch vermehrte Aktivität des Na^+/H^+-Austauschers aber auch zu einer Erhöhung des intrazellulären pH-Wertes und damit zur Zunahme der myofibrillären Sensitivität.

Es ist festzuhalten, dass eine längeninduzierte Änderung der kardialen Kontraktionskraft sich aus zwei Phasen zusammensetzt, einer schnellen, auf den Frank-Starling Mechanismus basierenden Phase, sowie einer zweiten, langsamen Phase, die mit einer Erhöhung des intrazellulären Ca^{2+}-Transienten einhergeht.

2.6.4 Druck-Volumen-Beziehung des Herzens

Prinzipiell sind die mechanischen Eigenschaften der Skelettmuskulatur auch in ähnlicher Form am Myokard nachweisbar, z.B. an isolierten elektrisch stimulierten Papillarmuskelpräparaten. Zu unterscheiden sind isotonische (konstante Belastung = konstanter Druck), isometrische oder isovolumetrische (konstante Länge = konstantes Volumen) und die Unterstützungskontraktion. Diese Formen der Kontraktionskraftentwicklung sind auch auf den gesamten Hohlmuskel Herz zu übertragen. Hierbei ist jedoch zu beachten, dass sich das der Länge analoge Volumen mit der 3. Potenz der Faserlänge ändert. Zudem ist der entstehende Innendruck nach der Formel von La Place dem Kugelradius umgekehrt proportional. In Abbildung 2.39 sind Gleichgewichtskurve und Arbeitsdiagramm des isolierten Froschherzens nach Frank (1895) dargestellt. Sie zeigt, dass die passive Dehnbarkeit des Herzens mit wachsendem Volumen abnimmt, d.h. es werden höhere Druckänderungen benötigt, um den identischen Volumenzuwachs zu erhalten, und dass sowohl der Druck wie auch das Auswurfvolumen je nach Ausgangsfüllung verschieden ist. Diese Beziehung besagt, dass das Herz nur durch Veränderung der intraventrikulären

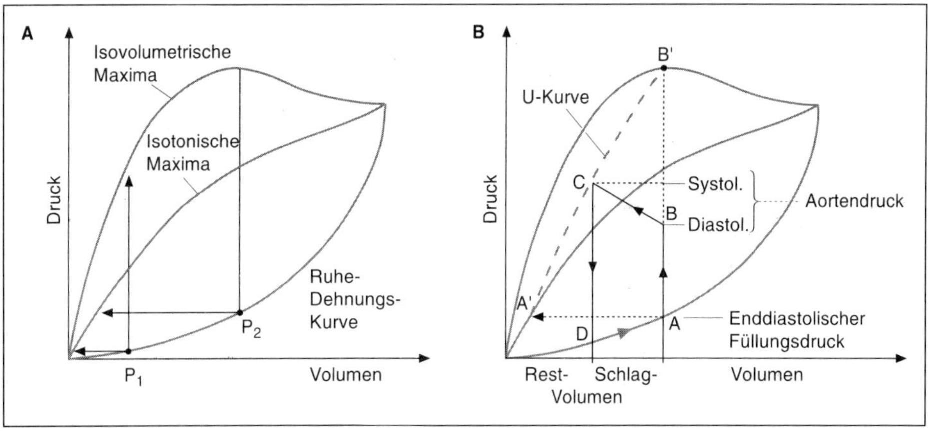

Abb. 2.39 Gleichgewichtskurve und Arbeitsdiagramm des isolierten Froschherzens nach Frank. A) In ein Koordinatensystem mit dem intraventrikulären Druck als Ordinatenachse und dem Ventrikelvolumen als Abszissenachse sind drei Gleichgewichtskurven eingetragen: die Ruhe-Dehnungs-Kurve, die isovolumetrischen und die isotonischen Maxima. Jedem Punkt der Ruhe-Dehnungs-Kurve ist ein bestimmtes isovolumetrisches und isotonisches Maximum zuzuordnen (P1, P2). B) Darstellung des Herzzyklus: Die Punkte A bis D stehen für zeitlich aufeinanderfolgende Phasen der Herzaktion. Bei A der Ruhe-Dehnungs-Kurve beginnt die Systole mit einem isovolumetrischen Druckanstieg. AB entspricht der Anspannungsphase. Beim Erreichen des diastolischen Aortendrucks B öffnen sich die Aortenklappen während einer auxotonen Kontraktion. Bei C ist der Auswurf des Schlagvolumens beendet. Es beginnt die isovolumetrische Entspannung CD, an die sich nach dem Öffnen der Mitralklappe die Füllung DA für den nächsten Schlag anschließt. Auf der Linie A'B' müssen alle Unterstützungskontraktionen enden, die vom Punkt A ausgehen. B'= isovolumetrisches Maximum zu A. A'= isotonisches Maximum zu A. Die U-Kurve gibt somit die Maxima aller von A ausgehenden Unterstützungskontraktionen wieder. Zu jeder Ruhe-Dehnungs-Kurve gibt es eine Vielzahl von U-Kurven, je nach Ausgangspunkt A.

Füllung unterschiedliche Drücke, d.h. unterschiedliche Herzarbeit, leisten kann. Am Warmblüterherzen ist die Lage der Ruhe-Dehnungs-Kurve im Druck-Volumen-Diagramm vom Herzgewicht, von plastischen Herzmuskeleigenschaften, vom Füllungszustand des Nachbarventrikels, von metabolischen Einflüssen, vom Bindegewebsgehalt des Myokards und von der Herzbeutelelastizität und -plastizität abhängig.

Von Starling (1918) wurde eine Präparation des Säugetierherzens angegeben, bei der der Aortendruck und der venöse Zustrom unabhängig voneinander variiert und mit dem enddiastolischen Druck korreliert werden können (Starling 1918). In Abbildung 2.40 ist neben der oben beschriebenen Ruhe-Dehnungskurve das Druck-Volumen-Diagramm des Herzens dargestellt. Die wesentliche Erkenntnis der Untersuchungen von Starling ist, dass das isolierte schlagende Herz autoregulatorisch eine vermehrte diastolische Füllung durch den Auswurf eines größeren Schlagvolumens bewältigt. Bei der Leistungsanpassung der Herzarbeit ist der Einfluss des Sympathikus dominant. Liegen aber Veränderungen der diastolischen Füllung vor, ohne dass eine generelle Aktivitätssteigerung gegeben ist, kann der Frank-Starling-Mechanismus genutzt werden. Besonders in der gegenseitigen Abstimmung der Förderleistung beider Ventrikel ist der Frank-Starling-Mechanismus sinnvoll.

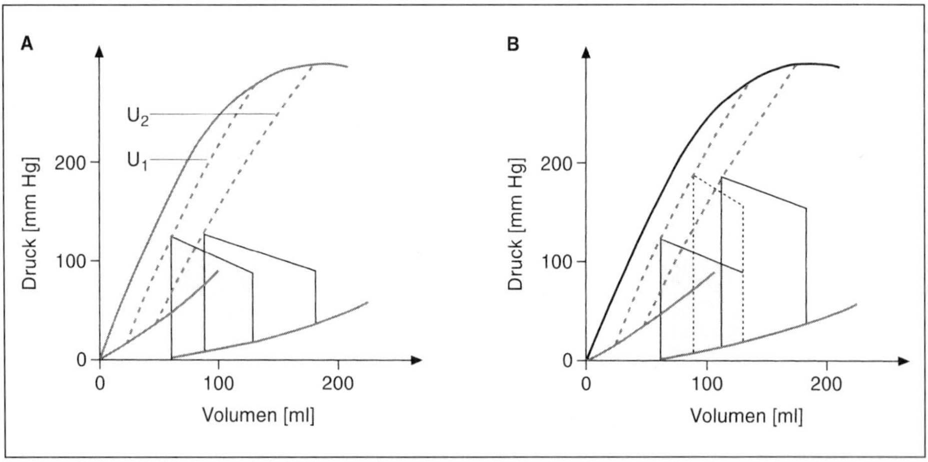

Abb. 2.40 Druck-Volumen-Diagramm des linken Ventrikels, welches die Anpassung an akute Druck- bzw. Volumenbelastungen nach dem Frank-Starling-Mechanismus wiedergibt. In A) sind die Veränderungen nach akuter Volumenbelastung, in B) die Veränderungen nach Druckbelastung dargestellt. A) Bei einem enddiastolischen Volumen von 130 ml wird zunächst das schraffierte Arbeitsdiagramm umlaufen. Erhöhung des venösen Zustroms vergrößert die enddiastolische Füllung auf 180 ml. Dann gilt das nach rechts verrückte Arbeitsdiagramm. Der Ventrikel wirft nun ohne Änderung des Druckes ein größeres Schlagvolumen aus. Das endsystolische Restvolumen nimmt zu. Es gilt nun eine andere U-Kurve: U_2. B) Anpassung an eine akute Druckbelastung infolge einer Erhöhung des peripheren Strömungswiderstandes.

2.6.5 Pathophysiologische Korrelate der verminderten längeninduzierten Kontraktionskraftzunahme am insuffizienten Myokard

2.6.5.1 Frank-Starling-Mechanismus und akute Herzinsuffizienz

Nach der von Frank und Starling (Starling 1918) beschriebenen Kraft-Längen-Beziehung des Myokards führt eine Dehnung der Herzmuskelfaser zu einer Zunahme der Kontraktionskraft (Ross et al., 1971). Das gilt sowohl für das Kaltblüter- wie auch für das Warmblüterherz (Ullrich et al., 1954). Bei der Herzinsuffizienz des Menschen kommt es durch die Zunahme der diastolischen Füllung zu einer Dehnung des Myokards. Bei der akuten Herzinsuffizienz findet sich typischerweise eine Abflachung der Frank-Starling-Kurve. Aus diesem Grunde führt eine Vorlastminderung nur zu einer geringen Abnahme des Herzzeitvolumens (siehe Abb. 2.41). Sowohl in vivo wie auch an Papillarmuskelpräparationen des Menschen konnte gezeigt werden, dass eine Zunahme der Vorspannung mit einer Erhöhung der Kontraktionskraft korreliert (Ross et al., 1971, Plotnick et al., 1986, Higginbotham et al., 1986). Diese Untersuchungsergebnisse stimmen überein mit den Originaluntersuchungen von Frank und Starling. Bei der Herzinsuffizienz des Menschen ist die Abhängigkeit des Schlagvolumens von dem gegebenen peripheren Gefäßwiderstand wesentlich ausgeprägter als beim gesunden Herzen. Eine Erhöhung der Nachlast ist physiologischerweise mit einer Verminderung des Herzzeitvolumens verbunden. Diese Abhängigkeit ist bei der akuten Herzinsuffizienz größer. Somit kann es sinnvoll sein, die Nachlast, d.h. den peripheren Gefäßwiderstand, mit arteriellen Vasodilatatoren zu vermindern.

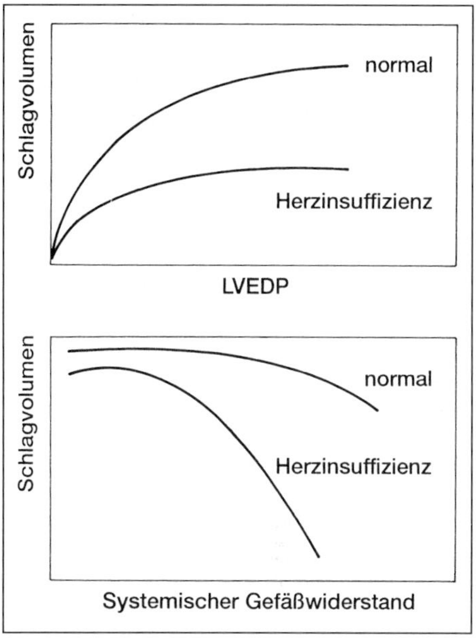

Abb. 2.41 Beziehung zwischen linksventrikulärem enddiastolischen Druck und Schlagvolumen bei Normalpersonen und bei herzinsuffizienten Patienten. Beziehung zwischen systemischem Gefäßwiderstand und Schlagvolumen bei Normalpersonen und bei herzinsuffizienten Patienten.

2.6.5.2 Frank-Starling-Mechanismus bei chronischer Herzinsuffizienz

Bei der chronischen Herzinsuffizienz kommt es zu einer Flüssigkeits- und Salzretention durch Stimulation des Renin-Angiotensin-Aldosteronsystems und dadurch zu einer andauernden Zunahme der Vorlast. Die Druck-Volumen-Beziehung ist dann charakteristisch verändert. Die Dehnbarkeit des Herzmuskels (verminderte Compliance) und die maximale Kontraktionskraft nehmen ab. Eine Volumenzunahme kann somit nur unter erheblichem Druckanstieg des Ventrikels erreicht werden. Bei der chronischen Herzinsuffizienz sind im Arbeitspunkt das enddiastolische Ventrikelvolumen und der enddiastolische Ventrikeldruck deutlich erhöht. Im weiteren Verlauf der Erkrankung, d.h. bei der schwerstgradigen Herzinsuffizienz verläuft die Frank-Starling-Kurve annähernd abszissenparallel, so dass das Schlagvolumen nicht mehr zunehmen kann. So kommt es bei der Herzinsuffizienz des Menschen durch die Zunahme der diastolischen Füllung zu einer Dehnung des Myokards.

Auch in vitro, an isolierten, elektrisch stimulierten Papillarmuskelpräparationen schwerstgradig insuffizienter Patienten sowie an chemisch gehäuteten Herzmuskelfasern ist die längeninduzierte Zunahme der Kontraktionskraft geringer als an nicht insuffizientem menschlichem Myokard (siehe Abb. 2.42) (Schwinger et al., 1994, Vahl et al., 1997).

Neuste Veröffentlichungen zeigen, dass die Einschränkung der '*längeninduzierten Kraftreserve*' nicht nur am linken Ventrikel, sondern auch im rechtsatrialen Atrium von herzinsuffizienten Patienten vorhanden ist (Kayhan et al., 2002). Dies bedeutet, dass die unter in vivo Bedingungen gemessenen funktionellen Veränderungen nicht nur auf die veränderte hämodynamische Situation der Patienten zurückgeführt werden kann, sondern dass im Krankheitsverlauf auch im Herzmuskel selbst funktionelle bzw. molekulare Veränderungen sowohl in Bezug auf die kontraktilen Proteine als auch in Bezug auf die Proteine eingetreten ist, die an der Regulation der intrazellulären Ca^{2+}-Homöostase beteiligt sind. In diesem Zusam-

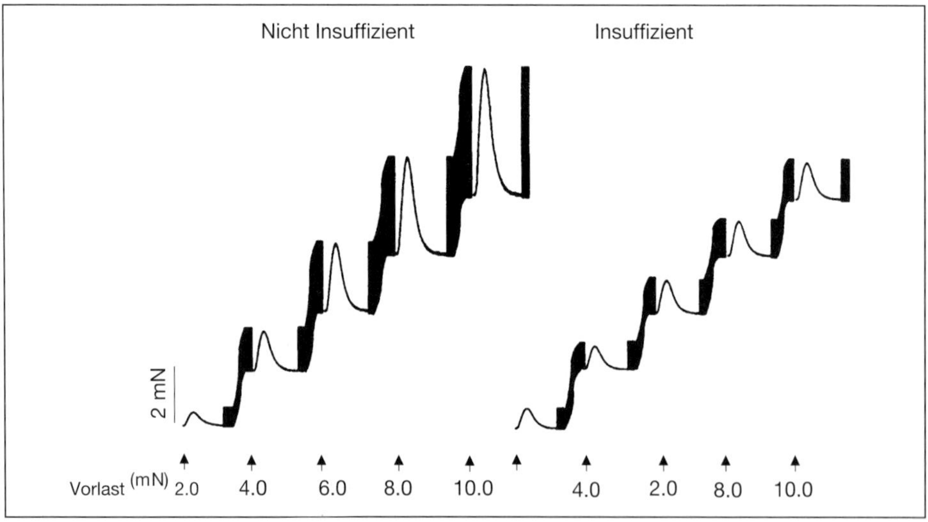

Abb. 2.42 Vorlastabhängige Veränderungen der Kontraktionskraft gemessen an isolierten Papillarmuskelstreifen aus nicht insuffizientem und insuffizientem Myokard. Am insuffizienten menschlichen Myokard ist die längenabhängige Zunahme der Kontraktionskraft deutlich gegenüber dem nicht-insuffizienten Myokard vermindert.

menhang konnte gezeigt werden, dass an gehäuteten Herzmuskelfasern sowie an chemisch gehäuteten Einzelpräparationen der Herzmuskelzellen, die Ca^{2+}-Sensitivität der Myofilamente erhöht war (Schwinger et al., 1994, Wolff et al., 1996; van der Velden et al., 2000). Die erhöhte myofibrilläre Ca^{2+}-Sensitivität sowie die verminderte längenabhängige Zunahme der Herzkontraktilität ist als Folge einer verminderten PKA-abhängigen Phosphorylierung von Troponin I aufgrund der Herabregulation der $ß_1$-Adrenozeptoren diskutiert worden (Schwinger et al., 1994, Wolff et al., 1996). Desweiteren spielen möglicherweise Veränderungen in der Isoform-Expression verschiedener Proteine eine Rolle, die am Aufbau des kontraktilen Apparates beteiligt sind (z.B. die Myosinschwerkette (Schwartz et al., 1992), Troponin T (Anderson et al., 1991), Myosinleichtkette (Morano and Haase 1997)).

Diese experimentellen Befunde an der menschlichen Herzmuskulatur stehen in Einklang mit tierexperimentellen Modellen der chronischen Herzinsuffizienz, aber auch mit klinischen Beobachtungen. Sie belegen, dass bei chronischer Druck- bzw. Volumenbelastung die druck- bzw. volumeninduzierte Kontraktionskraftzunahme möglicherweise nicht mehr wesentlich bzw. nicht mehr möglich ist. Bei leichter Herzinsuffizienz oder bei akuter Druck- bzw. Volumenbelastung ist hingegen der Frank-Starling-Mechanismus durchaus nutzbar und in die therapeutische Überlegung mit einzubeziehen.

2.6.5.3 Längeninduzierte Änderungen des intrazellulären Ca^{2+}-Transienten bei der terminalen Herzinsuffizienz

Abbildung 2.43 vergleicht die längenabhängigen Änderungen der intrazellulären Ca^{2+}-Transienten und der isometrischen Kontraktionskraft am insuffizienten Myokard. Der längeninduzierte Anstieg des intrazellulären Ca^{2+}-Transienten scheint am insuffizienten Myokard kaum vorhanden zu sein. Dies ist, zumindest teilweise, Folge der am insuffi-

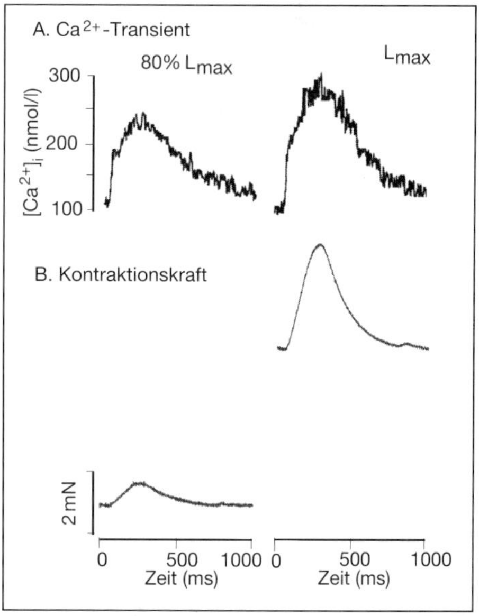

Abb. 2.43 Simultane Messung des intrazellulären Ca^{2+}-Transienten sowie der Kontraktionskraft an einem isolierten, elektrisch stimulierten linksventrikulärem Papillarmuskelstreifen aus menschlichem insuffizientem Myokard. Im Unterschied zum nicht-insuffizienten Myokard fehlt am insuffizienten Myokard die längeninduzierte Zunahme des diastolischen Ca^{2+}-Transienten. Die systolische Zunahme des intrazellulären Ca^{2+}-Transienten ist im Vergleich zum nicht-insuffizienten Myokard verringert, die diastolische Spannung nimmt zu.

zienten Myokard bereits unter Basalbedingungen vorhandenen Dysregulation der intrazellulären Ca^{2+}-Homöostase. Interessant sind in diesem Zusammenhang Veröffentlichungen aus jüngster Zeit, in denen die Bedeutung einer längenabhängigen Aktivierung des sarkolemmalen Na^{+}/H^{+}-Austauschers möglicherweise durch eine erhöhte Plasma-Freisetzung von Endothelin in Bezug auf die Ausbildung einer Herzmuskelhypertrophie mit anschließender Herzinsuffizienz diskutiert wird (Alvarez et al., 1999). Ob Inhibitoren Na^{+}/H^{+}-Protonenaustauscher protektiv in dieses Krankheitsgeschehen eingreifen können, muss in zukünftigen klinischen Studien untersucht werden.

Literatur

Allen, D. G.: On the relationship between action potential duration and tension in cat papillary muscle. Cardiovasc Res **11**, 210-218 (1977).

Allen, D. G., Kentish, J. C.: The cellular basis of the length-tension relation in cardiac muscle. J Mol Cell Cardiol **17**, 821-840 (1985).

Allen, D. G., Nichols, C. G., Smith, G. L.: The effects of changes in muscle length during diastole on the calcium transient in ferret ventricular muscle. J Physiol **406**, 359-370 (1988).

Alvarez, B. V., Perez, N. G., Ennis, I. L., Camilion de Hurtado, M. C., Cingolani, H. E.: Mechanisms underlying the increase in force and Ca^{2+} transient that follow stretch of cardiac muscle: a possible explanation of the Anrep effect. Circ Res **85**, 716-722 (1999).

Anderson, P. A., Malouf, N. N., Oakeley, A. E., Pagani, E. D., Allen, P. D.: Troponin T isoform expression in humans. A comparison among normal and failing adult heart, fetal heart, and adult and fetal skeletal muscle.Circ Res **69**, 1226-1233 (1991).

Dassouli, A., Sulpice, J. C., Roux, S., Crozatier, B.: Stretch-induced inositol trisphosphate and tetrakisphosphate production in rat cardiomyocytes. J Mol Cell Cardiol **25**: 973-982 (1993).

Fabiato, A., Fabiato, F.: Dependence of the contractile activation of skinned cardiac cells on the sarcomere length. Nature **256**, 54-56 (1975).

Frank, O.: Zur Dynamik des Herzmuskels. Z. Biol. **32**, 370-437 (1895).

Gordon, A. M., Huxley, A. F., Julian, J. F.: The variation in isometric tension with sarcomere length in vertebrate muscle fibres. J Physiol **184**, 170-192 (1966).

Higginbotham, M. B., Morris, K. G., Williams, R. S., McHale, P. A., Coleman, R. E., Cobb, F. R.: Regulation of stroke volume during submaximal and maximal upright exercise in normal man. Circ Res. **58**(2), 281-91 (1986).

Kayhan, N., Bodem, J., Vahl, C., Hagl, S.: The positive staircase (force-frequency relationship) and the Frank-Starling mechanism are altered in atrial myocardium of patients in end-stage heart failure transplanted for dilatie ardiomyopathy. Transplant Proc **34**, 2185 (2002).

Morano, I., Haase, H.: Different actin affinities of human cardiac essential myosin light chain isoforms. FEBS Lett **408**, 71-74 (1997).

Nichols, C. G.: The influence of 'diastolic' length on the contractility of isolated at papillary muscle. J Physiol **361**, 269-279 (1985).

Patterson, S., Starling, E. H.: On the mechanical factors which determine the output of the ventricles. J Physiol **48**, 357-379 (1914).

Plotnick, G. D., Becker, L. C., Fisher, M. L., Gerstenblith, G., Renlund, D. G., Fleg, J. L., Weisfeldt, M. L., Lakatta, E. G.: Use of the Frank-Starling mechanism during submaximal versus maximal upright exercise. Am J Physiol. **251**(6 Pt 2), H1101-5 (1986).

Ross, J., Jr., Sonnenblick, E. H., Taylor, R. R., Spotnitz, H. M., Covell, J. W.: Diastolic geometry and sarcomere lengths in the chronically dilated canine left ventricle. Circ Res **28**: 49-61 (1971).

Schwartz, K., Carrier, L., Chassagne, C., Wisnewsky, C., Boheler, K. R.: Regulation of myosin heavy chain and actin isogenes during cardiac growth and hypertrophy. Symp Soc Exp Biol **46**, 265-272 (1992).

Schwinger, R. H. G, Bohm, M., Koch, A., Schmidt, U., Morano, I., Eissner, H. J., Uberfuhr, P., Reichart, B., Erdmann, E.: The failing human heart is unable to use the Frank-Starling mechanism. Circ Res **74**, 959-969 (1994).

Starling, E.H.: Linacre Lecture on the Law of the Heart: 1915. London, England, Longmans (1918).

Starling, E. H.: Das Gesetz der Herzarbeit. Ernst Bircher Verlag Bern Leipzig (1920).

Tavi, P., Han, C., Weckström, M.: Mechanisms of stretch-induced changes in $[Ca^{2+}]_i$ in rat atrial myocytes. Circ Res **83**, 1165-1177 (1998).

Todaka, K., Ogino, K., Gu, A.G., Burkhoff, D.: Effect of ventricular stretch on contractile strength, calcium transient, and cAMP in intact canine hearts. Am J Physiol **43**, H990-H1000 (1998).

Ullrich, K. J., Riecker, G., Kramer, K.: Das Druckvolumendiagramm des Warmblüterherzens. Pflügers Archiv **259**, 481-498 (1954).

Vahl, C. F., Timek, T., Bonz, A., Kochsiek, N., Fuchs, H., Schaffer, L., Rosenberg, M., Dillmann, R., Hagl, S.: Myocardial length-force relationship in end stage dilated cardiomyopathy ad normal human myocardium: analysis of intact and skinned left ventricular trabeculae otained during 11 heart transplantations. Bas Res Cardiol **92**, 261-270 (1997).

van der Velden, J., de Jong, J. W. Owen, V. J., Burton, P. B., Stienen, G. J.M.: Effect of protein kinase A on calcium sensitivity of force and its sarcomere length dependence in human cardiomyocytes. Cardiovasc Res **46**(3), 487-95 (2000).

Von Anrep, G.: On the part played by the suprarenals in the normal vascular reaction of the body. J Physiol **45**, 307-317 (1912).

Wolff, M. R., Buck, S. H., Stoker, S. W., Greaser, M. L., Mentzer, R. M.: Myofibrillar calcium sensitivity of isometric tension is increased in human dilated cardiomyopathies: role of altered beta-adrenergically mediated protein phosphorylation. J Clin Invest **98**, 167-176 (1996).

2.7 Akute Verschlechterung einer chronischen Herzinsuffizienz

E. Erdmann

Viele Patienten mit kompensierter Herzinsuffizienz in klinisch relativ stabilem Zustand können unter zusätzlicher körperlicher Belastung ebenso wie im Rahmen eines Infektes oder nach Weglassen wichtiger Medikamente (Diuretika, Antihypertensiva) eine akute Verschlechterung ihres Befindens mit Lungenstauung und Atemnot erfahren. Besonders häufig tritt eine derartige Dekompensation auf, wenn der Sinusrhythmus in tachyarrhythmisches Vorhofflimmern umschlägt. Die hervorstechenden Symptome sind dann Dyspnoe bei geringster Belastung und psychische Unruhe. Auf andere Ursachen einer akuten Verschlechterung bei bekannter stabiler chronischer Herzinsuffizienz wird in Tabelle 2.5 hingewiesen.

Pathophysiologisch liegt dieser Dekompensation in der Regel ein Anstieg des linksventrikulären enddiastolischen Druckes zugrunde, ohne dass das Schlagvolumen gesteigert wird (abszissenparalleler Verlauf der Beziehung zwischen Vordehnung und Schlagvolumen). Bei der Tachyarrhythmia absoluta ist die Diastolendauer häufig so kurz, dass der linke Ventrikel nicht entsprechend gefüllt wird (mangelnde Vordehnung) mit der Folge eines verminderten Herzminutenvolumens (Frank-Starling-Mechanismus). In diesen Fällen der rhythmogenen Herzinsuffizienz mit Tachykardie ist die Verlangsamung der Herzschlagfolge das primäre therapeutische Ziel.

Tab. 2.5 Ursachen der Verschlechterung einer kompensierten Herzinsuffizienz.

- Nicht ausreichend behandelte Hypertonie
- Absetzen von benötigten Medikamenten (Diuretika)
- Zusätzliche Infekte (z. B. Pneumonie)
- Pulmonale Embolien
- Myokarditis
- Vaskulitis (LE etc.)
- Akute Ischämie
- Rhythmusstörungen (Tachyarrhythmie)
- Viskositätsänderungen
- Überwässerung bei Niereninsuffizienz
- Anämie durch Blutungen

2.7.1 Therapie

In der Regel ist der Schritt von der Erkennung der auslösenden Ursache der akuten Verschlechterung (siehe Tab. 2.5) zur therapeutischen Konsequenz zwingend. Hypertone Blutdruckwerte, die zur Linksdekompensation geführt haben, müssen durch eine entsprechende Behandlung mit blutdrucksenkenden Medikamenten behandelt werden. Hier bieten sich initial Nitropräparate, Diuretika und Vasodilatantien an. Von Kalziumantagonisten sollte Abstand genommen werden, da diese bei Herzinsuffizienz kontraindiziert sind. Auch Herzglykoside sind in dieser Situation zumindest nicht als Medikamente der ersten Wahl anzusehen, da es primär gilt, zur Entlastung des Herzens durch periphere Vasodilatation beizutragen. Wenn zuvor mit Diuretika behandelt wurde, kann eine zusätzliche Therapie mit ACE-Hemmern günstig sein. Allerdings muss darauf hingewiesen werden, dass auf die Nebenwirkungen (insbesondere bei Nierenarterienstenosen) besonders geachtet werden muss und dass mit einer sehr niedrigen Anfangsdosierung begonnen werden sollte (siehe Kap. 4.4).

Wenn unter einer diuretischen Therapie mit Thiaziden oder auch Schleifendiuretika eine zunehmende Wassereinlagerung zu bemerken ist, kann durch eine Kombinationstherapie (Schleifendiuretika plus Thiazide) oft eine deutliche Befundbesserung erreicht werden. Dieses Prinzip der sequentiellen Nephronblockade hat sich bei einer akuten Verschlechterung einer chronischen Herzinsuffizienz durch zunehmende Flüssigkeitseinlagerungen bewährt. Möglicherweise ist hier das **Metolazon** (Zaroxolyn®) den Thiaziden überlegen, da es auch noch bei Niereninsuffizienz wirksam sein soll, besonders wenn es zusammen mit Schleifendiuretika gegeben wird (5 mg p.o. oder 10 mg p.o.) (siehe auch Kap. 4.2).

Die Gabe von Phosphodiesteraseinhibitoren bei stabiler chronischer Herzinsuffizienz hat sich nicht bewährt wegen erhöhter Letalität (Packer et al., 1991). Offensichtlich ist die Situation anders bei Patienten mit einer akuten Verschlechterung ihrer vorher bestehenden chronischen Herzinsuffizienz. Niedrige Dosen von **Enoximon** oder **Amrinon** über wenige Tage haben bei derartigen Patienten gelegentlich zu einer Rekompensation geführt (Klocke et al., 1991; Lee et al., 1991). Es muss aber hervorgehoben werden, dass dies dann eine intravenöse Behandlung war. Bei einigen Patienten sind sogar erhöhte pulmonale Drucke unter der Phosphodiesterasebehandlung mit **Amrinon** abgefallen (Bolling et al., 1988). Auch wenn diese kasuistischen Mitteilungen über die erfolgreiche Therapie mit Phosphodiesteraseinhibitoren in dieser speziellen Situation ermutigend klingen, darf nicht vergessen werden, dass es sich dabei nicht um randomisierte prospektive Untersuchungen handelt (Maskin 1986).

Wenn man heute bei einer akuten Verschlechterung einer chronischen Herzinsuffizienz Phosphodiesteraseinhibitoren (**Enoximon**) einsetzt, so sollte man gleichzeitig vorsichtig titrierend zusätzlich Katecholamine geben (z.B. Dobutamin). In dieser Kombinationstherapie sind Phosphodiesteraseinhibitoren eindeutig wirksamer als ohne gleichzeitige Katecholamingabe. Diese Behandlung hat sich vor allem als bridge to transplantation bewährt.

Gleiches gilt für die intermittierende intravenöse Therapie mit **Dobutamin**, für die in dieser Situation ebenfalls keine kontrollierten Untersuchungen vorliegen. Bei stabiler chronischer Herzinsuffizienz hat sich die intermittierende **Dobutamin**behandlung jedenfalls nicht bewährt, sondern ist sogar mit einer erhöhten Letalität verknüpft (Dies et al., 1986).

Möglicherweise ist mit **Levosimendan**, einem neueren Phosphodiesteraseinhibitor, eine vielversprechendere Substanz zur intravenösen Therapie bei der akuten Verschlechterung der chronischen Herzinsuffizienz vorhanden (siehe dazu Kap. 3.7). In einigen Ländern ist diese Substanz wegen günstiger Resultate für die Intensivmedizin bereits zugelassen worden.

Auch wenn es selbstverständlich ist, so soll doch an dieser Stelle nochmals betont werden, dass die Salz- und Flüssigkeitsrestriktion notwendig ist und bei diesen Patienten oft speziell überwacht werden muss.

2.7.2 Iatrogene Verschlechterung

Es ist bekannt, dass in den meisten Fällen einer Verschlechterung einer chronischen Herzinsuffizienz entweder der Patient seine Diuretika nicht genommen hat oder der Arzt aus diesen oder jenen Gründen ACE-Hemmer, Beta-Blocker oder Diuretika abgesetzt hat. Dies ist einer der Gründe, warum sich in manchen anderen Ländern Outpatient-Programme bewährt haben, bei denen Krankenschwestern per Telefon oder auch durch Besuch die Medikation der Kranken überprüfen, justieren und den Patienten bei beginnendem Therapieversagen wieder in die Klinik holen. Diese Programme sind zwar nicht unbedingt billiger, sparen aber sicher Krankenhausaufenthalte.

Eine andere ganz wichtige Ursache für eine Verschlechterung einer chronischen Herzinsuffizienz, zumeist mit Wassereinlagerungen, ist die Gabe nichtsteroidaler Antiphlogistika. Es ist gut belegt, dass durch die Einnahme nichtsteroidaler Antirheumatika bei vorgeschädigtem Herzen das Auftreten einer Insuffizienz begünstigt wird. Unter allen Umständen sollten diese Pharmaka vermieden werden. Das gilt aber nicht für die üblichen 100 mg Aspirin bei koronarer Herzerkrankung oder peripherer arterieller Verschlusskrankheit.

In der Rotterdam-Studie (Feenstra et al. 2002) konnte bei Nachbeobachtung von 7277 Patienten nachgewiesen werden, dass die gleichzeitige Gabe von nicht steroidalen Antirheumatika das Auftreten einer dekompensierten Herzinsuffizienz um den Faktor 3,8 begünstigte. Häufig hatten die Patienten gleichzeitig eine beginnende Nierenfunktionsstörung. Man nimmt an, dass die Inhibition der Prostaglandinsynthese bei gleichzeitiger Diuretikagabe und eingeschränkter linksventrikulärer Funktion zur Natrium- und Wasserretention führt.

Über die übrigen Ursachen der Verschlechterung einer kompensierten Herzinsuffizienz informiert Tabelle 2.5.

Literatur

Bolling, S. F., Deeb, G. M., Crowley, D. C., Badellino, M. M., Bove, E. L.: Langzeittherapie mit Amrinon vor orthotopischer Herztransplantation bei Patienten mit pulmonaler Hypertonie. Transpl Proc **20** (Suppl 1), 753-756 (1988).

Dies, F., Krell, M. J., Whitlow, P., Lang, Ch., Goldberg, I., Applefeld, M. M., Gilbert, E. M.: Intermittent dobutamine in ambulatory outpatients with chronic cardiac failure. Circulation **74** (Suppl II), II-38 (1986).

Feenstra, J., Heerdink, E., Grobbee, D., Stricker, B.: The Rotterdam Study: Association of nonsteroidal anti-inflammatory drugs with first occurrence of heart failure and with relapsing heart failure. Arch Intern Med **162**, 265-270 (2002).

Guidelines: The treatment of heart failure. Europ Heart J **18**, 736-753 (1997).

Klocke, R. K., Mager, G., Kux, A., Höpp, H. W., Hilger, H. H.: Effects of a twenty-four-hour milrinone infusion in patients with severe heart failure and cardiogenic shock as a function of the hemodynamic initial condition. Am Heart J **121**, 1965-1973 (1991).

Lee, H. R. L., Hershberger, R. E., Port, J. D., Rasmussen, R., Renlund, D. G., O'Connel, J. B., Gilbert, E. M., Mealey, P. C., Volkman. K., Menlove, R., Bristow, M.: Low-dose enoximone in subjects awaiting cardiac transplantation. J Thorac Cardiovasc Surg **102**, 246-258 (1991).

Maskin, C. S.: Intermittierende parenterale inotrope Therapie bei Patienten mit chronischer Herzinsuffizienz. Konzept und klinische Ergebnisse. Heart Failure **2**, 117-127 (1986).

Packer, M., Carver, J. R., Rodeheffer, R. J. et al.: Effect of oral milrinone on mortality in severe chronic heart failure. N Engl J Med **325**, 1468-1475 (1991).

2.8 Rechtsherzinsuffizienz

U. C. Hoppe

2.8.1 Ätiologie und Pathophysiologie

Akute Rechtsherzinsuffizienz

Die akute Rechtsherzinsuffizienz tritt zumeist als Folge einer akuten pulmonalen Druckerhöhung (systolisch > 30 mmHg; Mitteldruck > 20 mmHg) im Sinne eines akuten Cor pulmonale auf. Eine akute Rechtsherzinsuffizienz kann sich aber auch im Rahmen eines Rechtsherzinfarktes oder sekundär bei Linksherzdekompensation bzw. Dekompensation kardialer Vitien (z. B. Mitralstenose) manifestieren. In mehr als 95 % der Fälle beruht das akute Cor pulmonale auf einer pulmonalen Thrombembolie. Die Risikofaktoren für eine Thrombembolie entsprechen denen einer tiefen Venenthrombose (Hyperkoagulabilität, Malignome, Bettlägrigkeit, Schwangerschaft, chirurgische Eingriffe, Diabetes mellitus). Selten führen Fruchtwasser- und Fettembolien oder direkte pulmonale Thrombosen z. B. bei der Sichelzellenanämie zum akuten Cor pulmonale. In Abhängigkeit vom Ausmaß der Lungengefäßverlegung resultieren eine rechtsventrikuläre Druckerhöhung und -dilatation, die durch eine Verlagerung des interventrikulären Septums zudem zu einer verminderten Füllung des linken Ventrikels führen können. Bei Verschluss von mehr als 60 % des pulmonalen Gefäßbettes (fulminate Lungenembolie) kommt es zum akuten rechtsventrikulären Versagen und kardiogenen Schock.

Chronische Rechtsherzinsuffizienz

Auf dem Boden einer chronischen pulmonalen Hypertonie können eine rechtsventrikuläre Hypertrophie und schließlich eine manifeste chronische Rechtsherzinsuffizienz entstehen. Definitionsgemäß handelt es sich um ein chronisches Cor pulmonale, wenn die Ursache für den pulmonalen Druckanstieg zwischen Pulmonalarterienhauptstamm und linksatrialer Pulmonalvenenmündung lokalisiert ist. Zumeist beruht das chronische Cor pulmonale auf einer chronisch-obstruktiven Bronchopneumopathie. Durch eine alveoläre Hypoxie resultieren über den Euler-Liljestrand-Reflex eine pulmonal-vaskuläre Widerstandserhöhung und im weiteren Verlauf ein vaskuläres Remodeling. Zudem können auch Lungenparenchymerkrankungen (z. B. Lungenfibrose), ein langer Aufenthalt in extremen Höhen (chronische Hypoxämie), Medikamente, Thoraxdeformierungen, rezidivierende Lungenembolien oder eine primär pulmonale Hypertonie zum chronischen Cor pulmonale führen (siehe Tab. 2.6). Hiervon abzugrenzen ist die sekundäre, postkapilläre pulmonale Hypertonie auf dem Boden einer linksventrikulären oder linksatrialen Druckerhöhung durch eine Linksherzinsuffizienz oder erworbene bzw. angeborene Vitien.

Tab. 2.6 Klassifikation der pulmonalen Hypertonie (WHO 1998).

- **Pulmonalarterielle Hypertonie**
  Primäre pulmonale Hypertonie (familiär, sporadisch)
  Bedingt durch *Kollagenosen, kongenitale Links-rechts-Shunts, HIV, Medikamente, Drogen, portopulmonale Hypertonie*
- **Pulmonalvenöse Hypertonie**
  Kardiale Erkrankungen mit erhöhtem linksatrialen Druck
  Veno-occlusive Disease, pulmonale Haemangiomatose
- **Pulmonale Hypertonie bedingt durch Erkrankungen des respiratorischen Systems**
  Chronisch obstruktive Bronchopneumopathie, interstitielle Lungenerkrankungen, Schlaf-Apnoe-Syndrom
- **Pulmonale Hypertonie durch Thromboembolien**
  Rezidivierende Lungenembolien, Sichelzellanämie
- **Pulmonale Hypertonie durch verschiedene Erkrankungen**
  Schistosomiasis, Sarkoidose, Kompression der zentralen Pulmonalarterien

Unabhängig von einer pulmonalen Hypertonie können aber auch primäre rechtsventrikuläre Myokardschädigungen bei Rechtsherzinfarkt oder als Endstadium einer arrhythmogenen rechtsventrikulären Dysplasie zur chronischen Rechtsherzinsuffizienz führen (Corrado, et al., 2001). Seltenere Ursachen für eine chronische Rechtsherzinsuffizienz sind nicht-korrigierte kongenitale Shuntvitien (z.B. ventrikulärer Septumdefekt).

2.8.2 Symptomatik und klinische Befunde

Aufgrund der unterschiedlichen Ätiologie einer Rechtsherzinsuffizienz ist die Symptomatik betroffener Patienten sehr variabel. Häufig stehen Beschwerden der Grunderkrankung im Vordergrund. Bei Patienten mit primären Lungenerkrankungen muss eine progrediente Verschlechterung der Belastungstoleranz und Dyspnoe trotz unveränderter Lungenfunktionsparameter als Hinweis auf eine Rechtsherzschädigung gewertet werden. Weitere typische klinische Zeichen der Rechtsherzinsuffizienz sind eine Tachykardie, eine Stauung der Jugularvenen sowie eine hepatische und gastrale Stauung mit resultierender Inappetenz und einem Oberbauchdruckgefühl. An den abhängigen Körperpartien manifestieren sich Ödeme. Pleuraergüsse und ein Aszites können entstehen. Bei schwerem Cor pulmonale können zudem Präsynkopen und Synkopen besonders unter körperlicher Belastung auftreten. Auskultatorisch finden sich nicht selten ein betonter 2. Herzton und ein Trikuspidalklappeninsuffizienzgeräusch, besonders subxiphoidal.

Eine Lungenembolie manifestiert sich zumeist durch akut auftretende Dyspnoe, Hämoptysen oder einen Thoraxschmerz. Darüber hinaus können Palpitationen, eine Tachykardie und Tachypnoe bestehen. In Abhängigkeit des Schwergrades treten akut Zeichen der Rechtsherzinsuffizienz bis hin zum kardiogenen Schock auf.

2.8.3 Diagnostik

Das diagnostische Vorgehen richtet sich nach dem Schweregrad der Symptomatik, der hämodynamischen Stabilität bzw. Instabilität des Patienten und der Verdachtsdiagnose entsprechend der Anamnese und klinischen Untersuchung.

Elektrokardiogramm

Das Elektrokardiogramm hat eine relativ hohe Spezifität, aber nur geringe Sensitivität für eine Rechtsherzschädigung. Bei fortgeschrittener rechtsventrikulärer Belastung können Zeichen der Rechtsherzhypertrophie, wie in Tabelle 2.7 zusammengefasst, vorliegen.

Bei einer akuten Lungenembolie sind eine Rechtsdrehung der elektrischen Herzachse sowie das Auftreten eines SI-QIII-Typs bzw. Rechtsschenkelblock wegweisend. Diese EKG-Veränderungen finden sich jedoch meist nur bei ausgeprägter Lungenembolie und sind bei einigen Patienten nur transient nachweisbar. Besonders hilfreich ist das Vorliegen eines früheren Elektrokardiogramms zum Vergleich. Intermittierendes Vorhofflimmern kann sowohl Folge als auch Ursache einer Lungenembolie sein. Zur Diagnose eines rechtsventrikulären Myokardinfarktes können Ableitungen rechts-präkordial sowie die Ableitungen V7-V9 hilfreich sein.

Tab. 2.7 EKG-Zeichen einer rechtsventrikulären Belastung.

- Steil- bis Rechtstyp
- Positiver Sokolow-Index
- P-dextroatriale
- SI/SII/SIII-Typ
- Inkompletter oder kompletter Rechtsschenkelblock
- Rechts-präkordiale Repolarisationsstörungen

Laborparameter

Bei chronischer Rechtsherzinsuffizienz finden sich keine spezifischen Veränderungen im Routinelabor. Im Rahmen der venösen Druckerhöhung kann es zur Stauungsproteinurie und Erhöhung der Leberenzyme kommen. Bei akuter Lungenembolie sollte routinemäßig die Bestimmung der D-Dimere erfolgen. Eine Erhöhung der D-Dimere ist zwar nicht spezifisch, hat aber eine hohe Sensitivität. Normale D-Dimere schließen eine Lungenembolie nahezu aus. Zur Differentialdiagnose eines akuten Myokardinfarktes ist die Bestimmung des Troponin-T sinnvoll.

Röntgen-Thorax

In der Röntgen-Thorax-Übersichtsaufnahme kann eine Vergrößerung der rechtsseitigen Herzhöhlen auf eine Rechtsherzinsuffizienz hindeuten. Darüber hinaus weist eine Durchmesservergrößerung der rechts absteigenden Pulmonalarterie auf eine chronische pulmonale Hypertonie hin. Bei der Diagnose einer akuten Lungenembolie hat die Röntgen-Thorax-Aufnahme nur eine untergeordnete Bedeutung. Es können sich Atelektasen, Infiltrate, eine Gefäßrarifizierung oder ein Zwerchfellhochstand zeigen. Nur bei massiver Lungenembolie ist das typische Westermark-Zeichen mit einer regionalen Minderperfusion und kompensatorischen Hyperperfusion nicht-betroffener Areale nachweisbar. Die Röntgen-Thorax-Aufnahme dient im Wesentlichen der differentialdiagnostischen Abgrenzung, z. B. eines Pneumothorax oder einer Pneumonie.

Echokardiographie

Die Echokardiographie stellt bei der Mehrzahl der Patienten eine hervorragende nicht-invasive Methode zur Objektivierung einer rechtsventrikulären Dilatation, Volumenüberlastung, Myokardhypertrophie und Hypokontraktilität dar. Die Quantifizierung des rechten Ventrikels ist jedoch weniger standardisiert als die des linken Ventrikels. Häufig liegt bei Rechtsherzinsuffizienz eine begleitende, zum Teil auch nur geringgradige Trikuspidalklappeninsuffizienz vor. Diese ermöglicht die Messung des systolischen Druckgradienten an der Trikuspidalklappe und durch Addition des rechts-atrialen Drucks eine gute nicht-invasive Abschätzung der rechtsventrikulären Druckerhöhung. Charakteristisch für eine Rechtsherzinsuffizienz ist zudem eine paradoxe Septumbewegung. Darüber hinaus eignet sich die Echokardiographie zur Diagnostik möglicher ursächlicher Begleitvitien sowie zur Beurteilung einer regionalen rechtsventrikulären Hypo- oder Akinesie nach abgelaufenem Myokardinfarkt. Bei akuter Lungenembolie können pulmonalarterielle Thromben mit der transösophagealen Echokardiographie bei zentralem Befund direkt nachgewiesen werden. Die Durchführung einer transösophagealen Echokardiographie ist auch bei instabilen Patienten möglich und zumeist schnell verfügbar.

Lungenfunktionsuntersuchung/ Blutgasanalyse

Die Lungenfunktionsuntersuchung hat im Wesentlichen eine Bedeutung zur Diagnose vorbestehender pulmonaler Grunderkrankungen. Die Blutgasanalyse kann zwischen partieller und globaler respiratorischer Insuffizienz differenzieren. Bei einer akuten Lungenembolie sind eine Hypoxämie und Hypokapnie typisch, die Blutgase können aber auch normal sein (Stein, et al., 1995). Meist ist die Blutgasanalyse in der Akutsituation zur Objektivierung des Schweregrades und weniger zur Differentialdiagnose hilfreich.

Radionuklidventrikulographie

Die Radionuklidventrikulographie ermöglicht die nicht-invasive Bestimmung der rechtsventrikulären Funktion und Ejektionsfraktion in Ruhe sowie unter Belastung und kann zur Verlaufskontrolle eingesetzt werden.

Computertomographie

In der Computertomographie korreliert der Pulmonalarteriendiameter gut mit dem pulmonalarteriellen Druck. Darüber hinaus stellt das hoch auflösende Computertomogramm die akkurateste nicht-invasive Methode zur Diagnose eines Lungenemphysems und von Lungenfibrosierungen als mögliche Ursache einer pulmonalen Hypertonie und Rechtsherzinsuffizienz dar. Zentrale und periphere pulmonalarterielle Embolien können computertomographisch gut durch Kontrastmittelaussparungen und Gefäßabbrüche diagnostiziert werden. Die Computertomographie in Spiraltechnik hat dabei eine Sensitivität von etwa 95 % und eine Spezifität von 97 % (van Rossum, et al., 1996). Sie stellt auch eine wesentliche Hilfe zum Nachweis chronischer thromboembolischer Verschlüsse dar.

Magnetresonanztomographie

Die Magnetresonanztomographie ist aufgrund einer guten Bildauflösung und fehlenden Strahlenbelastung als nichtinvasive Methode zur Beurteilung der rechtsventrikulären Wanddicke und Kontraktilität sowie zum Nachweis einer arrhythmogenen rechtsventrikulären Dysplasie geeignet, steht jedoch nur eingeschränkt zur Verfügung.

Lungenszintigraphie

Beim stabilen Patienten kann die Lungenszintigraphie zum Nachweis bzw. Ausschluss von akuten oder rezidivierenden chronischen Lungenembolien dienen. Hierbei zeigen sich typische segmentale Ausfälle in der Perfusionsszintigraphie. Zur Erhöhung der Spezifität sollte bei pathologischem Perfusionsbefund stets eine ergänzende Ventilationsszintigraphie durchgeführt werden (Miniati, et al., 1996).

Invasive Diagnostik

Durch die Rechtsherzkatheteruntersuchung ist eine Druckerhöhung im rechten Kreislauf direkt messbar. Dies ermöglicht die Differenzierung zwischen primärer und sekundärer pulmonaler Hypertonie bzw. einer isolierten rechtsventrikulären Druckerhöhung bei rechtsventrikulärer Myokardschädigung. Darüber hinaus ist die invasive Druckmessung zum Nachweis einer latenten pulmonalen Hypertonie mit pathologischem Druckanstieg nur unter Belastung sowie zur Testung vor Vasodilatantien-Therapie geeignet. Die Pulmonalisangiographie stellt nach wie vor den Goldstandard zum Nachweis bzw. Ausschluss pulmonaler Thrombembolien dar. Im Rahmen der Pulmonalisangiographie können Gefäßverschlüsse, umspülte Thromben und eine verminderte pulmonale Perfusion erkennbar werden. Die Pulmonalisangiographie ist bei unklaren und diskrepanten nicht-invasiven Befunden sowie vor einer geplanten chirurgischen Thrombendarteriektomie indiziert. Eine Koronarangiographie ist bei Verdacht auf eine relevante koronare Herzerkrankung durchzuführen.

2.8.4 Therapie

Die Therapie der Rechtsherzinsuffizienz variiert entsprechend der unterschiedlichen Ätiologie und des Schweregrades der Symptomatik. Bei instabilen Patienten müssen übliche intensivmedizinische Behandlungsstrategien eingeleitet werden. Die Therapie des akuten Rechtsherzinfarktes erfolgt nach den Regeln linksventrikulärer Myokardinfarkte. Bei pulmonaler Hypertonie ist eine optimale Behandlung der Grunderkrankung (konsequente antiobstruktive Medikation, Steroid-Therapie, Antikoagulation) anzustreben mit dem Ziel, die pulmonale Druckerhöhung zu vermindern oder einen weiteren Anstieg zu vermeiden. Darüber hinaus ist die Behandlung einer manifesten Herzinsuffizienzsymptomatik indiziert.

Diuretika

Bei einer Rechtsherzinsuffizienz mit Flüssigkeitsretention ist unabhängig von der Ätiologie zur Reduktion von Ödemen, eines Aszites oder einer Leberstauung eine Diuretika-Medikation indiziert. Diese muss jedoch vorsichtig eingeleitet werden, um eine zu starke Senkung der rechtsventrikulären Füllung und damit ggf. eine Abnahme des Herzzeitvolumens zu vermeiden.

Herzglykoside

Die isolierte Rechtsherzinsuffizienz spricht meist nur wenig auf eine Herzglykosid-Medikation an. Bei Patienten mit primär pulmonaler Hypertonie konnte jedoch in einem kleinen Kollektiv (17 Patienten) mit isolierter rechtsventrikulärer Dysfunktion durch eine Digoxin-Behandlung eine signifikante Reduktion der sympathoadrenergen Aktivität und eine Steigerung des Herzzeitvolumens um 10 % erzielt werden (Rich, et al., 1998). Generell ist jedoch eine erhöhte proarrhythmische Wirkung von Herzglykosiden bei Cor pulmonale zu beachten. Beim Vorliegen von tachyarrhythmischem Vorhofflimmern besteht jedoch auch bei Rechtsherzinsuffizienz eine klare Indikation für Herzglykoside.

Antikoagulation und Thrombolyse

Unbestritten ist die Indikation zur sofortigen Heparinisierung bei akuter thrombembolischer Lungenembolie, wenn keine Kontraindikationen vorliegen. Dies verhindert Rezidivembolien und die Bildung von Appositionsthromben. Niedermolekulare Heparine scheinen einen besseren Schutz als unfraktioniertes Heparin zu bieten (Siragusa, et al., 1996). Überlappend sollte eine Coumarin-Therapie mit einem INR-Zielwert von 2,5-3,0 eingeleitet werden. Zudem besteht die Indikation zur langfristigen Marcumar-Behandlung bei chronischen rezidivierenden Lungenembolien sowie bei der primär pulmonalen Hypertonie (Frank, et al., 1997). Eine Lysetherapie ist bei Patienten mit ausgeprägten Lungenembolien und begleitender akuter rechtsventrikulärer Dysfunktion in Erwägung zu ziehen. Das Zeitfenster ist dabei größer als beim akuten Myokardinfarkt (bis zu 7 Tage).

Vasodilatantien

Etwa ein Viertel der Patienten mit chronisch-pulmonaler Hypertonie sprechen auf eine Kalziumantagonisten-Medikation an. Diese sollte jedoch invasiv getestet werden, da nur Patienten mit einer nachgewiesenen pulmonalen Drucksenkung > 20 % von einer Langzeitbehandlung profitieren (Rich und Brundage 1987). Bei eingeschränkter rechtsventrikulärer Funktion ist wegen der negativen inotropen Wirkung von Kalziumantagonisten Vorsicht geboten, ggf. sollte hier auf Amlodipin zurückgegriffen werden. Andere Vasodilatantien (Nitrate, Hydralazin, Alpha-Blocker) haben keinen Stellenwert bei der Behandlung der Rechtsherzinsuffizienz und pulmonalen Hypertonie. Auch für ACE-Hemmer liegen keine Ergebnisse zu einer Prognoseverbesserung bei isolierter Rechtsherzinsuffizienz vor.

Sauerstofftherapie

Durch eine Langzeit-Sauerstoffbehandlung können bei Patienten mit chronisch-obstruktiver Bronchopneumopathie und pulmonaler Hypertonie die Symptomatik gebessert und die Letalität signifikant reduziert werden. Die Sauerstofftherapie gilt als indiziert bei einem pO_2 < 50-55 mmHg unter optimaler Therapie der Grunderkrankung und Steigerung des pO_2 auf > 60 mmHg unter Sauerstoffatmung. Zudem sollten Patienten mit pulmonaler Hypertonie anderer Ätiologie, die im Rahmen einer invasiven Testung unter Sauerstoffatmung eine Abnahme des pulmonalen Drucks > 20 % erzielen, dieser Behandlung zugeführt werden (Roberts, et al., 2001).

Weitere Therapeutika bei chronischer pulmonaler Hypertonie

Prostacyclin-Derivate führen zu einer deutlichen pulmonalen Vasodilatation ohne negativ-inotropen Effekt. Durch Infusion, Inhalation oder auch orale Applikation können bei schwerer pulmonaler Hypertonie der pulmonal-vaskuläre Widerstand signifikant gesenkt und das Herzzeitvolumen erhöht werden (Nagaya, et al., 1999; Olschewski, et al., 2002). Bei Patienten mit schwerer primär pulmonaler Hypertonie wurde durch Prostacyclin-Derivate eine Letalitätssenkung erzielt. Vor Einleitung der Medikation sollte jedoch eine invasive Testung mit Nachweis eines > 20 %-igen Druckabfalls unter Behandlung erfolgen. Darüber hinaus liegen randomisierte Studienergebnisse an kleinen Patientenkollektiven vor, die positive hämodynamische Effekte durch Bosentan und Sildenafil nachweisen konnten (Channick, et al., 2001; Ghofrani, et al., 2002). Auch hierunter kam es bei individuellen Patienten zur pulmonalen Drucksenkung und Besserung der Symptomatik. Studien zum Stellenwert von Levosimendan bei pulmonaler Hypertonie werden derzeit durchgeführt.

Chirurgische Therapie

Bei symptomatischen Vitien sollte die operative Versorgung zur Verbesserung einer Rechtsherzinsuffizienz in Erwägung gezogen werden, wenn keine fixierte pulmonale Hypertonie vorliegt. Bei fulminanter Lungenembolie im Pulmonalis-Hauptstamm oder in den beiden Pulmonalarterienästen kann mit sehr hohem Operationsrisiko eine akute Embolektomie (Trendelenburg-Operation) durchgeführt werden. Die Letalität liegt jedoch bei 30-50 %. Die elektive Thrombendatherektomie hat eine deutlich niedrigere Letalität. Bei Patienten mit thrombembolischem Befall der zentralen Pulmonalisstrombahn im NYHA-Stadium III-IV kann eine operative Desobliteration den rechtsventrikulären Druck mindern und die Symptomatik bessern. Vor einer Operation muss jedoch die genaue Lokalisation der Thromben nachgewiesen werden. Als Ultima ratio kann bei schwerster therapierefraktärer Rechtsherzinsuffizienz die Indikation zur Herztransplantation oder Herz-Lungen-Transplantation gegeben sein.

Literatur

Channick, R. N., Simonneau, G., Sitbon, O., Robbins, I. M., Frost, A., Tapson, V. F., Badesch, D. B., Roux, S., Rainisio, M., Bodin, F., Rubin, L. J.: Effects of the dual endothelin-receptor antagonist bosentan in patients with pulmonary hypertension: a randomised placebo-controlled study. Lancet **358**, 1119-23 (2001).

Corrado, D., Basso, C., Nava, A., Thiene, G.: Arrhythmogenic right ventricular cardiomyopathy: current diagnostic and management strategies. Cardiol Rev **9**, 259-65 (2001).

Frank, H., Mlczoch, J., Huber, K., Schuster, E., Gurtner, H. P., Kneussl, M.: The effect of anticoagulant therapy in primary and anorectic drug-induced pulmonary hypertension. Chest **112**, 714-21 (1997).

Ghofrani, H., Wiedemann, R., Rose, F., Schermuly, R., Olschewski, H., Weissmann, N., Gunther, A., Walmrath, D., Seeger, W., Grimminger, F.: Sildenafil for treatment of lung fibrosis and pulmonary hypertension: a randomised controlled trial. Lancet **360**, 895 (2002).

Miniati, M., Pistolesi, M., Marini, C., Di Ricco, G., Formichi, B., Prediletto, R., Allescia, G., Tonelli, L., Sostman, H. D., Giuntini, C.: Value of perfusion lung scan in the diagnosis of pulmonary embolism: results of the Prospective Investigative Study of Acute Pulmonary Embolism Diagnosis (PISA-PED). Am J Respir Crit Care Med **154**, 1387-93 (1996).

Nagaya, N., Uematsu, M., Okano, Y., Satoh, T., Kyotani, S., Sakamaki, F., Nakanishi, N., Miyatake, K., Kunieda, T.: Effect of orally active prostacyclin analogue on survival of outpatients with primary pulmonary hypertension. J Am Coll Cardiol **34**, 1188-92 (1999).

Olschewski, H., Simonneau, G., Galie, N., Higenbottam, T., Naeije, R., Rubin, L. J., Nikkho, S., Speich, R., Hoeper, M. M., Behr, J., Winkler, J., Sitbon, O., Popov, W., Ghofrani, H. A., Manes, A., Kiely, D. G., Ewert, R., Meyer, A., Corris, P. A., Delcroix, M., Gomez-Sanchez, M., Siedentop, H., Seeger, W.: Inhaled iloprost for severe pulmonary hypertension. N Engl J Med **347**, 322-9 (2002).

Rich, S., Brundage, B. H.: High-dose calcium channel-blocking therapy for primary pulmonary hypertension: evidence for long-term reduction in pulmonary arterial pressure and regression of right ventricular hypertrophy. Circulation **76**, 135-41 (1987).

Rich, S., Seidlitz, M., Dodin, E., Osimani, D., Judd, D., Genthner, D., McLaughlin, V., Francis, G.: The short-term effects of digoxin in patients with right ventricular dysfunction from pulmonary hypertension. Chest **114**,787-92 (1998).

Roberts, D. H., Lepore, J. J., Maroo, A., Semigran, M. J., Ginns, L. C.: Oxygen therapy improves cardiac index and pulmonary vascular resistance in patients with pulmonary hypertension. Chest **120**, 1547-55 (2001).

Siragusa, S., Cosmi, B., Piovella, F., Hirsh, J., Ginsberg, J. S.: Low-molecular-weight heparins and unfractionated heparin in the treatment of patients with acute venous thromboembolism: results of a meta-analysis. Am J Med **100**, 269-77 (1996).

Stein, P. D., Goldhaber, S. Z., Henry, J. W.: Alveolar-arterial oxygen gradient in the assessment of acute pulmonary embolism. Chest **107**, 139-43 (1995).

van Rossum, A. B., Treurniet, F. E., Kieft, G. J., Smith, S. J., Schepers-Bok, R.: Role of spiral volumetric computed tomographic scanning in the assessment of patients with clinical suspicion of pulmonary embolism and an abnormal ventilation/perfusion lung scan. Thorax **51**, 23-8 (1996).

2.9 Rhythmogene Herzinsuffizienz

U. C. Hoppe

Arrhythmien können Ursache oder Folge einer Herzinsuffizienz sein. Eine ventrikuläre Dysfunktion kann Herzrhythmusstörungen begünstigen, die zu einer weiteren klinischen Verschlechterung oder sogar einem plötzlichen Herztod (siehe Kap. 4.15) führen können. Seltener tritt bei Patienten mit primär normaler Ventrikelfunktion eine tachykardie-induzierte Kardiomyopathie oder bradykardie-induzierte Herzinsuffizenz auf. Die Differenzierung zwischen primären und sekundären Arrhythmien kann schwierig sein, zumal klinische Mischbilder, besonders bei tachykardem Vorhofflimmern, möglich sind.

2.9.1 Kritische Grenzfrequenz

Bei *Herzgesunden* wird über einen weiten Frequenzbereich ein normales Herzzeitvolumen aufrechterhalten. Mit sinkender Herzfrequenz nimmt kompensatorisch das Schlagvolumen zu. Erst beim Unterschreiten einer kritischen Grenzfrequenz verringert sich das Herzzeitvolumen, da ein weiterer Anstieg des Schlagvolumens nicht möglich ist. Beim Untrainierten im mittleren Lebensalter liegt die untere Grenzfrequenz bei etwa 40 Schlägen pro Minute. Bei einem Herzfrequenzanstieg nimmt zunächst das Herzzeitvolumen durch eine frequenzabhängige Kontraktilitätssteigerung zu (Bowditch-Effekt). Beim Überschreiten der kritischen oberen Grenzfrequenz resultiert durch Abnahme der Diastolendauer eine Verminderung des Herzzeitvolumens und der Koronarperfusion bei gleichzeitig gesteigertem Sauerstoffbedarf. Bei jüngeren Herzgesunden liegt die obere Grenzfrequenz bei etwa 180/min, bei Sportlern bei 200-220/min.

Bei *herzinsuffizienten Patienten* ist die optimale Herzfrequenz nicht bekannt (Levine 1988). Im Gegensatz zu Herzgesunden konnte jedoch bei dilatativer und ischämischer Kardiomyopathie keine positive Kraft-Frequenzbeziehung nachgewiesen werden. Vielmehr zeigte sich bereits bei Frequenzen über 40-60/min eine progrediente Abnahme der Kontraktionskraft (Erdmann et al., 1992). Dies könnte für die häufig ausgeprägte hämodynamische Verschlechterung herzinsuffizienter Patienten im Rahmen tachykarder Rhythmusstörungen ursächlich mit von Bedeutung sein.

2.9.2 Sekundäre Arrhythmien bei Herzinsuffizienz

Inwieweit verschiedene Arrhythmien beim herzinsuffizienten Patienten hämodynamisch relevant werden, hängt wesentlich von der Art und dem Schweregrad der kardialen Grunderkrankung ab.

2.9.2.1 Vorhofflimmern/-flattern

Vorhofflimmern stellt eine der häufigsten Rhythmusstörungen bei chronischer Herzinsuffizienz dar mit einer Inzidenz von etwa 4 % im NYHA-Stadium I (SOLVD 1992) bis 40 % im NYHA-Stadium IV (CONSENSUS 1987). Normofrequentes Vorhofflimmern kann durch den Wegfall der Vorhofkontraktion zu einer hämodynamischen Verschlechterung herzinsuffizienter Patienten führen. Während die atriale Kontraktion beim Herzgesunden nur etwa 5-15 % zum Schlagvolumen beiträgt und somit verzichtbar ist, macht die Vorhofkontraktion bei linksventrikulärer Dysfunktion bis zu 40 % der ventrikulären Auswurffraktion aus. Bei Frequenzzunahme kommt es durch die Diastolendauerverkürzung zusätzlich zu einer Behinderung der passiven Ventrikelfüllung. Tachykardes Vorhofflimmern verursacht meist eine deutliche Schwankung und Reduktion des Schlagvolumens und ein peripheres Pulsdifizit (siehe Abb. 2.44 und 2.45). Besonders bei Patienten mit Mitralvitien, hochgradiger Aortenstenose oder diastolischer linksventrikulärer Dysfunktion führt das Auftreten von Vorhofflimmern häufig zur akuten Linksherzdekompensation (Enriquez-Sarano et al., 1997).

Eine Kardioversion in einen normofrequenten Sinusrhythmus kann die linksventrikuläre Auswurffraktion und

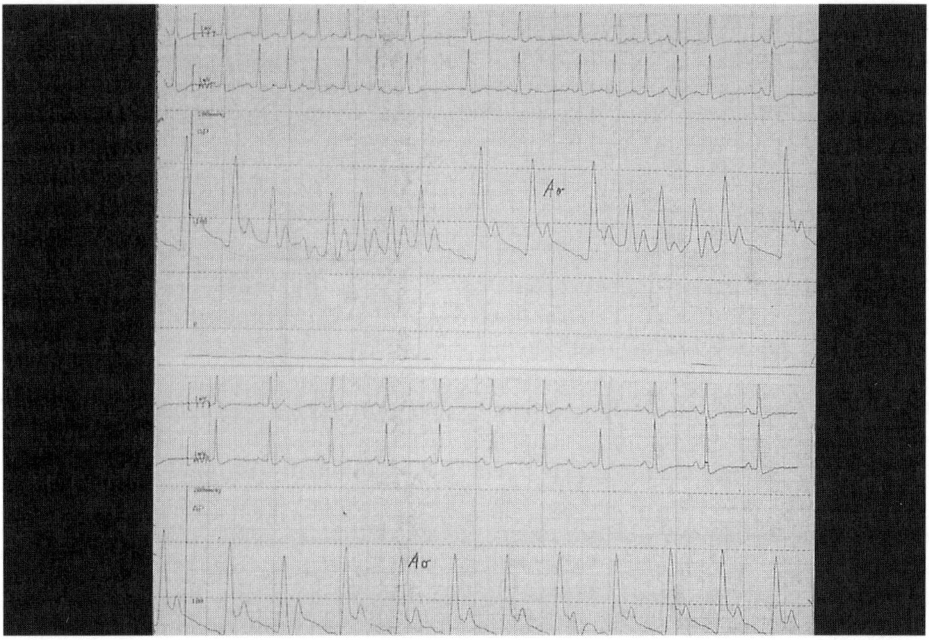

Abb. 2.44 Aortendruckkurve bei tachykardem Vorhofflimmern (oben) und nach erfolgreicher Kardioversion im normofrequenten Sinusrhythmus (unten). Bei tachykardem Vorhofflimmern (oben) resultiert durch eine variable Verkürzung der Diastolendauer und die fehlende atriale Kontraktion eine deutliche Schwankung und Reduktion des ventrikulären Schlagvolumens und somit des aortalen systolischen Druckanstiegs (Schwankung des aortalen systolischen Blutdrucks zwischen 100-160 mmHg). Nach erfolgreicher Kardioversion in einen normofrequenten Sinusrhythmus (unten) liegt der systolische Blutdruck stabil bei 140 mmHg.

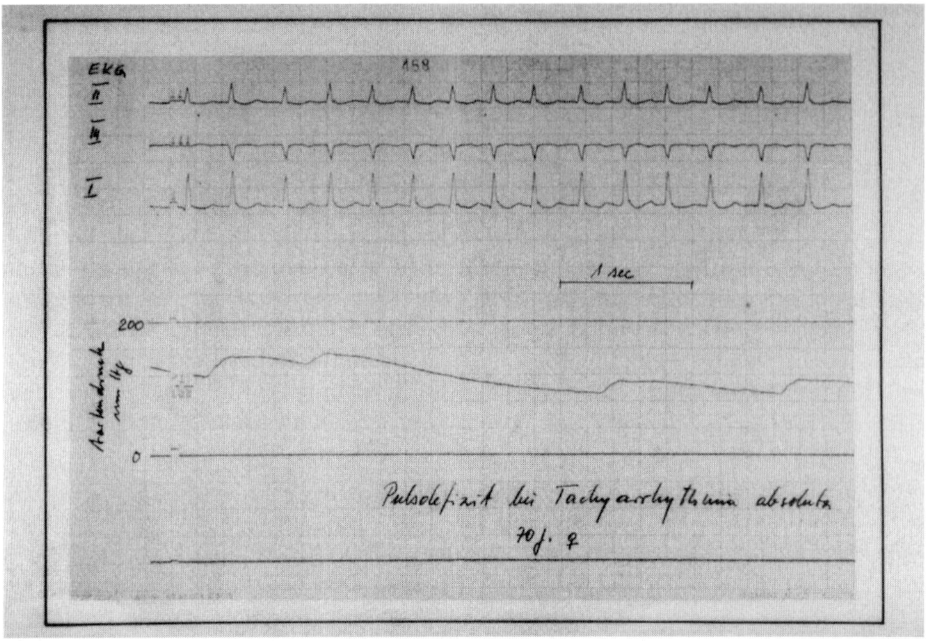

Abb. 2.45 Pulsdefizit bei tachykardem Vorhofflimmern. Aufgrund der Verkürzung der Diastolendauer und damit Verminderung der Ventrikelfüllung führt nicht jede Ventrikelsystole zu einem relevanten Schlagvolumen. Bis zu 6 hintereinander in der EKG-Registrierung (oben) erkennbare Schlägen bewirken keinen systolischen Blutdruckanstieg (Aortendruckkurve unten).

die Belastungstoleranz herzinsuffizienter Patienten durch die Frequenznormalisierung und die atriale Kontraktion verbessern (siehe Abb. 2.44) (Kubac and Malowany 1992). Bei Vorhofflattern hängt die hämodynamische Relevanz im wesentlichen von der Kammerfrequenz ab. Eine Leistungslimitation resultiert zudem bei Vorhofflimmern und -flattern durch einen inadäquaten Herzfrequenzanstieg unter körperlicher Belastung (chronotrope Inkompetenz) (Atwood et al., 1989).

2.9.2.2 Supraventrikuläre Tachykardien (außer Vorhofflimmern/-flattern)

Supraventrikuläre Extrasystolen können durch eine geringere diastolische Ventrikelfüllung zu einem verminderten Schlagvolumen führen (siehe Abb. 2.46). Paroxysmale supraventrikuläre Tachykardien außer Vorhofflimmern oder -flattern treten nicht als Folge einer Herzinsuffizienz auf, können aber bei bestehender ventrikulärer Dysfunktion die Hämodynamik vorwiegend in Abhängigkeit der Kammerfrequenz deutlich beeinträchtigen.

Zudem spielt die fehlende Synchronisation zwischen Vorhof- und Kammerkontraktion eine Rolle. Im Gegensatz

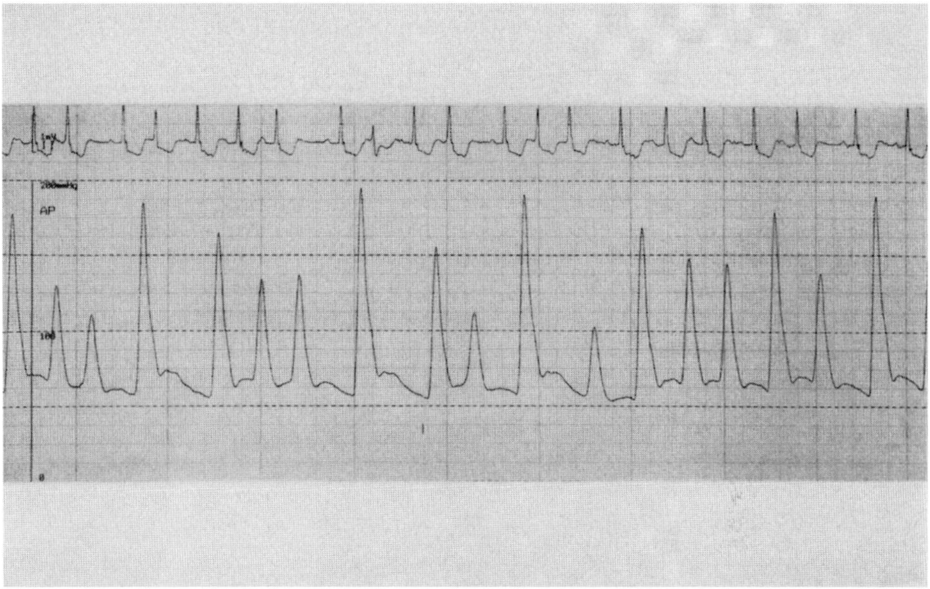

Abb. 2.46 Hämodynamische Wirkung supraventrikulärer Extrasystolen. Durch eine reduzierte Ventrikelfüllung führen Salven supraventrikulärer Extrasystolen [Oberflächen-EKG-Registrierung (oben)] zu einer deutlichen Verminderung des ventrikulären Schlagvolumens und damit des systolischen Aortendruckanstiegs [invasive Druckmessung (unten)].

zur Sinustachykardie erfolgen bei der „typischen" AV-Knoten-Reentry-Tachykardie (antegrade Leitung über die langsame, retrograde Leitung über die schnelle Leitungsbahn) atriale und ventrikuäre Kontraktion gleichzeitig, bei der AV-Reentry-Tachykardie bei akzessorischen Leitungsbahnen und der „atypischen" AV-Knoten-Reentry-Tachykardie (antegrade Leitung über die schnelle, retrograde Leitung über die langsame Leitungsbahn) kontrahieren die Vorhöfe nach Beginn der Ventrikelsystole, bei ektopen atrialen Tachykardien ist das zeitliche Zusammenspiel variabel.

2.9.2.3 Kammertachykardien/-flimmern

Durch isolierte ventrikuläre Extrasystolen kann aufgrund der verkürzten Diastole und der „ungeordneten" Ventrikelkontraktion ein vermindertes Schlagvolumen resultieren. In Extremfällen tragen ventrikuläre Extrasystolen gar nicht zum Herzzeitvolumen bei (siehe Abb. 2.47). Die hämodynamische Relevanz nicht-anhaltender und anhaltender ventrikulärer Tachykardien hängt wesentlich von der Tachykardiefrequenz, der Tachykardiedauer und der vorbestehenden Einschränkung der kardialen Pumpfunktion ab (siehe Abb. 2.48). Während anhaltender ventrikulärer Tachykardien wird selten ein ausreichendes Herzzeitvolumen aufrechterhalten. Meist führen anhaltende ventrikuläre

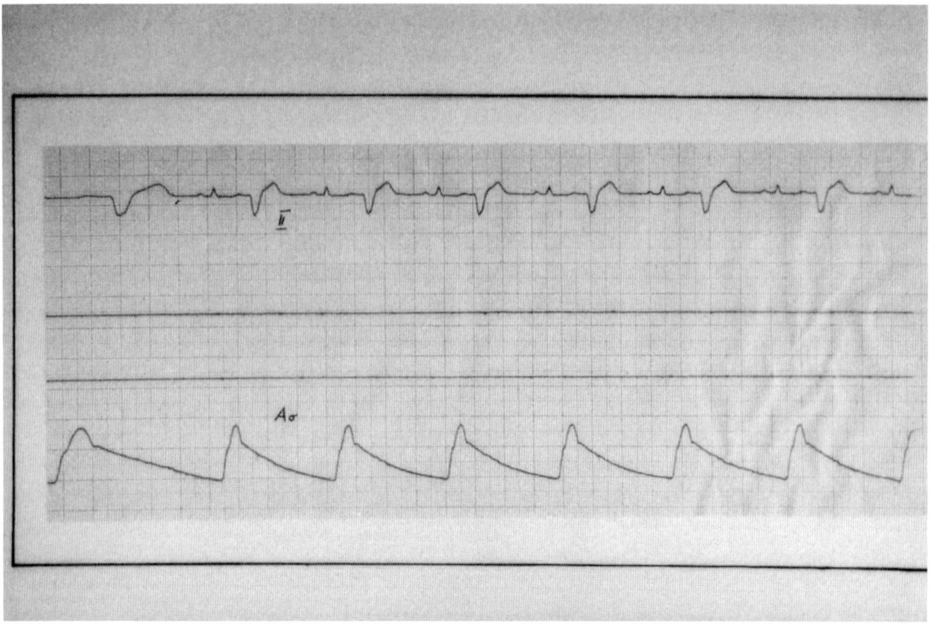

Abb. 2.47 Hämodynamische Relevanz eines ventrikulären Bigeminus. Jeder normale Sinusschlag (EKG-Registrierung oben) bewirkt einen systolischen Blutdruckanstieg in der Aortendruckkurve (unten). Die ventrikulären Extrasystolen hingegen führen zu keinem aortalen Druckanstieg. Somit ist im Rahmen des Bigeminus jeder ventrikuläre Extraschlag (jeder zweite Schlag) hämodynamisch unwirksam.

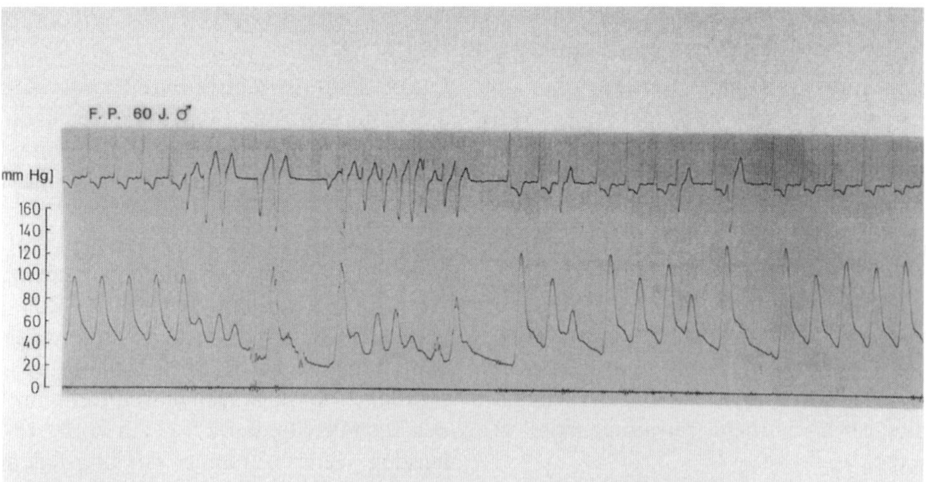

Abb. 2.48 Blutdruckabfall während ventrikulärer Salven. Bereits bei isolierten ventrikulären Extrasystolen ist das Schlagvolumen in Abhängigkeit der vorausgegangenen Diastolendauer reduziert. Ein ausgeprägterer systolischer Blutdruckabfall, intermittierend bis 50 mmHg, resultiert während ventrikulärer Salven.

Tachykardien zur kardialen Dekompensation oder sogar zu einem plötzlichen Herztod. 35-50 % aller Todesfälle bei Herzinsuffizienz sind plötzlich und unerwartet (Cohn et al., 1991; Ho et al., 1993), ca. die Hälfte der plötzlichen Herztodesfälle beruhen wahrscheinlich auf tachykarden ventrikulären Rhythmusstörungen (siehe Kap. 4.15) (Tomaselli et al., 1994).

2.9.3 Bradykardien

Sinusbradykardien, Bradyarrhythmien bei Vorhofflimmern oder höhergradige AV-Blockierungen können beim Unterschreiten der kritischen Kammergrenzfrequenz durch eine Herzinsuffizienz mit verminderter körperlicher Leistungsfähigkeit und Dyspnoe oder durch eine vorwiegende zerebrale Minderperfusion symptomatisch werden. Bei einem AV-Block III° ist die Kammerfrequenz zur Aufrechterhaltung eines adäquaten Herzzeitvolumens in Ruhe oder unter Belastung mit Ausnahme der seltenen kongenitalen AV-Blockierungen immer zu langsam. Zudem resultieren beim AV-Block III° durch die wechselnde zeitliche Beziehung von atrialer und ventrikulärer Kontraktion Schwankungen des Schlagvolumens. Es wird geschätzt, dass etwa 40 % aller plötzlichen Herztodesfälle bei Herzinsuffizienz bradykardie-induziert sind (Stevenson et al., 1993).

2.9.4 Tachykardie-induzierte Kardiomyopathie

Gossage et al. (Gossage und Hicks 1913) berichteten 1913 über einen jungen Mann mit Vorhofflimmern, der eine progrediente Ventrikeldilatation und -hypertrophie entwickelte, und spekulierten, dass die kardiale Dysfunktion Folge und nicht Ursache der Arrhythmie sein könnte. Seither wurde in zahlreichen tierexperimentellen und humanen Studien belegt, dass durch chronische Tachykardien eine Kardiomyopathie induziert werden kann.

In *Tiermodellen* kann eine schnelle anhaltende atriale oder ventrikuläre Stimulation eine schwere biventrikuläre Dysfunktion verursachen. Der Schweregrad der kardialen Funktionstörung ist abhängig von der Stimulationsfrequenz und -dauer (Redfield et al., 1993). Funktionell resultieren eine Erhöhung des linksventrikulären enddiastolischen Drucks, des peripheren arteriellen Widerstands und eine Abnahme der Auswurffraktion. Zudem wurden bei Dauertachykardie eine neurohumorale Aktivierung und Katecholaminrefraktärität des Myokards nachgewiesen (Calerone et al., 1991; Takagaki et al., 2002). Strukturell kommt es zu einer Ventrikeldilatation mit mehr sphärischer Kammergeometrie, zumeist ohne Myokardhypertrophie. Histologisch finden sich eine Myozytenelongation und -hypertrophie, ein Myozytenuntergang, Fehlanordnungen der Myofibrillen sowie Veränderungen der Matrix (Yonemochi et al., 2000). Das Herzzeitvolumen ist bereits nach 24 Stunden schneller Stimulation reduziert und verschlechtert sich progredient über etwa 3 bis 5 Wochen. Die systolische Funktionsstörung ist nach Beendigung der Stimulation reversibel. Bereits innerhalb der ersten 24-48 Stunden erholt sich die Ejektionsfraktion deutlich und ist nach etwa 4 Wochen wieder normalisiert (Tomita et al., 1991). Der Mechanismus der stimulationsinduzierten Kardiomyopathie ist noch nicht abschließend geklärt. Als auslösende Faktoren werden eine Myokardischämie (Helmer et al., 1996), ein Verbrauch myokardialer energiereicher Phosphate und ein anomaler zellulärer Kalziumstoffwechsel diskutiert (Shinebane et al., 1997).

Bei *Patienten* mit chronischer Herzinsuffizienz ist der Anteil tachykardie-induzierter Kardiomyopathien gering. Kasper et al. (Kasper et al., 1994) fanden unter 673 konsekutiven Patienten mit dilatativer Kardiomyopathie nur eine sekundäre, tachykardie-induzierte Dysfunktion. Die Diagnosesicherung einer tachykardie-induzierten Kardiomyopathie ist für den Patienten jedoch entscheidend, da es sich um eine reversible, kausal-therapierbare Funktionsstörung handelt. Innerhalb von Wochen bis Monaten nach Tachykardieterminierung kommt es zur Beschwerdefreiheit der Patienten, zu einer Rückbildung der kardialen Dilatation und zu einer Normalisierung der systolischen Ventrikel-

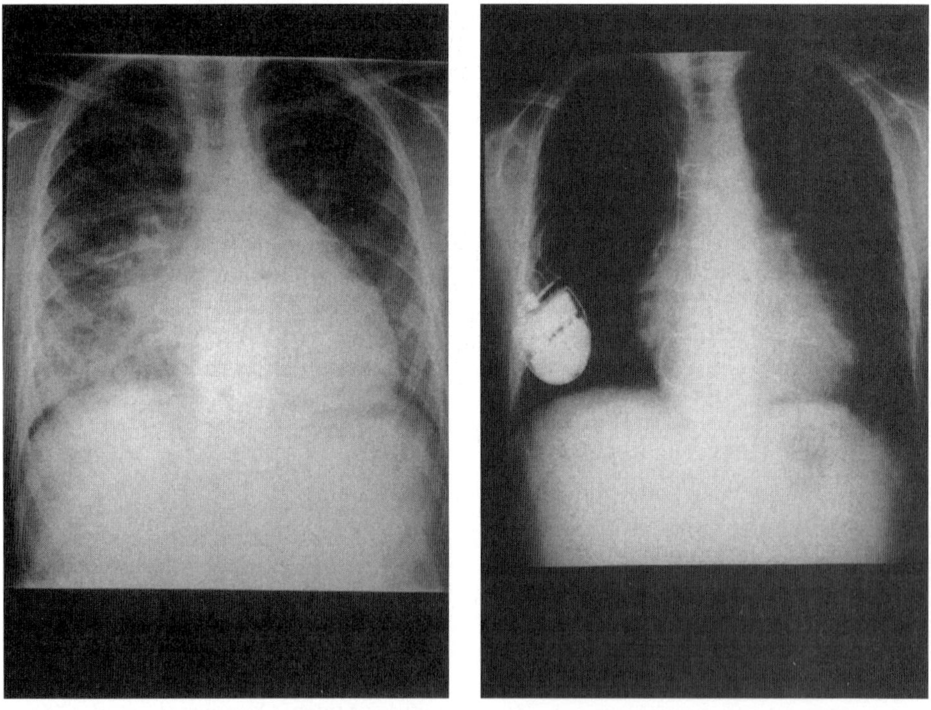

Abb. 2.49 Röntgen-Thorax-Aufnahme eines 14-jährigen Jungen mit tachykardie-induzierter Kardiomyopathie bei einem WPW-Syndrom vor (A) und nach (B) Ablation. Eine permanente AV-Reentry-Tachykardie mit einer Frequenz von 140/ min bei WPW-Syndrom führte zu einer Linksherzdekompensation mit kardialer Dilatation und pulmonaler Stauung (A). Nach erfolgreicher Ablation der akzessorischen Leitungsbahn kam es innnerhalb weniger Wochen zu einer vollständigen kardialen Rekompensation mit Normalisierung der linksventrikulären Größe und Pumpfunktion (B). Wegen initial intermittierender Bradykardie erfolgte eine Schrittmacherimplantation.

funktion (siehe Abb. 2.49) (Vijgen et al., 1997).

Das Auftreten einer tachykardie-induzierten Kardiomyopathie ist weniger von der zugrundeliegenden Rhythmusstörung als vielmehr von der resultierenden Kammerfrequenz und der Tachykardiedauer abhängig. Es wird angenommen, dass beim Erwachsenen eine chronische Frequenz über 120/min während der meisten Stunden des Tages zu einer kardialen Dysfunktion führen kann (Stevenson 1995).

Eine reversible Herzinsuffizienz wurde bei chronischen AV-Knoten-Reentrytachykardien sowie AV-Reentry-Tachykardien bei akzessorischen Leitungsbahnen beschrieben. Erfolgreiche Ablationen führten zu einer signifikanten Verbesserung der echokardiographischen Verkürzungsfraktion, der Ejektionsfraktion und der Symptomatik der Patienten (Chen et al., 1992). Besonders häufig treten tachykardie-induzierte Kardiomyopathien bei permanenten junktionalen Reentry-Tachykardien (PJRT) (langsam leitende extranodale posteroseptale akzessorische Bahn) auf. PJRT sind typische Arrhythmien des Kindes- und Jugendlichenalters (Sanchez et al., 1995). Durch PJRT können bereits fetale Kardiomyopathien entstehen (Chen et al., 1995). Im Erwachsenenalter sind durch PJRT verursachte kardiale Dysfunktionen selten (Saoudi et al., 1993).

Bei Erwachsenen und Kindern wurden reversible tachykardie-induzierte Kardiomyopathien zudem im Rahmen ektoper atrialer Tachykardien beobachtet (Dhala und Thomas 1997). Kasuistisch wurde über eine symptomatische Herzinsuffizienz auf dem Boden einer atrialen Tachykardie nach erfolgreicher Herztransplantation berichtet, die nach Ablation vollständig reversibel war (Ott et al., 1995).

Aufgrund der Häufigkeit und der Schwierigkeit zwischen primären und sekundären Arrhythmien zu differenzieren, sind bei der chronischen Herzinsuffizienz anhaltende ventrikuläre Tachykardien (VT) und Vorhofflimmern mit schneller Ventrikelüberleitung von besonderem Interesse. Liegt bei einer Herzinsuffizienz eine anhaltende VT vor, so sollte stets an die Möglichkeit einer tachykardie-induzierten Kardiomyopathie gedacht werden. Typische Morphologien einer idiopathischen faszikulären oder rechts-ventrikulären Ausflusstrakt-VT, die in der Regel bei sonst primär Herzgesunden beobachtet werden, machen das Vorliegen einer sekundären kardialen Dysfunktion wahrscheinlich (Vijgen, et al., 1997). Mit letzter Sicherheit kann diese Diagnose jedoch erst beim Nachweis einer Normalisierung der Ventrikelfunktion nach Tachykardieterminierung gestellt werden.

Bei Vorhofflimmern kommt es bei einigen Patienten unmittelbar nach Kardioversion in einen normofrequenten Sinusrhythmus zu einer verbesserten Belastbarkeit. Die atriale Kontraktionskraft steigert sich wegen des „atrialen stunning" zunehmend im Laufe der folgenden Wochen (Kessler et al., 1997). Darüber hinaus wurde nach Kardioversion von Patienten mit dilatativer Kardiomyopathie eine progrediente Zunahme der Ejektionsfraktion und echokardiographischen Verkürzungsfraktion nachgewiesen. Die Steigerung der Ejektionsfraktion war nicht allein durch die atriale Kontraktionsverbesserung erklärbar (vanGelder et al., 1993). Auch bei einer isolierten Kammerfrequenzregulation bei tachykardem Vorhofflimmern entweder medikamentös (Grogan et al., 1992) oder durch eine AV-Knoten-Ablation und Schrittmacherimplantation (Brignole et al., 1994) fand sich eine signifikante Verbesserung und teilweise vollständige Normalisierung der ventrikulären Auswurffraktion trotz fehlener AV-Synchronisation und zum Teil rechtsventrikulärer Stimulation. Somit scheint bei einem Teil herzinsuffizienter Patienten die kardiale Dysfunktion zumindest teilweise durch tachykardes Vorhofflimmern bedingt zu sein.

2.9.5 Therapie

Therapieziele bei primären und sekundären Arrhythmien bei Herzinsuffizienz sind eine Regulation der Kammerfrequenz, ggf. die Wiederherstellung eines normofrequenten Sinusrhythmus und eine Vermeidung von Arrhythmierezidiven.

2.9.5.1 Antiarrhythmika

Zur Kammerfrequenzkontrolle bei Herzinsuffizienz mit Vorhofflimmern eignen sich Herzglykoside. Da Herzglykoside häufig die Ruhe- nicht hingegen die Belastungsfrequenz ausreichend regulieren, kann eine Kombination mit einem niedrig-dosierten β-Blocker oft mit Erfolg eingesetzt werden (Yahalom et al., 1977). Herzglykoside begünstigen keine Konversion in den Sinusrhythmus. Antiarrhythmika der Klasse I sollten wegen ihrer negativ inotropen und erhöhten proarrhythmischen Wirkung bei Herzinsuffizienz nicht verwandt werden. Bei Patienten mit Herzinsuffizienz und Vorhofflimmern kam es unter einer Therapie mit Klasse I Antiarrhythmika zu einer gesteigerten Letalität (Flaker et al., 1992). Sotalol wird bei asymptomatischer linksventrikulärer Dysfunktion meist gut vertragen, hat jedoch ein Proarrhythmierisiko von etwa 2-4 % (Haverkamp et al., 1997). **Amiodaron** wirkt bei oraler Gabe nicht negativ inotrop, verbessert sogar geringgradig die systolische linksventrikuläre Pumpfunktion (Massie et al., 1996). Amiodaron kann bei einem Teil herzinsuffizienter Patienten mit Vorhofflimmern den Sinusrhythmus wiederherstellen (in bis zu 80 %) und erhalten (Gosselink et al., 1992).

Amiodaron wurde zudem zur Therapie tachykardie-induzierter Kardiomyopathien bei AV-Reentry-Tachykardien (Chen, et al., 1995) und idiopatischen ventrikulären Tachykardien (McAreavey und Fananapazir 1992) mit Erfolg eingesetzt. Selten eignet sich auch Verapamil zur Behandlung einer tachykardie-induzierten Kardiomyopathie z.B. bei Verapamil-sensitiven ventrikulären Tachykardien (Ma et al., 1997) oder bei ektopen atrialen Tachykardien (Hayano et al., 1993). Die Gabe von Kalziumantagonisten bei kardialer Dysfunktion muss jedoch mit äußerster Vorsicht erfolgen, da Kalziumantagonisten durch ihre negativ inotrope Wirkung zur akuten kardialen Dekompensation führen können (Hayano, et al., 1993).

Entsprechend einer Metaanalyse reduziert Amiodaron bei chronischer Herzinsuffizienz im Vergleich zu Plazebo die plötzliche Herztodesrate und Gesamtletalität um etwa 10 % (Sim et al., 1997). Das Letalitätsrisiko wird besonders bei Patienten mit vorher dokumentierten ventrikulären Arrhythmien vermindert (siehe Kapitel 4.15). Hinsichtlich einer prophylaktischen Gabe von Amiodaron bei asymptomatischen ventrikulären Arrhythmien liegen widersprüchliche Studienergebnisse vor (Doval et al., 1994; Singh et al., 1995). Eine prophylaktische Amiodaron-Therapie bei Patienten mit Herzinsuffizienz kann nicht generell empfohlen werden (Hoppe und Erdmann 2001; Hunt et al., 2001; Remme und Swedberg 2001).

2.9.5.2 Elektrische Kardioversion/ Überstimulation

Die Wiederherstellung eines Sinusrhythmus ist zur Verbesserung des Herzzeitvolumens und zur Reduktion thrombembolischer Komplikation bei jedem Patienten anzustreben. Bei Vorhofflattern oder Vorhofflimmern kann mittels externer elektrischer Kardioversion eine Konversion in einen Sinusrhythmus in ca. 90 % erzielt werden (Ewy 1992). Bei Patienten, die ohne Medikation nicht erfolgreich kardiovertiert werden können, ist eine Wiederherstellung eines Sinusrhythmus bei erneuter Kardioversion unter **Amiodaron** in etwa 60 % möglich (Opolski et al., 1997). Vor einer elektrischen Kardioversion wegen Vorhofflimmerns, das länger als 48 Stunden persistiert, sind der Ausschluss atrialer Thromben mittels transösophagealer Echokardiographie oder eine 4-wöchige Antikoagulation erforderlich (Klein et al., 2001). Zudem muss nach Kardioversion wegen des „atrialen stunnings" eine 4-wöchige Antikoagulation erfolgen. Bisher bestand traditionell die Auffassung, dass Patienten mit Vorhofflattern aufgrund der geordneteren atrialen Kontraktion nur ein geringes Thrombembolierisiko haben. Entsprechend echokardiographischer Untersuchungen weisen Patienten mit chronischem Vorhofflattern jedoch in etwa 11 % linksatriale Thromben auf und bei 28 % stellt sich unmittelbar nach elektrischer Kardioversion keine normale Vorhofkontraktion ein (Irani et al., 1997). Somit ist auch bei Patienten mit Vorhofflattern vor und nach Kardioversion eine Antikoagulation zu erwägen (Mehta und Baruch 1996). Bei Patienten mit typischem Vorhofflattern besteht zudem die Möglichkeit einer Wiederherstellung des Sinusrhythmus durch Überstimulation. Eine interne elektrische Kardioversion kann bei einigen Patienten mit Vorhofflimmern/ -flattern ebenfalls erfolgreich sein, stellt jedoch kein klinisches Routineverfahren dar (Levy 1992).

Sollte bei Patienten mit Vorhofflimmern weder medikamentös noch elektrisch eine Kardioversion erzielt werden können, besteht die Indikation zur langfristigen systemischen Antikoagulation wegen eines erhöhten Thrombembolierisikos bei begleitender Herzinsuffizienz.

2.9.5.3 Schrittmacher-Therapie

Eine Schrittmacherimplantation ist bei symptomatischer Bradykardie oder höhergradiger AV-Blockierung und ggf. bei therapierefraktärem tachykarden Vorhofflimmern und deshalb durchgeführter AV-Knoten-Ablation indiziert (Gregoratos et al., 1998). Wenn kein Vorhofflimmern besteht, sollte stets eine sequentielle Stimulation unter Erhalt der AV-Synchronisation (Zweikammersystem) einer asynchronen Ventrikelstimulation vorgezogen werden (Barrington et al., 1995). Bei herzinsuffizienten Patienten fand sich nach Implantation von Zweikammersystemen eine signifikant höhere Überlebensrate als nach Implantation von VVI-Systemen (Alpert et al., 1987). Auch bei nicht-herzinsuffizienten Patienten mit „Sick-Sinus-Syndrom" oder höhergradiger AV-Blockierung scheinen sequentielle Systeme prognostisch günstiger als eine VVI-Stimulation zu sein, da Zweikammersysteme besser einen Sinusrhythmus konservieren und unter sequentieller Stimulation seltener eine Herzinsuffizienz auftritt (Santini et al., 1990).

Obwohl bei chronischer Herzinsuffizienz ein bedeutsamer Anteil plötzlicher Herztodesfälle durch Bradykardien bedingt ist, liegen keine Studien vor, die eine Letalitäts-Senkung oder Reduktion der plötzlichen Herztodesrate durch eine prophylaktische Schrittmacherimplantation belegen. Bei einigen Patienten mit schwerer Herzinsuffizienz und breitem Kammerkomplex kann eine hämodynamische Verbesserung durch biventrikuläre Schrittmachersysteme erzielt werden (siehe Kapitel „Biventrikuläre Schrittmacher") (Hoppe und Erdmann 2002).

2.9.5.4 Implantierbarer Cardioverter Defibrillator (ICD)

Ein ICD kann bei Herzinsuffizienz mit sekundären malignen ventrikulären Herzrhythmusstörungen therapeutisch sinnvoll sein, stellt jedoch keine adäquate Therapie der tachykardie-induzierten Kardiomyopathie dar. Bei Patienten mit sekundären symptomatischen, anhaltenden ventrikulären Tachykardien (VT) oder dokumentiertem Kammerflimmern ist die ICD-Implantation indiziert. Ein ICD kann bei diesen Patienten Arrhythmierezidive effektiv verhindern und die plötzliche Herztodesrate und Gesamtletalität im Vergleich zu einer antiarrhythmischen Therapie (vorwiegend empirisches Amiodaron) reduzieren (AVID 1997). Bei postinfarzieller Herzinsuffizienz (NYHA Stadium I-III) mit deutlich eingeschränkter Pumpfunktion konnten ICD's die Überlebensrate auch bei Patienten mit dokumentierter nicht-anhaltender VT, jedoch invasiv induzierbarer anhaltender VT verbessern (Buxton et al., 1999; Moss et al., 1996). In einer aktuellen Studie verminderte die ICD-Therapie sogar unabhängig von weiteren Risikofaktoren die Letalität bei Postinfarktpatienten mit einer Ejektionsfraktion $\leq$30 % und ist in diesem Patientenkollektiv als Primärprävention zu erwägen (Moss et al., 2002). Bei nicht-ischämischer Kardiomyopathie liegen bisher keine Ergebnisse zur prophylaktischen ICD-Implantation vor.

2.9.5.5 Hochfrequenz-Ablation

Bei supraventrikulären Tachykardien, die eine Kardiomyopathie induziert haben, ist der Versuch einer Hochfrequenz-Ablation indiziert, da eine erfolgreiche Ablation bei diesen Patienten einer klinischen Heilung entspricht. Ablationen sind mit geringem Risiko bei AV-Knoten-Reentry-Tachykardien, den meisten AV-Reentry-Tachykardien und ektopen atrialen Tachykardien durchführbar (Tracy et al., 2000). Bei ektopen atrialen Tachykardien bestehen jedoch nicht selten mehrere Foci. Eine Ablation ist bereits im Kleinkindalter möglich, z.B. bei der häufig medikamentenrefraktären permanenten junktionalen Reentry-Tachykardie (Sanchez, et al., 1995). Rechtsventrikuläre Ausflusstrakt- und idiopatische ventrikuläre Tachykardien sind ebenfalls einer Ablation zugänglich (Kim et al., 1996; Vijgen, et al., 1997).

Bei chronischem typischen (rechtsatriale Kreiserregung gegen den Uhrzeigersinn) und „reverse-typischen" (rechtsatriale Kreiserregung im Uhrzeigersinn) Vorhofflattern stellt die Isthmus-Ablation meist nach einem initialen medikamentösen Therapieversuch eine

Alternative dar (Cosio et al., 1993). Bei tachykardem therapierefraktären Vorhofflimmern kann eine AV-Knoten-Ablation und nachfolgende Schrittmacherimplantation zur Kammerfrequenzregulation sinnvoll sein (Brignole, et al., 1994). Die Terminierung von Vorhofflimmern durch eine lineare Hochfrequenz-Ablation im rechten Vorhof ist bei linksventrikulärer Dysfunktion meist nicht erfolgreich, die Pulmonalvenenablation ist bisher noch in klinischer Erprobung (Haissaguerre et al., 1996).

2.9.6 Wertigkeit der Erhaltung eines Sinusrhythmus

Vorhofflimmern ist nicht nur mit einer erhöhten Thrombembolierate und ggf. einem Marcumar-assoziierten Komplikationsrisiko verbunden (Stroke prevention in Atrial Fibrillation Investigators, 1994). Vorhofflimmern führt vielmehr auch zu einer Abnahme des Herzzeitvolumens und damit wahrscheinlich der Lebenserwartung. Eine besonders ausgeprägte Reduktion des Herzzeitvolumens durch Auftreten von Vorhofflimmern wird bei Patienten mit Mitralvitien, hochgradiger Aortenstenose und diastolischer linksventrikulärer Dysfunktion beobachtet (Enriquez-Sarano, et al., 1997). Dies zeigt dann in der Regel den Beginn einer chronischen Verschlechterung der Situation an mit Belastungsdyspnoe bei geringer körperlicher Aktivität und oft sogar mit Lungenödem. Bei Patienten mit Mitralinsuffizienz sollte eine Operation nicht bis zum Auftreten von Vorhofflimmern hinausgezögert werden, da dann postoperativ die Lebenserwartung deutlich reduziert ist (Enriquez-Sarano, et al., 1997). Wahrscheinlich sind auch aufgrund der höheren Inzidenz von Vorhofflimmern unter VVI-Stimulation im Vergleich zu einer sequentiellen Stimulation bei Patienten mit „Sick-Sinus-Syndrom“ bzw. höhergradiger AV-Blockierung Zweikammersysteme prognostisch günstiger als VVI-Systeme (Alpert, et al., 1987; Santini, et al., 1990).

Bei allen Patienten mit wie auch ohne Herzinsuffizienz ist somit die Erhaltung eines Sinusrhythmus bzw. nach Auftreten von Vorhofflimmern die Wiederherstellung eines Sinusrhythmus anzustreben. Bei einem Vorhofflimmerrezidiv sollte deshalb versucht werden, durch gleichzeitige Behandlung mit Amiodaron den Sinusrhythmus zu stabilisieren (Gosselink, et al., 1992). Manchmal gelingt es auf diese Art nochmals für Jahre, den Sinusrhythmus zu erhalten und das Befinden des Patienten wesentlich zu verbessern.

Literatur

Alpert, M. A., Curtis, J. J., Sanfelippo, J. F., Flaker, G. C., Walls, J. T., Mukerji, V., Villarreal, D., Katti, S. K., Madigan, N. P. and Morgan, R. J.: Comparative survival following permanent ventricular and dual-chamber pacing for patients with chronic symptomatic sinus node dysfunction with and without congestive heart failure. Am Heart J **113**, 958-965 (1987).

Atwood, J. E., Myers, J., Sullivan, M., Forbes, S., Sandhu, S., Callaham, P. and Froelicher, V.: The effect of cardioversion on maximal exercise capacity in patients with chronic atrial fibrillation. Am Heart J **118**, 913-918 (1989).

(AVID) The Antiarrhythmics versus Implantable Defibrillators Investigators.: A comparison of antiarrhythmic drug therapy with implantable defibrillators in patients resuscitated from near-fatal ventricular arrhythmias. N Engl J Med **337**, 1576-1583 (1997).Barrington, W. W., Windle, J. R., Easley, A. R., Rundlett, R. and Eisenger, G.: Clinical comparison of acute single to dual chamber pacing in chronically incompetent patients with left ventricular dysfunction. PACE **18**, 433-440 (1995).

Brignole, M., Gianfranchi, L., Menozzi, C., Bottoni, N., Bollini, R., Lolli, G., Oddone, D. and Gaggioli, G.: Influence of atrioventricular junction radiofrequency ablation in patients with chronic atrial fibrillation and flutter on quality of life and cardiac performance. Am J Cardiol **74**, 242-246 (1994).

Buxton, A. E., Lee, K. L., Fisher, J. D., Josephson, M. E., Prystowsky, E. N., Hafley, G., for, the, Multicenter, Unsystained, Tachycardia, Trial and Investigators.: A randomized study of the prevention of sudden death in patients with coronary artery disease. N Engl J Med **341**, 1882-1890 (1999).

Calerone, A., Bouvier, M., Li, K., Juneau, C., DeChamplain, J. and Rouleau, J. L.: Dysfunction of the beta- and alpha-adrenergic systems in a model of congestive heart failure. Circ Res **69**, 332-343 (1991).

Chen, R. P. C., Ignaszewski, A. P. and Robertson, M. A.: Successful treatment of supraventricular tachycardia-induced cardiomyopathy with amiodarone: case report and review of the literature. Can J Cardiol **11**, 918-922 (1995).

Chen, S. A., Yang, C. J., Chiang, C. E., Hsia, C. P., Tsang, W. P., Wang, D. C., Ting, C. T., Wang, S. P., Chiang, B. N. and Chang, M. S.: Reversibility of left ventricular dysfunction after successful catheter ablation of supraventricular reentrant tachycardia. Am Heart J **124**, 1512-1516 (1992).

Cohn, J. N., Johnson, G., Ziesche, S., Cobb, F., Francis, G., Tristani, F., et al.: A comparison of enalapril with hydralazine-isosrbide dinitrate in the treatment of chronic congestive heart failure. N Engl J Med **325**, 303-310 (1991).

(CONSENSUS) The CONSENSUS Trial Study Group.: Effects of enalapril on mortality in severe congestive heart failure. Results of the Cooperative North Scandinavian Enalapril Survival Study. N Engl J Med **316**, 1429-1435 (1987).Cosio, F. G., López-Gil, M., Goicolea, A., Arribas, F. and Barroso, J. L.: Radiofrequency ablation of the inferior vena cava-tricuspid valve isthmus in common atrial flutter. Am J Cardiol **71**, 705-709 (1993).

Dhala, A. and Thomas, J. P.: Reversible tachycardia-induced cardiomyopathy. Circulation **95**, 2327-2328 (1997).

Doval, H. C., Nul, D. R., Grancelli, H. O., Perrone, S. V., Bortman, G. R., Curiel, R., for GESICA.: Randomised trial of low-dose amiodarone in severe congestive heart failure. Lancet **344**, 493-498 (1994).

Enriquez-Sarano, M., Orszulak, T. A., Schaff, H. V., Abel, M. D., Tajik, A. J. and Frye, R. L.: Mitral regurgitation: A new clinical perspective. Mayo Clin Proc **72**, 1034-1043 (1997).

Erdmann, E., Beuckelmann, D., Böhm, M., Schwinger, R. H. G.: Klinische Gesichtspunkte der medikamentösen Differentialtherapie der chronischen Herzinsuffizienz. Z Kardiol **81 (Suppl4)**, 97-103 (1992).

Ewy, G. A.: Optimal technique for electrical cardioversion of atrial fibrillation. Circulation **86**, 1645-1647 (1992).

Flaker, G. C., Blackshear, J. L., McBride, R., Kronmal, R. A., Halperin, J. L., Hart, R. G.: Antiarrhythmic drug therapy and cardiac mortality in atrial fibrillation. J Am Coll Cardiol **20**, 527-532 (1992).

Gossage, A. M. and Hicks, J. A. B.: On auricular fibrillation. Q J Med **6**, 435-440 (1913).

Gosselink, A. T. M., Crijns, H. J. G. M., van-Gelder, I. C., Hillige, H., Wiesfeld, A. C. P. and Lie, K. I.: Low-dose amiodarone for maintenance of sinus rhythm after cardioversion of atrial fibrillation or flutter. J Am Med Assoc **267**, 3289-3293 (1992).

Gregoratos, G., Cheitlin, M. D., Conill, A., Epstein, A. E., Fellows, C., Ferguson, T. B., Jr., Freedman, R. A., Hlatky, M. A., Naccarelli, G. V., Saksena, S., Schlant,

R. C. and Silka, M. J.: ACC/AHA Guidelines for Implantation of Cardiac Pacemakers and Antiarrhythmia Devices. Circulation **97**, 1325-1335. (1998).

Grogan, M., Smith, H. C., Gersh, B. J. and Wood, D. L.: Left ventricular dysfunction due to atrial fibrillation in patients initially believed to have idiopathic dilated cardiomyopathy. Am J Cardiol **69**, 1570-1573 (1992).

Haissaguerre, M., Jais, P., Shah, D. C., Gencel, L., Pradeau, V., Garrigues, S., Chouairi, S., Hocini, M., Métayer, P. L., Roudaut, R. and Clémenty, J.: Right and left atrial radiofrequency catheter therapy of paroxysmal atrial fibrillation. J Cardiovasc Electrophysiol **7**, 1132-1144 (1996).

Haverkamp, W., Martinez-Rubio, A., Hief, C., Lammers, A., Mühlenkamp, S., Wichter, T., Breithardt, G. and Borggrefe, M.: Efficacy and safety of d,l-sotalol in patients with ventricular tachycardia and in survivors of cardiac arrest. J Am Coll Cardiol **30**, 487-495 (1997).

Hayano, M., Kawasaki, T., Eguchi, Y., Tsuji, S., Tokushima, T., Ogata, T., Eguchi, S., Matsuaga, M., Matsunaga, K. and Matsuo, S.: A case of tachycardia-induced cardiomyopathy due to chronic ectopic atrial tachycardia. Clin Cardiol **16**, 838-841 (1993).

Helmer, G. A., McKirnan, M. D., Shabetai, R., Boss, G. R., Ross, J. and Hammond, H. K.: Regional deficits of myocardial blood flow and funcztion in left ventricular pacing-induced heart failure. Circulation **94**, 2260-2267 (1996).

Ho, K. K. L., Anderson, K. M., Kannel, W. B., Grossman, W. and Levy, D.: Survival after the onset of congestive heart failure in Framingham heart study subjects. Circulation **88**, 107-115 (1993).

Hoppe, U. C., Erdmann, E.: Chronische Herzinsuffizienz – Stellenwert der biventrikulären Stimulation. Dtsch Med Wochenschr **127**, 677-681. (2002).

Hoppe, U. C., Erdmann, E.: Leitlinien zur Therapie der chronischen Herzinsuffizienz. im Auftrag der Kommission für Klinische Kardiologie der Deutschen Gesellschaft für Kardiologie – Herz- und Kreislaufforschung. Z Kardiol **90**, 218-237. (2001).

Hunt, H. A., Baker, D. W., Chin, M. H., Cinquegrani, M. P., Feldmanmd, A. M., Francis, G. S., et al.: ACC/AHA Guidelines for the Evaluation and Management of Chronic Heart Failure in the Adult. Circulation **104**, 2996-3007. (2001).

Irani, W. N., Grayburn, P. A. and Afridi, I.: Prevalence of thrombus, spontaneous echo contrast, and atrial stunning in patients undergoing cardioversion of atrial flutter. A prospective study using transesophageal echocardiography. Circulation **95**, 962-966 (1997).

Kasper, E. K., Agema, W. R. P., Hutchins, G. M., Deckers, L. W., Hare, J. M. and Baughman, K. L.: The course of dilated cardiomyopathy: a clinicopathologic review of 673 consecutive patients. J Am Coll Cardiol **23**, 586-590 (1994).

Kessler, G., Rosenblatt, S., Friedman, J. and Kaplinsky, E.: Recurrent dilated cardiomyopathy reversed with conversion of atrial fibrillation. Am Heart J **133**, 384-386 (1997).

Kim, Y. H., Goldberger, J. and Kadish, A.: Treatment of ventricular tachycardia-induced cardiomyopathy by transcatheter radiofrequency ablation. Heart **76**, 550-552 (1996).

Klein, A. L., Murray, R. D. and Grimm, R. A.: Role of transesophageal echocardiography-guided cardioversion of patients with atrial fibrillation. J Am Coll Cardiol **37**, 691-704. (2001).

Kubac, G. and Malowany, L.: Functional capacity of patients with atrial fibrillation and controlled heart rate before and after cardioversion. Can J Cardiol **8**, 941-946 (1992).

Levine, H. J.: Optimum heart rate of large failing hearts. Am J Cardiol **61**, 633-636 (1988).

Levy, S. L., P. Dolla, E.: A randomized comparison of external and internal cardioversion of chronic atrial fibrillation. Circulation **86**, 1415-1420 (1992).

Ma, J. S., Kim, B. J. and Cho, J. G.: Verapamil responsive incessant ventricular tachycardia resulting in severe ventricular dysfunction in a young child: successful management with oral verapamil. Heart **77**, 286-287 (1997).

Massie, B. M., Fisher, S. G., Deedwania, P. C., Singh, B. N., Flechter, R. D., Singh, S. N., for the CHF-STAT Investigators.: Effect of amiodarone on clinical status and left ventricular function in patients with congestive heart failure. Circulation **93**, 2128-2134 (1996).

McAreavey, D. and Fananapazir, L.: Suppression of incessant ventricular tachycardia in hypertrophic cardiomyopathy associated with improvement of severe left ventricular dysfunction. PACE **15**, 1642-1645 (1992).

Mehta, D. and Baruch, L.: Thromboembolism following cardioversion of „common" atrial flutter. Chest **110**, 1001-1003 (1996).

Moss, A. J., Hall, W. J., Cannom, D. S., Daubert, J. P., Higgins, S. L., Klein, H., Levine, J. H., Saksena, S., Waldo, A. L., Wilber, D., Brown, M. W. and Heo, M.: Improved survival with an implanted defibrillator in patients with coronary artery disease at high risk of ventricular arrhythmias. N Engl J Med **335**, 1933-1940 (1996).

Moss, A. J., Zareba, W., Hall, W. J., Klein, H., Wilber, D. J., Cannom, D. S., Daubert, J. P., Higgins, S. L., Brown, M. W. and Andrews, M. L.: Prophylactic implantation of a defibrillator in patients with myocardial infarction and reduced ejection fraction. N Engl J Med **346**, 877-883. (2002).

Opolski, G., Stanislawska, J., Górecki, A., Swiecicka, G., Torbicki, A. and Kraska, T.: Amiodarone in restoration and maintenance of sinus rhythm in patients with chronic atrial fibrillation after unsuccessful direct-current cardioversion. Clin Cardiol **20**, 337-340 (1997).

Ott, P., Kelly, P. A., Mann, D. E., Damle, R. S., Reiter, M. J. and Lindenfeld, J.: Tachycardia-induced cardiomyopathy in a cardiac transplant recipient: treatment with radiofrequency catheter ablation. J Cardiovasc Electrophysiol **6**, 391-395 (1995).

Redfield, M. M., Aarhus, L. L., Wright, R. S. and Burnett, J. C.: Cardiorenal and neurohumoral function in a canine model of early left ventricular dysfunction. Circulation **87**, 2016-2022 (1993).

Remme, W. J. and Swedberg, K.: Guidelines for the diagnosis and treatment of chronic heart failure. Eur Heart J **22**, 1527-1560. (2001).

Sanchez, C., Benito, F. and Moreno, F.: Reversibility of tachycardia-induced cardiomyopathy after radiofrequency ablation of incessant supraventricular tachycardia in infants. Br Heart J **74**, 332-333 (1995).

Santini, M., Alexidou, G., Ansalone, G., Caciatore, G., Cini, R. and Turitto, G.: Relation of prognosis in sick sinus syndrome to age, conduction defects and modes of permanent cardiac pacing. Am J Cardiol **65**, 729-735 (1990).

Saoudi, N., Kirkorian, G., Atallah, G., Desseigne, P., Champagnac, D. and Touboul, P.: Catheter ablation induced reversal of chronic left ventricular dysfunction in permanent junctional tachycardia. PACE **16**, 954-958 (1993).

Shinebane, J. S., Wood, M. A., Jensen, D. N., Ellenbogen, K. A., Fitzpatrick, A. P. and Scheinman, M. M.: Tachycardia-induzed cardiomyopathy: A review of animal models and clinical studies. J Am Coll Cardiol **29**, 709-715 (1997).

Sim, I., McDonald, K. M., Lavori, P. W., Norbutas, C. M. and Hlatky, M. A.: Quantitative overview of randomized trials of amiodarone to prevent sudden cardiac death. Circulation **96**, 2823-2829 (1997).

Singh, S. N., Flechter, R. D., Fisher, S. G., Singh, B. N., Lewis, H. D., Deedwania, P. C., Massie, B. M., Colling, C. and Lazzeri, D.: Amiodarone in patients with congestive heart failure and asymptomatic ventricular arrhythmia. N Engl J Med **333**, 77-82 (1995).

(SOLVD) The SOLVD Investigators.: Effect of enalapril on mortality and the development of heart failure in asymptomatic patients with reduced left ventricular ejection fraction. N Engl J Med **327**, 685-691 (1992).

Stevenson, W. G.: Mechanisms and management of arrhythmias in heart failure. Current Opinion Cardiol **10**, 274-281 (1995).

Stevenson, W. G., Stevenson, L. W., Middlekauff, H. R. and Saxon, L. A.: Sudden death prevention in patients with advanced ventricular dysfunction. Circulation **88**, 2953-2961 (1993).

Stroke Prevention in Atrial Fibrillation Investigators.: Warfarin versus aspirin for prevention of thromboembolism in atrial fibrillation: Stroke Prevenetion in Atrial Fibrillation II Study. Lancet **343**, 687-691 (1994).

Takagaki, M., McCarthy, P. M., Tabata, T., Dessoffy, R., Cardon, L. A., Connor, J., Ochiai, Y., Thomas, J. D., Francis, G. S., Young, J. B. and Fukamachi, K.: Induction and maintenance of an experimental model of severe cardiomyopathy with a novel protocol of rapid ventricular pacing. J Thorac Cardiovasc Surg **123**, 544-549. (2002).

Tomaselli, G. F., Beuckelmann, D. J., Calkins, H. G., Berger, R. D., Kessler, P. D., Lawrence, J. H., Kass, D., Feldman, A. M. and Marban, E.: Sudden cardiac death in heart failure. The role of abnormal repolarization. Circulation **90**, 2534-2539 (1994).

Tomita, M., Spinale, F. G., Crawford, F. A. and Zile, M. R.: Changes in left ventricular volume, mass, and function during the development and regression of supraventricular tachycardia-induced cardiomyopathy. Disparity between recovery of systolic versus diastolic function. Circulation **83**, 635-644 (1991).

Tracy, C. M., Akhtar, M., DiMarco, J. P., Packer, D. L., Weitz, H. H., Winters, W. L., Achord, J. L., Boone, A. W., Hirshfeld, J. W., Jr., Lorell, B. H. and Rodgers, G. P.: American College of Cardiology/American Heart Association Clinical Competence Statement on invasive electrophysiology studies, catheter ablation, and cardioversion. Circulation **102**, 2309-2320. (2000).

vanGelder, I. C., Crijns, H. J. G. M., Blanksma, P. K., Landsman, M. L. J., Posma, J. L., VanDenBerg, M. P., Meijler, F. L. and Lie, K. I.: Time course of hemodynamic changes and improvement of exercise tolerance after cardioversion of chronic atrial fibrillation unassociated with cardiac valve disease. Am J Cardiol **72**, 560-566 (1993).

Vijgen, J., Hill, P., Biblo, L. A. and Carlson, M. D.: Tachycardia-induced cardiomyopathy secondary to right ventricular outflow tract ventricular tachycardia: Improvement of left ventricular systolic function after radiofrequency catheter ablation of the arrhythmia. J Cardiovasc Electrophysiol **8**, 445-450 (1997).

Yahalom, J., Klein, H. O. and Kaplinsky, E.: Beta adrenergic blockade as adjunctive oral therapy in patients with chronic atrial fibrillation. Chest **71**, 592-596 (1977).

Yonemochi, H., Yasunaga, S., Teshima, Y., Takahashi, N., Nakagawa, M., Ito, M. and Saikawa, T.: Rapid electrical stimulation of contraction reduces the density of beta-adrenergic receptors and responsiveness of cultured neonatal rat cardiomyocytes. Possible involvement of microtubule disassembly secondary to mechanical stress. Circulation **101**, 2625-2630. (2000).

2.10 Diabetes mellitus und Herzinsuffizienz

U. C. Hoppe

2.10.1 Epidemiologie

Die Inzidenz einer Herzinsuffizienz ist bei Patienten mit Diabetes mellitus deutlich höher als in der nicht-diabetischen Bevölkerung. In der Framingham-Studie lag das Risiko eine Herzinsuffizienz zu entwickeln, bei diabetischen Männern 3,8 mal und bei diabetischen Frauen 5,5 mal so hoch wie bei nicht diabetischen Gleichaltrigen (Kannel et al., 1991). Dies wurde auch in kleineren neueren Untersuchungen bestätigt. Wie beim nicht-diabetischen Patienten nehmen die Inzidenz und Prävalenz einer Herzinsuffizienz auch beim Diabetiker mit dem Lebensalter zu.

2.10.2 Prognose

Diabetiker mit Herzinsuffizienz haben bei vergleichbarer Ejektionsfraktion eine ungünstigere Prognose als nicht-diabetische Herzinsuffizienzpatienten. In Subgruppenanalysen der SOLVD-Präventions- und der SOLVD-Therapie-Studien fand sich dieser ungünstige Verlauf speziell bei diabetischen Patienten mit ischämischer Kardiomyopathie (Dries et al., 2001). Die diabetische Stoffwechsellage begünstigte das Fortschreiten der ischämischen Herzinsuffizienz und ging mit einem erhöhten relativen Letalitätsrisiko von 1,37 ($p < 0{,}001$) im Vergleich zu Nicht-Diabetikern einher. Bei Diabetikern mit nicht-ischämischer Kardiomyopathie hingegen fand sich ein vergleichbarer Verlauf zum nicht-diabetischen Patienten.

2.10.3 Ätiologie der Herzinsuffizienz bei Diabetes

Mehrere Mechanismen können bei Diabetes mellitus zur linksventrikulären Funktionsstörung und Herzinsuffizienz beitragen. Oft liegt bereits beim asymptomatischen Diabetiker eine subklinische diastolische Dysfunktion vor. Wie beim nicht-diabetischen Patienten steht ätiologisch die koronare Herzerkrankung an erster Stelle (in den großen multizentrischen Interventionsstudien > 66 %). Eine manifeste Hyperglykämie, besonders postprandiale Blutzuckerspitzen, aber auch bereits eine gestörte Glukosetoleranz und Hyperinsulinämie, stellen einen wesentlichen Risikofaktor für eine koronare Makroangiopathie dar und sind häufig mit weiteren kardiovaskulären Risikofaktoren assoziiert (Decode Studie 1999, Helsinky Policemen Study 1988). Bei diabetischen Patienten ist die Manifestation der koronaren Herzerkrankung im Vergleich zum Nichtdiabetiker zumeist schwerwiegender im Sinne eines häufigeren Vorliegens einer Mehrgefäßerkrankung, einer diffusen Koronarsklerose und einer eingeschränkten Pumpfunktion bereits bei Diagnosestellung. Diabetiker haben ein deutlich erhöhtes Myokardinfarktrisiko und entwickeln postinfarziell signifikant öfter eine Herzinsuffizienz (Aronow et al., 1999). Es wird angenommen, dass eine vorbestehende, subklinische diastolische Ventrikelfunktionsstörung durch Myokardhypertrophie und -fibrosierung wesentlich zur Manifestation einer postinfarziellen Herzinsuffizienz beim Diabetiker prädisponiert. Darüber hinaus sind bei diabetischen Patienten auch die kleinen Koronargefäße mit betroffen und es besteht eine endotheliale Dysfunktion. Auch dies kann zur myokardialen Minderperfusion und konsekutiven linksventrikulären Relaxations- und Kontraktionsstörung führen. Diabetiker haben überdurchschnittlich häufig eine begleitende arterielle Hypertonie, die zum einen das Auftreten einer koronaren Herzerkrankung begünstigt, zum anderen aber auch zur Myokardhypertrophie mit diastolischer Dysfunktion und möglichem Übergang in eine linksventrikuläre Dilatation und systolische Kontraktionsstörung führen kann. Dabei ist die Myokardhypertrophie beim diabetischen Patienten deutlich ausgeprägter als beim Nicht-Diabetiker mit vergleichbaren Blutdruckwerten. Möglicherweise tragen auch die diabetische autonome Neuropathie und Sympathikusaktivierung zur Entstehung einer Herzinsuffizienz bei. Kontrovers wird ein schädigender, direkter metabolischer Effekt auf das Myokard beurteilt. Es liegen jedoch mehrere experimentelle Diabetes-Modelle vor, die eine gestörte Myozyten-Genexpression, eine Veränderung der Ca^{2+}-Homöostase und eine anomale systolische und diastolische Ventrikelfunktion als Zeichen einer diabetischen Kardiomyopathie aufweisen (Fein et al., 1984; Heyliger et al., 1987; Depre et al., 2000).

2.10.4 Therapie der Herzinsuffizienz bei Diabetes

Prävention

Aufgrund der schlechten Prognose diabetischer Patienten mit Herzinsuffizienz ist die Prävention einer Myokardschädigung und einer linksventrikulären Funktionsstörung von zentraler Bedeutung (siehe Tab. 2.8). Da auch beim diabetischen Patienten die koronare Herzerkrankung die Hauptursache für eine linksventrikuläre Dysfunktion und eine Herzinsuffizienz darstellt, sind die Primär- und Sekundärprävention kardiovaskulärer Erkrankungen entsprechend aktueller Leitlinien entscheidend. Durch eine konsequente Blutdruckeinstellung können die Inzidenz kardiovaskulärer Ereignisse und auch das Auftreten einer Herzinsuffizienz signifikant reduziert werden (Zielwerte unter 130/85 mmHg, bei bestehender Nephropathie unter 120/75 mmHg) (UKPDS-Studie 1998; Hansson et al., 1998).

Tab. 2.8 Primärprävention kardiovaskulärer Ereignisse bei Diabetes mellitus.

- Alle Diabetiker:
  Gewichtsnormalisierung
  körperliche Bewegung
  konsequente Blutdruckeinstellung
  konsequente Blutzuckereinstellung
  CSE-Hemmer-Therapie
- Diabetiker mit zusätzlichem kardiovaskulären Risikofaktor:
  Blockade des Renin-Angiotensin-Systems
  Aspirin-Therapie

Obwohl die Blutdruckeinstellung einen größeren Effekt auf makrovaskuläre Folgeerkrankungen als die Blutzuckerkontrolle hat, ist trotzdem auch eine strenge Diabeteseinstellung anzustreben. Jeder Anstieg des HBA_{1C}-Wertes um 1 % ist mit einer 8-16 prozentigen Risikoerhöhung, eine Herzinsuffizienz zu entwickeln, behaftet (Stratton et al., 2000; Iribarren et al., 2001). Die günstigste Prognose findet sich bei einem HBA_{1C}-Wert < 6 %. Der Einsatz von Statinen ist entsprechend von Subgruppenanalysen der Heart Protection-Study zur Primärprävention kardiovaskulärer Ereignisse beim diabetischen Patienten unabhängig vom Ausgangs-LDL-Cholesterin indiziert (HPS-Studie 2002). Liegt beim Diabetiker ein weiterer, begleitender kardiovaskulärer Risikofaktor vor, führt die Blockade des Renin-Angiotensin-Systems durch eine ACE-Hemmer-Therapie zu einer signifikanten Reduktion kardiovaskulärer Endpunkte (HOPE-Studie 2000). Zudem gilt beim diabetischen Patienten mit zusätzlichen Risikofaktoren eine Aspirin-Prophylaxe als indiziert und ist bereits beim Diabetiker ohne weitere Risikofaktoren in Erwägung zu ziehen.

Medikamentöse Therapie der manifesten Herzinsuffizienz

In den großen Interventionsstudien zur medikamentösen Therapie der chronischen Herzinsuffizienz war der Anteil an Diabetikern mit 20-28 % höher als in der Allgemeinbevölkerung. Trotzdem liegen nur in wenigen dieser Studien Subgruppenanalysen diabetischer Patienten vor. In den SOLVD-Studien und in der TRACE-Studie des Postinfarktpatienten reduzierte eine ACE-Hemmer-Medikation auch beim diabetischen Patienten mit systolischer Pumpfunktionsstörung die Letalität und Hospitalisationsrate aufgrund einer Herzinsuffizienz (Shindler et al., 1996; Gustafsson et al., 1999). Der prozentuale Effekt war sogar ausgeprägter als beim Nicht-Diabetiker. Auch eine ß-Blocker-Medikation beim symptomatischen Patienten (MOCHA-Studie) und die Gabe von niedrig-dosiertem Spironolacton bei schwerster Herzinsuffizienz (RALES-Studie) führten beim Diabetiker zu einer Prognoseverbesserung (Pitt et al., 1999). Insgesamt wird für diabetische Patienten die gleiche medikamentöse Herzinsuffizienz-Stufentherapie entsprechend aktueller Leitlinien empfohlen wie für Nicht-Diabetiker (Hoppe et al., 2001; Hunt et al., 2001; Remme et al., 2001). Diese sollte bei jeder systolischen Kontraktionsstörung mit einer Ejektionsfraktion < 40 % einen ACE-Hemmer umfassen, ab dem NYHA-Stadium II beim stabilen Patienten einen ß-Blocker, bei Flüssigkeitsretention Diuretika, bei persistierenden Symptomen Herzglykoside und bei schwerster Herzinsuffizienz niedrig-dosiertes Spironolacton.

Myokardrevaskularisation

Über den Einfluss einer Myokardrevaskularisation auf die Überlebensrate und Lebensqualität diabetischer Patienten mit koronarer Herzerkrankung und linksventrikulärer Dysfunktion liegen nur wenige Daten vor. In einer retrospektiven Analyse der SOLVD-Studien fand sich eine signifikante Letalitätssenkung bei diabetischen Patienten mit Myokardrevaskularisation und optimaler medikamentöser Therapie im Vergleich zu einer alleinigen medikamentösen Behandlung (Dries et al., 2001). Die Bypass-Operation führte zudem zu einer Verbesserung der Symptomatik und einer Abnahme der Krankenhauseinweisungen wegen einer Herzinsuffizienz. Insgesamt wiesen diabetische Patienten mit ischämischer Kardiomyopathie nach operativer Myokardrevaskularisation eine vergleichbare Prognose wie Nicht-Diabetiker auf (im Gegensatz zu nicht-operierten Diabetikern mit schlechterer Prognose). Ähnliche Ergebnisse zeigte auch eine Subgruppenanalyse der CABG-PATCH-Studie (Whang et al., 2000). Somit sollte bei diabetischen Patienten mit einer Makroangiopathie und systolischer Kontraktionsstörung wenn möglich eine operative Myokardrevaskularisation aus prognostischen Gründen in Erwägung gezogen werden.

Literatur

Tight blood pressure control and risk of macrovascular and microvascular complications in type 2 diabetes: UKPDS 38. UK Prospective Diabetes Study Group. Bmj **317**, 703-13(1998).

MRC/BHF Heart Protection Study of cholesterol lowering with simvastatin in 20,536 high-risk individuals: a randomised placebo-controlled trial. Lancet **360**, 7-22(2002).

Aronow, W. S., Ahn, C.: Incidence of heart failure in 2,737 older persons with and without diabetes mellitus. Chest **115**, 867-8 (1999).

Depre, C., Young, M. E., Ying, J. et al.: Streptozotocin-induced changes in cardiac gene expression in the absence of severe contractile dysfunction. J Mol Cell Cardiol **32**, 985-96(2000).

Dries, D. L., Sweitzer, N. K., Drazner, M. H. et al.: Prognostic impact of diabetes mellitus in patients with heart failure according to the etiology of left ventricular systolic dysfunction. J Am Coll Cardiol **38**, 421-8 (2001).

Fein, F. S., Malhotra, A., Miller-Green, B. et al.: Diabetic cardiomyopathy in rats: mechanical and biochemical response to different insulin doses. Am J Physiol **247**, H817-23 (1984).

Gustafsson, I., Torp-Pedersen, C., Kober, L. et al.: Effect of the angiotensin-converting enzyme inhibitor trandolapril on mortality and morbidity in diabetic patients with left ventricular dysfunction after acute myocardial infarction. Trace Study Group. J Am Coll Cardiol **34**, 83-9(1999).

Hansson, L., Zanchetti, A., Carruthers, S. G. et al.: Effects of intensive blood-pressure lowering and low-dose aspirin in patients with hypertension: principal results of the Hypertension Optimal Treatment (HOT) randomised trial. HOT Study Group. Lancet **351**, 1755-62 (1998).

Heyliger, C. E., Prakash, A.McNeill, J. H.: Alterations in cardiac sarcolemmal Ca^{2+} pump activity during diabetes mellitus. Am J Physiol **252**, H540-4 (1987).

Hoppe, U. C.Erdmann, E., im Auftrag der Kommission für Klinische Kardiologie der Deutschen Gesellschaft für Kardiologie – Herz- und Kreislaufforschung: Leitlinien zur Therapie der chronischen Herzinsuffizienz. Z Kardiol **90**, 218-37 (2001).

Hunt, H. A., Baker, D. W., Chin, M. H. et al.: ACC/AHA Guidelines for the Evaluation and Management of Chronic Heart Failure in the Adult. Circulation **104**, 2996-3007 (2001).

Iribarren, C., Karter, A. J., Go, A. S. et al.: Glycemic control and heart failure among adult patients with diabetes. Circulation **103**, 2668-73 (2001).

Kannel, W. B.Belanger, A. J.: Epidemiology of heart failure. Am Heart J **121**, 951-957 (1991).

Pitt, B., Zannad, F., Remme, W. J. et al.: The effect of spironolactone on morbidity and mortality in patients with severe heart failure. Randomized Aldactone Evaluation Study Investigators. N Engl J Med **341**, 709-17 (1999).

Remme, W. J.Swedberg, K.: Guidelines for the diagnosis and treatment of chronic heart failure. Eur Heart J **22**, 1527-60 (2001).

Shindler, D. M., Kostis, J. B., Yusuf, S. et al.: Diabetes mellitus, a predictor of morbidity and mortality in the Studies of Left Ventricular Dysfunction (SOLVD) Trials and Registry. Am J Cardiol **77**, 1017-20 (1996).

Stratton, I. M., Adler, A. I., Neil, H. A. et al.: Association of glycaemia with macrovascular and microvascular complications of type 2 diabetes (UKPDS 35): prospective observational study. Bmj **321**, 405-12 (2000).

Whang, W.Bigger, J. T., Jr.: Diabetes and outcomes of coronary artery bypass graft surgery in patients with severe left ventricular dysfunction: results from The CABG Patch Trial database. The CABG Patch Trial Investigators and Coordinators. J Am Coll Cardiol **36**, 1166-72 (2000).

2.11 Diastolische Dysfunktion

F. M. Baer

Traditionell wird unter dem Begriff Herzinsuffizienz eine systolische Dysfunktion des linken Ventrikels mit resultierender Einschränkung der Auswurffraktion verstanden. Es kann jedoch auch eine Kombination aus systolischer und diastolischer Funktionsstörung oder eine ausschließliche Füllungsbehinderung des linken Ventrikels im Sinne einer isolierten diastolischen Dysfunktion als Ursache einer Herzinsuffizienzsymptomatik vorliegen. Etwa 30-50 % aller Patienten mit Herzinsuffizienzsymptomen leiden an einer isolierten diastolischen Funktionsstörung bei normal großem Ventrikel und einer noch normalen oder nahezu normalen Auswurffraktion (EF) (Bonow et al., 1992; Ramachandran et al., 1995). Während die jährliche Letalität der Patienten mit systolischer Dysfunktion mit 19 % angegeben wird, ist die Letalität der Patienten mit isolierter diastolischer Dysfunktion mit 8 % zwar deutlich geringer aber gegenüber einem nicht herzinsuffizienten Vergleichskollektiv mit einer jährlichen Letalität von 3-4 % mehr als doppelt so hoch (Vasan et al., 1995). Die Frequenz von stationären Behandlungen bei diastolischer Herzinsuffizienz ist vergleichbar mit der bei eingeschränkter systolischer Funktion und es wird geschätzt, dass mehr als 25 % der Kosten, die beider Behandlung herzinsuffizienter Patienten entstehen, auf Patienten mit diastolischer Herzinsuffizienz entfallen.

Erst seit kurzem liegen eine einheitliche Definition und diagnostische Kriterien zur Erfassung einer diastolischen Dysfunktion und der daraus resultierenden diastolischen Herzinsuffizienz vor. Neben den klinischen Zeichen der Herzinsuffizienz ist der Nachweis einer Störung der linksventrikulären Relaxation, Füllung und/oder Dehnbarkeit zur Erfassung der diastolischen Funktionsstörung, die durch die Herzkatheterdiagnostik und/oder Echokardiographie erbracht werden kann, zwingend.

Hämodynamisch gesehen ist bei Vorliegen einer isolierten diastolischen Dysfunktion der linke Ventrikel nicht mehr in der Lage, ein adäquates Blutvolumen aufzunehmen, um bei normalen diastolischen Drücken ein ausreichendes Schlagvolumen aufzubauen.

Formal kann eine frühdiastolische Relaxationsstörung und/oder eine zunehmende spätdiastolische Dehnbarkeitsstörung (Compliancestörung) vorliegen, sodass die Diastole verlängert, verlangsamt oder inkomplett abläuft (Zile et al, 2002a, Zile et al., 2002b, Baer et al., 1999). Bei der isolierten Relaxationsstörung kommt es in der Druck-Volumen-Kurve aufgrund der verlangsamten Ventrikelerschlaffung zu einer verspäteten Ventrikelfüllung bei erhöhten Druckwerten. Dagegen kommt es bei einer Compliancestörung zu einem initialen frühdiastolischen Druckabfall, dem nach schnellem Wiederanstieg hohe enddiastolische Druckwerte folgen (siehe Abb. 2.50). In der Praxis gelingt es aber meist nicht, diese einzelnen Komponenten sicher abzugrenzen. Die

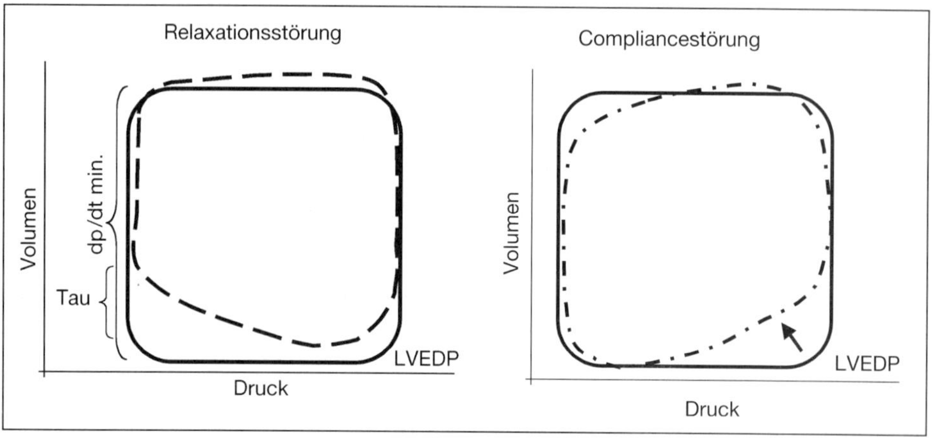

Abb. 2.50 Relaxations-und Compliancestörung im schematisierten Druck-Volumendiagramm. a) Relaxationsstörung: Es kommt zur Verlangsamung der frühen diastolischen Erschlaffung. Druckabfallszeit-(dP/dt min.), isovolumetrische Relaxations-(Tau) und schnelle Füllungsgeschwindigkeit haben abgenommen. Normaler Verlauf entspricht der durchgezogenen Linie. b) Compliancestörung: Es kommt zu erhöhten linksventrikulären enddiastolischen Drücken und zur Zunahme der Steifigkeitskonstante. Normaler Verlauf entspricht der durchgezogenen Linie.

häufigsten Ursachen einer diastolischen Dysfunktion sind die linksventrikuläre Hypertrophie, zumeist infolge einer arteriellen Hypertonie, und die Myokardischämie auf dem Boden einer koronaren Herzkrankheit (KHK).

Weitere Erkrankungen, die ebenfalls zu einer Füllungsbehinderung des linken Ventrikels führen können, sind in Tabelle 2.9 aufgeführt. Gesicherte Ergebnisse aus prospektiven plazebokontrollierten Studien zur Therapie der

Tab. 2.9 Erkrankungen mit diastolischer Dysfunktion. Erkrankungen, die eine diastolische Funktionsstörung verursachen können, eingeteilt nach führender Relaxationstörung oder führender Compliancestörungen.

Erkrankungen mit diastolischer Dysfunktion	Relaxationsstörung überwiegt	Compliancestörung überwiegt
Arterielle Hpertonie	++	+
Hypertrophe Kardiomyopathie	++	+
Koronare Herzkrankheit	++	+
Aortenstenose	++	+
Hypertrophe obstruktive Kardiomyopathie	++	+
Infiltrative Kardiomyopathie	+	++
Restriktive Kardiomyopathie	–	++
Konstriktive Perikarditis	–	++
Rechtsventrikuläre Druck- oder Volumenbelastung	+	+

diastolischen Dysfunktion liegen noch nicht vor. Neben einer kausalen Therapie, die auf einem Klappenersatz bei Aortenstenose, einer Revaskularisierung bei ischämischer Herzerkrankung oder auf einer suffizienten Blutdruckeinstellung basieren kann, erscheinen aus pathophysiologischer Sicht sowohl nicht pharmakologische als auch pharmakologische Maßnahmen geeignet. Aktuelle Therapieempfehlungen beziehen sich auf a) eine vorsichtige Vorlastreduktion, z.B. mittels Salzreduktion, Diuretika und Nitrat; b) eine konsequente Frequenzkontrolle, z.B. durch aerobes Training, Kalziumantagonisten vom Verapamil-/Diltiazemtyp oder beta-Blocker und c) eine antifibrotisch und antiproliferativ wirkende Medikation unter Einsatz von ACE-Hemmern, AT1-Antagonisten oder Aldosteronantagonisten.

2.11.1 Pathophysiologie

Bei normaler Herzfrequenz beträgt die Dauer der Diastole ca. 50 % der gesamten Dauer des Herzzyklus. Unter muskelphysiologischen Aspekten würde man als Diastole im eigentlichen Sinne die Diastase und die atriale Kontraktionsphase verstehen (siehe Abb. 2.51). Hier findet jedoch nur ca. 5-15 % der gesamten ventrikulären Füllung statt (Brutsaert et al., 1997). Der systolische Druckabfall und die schnelle Füllungsphase, also ca. 85 % der Volumen-Änderungen auf dem Druck-Volumen-Diagramm, sind Teil eines aktiven Relaxationsprozesses des Herzmuskels. Unter konventionell klinischen Aspekten wird dieser aktive Relaxationsprozess des Myokards im Gegensatz zur muskelphysiologischen Betrachtungsweise der Diastole zugerechnet (Brutsaert et al., 1997). Während des systolischen Druckabfalls ändert sich das ventrikuläre Volumen nicht (isovolumetrische Relaxationsphase). In der schnellen Füllungsphase erfolgt der größte Teil der Füllung des Ventrikels (siehe Abb. 2.51). Die Füllung hängt ab von der Druckdifferenz zwischen Vorhof und Ventrikel. Sie beginnt erst, wenn der linksventrikuläre Druck unter den Druck im linken Vorhof fällt, und sich die Mitralklappe öffnet. Ein positiver Druck wird vom linken Vorhof, der während der ventrikulären Systole gefüllt wurde, aufgebracht (Wheeldon et al., 1994). Des weiteren erzeugt die aktive ventrikuläre Relaxation einen negativen intraventrikulären Druck und auf diese Weise einen Sogeffekt, der zur transmitralen Füllung beiträgt. Der Sogeffekt ist abhängig von einer sympathischen und betaadrenergen Stimulation, so dass auch bei einer durch Tachykardie (Sympathikus) reduzierten Füllungszeit eine ausreichende ventrikuläre Füllung erzielt wird (Ruzunuma et al., 1996).

Die diastolische Dysfunktion kann durch pathophysiologische Veränderungen in unterschiedlichen kardialen Kompartimenten bedingt sein (Zile et al, 2002a, Zile et al., 2002b). Funktionsstörungen finden sich typischerweise im Endothel, im Aufbau der extrazellulären Matrix sowie auf zellulärer Ebene.

Funktionsstörungen der Myozyten

Die Relaxation bzw. Inaktivierung der Kontraktion ist ein aktiver Prozess, der auf zellulärer Ebene von der Wiederaufnahme von Kalzium durch eine Kalzium-ATPase (SERCA-2a) in das sarkoplasmatische Retikulum abhängt.

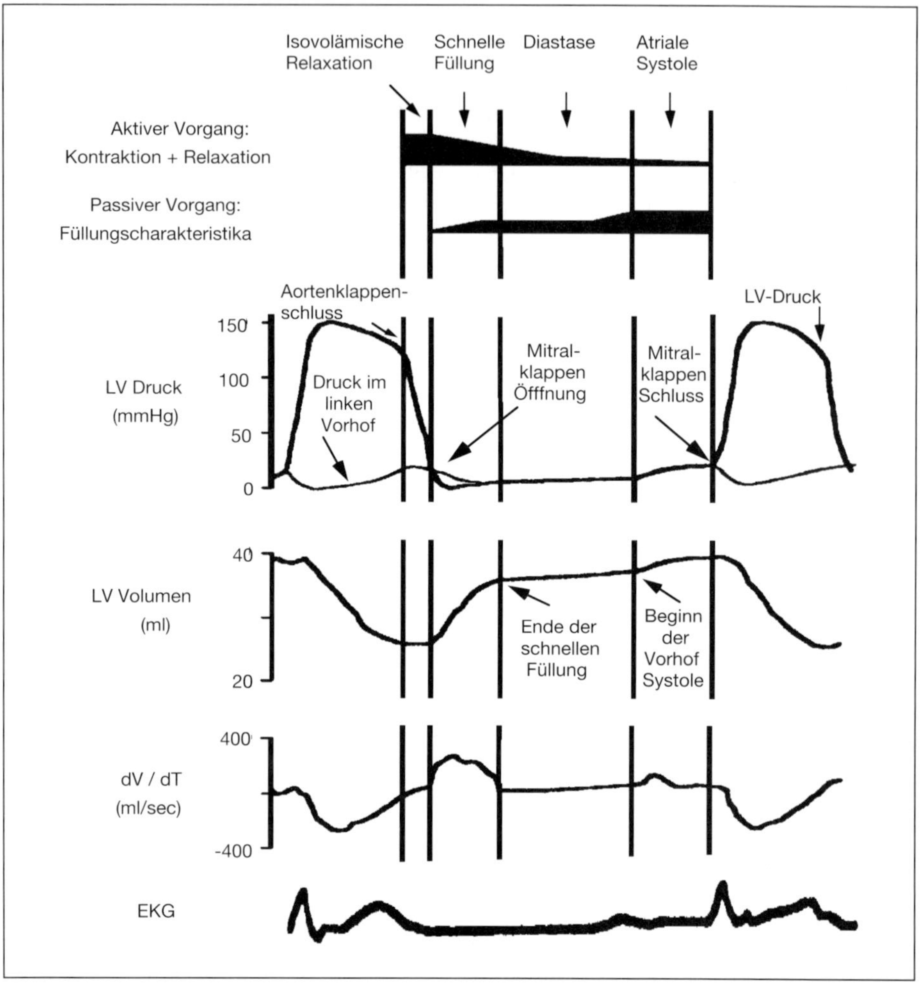

Abb. 2.51 Druck -Volumenbeziehungen während des Herzzyklus. Schematische Darstellung von linksventrikulärer Relaxation und Compliance anhand der dargestellten Parameter (linksventrikulärer (LV) Druck , Volumen und Volumenfluss) während der 4 Phasen des Herzzyklus. (Aus: Baer, Erdmann, 1999)

Eine reduzierte SERCA-Aktivität und/oder Phospholamban-, Calmodulin- und Calsequestrinfunktionsstörungen führen zu einer verlangsamten frühdiastolischen Relaxation. Auch Schädigungen des myozytären kontraktilen Apparates wie eine reduzierte ATP-Bereitstellung, Troponinveränderungen oder Änderungen des Zytoskeletts (Actin-, Desmin- und vor allem Titinveränderungen) stellen typische Veränderungen dar.

Umbauprozesse der extrazellulären Matrix

Fibrotische Umbauprozesse der extrazellulären Matrix, charakterisiert durch eine quantitative Änderung des Kollagen-Typ-I-zu-Typ-III-Verhältnisses, metalloproteinasenbedingte qualitative Änderung der Matrix oder eine vermehrte intrazelluläre Matrix führen typischerweise zu einer Compliancestörung (Burlew et al., 2002).

Endothelfunktionsstörungen

Obwohl Stickstoffoxid (NO) bezogen auf die systolische Funktion negativ inotrope Wirkung entfalten kann, bietet es für die diastolische Funktion wünschenswerte Effekte. So konnte gezeigt werden, dass durch NO-Applikation der

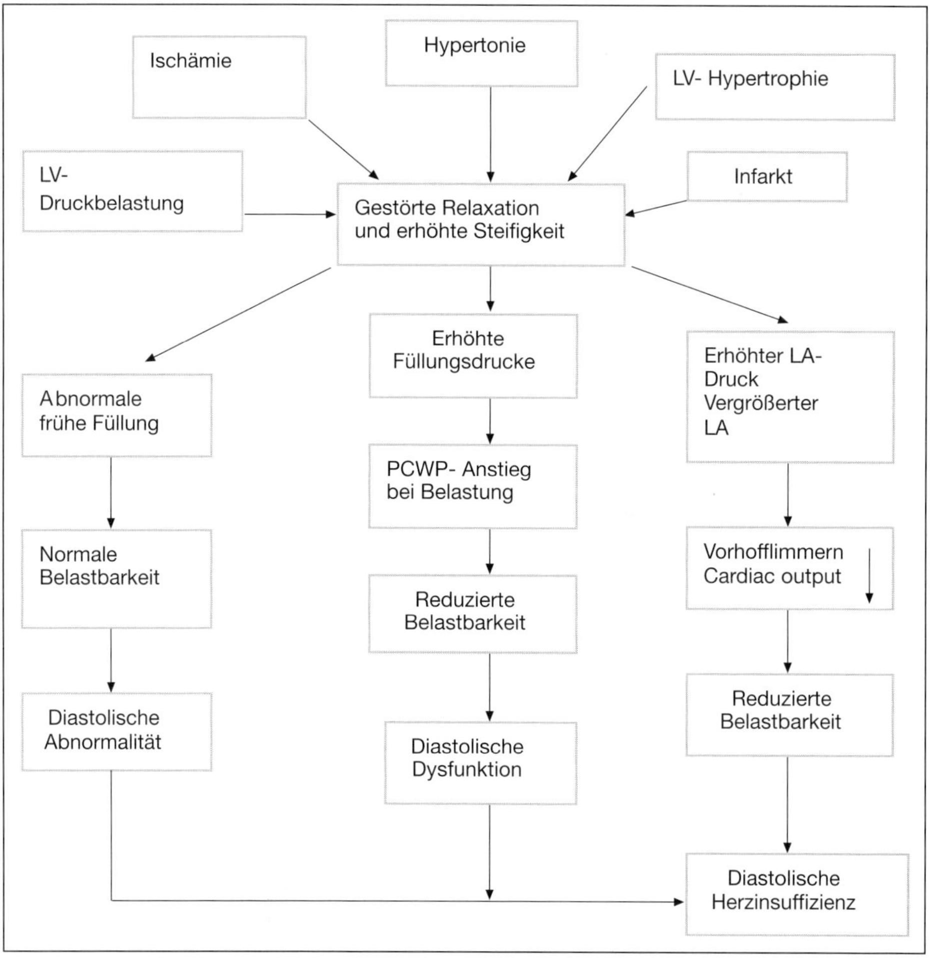

Abb. 2.52 Klinische Klassifizierung diastolischer Funktionsstörungen (Flussdiagramm). Eine geringe Relaxationsstörung verläuft meist asymptomatisch. Bei einer diastolischen Dysfunktion kommt es zur Zunahme der gestörten Ventrikelfüllung, so dass unter Belastung eine Zunahme des Pulmonalkapillarenverschlussdrucks (PCWP) und klinisch eine Belastungsdyspnoe trotz normaler systolischer Funktion resultieren. Bei der diastolischen Herzinsuffizienz hat die Ventrikelsteifigkeit weiter zugenommen, sodass das enddiastolische Volumen zu gering ist, um ein ausreichendes Schlagvolumen aufzubauen.

Beginn der Relaxation früher einsetzt („Relaxation-Hastening Effekt 2“) und die Ventrikeldehnungsfähigkeit zunimmt (Paulus et al., 2000). Somit kann eine endotheliale Dysfunktion aufgrund mangelnder NO-Bereitstellung auch an einer diastolischen Funktionsstörung ursächlich im Sinne einer verzögerten Relaxation und reduzierten Ventrikeldehnungsfähigkeit beteiligt sein.

Klinischer Verlauf

Inzidenz und Prävalenz der diastolischen Herzinsuffizienz sind altersabhängig. So zeigen weniger als 10 % der Patienten mit Herzinsuffizienzsymptomen unter 60 Jahren eine normale systolische Funktion, während in der Altersgruppe der über 75-Jährigen die Häufigkeit einer normalen systolischen Funktion mit 50 % angegeben wird (Vasan et al, 1995). Eine Analyse von Daten aus der Framingham Studie erbrachte darüberhinaus Hinweise, dass die diastolische Herzinsuffizienz bei Frauen häufiger Auftritt als bei Männern. Klinisch gesehen stellt die isolierte diastolische Funktionsstörung ein Syndrom dar, das durch typische Zeichen und Symptome einer Herzinsuffizienz bei noch erhaltener systolischer aber abnormer diastolischer Funktion charakterisiert ist (siehe Abb. 2.52).

Während eine geringe Relaxationsstörung meist asymptomatisch verläuft

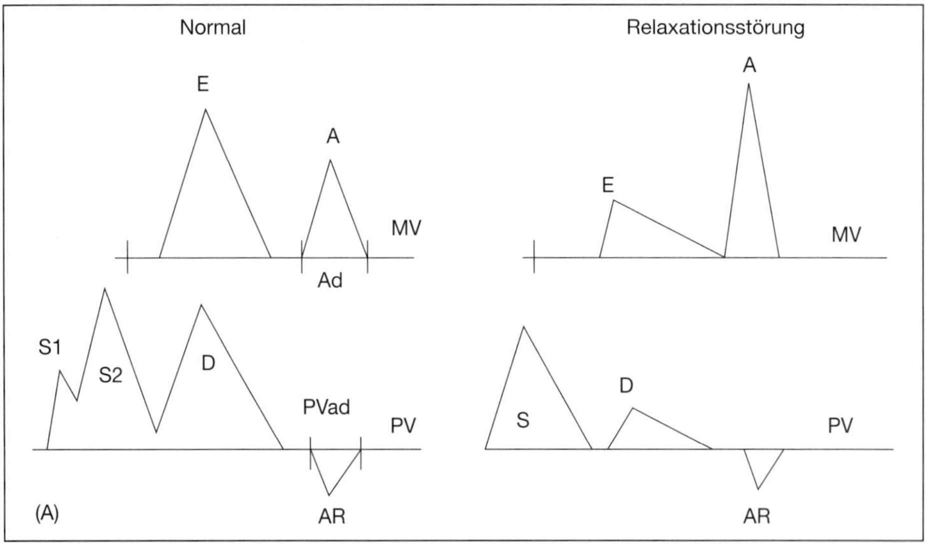

Abb. 2.53 Normales und pathologisches Mitralklappen- und Pulmonalvenen-Flussprofil. Eine diastolische Funktionsstörung kann anhand des dopplerechokardiographisch erfassbaren Mitralklappenflussprofils (MV) und pulmonalvenösen Flussprofils (PV) diagnostiziert werden. „E" repräsentiert die dopplerechokardiographisch bestimmte Flussgeschwindigkeit in der frühen Diastole (E-Welle). „A" steht für die dopplerechokardiographisch bestimmte Geschwindigkeit zum Ende der Diastole während der atrialen Kontraktion (A-Welle). „S" repräsentiert den systolischen pulmonalvenösen Fluss, während „D" den diastolischen pulmonalvenösen Fluss charakterisiert. AR= Pulmonalvenöse umgekehrte atriale Spitzengeschwindigkeit. Eine diastolische Relaxationsstörung ist unter Beachtung der altersbedingten Veränderungen typischerweise charakterisiert durch eine Umkehr des E:A-Verhältnisses (E<A oder E/A<1) und eine Umkehr der pulmonalvenösen Verhältnisse S:D (S/D>1).

und isoliert bei 25 % aller Hypertoniker nachzuweisen ist, führt eine weitere Zunahme der gestörten Ventrikelfüllung zur Belastungsdyspnoe und wird als diastolische Dysfunktion bezeichnet. Liegt eine diastolische Herzinsuffizienz vor, dann hat die Ventrikelsteifigkeit noch weiter zugenommen, so dass das enddiastolische Volumen so gering ist, dass auch schon in Ruhe kaum noch ein ausreichendes Schlagvolumen aufgebaut werden kann. Der ältere Patient mit Herzinsuffizienzsymptomen trotz noch guter linksventrikulärer Funktion stellt ein typisches Beispiel für eine isolierte diastolische Dysfunktion dar (siehe Abb. 2.53). Experimentelle und klinische Studien haben gezeigt, dass die linksventrikuläre diastolische Funktion mit dem Alter abnimmt, wohingegen die Kontraktilität in Ruhe unverändert bleibt. Die altersbedingten Veränderungen sind gekennzeichnet durch einen erhöhten interstitiellen Kollagengehalt und eine gestörte Relaxation.

Eine verlängerte systolische Kontraktionsdauer und eine reduzierte Kalziumaufnahme in das sarkoplasmatische Retikulum liegen ebenfalls vor (Ruzumna et al., 1996). Typisch sind zudem eine Verlängerung der isovolumetrischen Phase und eine verlangsamte frühdiastolische Füllung (Schulmann et al., 1998). Die altersbedingten Veränderungen des Herzens ähneln somit den Veränderungen, die auch bei Hypertrophie oder Ischämie gesehen werden und erschweren dadurch die Identifizierung von Patienten mit einer diastolischen Dysfunktion. Prinzipiell ist die linksventrikuläre Hypertrophie zunächst nur eine Anpassungsreaktion an eine erhöhte Nachbelastung. Erst bei chronischer Druckbelastung entwickelt sich eine zunehmende diastolische Dysfunktion. Die linksventrikuläre Hypertrophie ist aber nicht die alleinige Ursache für eine diastolische Dysfunktion. An 665 älteren Patienten konnte gezeigt werden, dass sich die Prävalenz normaler und gestörter Relaxation und das Vorliegen eines restriktiven Füllungsverhaltens nicht signifikant unterschied zwischen Patienten mit und ohne linksventrikulärer Hypertrophie (Zabalgoita et al., 1997). Die linksventrikuläre Hypertrophie ist somit kein unabhängiger Faktor für die Entwicklung eines gestörten transmitralen Flussprofils, zumindest bei älteren Patienten. Auch Sportlerherzen mit ähnlich ausgeprägter linksventrikulärer Hypertrophie wie bei Hypertonikern weisen eine normale diastolische Funktion auf. Folglich erscheint die Entwicklung einer diastolischen Dysfunktion beim Hypertoniker multikausal zu sein, bedingt durch eine erhöhte Wandspannung, einen erhöhten interstitiellen Kollagengehalt und eine erhöhte myokardiale ACE-Aktivität (Ruzumna et al., 1996). Prädisponierend für die Entwicklung einer diastolischen Funktionsstörung sind darüberhinaus die diabetische Kardiopathie, die hypertrophe Kardiomyopathie, die ischämische Kardiopathie, die Aortenstenose, die infiltrativen (z.B. Amyloidose) und restriktiven Kardiomyopathien (z.B. Endokarditis Löffler), die konstriktive Perikarditis sowie die rechtsventrikuläre Dysplasie (Böhm et al., 2002).

2.11.2 Diagnose

Diagnostische Kriterien

Prinzipiell muss unterschieden werden zwischen einer klinisch manifesten Herzinsuffizienz auf dem Boden einer diastolischen Dysfunktion und einer diastolischen Dysfunktion ohne manifeste Herzinsuffizienz. Für das Vorliegen einer diastolischen Herzinsuffizienz müssen folgende Kriterien erfüllt sein (European Study Group on Diastolic Heart Failure, 1998)

1. Vorliegen von Zeichen oder Symptomen einer Stauungsinsuffizienz.

Dazu zählen erhöhter linksatrialer Druck, Belastungsdyspnoe, Orthopnoe, Galopprhythmus, feuchte Rasselgeräusche oder Lungenödem.

Die Belastungsinsuffizienz infolge einer stauungsbedingten Belastungsdyspnoe ist häufig das erste klinische Zeichen einer diastolischen Herzinsuffizienz (Wheeldon et al, 1994). Die Spiroergometrie erlaubt aufgrund des Vergleichs zahlreicher kardiopulmonaler Funktionsparameter eine gute Differenzierung zwischen kardial und pulmonal bedingter Dyspnoe (Breuer et al., 1997). Als häufigste Abnormalität bei Patienten mit Belastungsdyspnoe findet sich eine Erhöhung des linksventrikulären Füllungsdrucks. Diese hämodynamische Veränderung ist typisch für Patienten mit Belastungsdyspnoe und unabhängig von der systolischen Funktion (Packer 1990).

2. Vorliegen einer normalen oder nur geringgradig gestörten ventrikulären systolischen Funktion.

Da die diastolische linksventrikuläre Dysfunktion häufig begleitend bei Patienten mit systolischer linksventrikulärer Funktionsstörung auftritt, wird als Kriterium für eine primär diastolische Funktionsstörung eine untere Grenze der Ejektionsfraktion von 45 % gefordert. Gleichzeitig sollten der linksventrikuläre enddiastolische Durchmesserindex $< 3{,}2\,\mathrm{cm}\ .\ \mathrm{m}^2$ oder der linksventrikuläre enddiastolische Volumenindex $< 102\ \mathrm{ml}\ .\ \mathrm{m}^2$ sein (European Study Group on Diastolic Heart Failure, 1998).

3. Vorliegen einer gestörten linksventrikulären Relaxation, Füllung, diastolischen Dehnbarkeit oder diastolischen Steifheit.

Der Nachweis einer verlangsamten isovolumetrischen Relaxation und/oder einer verlangsamten frühdiastolischen Füllung und/ oder einer verminderten linksventrikulären Dehnbarkeit und/ oder einer erhöhten linksventrikulären Steifheit ist nötig, um die diastolische Dysfunktion zu beweisen. Die Bestimmung zahlreicher hämodynamischer und dopplerechokardiographischer Messwerte ist für die exakte Diagnose einer diastolischen Dysfunktion erforderlich.

Diagnostische Maßnahmen

Mit der Erfassung der linksventrikulären Ejektionsfraktion durch eine Herzkatheter- oder echokardiographische Diagnostik gelingt es sicher, die systolische LV-Funktion zu erfassen. Die klinische Belastbarkeit sollte durch eine Spiroergometrie quantifiziert werden. Demnächst werden Teststreifen zur Bestimmung des Brain Natriuretic Peptid (BNP) zur Verfügung stehen. Neueste Studien zeigen, dass erhöhte BNP-Spiegel einen sehr spezifischen und sensitiven Marker zur Erkennung einer diastolischen Dysfunktion darstellen und eine verbesserte Differenzierung gegenüber pulmonal bedingter Dyspnoe erlauben (Lubien et al., 2002). Ein BNP-Wert von 62 pg/ml hatte eine Sensitivität von 85 %, eine Spezifität von 83 % und eine diagnostische Genauigkeit von 84 % für den Nachweis einer diatolischen Dysfunktion. Darüberhinaus konnte die Arbeitsgruppe um Lubien zeigen, dass eine Korrelation zwischen den Schweregraden der diastolischen Dysfunktion und der Höhe des BNP-Spiegel besteht.

Invasive Links- bzw. Rechtsherzdiagnostik

Die Erfassung einer abnormalen linksventrikulären isovolumetrischen Relaxation, gestörten Füllung und/oder verminderten Dehnungsfähigkeit ist schwieriger durchzuführen als die Messung der systolischen LV-Funktion. Mit einer Links- bzw. Rechtsherzdiagnostik gelingt es, invasiv eine diastolische Dysfunktion hämodynamisch zu beweisen, wenn

a) eine Erhöhung des enddiastolischen Drucks (> 16 mmHg) oder des Pulmonalkapillardrucks (> 12 mmHg) und/oder
b) eine verminderte Druckabfallsgeschwindigkeit (dP/dt min. < 1100 mmHg/s) und/oder
c) eine verminderte Relaxationsgeschwindigkeit (Tau > 48 ms) und/oder
d) eine verminderte schnelle frühdiastolische Füllungsgeschwindigkeit (PFR < 1,6 ml/s) und/oder
e) eine myokardiale Steifigkeitszunahme (Steifigkeitskonstante b > 0,27) vorliegt.

Durch den Einsatz eines linksventrikulär zu platzierenden speziellen Konduktanzkathetersystems kann mittels Analyse von Druck-Volumen-Beziehungen die Steifigkeitskonstante direkt bestimmt werden. Dabei werden nach Erfassung der Ruhe-Druck-Volumen-Schleife die Veränderungen der enddiastolischen Druck-Volumen-Beziehung (EDPVR) nach kurzer Vorlastsenkung, z. B. durch eine Vena-Cava-Okklusion oder einen Nitrobolus zur Bestimmung der Ventrikelcompliance analysiert. Diese aufwendige und in der klinischen Routine wenig genutzte Methode hat den Vorteil, dass die Erfassung der diastolischen Funktion durch Herzfrequenz- und volumenunabhängige Parameter erfolgt.

Nichtinvasive Diagnostik

Die transthorakale Echokardiographie spielt eine wesentliche Rolle in der Routinediagnostik einer diastolischen Dysfunktion (Erbel et al., 2002). Es sind unterschiedliche Parameter wie die Bestimmung der isovolumetrischen Relaxationszeit (IVRT), das Verhältnis aus Mitraleinstromflussgeschwindigkeit (E) zu atrialem (A) Einstrom, die Dezelerationszeit (DZ) und die Pulmonalvenenflussgeschwindigkeit (PV) etabliert.

Die isovolumetrische Relaxationszeit (IVRT) ist die Zeit, die zwischen dem Aortenklappenschluss und der Mitralklappenöffnung liegt. Sie kann ermittelt werden durch den Beginn des transmitralen Flusses und dem Ende des linksventrikulären Ausstroms. Die Normalwerte sind altersabhängig (siehe Tab. 2.10).

Eine verlängerte IVRT weist auf eine verlangsamte isovolumetrische Relaxation hin. Ein Normalwert kann jedoch keine verlangsamte isovolumetrische Relaxation ausschließen, da sich die IVRT normalisiert, wenn ein erhöhter

Tab. 2.10 Altersadaptierte Normalwerte für die isovolumetrische Relaxation (IVRT) und das Verhältnis der Maximalgeschwindigkeit von E-Welle zu A-Welle.

IVRT < 30 Jahre = 72 ± 12 ms; verlängert > 92 ms
IVRT 30–50 Jahre = 80 ± 12 ms; verlängert > 100 ms
IVRT > 50 Jahre = 84 ± 12 ms; verlängert > 105 ms
E/A < 30 Jahre = 2,7 ± 0,7
E/A 30–50 Jahre = 2,0 ± 0,6
E/A > 50 Jahre = 1,2 ± 0,4

linksatrialer Druck zu einer vorzeitigen Mitralklappenöffnung führt.

Als charakteristischer Summenparameter für die diastolische Funktion wird das E/A-Verhältnis herangezogen. Zur Bestimmung dieses Parameters wird das sample volume des PW-Dopplers im 4-Kammerblick zwischen die Spitzen der geöffneten Mitralsegel platziert. „E" repräsentiert die dopplerechokardiographisch bestimmte Flussgeschwindigkeit in der frühen Diastole (E-Welle). „A" steht für die dopplerechokardiographisch bestimmte Geschwindigkeit zum Ende der Diastole während der atrialen Kontraktion (A-Welle). Die Normalwerte sind ebenfalls altersabhängig (siehe Tab. 2.10).

Die frühe linksventrikuläre Füllung ist wesentlich vom atrioventrikulären Druckgradienten abhängig. Insbesondere bei hypertrophiertem linken Ventrikel mit Erfordernis eines erhöhten Drucks zur Öffnung der Mitralklappe kann es zur Pseudonormalisierung des E/A-Verhältnisses kommen. Eine zunehmende Störung der linksventrikulären Compliance verursacht eine weitere Restriktion des transmitralen Flusses. Typisch hierfür ist dann eine Verkürzung der Dezelerationszeit. Die Dezelerationszeit ist das Zeitintervall zwischen der maximalen frühdiastolischen Geschwindigkeit („E-Welle") und dem Schnittpunkt des Geschwindigkeitabfalls mit der Grundlinie. Die normale Dezelerationszeit beträgt 200 ± 40 ms. Bei schwerer diastolischer Compliancestörung findet sich zum Zeitpunkt der Mitralklappenöffnung ein großer atrioventrikulärer Gradient mit hoher E-Welle. Der schnelle Anstieg des linksventrikulären Druckes während der frühen Diastole führt zu einer Verkürzung der Dezelerationszeit. Aufgrund der verstärkten Füllung zum Zeitpunkt der E-Welle ist der transmitrale Fluss zum Zeitpunkt der A-Welle relativ niedrig. Während der atrialen Kontraktion tritt ein verstärkter Rückfluss in die Pulmonalvenen auf. Das restriktive Füllungsverhalten des Ventrikels resultiert somit in einer hohen E-Welle, einer kurzen Dezelerationszeit (DT < 50 Jahre < 140 ms) und einer niedrigen A-Welle (Nishimura et al., 1997, European Study Group on diastolic Heart Failure, 1998).

Aufgrund zahlreicher Variablen, die das E/A-Verhältnis beeinflussen, ist im Einzelfall die Interpretation dieses Parameters isoliert von anderen Kenngrößen der Herzfunktion problematisch. Das Alter des Untersuchten, die Druckverhältnisse im großen und kleinen Kreislauf, akute oder auch chronische Veränderungen der Hämodynamik sind individuell unterschiedlich relevante Einflussgrößen. Zusätzlich muss berücksichtigt werden, dass die Spezifität der echokardiographisch bestimmten Einzelparameter (IVRT, DZ, E/A, PV-Fluss) im Gegensatz zu denen aus der Herzkatheterdiagnostik mit ca. 40-60 % zu gering ist, um sicher die Diagnose der diastolischen Dysfunktion zu erfassen (Zile et al., 2001). Werden aber mehrere Parameter hinzugezogen, kann die diastolische Funktionsstörung mit einer Sensitivität bis zu 98 % auf nicht-invasiver Basis erfasst werden. Mittlerweile wird auch die Gewebe-Doppler-Echokardiographie hinzugezogen, mit der es gelingt, die diastolische Funktion auch bei Herzrhythmusstörungen wie Vorhofflimmern und Tachykardien zu bestimmen.

Anhand der o. g. echokardiographischen Parameter lässt sich folgende Schweregradeinteilung der diastolischen Funktionsstörung vornehmen, wobei vier Kategorien unterschieden werden:

1. normale diastolische Funktion;

2. Relaxationsstörung mit einem umgekehrten E/A- Verhältnis (< 1) und verlängerter Dezelerationszeit;
3. Übergang zur restriktiven Funktionsstörung. Dieses Stadium ist durch eine überhöhte E-Welle im Vergleich zur A-Welle charakterisiert (Pseudonormalisierung) und kann durch eine transösophageale Bestimmung der Pulmonalvenengeschwindigkeit oder

Tab. 2.11 Differentialdiagnose der Linksherzinsuffizienz bei normaler systolischer Funktion (Aus: Baer, Erdmann, 1999).

Diagnose	Mögliche Ursache
Linksventrikuläre Diastolische Dysfunktion	▪ Koronare Herzerkrankung Linksventrikuläre Hypertrophie, Arterielle Hypertonie, Hypertrophe Kardiomyopathie, Einengung des linksventrikulären Ausflusstraktes ▪ Restriktive Kardiomyopathie – Infiltrative Erkankung des Myokards (Amyloidose, Sarkoidose, Hämochromatose, Transplantatabstoßung) – Endokarderkrankung (kardiale Fibroelastose, endomyokardiale Fibrose) – Diabetes mellitus, – Idiopathische Erscheinungsformen ▪ Alter, ▪ Übergewicht, ▪ Verkürzte linksventrikuläre Füllungszeit (persistierende Tachykardie, Vorhofflimmern)
Rechtsherzinsuffizienz (evtl. mit begleitender Linksherzinsuffizienz	▪ Pulmonale Hypertonie (primär oder sekundär; rezidivierende Thrombembolien, Pneumokoniose) ▪ Trikuspidalinsuffizienz ▪ Kardiomyopathie des rechten Ventrikels ▪ Rechtsventrikulärer Infarkt ▪ Rechtsatriales Myxom ▪ Intrakardiale Shunts.
Linksatriale Druckerhöhung (bei normaler systolischer und diastolischer LV- Funktion	▪ Stenose des linksventrikulären Ausflusstraktes (Mitralstenose, linksatriales Myxom, Cor triatriatum) ▪ Linksatriale Veränderungen (Pulmonalvenenstenose, Compliancegestörter linker Vorhof) ▪ Akute oder chronische Volumenbelastung (Klappeninsuffizienz, kardialer Shunt, chronische Niereninsuffizienz) ▪ Volumen-Insuffizienz (Thyerotoxikose, Ateriovenöse Fistel, Beriberi)
Nicht myokardial bedingtes Lungenödem	▪ Perikarderkrankungen (konstriktive Perikarditis, Perikarderguß mit Tamponade)

Aus: Baer FM, Erdmann E: The clinical manifestation and relevance of diastolic dysfunction. Dialogues in Cardiovascular Medicine 4, 1999; 183–196.

durch eine Farb-Doppler-M-Mode-Echokardiographie von einer regulären diastolischen Funktion mit einem normalen E/A-Verhältnis unterschieden werden;
4. Restriktive Funktionsstörung. Hierbei ist entscheidend, ob durch pharmakologische Interventionen wie die Gabe von Nitroprussid eine Reversibilität nachgewiesen werden kann, die sich durch die Induktion einer Relaxationsstörung oder einer Pseudonormalisierung demaskiert. Anderenfalls handelt es sich um eine nicht reversible Restriktion, die eine Indikation zur Herztransplantation darstellen kann. In Tabelle 2.11 sind die wichtigsten differentialdiagnostischen Aspekte bei normaler systolischer Funktion und V. a. diastolische Herzinsuffizienz zusammengefasst.

2.11.3 Therapie der diastolischen Dysfunktion

Im Gegensatz zur Evidenz-basierten Therapie der systolischen Herzinsuffizienz erfolgt die Therapie der diatolischen Herzinsuffizienz weitgehend empirisch. Bis heute gibt es keine pharmakologischen plazebokontrollierten Therapieansätze zur Behandlung der symptomatischen diastolischen Dysfunktion bzw. diastolischen Herzinsuffizienz. Auch ist nicht untersucht, ob eine asymptomatische diastolische Dysfunktion behandlungspflichtig ist. Prinzipiell stehen aber nach Sicherung der Diagnose kausale, symptomatische und prognostisch wirksame Therapiestrategien zur Verfügung (Mandinov et al., 2000)

Kausale Therapie

Die Ursachenbehandlung besteht zum Beispiel aus revaskularisierenden Therapiemaßnahmen bei KHK, der medikamentösen Einstellung einer arteriellen Hypertonie, einer Perikardresektion bei Pericarditis constrictiva oder einer Klappenrekonstruktion bzw. Klappenersatzoperation.

Symptomatische Therapie

Diese hat die Reduktion des pulmonalvenösen Drucks zum Ziel auf der Basis a) einer Volumen- und Salzrestriktion, b) einer Vermeidung von Tachykardien und Erhaltung der Vorhofkontraktion.

Patienten mit diastolischer Herzinsuffizienz sollten so lange wie möglich im Sinusrhythmus gehalten werden oder der Sinusrhythmus mit aktiver Vorhofkontraktion wiederhergestellt werden (Hoppe et al., 1998). Aufgrund der Verlängerung der Diastole, einer Reduktion der Belastungsherzfrequenz, der Regression einer linksventrikulären Hypertrophie und des reduzierten myokardialen Sauerstoffverbrauchs sind Betablocker, sofern eine Beachtung ihrer Kontraindikationen erfolgt, günstig in der Therapie der diastolischen Herzinsuffizienz (Wheeldon et al., 1994). Digitalisglykoside werden wegen ihrer positiven Inotropie und resultierender Verschlechterung der Compliance als kontraindiziert bei der isolierten diastolischen Herzinsuffizienz angesehen (Ruzumna et al, 1996, Hoppe et al., 1998). Auf der anderen Seite wurden in der DIG-Studie 492 Patienten mit einer Ejektionsfraktion > 45 % und dem Vorliegen einer Herzinsuffizienz zu Digoxin randomisiert (Digitalis Investigation Group, 1997). Obwohl keine diastolischen Funktionsparameter analysiert wurden, kann angenommen werden, dass ein Großteil dieser Patienten eine diastolische Funktionsstörung aufwies. Dennoch ergaben sich keine Unterschiede zwischen dieser Subgruppe mit einer Ejektionsfraktion > 45 % und den Patienten mit einer Ejektionsfraktion ≤ 45 %. Wenn andere Therapeutika zur Frequenzkontrolle z. B. bei permanentem Vorhofflimmern nicht suffizient sind, stellen auch Digitalisgykoside eine mögliche Option dar.

Die symptomatische Therapie wird ergänzt durch sportliche Tätigkeiten im aeroben Bereich, um die kardiovaskuläre und Skelettmuskelfunktion zu erhalten und gleichzeitig durch Training die Ruheherzfrequenz zu reduzieren.

Prognostisch wirksame Therapie

Die Prognose der diastolischen Herzinsuffizienz ist im Vergleich zur systolischen Herzinsuffizienz besser. Sie ist jedoch im Vergleich zu Gesunden deutlich vermindert. Jährliche Letalitätsraten zwischen 1,3 und 17,5 % werden berichtet (Vasan et al., 1995). Cohn et al. (1990) berichteten über eine jährliche Letalität von 8 % bei Patienten mit den klinischen Zeichen einer Herzinsuffizienz und normaler Auswurffraktion gegenüber einer jährlichen Letalität von 19 % bei Patienten mit verminderter Auswurffraktion.

Der diastolische Druck kann durch eine Reduktion des totalen Blutvolumens mittels Diuretika, eine Reduktion des zentralen Blutvolumens mittels Nitrate und durch eine Inhibition der neurohumoralen Aktivierung erreicht werden. Da die diastolische Füllung auch von einer gewissen Vorlast abhängt, sollten Nitrate und Diuretika nur langsam und vorsichtig eingeschlichen werden. Nitrate, aber auch die bradykininabhängige Wirkungsachse der ACE-Hemmer könnten aufgrund ihrer Eigenschaft als NO-Donatoren direkt zu einer Abnahme der diastolischen Ventrikelsteifigkeit beitragen.

Mit einer Therapie, die auf die Reduktion einer linksventrikulären Hypertrophie und/oder einer kardialen Fibrose ausgerichtet ist, befindet man sich pathophysiologisch in Hinblick auf eine Abnahme der linksventrikulären Steifigkeit, auf der sicheren Seite.

Da in hypertrophierten Herzen eine erhöhte ACE-Gen-Expression bekannt ist, scheint eine Hemmung des Renin-Angiotensin-Systems (RAS) besonders für die Therapie der diastolischen Herzinsuffizienz infolge einer linksventrikulären Hypertrophie geeignet zu sein. So zeigte eine Analyse der HOPE-Studie, dass unabhängig vom Blutdruck die Gabe des ACE-Hemmers Ramipril häufiger zur Hypertrophie-Regression führt oder die Entwicklung einer Hypertrophie verhindern kann, als dies in der nicht mit ACE-Hemmern behandelten Kontrollgruppe der Fall war. Erwähnenswert sind in diesem Zusammenhang auch die Daten der vor kurzem publizierten LIFE-Studie (Gosse et al., 2002). Hier wurden 91963 Patienten mit arterieller Hypertonie über vier Jahre mit dem AT1-Rezeptorantagonisten Losartan oder dem Beta-Blocker Atenolol behandelt. Zusätzliche Medikamente zur Blutdruckeinstellung waren erlaubt. Bei vergleichbarer Blutdruckeinstellung war die Hypertrophieregression unter Losartan deutlicher ausgeprägt als unter Atenolol und interessanterweise war dies verbunden mit einer signifikanten Senkung von kardiovaskulärer Morbidität und Tod im Losartan-Kollektiv. Ob sich die zur Reduktion der linksventrikulären Steifigkeit angestrebte Hypertrophieregression mit ACE-Hemmern oder AT1-Blockern besser erreichen lässt, bleibt auch nach den Ergebnissen der LIFE-Studie ungewiss.

Da auch eine katecholaminbedingte Fibrose an einer linksventrikulären Compliancestörung beteiligt sein kann, erscheint auch der Einsatz von beta-Blockern unter prognostischem Gesichtspunkten sinnvoll. Zusätzlich wird durch eine beta-Blockade die Herzfrequenz gesenkt und somit die diastolische Füllungszeit verlängert – ein Mechanismus, der auch durch Kalziumantagonisten vom Verapamil- und Diltiazemtyp erzielt werden kann. In einer kleineren Studie an 27 Probanden im Alter von 20-71 Jahren wurde die Wirkung einer mehrtägigen Verapamil-Therapie auf die diastolische Funktion untersucht (Arrighi et al., 1994). Eine Verbesserung der diastolischen Funktion (maximale Füllungsgeschwindigkeit, radionuklidangiographisch gemessen) war bei den Probanden ab 41 Jahren erkennbar; keine Veränderungen traten bei den jüngeren Probanden auf. Im Rahmen der doppelblinden, randomisierten Plazebo-kontrollierten Studien DEFIANT I und II wurden mit Nisoldipin CC umfangreiche Daten zur Beeinflussung der diastolischen Funktion gewonnen (DEFIANT Research Group, 1992 u. 1997). In DEFIANT I wurden 135 Patienten und in DEFIANT II 542 Patienten nach Myokardinfarkt aufgenommen. 384 Patienten in DEFIANT II waren Hypertoniker. E/A-Verhältnis und IVRT wurden für alle Studienpatienten in einem Zentrallabor bestimmt. In beiden Studien zeigten sich eindeutig positive Veränderungen dieser diastolischen Funktionsparameter unter Nisoldipingabe. In DEFIANT II war zudem ein Trend hinsichtlich reduzierter Mortalität erkennbar. Nur ein Patient in der Nisoldipin CC-Gruppe starb verglichen mit 7 Patienten in der Plazebo-Gruppe.

Wenn auch häufig unter diesen medikamentösen Maßnahmen die diastolische Funktion objektivierbar verbessert werden kann, korreliert dies nicht immer mit einer verbesserten Belastungstoleranz der Patienten.

2.11.4 Zusammenfassung

Die diastolische Dysfunktion ist eine wesentlich häufigere Ursache einer Herzinsuffizienz als bisher angenommen und in ihrer sozioökonomischen Relevanz sicher unterschätzt. Die häufigsten Erkrankungen, die zu einer diastolischen Dysfunktion führen, sind primäre Hypertonie oder eine Hypertonie-induzierte linksventrikuläre Hypertrophie und die koronare Herzkrankheit. Pathophysiologisch können Relaxations- und/oder Compliance-Störungen ursächlich verantwortlich sein. Die Diagnose der diastolischen Dysfunktion auf nicht-invasiver Basis bleibt auch bei zusätzlicher Bestimmung des BNP, dessen diagnostische Wertigkeit in der klinischen Praxis noch weiter verifiziert werden muss, schwierig. Entscheidend für die Abgrenzung der diastolischen Herzinsuffizienz von systolischen Funktionsstörungen sind die echokardiographischen und dopplerechokardiographischen Funktionsparameter wie Ejektionsfraktion, E/A und IVRT.

Die Prävention einer diastolischen Herzinsuffizienz durch eine adäquate Therapie der arteriellen Hypertonie mit Verhinderung oder Regression einer linksventrikulären Hypertrophie ist von besonderer Bedeutung, da es eine durch Interventionsstudien gesicherte Therapie der diastolischen Herzinsuffizienz nicht gibt. Es besteht also ein dringender Bedarf an klinischen Studien, um die Therapie der diastolischen Herzinsuffizienz auf ein Evidenz-basiertes Fundament zu stellen.

Zurzeit wird in mehreren großen randomisierten plazebokontrollierten Studien untersucht, ob durch den AT1-Rezeptorantagonisten Candesartan vs. Plazebo (CHARM), den AT1-Rezeptorantagonisten Losartan vs. Hydrochlorothiazid (WAKE FOREST) oder durch den SERCA-Aktivator MCC-135 die Belastungstoleranz bis hin zur Mortalitätsrate bei Patienten mit diastolischer Herzinsuffizienz beeinflusst werden kann (Banerjee et al., 2002). Für seltenere Erkrankungen, die eine diastolische Herzinsuffizienz verursachen, insbesondere bei strukturellen Compliancestörungen, können operative Maßnahmen bis hin zur Herztransplantation erforderlich werden.

Literatur

Arrighi, J. A., Dilsizian, V., Perrone-Filardi, P., Diodati, J. G., Bacharach, S. L., Bonow, R. O.: Improvement of the age-related impairment in left ventricular diastolic filling with verapamil in the normal heart. Circulation **90**, 213–9 (1994).

Baer, F. M., Erdmann, E.: The clinical manifestation and relevance of diastolic dysfunction. Dialogues in Cardiocascular Medicine **4**, 183–196 (1999).

Banerjee, P. et al.: Diastolic heart failure: neglected or misdiagnosed? J Am Coll Cardiol **39**, 138–41 (2002).

Bonow, R. O., Udelson, J. E.: Left ventricular diastolic dysfunction as a cause of congestive heart failure: mechanisms and management. Ann Intern Med **117**, 502–510 (1992).

Böhm, M.: Pathophysiologie der Herzinsuffizienz heute. Herz **27**, 75–91 (2002).

Breuer, H. W. M.: Spiroergometrie. Indikationen, Methodik, Relevanz. Dtsch Med Wschr **122**, 447–9 (1997).

Brutsaert, D. L., Sys, S. U.: Diastolic dysfunction in heart failure. J Cardiac Failure **3**, 225–42 (1997).

Burlew, B. S., Weber, K. T.: Cardiac fibrosis as a cause of diastolic dysfunction. Herz **27**, 92–98 (2002).

Cohn, J. N., Johnson, G.: Veterans Administration Cooperative Study Group: Heart failure with normal ejection fraction. Circulation **81** (Suppl. III), 48–53 (1990).

Erbel, R., Neumann, T., Zeidan, Z., Bartel, T., Buck, T.: Echokardiographische Diagnostik der diastolischen Herzinsuffizienz. Herz **27,** 99–106 (2002).

European Study Group on Diastolic Heart Failure. How to diagnose diastolic heart failure. Eur Heart J **19**, 990–1003 (1998).

Gosse et al.: Regression of left ventricular hypertrophy in hypertensive patients treated with indapamide SR 1.5mg versus enalapril 20mg; the LIFE study. J Hypertens **18**, 1465–75 (2002).

Hoppe, U. C., Erdmann, E.: Leitlinien zur Therapie der chronischen Herzinsuffizienz. Z Kardiol **87**, 645–61 (1998).

Lubien, E., DeMaria, A., Krishnaswamy, P., Clopton, P., Koon, J., Kazanegra, R., Gardetto, N., Wanner, E., Maisel, A. S.: Utility of B-natriuretic peptide in detecting diastolic dysfunction: comparison with Doppler velocity recordings. Circulation **105**, 595–601 (2002).

Mandinov, L., Eberli, F. R., Seiler, C., Hess, O. M.: Diastolic heart failure. Cardiovasc Res **45**, 813–825 (2000).

Nishimura, R. A., Tajik, J.: Evaluation of diastolic filling of left ventricle in health and disease: Doppler echocardiography is the clinician's Rosetta stone. J Am Coll Cardiol **30**, 8–18 (1997).

Packer, M.: Abnormalities of diastolic function as a potential cause of exercise intolerance in chronic heart failure. Circulation **81** (Suppl. III), 78–86 (1990).

Paulus, W. J.: Beneficial effects of nitric oxide on cardiac diastolic function: 'the flip side of the coin'. Heart Fail Rev **5**, 337–344 (2000).

Ramachandran, S. V., Benjamin, E. J., Levy, D.: Prevalence, clinical features and prognosis of diastolic heart failure: an epidemiologic perspective. J Am Coll Cardiol **26**, 1565–74 (1995).

Ruzumna, P., Gheorghiade, M., Bonow, R. O.: Mechanisms and management of heart failure due to diastolic dysfunction. Curr Opinion Cardiol 11, 269–75 (1996).

Schulman, S. P., Weisfeldt, M. L.: Cardiovascular aging and adaptation to disease. In: Hurst's The Heart. 9th ed. Frankfurt/Main: McGraw-Hill: 2437–49 (1998).

The DEFIANT Research Group. Improved diastolic function with the calcium antagonist nisoldipine (coat core) in patients post myocardial infarction: results of the DEFIANT study. Eur Heart J **13**, 1496–505 (1992).

The DEFIANT-II Research Group. Doppler flow and echocardiography in functional cardiac insufficiency: assessment of nisoldipine therapy. Eur Heart J **18**, 31–40 (1997).

The Digitalis Investigation Group. The effect of digoxin on mortality and morbidity in patients with heart failure. N Engl J Med **336**, 525–33 (1997).

Vasan, R. S., Benjamin, E. J., Levy, D.: Prevalence, clinical features and prognosis of diastolic heart failure: an epidemiologic perspective. J Am Coll Cardiol **26**, 1565–1574 (1995).

Wheeldon, N. M., Clarkson, P., MacDonald, M.: Diastolic heart failure. Eur Heart J **15**, 1689–97 (1994).

Zabalgoita, M., Noor, Ur Rahman, S., Haley, W. E., Abochamh, D. A., Oneschuk, L., Amerena, J., Yarows, S., Krause, L., Yunis, C., Lucas, C.: Role of left ventricular hypertrophy in diastolic dysfunction in aged hypertensive patients. J Hypertens **15**, 1175–9 (1997).

Zile, M. R., Gaasch, W. H., Carroll, J. D., Feldman, M. D., Aurigemma, G. P., Schaer, G. L., Ghali, J. K., Liebson, P. R.: Heart failure with a normal ejection fraction: is measurement of diastolic function necessary to make the diagnosis of diastolic heart failure? Circulation **104**, 779–782 (2001).

Zile, M. R., Brutsaert, D. L.: New concepts in diastolic dysfunction and diastolic heart failure: Part I: diagnosis, prognosis, and measurements of diastolic function. Circulation **105**, 1387–1393 (2002a).

Zile, M. R., Brutsaert, D. L.: New concepts in diastolic dysfunction and diastolic heart failure: Part II: causal mechanisms and treatment. Circulation **105**, 1503–1508 (2002b).

3 Therapie der akuten Herzinsuffizienz

3.1 Katecholamine

D. Beuckelmann

Primäres Ziel einer Therapie der akuten Herzinsuffizienz ist die Aufrechterhaltung einer ausreichenden Durchblutung vitaler Organe, also vor allem des Gehirns, der Nieren und des Herzens selber, wobei eine eventuelle Lungenstauung infolge einer Linksherzinsuffizienz nicht verschlechtert, möglichst sogar verbessert werden sollte. Eine ausreichende Perfusion ist in der Regel dann gegeben, wenn der arterielle Mitteldruck 65 mmHg beträgt. Länger andauernde Blutdruckabfälle unter einen arteriellen Mitteldruck von 65 mmHg führen meist zum prärenalen Nierenversagen. Sinkt der Blutdruck unter einen Mitteldruck von 55 mmHg ab, kommt es zur zunehmenden Funktionseinschränkung des Gehirns mit Somnolenz und Verwirrtheitszuständen.

Der blutdrucksteigernde Effekt einer rein positiv inotropen Therapie ist in manchen Fällen nicht ausreichend. Aus diesem Grunde kann dann, wenn die Hypotension kritische Werte erreicht (siehe oben), die zusätzliche Gabe vasokonstriktorisch wirkender Pharmaka notwendig sein. Daher kann unter Umständen, wenn eine Verminderung der linksventrikulären Kontraktilität nicht das Hauptproblem einer akuten Hypotonie darstellt, die alleinige Gabe einer vasopressorischen Substanz zur Herstellung einer adäquaten Organperfusion über kurze Zeit sinnvoll sein.

Wenngleich eine Fülle von Veränderungen des Kreislaufsystems bei der Herzinsuffizienz nachweisbar sind (siehe Kap. 1), so ist in vivo doch die verminderte systolische Kontraktilität die eigentliche Ursache der myokardial bedingten Herzinsuffizienz. Die Vorstellung, das die Reduktion der myokardialen Kontraktionskraft das Hauptproblem der Herzinsuffizienz darstellt, führte zum Prinzip der positiv inotropen Therapie.

Die Erhöhung der intrazellulären Konzentration von zyklischem Adenosin-Monophosphat (c-AMP) ist einer der Hauptmechanismen, der beim Gesunden die Anpassung der myokardialen Kontraktionskraft an den Bedarf des Organismus reguliert. Der Wirkungsmechanismus der Katecholamine ist an anderer Stelle ausführlich dargestellt. Das beispielsweise in Stresssituationen (zum Beispiel Flucht vor einem Feind) notwendiger Weise erhöhte Herzzeitvolumen wird über diesen Mechanismus ermöglicht. Durch die Aktivierung der Freisetzung der endogenen Katecholamine Adrenalin aus dem Nebennierenmark und Noradrenalin aus den synaptischen Nervenendigungen, die den Herzmuskel innervieren, kommt es unter anderem zur vermehrten Besetzung betaadrenerger Adrenozeptoren des Myokards. Die Arbeiten von Lands et al. (1967) führten zum Konzept einer heterogenen Population von Betaadrenozeptoren. Ihre Untersuchungen führten sie zu der Schlussfolgerung, dass am Myokard Beta-1 und an der Bronchialschleimhaut Beta-2 Rezeptoren vorhanden sein müssten. Heutzutage weiß man jedoch, dass am Herzen nicht ausschließlich, sondern überwiegend Beta-1-Adrenozeptoren und an der Bronchialmuskulatur überwiegend Beta-2-Adrenozeptoren nachweisbar sind (Carlsson et al., 1972; Furchgott und Wakade 1995). Inzwischen ist nachgewiesen, dass auch am menschlichen Myokard überwiegend der Beta-1-Adrenozeptor-Subtyp vorhanden ist.

Die mit einem Beta-Sympathomimetikum besetzten Beta-1-Adrenozeptoren führen, vermittelt durch guaninbindende Proteine zur Aktivierung der Adenylatzyklase mit der Folge einer erhöhten Konzentration von c-AMP in der Herzmuskelzelle. Durch c-AMP kommt es über eine Aktivierung der Proteinkinasen zur Phosphorylierung der Kalziumkanäle in der Zellmembran. In phosphoryliertem Zustand ist die Öffnungswahrscheinlichkeit des Kalziumkanals erhöht und damit kann während der Deporalisation der Herzmuskelzelle eine größere Menge Kalzium in den Kardiomyozyten einströmen. Der hierdurch bedingte vermehrte Kalziumeinstrom führt schließlich zur positiv inotropen Wirkung, wie in Kapitel 1.2 ausführlich beschrieben ist.

Eine der charakteristischen Veränderungen des Myokards bei der chronischen Herzinsuffizienz ist die Herabregulation der Betaadrenozeptoren an der Oberfläche der myokardialen Zellmembran (Böhm et al., 1988). Als Ursache hierfür wird die dauernde Stimulation der Rezeptoren durch die deutlich erhöhte Konzentration endogener Katecholamine angenommen. So ist der positiv inotrope Effekt von Betasympathomimetika bei Patienten mit schwerer Herzinsuffizienz gegenüber Gesunden deutlich vermindert (Feldman et al., 1987; Böhm et al., 1988). Bei der akuten Herzinsuffizienz scheint die Herabregulation jedoch nicht derartig ausgeprägt zu sein. Durch diese Herabregulation der Rezeptoren kommt es jedoch bei länger andauernder Therapie mit Katecholaminen zur Abnahme der Wirkung, also zur Tachyphylaxie.

Der therapeutische Einsatz von Katecholaminen hat sich in der Therapie der akuten Herzinsuffizienz bewährt. Zur Anwendung kommen heutzutage vor allem vier Substanzen, die in Abbildung 3.1

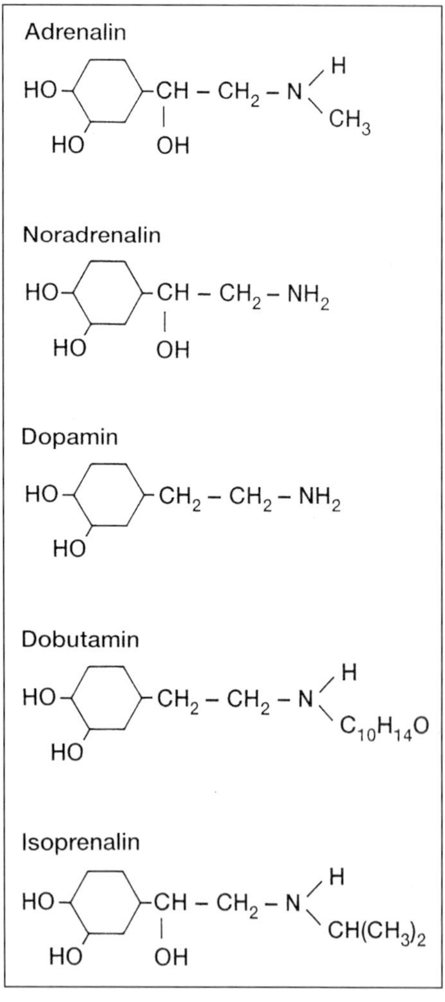

Abb. 3.1 Strukturformeln wichtiger Katecholamine.

in ihren Strukturformen dargestellt sind: Die endogenen Katecholamine **Adrenalin** und **Noradrenalin** sowie die Vorläufersubstanz **Dopamin** und das synthetische Pharmakon **Dobutamin** (Tuttle und Mills 1975). Auf früher benutzte Substanzen wie **Isoprenalin** und **Salbutamol** soll, da sie in der Therapie der akuten Herzinsuffizienz nur noch historische Bedeutung haben, nicht eingegangen werden.

Alle Katecholamine, die den Beta-1-Adrenorezeptor besetzen, führen über eine Stimulation der Adenylatzyklase zu einer Steigerung der Inotropie. Der differentialtherapeutische Einsatz orientiert sich daher an den übrigen Wirkungen der verschiedenen Sympathomimetika, wie an ihrer Wirkung auf Alphaadrenozeptoren der Gefäße und auf Dopaminrezeptoren der Nierenarteriolen. Da der Einsatz betaadrenerger Pharmaka zeitlich limitiert ist, ist ihr Einsatz in der Regel nur auf die kurzfristige hämodynamische Intervention bei akuter Herzinsuffizienz beschränkt.

3.1.1 Adrenalin

Adrenalin ist ein äußerst potenter Stimulator von Alpha-und Betaadrenozeptoren. Seine Effekte auf viele Organe sind durch die kombinierte Wirkung äußerst komplex.

Kardiale Effekte

Adrenalin bindet direkt an Beta-1-Adrenozeptoren des Myokards und der Schrittmacherzellen. Die Herzfrequenz wird erhöht und häufig kommt es zu Rhythmusstörungen. Die Systole wird verkürzt, die Herzarbeit wird erhöht, ebenso wie die Auswurfleistung. Direkte Folgen der Stimulation der Betarezeptoren sind eine Steigerung der Kontraktilität, eine Beschleunigung der isometrischen Kraftentwicklung, eine Beschleunigung der Relaxation sowie Tachykardie mit Extrasystolie. Darüberhinaus kommt es zu einer drastischen Erhöhung des Sauerstoffverbrauchs. Die blutdrucksteigernde Wirkung von Adrenalin ist in Anwesenheit eines Betaadrenozeptorblockers deutlich abgeschwächt, was die Bedeutung der positiv inotropen Wirkung für die Blutdrucksteigerung unterstreicht (Houben et al., 1982).

Adrenalin beschleunigt den Herzschlag durch Akzelleration der langsamen Depolarisation der Sinusknotenzellen während deren Diastole, das heißt während der Phase IV des Aktionspotentials des Sinusknotens. Hierdurch wird der Triggerlevel zur Auslösung eines Aktionspotentials schneller erreicht und damit der Herzschlag beschleunigt. In den Purkinjefaserzellen beschleunigt Adrenalin die diastolische Depolarisation ebenso und kann auf diese Weise latente Schrittmacherzellen aktivieren. Derartige Veränderungen werden in atrialen und ventrikulären Herzmuskelzellen selten beobachtet und Adrenalin hat hier wenig Effekt auf die stabile Phase IV des Membranpotentials.

Vaskuläre Effekte

Die wesentlichen vaskulären Effekte von **Adrenalin** beziehen sich auf die kleinen Arteriolen und präkapillären Sphinkter, obwohl auch Venen und größere Arterien auf die Substanz mit einer Vasokonstriktion reagieren. Die verschiedenen Strombahnen reagieren unterschiedlich, wodurch eine bedeutsame Redistribution des Blutflusses eintritt.

Adrenalin führt zu einer drastischen Verminderung der Hautdurchblutung durch Vasokonstriktion der präkapillären Gefäße und subkapillären Venolen. Hierdurch kommt es zu einer Verminderung des Blutflusses in die Peripherie. Klinisch imponieren kalte und blasse Hände und Füße. In therapeutischen Dosen wird der Blutfluss zur Skelettmuskulatur jedoch erhöht. Dies ist bedingt durch eine Bindung an Beta-2-Rezeptoren mit daraus folgender Vasodilatation in diesem Stromgebiet. Der vasodilatierende Effekt wird teilweise durch Aktivierung von Alphaadrenozeptoren mit entsprechender vasokonstriktorischer Wirkung antagonisiert. So ist nach Alphaadrenozeptorblockade die vasodilatierende Wirkung in der Muskulatur stärker, nach Betaadrenozeptorblockade kommt es zu einer Vasokonstriktion. Intravenöse Infusion von 0,1μg/kgKG pro Minute führen zu einer Verminderung des hepatischen Blutflusses, während der zerebrale Blutfluss vor allen Dingen durch den Blutdruckeffekt ansteigt. **Adrenalin** in einer Dosierung, die den mittleren arteriellen Blutdruck nicht beeinflusst, führt zu einer Erhöhung des Gefäßwiderstandes der Niere und somit zu einer Verminderung des renalen Blutflusses um bis zu 40%. Da die glomeruläre Filtrationsrate jedoch weitgehend konstant gehalten wird, muss hiermit nicht eine Veränderung des Urinvolumens einhergehen.

Blutdruckeffekte

Adrenalin ist eine der potentesten vasopressorischen Substanzen, die zur Zeit für die klinische Anwendung verfügbar sind. Der Blutdruck steigt etwa proportional zur Dosis. Hierbei ist der Anstieg des systolischen größer als der Anstieg des diastolischen Blutdrucks. Der Blutdruckanstieg ist durch 3 Faktoren bedingt:

- Durch direkte positiv inotrope Wirkung auf das Arbeitsmyokard.
- Durch eine beschleunigte Herzfrequenz.
- Durch Vasokonstriktion in verschiedenen Gebieten, insbesondere der präkapillären Widerstandsgefäße der Haut, Schleimhaut und Nieren.

Der letztgenannte Mechanismus ist für den Blutdruckanstieg am wichtigsten.

Neben diesen Wirkungen hat **Adrenalin** noch eine Reihe weiterer Effekte, die jedoch im Wesentlichen als Nebenwirkungen in Erscheinung treten. So ist Adrenalin ein äußerst effektiver Bronchodilatator und führt zu einer Reihe metabolischer Veränderungen. Es kommt zur Erhöhung der Blutglukose und des Blutlaktats sowie der freien Fettsäuren. In Dosen, wie sie im Rahmen einer Reanimation Verwendung finden, kann es zur Mydriasis kommen, was manchmal fälschlicherweise als lichtstarre, weite Pupillen im Rahmen einer schweren Hirnschädigung fehlinterpretiert wird.

Dosierung

Adrenalin wird bei enteraler Applikation von der Leber nahezu vollständig abgebaut und muss aus diesem Grund parenteral gegeben werden. In Notfallsituationen, z.B. im Rahmen von Reanimationen kann es wegen seiner guten Schleimhautgängigkeit auch intratracheal gegeben werden. Dosiert wird die Substanz zur Erhöhung des arteriellen Blutdrucks im kardiogenen Schock zwischen 0,05 μg pro Kilogramm Körpergewicht bis 0,5 μg pro Kilogramm Körpergewicht pro Minute. Bereits bei der niedrigsten Dosis zeigt sich ein deutlicher Effekt auf Inotropie und Frequenz des Herzens. Die Wirkung setzt praktisch mit Beginn der Infusion ein und klingt innerhalb von 2 bis 3 Minuten nach Beendigung der Infusion wieder ab, so dass es sich um ein ausgezeichnet steuerbares Medikament handelt.

3.1.2 Noradrenalin

Noradrenalin ist ebenfalls ein natürlich vorkommendes Katecholamin, dass sich in seiner chemischen Struktur lediglich durch eine fehlende Methylsubstitution der Aminogruppe auszeichnet. Noradrenalin hat, ebenso wie **Adrenalin** Effekte auf Beta-1- und Beta-2-Rezeptoren sowie auf Alpharezeptoren. Beide Substanzen haben jedoch unterschiedliche Affinitäten zu Beta-1 und Beta-2-Adrenozeptoren. Sie sind etwa äquipotent in Bezug auf Stimulation der Beta-1-Adrenozeptoren, Noradrenalin bindet jedoch weniger Beta-2-Rezeptoren und hat eine etwa gleiche alphasympathomimetische Wirkung wie Adrenalin.

Kardiovaskuläre Effekte

Durch intravenöse Infusion kommt es zum Anstieg des systolischen und diastolischen Blutdrucks. Die Auswurfleistung des Herzens bleibt unverändert oder wird vermindert durch einen starken Anstieg des peripheren Widerstandes. Diese stärkere vasokonstringierende Wirkung von **Noradrenalin** gegenüber **Adrenalin** ist bedingt durch die stark alphasympathomimetische Wirkung bei fehlender antagonisierender Wirkung auf Beta-2-Adrenozeptoren. Der periphere Widerstand steigt in den meisten Stromgebieten an, so dass der Blutfluss durch Skelettmuskel, Niere und Leber reduziert wird. Hinzu kommt eine massive Vasokonstriktion der Haut, die sich kalt anfühlt und bei höheren Dosen ein marmoriertes Aussehen annehmen kann. Durch kompensatorische vagale Reflexe wird die Herzfrequenz gesenkt, wodurch die direkten Auswirkungen auf die Herzfrequenz kompensiert oder sogar überkompensiert werden. Der koronare Blutfluss wird deutlich erhöht, weniger durch direkte koronare Vasodilatation als vielmehr durch die Erhöhung des Blutdrucks. Durch die reflektorische deutliche Erhöhung des vagalen Tonus kann es zur Verlängerung des PQ-Intervalls sowie zum Auftreten eines AV-Blocks kommen.

Dosierung

Ebenso wie **Adrenalin** wird **Noradrenalin** in der Regel durch eine Dauerinfusion appliziert. Auch diese Substanz ist gut schleimhautgängig, weshalb sie in Notfallsituationen endotracheal gegeben werden kann. Auch bei Noradrenalin ist innerhalb von ein bis zwei Minuten nach Infusionsbeginn ein deutlicher Effekt zu sehen, die Wirkung klingt ebenso zwei bis drei Minuten nach Ende der Infusion wieder ab. Sinnvolle Dosierung einer Noradrenalininfusion beginnen bei 0,05 μg pro Kilogramm Körpergewicht pro Minute. Im septischen Schock mit drastischen Blutdruckverfall ist manchmal zur kurzfristigen Aufrechterhaltung des Blutdrucks die Gabe von bis zu 0,5 μg pro Kilogramm Körpergewicht pro Minute notwendig.

3.1.3 Dopamin

Dopamin entfaltet seine Wirkung durch drei verschiedene Mechanismen, die zum Teil dosisabhängig auftreten (Levinson et al., 1985). In niedriger Dosierung bindet Dopamin an DA-1- sowie an DA-2-Rezeptoren (Goldberg et al., 1977, 1985). DA-1-Rezeptoren vermitteln eine Vasodilatation, insbesondere im Bereich der Nieren, aber in geringerer Ausprägung auch im Skelettmuskelstromgebiet. DA-2-Rezeptoren sind auf den postganglionären sympathischen Nerven sowie auf den autonomen Ganglien nachweisbar, darüber hinaus im Bereich des Hypophysenvorderlappens, wo eine Erregung des DA-2-Rezeptors zur Inhibierung der Prolaktinfreisetzung führt und im emetischen Zentrum der Medulla oblongata, wo die Erregung der DA-2-Rezeptoren zu Übelkeit und Erbrechen führen kann.

In mittlerer Dosierung kommt es zusätzlich zur Besetzung von DA-1- und DA-2-Rezeptoren zu einer Aktivierung von Beta-1-Adrenozeptoren mit positiv inotroper sowie chronotroper Wirkung auf das Herz. In hohen Dosen schließlich führt **Dopamin** zur Freisetzung von **Noradrenalin** aus den sympathischen Nervenendigungen (Goldberg und Rajfer 1985). Diese Effekte sind daher vergleichbar mit einer niedrigen bis mittelgradigen Dosierung von Noradrenalin. Aufgrund dieser dosisabhängigen Effekte können unterschiedliche Wirkungen auf das Herz-Kreislaufsystem erwartet werden, je nachdem welche Dosierung gewählt wird. Dadurch, dass **Dopamin** die Bluthirnschranke nicht passieren kann, kommt es in der Regel nicht zum Auftreten zentraler Nebenwirkungen, insbesondere von Erbrechen durch Stimulation von DA-2- Rezeptoren der Medulla oblongata.

Niedrigdosierung

Dopamin hat die höchste Affinität zu DA-2- Rezeptoren, etwas höhere Konzentrationen werden für die Aktivierungen von DA-1-Rezeptoren benötigt. In einer Dosierung von 1 bis 3 µg pro Kilogramm Körpergewicht pro Minute kommt es durch Aktivierung der DA-1-Rezeptoren zu einer Erhöhung des renalen Blutflusses bis zu 100 %. Das Maximum dieses Effektes wird meist bei 2 µg pro Kilogramm Körpergewicht pro Minute erreicht. In dieser Dosierung kommt es zu einer Erhöhung des Herzzeitvolumens um etwa 23 %. Wahrscheinlich führt diese Erhöhung des Herzzeitvolumens zur Verbesserung des renalen Blutflusses und der Effekt der Stimulation dopamininerger Rezeptoren ist nur von nachrangiger Bedeutung.

In der chirurgischen Literatur ist die Frage der Verhinderung eines akuten Nierenversagens durch prophylaktische Gabe von **Dopamin** in niedriger Dosierung umstritten. Die Mehrzahl der Befunde spricht jedoch gegen einen derartigen Effekt.

Mittlerer Dosisbereich

Der mittlere Dosisbereich wird für die Behandlung der akuten Herzinsuffizienz verwendet (Goldberg et al., 1977, Beregovich et al., 1974). Hierbei muss die Infusionsrate jedoch so titriert werden, dass eine Vasokonstriktion und damit eine Erhöhung der Nachlast verhindert wird. Die Auswurfleistung des Herzens wird erhöht und meistens kommt es in Folge des erhöhten Herzzeitvolumens zu einer weiteren geringgradigen Zunahme des renalen Blutflusses. Der systemische Widerstand fällt etwas ab, die Herzfrequenz steigt meistens deutlich an. Das Kapazitätsbett wird nicht erweitert, im Gegenteil führt **Dopamin** meist zu einer Erhöhung des venösen Tonus (Butterworth et al., 1987). Im Rahmen der akuten Herzinsuffizienz ist daher die niedrig dosierte zusätzliche Gabe eines venösen Vasodilatators, wie z.B. Nitroglycerin häufig angebracht. Die maximale positiv inotrope Wirkung durch direkte Aktivierung der Beta-1-Rezeptoren ohne wesentliche Freisetzung von Noradrenalin wird bei etwa 4-6 μg pro Kilogramm Körpergewicht pro Minute erreicht.

Hohe Dosierung

Dosierungen oberhalb von 6 μg pro Kilogramm Körpergewicht pro Minute führen zur Freisetzung von **Noradrenalin** aus den sympathischen Nervenendigungen. Die Effekte sind mit einer niedrig bis mittelhoch dosierten Noradrenalintherapie vergleichbar. Es kommt neben der Aktivierung von Beta 1- Rezeptoren des Herzens zur Stimulation von Alpharezeptoren der Widerstandsgefäße, so dass der Blutdruck deutlich ansteigt. Patienten im Schock können bis 50 μg pro Kilogramm Körpergewicht pro Minute benötigen, um einen adäquaten Blutdruck aufrecht zu erhalten. Da die Noradrenalinspeicher im Myokard bei der akuten Herzinsuffizienz, insbesondere bei einer akuten Verschlechterung einer chronischen Herzinsuffizienz einen verminderten Noradrenalingehalt aufweisen, ist durch eine weitere Steigerung der Dosis kein zusätzlicher Effekt zu erwarten. Die zusätzliche Gabe von **Adrenalin** oder Noradrenalin ist dann notwendig (Schaer et al., 1985).

3.1.4 Dobutamin

Dobutamin ist ein synthetisches Katecholamin, das seine Wirkung im Wesentlichen durch direkte Stimulation myokardialer Beta-1-Adrenozeptoren entfaltet. Die Bindung an Beta-2- und an Alpharezeptoren ist nur gering. Durch einen offenbar geringeren Effekt auf den Sinusknoten als auf das Myokard, dessen physiologische Basis bisher noch nicht ganz klar ist, ist der parallele Frequenzanstieg im Vergleich zur positiv inotropen Wirkung geringer als bei anderen Katecholaminen. Die kardiale Kontraktilität wird durch Dosierungen zwischen drei und dreißig μg pro Kilogramm Körpergewicht pro Minute dosisabhängig erhöht. Der totale periphere Widerstand ist in diesem Dosisbereich nahezu unverändert (Akthar 1975). Die Herzfrequenz wird bei Dosierungen von weniger als 20 μg pro Kilogramm Körpergewicht pro Minute nur geringgradig gesteigert, in sehr geringer Dosierung also von weniger als 2 μg pro Kilogramm Körpergewicht pro Minute kann es durch fehlende Stimulationen von Alphaadrenozeptoren bei bereits nachweisbarer Dilatation zu einem Blutdruckabfall kommen. Dieser paradoxe Effekt von Dobutamin kann durch Erhöhung der Dosierung rasch überwunden werden.

Tachyphylaxie

Bereits nach 8 Stunden kontinuierlicher Applikation kann es zu einer Verminderung des hämodynamischen Effektes von **Dobutamin** kommen, so dass die Dosis zur Aufrechterhaltung der gewünschten Wirkungen gesteigert werden muss (Unverferth et al., 1980). Als Ursache hierfür ist am ehesten eine weitere „Downregulation“ der Betaadrenozeptoren des Herzens anzusehen. In einer kleineren Gruppe von Patienten mit refraktärer Herzinsuffizienz konnte demonstriert werden, dass die intermittierende Gabe von Dobutamin über Monate die Belastbarkeit der Patienten mit schwerer Herzinsuffizienz zu steigern vermag (Leier 1983). Eine derartige Behandlung führte jedoch nicht parallel hiermit zu einer Verbesserung, vielmehr zu einer Verschlechterung der Prognose (Krell et al., 1986). Aus diesem Grunde ist dieser Therapieansatz (intermittierende Dobutamininfusionen) inzwischen obsolet.

Dosierung

Auch **Dobutamin** muss parenteral appliziert werden. Ebenso wie bei den oben genannten Katecholaminen kommt es durch eine Halbwertszeit von 1-1,5 min. zu einem raschen Beginn und ebenso raschem Abklingen der Wirkung. Auch Dobutamin ist somit ein ausgezeichnet steuerbares Katecholamin. Dosierungen unter 3 μg pro Kilogramm Körpergewicht pro Minute sollten wegen der oben erwähnten Vasodilatation mit möglichem Blutdruckabfall nicht gewählt werden. Eine höhere Dosierung als 30-50 μg pro Kilogramm Körpergewicht pro Minute erscheint jedoch ebenfalls nicht sinnvoll, da eine weitere Steigerung der positiv inotropen Wirkung in der Regel nicht erwartet werden kann.

3.1.5 Differentialtherapie der verschiedenen Katecholamine

Die Auswahl des geeigneten positiv inotropen Pharmakons für die Akutbehandlung von Patienten mit Kreislaufversagen ergibt sich zum wesentlichen Teil aus den zugrunde liegenden pathophysiologischen Veränderungen. Von den oben detailliert aufgeführten Charakteristika der unterschiedlichen Katecholamine wird deutlich, dass die wesentlichen Unterschiede der verschiedenen positiv inotropen Substanzen in ihren Zusatzeffekten, insbesondere in ihrem Einfluss auf die peripheren Gefäße liegen.

Wenn bei Vorliegen einer akuten Herzinsuffizienz, z.B. im Rahmen eines kardiogenen Schocks bei akutem Myokardinfarkt trotz nicht pharmakologischer Maßnahmen wie Volumensubstituion oder Wiederherstellung einer atrioventrikulären Erregungssequenz der systolische arterielle Blutdruck vermindert bleibt und Zeichen der peripheren Minderperfusion bestehen ist die Indikation zur zusätzlichen Stimulation der myokardialen Kontraktilität gegeben. Aufgrund seiner vergleichsweise geringgradigen Wirkung auf die Herzfrequenz ist unter diesen Bedingungen an erster Stelle die Gabe von Dobutamin indiziert. Durch Stimulation der Beta-1-Adrenozeptoren des Herzens führt Dobutamin direkt zu einer Erhöhung der kardialen Kontraktilität im verbliebenen vitalen Myokard. Die Dosierung richtet sich nach der Wirkung, dass heißt man beginnt üblicherweise mit einer Dosierung von 200 μg pro Minute und steigert die Infusionsgeschwindigkeit auf bis zu 2500 μg pro Minute. Eine weitergehende Steigerung ist wenig sinnvoll, da in der Regel bei Patienten mit akutem kardiogenem Schock bei diesen Konzentrationen die Beta-1-Rezeptoren des Herzens besetzt sind. Aufgrund der „Downregulation" von Betaadrenozeptoren durch längerandauernde Stimulation mit Betasympathomimetika kommt es sowohl in vitro als auch in vivo zu einer Abnahme der Wirksamkeit von Betasymphatomimetika (Tachyphylaxie). Unter diesen Umständen kann es notwendig sein, nach einer mehrstündigen Therapie die Dosierung auch über das oben genannte maximale Maß hinaus zu erhöhen.

Ist der Blutdruck nur geringgradig erniedrigt und sind die klinischen Zeichen der peripheren Minderperfusion nur geringgradig nachweisbar, steht vielmehr, insbesondere bei bereits vorbestehender Niereninsuffizienz, die Verminderung der Urinproduktion im Vordergrund, so ist die Gabe von Dopamin in Niedrigdosierung indiziert. In einer mittleren Dosierung zwischen 200 und 800 μg pro Minute kommt es zu einer deutlich positiv inotropen Wirkung durch direkte Stimulation der Beta-1-Rezeptoren des Myokards. Im Gegensatz zu Dobutamin führt die Infusion von Dopamin zu einer verstärkten positiv chronotropen Wirkung. Bei Nachweis eines erhöhten peripheren Widerstandes sollte die Hochdosistherapie (800-2000 μg pro Minute) die zur Freisetzung von Noradrenalin aus den sympathischen Nervenendigungen führt, vermieden werden. Bei Patienten die bereits deutlich tachykard sind, wäre die kombinierte Therapie mit Dobutamin zur Steigerung der Inotropie und Dopamin in Niedrigdosierung eine mögliche sinnvolle Kombination.

Über viele Jahre wurden alphaadrenerge Agonisten als alleinige pharmakologische Ansatzpunkte für die Behandlung des kardiogenen Schocks benutzt, unter der Vorstellung, dass durch die Erhöhung des peripheren Widerstandes der Blutdruck erhöht und dadurch die Koronar- und Hirndurchblutung aufrecht erhalten werden könnte. Dieses Konzept übersieht jedoch das Primärziel, dass die Perfusion der wichtigen Organe und nicht allein der arterielle Blutdruck aufrecht erhalten werden muss. Die Gabe der natürlichen Katecholamine Adrenalin und Noradrenalin mit ihrer signifikanten vasokonstringierenden Wirkung wurde daher früher als Therapie der Wahl angesehen. Es hat sich jedoch gezeigt, dass diese Substanzen die Mortalität des kardiogenen Schocks erhöhen und zu einer massiven weiteren Schädigung des Herzens führen.

Bei Patienten die trotz maximaler positiv inotroper Stimulation durch Dobutamin oder Dopamin bei optimiertem Füllungsdruck immer noch einen nicht ausreichenden Blutdruck aufweisen, sollte primär Adrenalin zur kurzfristigen Aufrechterhaltung verwendet werden. Eine Dosierung von 2-5 μg pro Minute vermag häufig den Blutdruck zu stabilisieren. Eine derartige Therapie ist jedoch nur sinnvoll, wenn sie zur Überbrückung bis zur Initiierung einer kausalen Therapiemaßnahme dienen kann (z.B. Wiedereröffnung eines Infarktgefäßes, Überbrückung bis zur Transplantation, Überwindung des Kardioplegieeffektes nach Operation am offenen Herzen). Eine Erhöhung der Dosis über 30 μg pro Minute ist in der Regel nicht sinnvoll, da unter diesen Bedingungen ein derartig großer Myokardanteil ausgefallen ist, dass auch eine weitere Erhöhung nicht mehr zu einer Stabilisierung des Blutdrucks führt. Dennoch mag auch eine noch höhere Dosierung in Ausnahmefällen, wie z.B. einer Antiarrhythmikaintoxikation indiziert sein.

Tab. 3.1 Hämodynamische Wirkungen der Katecholamine.

Effekt	Adrenalin	Noradrenalin	Dopamin (niedrig)	Dopamin (hoch)	Dobutamin	Isoprenalin
Positiv inotrop	+	+	(+)	+	+	+
Vasokonstriktion	+	+		+		
Vasodilatation (systemisch)			+			+
Vasodilatation (renal)			+			

Wenn aufgrund hämodynamischer Messungen eine zusätzliche Vasodilatation vorliegt (peripherer Widerstand kleiner 800 $dyn \times s \times cm^{-5}$) ist die Gabe eines Katecholamins mit primär vasokonstringierender Wirkung also vorzugsweise Noradrenalin indiziert. Auch hier kommt es durch minimale Dosen zwischen 2 und 5 µg pro Minute bereits zu einer signifikanten Blutdruckerhöhung. Hinsichtlich der Maximaldosierung ist ebenso wie bei Adrenalin eine Erhöhung über 30 µg pro Minute hinaus nicht sinnvoll. Die Gabe von Noradrenalin

Tab. 3.2 Unterschiede zwischen Adrenalin und Noradrenalin in vivo.

	Adrenalin	Noradrenalin
Herz		
Frequenz	+	+
Schlagvolumen	++	++
HZV	+++	0,–
Arrythmien	++++	++++
Koronarer Blutfluss	++	++
Blutdruck		
Systolisch	+++	+++
Mittlerer	+	++
Diastolisch	+,0,–	++
Mittlerer Pulmonaldruck	++	++
Peripherie		
Totaler peripherer Widerstand	–	++
Zerebraler Blutfluss	+	0,–
Hautdurchblutung	––	––
Renaler Blutfluss	–	–
Blutfluss im Splanchnicusgebiet	+++	0,+
Metabolische Effekte		
O_2-Verbrauch	++	0,+
Blutzucker	+++	0,+
Lactat	+++	0,+
Zentralnervöse Effekte		
Atemfrequenz	+	+
Erregung	+	+

kann dann sinnvoll sein, wenn die periphere Vasodilatation wesentlichen Anteil am Blutdruckabfall hat, z. B. im septischen Schock.

Obwohl durch Adrenalin und Noradrenalin die Stabilisierung des systemischen arteriellen Blutdrucks in der Regel gelingt und meist auch das Herzzeitvolumen erhöht werden kann, sollte die Therapie mit diesen Substanzen wegen der potentiell zusätzlichen Schädigung des Herzens durch Erhöhung von Ischämie und Nachlast in den niedrigst möglichen Dosierungen durchgeführt werden. Nochmals betont werden soll, dass es sich bei den positiv inotropen Interventionen nur um Überbrückungsmaßnahmen bis zum Greifen einer kausalen Therapie handelt.

Tabelle 3.1 fasst die wesentlichen hämodynamischen Wirkungen der verschiedenen positiven inotropen Substanzen zusammen. Tabelle 3.2 zeigt die wesentlichen Unterschiede zwischen den beiden natürlich vorkommenden Katecholaminen Adrenalin und Noradrenalin in vivo beim Menschen.

Literatur

Akthar, N., Mikulic, E., Cohn, J., Chandry, M. H.: Hemodynamic effect of dobutamine in patients with severe heart failure. Am J Cardiol **36**, 202 (1975).

Beregovich, J., Bianchi, C., Rubler, S., Lomnitz, E., Cagin, N., Levitt, B.: Dose-related hemodynamic and renal effects of dopamine in congestive heart failure. Am heart J **87**, 550 (1974).

Böhm, M., Beuckelmann, D., Brown, L., Feiler, G., Lorenz, B., Näbauer, M., Kemkes, B., Erdmann, E.: Reduction of beta-adrenoceptor density and evaluation of positive ionotropic responses in isolated, diseased human myocardium. European Heart Journal **9**, 844-852 (1988).

Butterworth, J. F., Austin, J. C., Johnson, M. D., Berrizbeitia, L. D., Dance, G. R., Howard, G., Cohn, L. H.: Effect of total spinal anesthesia on arterial and venous responses to dopamine and dobutamine. Anesth Analg **66**, 209 (1987).

Carlsson, E., Ablad, S., Brandström, A., Carlsson, B.: Differentiated blockade of the chronotropic effects of various adrenergic stimuli in the cat heart. Life sciences **11**, 953-958 (1972).

Carroll, J. D., Lang, R. M., Neumann, A. L., Kenneth, B. S., Borow, M., Rajfer, S. I.: The differential effect of positive ionotropic and vasodilator therapy on diastolic properties in patients with congestive cardiomyopathy. Circulation **74**, 815 (1986).

Feldman, M. D., Copelas, L., Gwathmey, J. K., Phillips, P., Warren, S. E., Schoen, F. J., Grossman, W., Morgan, J. P.: Deficient production of cyclic AMP: pharmacologic evidence of an important cause of contractile dysfunction in patients with end-stage heart failure. Circulation **75 (2)**, 331-9 (1987).

Goldberg, L. I.: Cardiovascular and renal actions of dopamine: potential clinical applications. Pharmacol Rev **24 (1)**, 1-29 (1972).

Goldberg, L. I., Hsieh, Y. Y., Resnekov, L.: Newer catecholamines for treatment of heart failure and shock: an update on dopamine and a first look at dobutamine. Prog Cardiovasc Dis **19**, 327-40 (1977).

Goldberg, L.I., Rajfer, E. L.: Dopamine receptors: Applications in clinical cardiology. Circulation **72**, 245-248 (1985).

Horwitz, D., Fox, S. M., Goldberg, L. I.: Effects of dopamine in man. Circ Res 10, 237 (1962).

Houben, H., Thien, T., van 't Laar, A.: Effect of low-dose epinephrine infusion on hemodynamics after selective and nonselective beta-blockade in hypertension. Clin Pharmacol Ther **31(6)**, 685-90 (1982).

Krell, M. J., Kline, E. M., Bates, E. R., Hodgson, J. M., Dilworth, L. R., Laufer, N., Vogel, R. A., Pitt, B.: Intermittent, ambulatory dobutamine infusions in patients with severe congestive heart failure. Am Heart J **112(4)**, 787-91 (1986).

Lands, A. M., Arnold, A., McAuliff, J. P., Luduena, F. P., Brown, T. G. Jr.: Differentiation of receptor systems activated by sympathomimetic amines. Nature **214(88)**, 597-8 (1967).

Leier, C. V., Unverferth, D. V., Kates, R. E.: The relationship between plasma dobutamine concentrations and cardiovascular responses in cardiac failure. Am J Med. **66(2)**, 238-42 (1979).

Leier, C. V., Unverferth, D. V.: Dobutamine. Ann Intern Med **99 (4)**, 490 (1983).

Levinson, P. D., Goldstein, D. S., Munson, P. J., Gill, J. R. Jr., Keiser, H. R.: Endocrine, renal, and hemodynamic responses to graded dopamine infusions in normal men. J Clin Endocrinol Metab **60(5)**, 821-6 (1985).

Lumley, P., Broadley, K. J., Levy, G. P.: Analysis of the inotropic: chronotropic selectivity of dobutamine and dopamine in anaethetised dogs and guinea-pig isolated atria. Cardiovasc Res **11(1)**, 17-25 (1977).

Paul, M. D., Mazer, C. D., Byrick, R. J., Rose, D. K., Goldstein, M. B.: Influence of mannitol and dopamine on renal function during elective infrarenal aortic clamping in man. Am J Nephrol. **6(6)**, 427-34 (1986).

Schaer GL, Fink MP, Parrillo JE.: Norepinephrine alone versus norepinephrine plus low-dose dopamine: enhanced renal blood flow with combination pressor therapy. Crit Care Med **13(6)**, 492-6 (1985).

Tuttle, R. R., Mills, J.: Dobutamine: development of a new catecholamine to selectively increase cardiac contractility. Circ Res. **36(1)**, 185-96 (1975).

Unverferth, D. A., Blanford, M., Kates, R. E, Leier, C. V.: Tolerance to dobutamine after a 72 hour continuous infusion. Am J Med **69(2)**, 262-6 (1980).

3.2 Herzglykoside bei akuter Herzinsuffizienz

E. Erdmann

Die Wirksamkeit der Herzglykoside ist auch bei akuter Herzinsuffizienz hinsichtlich der Zunahme der Kontraktionskraft und Kontraktionsgeschwindigkeit des nicht infarzierten Myokards erwiesen. Der Nutzen dieser positiv inotropen Effekte muss aber im Verhältnis zu Aufwand und Nebenwirkungen gesehen werden. Wahrscheinlich durch den erhöhten Sauerstoffverbrauch nach Kontraktionskraftsteigerung kommt es unter Herzglykosiden eher zu einer Ausdehnung des Infarktareals mit vermehrter CK-Freisetzung (Varonkov et al., 1977). Außerdem verursachen Herzglykoside bei Infarktpatienten oder im kardiogenen Schock häufig Herzrhythmusstörungen. Aus diesen Gründen wird heute von einer Digitalistherapie bei akuter Herzinsuffizienz abgeraten. Dazu mag auch beigetragen haben, dass die Glykosidempfindlichkeit des Infarktherzens erhöht ist und dass die im weiteren Gefolge oft auftretenden Elektrolytstörungen sowie der O_2-Mangel zu einer wesentlichen Gefährdung (Herzrhythmusstörungen) beitragen (Erdmann 1984).

Bei gleichzeitig bestehendem tachyarrhythmischem Vorhofflimmern bzw. Vorhofflattern werden zur Frequenzkontrolle Herzglykoside in der Regel aber weiter gegeben (siehe dazu Kap. 4.3).

Wenn eine positiv inotrope Maßnahme bei akuter Herzinsuffizienz unumgänglich erscheint, bieten sich die besser steuerbaren Katecholamine Dobutamin und Dopamin an.

Weitere Gründe, bei akuter Herzinsuffizienz möglichst auf Herzglykoside zu verzichten, sind:

1. Selbst bei intravenöser Gabe setzt die Wirksamkeit von Herzglykosiden erst sehr langsam ein, das heißt, man benötigt u. U. mehrere Stunden, bis ein messbarer Effekt zu verzeichnen ist.
2. Insbesondere beim kardiogenen Schock ist der periphere Widerstand bereits erhöht. Rasche intravenöse Glykosidgaben erhöhen durch die vasokonstriktorische Wirkung den peripheren Widerstand noch weiter.
3. Beim Lungenödem sind Nitrate (Vorlastsenker) und Diuretika Medikamente der ersten Wahl. Herzglykoside sind außer beim Vorhofflimmern in dieser Situation nicht indiziert.

Unverzichtbar bleiben Herzglykoside allerdings bei der notwendigen Frequenzreduktion einer dekompensierten Mitralstenose mit tachyarrhythmischem Vorhofflimmern.

Literatur

Erdmann, E.: Therapie der akuten und chronischen Herzinsuffizienz mit Herzglykosiden. In: Handbuch der inneren Medizin. Bd. IX/4: Herzinsuffizienz. S. 563-656. Riecker, G. (Hrsg.). Springer Verlag. Berlin 1984.

Varonkov, Y., Shell, W. E., Smirnov, V., Gukovsky, D., Chazov, El.: Augmentation of serum CPK activity by digitalis in patients with acute myocardial infarction. Circulation **55**, 719-727 (1977).

3.3 Therapie der akuten Herzinsuffizienz mit Diuretika

R. H. G. Schwinger

3.3.1 Diuretika bei akuter Herzinsuffizienz

Eine plötzlich eintretende Verschlechterung der myokardialen Funktion, (siehe Tab. 3.3) einhergehend mit einem Anstieg der Füllungsdrücke und einer Aktivierung des Renin-Angiotensin-Systems und des sympathischen Nervensystems, kennzeichnet die akute Herzinsuffizienz. Oft ist die Nierenfunktion schon in der Frühphase einer Herzinsuffizienz mit beeinträchtigt, meist durch eine akute Reduktion des Perfusionsdrucks bedingt.

Die kompensatorisch aktivierten humoralen Systeme verschlechtern zudem die Nierenfunktion. Hingegen entsteht eine Volumenexpansion aufgrund der eingeschränkten Natrium- und Wasserausscheidung meist erst nach Stunden oder Tagen. Sie ist für die plötzliche diastolische Druckerhöhung meist nicht verantwortlich, beeinträchtigt aber zudem die myokardiale Kontraktilität. Somit scheint das primäre Ziel der therapeutischen Überlegungen eine Reduktion der erhöhten Vorlast zu sein. Die diastolische Dysfunktion mit ihren Auswirkungen auf die Druck-Volumen-Beziehung bzw. den Frank-Starling-Mechanismus ist besonders bei der akuten Herzinsuffizienz von Bedeutung. Abbildung 3.2 zeigt die Beziehung zwischen enddiastolisch gemessenem linksventrikulärem Füllungsdruck und Volumen bei Gesunden und bei Patienten mit koronarer Herzerkrankung oder hypertropher obstruktiver Kardiomyopathie auf (Gaasch et al., 1976). Die Volumen-Druck-Beziehung ist bei zunehmender Herzinsuffizienz nach links verschoben. Dies ist ein Hinweis auf eine zunehmende „diastolic stiffness“ und einer damit einhergehenden diastolischen Funktionsstörung. Die Frank-Starling-Kurve (siehe Abb. 3.3) zeigt, dass eine Änderung des enddiastolischen Druckes am Herzgesunden nur geringen Einfluss auf das Schlagvolumen nimmt, jedoch bei herzinsuffizienten Patienten zu bedeutenden Veränderungen des Schlagvolumens führt (Perry, Oparil 1986).

Neben den Nitraten, die über eine Vasodilatation vornehmlich in den venösen Kapazitätsgefäßen eine Verminderung der Vorlast bewirken, ist die Applikation von schnell wirksamen Diuretika indiziert. Diese verbessern über frühe

Tab. 3.3 Ursachen für eine Akute Linksherzdekompensation.

- Ausgedehnter Myokardinfarkt
- Hypertensive Krise
- Arrhythmie
- Klappenvitium
- Chronische Herzinsuffizienz mit Nichtansprechen auf die Therapie, mangelnde Compliance
- Kardiodepressiv-wirkende Medikation
- Extrazelluläre Volumenzunahme (Salz, Flüssigkeit)
- Angina pectoris
- Physischer Stress

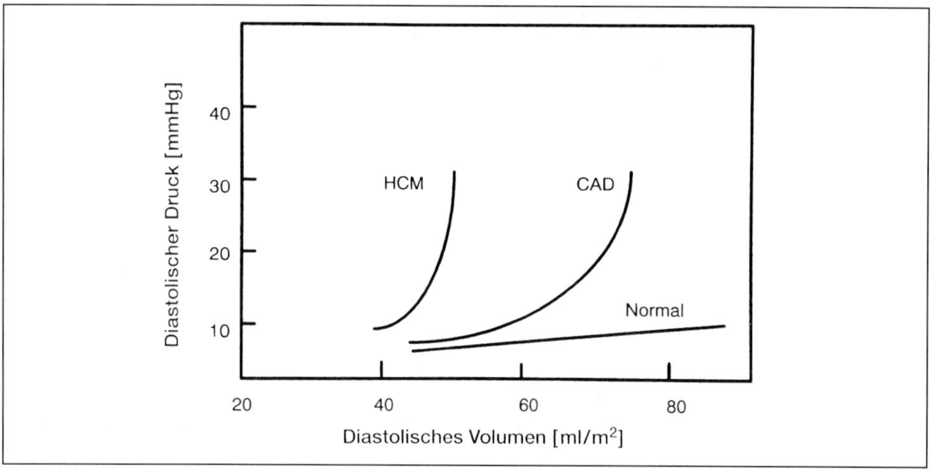

Abb. 3.2 Druck-Volumen-Beziehung bei Herzgesunden und bei herzinsuffizienten Patienten (HCM: Hypertrophe Kardiomyopathie; CAD: Koronare Herzerkrankung).

und späte hämodynamische Effekte (siehe Abb. 3.4) die Herz-Kreislaufsituation (siehe Kap. 3.3.2). Aufgrund der Pharmakodynamik sind Schleifendiuretika für die Therapie der akuten Herzinsuffizienz besonders geeignet.

Neben dieser symptomatischen Therapie ist je nach Kausalität der akut dekompensierten Herzfunktion eine differenzierte Therapieüberlegung erforderlich (siehe Tab. 3.4). So können kardiale wie auch vaskuläre Ursachen für das Auftreten einer akuten Herzinsuffizienz vorliegen; hierzu gehören z. B. der ausgedehnte Myokardinfarkt (Kiely et al., 1973), der große Anteile der linksventrikulären Myokardmasse akut ineffektiv werden lässt, tachykarde oder brady-

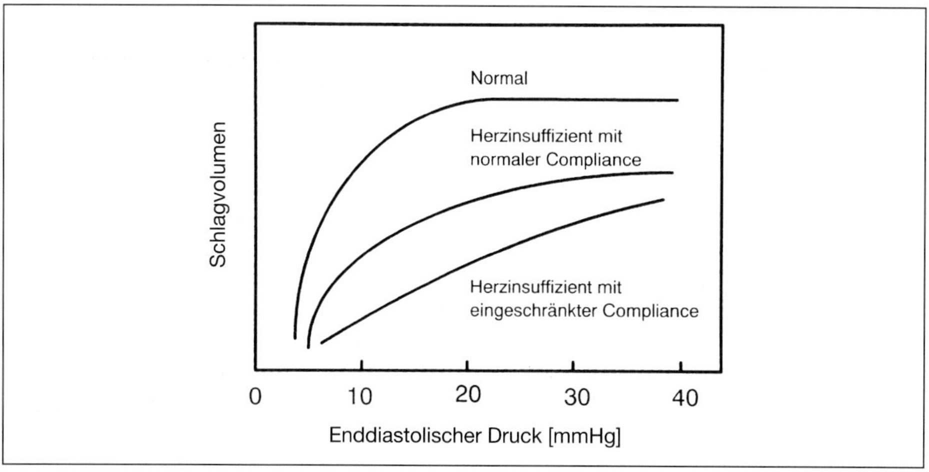

Abb. 3.3 Frank-Starling-Kurve bei Herzgesunden und bei herzinsuffizienten Patienten.

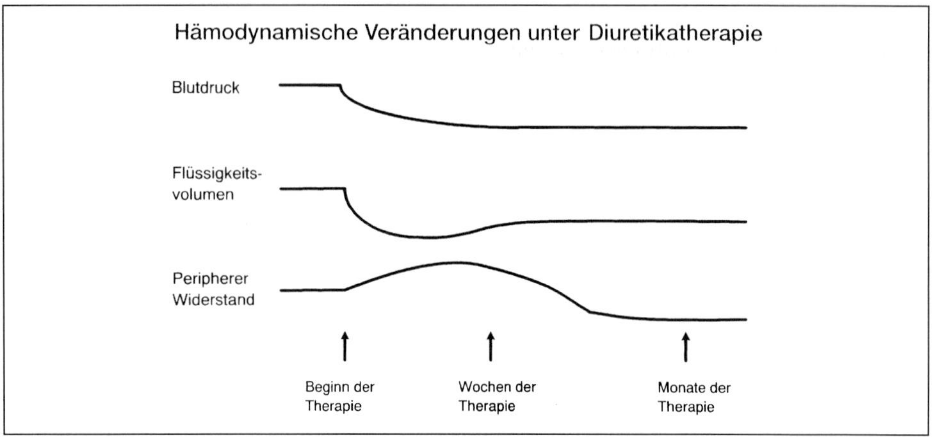

Abb. 3.4 Zeitverlauf der hämodynamischen Veränderungen unter Diuretikatherapie.

Tab. 3.4 Behandlungsplan bei akuter kardialer Dyspnoe.

Sofortmaßnahmen

- Maßnahmen, die die Blutfüllung der Lunge verringern: aufrechte Körperlage, gefäßerweiternde Pharmaka (Nitroglycerin), Diuretikum (Furosemid oder Torasemid), heiße Fußbäder, venöse Staubinden, Überdruckbeatmung, Aderlass (ca. 300 ml)
- Kausaltherapie:
  Herzinsuffizienz → Dobutamin, Vasodilatantien, Ca^{2+}-Sensitizer
  Hypertonie → Antihypertensiva
  Tachykardie → Antiarrhythmika, Glykoside, Defibrillation
  Überwässerung → Diuretika etc.
- Beseitigung der arteriellen Hypoxämie: O_2-Zufuhr per Nasensonde, Intubation und künstliche Beatmung, NIF-Beatmung, ggf. PEEP, Beatmung, Sedativa, Broncholytika, oberflächenaktive Aerosole, Opiate

Ärztliche Nachsorge

- Kausaltheapie (s. oben)
- Bilanzierung der Flüssigkeits- und Kochsalzzufuhr (tägliches Wiegen)
- Lagerung (Herzbett)

karde Herzrhythmusstörungen, die hypertensive Krise oder ein Klappenvitium. Diese Erkrankungen sind einer kausalen Therapie, soweit möglich, zuzuführen. Eine Therapie mit Schleifendiuretika kann auch hier die Hämodynamik verbessern.

3.3.2 Hämodynamische Wirkungen einer Therapie mit Diuretika

Als Folge einer Therapie mit Diuretika sind frühe und späte hämodynamische Auswirkungen zu beobachten (siehe Abb. 3.4). Nach Gabe eines Schleifendiuretikums treten günstige Effekte aufgrund zweier unterschiedlicher Mechanismen auf. Zum einen können Schleifendiuretika innerhalb von 15 Minuten nach intravenöser Applikation unabhängig von der Diurese eine Senkung der pathologisch erhöhten Vorlast des Herzens bewirken und so die Herzarbeit mindern. Zum anderen ist die frühe Vorlastsenkung gefolgt von einer Diurese, die eine weitere Verminderung des zirkulierenden Blutvolumens bedingt. Somit wird die Vorlast wie auch die Nachlast weiter gesenkt. Da schwerstgradig herzinsuffiziente Patienten nach einer Diuretikatherapie nicht mit einer Verschlechterung der Herzarbeit reagieren, wurde schon früh angenommen, dass diese Patienten nicht mehr in der Lage sind, den Frank-Starling-Mechanismus zu nutzen (Schwinger et al., 1994) (siehe Kap. 2.7).

Der frühe, von der Diurese unabhängige Effekt der Schleifendiuretika ist verbunden mit einer Abnahme des linksventrikulären Füllungsdrucks (Dikshit et al., 1973). Diese setzt noch vor einer diuretischen Wirkung der Schleifendiuretika ein. Dieser frühe Effekt ist abhängig von der Nierenfunktion, der Prostaglandinsynthese und der Natriumzufuhr (aktiviertes Renin-Angiotensin-System) (Johnston et al., 1983). Ein direkter Effekt der Schleifendiuretika auf die venösen Kapazitätsgefäße scheint unwahrscheinlich, kann aber nicht ausgeschlossen werden. Liegen bereits sehr ausgeprägte Ödeme vor, so ist der venenerweiternde Effekt einer Applikation von Schleifendiuretika wahrscheinlich vermindert (Hasenfuß et al., 1987). Auch Nitrate zeigen bei diesen Patienten nur eine geringere Wirkung (Margini, Niarchos 1980). Dies ist auf einen erhöhten interstitiellen Gewebsdruck zurückzuführen. Zudem vermag das aktivierte Renin-Angiotensin-Aldosteronsystem der venenerweiternden Wirkung entgegenzuarbeiten. Sogar zu einer Verschlechterung der linksventrikulären Pumpfunktion kann es kommen, die Folge eines Anstiegs des linksventrikulären Füllungsdrucks nach Furosemidgabe ist (Francis et al., 1985). Bleibt die frühe Diuretikawirkung, d.h. die venenerweiternde Wirkung aus, überwiegen die vasokonstriktorischen Effekte und verschlechtern die Herzarbeit weiter.

Bei der Anwendung von Furosemid wie auch von Etacrynsäure soll die Senkung der Lungengefäßdrücke der diuretischen Wirkung vorausgehen, was mit der Wirkung auf die Kapazitätsgefäße erklärt wird (Austin et al., 1976; Dikshit et al., 1973). Der frühe venendilatorische Effekt der Schleifendiuretika ist an das Vorhandensein einer inkretorischen Funktion der Niere gebunden. Bei beidseits nephrektomierten Patienten oder nach Blockade des ACE-Enzymes fehlt dieser Effekt. Ein möglicher Wirkmechanismus scheint die Stimulation der renalen Prostaglandinsynthese zu sein, die dann das renale Renin-Angiotensin-System aktiviert. Angiotensin II erhöht die Prostanoidsynthese in den Gefäßen (Düsing 1986). Eine Zunahme vasodilatorisch wirkender Prostacycline vermag dann günstig zu wirken. Diese frühen Wirkungen sind wahrscheinlich nicht das Ziel der Akuttherapie der Herzinsuffizienz mit Diuretika (siehe Abb. 3.5). Sie sind von der wesentlich später eintretenden hämodynamischen Wirkung

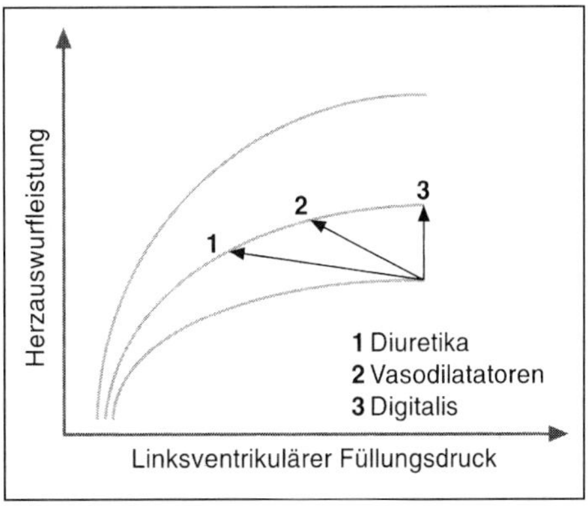

Abb. 3.5 Einfluss einer Diuretikatherapie, Therapie mit Vasodilatoren oder positiv inotropen Substanzen (z.B. Digitalis) auf die Herzauswurfleistung.

der Therapie mit Diuretika zu unterscheiden.

Die späten hämodynamischen Auswirkungen einer Therapie mit Diuretika sind als Folge der diuresebedingten Verminderung des zirkulierenden Blutvolumens zu sehen. Das ausgeschiedene Urinvolumen korreliert dabei 2 h nach Diuretikaapplikation mit der Abnahme der rechtsventrikulären- und linksventrikulären Vorlast. Sprechen Patienten nicht oder nur gering auf die Therapie mit Diuretika an, so ist dies Folge einer gestörten Pharmakodynamik und nicht Folge einer gestörten Pharmakokinetik. Eine reduzierte Nierenperfusion scheint hierbei eine wesentliche Rolle zu spielen. Patienten mit schlechterem Herzindex sprechen auch schlechter auf eine Diuretikatherapie an. Vermutlich führt die verminderte Nierenperfusion über eine Zunahme der tubulären Rückresorption von NaCl und Wasser zu einem Wirkverlust der diuretikainduzierten Diurese. Die fraktionelle Natriumausscheidung, errechenbar aus Serum-Natrium, Kreatininclearance und ausgeschiedenem Natrium, stellt eine zuverlässige Richtgröße dar, um den zu erwartenden Effekt einer Diuretikatherapie abzuschätzen. Bei einer fraktionellen Na^+-Ausscheidung von unter 0,3 % ist eine reduzierte Diurese nach Diuretikagabe zu erwarten. Zusammenfassend kann somit ein früher hämodynamischer Effekt nach i. v. Applikation von Schleifendiuretika nachgewiesen werden, der zu einer Venendilatation und zu einer Senkung der Vorlast führt. Dies ist gebunden an eine funktionstüchtige Niere, an ein aktiviertes Renin-Angiotensin-System sowie an die renale Prostaglandinsynthese. Der frühe vaskuläre Effekt ist somit an die inkretorische Funktion der Niere gebunden und fehlt oder ist wesentlich vermindert bei Patienten mit ausgeprägten Ödemen. Erst später wirkt die Diurese-bedingte Verminderung des zirkulierenden Blutvolumens auf die Hämodynamik. So besteht 2 Stunden nach Diuretika-Applikation eine enge Korrelation zwischen Na^+-Ausscheidung und der Abnahme der rechts- und linksventrikulären Füllungsdrücke.

3.3.3 Die Therapie mit Diuretika bei der akuten Herzinsuffizienz

Diuretika sind die Mittel der Wahl, um die Symptomatik der Herzinsuffizienz akut zu bessern (Schwinger 1999). Die Effektivität einer Diuretikatherapie kann durch Restriktion der oralen Salzzufuhr verbessert werden. Die intravenöse Injektion eines Schleifendiuretikums (Biagi, Napat 1967; Hesse et al., 1975), z. B. **Furosemid** 0,5 bis 1,0 mg/kg KG (z. B. Lasix® 1 Amp. mit 20 oder 40 mg), ggf. nach ca. 20 min eine erneute Dosis oder eine intravenöse Dauerinfusion (bis 4 mg/min i. v.), Torasemid 100 mg i. v. oder eine Applikation von **Etacrynsäure** (z. B. Hydromedin®, 1 Amp. mit 50 mg i. v.), hat innerhalb weniger Minuten eine massive Diurese zur Folge (siehe Tab. 3.5). Dies wird durch eine Blockade der Na^+-Rückresorption im aufsteigenden Teil der Henleschen Schleife bewirkt (siehe auch Beschreibung des Wirkmechanismus in Kap. 4.2). Die Rezeptorinteraktion ist bei allen Schleifendiuretika dieselbe. Die Schleifendiuretika unterscheiden sich hinsichtlich der Dosis-Wirkungsbeziehung. Hinsichtlich der Natriurese entsprechen 1 mg **Bumetanid** = 12 mg **Piretanid** = 10–20 mg **Torasemid** = 40 mg

Tab. 3.5 Akut wirksame Diuretika (Schleifendiuretika): Dosierung.

	Handelsname z. B.	Dosierung
Furosemid	Lasix®	40 mg i.v. bis zu 4 mg/kg KG i.v.
Torasemid	Torem®	20 mg i.v. bis zu 400 mg i.v./die
Bumetanid	Furorese®	5 mg, max. 15 mg/die
Piretanid	Arelix®	12 mg bis 60 mg i. v.
Etacrynsäure	Hydromedin®	50 bis 150 mg/die

Tab. 3.6 Pharmakokinetik nach i. v. Applikation.

	Wirkbeginn (min)	-Maximum (min)	Dauer (h)
Furosemid	5	30	2
Torasemid	10	60	6–8
Bumetanid	5	10–30	0,5–1

Furosemid. Ist es wünschenswert, eine intravenöse Therapie oral fortzuführen, dann sind gut resorbierbare Substanzen vorzuziehen. Dieses Kriterium erfüllt besonders Torasemid (siehe Tab. 3.6). Als früher hämodynamischer Effekt von Torasemid ist bereits nach 12 Minuten eine signifikante Verminderung des linksventrikulären enddiastolischen Füllungsdruckes zu verzeichnen. Der frühe vaskuläre Effekt ist dabei ein Charakteristikum der Schleifendiuretika. Die Diurese startet bei Torasemid nach ca. 10 Minuten.

Die Verminderung des intravasalen Flüssigkeitsvolumens in der Lunge, des Lungengefäßdruckes und des zentralen Venendruckes führen zu einer plötzlich greifenden Verbesserung der Orthopnoe. Erst später wird eine Verminderung des Flüssigkeitsvolumens wirksam. Diese Akuttherapie mit Diuretika ist mit zusätzlichen, z. T. medikamentösen Maßnahmen zu unterstützen. Tabelle 3.4 gibt den Behandlungsplan bei akuter kardialer Dekompensation wieder.

Wenn eine Einschränkung der Nierenfunktion keine ausreichende Diurese zulässt, ist die kontinuierliche arteriovenöse Hämofiltration eine sehr wirksame Methode zur Flüssigkeitselimination (Kramer 1985). Zwischen dem arteriellen und einem venösen Verweilkatheter wird eine wasserpermeable Filterkapillare durch den arteriovenösen Druckunterschied perfundiert. So entsteht ähnlich wie in den Nieren ein Ultrafiltrat. Die pro Stunde abfiltrierte Menge liegt in der Größenordnung von 500 ml, was einer Tagesmenge von ca. 12 l entspricht! Somit ist eine kontinuierliche, genau bilanzierte Substitution von Flüssigkeit, Elektrolyten und Bikarbonat erforderlich, ohne die schon nach wenigen Stunden eine lebensbedrohliche Hypovolämie, Hypokaliämie und eine Azidose entstehen würde. Deshalb ist diese Therapieform nur unter intensivmedizinischen Bedingungen durchzuführen. Falls der Patient hämodynamisch so sehr eingeschränkt ist, dass er die Perfusion dieses zusätzlichen Kapillarbettes nicht toleriert, kann eine zwischengeschaltete Rollerpumpe eingesetzt werden. Die Entwicklung dieses Therapieprinzips hat den Volumenentzug auch beim niereninsuffizienten Patienten ohne die Notwendigkeit einer Dialyse ermöglicht.

Der Aderlass ist weiterhin eine sehr effiziente Therapieform, um den Lungenkapillardruck akut zu senken (Authenrieth 1987). Schon die Entnahme von 150 ml Blut kann den Lungenkapillardruck deutlich senken. Ein derartiger Aderlass kann in den folgenden 12 Stunden 2- bis 3-mal wiederholt werden. Eine schwere Anämie, Schockzustände und stark ausgebildete Arteriosklerose stellen Kontraindikationen für einen Aderlass dar.

Ist trotz dieser Maßnahmen eine effiziente Behandlung des Lungenödems nicht möglich und besteht eine anhaltende respiratorische Insuffizienz mit Bewusstseinstrübung, so ist die Intubation des Patienten und die kontrollierte maschinelle Überdruckbeatmung (bis 25 cm H_2O) mit anfänglich 100 % Sauerstoff und evtl. in Kombination mit einer Sedation und Muskelrelaxation nötig.

Linksventrikulärer Füllungsdruck/Cardiac index und Prognose

Eine anhaltende Erhöhung des linksventrikulären Füllungsdruckes korreliert eng mit einem erhöhten Risiko für eine Zunahme der Herzinsuffizienzsymptomatik, dem plötzlichen Herztod sowie einer erhöhten Gesamtmortalität sowie Hospitalisierungsrate. In einer Studie an 456 Patienten mit systolischer Herzinsuffizienz (EF im Mittel 20 %) unter Therapie mit Vasodilatoren und Diuretika konnte durch Reduktion der linksventrikulären Füllungsdrucke auf nahezu normale Werte (PCWP < 16 mmHg) eine Einjahresüberlebensrate von 80,8 % im Vergleich zu 64,1 Patienten bei Patienten mit weiterhin erhöhten Füllungsdrücken (P = 0,001) erreicht werden. In einer Multivarianzanalyse zeigte sich ein erhöhter PCW, ein niedriges Serum-Natrium, ein vergrößerter linksventrikulärer enddiastolischer Diameter sowie eine deutlich reduzierte Sauerstoffaufnahme unter Belastung als unabhängige Prädiktoren für das Überleben innerhalb eines Jahres. Hingegen waren weder der rechts-atriale Druck, der pulmonalarterielle Druck, der systemische Blutdruck noch die Herzauswurfleistung oder der systemische Widerstand prognoseweisend.

Das BNP (B-type-natriuretic peptide) ist bei Patienten mit Herzinsuffizienz erhöht und korreliert mit den erhöhten PCW-Werten. Erhöhte BNP-Spiegel sind ein unabhängiger Prädiktor für eine Rehospitalisierung sowie für das Überleben dieser Patienten (Cheng 2001).

Die rasche hämodynamische und symptomatische Verbesserung schwer herzinsuffizienter Patienten mit Vasodilatoren und Diuretika kann mit Hilfe einer oral fortgeführten Kombinationstherapie aus ACE-Hemmern und Diuretika über Monate erhalten werden (Steimle 1997). Zudem kann durch eine Basistherapie aus ACE-Hemmer **und** Diuretika die initiale Titrierungsphase der lebensverlängernden Medikation mit ß-Blockern erleichtert werden.

Literatur

Austin, S. M., Schreiner, B. F., Kramer, D. H., Shah, P. M., Yu, P. N.: The acute hemodynamic effects of ethacrynic acid and furosemid in patients with chronic postcapillary pulmonary hypertension. Circulation **53**, 364-369 (1976).

Authenrieth, G: Lungenödem. Internist **28 H2**, 108 (1987).

Biagi, R. W., Napat, B. N.: Furosemide in acute pulmonary edema. Lancet **i**, 849 (1967).

Cheng, V. L., Krishnaswamy, P., Kazanegra, R., et al.: B-type natriuretic peptide predicts treatment outcomes in patients admitted with decompansated heart failure. J Am Coll Cardiol **37**, 386-391 (2001).

Dikshit, K., Vyden, J. K., Forrester, J. S., Chatterjee, K., Prakash, R., Swan, H. J. C.: Renal and extrarenal hemodynamic effects of furosemide in congestive heart failure after acut myocardial infarction. N Engl J Med **288**, 1087-1090 (1973).

Düsing, R.: Diuretika. Pharmakologie und therapeutischer Einsatz, S. 1-108. Wissenschaftliche Verlagsgesellschaft mbH, Stuttgart 1986.

Fonarow, G. C., Stevenson, L. W., Steimle, A. E., et al.: Persistently high left ventricular filling pressures predict mortality despite angiotensin converting enzyme inhibition in advanced heart failure. Circulation **90**, 1-488 (1994).

Francis, G. S., Siegel, R. M., Goldsmith, S. R., Olivary, M. T., Levine, T. B., Cohn, J. N.: Acute vasoconstrictor response to intravenous furosemide in patients with congestive heart failure. Ann intern Med **103**, 1-6 (1985).

Gaasch, W. H., Levine, H. J., Quinones, M. A., Alexander, J. K.: Left ventricular compliance mechanisms and clinical importance. Am J Cardiol **38**, 645-653 (1976).

Hasenfuß, G., Holubarsch, C., Herzog, C., Knauf, H., Spahn, H., Mutschler, E., Just, H.: Influence of cardiac function on the diuretic and hemodynamic effects of the loop diuretic piretanide. Clin Cardiol **10**, 83-88 (1987).

Hesse, B., Nielsen, I., Lund-Jakobsen, H.: The early effects of intravenous furosemide of central hemodynamics, venous tone and plasma renin activity. Clin Sci Mol Med **49**, 551-555 (1975).

Johnston, G. D., Hiatt, W. R., Nies, A. S., Payne, N. A., Murphy, R. C., Gerber, J. G.: Factors modifying the early nondiuretic vascular effects of furosemide in man. The positive role of renal prostaglandins. Circ Res **53**, 630-635 (1983).

Kiely, J., Kelly, D. T., Taylor, Dr., Pitt, B.: The role of furosemide in the treatment of left ventricular dysfunction associated with acute myocardial infarction. Circulation **48**, 581-587 (1973).

Kramer, P.: Artero-venous Hemofiltration. Springer, Berlin, Heidelberg, New York, Tokyo 1985.

Loew, D: Diuretika, 3. Aufl., S. 110ff. Thieme Verlag, Stuttgart, 1992.

Margini, F., Niarchos, A. P.: Ineffectiveness of sublingual nitroglycerin in acute left ventricular failure in the presence of massive peripheral edema. Am J Cardiol **45**, 841-847 (1980).

Perry, G. J., Oparil, S.: Use in heart disease. In: The Physiological Basis of Diuretic therapy in Clinical Medicine, pp. 153-177. Eknoyan, G., Martinez-Maldonado, M. (eds.). Grune & Stratton, Inc., New York, (1986).

Schwinger, RHG., Erdmann, E.: Therapie der Herzinsuffizienz. Teil I: Definition, Pathophysiologie, Therapie der akuten Herzinsuffizienz. Fortschritte der Medizin **115**, 30-34 (1997).

Schwinger, R. H. G., Erdmann, E.: Therapie der Herzinsuffizienz. Teil II: Therapie der chronischen Herzinsuffizienz. Fortschritte der Medizin **115**, 36-46 (1997).

Schwinger, R. H. G.: Stellenwert der Diuretika und Aldosteron-Antagonisten bei der Therapie der Herzinsuffizienz. DMW **124**, 42-47 (1999).

Schwinger, R. H. G., Böhm, M., Koch, A. et al.: The failing human heart is unable to use the Frank-Starling mechanism. Circ Res **74**, 959-969 (1994).

Steimle, A. E., Stevenson, L. W., Chelimsky-Fallick, C. et al.: Sustained hemodynamic efficacy of therapy tailored to reduce filling pressures in survivors with advanced heart failure: Circulation **96**, 1165-1172 (1997).

3.4 Phosphodiesteraseinhibitoren bei akuter Herzinsuffizienz

D. Beuckelmann

Eine perioperativ auftretende akute Herzinsuffizienz ist eine relativ häufige Komplikation bei Patienten mit vorbestehender Pumpfunktionsstörung. Bei kardiochirurgischen Patienten kommt es so nicht selten zum Auftreten einer akuten Herzinsuffizienz während des Überganges von der künstlichen Zirkulation der Herz-Lungen-Maschine zum normalen Kreislauf (Breisblatt et al., 1990). So ist das Auftreten einer progredienten Hypotonie in Verbindung mit Erhöhung der linksventrikulären Füllungsdrücke und Auftreten einer metabolischen Azidose Zeichen eines beginnenden Myokardversagens. In derartigen Situationen gilt neben dem Einsatz von Katecholaminen die Gabe von Phosphodiesteraseinhibitoren als zweites Standbein in der Therapie.

Klinisch verfügbare positiv inotrope Substanzen wirken durch Erhöhung der Kalziumverfügbarkeit an den myokardialen kontraktilen Proteinen durch Erhöhung des sarkolemmalen Kalziumeinstroms oder eine gesteigerte Verfügbarkeit von Kalzium aus dem sarkoplasmatischen Retikulum. Der Kalziumeinstrom wird durch intrazelluläres zyklisches Adenosinmonophosphat (cAMP) moduliert, welches durch Aktivierung von Proteinkinasen zu einer Phosphorylierung des Kalziumkanals an der Zellmembran und so zu einem gesteigerten Kalziumeinstrom führt. Betaadrenerge Stimulation steigert die Bildung von cAMP, das durch die Phosphodiesterase Typ III (PDE-III) rasch abgebaut wird. Bipyridinderivate wie Amrinon (Wincoram®), Milrinon (Corotrop®) und Enoximon (Perfan®) inhibieren die Aktivität der PDE-III und führen somit zu einer erhöhten Verfügbarkeit von cAMP. Wenn diese Substanzen Patienten mit akuter Herzinsuffizienz gegeben werden, kommt es zu einer Verbesserung der Hämodynamik durch

- Erhöhung der Kontraktilität des Myokards
- Vasodilatation der Peripherie
- Akzelerierte diastolische Relaxation.

Bei Patienten mit akuter Herzinsuffizienz konnte gezeigt werden, dass Milrinon zu einer Erhöhung der maximalen linksventrikulären isovolumetrischen Druckanstiegsgeschwindigkeit (dP/dt_{max}) führt (Ludner et al., 1986). Ein derartiger Anstieg von dP/dt_{max} konnte durch alleinige Gabe eines Vasodilatators wie Nitroprussid nicht nachgewiesen werden (Jaski et al., 1985). Diese klinischen Studien haben somit dokumentiert, dass bei akuter Herzinsuffizienz nicht nur die vasodilatierende sondern auch die positiv inotrope Wirkung an den hämodynamischen Effekten beteiligt ist.

In der glatten Gefäßmuskulatur wird das zyklische AMP durch die Phosphodiesterasen I und III abgebaut. Durch Gabe eines PDE-III-Inhibitors kommt es somit zur c-AMP-vermittelten Vasodilatation und Nachlastsenkung. Zur Frage eines regional differenzierten Effektes auf den Gefäßmuskelwiderstand liegen nur wenige Daten vor, es kommt jedoch nicht nur zu einer peripheren Vasodilatation, sondern auch zu einer Gefäßerweiterung im Leber- und Splanchnikus-Gebiet sowie zu einer Erhöhung des renalen Blutflusses (Leier 1988).

Die myokardiale Relaxation wird zum überwiegenden Teil durch Wiederaufnahme von Kalzium in das sarkoplasmatische Retikulum bewirkt. Durch cAMP-vermittelte Phosphorylierung von Phospholamban kommt es zu einer gesteigerten Wiederaufnahmegeschwindigkeit von Kalzium in das sarkoplasmatische Retikulum. Eine derartige Beschleunigung der diastolischen Relaxation ist unter einer Therapie mit PDE-III-Inhibitoren dokumentiert (Monrad et al., 1984).

Diese Wirkungen führen bei Patienten mit akuter Herzinsuffizienz zu einer Erhöhung des Herzzeitvolumens und einer Verminderung der Füllungsdrücke des rechten und linken Ventrikels.

Als **Indikation für den Einsatz** von PDE-III-Inhibitoren bei der akuten Herzinsuffizienz gelten:

- Myokardversagen nach kardiopulmonalem Bypass
- Postoperatives Low-Output-Syndrom mit hohen Füllungsdrücken
- Pulmonale Hypertonie mit rechtsventrikulärem Pumpversagen
- Akute Verschlechterung einer chronischen myokardialen Dysfunktion
- Medikamenteninduzierte Kardiodepression.

Weitere **mögliche Indikationen** umfassen:

- Stabilisierung von Patienten auf der Warteliste zur Herztransplantation
- Myokardiale Dysfunktion bei gefäßchirurgischen Eingriffen mit Aortenabklemmung
- (Septischer Schock).

Klinische Verwendung finden heutzutage Milrinon (Corotrop®) und Enoximon (Perfan®). Aufgrund ihrer vasodilatierenden Wirkungen sollte der Einsatz bei Vorliegen einer manifesten oder latenten Hypovolämie nur in Ausnahmefällen erfolgen, da es durch die vasodilatierende Wirkung zum kritischen Blutdruckabfall kommen kann.

Amrinon ist als Ausgangssubstanz ein Bipyridinderivat mit geringgradig positiv inotroper und ausgeprägt vasodilatierender Wirkung. Durch die stark vasodilatierende Wirkung kommt es in der Regel zu einer dosisabhängigen Reduktion des systemischen Blutdrucks.

Milrinon ist ein Phosphodiesteraseinhibitor, der 15mal potenter als Amrinon ist. Er vermindert, ebenso wie Amrinon, den peripheren Widerstand und erhöht das Herzzeitvolumen. Colucci et al. (1987) verglichen die hämodynamischen Wirkungen von Milrinon und Dobutamin. Sie fanden, dass Milrinon einen größeren vasodilatierenden Effekt aufwies und folgerten, dass seine hämodynamischen Wirkungen etwa denen einer Kombination von Dobutamin und Nitroprussid entsprechen.

Enoximon ist ebenfalls ein Inhibitor der PDE-III und hat ein ähnliches Wirkprofil wie die beiden vorbeschriebenen Substanzen. Der myokardiale Sauerstoffverbrauch steigt unter Enoximon in der Regel nicht an, was ebenfalls auf die vorwiegend vasodilatierende Wirkung der Substanz zurückgeführt wird (Baim 1985).

Pharmakokinetik

Die Verteilung von Amrinon, Milrinon und Enoximon in das extravaskuläre

Gewebe erfolgt rasch. Ein Verteilungsvolumen von weniger als 2 l/kg Körpergewicht nach parenteraler Gabe zeigt, dass lediglich eine moderate Bindung an Gewebe besteht (Rocci, Wilson 1987). Der wesentliche Eliminationsweg für Bipyridine ist die unveränderte renale Ausscheidung. Ein kleiner Teil von Amrinon unterliegt einem hepatischen Metabolismus. Die Clearance von Amrinon und Milrinon ist bei chronischer Herzinsuffizienz vermindert. Der wesentliche Eliminationsweg für Enoximon ist die hepatische Konversion zu einem Sulphoxid-Metaboliten (Piroximon), der in der Folge renal eliminiert wird. Dieser First-pass-Metabolit weist ebenfalls pharmakologische Aktivität auf und hat eine wesentlich längere Halbwertszeit. Die maximalen Plasmakonzentrationen dieses Metaboliten werden etwa 30 Minuten nach den Maximalkonzentrationen von Enoximon nachgewiesen. Tabelle 3.7 fasst die pharmakokinetischen Daten der verschiedenen PDE-III-Inhibitoren zusammen.

Ein Hauptnachteil der PDE-III-Inhibitoren im Vergleich zu Katecholaminen ist deren relativ lange Halbwertszeit. Kritische Blutdruckabfälle durch übermäßige Vasodilatation sind durch Beendigung der Substanzgabe nicht wie bei Katecholaminen innerhalb von Minuten reversibel und können daher manchmal prolongierte pressorische Zusatztherapien notwendig machen.

Tab. 3.7 Phosphodiesteraseinhibitoren – pharmakokinetische Daten und Dosierungen.

Substanz	Verteilungsvolumen [l/kg]	Systemische Clearance [l/Std. (kg)]	Eliminationshalbwertszeit $T_{1/2}$ [Std.]	Renale Clearance [l/Std)]
Amrinon	1,3–1,6	1,12–0,19	4,8– 8,3	0,3–12,7
Milrinon	0,3–0,56	0,11–0,16	1,5– 0,16	17 –24
Enoximon	1,8–2,7	1,80	10 –20	0,30
Enoximon Metabolit		2,3	26	0,40

Amrinon (Wincoram®)
Initiale Bolusgabe 0,5 mg/kg Körpergewicht langsam i.v.
Weitere Bolusgben von 0,5 bis 1,5 mg/kg Körpergewicht in 10–15 Minuten Abständen
Alternativ: Initiale Infusion 30 µg/kg Körpergewicht/min über 2–3 Std.
Erhaltungsdosis 5–10 µg/kg Körpergewicht/min
Maximale Tagesdosis 10 mg/kg Körpergewicht

Enoximon (Perfan®)
0,5 mg/kg Körpergewicht mit maximaler Injektionsgeschwindigkeit von 12,5 mg/min
Wiederholung nach 30 Minuten
Gegebenenfalls 3. Bolus nach weiteren 30 Minuten
Alternativ: Infusion von 90 µg/kg Körpergewicht/min über 20–30 Minuten
Erhaltungstherapie 2,5–10 µg/kg Körpergewicht/min

Milrinon (Corotrop®)
Aufsättigungsdosis: 50 µg/kg Körpergewicht über 10 Minuten i.v.
Erhaltungsinfusion: 0,375 bis 0,75 µg/kg Körpergewicht/min
Gesamtdosis maximal: 1,13 mg/kg Körpergewicht/Tag

Da alle Substanzen renal eliminiert werden, muss die Dosis bei Niereninsuffizienz bzw. Nierenversagen angepasst werden.

Dosierung

Die Dosierung aller Substanzen kann entweder als Dauertherapie mit initialer Bolusgabe oder als repetitive Bolustherapie erfolgen. Die Dosierungen sind in Tabelle 3.7 zusammengefasst.

Nebenwirkungen

Die wichtigste Nebenwirkung einer Therapie mit PDE-III-Inhibitoren ist bei einer akuten Herzinsuffizienz die Hypotonie. Hypovolämie, hohe Dosierungen und/oder zu rasche Gabe der Initialdosierung sowie eine Zusatztherapie mit anderen vasodilatierenden Substanzen erhöhen das Risiko einer Hypotonie. Die langsame Gabe entsprechend der oben genannten Dosierungsempfehlung ist daher besonders wichtig. Vasokonstriktoren wie Noradrenalin sollten zur Bekämpfung einer evtl. Hypotonie zur Verfügung stehen.

Alle positiv inotropen Substanzen, die über das cAMP-System wirken, haben potentiell proarrhythmische Wirkungen. Phosphodiesteraseinhibitoren zeigen positiv chronotrope und dromotrope Effekte durch Erhöhung der intrazellulären cAMP-Spiegel. Nach kurzzeitiger intravenöser Gabe von PDE-III-Inhibitoren kommt es jedoch nur bei wenigen Patienten zu proarrhythmischen Wirkungen mit gehäuftem Auftreten komplexer ventrikulärer Arrhythmien.

Das Auftreten einer Thrombozytopenie wurde nach langfristiger oraler Gabe berichtet, scheint jedoch bei kurzzeitiger, intravenöser Therapie kein Problem zu sein (Heins, Barash 1987). Enoximon ist inkompatibel mit Glukoselösungen und Milrinon darf nicht mit Furosemid in Kontakt kommen.

Praktischer Einsatz

Die Wertigkeit und Indikationsstellung für diese Medikamentengruppe ist auch heute noch nicht klar und reicht von der Anwendung als Reservemedikament bei Patienten mit akuter Herzinsuffizienz, die auf betaadrenerge Stimulation nicht mehr reagieren (Perret 1990), bis zur routinemäßigen Gabe bei Patienten mit Herzversagen bei Operation am offenen Herzen (DiBianco et al., 1991). Klinische Studien zeigen, dass die kurzzeitige Gabe von PDE-III-Inhibitoren bei Patienten mit schwerer aktuer Herzinsuffizienz zu einer hämodynamischen Verbesserung mit Erhöhung des Herzzeitvolumens und Verminderung der ventrikulären Füllungsdrücke führt. Im Vergleich zu Dobutamin scheinen PDE-III-Inhibitoren eine größere vasodilatierende Potenz zu haben. Hierdurch kommt es zu einer ausgeprägteren Verminderung des Füllungsdruckes und zur größeren Gefahr des Blutdruckabfalls. Der myokardiale Sauerstoffverbrauch scheint im Vergleich zu Dobutamin geringer anzusteigen oder unverändert zu bleiben. Im Vergleich zu Nitroprussid führen PDE-III-Inhibitoren zu einer geringeren Verminderung des Blutdrucks. Die Plasmahalbwertszeit ist länger als die von Katecholaminen oder Nitroprussid, so dass der Effekt deutlich länger persistiert. Wegen der potentiell proarrhythmischen Wirkung ist die Anwendung bei Patienten mit akutem Myokardinfarkt oder instabiler Angina pectoris kontraindiziert.

Durch kombinierte Gabe von Katecholaminen und Phosphodiesteraseinhibitoren sollte es möglich sein, unter invasiver Kontrolle des linksventrikulären Füllungsdrucks für den individuellen Patienten und die augenblickliche hämodynamische Situation eine adäquate pharmakologische Therapie der akuten Herzinsuffizienz durchzuführen.

Literatur

Baim, D. S.: Effects of amrinone on myocardial energetics in severe heart failure. Am J Cardiol **47**, 815 (1981).

DiBianco, R., Park, R.: Acute positive inotropic intervention: The phosphodiesterase inhibitors. Am Heart Journal **122**, 1871-1875 (1991).

Breisblatt, W. M., Stein, K. L., Wolfe, C. J. et al.: Acute myocardial dysfunction and recovery: A common occurrence after coronary bypass surgery. J Am Coll Cardiol **15**, 1261-1269 (1990).

Colucci, W. S., Leatherman, G. F., Ludmer, P. L. et al.: b-Adrenergic inotropic responsiveness of patients with heart failure: Studies with intracoronary dobutamine infusion. Circ Res **61** (Suppl I), 182 (1987).

Hines, R., Barash, P. B.: Amrinone-associated thrombocytopenia. Does it occur with short-term administration? Anesthesiology **67**, A599 (1987)

Jaski, B. E., Fifer, M. A., Wright, R. F. et al.: Positive inotropic and vasodilator actions of milrinone in patients with severe congestive heart failure: dose-response relationship and comparison to nitroprusside. J Clin. Invest **75**, 643-649 (1985).

Leier, C. V.: Regional blood flow response to vasodilator and inotropes in congestive heart failure. Am J Cardiol **62**, 86-93 (1988).

Ludner, P. L., Wright, R. F., Arnold, J. M. O et al.: Separation of the direct myocardial and vasodilator actions of milrinone administered by an intracoronary infusion technique. Circulation **73**, 130-137 (1986).

Monrad, E. S., McKay, R. G., Baim, D. S. et al.: Improvement in indexes of diastolic performance in patients with congestive heart failure treated with milrinone. Circulation **70**, (1984).

Rocci, M. L., Wilson, H.: The pharmacokinetics and pharmacodynamics of newer inotropic agents. Clin Pharmocokinet **13**, 91-109 (1987).

3.5 Therapeutische Maßnahmen bei kardiogenem Schock

F. M. Baer

3.5.1 Akuter Myokardinfarkt

Entscheidende therapeutische Maßnahme bei einem akuten Myokardinfarkt ist die schnelle und komplette Reperfusion der betroffenen Koronararterie. Hierzu stehen die thrombolytische Therapie mit der systemischen Gabe von Plasminogen-Aktivatoren und die interventionellen Therapiestrategien (direkte koronare Angioplastie (PTCA) und Implantation von Stents) zur Verfügung. Die rechtzeitige Thrombolyse des akuten Myokardinfarktes innerhalb eines Zeitfensters von 6 bis 12 Stunden nach Einsetzen der ersten Symptome ist eindeutig mit einem prognostischen Nutzen verbunden. Allerdings ist die interventionelle Revaskularisation – unter der Voraussetzung, dass sie zeitnah durchgeführt wird (< 4 Stunden) – der thrombolytischen Therapie überlegen. Dies konnte in einer Reihe von Studien, darunter eine Meta-Analyse, die 1997 veröffentlicht wurde, eindrucksvoll belegt werden (Weaver et al.,1997). In dieser Metaanalyse wurden 10 randomisierte Studien mit insgesamt 2600 Patienten berücksichtigt, in denen die interventionelle Revaskularisation und die intravenöse thrombolytische Therapie miteinander verglichen wurden. Zur thrombolytischen Therapie wurden **Streptokinase**, **Alteplase** (Gewebe-Plasminogenaktivator) über 3-4 Stunden und Alteplase in akzelerierter Dosierung (1,5 Stunden) verabreicht. Die Letalität der mittels interventioneller Therapie behandelten Patienten betrug nach 30 Tagen 4,4 %, die der mittels thrombolytsicher Therapie behandelten Patienten 6,5 % ($p=0,02$). Dabei war die Reduktion der Letalität nicht von der Art der thrombolytischen Behandlung abhängig.

Auch bezüglich der bei thrombolytischer Therapie gefürchteten Komplikation einer intrakraniellen Blutung, zeigte sich die interventionelle Therapiestrategie mit einer Rate von 0,1 % der thrombolytischen Therapie mit einer Komplikationsrate von 1,1 % ($p< 0,001$) überlegen. Weitere Belege für eine Überlegenheit der interventionellen Therapiestrategie bei akutem Myokardinfarkt liefern zwei deutsche Register, MITRA (Maximal Individual Therapy in Acute Myocardial Infarct Registry) und MIR (Myocardial Infarction Registry), deren Daten 2001 publiziert wurden (Zahn et al., 2000 u. 2001). In diesem Register konnten insgesamt 9906 Patienten berücksichtigt werden mit einem Symptom- Therapieintervall unter 12 Stunden. Von diesen Patienten wurden 1327 interventionell behandelt und 8579 erhielten eine intravenöse Thrombolyse als Reperfusionstherapie. Die Letalität während des Krankenhausaufenthaltes unterschied sich in der interventionell behandelten Patientengruppe mit 6,4 % statistisch signifikant von der der thrombolytisch behandelten Patientengruppe mit 11,3 %. Dieser Unterschied blieb auch in den Subgruppen mit unterschiedlichen Risiken erhalten. Generell zeigte die interventionelle Therapie des akuten Myokardinfarktes in den Subgruppen mit höherer Letalität auch einen größeren Nutzen der Interventionen im Vergleich zur Lysetherapie.

Dem Vorteil der interventionellen Therapiestrategie mit hohen Rekanalisationsraten, der schnellen Beseitigung eines thrombotischen Verschlusses sowie der sofortigen Information über den vollständigen Koronarstatus steht allerdings der höhere logistische Aufwand, die eventuelle Zeitverzögerung bis zum Beginn der Behandlung (Reperfusion) sowie die geringere sofortige Verfügbarkeit interventioneller Therapiemöglichkeiten entgegen.

In einem umfangreichen Register der Arbeitsgemeinschaft leitender Kardiologischer Krankenhausärzte (ALKK), das seit 1994 alle Infarkt- PTCAs aus 85 Zentren erfasst, konnte gezeigt werden, dass bei insgesamt 8707 dokumentierten Interventionen in 87 % der Fälle eine vollständige Re-Perfusion (anterograder Kontrastmittelfluss TIMI- °III) des Infarktgefäßes erreicht werden konnte. Diese Erfolgsrate ist nahezu identisch mit der in der GUSTO-IIB-Studie und im MITI-Register (GUSTO-IIB 1997). Ungünstig ist allerdings die Beobachtung, dass bei fehlendem Interventionserfolg (ca. 13 % der Patienten im ALKK Register) die Sterblichkeit mit ca. 35 % sehr hoch ist. Die hohe Sterblichkeitsrate von 35 % zeigt, dass eine erfolglose interventionelle Therapiestrategie keineswegs die Situation lässt wie sie ist, sondern offenbar einen zusätzlichen Schaden bewirkt. Worin dieser Schaden besteht ist nicht gesichert. Möglicherweise ist es der bei erfolglosen Interventionen typischerweise hohe Kontrastmittelverbrauch sowie die zusätzliche mechanische Schädigung des Infarktgefäßes, die eine sonst mögliche spätere spontane Reperfusion verhindern könnte, oder sonstige Schäden durch die Katheteruntersuchung. Die erfolglose Intervention ist neben dem kardiogenen Schock sicherster Prädiktor eines tödlich verlaufenden Myokardinfarktes (Voigt et al., 1999). Es bleibt deswegen z. Z. noch offen, ob die primäre PTCA unter Berücksichtigung von Transportzeiten > 1 Stunde tatsächlich für jeden Patienten mit Myokardinfarkt die überlegene Therapiestrategie darstellt (Zijlstra 1999).

3.5.2 Kardiogener Schock

Ein kardiogener Schock tritt bei 5-15 % aller Patienten mit akutem Myokardinfarkt auf (Anderson et al., 1997, Peterson et al., 1997). In der GUSTO-I-Studie wiesen 7,2 % aller Patienten (2972 von 41 021 Patienten) mit akutem Myokardinfarkt einen kardiogenen Schock auf, hiervon 11 % (0,8 % des Gesamtkollektivs) bei Krankenhausaufnahme, wohingegen 89 % der Patienten (6,4 % des Gesamtkollektivs) erst während des stationären Aufenthalts einen kardiogenen Schock entwickelten (Holmes et al., 1997; Berger et al., 1997). Besonders betroffen von einem Myokardinfarkt mit kardiogenem Schock sind männliche Patienten mit Vorderwandinfarkt, Diabetes mellitus und höherem Lebensalter.

Der kardiogene Schock als Folge eines ausgedehnten Myokardinfarktes ist definiert als ein systolischer Blutdruck unter 90 mmHg über einen Zeitraum von mehr als einer Stunde mit klinischen Zeichen der systemischen Minderperfusion (z. B. kalte zyanotische

Tab. 3.8 Kardiogener Schock: Mortalitätsentwicklung nach Adjustierung des Risikos (Alter, Geschlecht, Infarktlokalisation) (modifiziert nach Goldberg et al., 1999).

Zeitraum	Odds Ratio	Absolutes Mortalitätsrisiko
1975 u. 1978	1,00	77%
1981 u. 1984	1,05	77 %
1986 u. 1988	1,17	77 %
1990 u. 1991	0,70	77 %
1993 u. 1995	0,43	61 %
1997	0,41	59 %

Extremitäten, eingeschränktes Bewusstsein) trotz Flüssigkeitszufuhr ohne den Einsatz von Katecholaminen. Er tritt ein, wenn ca. 40 % oder mehr des linksventrikulären Myokards infarzieren.

Obwohl die Ergebnisse der GUSTO-I Studie zeigen, dass häufig ein ausreichendes Zeitfenster zur Verfügung steht um geeignete Therapiemaßnahmen einzuleiten ist die Letalität mit 50-90 % (Peterson et al., 1997; Anderson et al., 1997) sehr hoch. In der GUSTO-I-Studie betrug die 30-Tages-Letalität der Patienten mit kardiogenem Schock 55 % und mehr als die Hälfte der Patienten, die mit kardiogenem Schock zur Aufnahme kamen, verstarben innerhalb der ersten 8 Stunden (Berger et al., 1997). 50 % aller Todesfälle während des stationären Aufenthalts von Patienten mit akutem Myokardinfarkt gehen zu Lasten des kardiogenen Schocks. Prädiktoren einer erhöhten 30-Tages-Letalität bei akutem Myokardinfarkt mit kardiogenem Schock sind u. a. das Ausmaß der Hypotension, das Lebensalter, die Myokardinfarktlokalisation und die Zeit bis zur effektiven Behandlung (Holmes et al., 1997) (siehe Tab. 3.8).

Die therapeutischen Möglichkeiten bei kardiogenem Schock basieren auf drei Säulen:

1. Medikamentös-supportive Therapie;
2. Maßnahmen zur Revaskularisation;
3. Zirkulatorisch-mechanische Unterstützung;

1. Medikamentös supportive Therapie

Die Gabe von Katecholaminen ist von entscheidender Bedeutung um eine globale Ischämie des nicht infarzierten Myokards zu verhindern. Bei erhöhtem systemischen Widerstand (> 1000dyn* s*cm^{-5}) wird **Dobutamin**, bei seltener auftretendem erniedrigten Widerstand **Dopamin** bzw. **Noradrenalin** eingesetzt. Der arterielle Mitteldruck sollte 65 mmHg nicht überschreiten um katecholaminsparend zu therapieren. Die Füllungsdrücke des linken Ventrikels sollten 18 mmHg nicht überschreiten, denn bei diesen Füllungsdrücken ist ein maximales Schlagvolumen entsprechend dem Frank-Starling Mechanismus zu erwarten. Die Einstellung der Füllungsdrücke und die Verhinderung bzw. Beseitigung eines Rückwärtsversagens geschieht mit dem Einsatz von Schleifendiuretika. Entsprechend dem Rückwärtsversagen mit begleitender Lungenstauung ist eine Sauerstoffinsufflationstherapie indiziert. Zu den klinisch noch nicht etablierten Therapieverfahren gehört eine Optimierung des myokardialen Stoffwechsels durch die Anwendung von Glukose und Insulin, L-Carnitin oder Adenosin-Analoga. Interessante therapeutische Ansätze beziehen sich auch auf eine Antagonisierung des im Schock vermehrt nachweisbaren NO mit L-NMMA (Cotter et al., 2000).

2. Maßnahmen zur Revaskularisation

Thrombolyse

Eine prognoseverbessernde Wirkung bei kardiogenem Schock ließ sich für die

Lysetherapie nicht nachweisen. In der GISSI-I-Studie betrug die Letalität bei kardiogenem Schock und Lysetherapie 69,9 %, ohne Lysetherapie 70,1 % (GISSI I; 1986). In der Folgestudie GISSI-II wurde untersucht, welches thrombolytische Regime, **Streptokinase** oder **Alteplase**, überlegen ist. Auch in dieser Studie konnte die Behandlung mit Streptokinase oder Alteplase im kardiogenen Schock nicht überzeugen. Die Letatlität betrug in der streptokinasebehandelten Gruppe 65 % gegenüber 78 % der mit Alteplase behandelten Patienten (GISSI II 1990). Selbstverständlich kann aber die thrombolytische Therapie bei einem unkomplizierten Myokardinfarkt das Risiko senken, einen kardiogenen Schock zu entwickeln. Die Ineffizienz der thrombolytischen Verfahren bei kardiogenem Schock im Gegensatz zu unkomplizierten Myokardinfarkt bleibt vorerst unklar. Ein möglicher Grund ist die bezüglich Geschwindigkeit und Ausmaß schlechtere Lyseeffizienz bei Hypotension mit reduziertem koronarem Perfusionsdruck. Dies führt wahrscheinlich zu keiner adäquaten Reperfusion in vertretbarer Zeit bzw. zu rascher Reokklusion (Anderson et al., 1997).

Interventionelle Therapie

Da die thrombolytische Therapie alleine bei eingetretenem kardiogenem Schock die Überlebensrate der Patienten nicht verbessern kann, wurde der Stellenwert frühzeitiger interventioneller Maßnahmen für diese Patientengruppe untersucht. Durch frühzeitige invasive Diagnostik und Intervention oder ggf. Akut-Bypassoperation kann die Letalität des kardiogenen Schocks bei akutem Myokardinfarkt signifikant gesenkt werden (Berger et al., 1997). In der bisher größten Studie wird das relative Letalitätsrisiko bei akutem Myokardinfarkt mit erfolgter Lysetherapie und kardiogenem Schock mit der Patientengruppe mit sofortiger Angiographie und adäquater interventioneller Therapie im Vergleich zur Patientengruppe ohne sofortige (≤ 24 Stunden nach Schockbeginn) Angiographie/Intervention um 57 % hochsignifikant gesenkt (Berger et al., 1997).

Eine randomisierte Studie (SHOCK-Studie) bezüglich des Nutzens einer Revaskularisation (PTCA oder Bypass-Operation) im Vergleich zur medikamentösen Therapie ergab einen Trend zugunsten einer niedrigeren 30-Tages-Letalität in der Revaskularisationsgruppe (46,7 % vs. 56 %, p = 0,11) (siehe Abb. 3.6). Bei Patienten unter 75 Jahren war die Letalität in der Revaskularisationsgruppe signifikant niedriger (41,4 vs. 56,8 %, p = 0,01).

Die 6-Monats-Letalität war für das Gesamtkollektiv sowie für Patienten unter 75 Jahren in der Interventionsgruppe signifikant niedriger (Hochman et al., 1999). Die angiographische Erfolgsrate der PTCA (adäquate, d.h. TIMI-3-Perfusion, keine relevante Reststenose) ist bei akutem Myokardinfarkt mit kardiogenem Schock niedriger als bei akutem Myokardinfarkt ohne Schock oder bei elektiven Interventionen und liegt bei 75 % (148 von 197 Patienten (Berger et

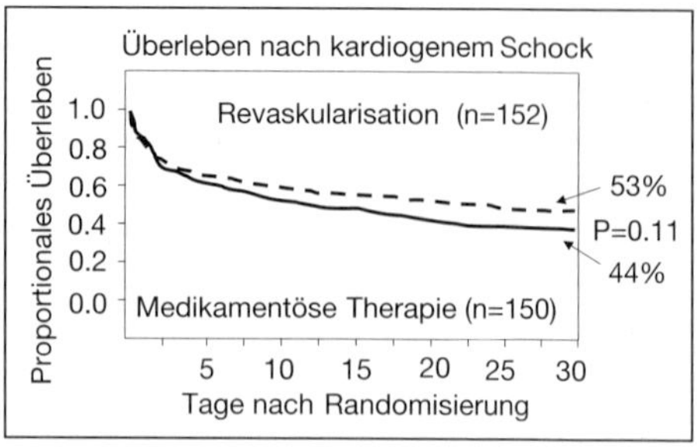

Abb. 3.6 Shock-Trial: 30-Tage Überlebenskurve (modifiziert nach Hochman et al., 1999).

al., 1997). Ob die mittlerweile zur Routine gewordene Versorgung von Gefäßläsionen bei Akutinterventionen durch eine primäre oder additive Stentimplantation einen Einfluss auf die Prognose der Patienten hat wurde untersucht in einer prospektiven Studie an 717 Patienten mit akutem Myokardinfarkt (Matern et al., 2002). In einer Subgruppenanalyse für Patienten mit kardiogenem Schock konnte kein signifikanter Unterschied zwischen Stenting und PTCA in Bezug auf die Langzeitmortalität (30 Monate) nachgewiesen werden (mit kardiogenem Schock 47,8 vs. 56,6 %, p = ns; ohne kardiogenen Schock 9,5 vs. 6,4 %, p = ns). Der sekundäre Endpunkt aus Langzeitmortalität, Re-Infarkt, Re-PTCA and Bypass-OP wurde bei Patienten ohne kardiogenen Schock jedoch von deutlich weniger Stent-Patienten erreicht (42,1 vs. 26,6 %, p = 0.008), während sich bei Patienten mit kardiogenem Schock wieder kein signifikanter Unterschied zeigte (56,5 vs. 72,4 %, p = ns).

Ein ungünstigerer Verlauf des kardiogenen Schocks trotz interventioneller Therapie muss erwartet werden bei einem Alter über 65 Jahre, früherem Infarkt oder Bypassoperation, Schockdauer über 18-24 Stunden, Mehrgefäßerkrankung, Myokarddysfunktion auch im Nicht-Infarktareal und Plaqueulzeration (Klein 1995). Bei erfolgreicher Intervention beträgt die Ein-Monats-Überlebensrate 56-86 % mit Erhalt eines signifikanten Überlebensvorteils gegenüber den Patienten mit erfolgloser PTCA auch nach ein und zwei Jahren (Lee et al., 1991; Berger et al., 1997; Holmes et al., 1997) (siehe Abb. 3.7). Bei 565 von 2972 Patienten mit kardiogenem Schock, die im Rahmen der GUSTO-I-Studie nach Lysetherapie einer PTCA zugeführt wurden, betrug die 30-Tages-Überlebensrate bis 70 % (Holmes et al., 1997). Patienten mit nicht erfolgreicher PTCA haben eine 1-Monats-Überlebensrate von 7-45 %, vergleichbar dem ungünstigen Verlauf der Patientengruppe ohne interventionelles Vorgehen.

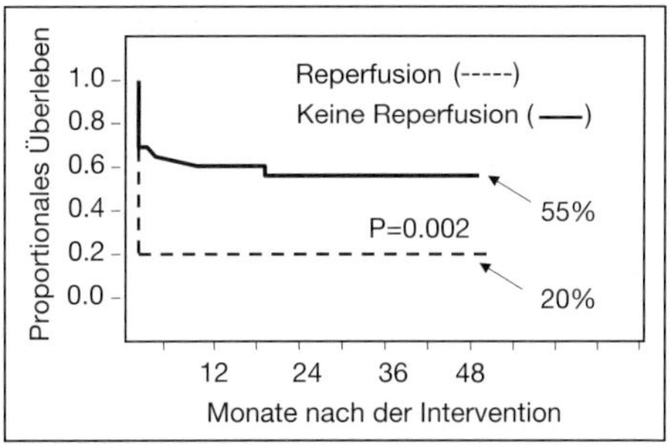

Abb. 3.7 Überlebenskurven nach PTCA (modifiziert nach Lee et al., 1991).

Operative Revaskularisation

Im Falle einer nicht sinnvollen PTCA-Option (z. B. Hauptstammstenose) (Chauhan et al., 1997) oder auch einer nicht erfolgreichen Intervention sollte bei Patienten mit akutem Myokardinfarkt und kardiogenem Schock die technische und logistische Machbarkeit einer Bypassoperation geprüft werden, da diese trotz hohen Risikos einen prognostischen Nutzen im Vergleich zum Spontanverlauf des kardiogenen Schocks bietet (Klein 1995; Berger et al., 1997).

Die Hospitalüberlebensrate liegt nach Bypassoperation bei ca. 60 % (Holmes et al., 1997). Selbstverständlich gibt es keine randomisierten Studien zur Frage der Bypass-Operation bei kardiogenem Schock und die vorliegenden Daten sind sicher durch Patientenselektion beeinflusst. Die Operation sollte aber, falls sie erwogen wird, innerhalb der ersten 6 Stunden nach Eintreten des Schocks durchgeführt werden. Infarkt-assoziierte Komplikationen, die zu einem kardiogenen Schock führen, wie Ventrikelseptumdefekt sowie Infarkt-assoziierte akute hochgradige Mitralinsuffizienz bei Papillarmuskeldysfunktion oder -ruptur stellen per se eine akute Operationsindikation dar.

3. Zirkulatorisch-mechanische Unterstützung

Der Stellenwert der intraaortalen Gegenpulsation (IABP) bei akutem Myokardinfarkt und kardiogenem Schock ist weniger eindeutig als der der Akut-PTCA. Die IABP steigert das Herzzeitvolumen um 10-20 % und führt infolge diastolischer Druckaugmentation zu einer verbesserten Koronarperfusion. Der Koronarfluss kann hierbei auf das Doppelte zunehmen. Die Zunahme ist um so ausgeprägter, je hypotensiver der Patient ist. In zwei randomisierten Studien konnte kein signifikanter Vorteil der IABP belegt werden (Anderson et al., 1997). Eine nicht randomisierte Studie dagegen wies eine niedrigere Hospitalletalität bei Verwendung der IABP auf (Waksman et al., 1993). Daten aus der GUSTO-I-Studie an lysierten Patienten zeigen bei höheren Blutungskomplikationen ebenfalls einen Trend zugunsten einer niedrigeren 30-Tages- und 1-Jahres-Letalität bei Patienten im kardiogenen Schock mit frühem ($\leq$ 24 Stunden) Einsatz der IABP. Allerdings wurden in der IABP-Gruppe 62 % der Patienten einer PTCA oder Bypassoperation zugeführt, in der Nicht-IABP-Gruppe nur 13 % (Anderson et al., 1997). Ein Überlebensvorteil durch Verwendung der IABP alleine, d.h. ohne Durchführung revaskularisierender Therapiemaßnahmen, ist nach aktueller Datenlage nicht gesichert (Berger et al., 1997). Die IABP wird jedoch als günstiges Additivverfahren während und nach PTCA oder als Bridging-Verfahren zur Akut-Bypassoperation und ggf. im postoperativen Verlauf angesehen. Nach erfolgreicher Revaskularisation des Infarktgefäßes kann die Verbesserung der Koronarperfusion durch IABP-induzierte Erhöhung des koronaren Perfusionsdruckes vorteilhaft sein bezüglich geringerer Reischämie- und Reinterventionsraten (Ohman et al., 1993). Im Falle eines kardiogenen Schocks bei akutem Myokardinfarkt, der nur mit Thrombolyse, nicht jedoch mit Akut-PTCA behandelt werden kann (z.B. aus logistischen Gründen), bietet die additive IABP einen Überlebensvorteil (Kovack et al., 1997). Möglicherweise spielt hier eine Erhöhung des Koronarperfusionsdrucks mit Verbesserung der eingeschränkten Lyseeffektivität eine Rolle. In einer kürzlich publizierten Studie wurde die IABP bewusst als supportive Maßnahme schon vor der Akutintervention eingesetzt. Damit konnte bei einigen Patienten erst die Durchführung einer erfolgreichen Intervention durch eine hämodynamische Stabilisierung ermöglicht werden und sicherte somit den primären Erfolg der Behandlung ab (Schmid et al., 2002).

Andere mechanische Herzunterstützungssysteme wie die sogenannte Hämopumpe, eine in der Aorta ascendens liegenden Turbine, die über ein externes transfemorales Antriebskabel mittels eines Saugstutzens den linken Ventrikel leer saugt und das Blut in die Aorta ascendens pumpt, haben sich nicht bewährt. In der Entwicklung sind weitere Systeme wie die Jomed-Pumpe, die mittels eines Propellers supravalvulär die Nachlast des linken Ventrikels effizienter als die IABP vermindern kann. Im klinisch experimentellen Stadium sind darüberhinaus perkutan einsetzbare Herz-Lungen-Maschinen (ECMO) und interventionell anwendbare transseptal einsetzbare Linksherz-Bypass-Systeme.

Zusammenfassend kann für den klinischen Routineeinsatz gegenwärtig nur die IABP empfohlen werden. Bei intraktablem kardiogenen Schock trotz Ausschöpfens interventioneller und operativer Therapiemaßnahmen muss bei geeigneten Patienten, d.h. potentiellen Herztransplantationskandidaten, umgehend die Indikation zur Implantation eines Assist Device mit einem hierfür spezialisierten herzchirurgischen Zentrum diskutiert werden.

Zusammenfassung

Neben der medikamentös-supportiven Therapie bedürfen Patienten im kardiogenem Schock bei akutem Myokardinfarkt einer schnellstmöglichen koronarangiographischen Diagnostik, da bei erfolgreicher Intervention, dass heißt einer Wiederherstellung des Koronarflusses, eine Prognoseverbesserung wahrscheinlich ist.

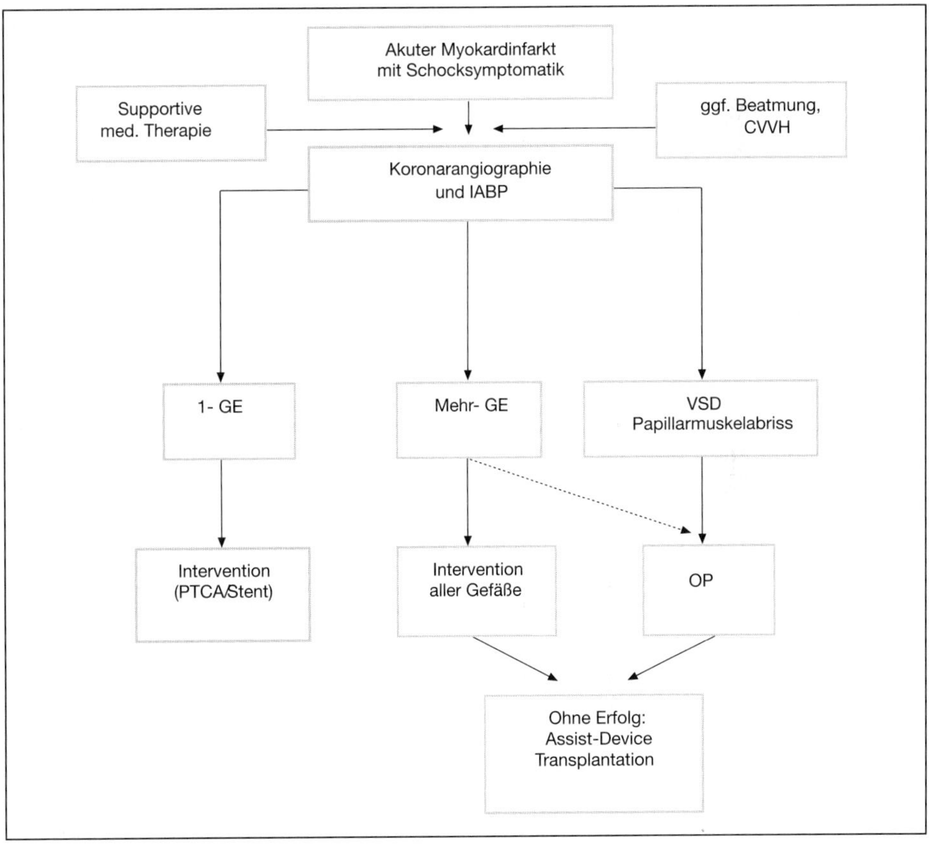

Abb. 3.8 Therapieschema zur Behandlung des kardiogenen Schocks.
CCVH = Kontinuierliche venovenöse Hemofiltration
IABP = intraaortale Ballongegenpulsation
1 GE = Eingefäßerkrankung
Mehr-GE = Mehrgefäßerkrankung
VSD = Ventrikelseptumdefekt
OP = Operation

Die alleinige Thrombolysetherapie reduziert zwar die Häufigkeit der Entwicklung eines kardiogenen Schocks bei akutem Myokardinfarkt, bei eingetretenem kardiogenen Schock ist sie jedoch nicht prognoseverbessernd und muss schnellstmöglich mit einer interventionellen Revaskularisationstrategie kombiniert werden.

Bei nicht sinnvoller Interventions-Indikation oder erfolglosem Interventionsversuch und technischer Durchführbarkeit einer Bypassoperation ist auch diese gegenüber dem Spontanverlauf prognoseverbessernd und sollte innerhalb eines Zeitfensters von 6 Stunden nach Beginn der Schocksymptomatik angestrebt werden.

Mechanische Kreislaufunterstützungsmaßnahmen (z.B. IABP) werden nicht alternativ, sondern additiv zur medikamentös-supportiven und kausal wirksamen interventionellen Revaskularisationstherapie eingesetzt, ohne diese zu verzögern.

Die Versorgung mit Assistsystemen als „Bridgingmaßnahme" bei geplanter Herztransplantation kommt nur für streng selektierte Patienten in Absprache mit einem kardiochirurgischen Zentrum in Betracht.

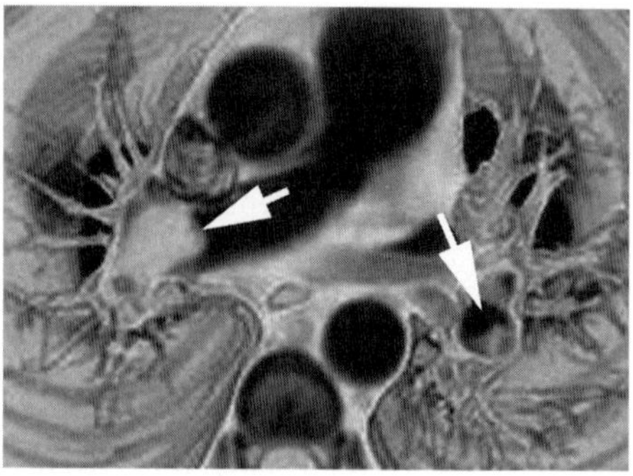

Abb. 3.9 Computertomographische Darstellung der zentralen Lungenstrombahn mit Nachweis von großen Thromben (Pfeile) in der linken und rechten Pulmonalarterie nach fulminanter Lungenembolie.

3.5.3 Akute Lungenembolie

Für die Akutprognose der Lungenembolie ist letztlich die kardiale Situation entscheidend, die vom Ausmaß der Lungenstrombahnverlegung (siehe Abb. 3.9) und schon vorbestehenden kardiopulmonalen Veränderungen geprägt wird. Erhebungen an allerdings unterschiedlichen Patientenkollektiven ergaben, wenn keine Rechtsherzinsuffizienz vorlag, eine Letalität von ca. 2 %, bei Rechtsherzversagen ca. 13 %, bei kardiogenem Schock ca. 30 % und bei Notwendigkeit zur Reanimation etwa 60 %.

Die kurzfristigen Ziele der Therapie eines Patienten mit akuter Lungenembolie sind, die vitale Bedrohung zu beseitigen, dem Patienten die akute Atemnot, die Angst und die Schmerzen zu nehmen, möglichst schnell eine Reperfusion zu erreichen und eine Schocksymptomatik bzw. den akuten Tod zu verhindern. Darüber hinaus ist es wichtig, eine Rezidivembolie zu vermeiden und die Quelle weiterer Embolien zu sanieren. Langfristige Ziele sind eine möglichst komplette Wiederherstellung normaler Lungenfunktionsparameter mit Vermeidung eines erhöhten pulmonalen Drucks und eines chronischen Cor pulmonale. Einen Überblick über die therapeutischen Ziele, Anhaltspunkte und Methoden bei akuten Lungenembolien gibt die Tabelle 3.9. Da es wegen der unterschiedlichen Schweregrade einer Lungenembolie, die sich überdies dynamisch, unter Umständen dramatisch ändern können, keine für alle Patienten gültige Therapieempfehlung geben

Tab. 3.9 Ziele, Ansatzpunkte und Methoden der Therapie bei akuter Lungenembolie.

Ziele der Therapie	Ansatzpunkte der Therapie	Prinzip der Therapie
Vermeidung einer Hirnanoxie	Hypoxie Hypotonie	O_2-Zufuhr Sympatho-Mimetika
Vermeidung einer rechtsventrikulären Dekompensation und des Kammerflimmerns	Nachlasterhöhung	(Antikoagulation) Thrombolyse Katheterfragmentation Embolektomie
Vermeidung einer Stressbelastung	Zentrales Nervensystem	Sedierung Analgesie
Vermeidung von Embolierezidiven	Venenthrombose	(Thrombolyse) Antikoagulation / Sperrmaßnahmen an der Vena cava inferior
Verbesserung der kardiopulmonalen Kompensation	Vorerkrankung an Herz und/oder Lungen	Gezielte medikamentöse Therapiemaßnahmen

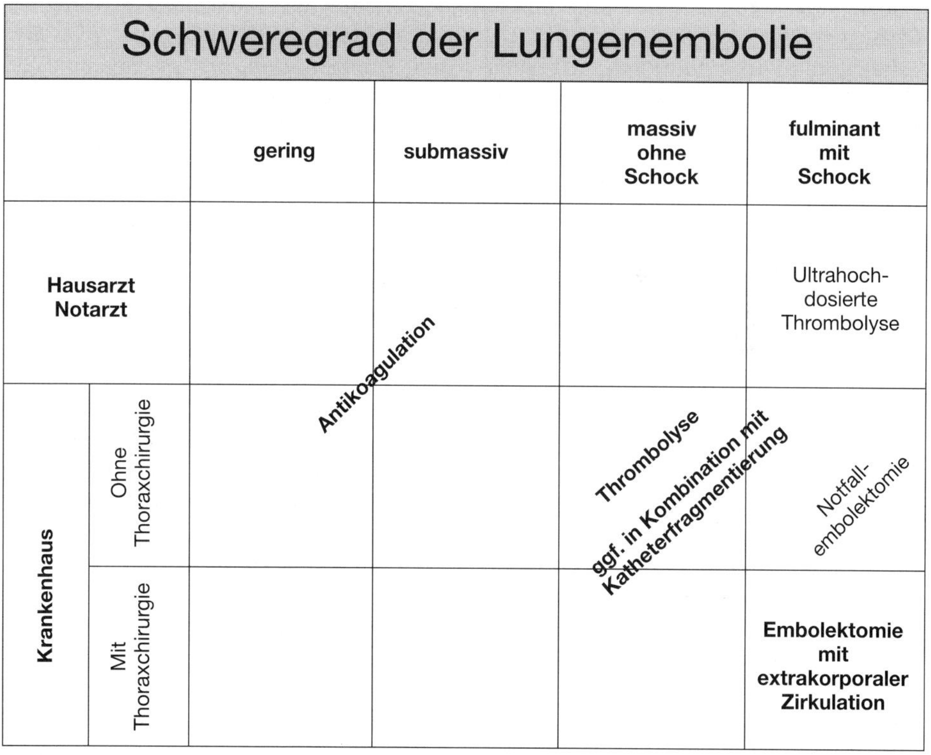

Abb. 3.10 Empfehlungen zur Therapie der Lungenembolie in Abhängigkeit vom Schweregrad und den zur Verfügung stehenden therapeutischen Möglichkeiten.

kann, ist eine individuell abgestimmte Differentialtherapie erforderlich, deren Einsatz, bezogen auf den jeweils aktuell vorliegenden Schweregrad im Folgenden erläutert wird (siehe Abb. 3.10).

Submassive und kleine Lungenembolien (Schweregrad 1 und 2)

Bei kleinen oder submassiven Lungenembolien ist bei kreislaufstabilen Patienten im Regelfall eine hochdosierte Heparintherapie indiziert. Patienten mit submassiver Lungenembolie haben eine gute Überlebenschance, sofern keine anderen kardiopulmonalen Erkrankungen vorliegen. Die Letalität liegt bei 12-14 %.

Bei kardial oder pulmonal vorgeschädigten Patienten lässt sich mit einer Thrombolysetherapie eine frühzeitige Entlastung des rechten Herzens erzielen (Goldhaber et al., 1994; Grosser 1988). Wenn hämodynamisch noch stabile Patienten schon eine rechtsventrikuläre Hypokinesie aufweisen, kann die Thrombolyse ein drohendes Rechtsherzversagen verhindern (Goldhaber 1995). Auch das Ergebnis der MAPPET-Studie spricht dafür, dass eine thrombolytische Behandlung bei Patienten mit Lungenembolie und Rechtsherzbelastung, die jedoch noch hämodynamisch stabil sind, die Letalität zu senken vermag (Konstantinides et al., 1997). Eine pulmonale Embolektomie oder eine intrapulmonale Katheterbehandlung sind bei diesen Schweregraden in der Regel nicht gerechtfertigt.

Massive Lungenembolie (Schweregrad 3)

Die massive Lungenembolie ist gekennzeichnet durch eine schwere Dyspnoe, Tachypnoe, Tachykardie, Anstieg des pulmonal-arteriellen Druckes und Abfall des Sauerstoffpartialdrucks unter 70 mmHg. Die Prognose ist ungünstig, da sie oft innerhalb von Stunden durch Rechtsherzversagen zum Tode führt. Die Letalität wird mit ca. 18 % angegeben. Die Thrombolysetherapie stellt in dieser Situation das Mittel der Wahl dar (Handler et al., 1995).

Gelingt es durch die allgemeine Schock und eine zusätzliche Thrombolysetherapie innerhalb von etwa zwei Stunden nicht, die Situation zu bessern oder lagen von vornherein strikte Indikationen gegen eine Thrombolyse vor, ist eine Embolektomie indiziert. Gegebenenfalls muss dann die Verlegung des Patienten in eine herzchirurgische Klinik erfolgen, um bei plötzlicher Verschlechterung der Symptomatik und unzureichendem Erfolg der Thrombolyse sofort eingreifen zu können. Allerdings liegt die Überlebensrate reanimierter Patienten auch nach Embolektomie unter 50 % (Stulz et al., 1994), so dass eine chirurgische Intervention nur bei strikten Kontraindikationen für eine Thrombolyse in Betracht kommt. Als alternatives Vorgehen ist eine interventionelle Kathetermaßnahme zu erwägen, die bei relativer Kontraindikation für eine systemische Thrombolyse auch mit lokaler bzw. lokoregionärer Applikation niedriger Dosen eines Thrombolytikums kombiniert werden kann.

Fulminante Lungenembolie (Schweregrad 4)

Die Letalität der fulminanten Lungenembolie beträgt spontan und bei antikoagulatorischer Therapie und unter Einschluss sämtlicher intensivmedizinischer Maßnahmen ohne Thrombolyse etwa 70 %, bei primär eingetretenem Herzstillstand fast 100 %. Eine rasche Entlastung des rechten Ventrikels ist zwingend erforderlich. Entsprechende Reanimationsmaßnahmen sind unverzüglich einzuleiten. Eine externe Herzmassage kann unter Umständen zur Fragmentation und Verlagerung der Embolie in die distalen Pulmonalgefäße beitragen. Eine Beseitigung der Embolie ist aber am raschesten und sichersten durch eine pulmonale Embolektomie möglich. Da deren Durchführbarkeit sehr begrenzt ist, kommt der grundsätzlich überall und jederzeit mögliche Thrombolyse größte Bedeutung zu. Während sie früher bei und nach Reanimation mit externer Massage wegen drohender thorakaler und abdomineller Blutungen als kontraindiziert angesehen wurde, wird sie heute zunehmend als Ultima Ratio-Therapie („Not-Lyse") durchgeführt. Sie sollte bei einer Reanimation unverzüglich begonnen werden. Kontraindikationen müssen wegen fehlender therapeutischer Alternativen relativiert und ggf. bewusst außer Acht gelassen werden. Die Wahl des Thrombolytikums ist nicht von erstrangiger Bedeutung, wichtiger ist ihr frühzeitiger und hochdosierter Einsatz.

Blutungskomplikationen sind meist beherrschbar, können jedoch Massivtransfusionen oder operative Interventionen erforderlich machen. Eine gleichzeitig durchgeführte Reanimation darf nicht zu früh abgebrochen werden, da sie auch nach weit mehr als einer Stunde, selbst bei weiten Pupillen infolge der Katecholamingabe, erfolgreich sein kann. Die Lyse sollte nach dem Erreichen stabiler Kreislaufverhältnisse beendet werden, da eine Weiterführung das Blutungsrisiko erhöht. Bei unsicherer Kreislaufstabilisierung kann erwogen werden, die Thrombolyse fortzuführen, um eine schnellere Verbesserung der pulmonalen Hämodynamik zu erreichen. Bei prognostisch ungünstigen neurologischen Situationen, etwa bei einer Hypoxiezeit > 10 Min., ist eine Thrombolyse nicht mehr indiziert.

Spezielle Aspekte der thrombolytischen Therapie bei Lungenembolie

In der USPET- Studie (Urokinase-Streptokinase Pulmonary Embolism Trial) wurden erstmals verschiedene Fibrinolytika sowie eine unterschiedlich lange Therapiedauer untersucht. In dieser Studie erhielten 167 Patienten mit angiographisch gesicherter Lungenembolie entweder Urokinase über 12 oder 24 Stunden oder Streptokinase über 24 Stunden. Dabei ergab sich für die 24-stündige Infusion von Urokinase kein Vorteil gegenüber der 12-stündigen Infusion. Bei Patienten mit massiver Lungenembolie war die 24-stündige Urokinaseinfusion derjenigen mit Streptokinase im Hinblick auf den szintigraphisch erhobenen Befund signifikant überlegen (USPET-Studie 1974).

Ausgelöst durch die hohe Fibrinogen-Spezifität von rt-PA, die neue pharmakologische Aspekte eröffnete, wurden mehrere Studien im Vergleich mit anderen Fibronolytika und unterschiedlichen Dosierungsregimes durchgeführt. In zwei verschiedenen Studien wurde jeweils die Gabe von 100 mg Alteplase mit der Infusion von Urokinase (4400 E als Bolus, 4400 E/kg/Körpergewicht/St.) über 24 Stunden verglichen. Sowohl Goldhaber et al. (1988) als auch Meyer et al. (1992) konnten dabei zeigen, dass bezüglich der Geschwindigkeit der Thrombolyse die Therapie mit Alteplase, derjenigen mit Urokinase überlegen ist. So nahm der pulmonale Gefäßwiderstand unter Alteplase nach zwei Stunden um 53 %, unter Urokinase nur um 36 % ab. Nach 12 Stunden waren die Ergebnisse der beiden Thrombolytika vergleichbar. Dies weist auf die Überlegenheit einer höheren Dosierung und einer kürzeren Infusionszeit hin. In einer weiteren Untersuchung verglichen Goldhaber et al. (1992) die Standardtherapie mit 100 mg Alteplase über zwei Stunden mit der Gabe von 3 Mio. E. Urokinase über zwei Stunden. Mit Beendigung der Infusion zeigten 79 % der Alteplase Gruppe und 67 % der Urokinasegruppe im Pulmonalisangiogramm eine Befundbesserung. Nach 24 Stunden ergaben sich im Perfusionsszintigramm keine Unterschiede zwischen den beiden Therapiegruppen.

Vergleichende Untersuchungen zwischen Alteplase und Streptokinase ergaben zumeist eine raschere hämodynamische Besserung mit Alteplase. Bei 29 Patienten mit Lungenembolie zeigte sich unter der Gabe von Alteplase (70 mg über 2 Stunden, gefolgt von 0,05 mg/kg/Körpergewicht/4 Std.) eine Reduktion des pulmonalarteriellen Mitteldrucks von 31,6 mmHg auf 18 mmHg, während sich dieser unter Streptokinase von 28,7 mmHg auf 20 mmHg besserte. Wird die Gabe von 100 mg Alteplase über zwei Stunden mit einer Infusion von 100 000 E Streptokinase über 12 Stunden verglichen, zeigt sich ebenfalls eine raschere Senkung des pulmonalen Gefäßwiderstandes unter Alteplase. Durch Infusion von 1,5 Mio. E Streptokinase konnte, wie eine weitere Studie zeigte, ebenfalls eine deutliche Senkung des pulmonalen Gefäßwiderstandes erreicht werden (Meneveau et al., 1997). Die initiale Senkung war unter **Alteplase** jedoch stärker ausgeprägt und der pulmonale Mitteldruck zeigte unter Alteplase eine deutlichere Reduktion als unter **Streptokinase**.

Die hämodynamische Wirkung von Reteplase wurde bei akuter Lungenembolie im Vergleich zu Alteplase in einer Studie mit 36 Patienten untersucht (Tebbe et al., 1999). Dabei erhielten 23 Patienten einen Doppelbolus von je 10 E Reteplase im Abstand von 30 Minuten und 13 Patienten 100 mg Alteplase über 2 Stunden. Erwartungsgemäß ließ sich mit beiden Thrombolytika eine signifikante Senkung des pulmonalen Gefäßwiderstandes erreichen. Wie Reteplase hinsichtlich der Wirksamkeit im Vergleich zu Alteplase einzuschätzen ist, lässt sich aus dieser Studie wegen der kleinen Patientenzahl und des unterschiedlichen Schweregrades der Lungenembolie in den beiden Patientengruppen bei Aufnahme nicht sicher ableiten.

Dosierung der Thrombolyse

Zweckmäßigerweise wird bei der Thrombolysetherapie der Lungenembolie zwischen Boluslyse mit max. 10 Min., Kurzzeitlyse mit max. 2 Stunden und Langzeitlyse mit über zwei Stunden Dauer unterschieden. Heute werden schnell wirkende hochdosierte Kurzzeitlyseverfahren bevorzugt, dies gilt insbesondere bei lebensbedrohlichen Krankheitsbildern. Standardtherapie ist die Behandlung mit Alteplase. Als Dosis wird aufgrund der Studienergebnisse eine Dosierung von 100 mg/2 Stunden empfohlen. Gegebenenfalls können nachfolgend 0,05 Alteplase/kg/St. über vier Stunden verabreicht werden (Aschauer et al., 1995). Bei erhöhtem Risiko sollte eine niedrigere Dosierung z. B. 10-20 mg Alteplase/Stunde bis zu zehn Stunden gewählt und die Therapie beendet werden, sobald die hämodynamische Situation gebessert ist. Eine Thrombolyse-Therapie sollte nur dann länger als drei Tage dauern, wenn der Patient durch die Verlegung der Lungenstrombahn schwer beeinträchtigt ist.

Tab. 3.10 Erfolgsrate der „Ultima-Ratio" Lyse unter Reanimationbedingungen bei Patienten mit fulminanter Lungenembolie (Grad IV).

Autoren	Patienten	Primärer Lyseerfolg (stabiler Kreislauf nach 12 Stunden)	Langfristiger Lyserfolg, stabiler Kreislauf nach 2 Wochen, Patienten neurologisch unauffällig
Horstkotte et al. (1990)	17	15	12 (zusätzliche mechanische Fragmentierung)
Scholz et al. (1990)	12	9	6
Westhoff-Bleck et al. (1991)	5	5	3 (zusätzliche Thrombektomie bei 2 Pat.)
Hopf et al. (1991)	7	6	6

Bei lokalen Thrombolysen, z. B. in Kombination mit einer Embolus Fragmentierung, werden entweder 10-20 mg Alteplase oder 100000 E Urokinase mit nachfolgend 30-40000 E/ St. intrathrombisch oder unmittelbar präthrombotisch appliziert; gegebenenfalls kann die Applikation wiederholt werden. Bei konventionell dosierter und lokaler Applikation des Thrombolytikums ist die begleitende Heparingabe indiziert, wenn Thrombinzeit und/oder partielle Thromboplastinzeiten (PTT) nicht allein durch die Thrombolysetherapie in den therapeutischen Bereich verlängert sind. Bei kurz dauernden hochdosierten Thrombolyseverfahren ist die begleitende Heparintherapie nicht unbedingt erforder-

Tab. 3.11 Therapie der fulminanten Lungenembolie.

1. Thrombolyse	
rt-PA (Kurzlyse)	10 mg Bolus über ein bis zwei Min, 90 mg in zwei Stunden
rtPA (Boluslyse)	0,6 mg/kg Körpergewicht, max. 50 mg in wenigen Min.
Streptokinase	1,5 Mio E in 30–60 Min.
Urokinase	1 Mio E in zehn Minuten/2 Mio E in weiteren 110 Min
2. Heparinisierung	
5 000–10 000 E unfraktioniertes Heparin als Bolus oder körpergewichtsadaptierte Gabe von niedermolekularem Heparin	
unter Urokinase und rt-PA gleichzeitig PTT-Heparinisierung sinnvoll, nach Lyseende unabhängig von Thrombolytikum obligat	
3. Mechanische Fragmentierung	
Additiv nützlich, z. B. in Verbindung mit einer lokalen Lyse	
4. Operative Embolektomie	
Zentrale Lokalisation des Embolus und vitale Kontraindikation für eine Lyse	
Trotz Lyse kein Therapieerfolg z. B. bei progredienter Schocksymptomatik	

lich. In jedem Fall ist im Anschluss an die Thrombolysetherapie eine Behandlung mit Heparin und dann mit Kumarinderivaten unverzichtbar. Die Therapieoptionen der fulminanten Lungenembolie sind in Tabelle 3.11 zusammengefasst.

Literatur

Anderson, R. D., Ohman, E. M., Holmes, D. R., Col, J., Stebbins, A. L., Bates, E. R., Stomel, R. J., Granger, C. B., Topol, E. J., Califf, R. M., for the GUSTO-I Investigators: Use of intraaortic balloon counterpulsation in patients presenting with cardiogenic shock: observations from the GUSTO-I study. J Am Coll Cardiol **30**, 708-715 (1997).

Aschauer, M., Pilger, E., Szolar, D. H. et al.: Extended infusion of rtPA lysis of pulmonary emboli: influence of time after onset of symptoms on outcome. Cardiovasc Interv Radiol **18**, 288-290 (1995)

Berger, P. B., Holmes, D. R., Stebbins, A. L., Bates, E. R., Califf, R. M., Topol, E. J., for the GUSTO-I Investigators: Impact of an aggressive invasive catheterization and revascularization strategy on mortality in patients with cardiogenic shock in the global utilization of streptokinase and tissue plasminogen activator for occluded coronary arteries (GUSTO-I) trial. Circulation **96**, 122-127 (1997).

Chauhan, A., Zubaid, M., Ricci, D. R., Buller, C. E., Moscovich, M. D., Mercier, B., Fox, R., Penn, I. M.: Left main intervention revisited: early and late outcome of PTCA and stenting. Cathet Cardiovasc Diagn **41**, 21-29 (1997).

Cotter, G., Kaluski, E., Blatt, A. et al.: L-NMMA (a nitrix oxide snthetase inhibitor) is effective in the treatment of cardiogenic shock. Circulation **101,** 1358-61 (2000).

(GISSI) Gruppo italiano per lo studio della streptochinasi nell'infarto miocardico: Effectiveness of intravenous thrombolytic treatment in acute myocardial infarction. Lancet **I**, 397-401 (1986).

Goldberg, R.J., Samad, N.A., Yarzebski, J., Gurwitz, J., Bigelow, C., Gore, J. M.: Temporal trends in cardiogenic shock complicating acute myocardial infarction. N Engl J Med **340(15)**,1162-8 (1999).

Goldhaber, S. Z., Kesseler, C. M., Heit, J. A. et al.: Randomised controlled trial of recombinant tissue plasminogen activator versus urokinase in the treatment of acute pulmonary embolism. Lancet **II**, 293-298 (1988).

Goldhaber, S. Z., Kessler, C. M., Heit, J. A. et al: Recombinant tissue-type plasminogen activator versus a novel dosing regimen of urokinase in acute pulmonary embolism: A randomised controlled muticenter trial. J Am Coll Cardiol **20**, 24-30 (1992).

Goldhaber, S. Z., Haire, W. D., Feldstein, M. L. et al.: Alteplase versus heparin in acute pulmonary embolism: randomised trial assessing right- ventricular function and pulmonary perfusion. Lancet **341**, 507-511 (1993)

Goldhaber, S. Z.: Contemporary pulmonary embolism thrombolysis. Chest **107**, 45 S-51 S (1995)

Grosser, K. D.: Akute Lungenembolie. Dt. Ärzteblatt **85**, B-587-594 (1988)

GUSTO IIb angioplasty substudy investigators: A clinical trial comparing primary coronary angioplasty with tissue plasminogen activator for acute myocardial infarction. N Engl J Med **336**, 1621-1 (1997).

Handler, J. A., Feied, C. F.: Acute pulmonary embolism. Agressive therapy without anticoagulants and thrombolytics. Postgrad Med **97**, 61-72 (1995).

Hochman, J. S., Sleeper, J. A., Webb, J. G., Sanborn, T. A., White, H. D., Talley, J. D., Buller, C. E., Jacobs, A. K., Slater, J. N., Col, J., McKinlay, S. M., LeJemtel, T. H. for the SHOCK Investigators: Early revascularization in acute myocardial infarction complicated by cardiogenic shock. N Engl J. Med **341**, 625-634 (1999).

Holmes, D. R., Califf, R. M., Van de Werf, F., Berger, P. B., Bates, E. R., Simoons, M. L., White, H. D., Thompson, T. D., Topol, E. J., for the GUSTO-I Investigators: Difference in countries' use of resources and clinical outcome for patients with cardiogenic shock after myocardial infarction: results from the GUSTO trial. Lancet **349**, 75-78 (1997).

Hopf, H. B., Floßdorf, T., Breulmann, M.: Rekombinanter Gewebeplasminogenaktivator. (rtPA) zur Notfallbehandlung der perioperativen lebensbedrohlichen Lungenembolie (Stadium IV). Anaesthesist **40**, 309-314 (1991).

Horstkotte, D., Heintzen, M. P., Strauer, B. E.: Kombinierte mechanische und thrombolytische Wiedereröffnung der Lungenstrombahn bei massiver Lungenembolie mit kardiogenem Schock Intensivmed **27**, 124-132 (1990).

Klein, L. W.: Cardiogenic shock. In: Critical Care Medicine – Principles of Diagnosis and Management, pp. 341-354. Parrillo, J. E., Bone, R. C. (eds.). Mosby-Year Book, St. Louis, MO (1995).

Konstantinides, S., Geibel, A,. Olschewski, M. et al.: Association between thrombolytic treatment and the prognosis of hemodynamically stable patients with major pulmonary embolism. Results of a multicenter registry. Circulation **96**, 882-888 (1997).

Kovack, P. J., Rasak, M. A., Bates, E. R., Ohman, E. M., Stomel, R. J.: Thrombolysis plus aortic counterpulsation: improved survival in patients who present to community hospitals with cardiogenic shock. J Am Coll Cardiol **29**, 1454-1458 (1997).

Lee, L., Erbel, R., Brown, T. M., Laufer, N., Meyer, J., O'Neill, W. W.: Multicenter registry of angioplasty therapy of cardiogenic shock: initial and long-term survival. J Am Coll Cardiol **17**, 599-603 (1991).

Matern, A.,Krakau, I., Lapp, H.,Bufe, A., Horlitz, M., Ketteler, T., Gülker, H.: Bedeutung der intrakoronaren Stentimplantation für die kardialen Ereignisse im Akut-und Langzeitverlauf nach direkter Koronarangioplastie des akuten Myokardinfarktes. Intensivmed **39**, 341-357 (2002).

Meneveau, N,. Schiele, F., Vuillemenot, A., et al.: Streptokinase vs alteplase in massive pulmonary embolism. A randomized trial assessing right heart haemodynamics and pulmonary vascular obstruction. Eur Heart J, **18**, 1141-1148 (1997).

Meyer, G., Sors, H., Charbonnier, B. et al.: Effects of urokinase versus alteplase on total pulmonary resistance in acute massive pulmonary embolism: A European multicenter double- blind trial. Am. Coll. Cardiol- 19, 239-245 (1992).

Ohman, E. M., George, B. S., White, C. J., et al., for the Randomized IABP Study Group: Use of aortic counterpulsation to improve sustained coronary artery patency during acute myocardial infarction: Results of a randomized trial. Circulation **90**, 792-799 (1993).

Peterson, E. D., Shaw, L. J., Califf, R. M.: Risk stratification after myocardial infarction. Ann Intern Med **126**, 561-582 (1997).

Schmid, A.: Einsatz der intraaortalen Ballonpumpe während Akutinterventionen bei Hochrisikopatienten mit akutem Koronarsyndrom-eine Fallserie.Intensivmed **39**,148-153 (2002).

Scholz, K. H., Hilmer, T., Schuster, S. et al.: Thrombolyse bei reanimierten Patienten mit Lungenembolie. Dtsch Med Wschr **115**, 930-935 (1990).

Straub, H., Ulmer, W. T.: Die akute Lungenembolie. Inn Med **14**, 64-69 (1987).

Stulz, P., Schläpfer, R., Feer, R., Habicht, J., Grädel, E.: Decision making in the surgical treatment of massive pulmonary embolism. Eur J Cardiothorax Surg 8, 188-193 (1994)

Tebbe, U., Graf, A., Kamke, W., et al.: Hemodynamic effects of double bolus reteplase versus alteplase infusion in massive pulmonary embolism. Am Heart J **138**, 39-44 (1999).

The Internetional Study Group (GISSI II). In-hospital mortality and clinical course of 20891 patients with suspected acute myocardial infarction randomized between alteplase and streptokinase with or without heparin. Lancet;336:71-75 (1990).

Urokinase- streptokinase pulmonary embolism trial. A cooperative study. J Am Med Ass **229**,1606-1613 (1974)

Voigt, A., Neuhaus, K. L.: The German experience with primary angioplasty. Sem Intv Cardiol **4**, 43 (1999).

Waksman, R., Weiss, A. T., Gotsman, M. S., Hasin, Y.: Intra-aortic balloon counterpulsation improves survival in cardiogenic shock complicating acute myocardial infarction. Eur Heart J **14**, 71-74 (1993).

Weaver, W. D., Simes, R. J., Betriu, A., et al.: Comparison of primary coronary angioplasty and intravenous thrombolytic therapy for acute myocardial infarction: a quantitative review. J A M A **278**, 2093-2098 (1997).

Zahn, R., Schiele, R., Schneider, S., et al.: Decreasing hospital mortality between 1994 and 1998 in patients with acute myocardial infarction treated with primary angioplasty but not in patients treated with intravenous thrombolysis. Results from the pooled data of the Maximal Individual Therapy in Acute Myocardial Infarction (MITRA) Registry and the Myocardial Infarction Registry (MIR). J Am Coll Cardiol **36**, 2064-2071 (2000).

Zahn, R., Schiele, R., Schneider, S., et al.: Primary angioplasty versus intravenous thrombolysis in acute myocardial infarction: can we define subgroups of patients benefiting most from primary angioplasty? Results from the pooled data of the Maximal Individual Therapy in Acute Myocardial Infarction Registry and the Myocardial Infarction Registry. J Am Coll Cardiol **37**, 1827-1835 (2001).

Zijlstra, F., Hoorntje, J. C. A., De Boer, M. J., et al.: Long-term benefit of primary angioplasty as compared with thrombolytic therapy for acute myocardial infarction. N Engl J Med **341**, 1413 1419 (1999).

3.6 Kardiale Assist-Systeme

F. M. Baer

Zur Zeit stellt die Herztransplantation die einzige Behandlungsmöglichkeit der terminalen Herzinsuffizienz dar. Obwohl die Anzahl der transplantationspflichtigen Patienten ständig zunimmt, stagniert in den letzten Jahren die Zahl der durchgeführten Herztransplantationen. Grund dafür sind die nur begrenzt zur Verfügung stehenden Spenderorgane. Als Konsequenz ergibt sich eine kontinuierlich steigende Wartezeit, während der etwa 20 bis 30 % der Patienten versterben.

Aus dieser Tatsache heraus entstand die Forderung nach alternativen Therapien in Form von mechanischen Kreislaufunterstützungssystemen. Diese ermöglichen es dekompensierte, evtl. auch auf der Warteliste zur Herztransplantation stehende Patienten zu rekompensieren. So können reversible Organfunktionsstörungen therapiert und der Patient in eine bessere Ausgangssituation für die Transplantation gebracht werden. Andererseits werden irreversible Organfunktionsstörungen erkannt und die limitierten Spenderorgane geeigneten Empfängern zugeordnet.

Wenn ein kardiogener Schock bzw. eine schwere Organminderperfusion oder eine therapierefraktäre chronisch-terminale Herzinsuffizienz trotz optimaler Pharmakotherapie und optimierten Vorlastbedingungen persistieren, müssen die Indikationsstellung, Implantationszeitpunkt und Art des mechanischen Kreislaufunterstützungssystems in enger Zusammenarbeit zwischen Kardiologen und Kardiochirurgen entschieden werden. Prinzipiell sollte eine potentielle Reversibilität des kardiogenen Schocks oder eine potentielle Indikation zur Herztransplantation, d.h. eine prognostische Perspektive, gegeben sein.

Die verschiedenen Verfahren zur mechanischen Kreislaufunterstützung bzw. zum Kreislaufersatz (siehe Tab. 3.12) unterscheiden sich durch das unterschiedliche Ausmaß der Ventrikelentlastung und der zu erzielenden Perfusionssteigerung (Kreislaufunterstützung oder Kreislaufersatz), den Implantationsmodus, die Möglichkeit einer uni- oder biventrikulären Unterstützung, die Mobilisierbarkeit des Patienten (extra- vs. intrakorporale Systeme) und ihre potentielle maximale Einsatzdauer (siehe Übersichten von Hammel et al., 1997, Argenziano et al., 1997, Hetzer et al., 2002).

3.6.1 Pneumatische Kreislaufunterstützungssysteme mit pulsatilem Fluss

Die intraaortale Ballonpumpe stellt die einfachste Form der mechanischen Kreislaufunterstützung dar. Hierbei wird ein über die Leistengefäße in die thorakale Aorta eingebrachter Ballon während der Diastole aufgeblasen. Durch den erhöhten Blutdruck proxi-

Tab. 3.12 Übersicht: kardiale Assist-Systeme. Mechanische Kreislaufunterstützung- und Ersatzverfahren (Auswahl)
LV = Linker Ventrikel, RA = Rechter Vorhof, LA = Linker Vorhof, PA = Pulmonalarterie, Chir. = chirurgisch.

	Unterstützung (U) Ersatz (E)	Max. HZV-Steigerung [l/min]	Einsatzdauer	Implantations-Technik	Lokalisation	Antikoagulation	Patientenmobilität
Intravaskuläre Pumpen							
intraaortale Ballongegenpulsation (IABP)	U	< 0,5–1	Stunden bis Tage	perkutan	Aorta desc.	Nein	nein
Hemopump (nicht pulsatil)/pulsatil	U	4 Stunden bis Tage	perkutan/ chirurgisch	LV- Aorta	(ja)	nein	
Ventricular Assist Devices (VAD)							
Externe pulsatile pneumatische VAD's (z. B. Thoratec®, Berlin Heart®, Medos HIA®)	E	5–9	Wochen bis Monate	chir.	RA/PA bzw. LA oder LV/Aorta	ja	gering
Interne pulsatile pneumatische VAD'S (z. B. TCI Heart Mate IP®)	E	4–10	Wochen bis Monate	chir.	LV/Aorta	Aspirin	Ja
Interne pulsatile elektromagnetische VAD's (z. B. TCI Heart Mate VE®, Novacor LVAS®	E	4–10	Wochen bis Monate bis Jahre (?)	chir.	LV/Aorta	Ja	Ja
Ventricular Assist Devices (VAD)/nicht pulsatil							
Axialflusspumpen (z. B. Micromed DeBakey®, Jarvik2000®)	U	4–5	Wochen bis Monate bis Jahre (?)	chir.	LV/Aorta	Ja	Ja
Mikroaxialflusspumpe (z. B. Impella Recover®)	U	4,5	1 Woche	chir.	LV/Aorta	Ja	Ja
Total Artificial Heart (TAH) (AbioCor Replacement Heart®, LionHeart®)	E	4–10	Wochen bis Monate, Jahre (?)	chir.	RA/PA und La/Aorta, Nativherz explantiert	Ja	ja

mal des Ballons bessert sich die Koronarperfusion entscheidend. Die Vorteile dieses Systems liegen in der schnellen Verfügbarkeit, der einfachen Anwendung und der relativ niedrigen Kosten. Eine maximale hämodynamische Augmentation von 15 bis 20 % des Herzzeitvolumens schränkt den Einsatzbereich dieses Systems jedoch ein.

Mit pneumatischen Kreislaufunterstützungssystemen (Thoratec®, Berlin Heart®, Medos HIA®, Abiomed BVS 5000®) können isoliert eine Herzkammer oder beide Herzkammern zugleich unterstützt werden. Die Pumpen selbst bestehen aus einer Blut- und einer Luftkammer, welche durch ein bewegliches Diaphragma getrennt sind. Wird auf die Luftkammer über ein angeschlossenes Leitungssystem ein Sog ausgeübt, nähert sich das Diaphragma der Kammerwand und Blut wird aktiv in die Blutkammer angesaugt. Ist die Blutkammer gefüllt, wird Druckluft in die Luftkammer gepresst und die Blutkammer entleert. Die Richtung des Blutstromes wird über künstliche Herzklappen am Ein-und Ausflussstutzen der Pumpenkammer geregelt. Die Einflusskanülen dieser Systeme werden in den Herzvorhöfen fixiert, die Ausflusskanülen mit der A. pulmonalis und Aorta ascendens anastomosiert. Die implantierten Kanülen werden unterhalb des Rippenbogens durch die Haut nach außen geführt und mit den parakorporal gelegenen Pumpen anastomosiert. Die Vorteile dieser Systeme liegen darin, dass sowohl die linke als auch die recht Herzkammer unterstützt werden können. Ferner wird das Blut aktiv von der Pumpe angesaugt, so dass keine Eigenleistung des Patientenherzens nötig ist. Weiter ist die Pumpe im Falle einer Fehlfunktion leicht zugänglich und austauschbar. Andererseits erfordert der pneumatische Antrieb die Erzeugung von Druckluft und Sog durch einen externen Kompressor, welcher durch seine Größe und sein Gewicht die Rehabilitation und Mobilisation des Patienten einschränkt.

3.6.2 Elektrisch betriebene Kreislaufunterstützungssysteme mit pulsatilem Fluss

Zu den häufiger eingesetzten pulsatilen Systemen gehört das elektromechanisch betriebene, isoliert linksventrikulär unterstützende NOVACOR® (siehe Abb. 3.11) und das TCI-Heart Mate System®. Hierbei ist die über Gefäßprothesen mit linkem Ventrikel und Aorta ascendens verbundene Pumpe vollständig implantiert. Biologische Herzklappenprothesen innerhalb des Zu- und Abflusses bestimmen die Richtung des Blutstromes

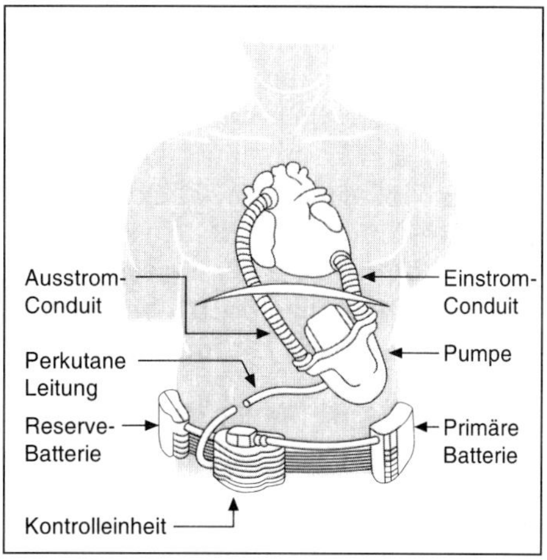

Abb. 3.11 Tragbares NOVACOR LV-Assist System (intern, pulsatil, elektromagnetisch) mit voller Mobilisierbarkeit des Patienten (nach Argenziano et al. 1997).

im Pumpensystem. Die Pumpeneinheit ist mittels eines subkutan getunnelten Verbindungskabels mit der extrakorporalen Steuereinheit verbunden. Dieses Kabel dient einerseits der Energieversorgung der Pumpe, andererseits aber auch der Datenerfassung von der Pumpe. Als Energiequellen können je nach Bedarf Netzstrom und spezielle Batterien verwendet werden, welche der Patient entweder in einer Tasche oder an einem Gürtel mit sich trägt. Durch die größere Bewegungsfreiheit ist eine bessere Mobilisation und Rehabilitation des Patienten möglich.

3.6.3 Elektrisch betriebene Kreislaufunterstützungssysteme mit kontinuierlichem Fluss

Bei dem elektrisch betriebenen DeBakey-Assist® handelt es sich um ein neuartiges, linksventrikuläres Herzunterstützungssystem, das erstmalig 1998 als Bridge-to-Transplant im Deutschen Herzzentrum Berlin implantiert wurde. Dabei ist die Pumpe ebenso wie beim NOVACOR® über Gefäßprothesen mit linker Herzkammer und der Aorta ascendens verbunden und lediglich Steuereinheit und Stromversorgung befinden sich außerhalb des Körpers. Das Gerät besteht im wesentlichen aus einer sich kontinuierlich und hochtourig drehenden Schraube (7500-12500 U/min) (siehe Abb. 3.12). Durch die konstante Rotation der Impeller-Schraube wird ein gleichmäßiger, nicht-pulsatiler Fluss erzeugt, der von einem hinter dem Impeller befindlichen Flussmessgerät erfasst wird. Herzklappenprothesen wie bei dem NOVACOR® existieren nicht, so dass auch in der Peripherie ein nicht-pulsatiler Blutfluss herrscht. Nach einem ähnlichen Prinzip arbeitet das JARVIK 2000®. Durch einen auf der linken Herzkammer angebrachten Befestigungsring der als Halterung für das Kunstherz dient, wird ein Loch in die linke Herzkammer geschnitten das der Größe des Pumpengehäuses des Jarvik 2000 Systems entspricht. Über diese Öffnung wird die Pumpe in den linken Ventrikel eingeführt und an dem Befestigungsring nach der optimalen Positionierung des Kunstherzen fixiert. Über einen an der Aorta befestigten Schlauch (Dacronprothese) wird das Blut in den Körperkreislauf gepumpt.

Mit dem Start der Pumpe wird die Schraube im Inneren des Pumpengehäuses in Drehung versetzt und beginnt somit das Blut aus der linken Herzkammer zu saugen und dann in die Aorta zu pumpen. Die Schraube selber sowie das Gehäuse bestehen aus Titan. Die Leistung der Pumpe wird an einem Regler eingestellt und bietet fünf verschiedene Einstellmöglichkeiten, bzw. Stufen an. Von der Pumpe führt ein unter der Haut verlegtes Kabel kopfwärts, das mit einem flachen runden Stecker hinter dem Ohr endet. Dieser Stecker wird hinter dem Ohr auf den Schädelknochen aufgeschraubt. Batterie und Steuereinheit sind über ein Kabel mit dem Stecker hinter dem Ohr des Patienten verbunden. Dass die Ausleitung des Kabels möglichst fern vom eigentlichen Assist-Device erfolgt, hat den Vorteil, dass im Falle einer Entzündung diese aufgrund der großen Distanz nicht sofort auf das ganze Unterstützungssystem übergreifen kann. Dies war bislang eine häufig gesehene Komplikation bei anderen Kunstherztypen. Ende des Jahres 2001

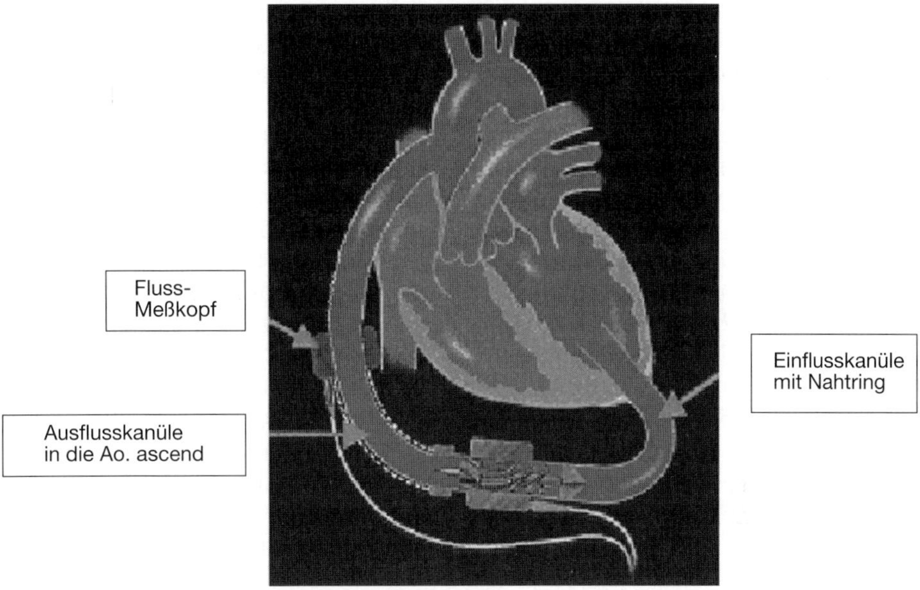

Abb. 3.12 Schematisch dargestelltes Axialflussystem.

wurde die elektrisch betriebene Mikroaxialflusspumpe Impella Recover® in die klinische Anwendung eingeführt. Die miniaturisierte Blutpumpe mit einem Außendurchmesser von nur 6,4 mm liefert einen kontinuierlichen Blutfluss von bis zu 4,5 l/min bei 32000 Umdrehungen/min. Sie ist als kurzfristig anwendbares (ca. 1 Woche) intrakardiales linksventrikuläres Unterstützungssystem konzipiert. So wird das Device über eine an die Aorta ascendens anastomosierte Gefäßprothese appliziert und nach retrograder Passage über die Aortenklappe im Kavum des linken Ventrikels positioniert. Ein Kabel zur Energieversorgung und Steuerung wird perkutan am Thorax ausgeleitet und mit einer mobilen Steuerungskonsole verbunden.

Im Rahmen klinischer Studien sind derzeit zwei weitere Blutpumpen verfügbar (LionHeart®, AbioCor Replacement Heart®), die mit dem Ziel der permanenten Herzunterstützungstherapie konzipiert wurden. Beide genannten Systeme sind die ersten komplett implantierbaren Kunstherzsysteme, bei denen neben der Blutpumpe auch die Steuereinheit und eine Reservebatterie implantiert werden. Die Energiezufuhr erfolgt bei beiden Systemen durch eine transkutane Energietransmission (Induktion) ohne Verletzung der Haut (Hetzer et al., 2002).

3.6.4 Indikationen und Anwendungsergebnisse kardialer Assistsysteme

Der akute kardiogene Schock ist verbunden mit einer Letalität von 50-80 %, die chronische terminale Herzinsuffizienz mit einer 1-Jahres-Letalität von ca. 50 % (Peterson et al., 1997; Anderson et al., 1997). Etwa 4-6 % aller Patienten mit akutem Myokardinfarkt und ca. 0,5-2 % aller Patienten nach Herzeingriffen entwickeln eine kardiogene Schocksymptomatik, die unter Anwendung konventioneller Therapiestrategien (Katecholamine, IABP) refraktär bleibt. Aus diesem Grunde wurden mechanische Kreislaufunterstützungssysteme entwickelt. Die prinzipiellen Einsatzmöglichkeiten mechanischer Kreislaufunterstützungssysteme (siehe Tab. 3.13) umfassen die akute Überbrückung eines potentiell reversiblen kardiogenen Schocks, z. B. bei akutem Myokardinfarkt oder bei kardiogenem Schock nach kardiochirurgischem Eingriff im Sinne eines „Bridge-to-recovery"-Verfahrens, und eine mittel- oder langfristige Überbrückung bis zur Herztransplantation bei chronisch-terminaler oder akuter irreversibler Herzinsuffizienz als „Bridge-to-transplantation"-Verfahren. Der langfristige mechanische Ersatz wird auch als Alternative zur Herztransplantation diskutiert.

Der Einsatz einer mechanischen Kreislaufunterstützung bei kardiogenem Schock im Rahmen eines akuten

Tab. 3.13 Einsatzmöglichkeiten, Indikationen und Kontraindikationen für kardiale Assist-Systeme.

Einsatzmöglichkeiten kardialer Assist-Systeme bei kardiogenem Schock oder terminaler Herzinsuffizienz

- „Bridge to recovery": akute Überbrückung eines potentiell reversiblen kardiogenen Schocks (z. B. akuter Myokardinfarkt, kardiogener Schock nach kardiochirurgischem Eingriff)
- „Bridge to Transplantation": mittel- oder langfristige Überbrückung bis zum Zeitpunkt der Herztransplantation bei chronisch-terminaler oder akuter irreversibler Herzinsuffizienz
- Potentiell langfristiger mechanischer Ersatz als Alternative zur Herztransplantation

Indikation zu mechanischer Kreislaufunterstützung/mechanischem Kreislaufersatz

- Kardiogener Schock bzw. persistierende Organminderperfusion mit potentieller Reversibilität
- Therapierrefraktäre chronisch-terminale Herzinsuffizienz trotz optimaler Pharmakotherapie mit potentieller Transplantabilität
- Hämodynamische Parameter zur Indikationsstellung für eine mechanische Kreislaufunterstützung:
  - Herzindex $< 1{,}8\text{–}2{,}0$ l/min × m^2
  - LVEDP > 20 mmHg
  - Refraktäre Hypotonie systolisch < 90 mmHg
  - Systemischer Widerstand 210 dyn × s × cm^{-5}
  - Oligurie < 20 ml/h

Kontraindikationnen für mechanische Kreislaufunterstützung/mechanischen Kreislaufersatz

- Therapierefraktäre Infektion / Sepsis / Verbrauchskoagulopathie
- Protrahierter kardiogener Schock ($>$ 12–18 Stunden) mit Multiorganversagen
- Keine Transplantationsperspektive
- Schwere chronische Organfunktionsstörungen (Leber-, Nieren-, Lungeninsuffizienz)
- Schwere generalisierte Arteriosklerose
- Neurologisches Defizit
- Hohes Lebensalter

Myokardinfarktes ist in Kapitel 3.5.1 abgehandelt. Bei adäquater Indikationsstellung kann eine signifikante Prognoseverbesserung erzielt werden, insbesondere dann, wenn durch zeitliche Überbrückung weiterreichende definitive Therapieverfahren (interventionell -kardiologisch, kardiochirurgisch incl. Transplantation) erreicht werden können (Hammel et al., 1997).

Der Einsatz mechanischer Kreislaufunterstützungsverfahren zur Überbrückung bis zur Herztransplantation vermag in geeigneten Fällen die Aussichten, eine Transplantation zeitlich zu erreichen, zu verbessern bzw. überhaupt zu ermöglichen (Frazier et al., 1995; Farrar et al., 1990; Argenziano et al., 1997; Hammel et al., 1997). Indikationsstellung und Wahl des Implantationszeitpunktes sind nur mit begrenzter Sicherheit möglich und bedürfen größter Erfahrung. In einer Multicenterstudie wurde bei Patienten mit terminaler Herzinsuffizienz bei Verwendung eines implantierbaren Assist-Device (Heart Mate®, n = 75) eine Ein-Jahres-Überlebensrate von 91 % erzielt im Vergleich zu einer Überlebensrate von 67 % bei vergleichbaren Patienten (n = 33), die ohne Assist-Device nur medikamentös behandelt wurden. Von der ersten Gruppe konnten 71 % erfolgreich transplantiert werden, von der medikamentösen Gruppe lediglich 36 % (Frazier et al., 1995). Die vorliegenden Register der einzelnen externen und internen Unterstützungssysteme weisen aus, dass ca. 65-70 % der unter der Indikation „bridging to transplantation“ mit einem Assist-Device versorgten Patienten tatsächlich auch transplantiert werden. Bei ca. 30 % der Patienten schließen während des Bridging-Verfahrens auftretende Komplikationen wie zerebrale Embolien, Infektionen oder Blutungen die eigentlich angestrebte Transplantation aus (Argenziano et al., 1997). Die Frühmortalität nach Herztransplantation lag bei Patienten mit vorangegangener ASSIST-Device Implantation bei 18 % und nach vormaliger Implantation eines biventrikulären Schrittmachersystems bei 25 % und damit etwas höher als bei Patienten mit einer primären Herztransplantation (Hetzer et al., 2002).

Einige Studien weisen daraufhin, dass es bei einigen Patienten mit dilatativer Kardiomyopathie nach Implantation eines Assist-Device zu einer weitgehenden funktionellen Erholung des nativen Herzens kommt, die eine spätere Explantation des Assist-Devices erlaubt (Hetzer et al., 2001). Für dieses „ Reverse Remodeling“ des linken Ventrikels mit einer Abnahme des Herzdurchmessers und einer Verbesserung der kontraktilen Funktion, wird die komplette Entlastung des linken Ventrikels durch das Assist-Device diskutiert (Maybaum et al., 2002).

Vor dem Hintergrund der infausten Prognose des therapierefraktären kardiogenen Schocks oder einer chronisch-terminalen Herzinsuffizienz haben kardiale Assist-Systeme bei individueller Indikationsstellung in Hinblick auf eine potentielle Reversibilität der Schocksymptomatik oder Transplantabilität einen hohen therapeutischen Stellenwert. Die kürzlich in die klinische Therapie eingeführten Axialflusssysteme (DeBakey-Assist®, Jarvik-2000®, Heart-Mate II LVAD®) bieten bei kontinuierlichem Blutfluss durch ihre geringe Größe und Gewicht, vereinfachte Implantierbarkeit und Steuerung vielfache Vorteile gegenüber den bereits längere Zeit verwendeten pulsatilen Systemen. Die ersten für den permanenten Herzersatz konzipierten, komplett intrakorporal implantierbaren Systeme (LionHeart®,

AbioCor Replacement Heart®) bedürfen noch der weiteren klinischen Anwendung um ihr Leistungspotential zu beurteilen. Angesichts des Mangels an Spenderorganen kommt aber dem langfristigen Einsatz von kardialen Assist-Systemen als sinnvollem therapeutischem Konzept bei chronisch-terminalem Herzversagen eine weiterhin wachsende Bedeutung zu.

Literatur

Anderson, R. D., Ohman, E. M., Holmes, D. R., Col, J., Stebbins, A. L., Bates, E. R., Stomel, R. J., Granger, C. B., Topol, E. J., Califf, R. M., for the GUSTO-I Investigators: Use of intraaortic balloon counterpulsation in patients presenting with cardiogenic shock: observations from the GUSTO-I study. J Am Coll Cardiol **30**, 708-715 (1997).

Argenziano, M., Oz, M. C., Rose, E. A.: The continuing evolution of mechanical ventricular assistance. Curr Prob Surg **34**, 319-386 (1997).

Farrar, D. J., Lawson, J. H., Litwak, P., et al.: Thoratec VAD system as a bridge to heart transplantation. J Heart Transplant **9**, 415-423 (1990).

Frazier, O. H., Rose, E. A., McCarthy, P., et al.: Improved mortality and rehabilitation of transplant candidates treated with a long-term implantable left ventricular assist system. Ann Surg **222**, 327-338 (1995).

Hammel, D., Möllhoff, T., Soepawata, R., et al.: Mechanische myokardiale Unterstützungssysteme 1997. Anaesthesist **46**, 408-418 (1997).

Hetzer, R., Jurmann, M.J., Potapov, E:V:, Hennig, E., Stiller, B., Müller, J.H., Wenig,Y.: Kardiale Assist-Systeme – Gegenwärtiger Stand. Herz **27**, 407-417 (2002).

Hetzer, R., Müller, J.H., Wenig,Y., et al.: Bridging to recovery. Ann Thorac Surg **71** (Suppl), 109-113 (2001).

Maybaum, S., Epstei, S., Benianimovitz, A., et al.: Partial loading of the left ventricle during mechanical assist device support is associated with improved myocardial function, blod flow and metabolism and increased exercise capacity. J Heart Transplant **21**, 446-445 (2002).

Peterson, E. D., Shaw, L. J., Califf, R. M.: Risk stratification after myocardial infarction. Ann Intern Med **126**, 561-582 (1997).

3.7 Therapie der akuten Herzinsuffizienz mit Levosimendan

R. H. G. Schwinger, K. Brixius

3.7.1 Positiv-inotroper Wirkmechanismus von Levosimendan

Levosimendan ist ein Ca^{2+}-Sensitizer (vgl. Kap. 4.7), der mit hoher Affinität an Troponin C bindet, wobei er jedoch nicht die Ca^{2+}-Affinität von Troponin C erhöht, sondern die Konformation des Ca^{2+}/Troponin-C-Komplexes stabilisiert. In In-vitro-Experimenten konnte gezeigt werden, dass die Bindung von Levosimendan an Troponin-C Ca^{2+}-abhängig ist, was zur Folge hat, dass Levosimendan die Kontraktionskraft gezielt während der Systole erhöht und die Relaxation durch **Levosimendan** nicht beeinträchtigt wird, wie dies bei den meisten anderen Ca^{2+}-Sensitizern der Fall ist (Brixius et al.,2002). Unter bestimmten (experimentellen) Versuchsbedingungen sowie in hohen Konzentrationsbereichen besitzt Levosimendan geringe Phosphodiesterase-III-inhibitorische Wirkung, die ebenfalls zur positiv-inotropen Wirkung von Levosimendan beitragen kann – diese scheint in den klinisch eingesetzten Dosierungen nicht bedeutsam zu sein. Levosimendan besitzt zudem einen aktiven acetylierten Metaboliten, OR-1896, der im Vergleich zu Levosimendan eine längere Halbwertszeit besitzt und möglicherweise für die meisten der Langzeiteffekte von Levosimendan verantwortlich ist (vgl. 24-Std.-Gabe; Wirkmaximum nach 4-5 Tagen). Levosimendan konnte an instrumentalisierten Ratten die positiv-inotrope Wirkung von Dopamin verstärken.

3.7.2 Vasodilatatorische Wirkung von Levosimendan

Levosimendan bewirkt eine Vasodilatation im Bereich der arteriellen sowie im Bereich der venösen Gefäße, die unabhängig von der Freisetzung von Stickstoffmonoxyd (NO) über eine Öffnung der ATP-abhängigen K^+-Kanäle und einer sich daran anschließenden Hypopolarisierung der glatten Gefäßmuskelzellen verwirklicht wird. Die Interaktion mit den ATP-abhängigen K^+-Kanälen scheint abhängig zu sein von der intrazellulären ATP-Konzentration. Dies könnte sich günstig für die Durchblutung ischämischer Areale auswirken, in denen die intrazelluläre ATP-Konzentration gewöhnlich erhöht ist. Es gibt außerdem Hinweise, dass die gefäßdilatatorische Wirkung von Levosimendan durch eine Desensibilisierung der Gefäßmuskelzellen gegenüber Ca^{2+} induziert wird.

Beide Wirkkomponenten, Inotropie und Vasodilatation, sind als günstig in der Therapie akuter kardialer Dekompensationszustände einzuschätzen.

3.7.3 Einfluss von Levosimendan auf die Herzfrequenz

Neben einer direkten Wirkung auf die kardiale Kontraktilität (Ca^{2+}-Sensibilisierung) und die Gefäßmuskulatur (Vasodilatation) scheint Levosimendan die Herzfrequenz zu beeinflussen. Dies ist möglicherweise Folge der Vasodilatation bzw. einer spezifischen Levosimendanwirkung auf das Reizleitungssystem. An isolierten ventrikulären Rattenkardiomyozyten verkürzte Levosimendan signifikant die Dauer des Aktionspotentials, ein Effekt, der ähnlich wie in der glatten Gefäßmuskulatur über ATP-abhängige K^+-Kanäle vermittelt wurde. Eine kurzzeitige, intravenöse Gabe einer hohen therapeutischen Konzentration von Levosimendan (110 µg/l) zeigte keinen Einfluss auf die Herzfrequenz, woraus gefolgert wurde, dass die Wahrscheinlichkeit von Levosimendan-induzierten Arrhythmien gering ist (vgl. auch LIDO-Studie). Dennoch gibt es Hinweise, dass Levosimendan bei herzinsuffizienten Patienten, die eine mehrstündige Infusion erhalten, die Herzfrequenz steigert; dies möglicherweise in Abhängigkeit vom Schweregrad der Herzinsuffizienz.

3.7.4 Tierexperimentelle Untersuchung/Schutz vor Myokardischämie

Levosimendan hat sich im Tiermodell als vorteilhaft für die Behandlung des Myokardinfarktes erwiesen. Dies gilt sowohl im Bezug auf die Ischämieprotektion als auch im Hinblick auf die Mortalität nach Myokardinfarkt. Am Hundeherzen, dem ein 60-minütiger Infarkt durch Abbinden der LAD gesetzt worden war, zeigte sich, dass nach drei Stunden Reperfusion mit Levosimendan (24 µg/kg Bolus gefolgt von einer Infusion von 0,4 µg/kg/min) die max. Kontraktionsgeschwindigkeit verbessert und die Infarktgröße von 24 auf 11 % abgesenkt werden konnte. Am infarzierten Schweineherzmodell verbesserte Levosimendan zwar signifikant das Schlagvolumen und die Herzmuskelkontraktion während einer Ligatur der Koronararterien sowie in der anschließenden Reperfusion, jedoch war dieser Effekt von einer Zunahme der arrhythmischen Wirkung während der Ischämiephase begleitet (Levosimendan erhöhte die Herzfrequenz!). Die günstigen Wirkungen von Levosimendan am ischämischen Myokard ergeben sich möglicherweise durch die Kombination seines pharmakodynamischen Wirkspektrums. Als Inodilatator steigert Levosimendan die Kontraktionskraft und steigert gleichzeitig die kardiale Durchblutung. Durch die Ca^{2+}-sensibilisierende Wirkung sowie durch das Absenken der Nachlast bewirkt Levosimendan eine Abnahme des myokardialen Sauerstoffverbrauchs und wirkt somit myokardprotektiv.

3.7.5 Levosimendan bei akuter Herzinsuffizienz und nach Myokardinfarkt

Der Ca^{2+}-Sensitizer Levosimendan verbessert sowohl die systolische als auch die diastolische Funktion des Herzens, ohne den Ca^{2+}-Stoffwechsel und den

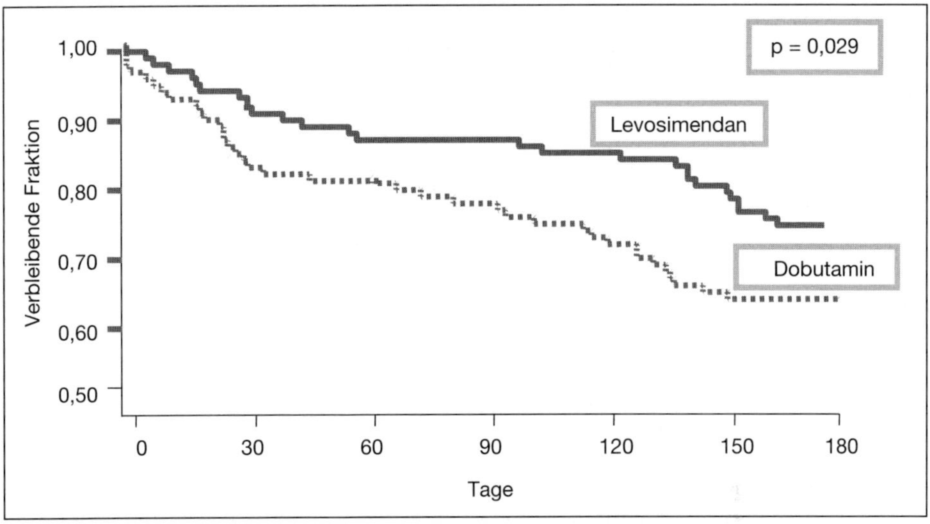

Abb. 3.13 Kaplan-Meier-Analyse bezüglich des Todesrisikos innerhalb der ersten 180 Tage nach Randomisation. Eingeschlossen werden Patienten mit EF < 35 %, CI < 2,5 l/m², PCWP > 15 mmHg und Bedarf einer inotropen i. v. Kreislaufunterstützung, entweder mit Levosimendan oder Dobutamin. HDO-Studie.

Energieumsatz merklich zu steigern. Bei Patienten mit akuter Linksherzdekompensation muss die kardiale Pumpleistung oft bei einem Low-output-Syndrom medikamentös unterstützt werden. Eingesetzt werden Vor- und Nachlastsenker und positiv-inotrope Substanzen wie Dobutamin. Bei der Dobutamin-Gabe ist einerseits die Arrhythmiegefahr erhöht, andererseits erschwert sie die diastolische Relaxation der Herzmuskulatur durch eine Ca^{2+}-Überladung der Zellen. Zudem wird der Sauerstoffverbrauch stark gesteigert. Genau diese unerwünschten Wirkungen sollten Ca^{2+}-Sensitizer vom Typ Levosimendan nicht zeigen. Sie induzieren keine Arrhythmie und die intrazelluläre Ca^{2+}-Erhöhung in der Systole triggert eine „use dependent“ Kontraktionskraftzunahme. Zudem wirkt Levosimendan vasodilatierend, am ehesten über Einflussnahme auf K^+-Kanäle. Follath und Mitarbeiter haben in der LIDO-Studie (Levosimendan Infusion Versus Dobutamine in Severe Low Output Failure Study) 203 Patienten mit schwerer Herzinsuffizienz eingeschlossen (Follath et. al, 2002). 100 Patienten erhielten für 24 Stunden intravenös 5 µg/kg/min Dobutamin; 103 Patienten wurden mit Levosimendan 24 µg/kg für 10 Min., anschließend mit Levosimendan in einer Erhaltungsdosis von 0,1 µg/kg/min therapiert. Primärer Endpunkt der Studie war die Verbesserung der hämodynamischen Situation (Zunahme der kardialen Auswurfleistung um mehr als 30 % oder Abnahme des Lungenkapillardruckes um wenigstens 25 % (vgl. Therapie mit Diuretika und PCW), dabei konnte in der Levosimendan-Gruppe bei 28 %, in der Dobutamin-Gruppe nur bei 15 % diese Kontraktionsverbesserung nachgewiesen werden. Die Überlebensdauer war signifikant verbessert unter Levosimendan. Dies gilt auch, und möglicherweise gerade

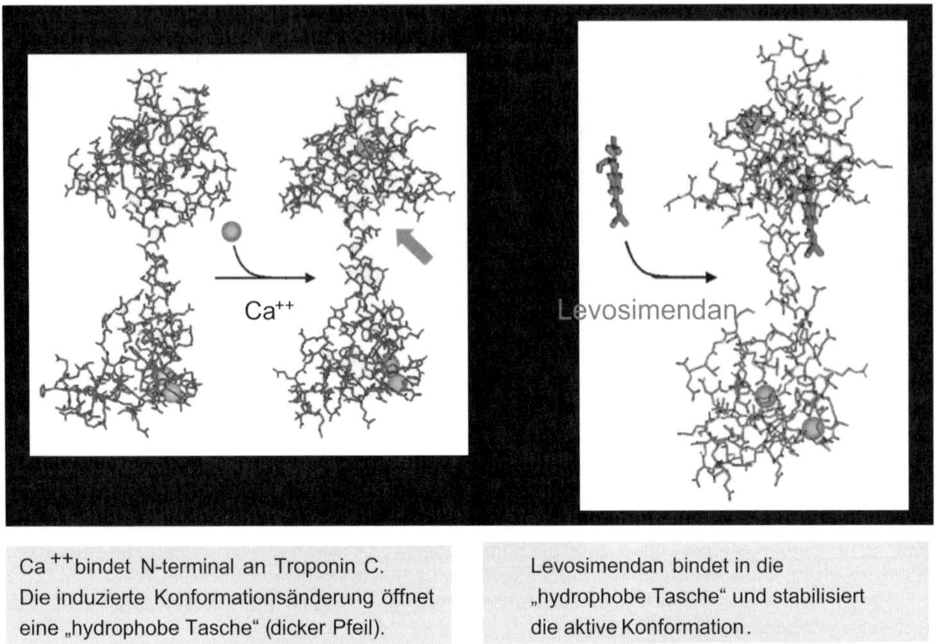

Abb. 3.14 Die Kalzium-sensitivierende Wirkung von Levosimendan ist abhängig von der jeweiligen intrazellulären Ca^{2+}-Konzentration. Ist die Kalziumkonzentration in der Systole hoch, stabilisiert Levosimendan die Kalzium-induzierte Konfirmationsänderung von Troponin C, indem es in eine hydrophobe Tasche am Troponin C bindet, die aus der Ca^{++}-induzierten Konformationsänderung von Troponin C resultiert. Die Ausbildung dieser hydrophoben Tasche ist dabei eine spezifische Eigenschaft des myokardialen Troponin C. Als Folge hiervon bleiben die Aktin-Myosin-Querbrücken länger bestehen, was mit einem Anstieg der Kontraktionskraft einhergeht. Während der Diastole mit ihren niedrigen Kalziumspiegeln ist die Bindung von Levosimendan an Troponin C nicht möglich. Die Relaxation des Myokards in der Diastole wird somit nicht beeinträchtigt.

bei Patienten, die mit ß-Blocker behandelt worden waren. Dies ist wichtig, da die Therapie mit ß-Adrenozeptorantagonisten die überlegenste Datenlage vorzuweisen hat, die belegt, dass sie die Hämodynamik verbessern und das Überleben chronisch-herzinsuffizienter Patienten verlängern. Die bisherigen medikamentösen, inotrop-wirksamen Therapieansätze sind grundlegend unterschiedlich zu Levosimendan. Dies wird unterstützt durch die Tatsache, dass anders als für Dobutamin oder Milrinon Levosimendan keine proarrhythmische Wirkung zeigte. Trotzdem wirkt Levosimendan peripher vasodilatierend, senkt den linksventrikulären Füllungsdruck und vermindert den Sauerstoffverbrauch. Dies als Folge der „use dependency“, d.h. die Abhängigkeit der Ca^{2+}-sensibilisierenden Wirkung von der tatsächlichen freien Ca^{2+}-Konzentration. Es gibt jedoch auch Sicherheitsbedenken gegen die Substanzgruppe der Positiv-Inotropika seit der Ca^{2+}-Sensitizer Pimobendan in einer Studie zu einem tendenziellen Anstieg der Sterblichkeit geführt hatte (PICO-Studie). In der applizierten Dosierung erscheint Levosimendan ein reiner Ca^{2+}-Sensitizer ohne

Einfluss auf die Phosphodiesterase zu sein; dies wohl im Gegensatz zu Pimobendan!

In der RUSSLAN-Studie (Randomised Study on Safety and Effectiveness of Levosimenden in Patientes with Left Ventricular Failure due to an Acute Myocardial Infarction) (Moiseyev et al., 2002) verminderte **Levosimendan** (0,1-0,2 µg/kg/min) die Wahrscheinlichkeit des Auftretens einer Herzinsuffizienz sowie das Todesrisiko bei Patienten nach akutem Myokardinfarkt im Vergleich zu Plazebo. Levosimendan führte dabei weder zu mehr Hypotonien noch zu einer höheren Frequenz an Ischämien.

Literatur

Brixius, K. et al.: Beneficial effects of the Ca^{2+}-sensitizer Levosimendan on force development and cardiac relaxation in human failing and nonfailing myocardium. Am J Physiol **282**, H131-H137 (2002).

Follath, F. et al.: Efficacy and safety of intravenous levosimendan compared with dobutamine in severe low-output heart failure (the LIDO study): a randomised double-blind trial. The Lancet; **360**,196-202, (2002)

Moiseyev, V. S. et al.: Safety and efficacy of a novel calcium sensitizer Levosimendan, in patients with left ventricular failure due to an acute myocardial infarction. Eur Heart J **23**, 1422-1432 (2002).

3.8 B-Typ natriuretisches Peptid (Nesiritide) bei akut dekompensierter Herzinsuffizienz

U. C. Hoppe

B-Typ natriuretisches Peptid

Eine Vorlaststeigerung und resultierende Dehnung der Ventrikel stimuliert bei Herzinsuffizienz die Synthese und Freisetzung des B-Typ natriuretischen Peptides (BNP). Bei gesunden Personen liegt der normale BNP-Wert unter etwa 30 pg/ml. Bei Patienten mit dekompensierter Herzinsuffizienz kann der Wert auf über 1.000 pg/ml ansteigen. Die BNP-Erhöhung bei Herzinsuffizienz kann zur Differentialdiagnose von Patienten mit unklarer Dyspnoe auf dem Boden einer kardialen Erkrankung oder einer primären Lungenfunktionsstörung hilfreich sein. Zudem scheinen die BNP-Werte gut mit der Prognose der chronischen Herzinsuffizienz zu korrelieren (Kayser 2002). Die BNP-Freisetzung bei Herzinsuffizienz stellt dabei eine kompensatorische Antwort auf die neurohumoralen Veränderungen dar. Trotz erheblicher BNP-Konzentrationsanstiege vermag das endogene BNP jedoch die kumulativen negativen Effekte von Angiotensin, Aldosteron, Endothelin I, Vasopressin und Katecholaminen nicht vollständig auszugleichen (Nagaya et al., 2002).

Nesiritide

Zur Therapie der akuten dekompensierten Herzinsuffizienz wurde Nesiritide, ein humanes rekombinantes BNP entwickelt, dessen Aminosäuresequenz mit der des endogenen BNP identisch ist. Nesiritide bindet an Rezeptoren der vaskulären glatten Muskelzellen und führt zur venösen Relaxation vorwiegend über eine Stimulation von zyklischem GMP. Darüber hinaus weist Nesiritide eine natriuretische und diuretische Wirkung auf, die unabhängig von den hämodynamischen Effekten ist. BNP wirkt nicht direkt positiv-inotrop oder chronotrop. Zentral inhibiert Nesiritide den Sympathikotonus und reduziert die systemischen neurohumoralen Spiegel von Endothelin I und Aldosteron (Aronson et al., 2002, Clarkson et al., 1996). Die zugrunde liegenden Mechanismen sind bisher unbekannt. Hämodynamisch führt Nesiritide zu einer Abnahme des pulmonal-kapillären Verschlussdrucks (PCWP), des pulmonalarteriellen und rechts-atrialen Drucks sowie zu einer Verminderung des systemvaskulären Widerstands (Hobbs et al., 1996). Sekundär resultiert ein Anstieg des kardialen Schlagvolumens und Herzindexes. Diese positiven hämodynamischen Effekte werden ohne eine Veränderung der Herzfrequenz erzielt.

3.8.1 Pharmakokinetik, Dosierung und Nebenwirkungen

Der Wirkungsbeginn von Nesiritide nach intravenöser Bolus-Applikation wird zumeist nach 15-20 Minuten be-

Tab. 3.14 Dosierung von Nesiritide.

Bolus	2 µg/kg
Anschließende Dauerinfusion	0,01 µg/kg/min
Mögliche Dosissteigerung (in 3 Std.-Intervallen)	max. 0,03 µg/kg/min

obachtet, der maximale Effekt nach etwa einer Stunde. Die mittlere Eliminationshalbwertszeit liegt bei gesunden Probanden bei etwa 20 Minuten, ist jedoch bei Herzinsuffizienzpatienten verkürzt (Abraham 1996). Unter Dauerinfusion von Nesiritide wurde keine Toleranzentwicklung beobachtet. Die metabolische Clearance erfolgt vorwiegend durch eine Bindung an spezifische Rezeptoren und einen enzymatischen Abbau durch Endopeptidasen (Kenny et al., 1993). Somit ist für Nesiritide keine Dosisanpassung bei renaler oder hepatischer Insuffizienz erforderlich. Die Dosierung von Nesiritide wird, wie in Tabelle 3.14 aufgeführt, empfohlen.

Nesiritide wird zumeist gut vertragen. Die wesentlichste Nebenwirkung stellt eine dosisabhängige Hypotension dar, die jedoch häufig asymptomatisch bleibt (Mills et al., 1999). Daher sollte besonders in den ersten Stunden ein engmaschiges Blutdruckmonitoring durchgeführt werden. Nesiritide scheint keine proarrhythmischen Wirkungen zu haben (Bettencourt 2002).

3.8.2 Klinische Ergebnisse – Vergleich mit anderen Substanzen

Der positive hämodynamische, symptomatische und neurohumorale Effekt von Nesiritide wurde in mehreren Studien im Vergleich zu Plazebo demonstriert. Um jedoch den klinischen Stellenwert von Nesiritide bei dekompensierter Herzinsuffizienz abschätzen zu können, ist der Vergleich mit konventionellen Medikamenten erforderlich. In einer offenen Studie an 305 Patienten, vorwiegend im NYHA-Stadium III und IV zeigte sich zwischen Nesiritide und Dobutamin, Milrinone, Nitroglycerin und Natrium-Nitroprussid kein Unterschied hinsichtlich der symptomatischen Verbesserung. Nicht-anhaltende ventrikuläre Tachykardien wurden unter Nesiritide im Vergleich zu vorwiegend Dobutamin jedoch seltener beobachtet (Colucci et al., 2000). In einer zweiten, ebenfalls offenen Studie an 246 Patienten im NYHA-Stadium III und IV bestätigte sich diese niedrigere proarrhythmische Wirkung von **Nesiritide** versus **Dobutamin**: In der Nesiritide-Gruppe wurden signifikant weniger ventrikuläre Extrasystolen und nicht-anhaltende Tachykardien registriert (Burger et al., 2001). Eine größere randomisierte Studie verglich Nesiritide mit **Nitroglycerin** und Plazebo. Nesiritide reduzierte den pulmonal-kapillären Verschlussdruck und die Symptomatik nach drei Stunden signifikant ausgeprägter als Plazebo und Nitroglycerin (VMAC Investigators 2002). Der Nesiritide-Effekt trat bereits nach 15 Minuten ein, während unter Nitroglycerin der maximale Effekt erst nach etwa zwei Stunden beobachtet wurde. In dieser Untersuchung waren symptomatische Hypotensionen selten und gleich häufig in der Nesiritide- und Nitroglycerin-Gruppe.

Insgesamt stellt Nesiritide eine neue Behandlungsmöglichkeit zur Therapie der akut dekompensierten Herzinsuffizienz bei ausgewählten Patienten dar. Das Medikament wird generell gut toleriert und scheint einen geringeren proarrhythmischen Effekt als Dobutamin zu haben.

Literatur

Intravenous nesiritide vs nitroglycerin for treatment of decompensated congestive heart failure: a randomized controlled trial. Jama **287**, 1531–40 (2002).

Abraham, E.: Alterations in transcriptional regulation of proinflammatory and immunoregulatory cytokine expression by hemorrhage, injury, and critical illness. New Horiz. **4**,184–93 (1996).

Aronson, D.,Burger, A. J.: Intravenous nesiritide (human B-type natriuretic peptide) reduces plasma endothelin-1 levels in patients with decompensated congestive heart failure. Am J Cardiol. **90**, 435–8 (2002).

Bettencourt, P.: Brain natriuretic peptide (nesiritide) in the treatment of heart failure. Cardiovasc Drug Rev. **20**, 27–36 (2002).

Burger, A.J., Elkayam, U., Neibaur, M.T., Haught, H., Ghali, J., Horton, D.P.,Aronson, D.: Comparison of the occurrence of ventricular arrhythmias in patients with acutely decompensated congestive heart failure receiving dobutamine versus nesiritide therapy. Am J Cardiol. **88**, 35–9 (2001).

Clarkson, P.B., Wheeldon, N.M., MacFadyen, R.J., Pringle, S.D.,MacDonald, T.M.: Effects of brain natriuretic peptide on exercise hemodynamics and neurohormones in isolated diastolic heart failure. Circulation. **93**, 2037–42. (1996).

Colucci, W. S., Elkayam, U., Horton, D. P., Abraham, W. T., Bourge, R. C., Johnson, A. D., Wagoner, L. E., Givertz, M. M., Liang, C. S., Neibaur, M., Haught, W. H., LeJemtel, T. H.: Intravenous nesiritide, a natriuretic peptide, in the treatment of decompensated congestive heart failure. Nesiritide Study Group. N Engl J Med. **343**, 246–53 (2000).

Hobbs, R. E., Miller, L. W., Bott-Silverman, C., James, K. B., Rincon, G.,Grossbard, E. B.: Hemodynamic effects of a single intravenous injection of synthetic human brain natriuretic peptide in patients with heart failure secondary to ischemic or idiopathic dilated cardiomyopathy. Am J Cardiol **78**, 896–901 (1996).

Kayser, S. R.: The use of nesiritide in the management of acute decompensated heart failure. Prog Cardiovasc Nurs. **7**, 89–95 (2002).

Kenny, A. J., Bourne, A.,Ingram, J.: Hydrolysis of human and pig brain natriuretic peptides, urodilatin, C-type natriuretic peptide and some C-receptor ligands by endopeptidase-24.11. Biochem J. **291**, 83–8 (1993).

Mills, R. M., LeJemtel, T. H., Horton, D. P., Liang, C., Lang, R., Silver, M. A., Lui, C.,Chatterjee, K.: Sustained hemodynamic effects of an infusion of nesiritide (human b-type natriuretic peptide) in heart failure: a randomized, double-blind, placebo-controlled clinical trial. Natrecor Study Group. J Am Coll Cardiol **34**,155–62. (1999).

Nagaya, N., Ando, M., Oya, H., Ohkita, Y., Kyotani, S., Sakamaki, F.,Nakanishi, N.: Plasma brain natriuretic peptide as a noninvasive marker for efficacy of pulmonary thromboendarterectomy. Ann Thorac Surg. **74**, 180–4; discussion 184 (2002).

Therapie der chronischen Herzinsuffizienz

4

4.1 Therapieziele in der Behandlung der chronischen Herzinsuffizienz

CH. SCHNEIDER

Die Therapieziele in der Behandlung der Herzinsuffizienz orientieren sich an einem mehrdimensionalen Konzept der Pathogenese und Pathophysiologie der Herzinsuffizienz in einem Netzwerk von unmittelbar (Patient, Angehörige, Pflegekräfte, Arzt) und mittelbar Beteiligten Personen und Institutionen (Kostenträger). Obwohl die Therapieoptionen mittlerweile einen Grad der Komplexität erreicht haben (z. B. Defibrillatoren-Therapie, biventrikuläre Schrittmacher-Syteme, Plasmapherese-Therapie, Stammzelltherapie), der häufig nur noch für den Spezialisten überschaubar ist, lassen sich trotzdem prinzipielle Therapieziele für die Herzinsuffizienz klar formulieren (siehe Tab. 4.1).

Dabei bedeutet evidenz-basierte Therapie eine individualisierte Therapie im initialen Sinne von D. Sacket. In einem Editorial schreibt er (Sacket 1996): „Evidence based medicine is the conscientious, explicit and judicious use of current best evidence in making decision about the care of individual patients. The practice of evidence based medicine means integrating individual clinical expertise with the best available external clinical evidence from systematic research.“ Gemeint ist also, dass individuelle Therapieentscheidungen auf die individuelle Erfahrung des einzelnen Arztes und auf die Ergebnisse systematischer Forschungsarbeiten gegründet werden müssen. Es geht also nicht um eine Kochbuch-Medizin oder eine für den individuellen Patienten blinden Leitlinien-Mechanistik, sondern um die ausgewogenen Balance zwischen Erfahrung, Daten-Lage und Patientenwunsch. Es ist offensichtlich, dass es illusorisch ist zu glauben, dass alle oben genannten Therapieziele bei jedem Patienten in gleicher Weise erreichbar sein werden. Um so wichtiger ist es, individuelle Therapieziele für jeden Patienten festzulegen, deren Erreichen realistisch ist und vom Patienten akzeptiert wird. Dieses Vorgehen kommt dem Ideal der evidenz-basierten Medizin sehr nahe.

Unter den Therapiezielen der Tabelle 4.1 bleibt unberücksichtigt, dass die beste Therapie der Herzinsuffizienz eine wäre, die sich selber überflüssig machen würde, nämlich die Prävention der Herzinsuffizienz durch adäquate Therapie der für ihre Entwicklung ursächli-

Tab. 4.1 Therapieziele der Herzinsuffizienz. Die Therapie sollte sein:

- In Übereinstimmung mit den Werten und Wünschen des Patienten
- Ursachen-bezogen, wenn immer möglich
- Stadien-bezogen
- Symptom-verbessernd, Eigenständigkeit erhaltend, Lebensqualität steigernd
- Krankenhaus-Aufnahme vermindernd/ vermeidend
- Prognose-verlängernd
- Gut verträglich, nebenwirkungsarm
- Kontinuierlich überprüfbar
- Preisbewusst
- Evidenz-basiert

Tab. 4.2 Stadien der Entwicklung der Herzinsuffizienz.

- Stadium A: Hohes Risiko zur Entwicklung einer Herzinsuffizienz, keine strukturellen Veränderungen erkennbar (z. B. arterielle Hypertonie)
- Stadium B: Strukturelle Veränderungen, aber symptomfrei (z. B. arterielle Hypertonie mit Hypertrophie)
- Stadium C: Strukturelle Veränderungen mit früheren oder aktuellen Symptomen (NYHA I-IV)
- Stadium D: Therapierefraktäre Herzinsuffizienz (NYHA IV)

chen häufigsten Erkrankungen (arterielle Hypertonie, KHK). Dieser Therapieansatz gehört jedoch nach traditionellem Verständnis nicht zur eigentlichen Therapie der Herzinsuffizienz. Dieses erweiterte Verständnis der Herzinsuffizienztherapie („die Therapie der Herzinsuffizienz beginnt vor der Therapie der Herzinsuffizienz") folgt jedoch dem neuestem Schema der American Heart Association (Hunt 2001), in dem neben der klassische NYHA Einteilung eine neue Strukturierung in die Stadien A-D (siehe Tab. 4.2) vorgestellt wurde.

Unter dem Blickwinkel der Therapieziele lässt sich daher ein weiteres Therapieziel definieren: eine Therapie sollte verhindern, dass ein Patienten sich von einem niedrigeren Stadium in ein höheres Stadium verschlechtert (Progression von A nach B, oder von B nach C).

Die Zusammenstellung der übergeordneten Therapieziele (siehe Tab. 4.1) verzichtet bewusst darauf, individuelle pathophysiologische Ziele anzugeben (z.B. Verbesserung der Ejektionsfraktion, Senkung des peripheren Widerstandes, Anstieg des Herzminutenvolumen, Unterdrückung von Herzrhythmusstörungen, Abnahme des pulmonalkapillären Verschlussdruckes), da eine Vielzahl von Studien gezeigt haben, dass eine Surrogat-Parameter-orientierte Therapie (z.B. Erhöhung des Cardiac-output durch Phospho-Diesterase-Hemmer) für den Patienten letztlich ungünstig sein kann und umgekehrt eine Therapie ohne messbare Veränderungen der o.g. Parameter (RALES Studie) dem Patienten nutzt. Die Orientierung an übergeordneten Therapiezielen kann den Patienten daher vor häufig überstürzten Therapieentscheidungen schützen. Um die oben genannten Therapieziele zu erreichen, ist eine stadiengerechte Therapie notwendig, deren Prinzipien (Klasse I Empfehlungen) in Tabelle 4.3 zusammengefasst sind. Ein übereinstimmendes Therapieziel schält sich bei diesen Empfehlungen heraus: alle Patienten mit eingeschränkter Pumpfunktion benötigen einen Beta-Blocker und einen ACE-Hemmer in möglichst hoher Dosierung.

Ein neues, interessantes Konzept zur Optimierung der individuellen Therapie und damit zum Erreichen der Therapieziele ist eine Orientierung der Therapie am brain-natriuretic peptide (BNP) Spiegel. Erste Arbeiten zeigen (Troughton et al. 2000), dass eine Intensivierung der Therapie bis zu einem Abfall des BNP Spiegels unter 200 pmol/l zu einer Verminderung kardialer Endpunkte im Vergleich mit einer Kontrollgruppe führte. Ein solches Konzept der Therapie-Kontrolle sollte zu einer Therapie-Optimierung auch im ambulanten Bereich führen.

Eine wichtige Frage bleibt, wie das Therapieziel, für das man sich entschieden hat, in der Praxis erreicht werden kann. Epidemiologische Daten zu diesem Thema sind ernüchternd. So ergab eine Umfrage unter niedergelassenen

Tab. 4.3 Prinzipien der stadiengerechten Therapie.

Stadium A **Hohes Risiko der Entwicklung einer Herzinsuffizienz**	**Stadium B** **Asymptomatische Einschränkung der LV-Funktion**	**Stadium C** **Symptomatische Einschränkung der LV-Funktion**	**Stadium D** **Therapierefraktäre Herzinsuffizienz**	**Diastolische Herzinsuffizienz**
Blutdrucknormalisierung	ACE-Hemmer bei Patienten mit Myokardinfarkt, unabhängig von der Ejektionsfraktion	Diuretika bei Patienten mit Zeichen der Wassereinlagerung	Intensive Behandlung von Ödemen	Blutdrucknormalisierung
Behandlung von Lipid-Abnormalitäten	ACE-Hemmer bei Patienten mit eingeschränkter Ejektionsfraktion unabhängig von Herzinfarktanamnese	ACE-Hemmer, wenn keine Kontraindikationen bestehen	Ggf. Überweisung zur Herztransplantation	Herzfrequenz-Kontrolle bei Patienten mit Vorhofflimmern
Verhaltensänderung (Rauchen, Alkohol, Drogen)	Beta-Blocker bei Patienten mit Myokardinfarkt, unabhängig von der Ejektionsfraktion	Beta-Blocker, wenn klinisch stabil und ödemfrei	Überweisung zum Spezialisten für Herzinsuffizienz	Diuretika bei Überwässerung
ACE Hemmer bei Patienten mit hohem kardiovaskulärem Risiko	Beta-Blocker bei Patienten mit eingeschränkter Ejektionsfraktion unabhängig von Herzinfarktanamnese	Digitalis bei symptomatischen Patienten	Maßnahmen Stadium A-C	
Frequenzkontrolle bei supraventrikulären Tachyarrhythmien	Klappen-OP bei Patienten mit hämodynamisch relevanten Stenosen oder Insuffizienzen	Absetzen von Medikamenten, die ungünstig sind (Nicht-steroidale Antiphlogistika, Kalzium-Antagonisten, viele Antiarrhythmika)		
Regelmäßige Untersuchung auf Zeichen und Symptome der Herzinsuffizienz	Regelmäßige Untersuchung auf Zeichen und Symptome der Herzinsuffizienz	Maßnahmen der Stadien A, B		

Ärzten (Cleland 2002), dass nur ca. 60 % der Patienten mit Herzinsuffizienz ausreichend mit ACE-Hemmern und nur ca. 30 % ausreichend mit Beta-Blockern therapiert werden, und dass die Prognose der Patienten außerhalb von Studien dementsprechend schlechter ist als in kontrollierten Studien (Jong et al. 2002). Vor dem Hintergrund dieser Daten wird unmittelbar klar, dass es im Alltag weniger darum geht, immer neue Therapieprinzipien zu etablieren, als vielmehr darum die bekannten und nützlichen Therapiestrategien nachhaltig im Versorgungs-Alltag zu verankern. Wie dies im einzelnen geschehen soll, ist unbekannt. Ob **disease management** Programme hier helfen werden, ist zum jetzigen Zeitpunkt ebenso unklar. Es mehren sich jedoch die Hinweise (Stewart et al. 2002), dass Versorgungs-Infrastrukturen, die die häusliche Versorgung des Herzinsuffizienz-Patienten durch spezialisierte Dienste (Hausbesuchsdienste, Patienten-Schulung, Kooperation Herzinsuffizienz-Spezialist/Hausarzt) in den Vordergrund stellen, die Patienten-Compliance verbessern, die Lebensqualität des Patienten erhöhen, die Notwendigkeit von Krankenhausaufnahmen verringern und eventuell auch die Letalität der Patienten vermindern können. Erst durch ein solches integriertes Konzept werden die Chancen für das Erreichen der individuellen Therapieziele optimiert.

Literatur

Cleland, J. G., Swedberg, K., Cohen-Solal, A., Cosin-Aguilar, J., Dietz, R., Follath, F., Gavazzi, A., Hobbs, R., Korewicki, J., Madeira, H. C., Preda, I., van Gilst, W. H., Widimsky, J., Mareev, V., Mason, J., Freemantle, N., Eastaugh, J.: The Euro Heart Failure Survey of the Euroheart programme. Eur J Heart Fail **2**: 123-32 (2002).

Hunt S, Baker DW, Chin MH, Cinquegrani MP, Feldman AM, Francis GS, Ganiats TG, Goldstein TS, Gregoratos G, Jessup ML, Noble RJ, Packer M, Silver MA, Stevenson LW. ACC/AHA guideline for the evaluation and management of chronic heart failure in the adult: Executive Summary. Circulation **104**: 2996-3007 (2001).

Jong, P., Vowinckel, E., Liu, P. P., Gong, Y., Tu, J. V.: Prognosis and determinants of survival in patients newly hospitalized for heart failure: a population-based study. Arch Intern Med **162**, 1689-94 (2002).

Sackett, D. L., Rosenberg, W. M. C., Muir-Gray, J. A., Haynes, R. B., Richardson, W. S.: Evidence based medicine: what it is and what it isn't. Br Med J **312**, 71-72 (1996).

Stewart, S., Horowitz, J.: Home-Based Intervention in Congestive Heart Failure. Long-Term Implications on Readmission and Survival. Circulation **105**, 2861-2866 (2002).

Troughton, R. W., Frampton, C. M., Yandle, T. G., Espiner, E. A., Nicholls, M. G., Richards, M. G.: Treatment of heart failure guided by plasma aminoterminal brain natriuretic peptide (N-BNP) concentrations. Lancet **355**, 1126-1130 (2000).

4.2 Therapie der chronischen Herzinsuffizienz mit Diuretika

R. H. G. SCHWINGER

4.2.1 Wirkmechanismen

4.2.1.1 Renale Wirkmechanismen der Diuretika

Mit Hilfe von Messungen der elektrochemischen Gradienten für die einzelnen Ionen zwischen den Kompartimenten in Tubulusflüssigkeit, Intrazellulärflüssigkeit, Interzellulärspalt und Plasmaraum wurden die Mechanismen der NaCl- und H_2O-Resorption im Nephron in den vergangenen Jahren näher charakterisiert. In Abbildung 4.1 sind die Angriffsorte verschiedener Diuretika am Nephron schematisch dargestellt. Das proximale Nephron (= proximales Convolut und Pars recta) resorbiert circa 60 bis 70 % des filtrierten NaCl und Wassers. Die Resorption erfolgt annähernd isoosmotisch, d.h. für 150 mmol NaCl wird 1 l H_2O resorbiert. Entlang der dicken aufsteigenden Henle-Schleife setzt sich die NaCl-Resorption fort. Eine messbare Resorption von H_2O findet in diesem Abschnitt jedoch nicht statt. Somit erzeugt dieser Nephronabschnitt ein hypertones Interstitium und eine „verdünnte Tubulusflüssigkeit" (Verdünnungselement). Im distalen Nephronabschnitt können dann Wasser- und NaCl-Resorption weitgehend voneinander unabhängig ablaufen. Die NaCl-Resorption setzt sich fort, des weiteren wird die Wasserpermeabilität dieses Nephronabschnittes durch das antidiuretische Hormon gesteuert. Von der glomerulär filtrierten Menge an Natrium werden nur 0,8 % mit dem Urin ausgeschieden.

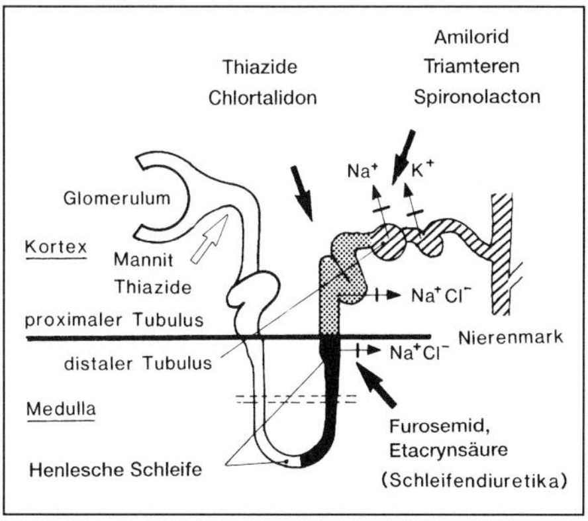

Abb. 4.1 Angriffsorte wichtiger Diuretika am Nephron.

Diese fraktionelle Natriumausscheidung steigt bei zunehmender Niereninsuffizienz an und erreicht bei einem Zehntel der ursprünglichen Funktion 8 %. Das Produkt aus GFR und fraktioneller Natriumelimination bleibt dabei weitgehend konstant (siehe Abb. 4.2). Für die verschiedenen Abschnitte im Nephron gibt es Hauptangriffspunkte der Diuretika. Wir unterscheiden Diuretika, welche proximal angreifen, am dicken aufsteigenden Teil der Henle-Schleife, oder am frühdistalen Konvolut angreifende Diuretika und solche, die am Sammelrohr angreifen (siehe Tab. 4.4) (Reyes 1992). Zudem sind die Diuretika nach ihrer chemischen Struktur klassifizierbar (siehe Tab. 4.5).

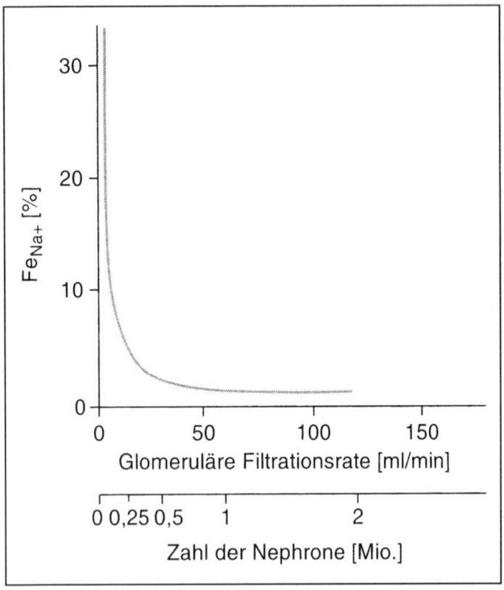

Abb. 4.2 Fraktionelle Natriumausscheidung in Abhängigkeit von der glomerulären Filtrationsrate (GFR). Das Produkt aus GFR und Fe_{Na+} ist konstant.

Diuretika, die proximal angreifen

Die am proximalen Tubulus angreifenden Diuretika gehören zur Gruppe der Carboanhydrasehemmer (z. B. Acetazolamid, Benzolamid, Ethoxzolamid). Diese Substanzen unterscheiden sich hinsichtlich ihrer Wasser- bzw. ihrer Lipidlöslichkeit (Benzolamid ist hydrophil, Ethoxzolamid lipophil). Alle Vertreter dieser Substanzklasse hemmen die Resorption von Bikarbonat und erzeugen eine schwache Salurese und Diurese. Entsprechend dem in Abbildung 4.3 dargestellten Modell bewirkt die Hemmung der Carboanhydrase durch Substanzen wie zum Beispiel Acetazolamid eine Behinderung der Bikarbonatresorption. Abhängig von der Lipidlöslichkeit der verwendeten Substanz kann dies auf drei Ebenen geschehen:

Tab. 4.4 Wirkmechanismen von Diuretika.

Typ	Beispiel	Wirkort	Wirkmechanismus
Carboanhydrase-hemmer	Acetazolamid	vorw. prox.	Hemmung der Carbo-anhydrase
Schleifendiuretika	Furosemid Piretanid Torasemid	dicke aufst. Henlesche Schleif	Hemmung des $Na^+2Cl^-K^+$-Carriers
Frühdistal wirksame Diuretika	Hydrochlorothiazid	frühdistal	unklar
Distal wirksame Diuretika	Triamteren	Sammelrohr	Blockierung von Natrium-poren

Tab. 4.5 Klassifizierung der Diuretika nach ihrer chemischen Struktur.

Nicht-Sulfonamiddiuretika	Sulfonamiddiuretika
Schleifendiuretika vom Typ der *Sulfonylharnstoff-Derivate,* z. B. **Torasemid** Schleifendiuretika vom Typ der *Phenoxyessigsäure-Derivate,* z. B. **Etacrynsäure**	Schleifendiuretika vom Typ der *Sulfamylbenzoesäure-Derivate,* z. B. **Furosemid, Piretanid, Bumetanid** Carboanhydrasehemmer, z. B. **Acetazolamid** Benzothiadiazine, z. B. **Hydrochlorothiazid** und **Analoga, Xipamid**

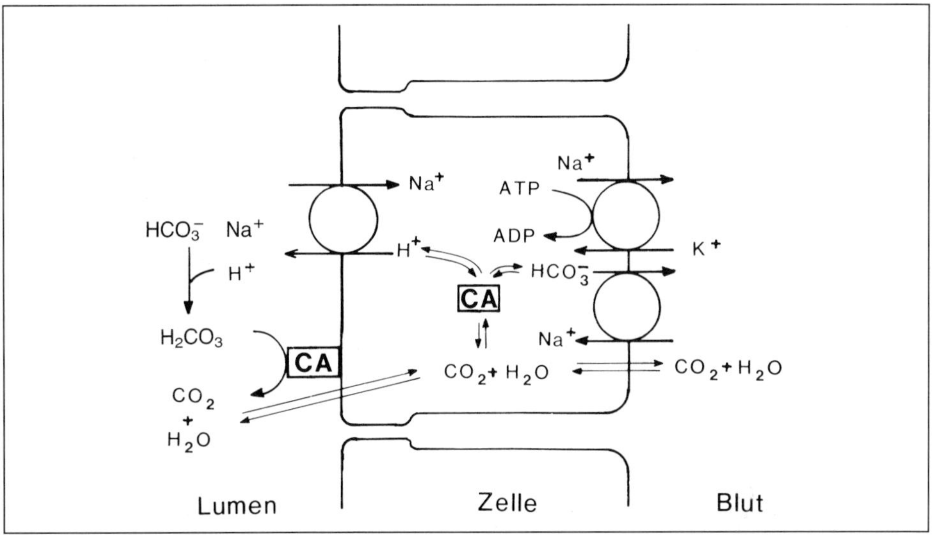

Abb. 4.3 Schema der NaCl-, $NaHCO_3$- und Wasserresorption im proximalen Nephron. Die Carboanhydrase (CA) ermöglicht die Aufnahme von H_2CO_3 als CO_2. Ein großer Teil der NaCl- und Wasserresorption erfolgt parazellulär, d. h. zwischen den Zellen. CA-Hemmer blockieren vornehmlich die luminale CA.

- Der Eintritt von HCO_3^- in die Zelle wird behindert. Die luminal gebildete Kohlensäure kann nur langsam dehydratisiert werden (Lang et al., 1978).
- In der Zelle wird die Bildung von Kohlensäure behindert.
- Der Austritt von Bikarbonat aus der Zelle wird behindert, weil das entsprechende Transportsystem (Na^+ (HCO_3^-)3-Carrier) carboanhydraseabhängig ist (Burckhardt et al., 1984).

Eine Behinderung der Bikarbonatresorption führt zu einer Verminderung der Na^+- und sekundär auch der Cl^-- und Wasserresorption (siehe Tab. 4.6). Die hierdurch erzeugte Salurese und Diurese ist allerdings nur schwach ausgeprägt. Dies ist durch eine nur inkomplette Resorption von HCO_3^- im proximalen Nephronabschnitt sowie durch die Tatsache bedingt, dass ein Teil der NaCl- und Wasserresorption auch durch andere Transportsysteme getragen wird. Schließlich ist zu bedenken, dass eine proximal erzeugte Diurese in den mehr distal gelegenen Nephronabschnitten durch eine Mehrresorption kompensiert werden kann.

Indapamid wird zu 5 % unverändert über die Niere ausgeschieden. Am proximalen Teil des distalen Tubulus verhindert Indapamid die Na^+-Rückresorption. Die schwache Indapamid-induzierte Diurese erhöht nicht die Magnesiumausscheidung. 2 mg Indapamin führen zu einer vermehrten Diurese von Na^+, K^+, Cl und Harnsäure. Die Ca^{2+}- und Kreatinin-Ausscheidung sinkt. Zudem wirkt Indapamid antihypertensiv durch eine direkte Vasorelaxation und reduziert die linksventrikuläre Muskelmasse bei Hypertonie (Gosse et al. 2000). Daten zur Prognose liegen hiervon aber nicht vor. Möglicherweise

Tab. 4.6 Wirkung von Diuretika auf die Elektrolytausscheidung.

Elektrolytausscheidung	K^+	Cl^-	Mg^{2+}	Ca^{2+}	H^+	HCO_3^-	
Schleifendiuretika	↑ ↑ ↑	↑ ↑	↑ ↑ ↑	↑ ↑ ↑	↑	↑ /=	Hypokaliämie Hypomagnesiämie Hypochlorämische Alkalose
Frühdistal wirksame Diuretika	↑ ↑ ↑	↑	↑ ↑ ↑	↓ ↓	↑	/=	Hypokaliämie Hypomagnesiämie Hypochlorämische Alkalose Leichte Hyperkalziämie
Carboanhydrasehemmer	↑ ↑	↓ ↓	↑	↑	↓	↑ ↑ ↑	Metabolische Azidose
Kaliumsparende Diuretika	↓ ↓	=	↓	↓ /=	↓	=	Hyperkaliämie Metabolische Azidose

=: keine Änderung, ↑ : Zunahme, ↓ : Abnahme

kann dieses vielschichtige Therapieprofil von Indapamid auch Symptomatik (und Prognose?) der Herzinsuffizienz bessern.

Diuretika, die an der Henle-Schleife angreifen (Schleifendiuretika)

Schleifendiuretika haben ihren Angriffspunkt am dicken aufsteigenden Schenkel der Henle-Schleife (siehe Abb. 4.1 und Abb. 4.4). Substanzen, die an diesem Abschnitt des Nephrons angreifen, bewirken eine Behinderung der NaCl-Resorption (siehe Tab. 4.6). Diese Diuretika heben die Hypertonizität des Interstitiums auf und hemmen somit die Wasserresorption aus dem Sammelrohr.

Schleifendiuretika führen zu einer deutlichen Vermehrung des Urinvolumens mit annähernd plasmaisotoner NaCl-Konzentration. Zu den gebräuchlichsten Schleifendiuretika gehören z. B. Azosemid, Furosemid, Piretanid, Bumetanid, Torasemid (siehe Abb. 4.5). Man unterscheidet die Schleifendiuretika vom Furosemid-Typ und die nicht furosemidähnlichen Schleifendiuretika. Zum Furosemid-Typ gehören neben Furosemid das Piretanid, Azosemid, Torasemid und das Bumetanid. Bei den anderen handelt es sich um Etacrynsäure und Etozolin. Die Wirkung dieser Substanzen erfolgt von der luminalen Seite her. Diuretika vom Typ des Furosemid hemmen den $1Na^+2Cl\text{-}K^+$-Carrier (siehe Abb. 4.4). Diese Interaktion ist vollständig reversibel. Voraussetzung für die Hemmung ist die Anwesenheit von Na^+ und K^+ und niedrigen Konzentrationen von Cl^-. Die verschiedenen Diuretika zeigen eine unterschiedliche Affinität für den $1Na^{+-}2Cl\text{-}K^+$-Carrier (siehe Strukturformeln einiger Schleifendiuretika und ihre Affinitäten) (siehe Abb. 4.5) (Greger 1992).

Die Natriumkonzentrationen in den Zellen der dicken aufsteigenden Henle-Schleife fallen durch Hemmung mit

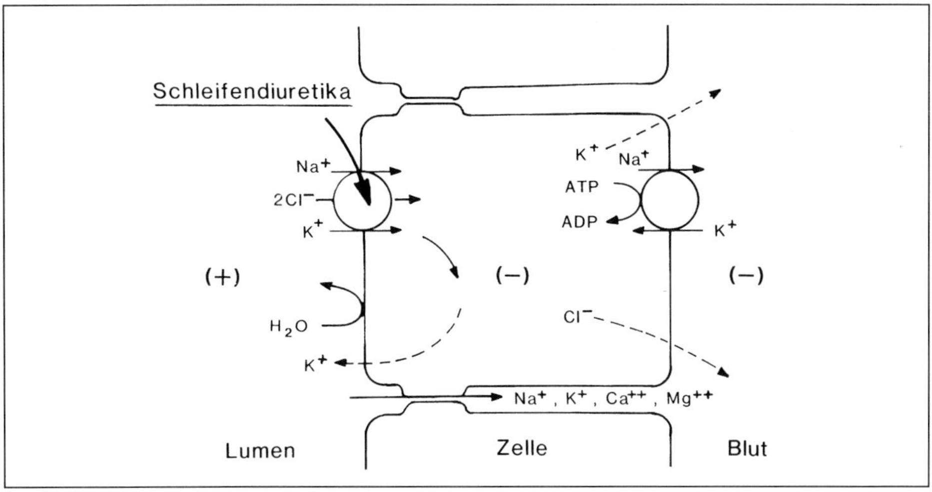

Abb. 4.4 Schema der NaCl-Resorption im aufsteigendem Ast der Henle-Schleife. Schleifendiuretika hemmen das Kotransportsystem, den Na^+2Cl-K^+-Carrier.

Schleifendiuretika auf einen minimalen Wert ab, ebenso wie die für Cl^-, da das geblockte Carriersystem den einzigen relevanten Natriumaufnahmemechanismus in diesem Bereich darstellt. Hingegen bleibt die intrazelluläre K^+-Konzentration weitgehend konstant. Durch die Hemmung des Carriers wird die Zelle hyperpolarisiert, da die Cl–Konzentration der Zelle auf Werte absinkt, die der passiven Verteilung entsprechen. Somit sistiert der depolarisierende Chloridauswärtsstrom. Die Blockade des ATP-abhängigen Carriers führt zur Verminderung des ATP-Verbrauchs in den Zellen. Wird in diesen Zellen die Na^+/K^+-ATPase mit Herzglykosiden (Ouabain) blockiert, so kommt es zu einer rasch einsetzenden Depolarisation und Zellschwellung. Nach Vorbehandlung mit Schleifendiuretika vom Typ des Furosemid unterbleibt diese Reaktion auf Ouabain (Greger 1992).

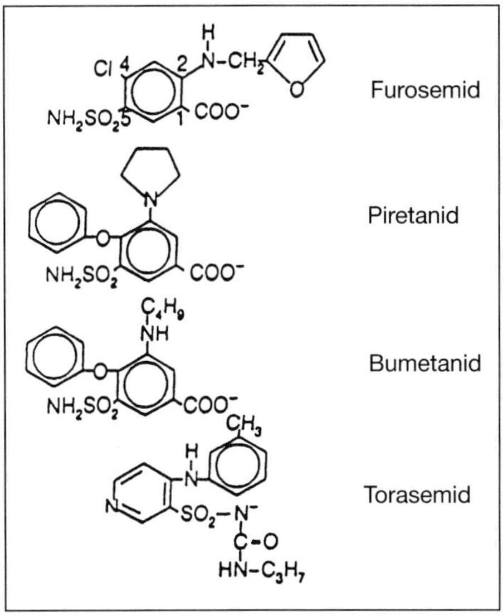

Abb. 4.5 Strukturformel von Schleifendiuretika. Die Affinität zum Na^+2Cl-K^+-Carrier ist für Furosemid, Piretanid, Bumetanid und Torasemid 0,5; 1,0; 0,1 und 0,1 µmol/l (Greger 1992).

Schleifendiuretika bewirken eine besonders ausgeprägte Salurese und Diurese. Dies liegt daran, dass

- zum einen der Nettotransport von NaCl in den betroffenen Nephronsegmenten mit ca. 20 bis 30 % der filtrierten Menge erheblich ist und

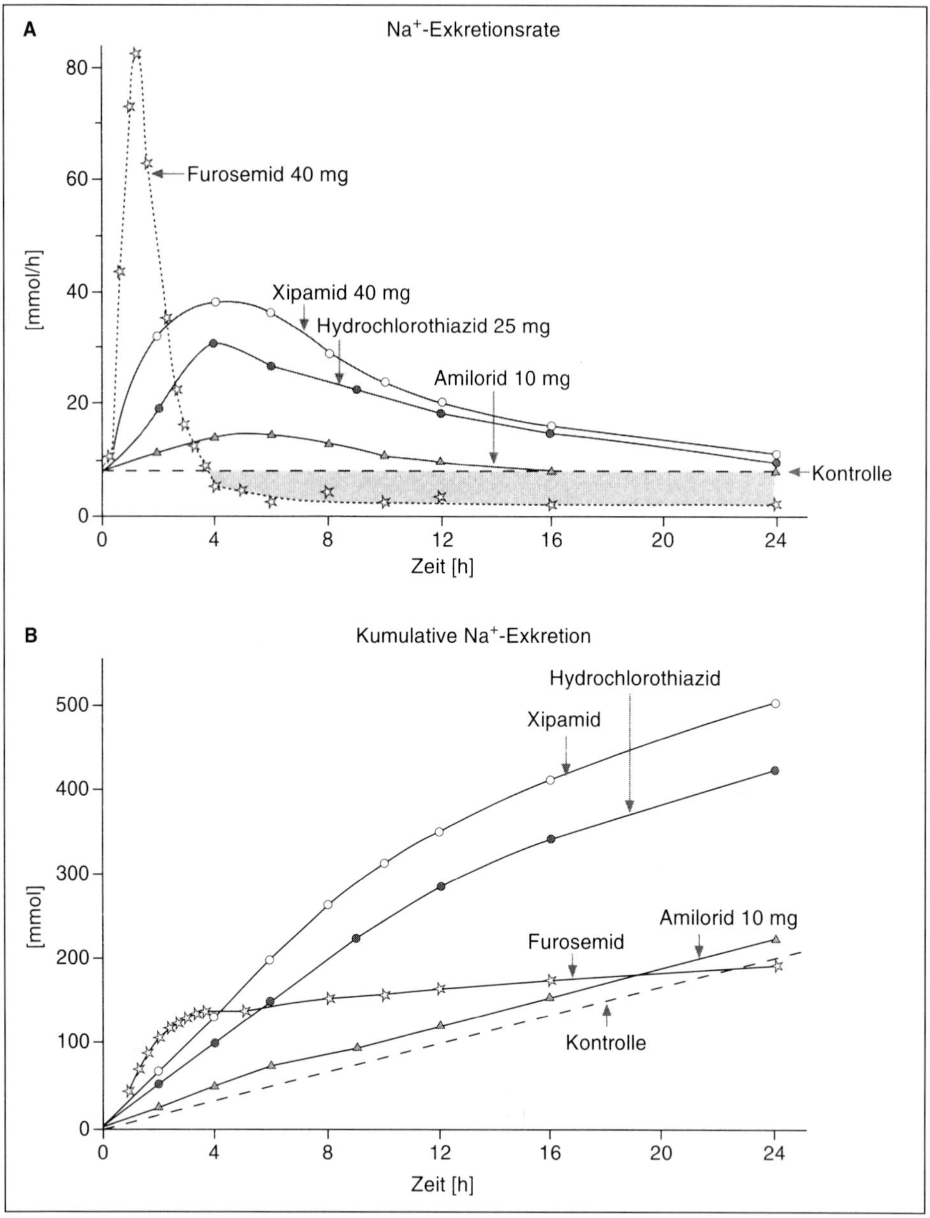

Abb. 4.6 A) Ausscheidungsgeschwindigkeit als Funktion der Zeit nach einmaliger oraler Applikation eines Diuretikums. Die gepunktete Fläche kennzeichnet den Rebound-Effekt nach Applikation von Furosemid. Er fehlt bei Xipamid. B) Kumulative Na^+-Ausscheidung im Vergleich zur Kontrolle (gestrichelte Linie). Diese entspricht dem Integral aus Zeit und Ausscheidungsgeschwindigkeit (nach Knauf, Mutschler 1996)

- zum anderen die Salurese, die in diesen Nephronabschnitten erfolgt, durch distalere Segmentabschnitte nicht mehr kompensiert werden kann.

Die Schleifendiuretika bewirken zudem eine Steigerung der Kalium-, Kalzium- und Magnesiumausscheidung (siehe Tab. 4.6). Besonders nach Furosemid ist im Anschluss an die rasch und stark einsetzende Na^+- und Wasserausscheidung ein Rebound-Effekt, d.h. das Unterschreiten des Kontrollwertes, zu erwarten (siehe Abb. 4.6). Physiologischerweise wird sowohl Kalzium als auch Magnesium in der dicken aufsteigenden Henle-Schleife durch das lumenpositive Potential resorbiert. Diese Komponente der Kalzium- und Magnesiumresorption wird durch Schleifendiuretika aufgehoben.

Neben dem oben beschriebenen Wirkmechanismus hemmen Schleifendiuretika auch die Carboanhydrase im proximalen Nephronabschnitt. Diese Wirkung ist allerdings nur sehr schwach ausgeprägt. Im Gegensatz zu den Carboanhydrasehemmstoffen, die immer zu einer ausgeprägten Bikarbonaturie und damit zu einer metabolischen Azidose führen, haben Schleifendiuretika im allgemeinen einen gegenteiligen Effekt auf den Säure-Basen-Haushalt. Es entsteht ein bikarbonatfreier saurer Urin.

Diuretika, die am distalen Tubulus angreifen

Thiaziddiuretika wirken am frühdistalen Nephron. Der exakte Wirkmechanismus der Thiazidhemmung ist bis heute weitgehend unklar. Thiaziddiuretika wirken von luminal. Sie hemmen reversibel das NaCl-Carriersystem. Dies dürfte die saluretische und diuretische Wirkung der Thiazide erklären. Unklar ist hingegen, wie Thiaziddiuretika antikalziurisch wirken. Inwieweit Thiaziddiuretika die Ausscheidung von Kalium und Magnesium nach Akut- bzw. Langzeitmedikation steigern, ist derzeit noch unklar.

Metolazon ist chemisch zwar kein Benzothiazid, es verhält sich aber vergleichbar wie das Hydrochlorothiazid. Dabei ist chemisch entscheidend die Sulfonamidgruppe in Position 7 des Benzolringes und der Halogenrest in Position 6, nicht aber, ob sie einen Thiazidring besitzen. Hervorzuheben ist die längere Halbwertszeit und der Befund, dass es auch noch bei Niereninsuffizienz mit einem Glomerulumfiltrat von weniger als 20 ml/min wirkt.

Das Salicylanilid-Derivat Xipamid besitzt strukturelle Ähnlichkeit mit Chlorthalidon. Es nimmt hinsichtlich seines Wirkprofils eine Zwischenstellung zwischen Thiaziden und Schleifendiuretika ein. Als Wirkort gilt der frühdistale Tubulus, wo Xipamid von der peritubulären Seite der Tubuluszelle angreift. Die Intensität der 24 h Diurese und Natriurese ist vergleichbar mit der von Schleifendiuretika (siehe Abb. 4.6). Xipamid weist kein Rebound-Phänomen auf. Die protrahierte Wirkdauer entspricht den Thiaziden.

Diuretika, die am distalen Tubulus und Sammelrohr angreifen

In diese Substanzklasse gehören Diuretika, die im „Connecting Tubule“ und Sammelrohr wirken. Zu ihnen gehören Amilorid und Triamteren. Am distalen Tubulus angreifende Diuretika blockieren die Natriumkanäle und bewirken somit nur eine schwache Diurese, haben aber besondere Bedeutung als Hemmer der Kaliumausscheidung (siehe Abb. 4.7). Amilorid hemmt zudem den Na^+-

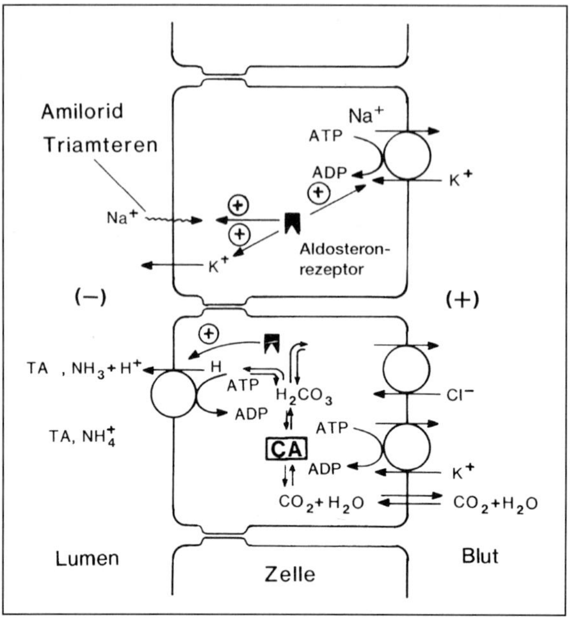

Abb. 4.7 Angriffspunkt der Diuretika am kortikalen Sammelrohr. Aldosteron erhöht die Membranpermeabilität, indem es die Leitfähigkeit von Na^+ durch die Membran steigert, zudem steigert Aldosteron die H^+-Sekretion. Amilorid und Triamteren hemmen den luminalen Na^+-Einstrom.

H^+-Carrier. Spironolacton antagonisiert kompetitiv die hormonspezifische Wirkung von Aldosteron auf die luminalen Natriumkanäle sowie auf die peritubuläre Na^+/K^+-ATPase. Der Wirkmechanismus ist in Abbildung 4.7 dargestellt.

4.2.1.2 Extrarenale Wirkungen von Diuretika: vaskuläre Wirkungen

Neben den Wirkungen auf verschiedene Abschnitte des Nephrons besitzen Diuretika auch extrarenale Wirkungen, z. B. bei lokaler Applikation sowie bei systemischer Applikation. In der Behandlung der akuten oder chronischen Herzinsuffizienz spielen diese nur eine untergeordnete Rolle. Zu Beginn einer Therapie mit Diuretika steigt der periphere Gefäßwiderstand meist an, während das Herzzeitvolumen und der Blutdruck abfallen. Durch die Verminderung des extrazellulären Plasmavolumens wird der venöse Rückfluss und damit das Herzzeitvolumen vermindert, der periphere Widerstand nimmt dabei reflektorisch zu (Kaplan 1982). Der leichte Blutdruckabfall kann durch intravenöse Gabe von Natriumchlorid antagonisiert werden. Unter einer Langzeittherapie mit Diuretika wird dann der kompensatorisch erhöhte periphere Widerstand wieder gesenkt (Lund-Johansen 1970). In dieser Phase ist das Herzminutenvolumen bereits normalisiert. Es persistiert eine leichte Abnahme des austauschbaren Natriums und des extrazellulären Flüssigkeitsvolumens. Angesichts einer nur diskreten Natrium- und Volumendepletion unter chronischer Thiazidtherapie postulierten bereits Conway und Lauwers (1960), dass gefäßspezifische Wirkungen der Diuretika mit für die Änderungen des peripheren Widerstandes verantwortlich sind. In diesem Zusammenhang ist das Benzothiadiazinderivat Diazoxid zu erwähnen, ein Antihypertensivum mit direkter vasodilatierender Wirkung ohne jegliche diuretische Aktivität. Durch in-vitro Versuche mit isolierten Arterienringen ließ sich zeigen, dass zahlreiche Diuretika vasoaktive Wirkung besitzen. Schleifendiuretika, Hydrochlorothiazid und Amilorid hemmen den Natriumeinstrom in die glatte Muskelzelle und vermindern dadurch die Kontraktilität der Gefäßmuskulatur (van Breemen et al., 1979). Im Gegensatz hierzu nimmt der periphere Gefäßwiderstand bei akuter Gabe von Hydrochlorothiazid sogar zu (Kaplan, Silab 1964). Schon seit langer Zeit ist bekannt, dass unter chronischer Applikation von Thiaziddiuretika eine Verminderung der Ansprechbarkeit des Gefäßsystems auf Noradrenalin oder Angiotensin II eintritt (Acchiardo, Skoutakis 1983).

Schnellwirksame Diuretika vom Typ des Furosemid nehmen einen festen Platz in der Notfallmedizin ein. Nach intravenöser Applikation lässt sich ihr Einfluss auf die hämodynamischen Parameter am deutlichsten quantifizieren. Man sieht nach nur wenigen Minuten eine Verminderung des pulmonalen Blutdrucks bzw. des zentralvenösen Venendrucks (siehe Abb. 4.8). In plethysmographischen Untersuchungen konnte gezeigt werden, dass die venöse Kapazität zunimmt; man spricht von einem venösen Pooling. Dieser Effekt auf die sogenannte Vorlast kommt zum Tragen, ehe eine nennenswerte Veränderung des extrazellulären Flüssigkeitsvolumens durch Diurese hervorgerufen werden kann. Diese frühe vaskuläre, nicht diuretisch bedingte Wirkung der schnell wirksamen Diuretika muss als charakteristische Eigenschaft der Schleifendiuretika hervorgehoben werden. Diese Relaxation der venösen Kapazitätsgefäße und die zeitlich versetzte Verminderung des intravasalen Volumens führen über eine rasche Reduktion des venösen Rückflusses zu einer signifikanten Abnahme des enddiastolischen Ventrikeldurchmessers und führen damit ebenso zu einer Senkung der myokardialen Wandspannung (siehe Kap. 3.3). Durch diese Akutwirkung nach Diuretikagabe nimmt die Belastbarkeit herzinsuffizienter Patienten deutlich zu. Dieser günstige Effekt ist an das Vorhandensein einer funktionsfähigen Niere gebunden (Johnston et al., 1983; Johnston et al., 1984). Schleifendiuretika vom Typ des Furosemid greifen nicht direkt am Gefäßsystem an. Die vasodilatierende Wirkung wird vielmehr durch neurohumorale Faktoren mitvermittelt (eine intakte Prostaglandinsynthese in den Nieren sowie ein aktiviertes Renin-Angiotensin-Aldosteron-System scheint nötig zu sein). Im Gegensatz hierzu ist durch Nitroglyceringabe stets ein venöses Pooling auslösbar, auch bei anurischen Patienten.

In tierexperimentellen Untersuchungen und in Experimenten an explantierten menschlichen Papillarmuskelstreifen konnte eine positiv inotrope Eigenwirkung verschiedener Diuretika nachgewiesen werden. Dies gilt zum Beispiel für Amilorid und Triamteren in hohen Konzentrationen (Bolte et al., 1981). Zudem wird diesen sogenannten kaliumsparenden Diuretika eine antiarrhythmische Wirkkomponente zugewiesen (Weber 1972). Schleifendiuretika, zum Beispiel Furosemid und Etacrynsäure, sollen die myokardiale Kontraktilität nicht direkt beeinflussen. Es ist jedoch zu betonen, dass bei der üblichen therapeutischen Dosierung mit Diuretika keine Plasmakonzentrationen in vivo erreicht werden, die eine Steigerung der Kontraktilität des Herzens bewirken würden.

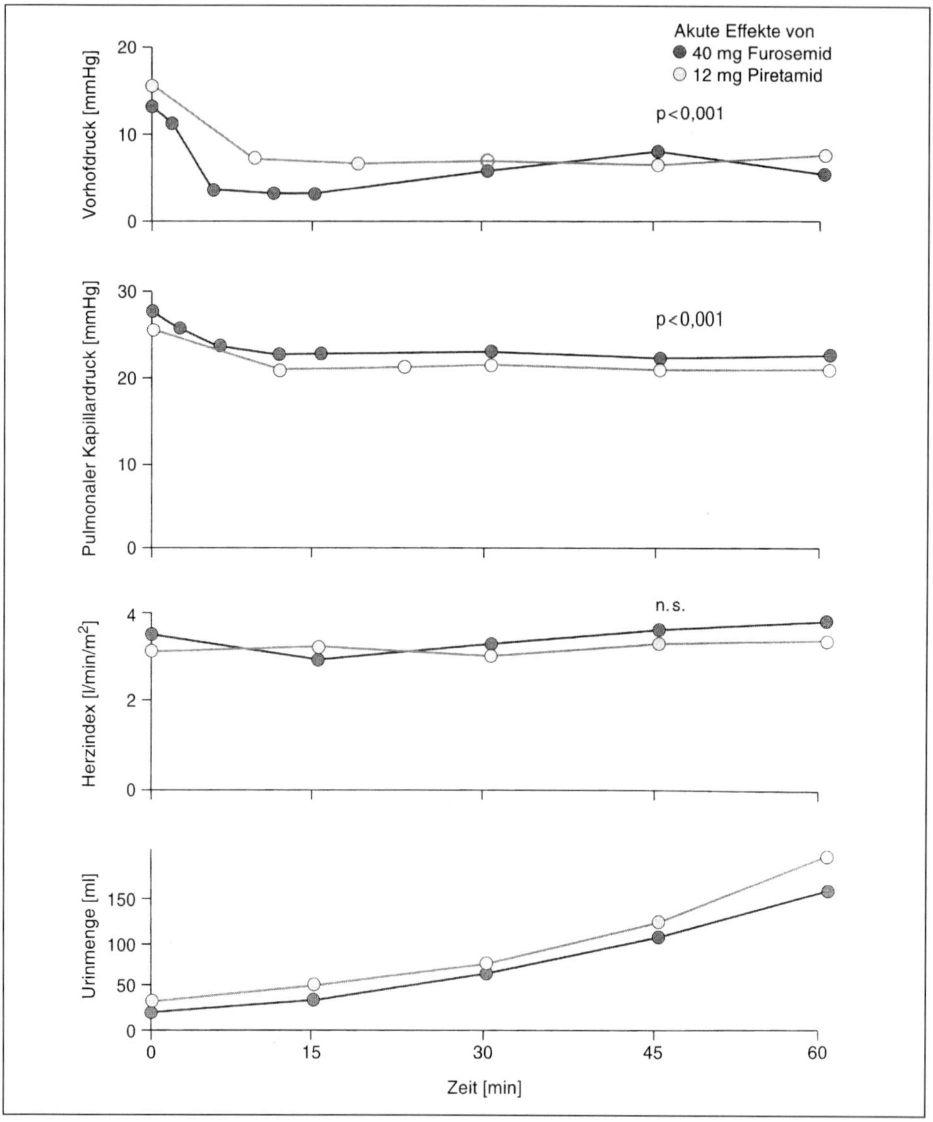

Abb. 4.8 Der Einfluss einer Diuretikatherapie auf hämodynamische Parameter (nach Knauf, Mutschler 1992).

4.2.1.3 Nebenwirkungen der Therapie mit Diuretika

Bei den Nebenwirkungen unter Diuretikatherapie sind Nebenwirkungen als direkte Folge der spezifischen Pharmakodynamik, das heißt der renalen Salz- und Wasserausscheidung, die streng dosisabhängig auftreten, von den unerwünschten Wirkungen zu trennen, welche nicht direkt durch die spezifische Arzneistoffwirkung hervorgerufen wer-

Tab. 4.7 Einfluss von Diuretika auf den Magnesium- und Kaliumhaushalt.

	Serum-Mg^{2+}	Geweb-Mg^{2+}	Renale Mg^{2+}-Ausscheidung
Schleifendiuretika	akut ↓ (=) chron. (↓ = (=)	akut ↓ (Lympho) chron. = (Muskel)	akut ↓ chron.?
Thiazide	akut = (↓) chron. = ↓	akut ? chron. (↓) (Ery; Muskel)	akut ↓ chron. ↑ =
Triamteren	akut = chron. ↑	akut ↑ (Lympho) chron.?	akut ↑ ↓ chron. ↑
Amilorid	akut = chron.?	akut? chron. (↑) (Muskel)	akut = chron.?
Spironolacton	akut? chron.?	akut? chron. (↑) (Muskel)	akut ↓ chron.?

=: keine Änderung, ↑ : Zunahme, ↓ : Abnahme

den. Wesentliche Nebenwirkungen sind Hypokaliämie, Hyperkaliämie (siehe Tab. 4.7 und Tab. 4.8), Hypomagnesiämie, Hypokalziämie, Hyponatriämie, Störung des Säure-Basen-Haushalts, Störung der Glukosetoleranz, Hyperurikämie und Hyperlipoproteinämie. In der Langzeittherapie wurde eine Reihe von Nebenwirkungen beobachtet, deren Entstehung nicht aus der Pharmakodynamik der Diuretikawirkung selbst abzuleiten ist. Einige dieser Nebenwirkungen sind in Tabelle 4.8 näher dargestellt. Es ist zu betonen, dass bei den erwähn-

Tab. 4.8 Nebenwirkungen der Therapie mit Diuretika.

Substanz	Hyper-urikämie	Hypo-kaliämie	Hyper-kaliämie	Azidose	Alkalose	Andere
Thiazide		+	+	–	+	KH-Intoleranz Leuko-Thrombo-penie Pankreatitis Leberversagen Hypersensitivitäts-angitisis
Schleifen-diuretika	+	+	–	–	+	KH-Intoleranz Ototoxizität Leberversagen Gastrointestinale Blutung
Spironolacton	–	–	+	+	–	Gynäkomastie Dys-. Amenorrhö
Triamteren/ Amilorid	–	–	+	+	–	Muskelkrämpfe (alle Diuretika)

KH: Kohlenhydrat

ten Nebenwirkungen die Dosis-Wirkungs-Beziehung der einzelnen Diuretika bezüglich ihrer pharmakologischen Wirkung und der jeweiligen Nebenwirkung nicht parallel verlaufen. Diese können sogar völlig voneinander getrennt auftreten, wie dies für die Nebenwirkung der Gynäkomastie nach Gabe des Aldosteronantagonisten Spironolacton bekannt ist.

Hypokaliämie, Hypomagnesiämie

Die Therapie der herzinsuffizienten Patienten, vor allem die Langzeittherapie mit Diuretika oder Digitalispräparaten, aber auch die erhöhte Aktivität des sympathoadrenergen Systems und des Renin-Angiotensin-Aldosteron-Systems führt zu Elektrolytverlusten (Kalium und Magnesium) (siehe Tab. 4.9). Da Magnesium und Kalium vornehmlich intrazellulär vorkommen, geben Analysen im Serum oder im Plasma nur begrenzte Informationen (Schwinger et al., 1987; Schwinger, Antoni, 1990, 1991). Im Plasma befindet sich nur 0,3 bzw 2 % des Gesamtbestandes an Magnesium oder Kalium. Mit Kalium ist Magnesium intrazellulär das zweithäufigste Ion. Daher wurden zunehmend Magnesium (Elin, Hosseini 1987) und Kalium in Blutzellen (mononukleäre Zellen, Lymphozyten, Granulozyten, Erythrozyten) sowie in Muskelzellen bestimmt. Zahlreiche Faktoren, wie z.B. die Wahl des Diuretikatyps, die Dosierung, die Therapiedauer, Wechselwirkung mit anderen Medikamenten und der Ernährungszustand bzw. Ernährungsgewohnheiten der Patienten sind zusätzliche Determinanten, welche das Auftreten einer Hypokaliämie oder Hypomagnesiämie mitbeeinflussen können (siehe Tab. 4.9) (Ryan et al., 1981; Ryan 1987).

Tab. 4.9 Klinische Zustände, bei denen Magnesium- und Kaliummangel auftreten können (Schwinger, Antoni, 1991).

- Therapie
  Diuretika
  Intravenöse Therapie ohne Magnesiumsubstitution
  Gentamycin
  Kardiotonika oder Herzglykoside (z. B. Digitalis)
- Primärer Hyperaldosteronismus
- Sekundärer Hyperaldosteronismus
  Stauungs-Herzinsuffizienz
  Nephrotisches Syndrom
  Zirrhose
  Verbrennungssyndrom
- Gastrointestinaler Verlust
  Verlust im oberen Gastrointestinaltrakt: nasogastrale Absaugung, hoher Darmverschluss
  Verlust im unteren Gastrointestinaltrakt: Fistel, Laxantien, Einläufe
  Malabsorption
  Enteritis
  Kolitis
  Funktionsstörungen des Pankreas
  Syndrom des kurzen Darmes
- Alkoholismus – Zirrhose, Alkoholvergiftung, chronischer Alkoholismus
- Verminderte Zufuhr oder erhöhter Verlust von Magnesium und Kalium
  Alkoholismus
  Postoperativer Zustand
  Aushungern
  Diabetische Ketoazidose
  Flüssige Eiweißernährung
- Renale Störungen
  Postobstruktive Diurese
  Primäre renale Magnesium-, Kaliumausschwemmung

Die Hypokaliämie stellt die häufigste diuretikainduzierte Nebenwirkung auf den Elektrolytstoffwechsel dar. Ein Serum-Kalium von unter 3,5 mmol/l liegt hierbei vor. Sie tritt bei etwa 10 bis 36 %

der Patienten nach Thiazidbehandlung auf und ist streng dosisabhängig (Poole-Wilson 1983). Bereits nach einer Woche regelmäßiger Diuretikaeinnahme zeigt sich eine Tendenz zu Hypokaliämie (Melby 1986). In Studien konnte sowohl eine Zunahme der Kaliumausscheidung im Urin als auch eine Abnahme des Kaliums im Serum wie auch im Gewebe (z.B. Erythrozyt, Muskelgewebe) nachgewiesen werden. Durch Serumkaliumbestimmungen allein können die Veränderungen im Gesamtkörperkaliumgehalt nicht hinreichend abgeschätzt werden. Eine Hypokaliämie ist unter der Therapie mit Schleifendiuretika seltener und weniger ausgeprägt. Die durch Serumanalysen verifizierbare Hypokaliämie nach Diuretikabehandlung scheint mit dem Auftreten ventrikulärer Rhythmusstörungen (Hollifield 1986; Cleland, Dargie 1988) und der Inzidenz des plötzlichen Herztodes in Zusammenhang zu stehen (Packer 1985).

Eintretende Kaliumverluste sind bei gleichzeitig bestehendem Magnesiummangel durch eine Kaliumsubstitution nur im Plasmakompartiment, nicht dagegen intrazellulär auszugleichen. Dies konnten Dyckner und Wester (1984) durch Muskelbiopsien und gleichzeitig durchgeführte Serumanalysen nachweisen. Nur eine kombinierte Substitutionstherapie mit Magnesium und Kalium ließ intrazellulär Kalium wieder ansteigen. Durch Elektrolytbestimmungen in Lymphozyten konnte dies bestätigt werden (Schwinger, Erdmann 1992) (siehe Abb. 4.9). Ein Mangel an Magnesium kann also einen Kaliumverlust verstärken und auch intrazellulär (Skelettmuskel, Lymphozyt) Kalium reduzieren. Tabelle 4.6 zeigt den Einfluss verschiedener Diuretika (Schleifendiuretika, Thiazide, kaliumsparende Diuretika) auf den

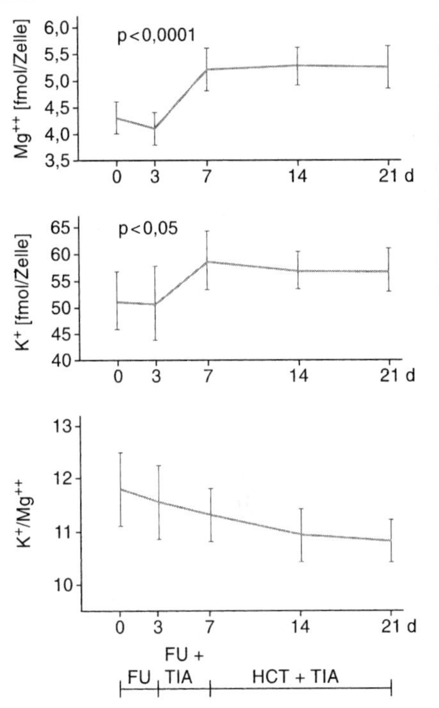

Abb. 4.9 Der Einfluss einer Diuretikatherapie auf den Elektrolytgehalt in Lymphozyten. FU = Furosemid, TIA = Triamteren, HTC = Hydrochlorothiazid (Schwinger, Antoni 1991).

Serummagnesium-, Gewebsmagnesium- und renalen Magnesiumspiegel.

Eine chronische Diuretikatherapie (Hydrochlorothiazid oder Schleifendiuretika) ohne Kombination mit einem Antikaliuretikum führt häufig zu einer Erniedrigung des gesamten Körperkaliums. Dies ist speziell bei einer gleichzeitigen Digitalistherapie zu beachten. Eine Substitution mit Kalium (Kaliumchlorid) kann dabei notwendig werden. Bei gleichzeitiger Anwendung von Angiotensin-Converting-Hemmstoffen und Diuretika bei der Therapie der chronischen Herzinsuffizienz tritt nur selten eine diuretikainduzierte Hypokaliämie auf.

Furosemid und Hydrochlorothiazid

Abraham et al. (1988) fanden den Magnesium- und Kaliumgehalt in Lymphozyten nach 6-monatiger Therapie mit Furosemid ca. 40 mg/die erniedrigt. Ähnliche Ergebnisse werden von anderen Untersuchern beschrieben. Dyckner und Wester (1984, 1985) fanden Magnesium und Kalium in Skelettmuskelbiopsien von Patienten nach Diuretikatherapie (Furosemid/Hydrochlorothiazid) reduziert. Auch sind nach Hydrochlorothiazidtherapie verminderte intraerythrozytäre Magnesium- und Kaliumwerte beschrieben worden; meist nach einer Therapiedauer jedoch von mehr als 6 Monaten (6 bis 9 Monate). Es wurde dabei vermutet, dass erniedrigte intraerythrozytäre Magnesiumwerte auf eine über einen längeren Zeitraum bestehende Magnesiumarmut hinweisen könnten.

Die Auswirkungen einer Hydrochlorothiazidtherapie auf die Magnesiumausscheidung sind in der Literatur nicht einheitlich beschrieben. Aufgrund ihres Angriffspunktes (distaler Tubulusabschnitt) ist theoretisch nur eine geringere Magnesiummenge durch Hydrochlorothiazid kontrollierbar. Therapiedauer, Dosierung und Komorbidität, zusätzliche Medikation und Ernährungsgewohnheiten (Wasserhärte, Alkohol) können den magnesiuretischen Effekt einer Hydrochlorothiazidtherapie wie auch einer Furosemidtherapie verstärken. Die verschiedenen Wirkorte von Furosemid und Hydrochlorothiazid erklären dabei das unterschiedliche Ausmaß der induzierten Magnesium- und Kaliumausscheidung. Schleifendiuretika vermögen einen größeren Verlust an Magnesium und Kalium zu induzieren als die Therapie mit Hydrochlorothiazid.

Kaliumsparende Diuretika: Triamteren und Amilorid

Die kaliumsparenden Eigenschaften der am späten distalen Tubulus angreifenden Diuretika (Triamteren, Amilorid) sind in ihrer Auswirkung auf das Plasmakompartiment gut untersucht. Neuere Untersuchungen bestätigen neben der kaliumsparenden auch eine magnesiumretinierende Wirkung von Triamteren wie auch von Amilorid durch intrazelluläre Bestimmungen und Ganzkörperbestimmungen. Das Fortbestehen dieser Triamterenwirkung unter zusätzlicher Therapie mit Furosemid oder Hydrochlorothiazid wird durch zahlreiche Untersuchungen belegt. Triamteren (wie auch Amilorid und Hydrochlorothiazid) führten intrazellulär in der Skelettmuskelzelle zu einem höheren Kalium- und Magnesiumgehalt als die Monotherapie mit Hydrochlorothiazid allein; Triamteren reduzierte die Magnesiumausscheidung bei gesunden Probanden sowie im Tierexperiment. Als Additivum zu Hydrochlorothiazid zeigt Triamteren kalium- und magnesiumsparende Wirkung. Auch in Kombination mit Furosemid bzw. Hydrochlorothiazid behalten die kaliumsparenden Diuretika Triamteren und Amilorid ihre magnesiumsparenden Eigenschaften bei.

Bei der Behandlung herzinsuffizienter Patienten mit Diuretika ist ein Verlust von Magnesium oder Kalium zu vermeiden. Bereits eingetretene Elektrolytverluste können dabei durch Substitution kompensiert werden. Dabei kann nur eine kombinierte Substitution von Magnesium und Kalium intrazelluläre Verluste an Kalium ausgleichen. Kaliumsparende Diuretika wirken auch magnesiumsparend und können so diuretikainduzierte Elektrolytverluste mindern helfen. In Tabelle 4.9 sind klinische Zustände, bei denen Magnesium- und Kaliummangel auftreten können, zusammengestellt.

Hypokalziämie

Schleifendiuretika können zur Hypokalziämie führen, da sie die Kalziumausscheidung erhöhen. Dieser Wirkmechanismus wird zur Therapie der Hyperkalziämie genutzt. Hingegen zeigen Thiaziddiuretika diese Wirkung nicht (siehe Tab. 4.6). Sie haben bei der Langzeittherapie besonders bei Patienten mit Osteoporose an Bedeutung gewonnen.

Hyponatriämie

Bei praktisch allen Diuretika kann sich ohne regelmäßige Therapieüberwachung, besonders wenn gleichzeitig eine Kochsalzrestriktion verordnet wurde, eine Hypovolämie und Hyponatriämie einstellen (Schwinger, Erdmann 1992). Die diuretikainduzierte Verkleinerung des extrazellulären Flüssigkeitsvolumens verstärkt über eine Stimulation der ADH-Sekretion die Hyponatriämie zusätzlich. In Abbildung 4.10 sind die pathophysiologischen Vorgänge bei der Entwicklung einer diuretikainduzierten Hyponatriämie dargestellt.

Säure-Basen-Haushalt

Alle Diuretika, die zu Kaliumverlusten führen, können die Entwicklung einer metabolischen Alkalose induzieren. Dies kann durch eine vermehrte Aldosteronfreisetzung, durch Stimulation der Ammoniakgenese und der H^+-Sekretion infolge der Kaliumverluste, durch Natriumverarmung mit Volumendepletion, durch eine gesteigerte proximal tubuläre HCO_3^--Resorption und durch eine Zunahme der Chloridausscheidung bedingt sein. Amilorid und Triamteren reduzieren die elektrische Negativität des Tubuluslumens und vermindern hierdurch die Triebkraft für die K^+- und H^+-

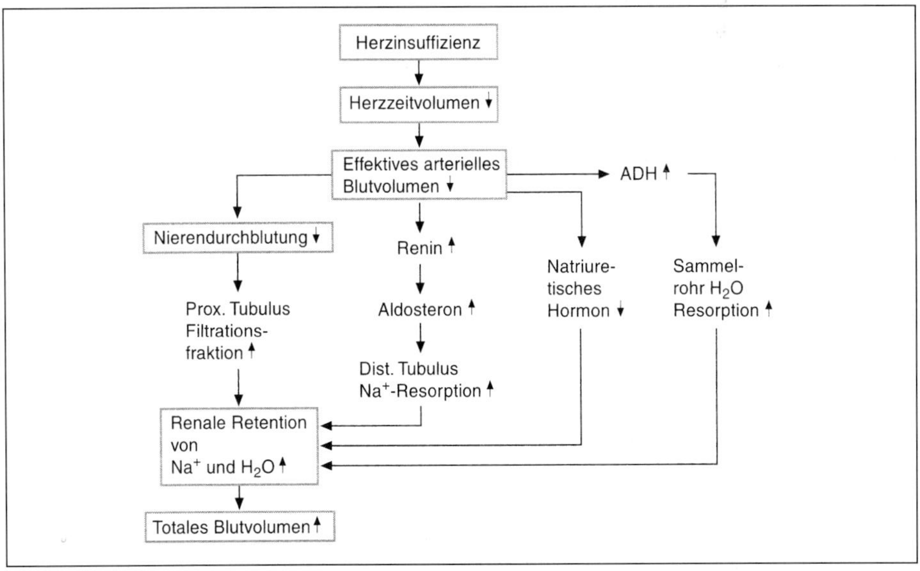

Abb. 4.10 Mechanismus der NaCl- und Wasserretention bei der chronischen Herzinsuffizienz.

Sekretion. Es resultiert eine meist nur geringgradig ausgeprägte metabolische Azidose.

Glukoseintoleranz

In der Langzeittherapie mit Thiaziddiuretika wurde eine Glukoseintoleranz bei eingangs stoffwechselgesunden Hochdruckpatienten beobachtet (Kokko, Jacobson 1985). Als möglicher Wirkmechanismus der thiazidinduzierten Glukoseintoleranz wird eine erschwerte Insulinfreisetzung aus den Langerhansschen Inseln sowie eine periphere (Endorgan) Insulinresistenz diskutiert. Wesentliche Bedeutung für die Pathogenese der gestörten Insulinfreisetzung aus dem Pankreas hat die diuretikainduzierte Hypokaliämie. Hierdurch kann die Umwandlung von Proinsulin zu Insulin verzögert werden. Wird durch Applikation von Kaliumersatzmitteln bzw. durch zusätzliche Gabe von Antikaliuretika (kaliumsparende Diuretika) die Hypokaliämie verändert, so tritt auch keine Hyperglykämie bei diesen Patienten auf (Imbs et al., 1977).

Hyperurikämie

Bei etwa 30 % aller Patienten, die sich in einer Langzeittherapie mit Thiaziddiuretika befinden, steigt die Harnsäurekonzentration im Blut an (Edelmann, Marver 1979). Diese Hyperurikämie unter Diuretikatherapie ist bedingt durch eine kompetitive Hemmung der Harnsäuresekretion im proximalen Tubulus durch das applizierte Diuretikum, welches den gleichen unspezifischen Carrier benutzt. Zudem wird eine gesteigerte Resorption von Harnsäure bei proximal tubulärer Hyperresorption infolge der diuretikainduzierten Volumendepletionen diskutiert.

Fettstoffwechsel

Eine signifikante Steigerung der Serumtriglyceride, der VLDL- und LDL-Cholesterinfraktion wurde unter Thiaziden und Schleifendiuretika nachgewiesen. Die HDL-Fraktion ist meist unverändert.

4.2.1.4 Interaktionen mit anderen Medikamenten

Die gleichzeitige Applikation von Diuretika und Herzglykosiden ist häufig. Die durch Thiazide bzw. Schleifendiuretika induzierte Hypokaliämie und/oder Hypomagnesiämie, die für sich alleine in der Regel folgenlos bleiben kann, kann bei gleichzeitiger Digitalistherapie zu erheblichen Herzrhythmusstörungen führen. Zu beachten ist zudem das Auftreten einer simultanen Hypomagnesiämie. Herzglykoside selbst behindern die aktive tubuläre Kaliumrückresorption, so dass die Hypokaliämie dadurch noch verstärkt werden kann. Gleiches wird für Magnesium diskutiert. Somit ist zum einen eine regelmäßige Elektrolytkontrolluntersuchung bei Langzeitapplikation mit Diuretika und/oder Herzglykosiden notwendig, zum anderen müssen therapeutische Gegenmaßnahmen ergriffen werden, um Elektrolytverarmungen zu verhindern. Wird durch diuretische Therapie eine Verminderung des Extrazellulärvolumens erreicht, so kann durch zusätzliche Vasodilatatorentherapie eine folgenschwere Dysregulation des Körperkreislaufes eintreten. Besonders bei der Erstgabe eines ACE-Hemmstoffes bei vorheriger Diuretikatherapie mit der Folge eines stimulierten Renin-Angiotensin-Aldosteron-Systems ist Vorsicht geboten. Dabei ist insbesondere auf die Gefahr schwerer Hypotonien bis zu Synkopen zu denken. Durch eine Hemmung der Prostaglandinsynthese wird der natriuretische Effekt der Diuretika abgeschwächt bzw. sogar aufgehoben. Bereits bei herzgesunden Personen kann diese Wirkung zur Wassereinlagerung und zu passageren Nierenfunktionsstörungen führen. Von einer Kombination von Diuretika mit Prostaglandinsyntheseinhibitoren muss daher abgeraten werden.

4.2.1.5 Andere Nebenwirkungen

Für Furosemid und Thiazide sind interstitielle Nephritiden insbesondere bei vorbestehenden Nierenerkrankungen beschrieben worden. Schönlein-Henoch-artige Veränderungen an den unteren Extremitäten wurden nach Gabe von Etacrynsäure beobachtet. Allergische Reaktionen, speziell bei Patienten mit Sulfonamidallergien, können auftreten, wenn mit einem Sulfonamidderivat, z.B. Thiazide, Furosemid etc., behandelt wird. In seltenen Fällen ist das Auftreten einer Pankreatitis bei einer Therapie mit Thiaziden berichtet worden. Auch die Beeinträchtigung der erektilen Potenz durch Diuretika ist bekannt. Für die kaliumsparenden Diuretika Triamteren und Amilorid gilt, dass sie besonders bei älteren Patienten in den Nierentubuli ausfallen können und so zu Niereninsuffizienz führen können.

4.2.2 Wirkprofil

Die Summe pharmakodynamischer und pharmakokinetischer Eigenschaften eines Medikamentes definieren sein Wirkprofil. Für die Stoffklasse der Diuretika bedeutet dies eine Charakterisierung der renalen Elektrolytausscheidung. Wesentliches Charakteristikum ist hierbei die Diuresestärke. Diese ist bei Schleifendiuretika vom Typ des Furosemid und Torasemid stark ausgeprägt, während nach Gabe von Thiaziden nur eine mäßige Erhöhung der Natrium-Wasser-Ausscheidung beobachtet wird. Die kaliumsparenden Diuretika Amilorid und Triamteren haben nur einen schwachen diuretischen Effekt. Wesentlich hängt die erreichte Diurese bzw. Natriurese vom Wirkort des jeweiligen Diuretikums am Nephron ab. Greift ein Diuretikum weiter proximal im Nephron an, also in einem Bereich mit höherem Natriumangebot, so ist auch die zu erwartende Diuresestärke, welche sich aus der möglichen Hemmung der Natriumresorption ergibt, deutlich größer (siehe Tab. 4.4). Besonders in der Notfallindikation ist die Geschwindigkeit des Wirkeintrittes einer applizierten Substanz entscheidend. Schleifendiuretika vom Typ Furosemid zeigen bereits eine Stunde nach oraler Applikation ihr Wirkmaximum, dementsprechend wird dieses bei thiazid- oder kaliumsparenden Diuretika vom Typ des Amilorid erst etwa nach vier Stunden erreicht. Zudem ist bei der i. v. Applikation von Diuretika, die dann oral fortgeführt werden soll, die Gabe von gut resorbierbaren Substanzen vorzuziehen; dies gilt in besonderem Maße für Torasemid und Piretanid. Steigt die diuretische Wirkung bis zum Maximaleffekt an, so ist nach der diuretikainduzierten Salurese ein Abfall oft unter den Ausgangswert zu beobachten (Rebound, siehe Abb. 4.6). Schnellwirksame Diuretika zeigen meist nur eine kurze Wirkdauer, langsam wirkende Diuretika hingegen meist eine lange Wirkdauer (siehe Tab. 4.10 und Tab. 4.11). In einer vergleichenden

Tab. 4.10 Dosierung und Wirkdauer wichtiger Diuretika.

Chemische Kurzbezeichnung	Handelspräparat	Dosierung[1] Einzeldosis [mg]	Dosisbereich [mg]	Wirkungs--beginn [h]	-maximum [h]	-dauer [h]
Thiazide/Derivate						
Chlorothiazid	Chlotride	500	500–2000	1–2	4	6–12
Hydrochlorothiazid	Esidrix®	25	25–100	1–2	4	6–12
Metolazon	Zaroxylin®	5	5–10	1	2	12–24
Chlortalidon	Hygroton®	100	50–200	2	8–9	48–72
Xipamid	Aquaphor®	10	10–80	1	4	24
Schleifendiuretika						
Furosemid	Lasix®	40 20 (Amp.)	40–160	0.5 sofort (i.v.)	1–2	6–8 2–2,5
Etacrynsäure	Hydromedin®	50	50–150	0.5	1–2	6–8
Bumetanid	Fordiuran	1.0	0.5–2.0			
Piretanid	Arelix®	6	3–12	1	2	4–6
Torasemid	Torem®	2.5–10	10–200	0.5	1–2	6–12
Antikaliuretische Diuretika						
Spironolacton	Aldacton®	59	200–300	48–72		
Kaliumcanrenoat	Aldactone® p. inj.	100 (Amp.)	200–600	1–2	2–6	24–36
Triameteren	Jatropur®	50	50–100	2	4–6	8–16
Amilorid	Arumil	5	5–10	2	4–6	10–24

[1] Dosierung bezogen auf normale Nierenfunktion; ohne Angaben: orale Applikation (nach Krück, 1985).

Tab. 4.11 Wirkstärke wichtiger Diuretika.

Substanz	Max. Natrium-Ausscheidungsfraktion [%]	Hauptangriffspunkt
■ Stark wirksame Diuretika Furosemid Etacrynsäure Bumetanid Muzolimin	> 15	Henle-Schleife
■ Mittelstark wirksame Diuretika Thiazide	5–10	Dist. Tubulus
■ Schwach wirksame Diuretika Carboanhydraseinhibitoren Spironolacton Amilorid Triamteren	< 5	Prox. Tubulus Spätdist. Tubulus

Pharmakodynamikstudie an Patienten mit Ödemen zeigte Torasemid ebenso wie Furosemid eine starke Diurese mit Wirkungsmaximum innerhalb der ersten 4 Stunden nach oraler Applikation. Torasemid war etwa 8mal stärker wirksam bei mehr als doppelt so lang anhaltender Diurese als bei Furosemid (Herchuelz 1988). Dabei ist die Elimination von Torasemid aufgrund einer niedrigen renalen Clearance unabhängig von der Nierenfunktion. Dies ist auch Folge des metabolischen Abbaues, der überwiegend in der Leber stattfindet. Zudem ist die Absorption von Torasemid auch bei Patienten mit Herzinsuffizienz, Leberzirrhose und chronischer Niereninsuffizienz nahezu unverändert; hingegen ist die orale Resorption von Furosemid oder Bumetanid bei diesen Erkrankungen verzögert (Vargo et al., 1995). Zudem ist der natriuretische Effekt von Torasemid gleichmäßig über das Dosierungsintervall verteilt und besitzt eine lange Halbwertszeit von 3 bis 6 Stunden; dies macht eine tägliche Einmalgabe möglich.

Da alle Diuretika als Wirkort verschiedene Nephronabschnitte haben, wirkt sich eine gestörte Organfunktion auch auf das Wirkprofil der Diuretika aus. Sowohl eine Abnahme der Anzahl funktionstüchtiger Nephronabschnitte bei Niereninsuffizienz als auch Veränderungen der segmentalen Aufgabe und Leistung der einzelnen Nephronabschnitte, z.B. als Folge hormoneller und humoraler Aktivierung, haben somit Auswirkungen auf die diuretikainduzierten Effekte. So ist z.B. für Schleifendiuretika vom Typ des Furosemid bekannt, dass bei einer Abnahme der glomerulären GFR auch die saluretische Wirkung des Diuretikums proportional fällt.

Brater und Mitarbeiter (Brater, Thier 1978; Brater et al., 1980, 1986) konnten zeigen, dass bei Patienten mit hydropischer Herzinsuffizienz das Schleifendiuretikum Furosemid eine deutlich geringere Salurese bewirkte, obwohl diese Patienten keine signifikant eingeschränkte Nierenfunktion aufwiesen (Brater et al., 1986). Die Diuretikaresistenz bei Herzinsuffizienz korreliert mit der Ausscheidungsmenge für Natrium vor Diuretikagabe.

4.2.3 Indikationen für eine Diuretikatherapie bei der chronischen Herzinsuffizienz

Diuretika sind nicht nur bei der akuten Herzinsuffizienz wirksam, sondern vermindern auch in der Langzeitbehandlung die überhöhte Vorlast und Nachlast des Herzens und schützen vor Dekompensationszuständen mit Wasserüberladung. Eine entscheidende Verbesserung der Prognose herzinsuffizienter Patienten lässt sich aber nur dann erzielen, wenn zusätzlich Substanzen gegeben werden, welche die neurohumorale Aktivierung zu vermindern helfen. Prognoseverbessernd haben sich ACE-Hemmer, Spironolacton und β-Adrenorezeptorenblocker, erwiesen. Zumindest bei Patienten mit mäßiger Herzinsuffizienz und einer pulmonalarteriellen Stauung in der Anamnese scheint die alleinige Gabe eines ACE-Hemmers nicht ausreichend; hier war die Kombinationstherapie mit einem Diuretikum überlegen (Richardson et al., 1987). Bei Patienten mit linksventrikulärer Hypertrophie aufgrund einer essentiellen Hypertonie konnte auch für Diuretika eine Regression der Muskelmasse belegt werden, allerdings geringer als für ACE-Hemmer und Ca^{2+}-Kanalantagonisten (Schmieder et al., 1996).

Man spricht von Herzinsuffizienz, wenn trotz ausreichender Füllung die Förderleistung des Herzens nicht ausreicht, die Organperipherie den Erfordernissen entsprechend mit Blut zu versorgen. Eine akute Herzinsuffizienz liegt dann vor, wenn innerhalb von Minuten bis Stunden die Förderleistung des Herzens eingeschränkt wird; eine chronische Herzinsuffizienz zeigt eine allmähliche Entwicklung. Die chronisch verminderte Herzleistung führt zur Retention von Natrium und Wasser und somit zur Ödementstehung (siehe Abb. 4.10). Über verschiedene Wege kommt es zur Aktivierung des Renin-Angiotensin-Aldosteron-Systems und somit zu einer verstärkten tubulären Natriumrückresorption. Die sich im Gefäßbett befindende Blutvolumenmenge nimmt zu. Die positive Flüssigkeitsbilanz zeigt sich klinisch als interstitielles Ödem, als Transsudat oder als parenchymatöse Kongestition (Leber) und trägt aufgrund der erhöhten Vor- und Nachlast zur Verschlechterung der kardialen Pumpfunktion weiter bei. Aus diesen angedeuteten pathophysiologischen Überlegungen stellt die Therapie mit Diuretika neben der Einschränkung der körperlichen Arbeit, der Steigerung der myokardialen Kontraktilität und der Senkung der Vor- und Nachlast einen sinnvollen Therapieansatz dar (Tab. 4.12) (Blumenstein 1986). So kann durch Diuretika eine Verminderung der Füllungsdrücke (Vorlastminderung) sowie eine Verminderung des mittleren arteriellen Druckes (Nachlastminderung) erreicht werden. Dies bewirkt eine Abnahme der pulmonalen Stauung ebenso wie der Wandspannung des linken Ventrikels; beide Mechanismen beeinflussen den myokardialen Sauerstoffverbrauch günstig.

Tab. 4.12 Behandlungsprinzipien zur Elimination retinierter Flüssigkeit bei Herzinsuffizienz.

- Allgemein
  Körperliche Schonung (Bettruhe)
  Bilanzierte Flüssigskeitszufuhr
  Kochsalzrestriktion
  Extrarenaler Flüssigkeitsentzug (Magen-Darm, Haut)
- Medikamentös
  Inotropisierende Maßnahmen
  Vor- und Nachlastreduktion
  Diuretika i.e.S.
- Extrakorporaler Flüssigkeitsentzug
  Hämöfiltration

Diuretika senken durch die Verminderung der diastolischen Füllungsdrücke den koronaren Perfusionswiderstand und verbessern so die koronare Zirkulation und die Sauerstoffzufuhr zum Myokard. Dies bessert die systolische und diastolische Funktion. Besonders bei Patienten mit koronarer Herzerkrankung dürfte dies bedeutsam sein. Auch die Entlastung von der Atemarbeit kann den dyspnoischen Patienten zusätzliche Verbesserung der Hämodynamik bringen. Insgesamt wird die Herzarbeit durch den Einfluss der Diuretika ökonomisiert. Langfristig bessert sich das Herzzeitvolumen (Haerer et al., 1990).

Zusätzlich kann die Effektivität der Diuretikatherapie bei herzinsuffizienten Patienten durch eine Restriktion der oralen Salzzufuhr nach weniger als ein bis zwei Tagen unterstützt werden. Die hämodynamischen Wirkungen einer chronischen Diuretikatherapie bei manifester hydrophischer Herzinsuffizienz sind auf eine Diurese bedingte Verminderung des zirkulierenden Blutvolumens zurückzuführen. Dabei sprechen Patienten mit erniedrigtem Herzindex schlechter auf Diuretikagaben an als Patienten mit guter kardialer Pumpfunktion. Somit scheint eine reduzierte Nierenperfusion die Hämodynamik der Schleifendiuretika zusätzlich zu verändern. Sinkt die Nierenperfusion, so nimmt die tubuläre Reabsorption von Kochsalz und Wasser zu und antagonisiert somit den diuretikainduzierten Effekt. Auch hier sei auf den oben erwähnten prädiktiven Wert der vor Diuretikagabe erzielten Natriumausscheidung als leicht bestimmbare Größe, um einen zu erwartenden diuretischen Effekt abschätzen zu können, hingewiesen.

Vor einer überschießenden Diurese, hervorgerufen durch hohe Dosen rasch wirksamer Diuretika, z.B. von Schleifendiuretika vom Typ des Furosemid, ist zu warnen (Wilson et al., 1981), da es zu einer Erhöhung thrombembolischer Komplikationen, zu einer Verschlechterung der myokardialen Pumpfunktion selbst, zu einer Verschlechterung der Nierenleistung sowie zu Kreislaufregulationsstörungen kommen kann. Als klinischer Verlaufsparameter einer sinnvollen Diuretikatherapie ist das Körpergewicht des Patienten anzuführen, welches durchschnittlich um 500 g pro Tag gesenkt werden sollte (nicht mehr als 1 kg pro Tag!).

Positiv inotrope Substanzen sowie Herzglykoside wie auch Vasodilatatoren im engeren Sinn haben sich bei der Therapie des chronischen Cor pulmonale als nicht hilfreich erwiesen. Hier sind vor allem Diuretika, auch in Kombination mit vorsichtigen Aderlässen, indiziert. Bei einer manifesten chronischen Herzinsuffizienz mit peripheren Ödemen oder gar Lungenstauung ist immer primär eine Diuretikagabe indiziert. Die Initialtherapie mit Diuretika kann mit positiv inotrop wirksamen Substanzen kombiniert werden (CONSENSUS 1987; SOLVD 1991).

Bei der Behandlung der chronischen Herzinsuffizienz mit Diuretika haben sich Substanzen bewährt, welche sowohl die Natrium- als auch die Chloridausscheidung steigern können. Bei normaler bis leicht eingeschränkter Nierenfunktion (Kreatinin unter 1,8 mg/dl) hat sich eine Therapie mit oral applizierbaren Substanzen aus der Reihe der Thiazide bewährt. Werden hierbei kaliumsparende Diuretika vom Typ des Amilorid oder Triamteren kombiniert, so kann die Natriurese zum einen gesteigert und zweitens das Auftreten von Kalium- wie auch von Magnesiumverlusten vermindert werden. Bei stärker eingeschränkter Nierenfunktion, bei Kreatininwerten über 1,8 mg/dl verbunden mit einer Kreatininclearance unter 30 ml/min, sind kaliumsparende Diuretika nur eingeschränkt oder gar nicht wirksam und nicht als Mittel der Wahl anzusehen! In diesem Fall sollte auf Schleifendiuretika vom Typ des Furosemid übergegangen werden. Entgegen früherer Ansicht sind Thiazide auch bei fortgeschrittener Niereninsuffizienz (Plasmakreatinin > 2 mg/dl) noch wirksam und können in der Kombinationstherapie zur sequentiellen Nephronblockade (s.u.) erfolgreich eingesetzt werden. Verwendet man in der Therapie der chronischen Herzinsuffizienz an Stelle eines Thiazids ein Schleifendiuretikum, z.B. bei einem Patienten mit beginnender Niereninsuffizienz, so sollte man wegen der zuverlässigeren Resorption eine Substanz mit hoher Resorptionsquote wählen, dies sind vor allem Piretanid und Torasemid. Torasemid hat dabei eine dreimal so lange Eliminationshalbwertszeit wie Furosemid.

Wegen der drohenden Hyperkaliämie sind kaliumsparende Diuretika in diesen Fällen abzusetzen. Gleiches gilt für die Kombinationstherapie mit ACE-Hemmern.

Tab. 4.13 Hämodynamische Wirkungen einer chronischen Diuretikatherapie.

Messparameter	Vor Diuretikatherapie	Nach Diuretikatherapie	
Herzfrequenz [Schläge/min]	91 ± 16	80 ± 14	↓
Arterieller Druck [mmHg]	100 ± 14	88 ± 10	↓
RA-Mitteldruck [mmHg]	15 ± 5	9 ± 5	↓
Pc-Mitteldruck [mmHg]	28 ± 3	19 ± 5	↓
HMV [l/min]	3,7 ± 1,6	3,9 ± 1,3	=
Schlagvolumen [ml/min]	43 ± 23	50 ± 18	↑
AVO_2 [ml O_2/100 ml]	6,7 ± 2,0	6,0 ± 1,5	=
Systemischer Widerstand [dyn × s^{-1} × cm^{-5}]	2059 ± 622	1783 ± 556	↓

Hämodynamische Wirkung einer chronischen Diuretikatherapie bei manifester hydrophischer Herzinsuffizienz. Die Untersuchungen wurden vor und 8 ± 4 Tage nach Therapiebeginn bei 13 Patienten durchgeführt, die bei der 2. Messung 7,6 ± 0,7 kg Gewicht verloren hatten (Wilson et al., 1981).

=: keine Wirkung, ↑: Zunahme, ↓: Abnahme

Die Dosierung des jeweiligen Diuretikums richtet sich nach dem erwünschten Effekt (siehe Tab. 4.13). Ist das vermutete ödemfreie Gewicht erreicht, reichen mittlere bis geringe Dosierungen (z.B. 25 mg Hydrochlorothiazid/Tag) für die Langzeittherapie aus. Nimmt das Körpergewicht in der Kontrolle um mehr als 500 g zu, ist die Einzeldosis zu steigern oder das Dosisintervall zu verkürzen.

Der früher aufgrund des vermuteten positiv inotropen Effektes hochdosiert eingesetzte Aldosteronantagonist Spironolacton erfährt eine Renaissance. Es konnte nachgewiesen werden, dass die Bindegewebsproliferation an Herz und Gefäßen – diese werden durch Aldosteron gefördert – durch Spironolacton verhindert werden. Dies belegen tierexperimentelle Befunde (Brilla et al., 1993). Zudem können ACE-Hemmer nur unvollständig das bei der Herzinsuffizienz erhöhte Aldosteron senken (Aldosteron-Escape-Phänomen).

Die Therapie der chronischen Herzinsuffizienz ist als Kombinationstherapie zu sehen. Die Kombinationstherapie der Diuretika mit einem ACE-Hemmstoff kann besonders effektiv sein (CONSENSUS 1987; SOLVD 1991). Für die Therapieplanung ist zu beachten, dass bei einer bereits vorbestehenden Diuretikatherapie durch eine zusätzliche Applikation eines ACE-Hemmstoffes eine akute Blutdruckdysregulation (akute Blutdruckabfälle) entstehen kann.

In Tabelle 4.14 sind die Indikationen zur Diuretikatherapie bei der chronischen Herzinsuffizienz zusammengefasst. Die hydrophische Herzinsuffizienz mit manifesten Ödemen, das chronische Cor pulmonale, eine Kombination mit

Tab. 4.14 Indikationen der Diuretikatherapie bei chronischer Herzinsuffizienz.

- Hydrophische Herzinsuffizienz
- Cor pulmonale, Myokarditis
- Gleichzeitiger Hypertonus
- Gleichzeitige Bradykardie
- Kombination mit Digitalis und ACE-Hemmern

anderen zur Therapie der Herzinsuffizienz eingesetzten Substanzen, wie Digitalis bzw. ACE-Hemmern sowie die Diuretikatherapie bei zu Herzinsuffizienz führenden Erkrankungen (Hypertonus) sind zu nennen.

Spironolacton

Eine weitere Modifizierung der diuretikagestützten Therapie der chronischen Herzinsuffizienz wird durch den Einsatz von Spironolacton, als aldosteronantagonistisch wirkendes Diuretikum, erreicht. Mit dem Aldosteronantagonisten Spironolacton werden die bis um das 20-fach erhöhten zirkulierenden Aldosteronspiegel bei Patienten mit kongestiver Herzinsuffizienz vermindert. Diese erhöhten Aldosteronspiegel finden sich zum einen als Folge einer vermehrten Produktion bei erhöhten zirkulierenden Angiotensinkonzentrationen; diese stimulieren die Zellen der Zona glomerulosa im Bereich der Nebennieren über Angiotensin-1-Rezeptoren. Neben der erhöhten Produktion kommt es auch zu einer verminderten Aldosteronclearance aufgrund der eingeschränkten Leberfunktion. Über diese verschiedenen Wirkmechanismen wird die Herzinsuffizienzsymptomatik verschlechtert und das Auftreten von Ödemen begünstigt.

Spironolacton kann dabei zum einen wegen der aldosteronvermittelten Wirkungen auf die Nieren selbst (Verminderung der Salz- und Wasserretention), aber auch als Antagonist sehr vielfältiger aldosteronvermittelter Wirkungen bei der Therapie chronisch herzinsuffizienter Patienten, eingesetzt werden. Wesentlich dabei ist, dass es bei Patienten unter adäquater Therapie mit ACE-Hemmern zwar zu Therapiebeginn zu einem deutlichen Abfall der Aldosteronspiegel kommt, im Langzeitverlauf ist diese ACE-Hemmung aber nur mit einem geringen Abfall der Plasma-Aldosteronspiegel (ca. 20 %) vergesellschaftet. Zudem kommt es auch bei Patienten unter ACE-Medikation in Belastungssituationen zu einem Anstieg sowohl von Angiotensin II wie auch von Aldosteron. Somit kann Aldosteron neben der diuretischen Wirkung möglicherweise auch zu einer weiteren Suppression des aktivierten neurohumoralen Systems bei Patienten mit Herzinsuffizienz – zusäzlich zur ACE-Hemmung und Blockade des Angiotensin-II-Systems – beitragen. Womit Spironolacton zum einen eine diuretische sowie auch eine neurohumoralmodulierende Wirkung aufweist (Schwinger 1999 a, b).

Tierexperimentelle Befunde belegen, dass Spironolacton die durch Aldosteron geförderten Bindegewebsproliferationen an Herz und Gefäßen verhindert.

Die Wirksamkeit von Spironolacton bei herzinsuffizienten Patienten wurde plazebokontrolliert, im Vergleich zu einer Kombinationstherapie aus Diuretika, ACE-Hemmern und Digitalis untersucht. 1663 Männer und Frauen wurden in der RALES-Studie (Randomized Aldactone Evaluation Study) eingeschlossen (Pitt et al., 1999). Die Patienten waren im Mittel 65 Jahre alt und hatten durchweg eine schwere Herzinsuffizienz NYHA-Stadium III und IV mit einer Auswurffraktion von 35 % oder weniger. Die Verum-Gruppe wurde zusätzlich zur Standardtherapie mit 25 mg Spironolacton behandelt. Insgesamt bekamen 70 % der Patienten in der Verum-Gruppe 25 mg Spironolacton jeden Tag, bei 15 % wurde mit 25 mg Spironolacton jeden zweiten Tag, aufgrund eines Anstiegs der Kaliumwerte, behandelt und bei 15 % konnte eine Verdopplung der Dosierung, d.h. 50 mg pro Tag vorgenommen werden. Die durchschnittliche Spironolactondosis betrug 27 mg pro Tag. Das Studiendesign war für einen Beobachtungszeitraum von 3 Jahren bis 31. 12. 1999 angelegt, aber sie wurde ca. eineinhalb Jahre vorher abgebrochen, am 24. 08. 1998, da in der Verum-Gruppe die Rate der Gesamtmortalität um 27 % im Vergleich zur Plazebo-Gruppe vermindert war (p = 0,0001). In dem Beobachtungszeitraum von ca. 2 Jahren verstarben in der Plazebo-Gruppe 372 Patienten und in der Spironolacton-Gruppe nur 283 Patienten! Noch deutlicher zeigen sich die Unterschiede im sekundären Endpunkt der Klinikaufenthalte. In der Plazebo-Gruppe mussten 767 Patienten wenigstens einmal stationär aufgenommen werden, der entsprechende Wert in der Spironolacton-Gruppe lag bei 663 Patienten. Dies entspricht einer Risikoreduktion von 17,3 %. Die notwendig gewordene Anzahl der Klinikaufenthalte aufgrund einer Verschlechterung der Herzinsuffizienzsymptomatik war noch deutlicher ausgeprägt, hier betrug die Risikoverringerung 30,4 %.

Für die günstigen Auswirkungen der Therapie mit Spironolacton kann die Hemmung der verschiedenen aldosteronvermittelten Wirkungen angesehen werden. So führt Aldosteron zu einer Natrium- und Wasserretention, einer Kalium- und Magnesiumexkretion. Diese Elektrolytveränderungen können das Auftreten maligner Rhythmusstörungen sowie koronarischämischer Ergebnisse (Spasmen der Koronararterien) begünstigen. Spironolacton wirkt auch als Antiandrogen. Es hemmt Dihydrotestosteron und verbessert so den Haarwuchs. Dies erklärt auch die wesentlichste Nebenwirkung, die in der RALES-Studie beobachtet worden war. 8,5 % der männlichen Spironolacton-Patienten, aber nur 1,5 % der männlichen Plazebo-Patienten entwickelten eine Gynäkomastie. Bei der Therapie mit Spironolacton ist zu beachten, dass die maximale Tagesdosis – nach RALES – bei 50 mg liegt. Früher verabreichte Dosen lagen hingegen bei bis zu 200 mg pro Tag. Höhere Dosierungen sind zur Behandlung herzinsuffizienter Patienten zum einen nicht nötig und zum zweiten wegen der Gefahr einer Hypokaliämie gefährlich. Regelmäßig sollten unter Spironolactonmedikation die Kalium- und Kreatinin-Werte im Blut kontrolliert werden. Bei Kaliumspiegeln über 6 mmol/l und einer Kreatinin-Clearance unter 30 ml/min ist die Gabe von Spironolacton kontraindiziert. Interessant ist zudem, dass anders als bei der Therapie mit ACE-Hemmern – diese sollten möglichst hochdosiert werden – Spironolacton in niedrigen Dosierungen effektiv die Symptomatik und Prognose bei der Herzinsuffizienz bessert! In der EPHESUS-Studie (Eplerenone Neurohormonal Efficacy and Survival Study) zeigte Eplerenone günstige Effekte auf Symptomatik und Prognose bei herzinsuffizienten Patienten. Elerinone zeigt bei identischer Anti-Aldosteron-Wirkung eine erheblich reduzierte anti-androgene Wirkung.

Hyponatriämie

Kann bei manifester chronischer Herzinsuffizienz mit ausgeprägten Ödemen und bereits vorbestehender Hyponatriämie der notwendige Wasserentzug durch Diuretikatherapie nicht erreicht werden, kommen Dialyseverfahren zum Einsatz. Hierbei hat sich besonders die Hämofiltration bewährt. Bei dieser ist es möglich, bereits in kurzer Zeit größere Flüssigkeitsmengen schonend zu eliminieren. Die Hyponatriämie stellt einen ungünstigen Faktor für die Mortalität des Patienten dar (Schwinger, Erdmann 1992). Eine diuretikainduzierte Hyponatriämie bei schwerer Form der chronischen Herzinsuffizienz hat dabei eine besonders schlechte Prognose.

Aufgrund der Herzinsuffizienz selbst (Aktivierung des RAA-Systems und der erhöhten ADH-Freisetzung) sowie als Nebenwirkung praktisch aller Diuretika kann sich ohne regelmäßige Therapieüberwachung eine Hyponatriämie einstellen (Schwinger, Erdmann 1992). Die diuretikainduzierte Verkleinerung des extrazellulären Flüssigkeitsvolumens verstärkt über eine Stimulation der ADH-Sekretion die Hyponatriämie zusätzlich. In Abbildung 4.10 sind die pathophysiologischen Vorgänge bei der Entwicklung einer diuretikainduzierten Hyponatriämie skizziert. In der Behandlung der Hyponatriämie ist die Flüssigkeits- und Salzrestriktion der wichtigste Beitrag zur Normalisierung des Körpernatriums wie auch des Körperwassers (Gross et al., 1980). Die Flüssigkeitsrestriktion ist nur wirksam bei einer Verminderung der Flüssigkeitsaufnahme unter das Niveau der Summe aus Urinvolumen und Schweißverlust (bei afebrilen Patienten: 500 bis 700 ml/die). Bei Patienten mit chronischer Herzinsuffizienz und erniedrigter Serumnatriumkonzentration (= Verdünnungshyponatriämie) sind die Plasmareninspiegel oft erhöht (Levine et al., 1982; Nicod et al., 1986). Diese Patienten profitieren besonders von einer Blockade des Renin-Angiotensin-Systems mit ACE-Hemmern in niedriger Dosierung und Schleifendiuretika (z.B. Furosemid) (siehe Tab. 4.15) (Levine et al., 1982; Bortz, 1986). Dies gilt auch für Patienten mit Hyperaldosteronismus. Durch zentralvenöse Zufuhr hypertoner Kochsalzlösung bei gleichzeitiger Gabe von Schleifendiuretika (über Perfusor) kann der Versuch unternommen werden, bilanzmäßig mehr Wasser auszuscheiden. Medikamentös kann bislang kein freies Wasser zur Ausscheidung gebracht werden. Als letzte Möglichkeit verbleibt die Hämofiltration.

Tab. 4.15 Therapie der Hyponatriämie bei chronischer Herzinsuffizienz.

1. Reduktion der Trinkmenge (~ 1 l/Tag)
2. Diuretika hochdosiert plus ACE-Hemmer (z. B. Furosemid 3 × 80–120 mg plus Captopril 3 × 50 mg)
3. Vermeidung bzw. Therapie der Hypokaliämie (z. B. K^+ i.v. oder Spironolacton)

Diuretikaresistenz und sequentielle Nephronblockade

Hydrophisch herzinsuffiziente Patienten können im Laufe der Therapie gegenüber Diuretika resistent werden, d.h. trotz steigender Diuretikadosen ist die Ausscheidung inadäquat. Diese Patienten weisen oft vor der Behandlung eine erniedrigte FE_{Na^+} auf. Dies gilt auch für Patienten mit Ascites und Leberzirrhose sowie Patienten mit nephrotischem Syndrom. Die Ursache liegt letztlich in der Steigerung der Kochsalzreabsorption im proximalen Nierentubulus von normalerweise 65 bis 70 % auf 80 bis 85 % des Filtrats. Dies ist auch Folge der Aktivierung des RAA-Systems und des Sympathikus. Der Anstieg von Angiotensin II und Katecholaminen löst eine proximaltubuläre Hyperreabsorption aus, so dass das Natriumangebot an die distalen Tubulusabschnitte – die Wirkorte der Diuretika – abnimmt. Diese Patienten sprechen gut auf die kurzfristige Gabe von Azetazolamid (250 mg/die) an. Diese Maßnahme limitiert sich selbst durch die Entwicklung einer metabolischen

Azidose und ist bei Niereninsuffizienz kontraindiziert. Die Verminderung der Na^+-Resorption im proximalen Nierentubulus – diese wird in der chronischen Herzinsuffizienz durch die Aktivierung des RAA-Systems und des Sympathikus gesteigert – führt den weiter distalen Nephronabschnitten wieder mehr Salz und Wasser zu, so dass dort die herkömmlichen Diuretika wieder mehr Substrat erhalten, um zu wirken. Auch die Kombination eines Schleifendiuretikums und eines Thiazids kann die Natriumausscheidung über den Effekt der Einzelsubstanz hinaus steigern. Dieser Ansatz mutet zunächst paradox an, da der Wirkort der Thiazide distal und nicht proximal der Henleschen Schleife liegt. Alle Thiazide verfügen aber über eine residuale Hemmwirkung im proximalen Tubulus; dieser Mechanismus reicht aus, um das Natriumangebot am Wirkort der Diuretika zu erhöhen. Steigert die chronische Gabe des Schleifendiuretikums die fraktionelle Natriumausscheidung von 1 % auf 2 %, so kann diese durch zusätzliche Gabe eines Thiazids durch die verminderte Rückresorption im distalen Tubulus auf fast 20 % angehoben werden (siehe Abb. 4.11 und Tab. 4.16). Zudem unterdrücken die länger wirkenden Thiazide den sog. „Rebound"-Effekt der Schleifendiuretika.

Tab. 4.16 Herzinsuffizienztherapie bei Diuretikaresistenz.

- Schleifendiuretikum (z. B. 3 × 80 mg Furosemid i.v.) + Metolazon 5–10 mg p.o.
  tägl. K^+-Kontrollen und Gewichtskontrolle
- **Bei Hypokaliämie**
  Schleifendiuretikum + Spironolacton (z. B. 100 mg i.v.)
  initial tägl. K^+-Kontrollen
- **Bei Hypotonie**
  Dobutamin (+ Dopamin) i.v.
- **Bei Verdünnungshyponatriämie**
  Schleifendiuretikum in hoher Dosierung i.v.
  ACE-Hemmer (z. B. 2–3 × 50 mg Captopril p.o.)
  stationäre Bettruhe, Reduktion der Trinkmenge (< 1 l/die)

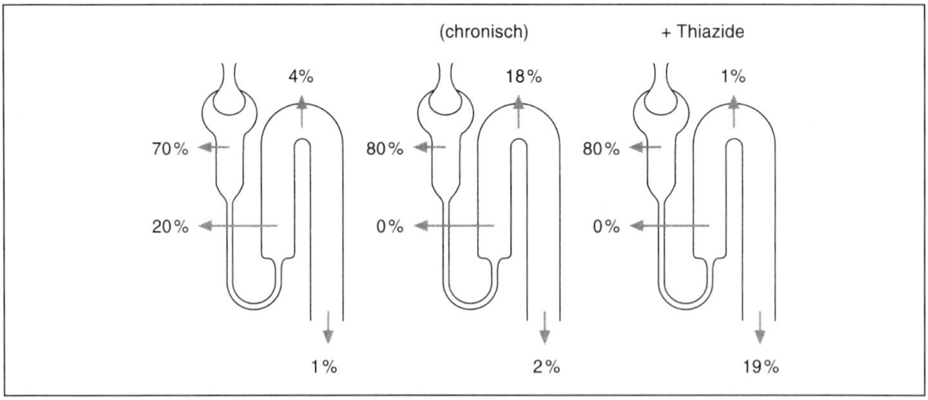

Abb. 4.11 Geht man davon aus, dass ca. 70-75 % des Natriums im proximalen Tubulus rückresorbiert werden, 20 % im aufsteigenden Teil der Henleschen Schleife, 4 % im distalen Tubulus und 1 % im Bereich des Sammelrohrs, so müsste ein am proximalen Tubulus angreifendes Diuretikum sehr wirksam sein. Nach chronischer Therapie mit einem Schleifendiuretikum kann die fraktionelle Natriumausscheidung lediglich von 1 % auf 2 % gesteigert werden; gibt man jedoch zusätzlich ein Thiazid, so kann diese bis auf ca. 20 % zunehmen.

So wird die Wirkungsabschwächung der Schleifendiuretika nach der meist nur kurzzeitigen Natriurese in der „post-diuretischen" Phase durch Thiazide abgeschwächt. Hier ist zu betonen, dass bei äquieffektiver Dosierung der Einzelkomponenten die Auswahl des Schleifendiuretikums und des Thiazid-Präparates nicht entscheidend ist. So wurden vergleichbare Ergebnisse mit den Kombinationen Furosemid und Xipamid, mit Piretanid und Hydrochlorothiazid sowie mit Torasemid und Hydrochlorothiazid berichtet.

Neben diesen pharmakodynamischen Aspekten sind als weitere Gründe für die Diuretikaresistenz bei chronischer Herzinsuffizienz eine erhöhte Flüssigkeits- und Salzzufuhr, mangelhafte Patientencompliance sowie Medikamenteninteraktionen – z.B. resorptionshemmender Einfluss von Antazida – zu nennen.

Die Kombinationstherapie mit Diuretika hat den Nachteil der vermehrten Na^+-Elimination, d.h. der Hyponatriämie. ACE-Hemmer können die Angiotensin II-bedingte vermehrte Rückresorption von Na^+ im proximalen Tubulus vermindern und damit im distalen Anteil des Nephrons mehr Na^+ zur Rückresorption anbieten. Zudem kann versucht werden, mit einer Monotherapie eines Schleifendiuretikums bei gleichzeitiger Reduktion der Flüssigkeitszufuhr die Wasserausscheidung zu vermehren.

4.2.4 Diuretika und Prognoseverbesserung

Prospektive, randomisierte Studien zur Beeinflussung der Prognose von Patienten mit Herzinsuffizienz durch eine additive Diuretikatherapie wurden bisher nicht durchgeführt und sind aus ethischen Gründen aufgrund der verbesserten Symptomatik chronisch-herzinsuffizienter Patienten in Zukunft nicht zu erwarten. Sowohl die als lebensverlängernd nachgewiesenen ACE-Hemmstoffe wie auch die Studien mit β-Adrenozeptorantagonisten (Bisoprolol-, Metoprolol-, Carvedilol-Studienprogramm) wurden bei Patienten mit symptomatischer Herzinsuffizienz und unter zusätzlicher Diuretika-Medikation (meist mehr als 90 % im Plazebo- bzw. Verum-Arm) durchgeführt. Die günstige Wirkung einer β-Blocker bzw. ACE-Hemmer-Therapie auf Symptomatik und Prognose chronisch-herzinsuffizienter Patienten sind also streng genommen nur nachgewiesen bei Patienten unter zusätzlicher Diuretika-Medikation.

Die in der RALES-Studie nachgewiesene günstige Wirkung von Spironolacton (Aldactone®) auf Symptomatik und Prognose chronisch-herzinsuffizienter Patienten wurde mit einer sehr niedrigen Dosierung, nämlich 25 mg/die erreicht (Schwinger 1999a). Die pharmakologische Beeinflussung der Aldosteron-Produktion mit dem seit mehr als 20 Jahren bekannten Spironolacton wurde in den letzten Jahren übersehen oder unterbewertet – das gilt besonders für die Behandlung chronisch-herzinsuffizienter Patienten. Dies war Folge der Annahme, dass durch Hemmung des ACE und der damit verbundenen Reduktion des zirkulierenden Angiotensins auf die Aldosteron-Produktion effektiv abnehme. Die gemessene Abnahme der zirkulierenden Aldosteronspiegel infolge der ACE-Hemmer-Medikation ist aber nur transient. Dabei ist wesentlich, dass es bei Patienten unter adäquater ACE-Hemmer-Therapie zwar zu Therapiebeginn zu einem deutlichen Abfall der Aldosteron-Produktion kommt, im Langzeitverlauf ist diese ACE-Hemmung aber nur mit einem geringen Abfall des Plasmaaldosteron-Spiegels (etwa 20 %) vergesellschaftet. Zudem kommt es auch bei Patienten unter ACE-Hemmer-Medikation in Belastungssituationen zu einem Anstieg sowohl von Angiotensin II als auch von Aldosteron. Somit kann durch zusätzliche Suppression des aktivierten neurohumoralen Systems mit Spironolacton eine weitere Verbesserung der Prognose herzinsuffizienter Patienten erreicht werden (Schwinger 1999b).

In der EPHESUS-Studie (Eplerenone Neurohumoral Efficacy and Survival Study) wird der Einfluss von Eplerenone auf Symptomatik und Prognose bei Herzinsuffizienz untersucht. Eplerenone zeigt bei identischer anti-aldosteroner Wirkung eine erheblich reduzierte antiandrogene Wirkung und damit möglicherweise ein günstigeres Nebenwirkungsprofil.

Die TORIC-Studie (Cosin 2002) (Torasemide in Congestive Heart Failure) untersuchte Wirksamkeit, Verträglichkeit und Sicherheitsprofil unterschiedlicher Schleifendiuretika (Torasemid im Vergleich zu Furosemid) bei Patienten mit Herzinsuffizienz unter einer Standardmedikation (ACE-Hemmer, β-Blocker, Digitalis), (n = 1.377). In dieser offenen Studie zeigte sich in der mit Torasemid behandelten Gruppe eine signifikante Reduktion der Gesamtmortalität, der kardialen Mortalität wie auch des plötzlichen Herztodes (siehe Abb. 4.12). Dieses überraschende Ergebnis ist möglicherweise Folge der konstanteren Bioverfügbarkeit (über 80 %), einer längeren Halbwertszeit und damit einer verlässlicher nutzbaren Diurese bei den mit Torasemid behandelten Patienten. Zudem dürfte die geringere Einflussnahme auf den Kalium-Stoffwechsel (weniger Hypokaliämien) wie auch – wenigstens

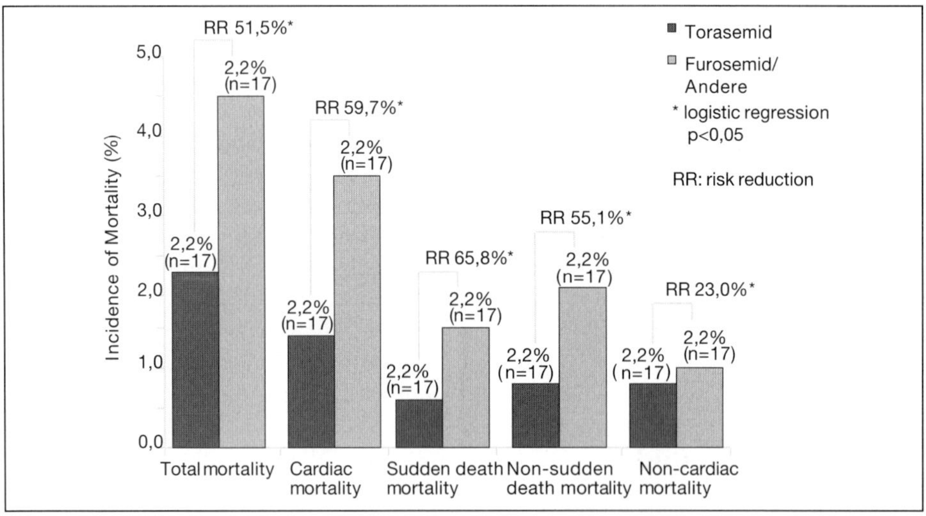

Abb. 4.12 Einfluss einer diuretischen Therapie mit Torasemid im Vergleich zu Furosemid auf die Inzidenz der Gesamtmortalität, der kardialen Mortalität, des plötzlichen Herztodes, des nichtplötzlichen Herztodes und die nicht kardialen Todesursachen. Torasemid konnte im Vergleich zu Furosemid zu einer signifikanten Risikoreduktion der Gesamtmortalität, der kardialen Mortalität und des plötzlichen Herztodes führen (TORIC-Studie).

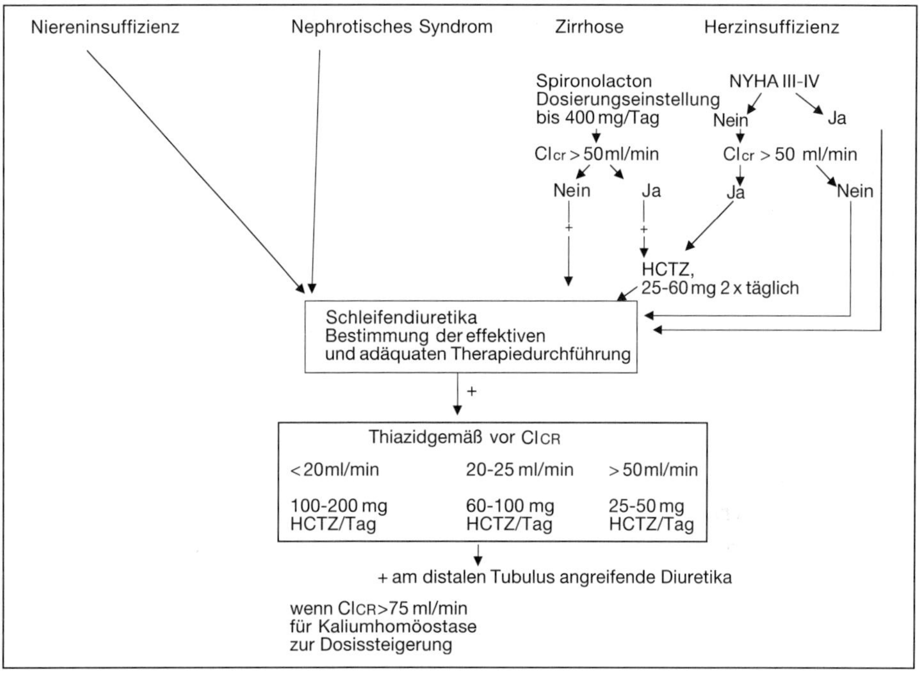

Abb. 4.13 Therapiealgorithmus zur Behandlung von Patienten mit Ödemen aufgrund von Nieren-, Leber- und Herzinsuffizienz (in Anlehnung an Brater 1998).

in tierexperimentellen Studien nachgewiesen – eine Aldosteron-antagonistische Komponente die prognoseverbessernde Wirkung von Torasemid in dieser Studie unterstützen. Gleichwohl ist darauf hinzuweisen, dass es sich hierbei nicht um eine randomisierte kontrollierte Studie mit dem harten Endpunkt Prognose handelte! Aufgrund der besseren Pharmakokinetik scheint bei der oralen Anwendung Torasemid dem Furosemid in der Langzeittherapie überlegen zu sein – trotz zahlreicher Limitationen der TORIC-Studie (geringer Anteil an Patienten unter β-Blocker) (Therapiealgorithmus, sieheAbb. 4.13).

Literatur

Abraham, A. S., Meshulam, Z., Rosenmann, D., Eylath, U.: Influence of chronic diuretic therapy on serum, lymphocyte and erythrocyte potassium, magnesium and calcium concentrations. Cardiology **75**, 17-23 (1988).

Acchiardo, S. R., Skoutakis, V. A.: Clinical efficacy, safety and pharmacokinetics of indapamide in renal impairment. Am Heart J **106**, 237-244 (1983).

Blumenstein, M.: Diuretikatherapie bei chronischer Herzinsuffizienz. Internist 27, 306-314 (1986).

Bolte, H. D., v.Armin, T., Erdmann, E.: Myokardiale Natrium-Kalium-ATPase und Wirkungen von Diuretika am Myokard. In: Diuretika, S. 80. Krück, Schrey, F. A. (Hrsg.). Wolf, München 1981.

Bortz, J.: Treatment of Hyponatraemia with Captopril. Nephron **44**, 259-260 (1986).

Brater, D. C., Thier, S. O.: Renal disorders. In: Clinical pharmacology, p. 349. Melmon, K. L., Morelli, H. F. (eds.). Macmillan Co, New York 1978.

Brater, D. C., Anderson, S. A., Brown-Cartwright, D.: Response to furosemide in chronic renal insufficiency: Rationale for limited dose. Clin Pharmacol Ther **40**, 134-139 (1986).

Brater, D. C., Chennavasin, P., Seiwell, R.: Furosemide in patients with heart failure: Shift in dose-response curves. Clin Pharmacol Ther **28**, 182-186 (1980).

Brilla, C. G., Matsubara, L. S., Weber, K. T.: Antialdosterontreatment and the prevention of myocardial fibrosis in primary and secondary hyperaldosteronism. J Mol Cell Cardiol **25**, 563-575 (1993).

Burckhardt, B. C., Sato, K., Frömter, E.: Electrophysiological analysis of bicarbonate permeation across the peritubular cell membrane of rat proximal tubule. I. Basic observations. Pflügers Arch **401**, 34-42 (1984).

Cleland, J. G. F., Dargie, H. J.: Arrhythmias, catecholamines and electrolytes. Am J Cardiol **62**, 55A-59A (1988).

Conway, J., Lauwers, P.: Hemodynamic and hypertensive effects on long-term therapy with chlorothiazide. Circulation **21**, 21 (1960).

Cosin, J., Diez, J.: Torasemide in chronic heart failure: Results of the TORIC study. European Journal of Heart Failure **4**, 507-513 (2002).

Dyckner, T., Wester, P. O.: Intra-/Extracellular shifts of potassium after the administration of Mg in patients with cardiovascular diseases. Magnesium **3**, 339-345 (1984).

Dyckner, T., Wester, P. O.: Skeletal muscle magnesium and potassium determinations: correlation with lymphocyte contents of magnesium and potassium. J Am Coll Nutr **4**, 619-625 (1985).

Edelmann, I. S., Marver, D.: Mediating events in the action of aldosterone. J Steroid Biochem **12**, 219-224 (1979).

Elin, R. J., Hosseini, J. M.: Magnesium Status. Clin Chem **33**, 1965-1970 (1987).

Gosse P, Sheridan DJ, Zanad, F. et al.: Regression of left ventricular hypertrophy in hypertensive patients treated with indapamide SR 1.5 mg versus Enalapril 20 mg: the LIVE study. J of Hypertension **18**,1465-1475 (2000).

Greger, R.: Renale Wirkmechanismen der Diuretika. In: Diuretika. Prinzipien der klinischen Anwendung, S. 31-49. Knauf, H., Mutschler, E. (Hrsg.). Urban und Schwarzenberg, München-Wien 1992.

Gross, P., Handelmann, W., Schrier, R. W.: Differentialdiagnose und Behandlung bei Hyponatriämie. Klin Wochenschr **58**, 159-165 (1980).

Haerer, W., Bauer, U., Sultan, N.: Acute and chronic effects of a diuretic monotherapy with piretanide in congestive heart failure – a placebo-controlled trial. Cardiovasc Drugs Ther **4**, 515-522 (1990).

Hollifield, J. W.: Thiazide treatment of hypertension. Effects of thiazide diuretics on serum potassium, magnesium and ventricular ectopy. Amer J Med **80** (Suppl. 4A), 8-12 (1986).

Imbs, J. L., Schmidt, M., Velly, J., Schwartz, J.: Comparison of the effects of two groups of diuretics on renin secretion in the anesthetized dog. Clin Sci Mol Med **52**, 171-182 (1977).

Johnston, G. D., Nicholls, D. P., Leahey, W. J., Finch, M. B.: The effects of captopril on the acute vascular responses to furosemide in man. Clin Sci **65**, 359 (1983).

Johnston, G. D., Nicholls, D. P., Leahey, W. J., O'Connor, P. C., Finch, M. B.: The acute venodilator effects of furosemide in man. The importance of furosemide-stimulated renin release. Brit J Clin Pharmac **17**, 192 (1984).

Kaplan, N. M.: Clinical Hypertension, 3. ed. Williams & Wilkins, Baltimore 1982.

Kaplan, N. M., Silah, J. G.: The effect of angiotensin II on blood pressure in humans with hypertensive disease. J Clin Invest **43**, 659 (1964).

Knauf, H., Mutschler, E.: Diuretika: Prinzipien der klinischen Anwendung, 2. Aufl., S. 69. Urban und Schwarzenberg, München-Wien 1992.

Knauf, H., Mutschler, E.: Das Wirkprofil von Diuretika. Nieren und Hochdruckkrankheiten **15**, 162-170 (1996a).

Knauf, H., Mutschler, E.: Diuretika bei Herzinsuffizienz. Nieren und Hochdruckkrankheiten **25**, 293-299 (1996b).

Kokko, J. P., Jacobson, H. R.: Renal chloride transport. In: The Kidney: Physiology and Pathophysiology, Vol. 2, pp. 1097-1117. Seldin, Giebisch, W. G. (eds.). Raven Press, New York 1985.

Krück, F.: Die Anwendung von Diuretika bei der akuten und chronischen Herzinsuffizienz. In: Herzinsuffizienz, S. 719. Riecker, G. (Hrsg.). Springer, Berlin 1985.

Lang, F., Quehenberger, P., Greger, R., Oberleithner, H.: Effect of bensolamide on luminal pH in proximal convoluted tubules of the rat kidney. Pflügers Arc **375**, 39-43 (1978).

Levine, T. B., Franciosa, J. A., Vrobel, T., Cohn, J. N.: Hypernatraemia as a marker for high renin heart failure. Br Heart J **47**, 161-166 (1982).

Lund-Johansen, P.: Hemodynamic changes in long-term diuretic therapy of essential hypertension. Acta med Scand **187**, 509 (1970).

Melby, J. C.: Selected mechanisms of diuretic-induced electrolyte changes. Am J Cardiol **58**, 1A-4A (1986).

Nicod, P., Biollaz, J., Waeber, B., Goy, J. J., Polikar, R., Schlapfer, J., Schaller, M. D., Turini, G. A., Nussberger, J., Hofbauer, K. G., Brunner, H. R.: Hormonal, global and regional haemodynamic responses to a vascular antagonist of vasopressin in patients with congestive heart failure with and without hyponatraemia. Br Heart J **56**, 433-439 (1986).

Packer, M.: Sudden unexpected death in patients with congestive heart failure: a second frontier. Circulation **72**, 681-685 (1985).

Pitt, B., Zannad, F., Remme, W. J. et al. for the Randomized Aldactone Evaluation Study Investigators: The effect of spironolactone on morbidity and mortality in patients with severe heart failure. N Engl J Med **341**, 709 ff. (1999).

Poole-Wilson, P. A.: Hypokaliemia induced by thiazide diuretics in the treatment of hypertension: a cause of concern, not nihilism. Postgrad Med **59** (Suppl. 3), 137-139 (1983).

Reyes, A. J.: Diuretics: clinical pharmacology and uses in cardiovascular medicine, nephrology and hepatology. In: Progress in pharmacology and clinical pharmacology, Vol. 9. Eichelbaum, F. M., Forth, W., Meyer, U., van Zwieten, P. A. (eds.). G. Fischer, Stuttgart 1992.

Richardson, A., Bayliss, J., Scriven, A. J., Parameshwar, J., Poole-Wilson, P. A., Sutton, G. C.: Double-blind comparison of captopril alone against furosemide plus amiloride in mild heart failure. The Labcet **26,ii**, 709-710 (1987).

Ryan, M. P.: Diuretics and potassium/magnesium depletion. Am J Med 82 (Suppl.), 38-46 (1987).

Ryan, M. P., Ryan, M. F., Counihan, T. B.: The effect of diuretics on lymphocyte magnesium and potassium. Acta Med Scand **647** (Suppl.), 153-161 (1981).

Schmieder, R. E., Martus, P., Klinigbeil, A.: Reversal of left ventricular hypertrophy in essential hypertension. JAMA **275**, 1507-1513 (1996).

Schwinger, R. H. G.: Stellenwert der Diuretika und Aldosteronantagonisten bei der Therapie der Herzinsuffizienz. Dtsch med Wschr 124, 40-47 (1999 a).

Schwinger, R. H. G.: Der Aldosteronantagonist Spironolacton verlängert das Überleben chronisch herzinsuffizienter Patienten. Ergebnisse der RALES-Studie. Dtsch med Wschr **124**, 987-988 (1999 b).

Schwinger, R. H. G., Antoni, D. H.: Der Magnesium- und Kaliumgehalt bei Herzinsuffizienten und Normalpersonen. Bestimmungen in Lymphozyten, Erythrozyten und im Plasma. Z Kardiol **79**, 735-741 (1990).

Schwinger, R. H. G., Antoni, D. H.: Welchen Wert haben intrazelluläre Elektrolytanalysen? Therapiewoche **41**, 250-260 (1991).

Schwinger, R. H. G., Erdmann, E.: Heart failure and electrolyte disturbance. Meth

Find Exp Clin Pharmacol **14** (4), 315-325 (1992).

Schwinger, R. H. G., Antoni, D. H., Guder, W. G.: Simultaneous determination of magnesium and potassium in lymphocytes, erythrocytes and thrombocytes. J Trance Elem Electrolytes Health Dis **1**, 89-98 (1987).

Schwinger, R.H.G.: Stellenwert der Diuretika und Aldosteron-Antagonisten bei der Therapie der Herzinsuffizienz. DMW; 124:42-47 (1999).

Schwinger, R. H. G.: Kurzbewertung Spironolacton. Arzneim.-,Therapie-Kritik **32**, 345-348 (2000).

The CONSENSUS Trial study group: Effects of enalapril on mortality in severe congestive heart failure: results of the cooperative north scandinavian enalapril survival study (CONSENSUS). N Engl J Med **316**, 1429 (1987).

The SOLVD investigators: Effect of enalapril on survival in patients with reduced left ventricular ejection fractions and congestive heart failure. N Engl J Med 325, 293 (1991).

Van Breemen, C., Aaronson, P., Loutzenhiser, R.: Sodium-calcium interactions in mammalian smooth muscle. Pharmacol Rev **30**, 167-208 (1979).

Vargo, D. L., Kramer, W. G., Black, P. K., Smith, W. B., Serpas, T., Brater, D. C.: Bioavailability pharmacokinetics, and pharmakodynamics of torsemide and furosemide in patients with congestive heart failure. Clinical Pharmacology and Therapeutics **57**, 601-609 (1995).

Weber, J. J.: Intravenous triamterene in the treatment of acute digitalis intoxication. Clin Pharmacol Ther **13**, 868 (1972.

Wilson, J. R., Reichek, J. R., Dunkman, W. B., Goldberg, S.: Effect of diuresis on the performance of the failing left ventricle in man. Am J Med **70**, 234-239 (1981).

4.3 Digitalis

E. Erdmann

Herzglykoside steigern die Kontraktionskraft und Kontraktionsgeschwindigkeit des gesunden und des insuffizienten Herzmuskels. Damit haben sie große Bedeutung bei der Therapie der Herzinsuffizienz, für die **Strophanthin**, die Digitalisglykoside (**Digoxin, Digitoxin**) und einige Scillaglykoside (**Proscillaridin, Meproscillarin**) bei uns eingesetzt werden. Herzglykoside werden vorwiegend aus Pflanzen isoliert. So kommen Digoxin und Digitoxin in Digitalis lanata bzw. purpurea vor. Strophanthin wird aus Strophanthus Kombé (k-Strophanthin) und Strophanthus gratus (**g-Strophanthin, Ouabain**) gewonnen. Scillaglykoside werden aus Scilla maritima (Meerzwiebel), andere Herzglykoside aus Maiglöckchen (Convallaria majalis), Adonis vernalis und anderen Pflanzen isoliert. Kardioaktive Steroide mit positiv inotroper Wirkung kommen auch in einigen Krötengiften vor.

Unter den am meisten verordneten Herzglykosiden finden sich in Deutschland halbsynthetische Glykoside (**β-Acetyldigoxin, β-Methyldigoxin, α-Acetyldigoxin** etc.). Bei diesen sind am Zuckerrest Acetylierungen bzw. Methylierungen durchgeführt worden, um die Resorption zu verbessern. Dadurch sind primär die pharmakokinetischen, nicht aber die pharmakodynamischen Eigenschaften verändert worden.

4.3.1 Wirkungsmechanismus

Herzglykoside werden mit hoher Affinität vom zellmembranintegrierten spezifischen Herzglykosidrezeptor gebunden. Dieses Rezeptorenzym entspricht der Na^+/K^+-ATPase, dem Enzym, welches unter ATP-Spaltung Natrium aus der Zelle heraus gegen Kalium in die Zelle hinein transportiert. Dieses Enzym ist das biochemische Äquivalent der Na^+/K^+-Pumpe (Akera, Brody 1978). Soweit man heute weiß, ist die spezifische Hemmung der Na^+/K^+-ATPase durch Herzglykoside dafür verantwortlich, dass die intrazelluläre Natriumkonzentration ansteigt. Dies bewirkt in Zusammenhang mit dem Na^+/Ca^{2+}-Gegentransportsystem einen vermehrten Einstrom von Ca^{2+} in die Zelle. Die erhöhte intrazelluläre Kalziumaktivität führt zur verstärkten Kontraktion der kontraktilen Proteine. Soweit man heute weiß, ist die intermittierende Hemmung der Na^+/K^+-ATPase kausal mit der Kontraktionskraftzunahme verknüpft (Erdmann, Brown 1983). Es besteht ein fließender Übergang von der therapeutischen zur toxischen Glykosidwirkung dahingehend, dass bei einer Hemmung von 10 bis 30 % der membranären Na^+/K^+-ATPase vorwiegend die positiv inotrope Wirkung apparent wird, bei einer Hemmung von 40 bis 50 % der Na^+/K^+-ATPase-Moleküle treten Rhythmusstörungen, Kontraktur und andere Nebenwirkungen auf (Erdmann 1984).

Die Glykosid-Rezeptor-Bindung wird beeinflusst durch die vorhandenen Elektrolytkonzentrationen (K^+, Mg^{2+}, Ca^{2+}), durch andere Pharmaka (**Chinidin**) sowie durch Änderungen der Temperatur, des pH, aber auch der Herzfrequenz. Die größte Bedeutung für eine verbesserte Glykosid-Rezeptor-Bindung und damit eine Empfindlichkeitssteigerung des Herzmuskels für Herzglykoside haben die Hypokaliämie und die Hyperkalziämie (Erdmann et al., 1976).

4.3.2 Pharmakokinetische Besonderheiten

Alle Digoxinpräparate haben eine Bioverfügbarkeit von 50 bis 90 %, die Bioverfügbarkeit des **Digitoxins** liegt bei fast 100 %, während **Strophanthin** eine Bioverfügbarkeit von 0,5 bis 5 % hat. Damit eignet es sich nicht für die orale Therapie. Die Halbwertzeiten für die Elimination von **Digoxin** bei normaler Nierenfunktion liegt bei 40 bis 45 Stunden, für Digitoxin ist eine Halbwertzeit von 7 bis 9 Tagen unabhängig von der Nierenfunktion nachgewiesen worden.

4.3.3 Pharmakodynamik der Herzglykoside

Herzglykoside führen zu einer zeit- und konzentrationsabhängigen Zunahme der Kontraktilität des gesunden und des insuffizienten Herzmuskels. Am insuffizienten Herzen bewirkt die Kontraktionskraftzunahme eine Abnahme der zuvor erhöhten Füllungsdrucke, eine Abnahme des Ventrikelvolumens und eine Zunahme der Auswurffraktion. In der Regel nimmt der vorher erhöhte Sympathikusantrieb ab, der Gefäßwiderstand sinkt. Darauf führt man die Erniedrigung der Wandspannung des linken Ventrikels und die Abnahme des myokardialen Sauerstoffverbrauchs trotz besserer Pumpleistung des Herzens zurück. Beim nicht insuffizienten Herzen bewirken Herzglykoside eine Zunahme des peripheren Widerstandes aufgrund ihrer direkten Gefäßwirkung und dadurch eher eine Abnahme des Herzminutenvolumens trotz nachgewiesener erhöhter Kontraktilität und bei steigendem myokardialem Sauerstoffverbrauch.

Der Wirkungseintritt der Herzglykoside nach intravenöser Gabe beträgt 10 bis 40 Minuten, das Maximum der Wirkung wird erst nach einigen Stunden erreicht. Nach oraler Zufuhr von **Digoxin** oder **Digitoxin** ist erst nach mehreren Stunden mit einer messbaren Wirkung zu rechnen.

Die AV-blockierende Wirkung von Herzglykosiden ist erwünscht beim tachysystolischen Vorhofflimmern oder beim Vorhofflattern. Die digitalisbedingte Abnahme der Kammerfrequenz mit Zunahme der diastolischen Füllungszeit wird unbestritten als günstig angesehen. Sie beruht auf einer indirekten vagusvermittelten Wirkung, da man am denervierten Herzen keine Beeinflussung der Sinusfrequenz bzw. der AV-Überleitung sieht (Goodman et al., 1975b). Die Zunahme der Kontraktionskraft und des Herzminutenvolumens mit der Folge des Nachlassens der erhöhten Sympathikusaktivität führt ebenfalls zum Abfall einer vorher erhöhten, regelmäßigen Herzfrequenz beim herzinsuffizienten Patienten.

In toxischen Konzentrationen rufen Herzglykoside praktisch alle Formen von Herzrhythmusstörungen hervor. Diese arrhythmogene Wirkung kann beim vorgeschädigten Herzen des älteren Patienten gelegentlich auch schon bei relativ niedrigen Glykosidspiegeln auftreten (Larbig et al., 1978).

4.3.4 Digitaliswirkung auf die Barorezeptoren

Bei chronischer Herzinsuffizienz kommt es zu einer Dysfunktion der Barorezeptoren in den großen Gefäßen (Aortenbogen), im Karotissinus und möglicherweise auch im Niederdrucksystem. Daraus resultiert eine reduzierte afferente Aktivität hemmender Impulse auf das Vasomotorenzentrum. Dies hat eine vermehrte Aktivität sympathischer Efferenzen und eine Verminderung des Vagotonus zur Folge. In experimentellen Untersuchungen, aber auch in hämodynamischen Messungen bei Patienten mit chronischer Herzinsuffizienz konnte nachgewiesen werden, dass Digitalis die Barorezeptordysfunktion teilweise wieder aufhebt. Dementsprechend ist die indirekte, antiadrenerge und vagotone Wirkung der Herzglykoside möglicherweise über diesen Mechanismus zu erklären. Die Konzentrationsabhängigkeit dieser Wirkungen auf die Barorezeptoren ist nicht bekannt. Es besteht aber kein Hinweis, dass dafür höhere Digitaliskonzentrationen notwendig sind, als für die kontraktilitätssteigernde Wirkung. Wahrscheinlich sind an den Barorezeptoren bereits sehr niedrige Konzentrationen voll wirksam.

Die bradykardisierende Herzglykosidwirkung bei Sinusrhythmus wird in neuerer Zeit als wesentlich bei der Therapie der chronischen Herzinsuffizienz herausgestellt, seit man weiß, dass eine Verschlechterung der Prognose bei allen Pharmaka nachgewiesen wurde, die eine Zunahme der Herzfrequenz bewirken.

4.3.5 Arzneimittelinteraktionen mit Herzglykosiden

Herzglykoside sind die mit am besten untersuchten Pharmaka. Andere Medikamente können die Bindung von Glykosiden an ihre Rezeptoren, die Verteilung im Körper, den Metabolismus und die Elimination beeinflussen. Pharmakoninteraktionen an sich sind eigentlich nicht gefährlich, wenn sie bekannt und dementsprechend berücksichtigt werden.

Aktivkohle, Neomycin, Kaolin-Pectin, Sulfosalazin, Colestyramin und manche Antazida hemmen in unterschiedlichem Maße die Bioverfügbarkeit von **Digoxin** bzw. seinen Derivaten. Meist gilt dies, wenn andere Arzneimittel gleichzeitig verabreicht werden. Auch **Diphenylhydantoin** senkt die biologische Verfügbarkeit von Digoxin. Diese Form der Interaktionen ist leicht zu erfassen, da man bei ausbleibendem Glykosideffekt trotz adäquater Dosis die Serumkonzentrationen überprüfen kann.

Digitoxin wird generell besser resorbiert, wahrscheinlich sind deswegen weniger und vom Ausmaß her geringere Interaktionen bekannt. **Colestyramin** bzw. **Colestipol** senkt aber gerade die Digitoxinresorption und damit auch die Digitoxinspiegel.

Schwere Darmschleimhautschädigungen, z. B. bei zytostatischer Therapie, betreffen vorwiegend die **Digoxinresorption**. Das gilt auch für die Sprue, die Colitis ulcerosa und den Morbus Crohn. Manche Patienten haben eine Besiedlung des Darmes mit *Eubacterium lentum*, welches **Digoxin** zu kardial weitgehend inaktivem Dihydrodigoxin hydrieren kann. Bei derartigen Patienten führen **Erythromycin** oder Tetracycline durch Unterbrechung dieser Inaktivierung des Digoxins zu höheren Blutspiegeln.

Bei Hyperthyreose nimmt der **Verteilungsraum** für Glykoside zu, bei Hypothyreose ab, was auch mit einer entsprechenden Änderungen der Zahl der spezifischen Glykosidrezeptoren einhergeht. Verschiedene Medikamente (z.B. **Heparin**) können **Digitoxin** aus seiner Proteinbindung verdrängen, was aber keine große klinische Bedeutung hat.

Eine Interaktion des **Herzglykosidabbaus** im Körper kann praktisch nur das **Digitoxin** betreffen, welches partiell hepatisch verstoffwechselt wird. Nur für **Rifampicin** ist die klinische Relevanz der Enzyminduktion der mischfunktionellen Oxidasen mit entsprechend verstärkter Bildung von hydrophilen, weniger wirksamen Metaboliten des Digitoxins bewiesen. Da das Ausmaß der verstärkten Metabolisierung des Digitoxins bei gleichzeitiger Rifampicineinnahme variabel ist, sollten gelegentliche Messungen der Digitoxinspiegel in dieser Situation durchgeführt werden.

Die größte Bedeutung hat die Beeinflussung der **Elimination** von **Digoxin**. Die Digoxinclearance entspricht in etwa der Kreatininclearance. **Chinidin** erniedrigt die Digoxinclearance erheblich, möglicherweise durch Hemmung der tubulären Sekretion. Die gleichzeitige Gabe von 1 g Chinicin p. o. führt in der Regel zu einer Verdoppelung der Digoxinspiegel. Beim **Digitoxin** sind nur klinisch irrelevante Änderungen der Serumkonzentration nach Chinidingabe bekannt geworden. **Amiodaron, Verapamil** und **Diltiazem** erhöhten die Digoxinspiegel um bis zu 50%. Manche Antiarrhythmika bzw. nicht steroidale Antirheumatika können Serumspiegel des Digoxins um 10 bis 20% erhöhen, dies hat wahrscheinlich keine Bedeutung.

Indirekte Interaktionen betreffen zumeist die AV-blockierenden Wirkungen der Herzglykoside, die durch Gabe ähnlich wirkender anderer Pharmaka verstärkt werden (β-Rezeptorenblocker, **Verapamil**). Sympathomimetika und ebenso das **Reserpin** steigern die arrhythmogene Digitaliswirkung. Gleiches gilt für einige Inhalationsnarkotika, die Katecholamine freisetzen können. Auch die arrhythmogenen Effekte der trizyklischen Antidepressiva werden dadurch erklärt, dass die neuronale Wiederaufnahme des Noradrenalins gehemmt wird.

4.3.6 Die Bedeutung der Digitaliskonzentration im Blut

Bei üblicher Dosierung liegen die Konzentrationen für **Digoxin** bei 0,7 bis 1,5 ng/ml und für **Digitoxin** bei 10 bis 25 ng/ml. Innerhalb dieser Konzentrationsbereiche findet man nur extrem selten klinisch bedeutsame Nebenwirkungen (Rhythmusstörungen) (Smith, Braunwald 1980). Bei allerdings gleichzeitig vorkommender schwerer Hypokaliämie (z.B. diuretikainduziert) können aber trotzdem Herzrhythmusstörungen auftreten. Etwa 70 bis 80% aller digitalisbedingten Nebenwirkungen sind durch eine Niereninsuffizienz ohne entsprechend reduzierte Glykosiddosierung verursacht.

Die Bedeutung der Serumspiegel als alleiniger Indikator für eine Intoxikation ist nicht sehr groß, wenn man einmal von extrem hohen Glykosidspiegeln absieht. Die Bestimmung der Glykosidkonzentration gibt einen weiteren Anhaltspunkt neben Anamnese und EKG für die korrekte Diagnose (Smith, Haber 1973). Es ist aber unbedingt notwendig, den Spiegel erst **nach erfolgter Gleichgewichtseinstellung** im Körper (mehr als 6 bis 8 Stunden nach der letzten oralen Einnahme) zu messen. Andernfalls sind die Werte irrelevant hoch und führen zu Fehldiagnosen.

4.3.7 Indikationen für die Digitalistherapie

Grundsätzlich werden Herzglykoside bei Vorhofflimmern oder Vorhofflattern mit schneller Überleitung und bei manifester chronischer Herzinsuffizienz gegeben.

4.3.7.1 Die antiarrhythmische Indikation

Zur Kontrolle der schnellen Kammerfrequenz bei tachyarrhythmischem Vorhofflimmern oder Vorhofflattern sind Herzglykoside geeignet. Diese Indikation ist unbestritten. Bei vielen Patienten reichen allerdings Herzglykoside nicht aus, um die Kammerfrequenz im erwünschten Bereich um 70/min zu halten. Dann werden zusätzlich β-Rezeptorenblocker in niedriger Dosierung (z. B. **Metoprolol** 2 × 50 mg p. o. oder **Bisoprolol** 5 mg p. o.) oft mit gutem Erfolg gegeben. Auch Kalziumantagonisten vom Verapamiltyp (z. B. 2 × 80 mg **Verapamil** p. o.) eignen sich dann zur Kontrolle der Kammerfrequenz.

Mehrere Untersuchungen haben gezeigt, dass Herzglykoside bei tachyarrhythmischem Vorhofflimmern die Kammerfrequenz nur in Ruhe, nicht aber unter Belastungsbedingungen kontrollieren können. Dies gelingt meist besser durch β-Rezeptorenblocker oder Kalziumantagonisten. Auch bei dieser Indikation bietet sich eine Kombinationstherapie von Herzglykosiden und β-Rezeptorenblockern oder Kalziumantagonisten eher an, als eine sehr hoch dosierte alleinige Herzglykosidtherapie.

Bei paroxysmalem Vorhofflimmern sind Herzglykoside lediglich zur Reduktion der erhöhten Kammerfrequenz bei auftretender Tachyarrhythmie geeignet. Es konnte nie nachgewiesen werden, dass Herzglykoside alleine ein selteneres Auftreten der Tachyarrhythmie bewirken. Auch die Konversion des Vorhofflimmerns im Sinusrhythmus wird durch Herzglykoside nicht begünstigt. Dazu ist eine zusätzliche Gabe von **Chinidin** oder **Verapamil**, **Sotalol**, **Flecainid** oder **Amiodaron** notwendig.

Früher wurde davor gewarnt, eine elektrische Defibrillation beim digitalisierten Patienten durchzuführen, weil dann häufiger Kammerflimmern auftreten sollte. Wir haben dies nie beobachtet und führen deshalb die Kardioversion durch, ohne mehrere Tage vorher das Herzglykosid abzusetzen. Selbstverständlich muss der Patient mit länger bestehendem Vorhofflimmern mindestens vier Wochen vor der Kardioversion und vier Wochen nach der Kardioversion mit Antikoagulantien behandelt werden, um periphere arterielle Embolien zu vermeiden.

4.3.7.2 Die chronische Herzinsuffizienz als Indikation für Herzglykoside

Ohne jeden Zweifel wird die Prognose des Patienten mit symptomatischer Herzinsuffizienz unabhängig vom Schweregrad durch die zusätzliche Gabe von ACE-Hemmern zu Diuretika und Digitalis deutlich verbessert. Vor diesem Hintergrund stellt sich die Frage, ob Herzglykoside zur Therapie der chronischen Herzinsuffizienz mit Sinusrhythmus überhaupt noch notwendig sind. Heute liegen viele kontrollierte Untersuchungen zu diesem Thema vor. Das Ergebnis dieser Untersuchungen an vielen Patienten lässt sich wie folgt zusammenfassen (Packer et al., 1993).

- Die Wirksamkeit von Herzglykosiden bei nachgewiesener chronisch-manifester Herzinsuffizienz auf dem Boden einer Ventrikelfunktionsstörung ist unbestritten. (Die Notwendigkeit der Krankenhausbehandlung kann durch die Digitalis-Gabe um etwa 20 % gesenkt werden.)
- Herzglykoside bewirken eine Zunahme der Auswurffraktion des insuffizienten linken Ventrikels.
- Herzglykoside sind die einzigen heute in die Therapie eingeführten positiv inotropen Pharmaka, die die Frequenz reduzieren.
- Alle Pharmaka mit frequenzsteigernder Wirkung scheinen bei chronischer Herzinsuffizienz die Prognose zu verschlechtern.
- Eine Toleranzentwicklung nach Herzglykosidgabe konnte nie nachgewiesen werden.
- Herzglykoside haben eine nachgewiesene günstige symptomatische Wirkung auch zusätzlich zu Diuretika und ACE-Hemmern.

Die Bedeutung der letzten oben genannten Aussage wurde kürzlich in der RADIANCE-Studie eindeutig nachgewiesen (Packer et al., 1993). In dieser Untersuchung waren alle Patienten unter Diuretika, Digitalis und ACE-Hemmern bei nachgewiesener manifester Linksherzinsuffizienz auf dem Boden einer reduzierten Auswurffraktion (unter 45 %) stabil. Unter den Patienten nach Absetzen des Digitalispräparates kam es in 28 % der Fälle zur Zunahme der Herzinsuffizienzsymptome und Auftreten von Lungenödem. Dies war nur in 6 % der Fälle nachweisbar, die Herzglykoside weiterhin erhielten. Vor diesem Hintergrund ist es wahrscheinlich, dass die günstige Wirksamkeit der ACE-Hemmer nur dann nachweisbar wird, wenn gleichzeitig Diuretika und Digitalis gegeben werden. Dafür sprechen auch die Ergebnisse der SOLVD-Studien (The SOLVD Investigators, 1991, 1992). Im „prevention-Arm“ dieser Studie, bei dem nur 13 % der Patienten Herzglykoside erhielten, war keine Verbesserung der Prognose nachweisbar (The SOLVD Investigators, 1992). Im „treatment-Arm“ dieser Studie, bei der 68 % der Patienten Herzglykoside erhalten hatten. war die verbesserte Prognose nach ACE-Hemmern signifikant (The SOLVD Investigators, 1991).

Die DIG-Studie hat 1997 zwar gezeigt, dass die Prognose herzinsuffizienter Patienten durch die zusätzliche Gabe von Herzglykosiden (bei einer Basismedikation von Diuretika und ACE-Hemmern) nicht verbessert wird, wenn man aber als kombinierte Endpunkte Tod oder Notwendigkeit zur Krankenhausaufnahme wegen zunehmender Herzinsuffizienz berücksichtigt, dann ergibt sich doch ein wesentlicher Vorteil von Digitalis nach der DIG-Studie (siehe Abb. 4.14).

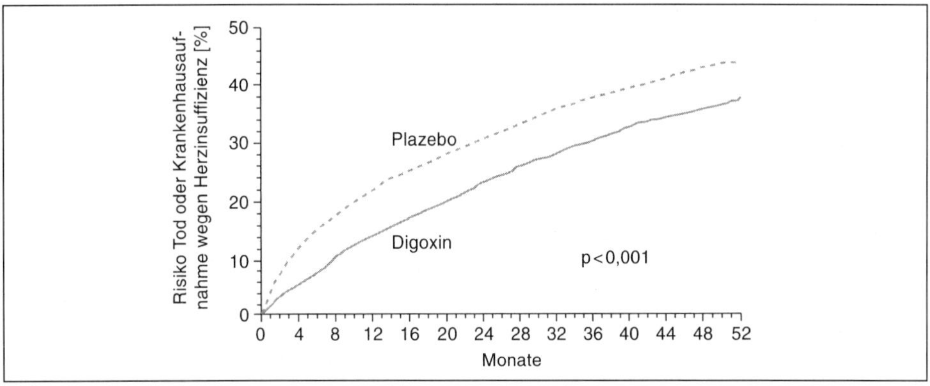

Abb. 4.14 Herzglykoside reduzieren das Risiko Tod oder Krankenhausaufnahme wegen Herzinsuffizienz signifikant.

Eine Posthoc-Subgruppenanalyse der DIG-Studie (Rathore et al., 2002) hat gezeigt, dass die Prognose der mit Digoxin behandelten Patienten zwar statistisch gleich war (absolute Differenz – 0,3 %), dass aber möglicherweise Geschlechtsunterschiede bestehen. Während bei Männern die Letalität in der mit Digoxin behandelten Gruppe um absolut 1,6 % abnahm (von 36,9 auf 35,2 %), nahm die Letalität bei Frauen von 28,9 % in der Plazebogruppe auf 33,1 % zu (absolute Differenz = 4,2 %). Über die Ursachen kann nur spekuliert werden. Am wahrscheinlichsten ist, dass die arrhythmogene Digitaliswirkung bei höherer Serumkonzentration bei Frauen eine Rolle gespielt hat. Die Digoxinspiegel lagen um 0,1 ng/ml höher bei Frauen. Andererseits darf nicht vergessen werden, dass diese Zahlen alle sehr klein sind und wir möglicherweise einem Zufallsergebnis aufsitzen. Trotzdem wird man heute kritisch mit hohen Dosen und dementsprechend hohen Serumspiegeln von Digitalis sein.

Wir meinen, dass sich die Indikationen für Herzglykoside nach der DIG-Studie präzisiert haben, der Wert der Herzglykoside bei strenger Indikation weiterhin bestehen bleibt (siehe Tab. 4.17).

Tab. 4.17 Heutige Indikationen für die Therapie mit Digitalis.

1. **Rhythmusstörungen**
   tachykardes Vorhofflimmern, Vorhofflattern, paroxysmales Vorhofflimmern, paroxysmale Vorhof- u. AV-Knotentachykardie
2. **Chronische Herzinsuffizienz**
   manifeste symptomatische Linksherzinsuffizienz mit erniedrigter Auswurffraktion (< 40 %) bei koronarer Herzerkrankung und dilatativer Kardiomyopathie oder Vitium cordis, insbesondere bei großem Herzen mit Stauungszeichen

4.3.8 Welches Herzglykosid?

Einen gesicherten experimentellen oder klinischen Hinweis für eine unterschiedliche pharmakodynamische Wirkung eines Herzglykosids gibt es nicht. Prinzipiell sind alle Glykoside gleichwertig. Sie unterscheiden sich allerdings erheblich in Hinsicht auf ihre pharmakokinetischen Eigenschaften, die im wesentlichen für den Metabolismus und die Elimination bedeutungsvoll sind.

Strophanthin wird unzuverlässig und nur zu 0,5 bis 5 % oral resorbiert. Es ist deshalb entbehrlich bei der oralen Gabe (Greeff 1977). Die Elimination von Strophanthin geschieht vorwiegend renal. Schwankungen der Elimination mit einer Abklingquote zwischen 20 und 40 % sind bekannt. Deshalb benötigt man Strophanthin heute auch nicht mehr für die intravenöse Gabe.

Digoxin und seine Derivate sind hinsichtlich ihrer Pharmakokinetik heute am besten untersucht. Serumkonzentrationsbestimmungen sind mit geringem Aufwand fast überall durchführbar. Wenn Intoxikationen auftreten, sind meist ältere Kranke und insbesondere solche mit Niereninsuffizienz oder mit wechselnder Nierenfunktion betroffen. Deshalb sollte die Reduktion der Digoxinerhaltungsdosis schon erfolgen, wenn das Serumkreatinin beim alten Patienten noch im Normbereich liegt. Dann ist die Kreatininclearance (Digoxinclearance) meist bereits eingeschränkt. Die Reduktion der Digoxindosis kann nach verschiedenen Schemata durchgeführt werden. Dies ist in Tabelle 4.18 angegeben.

Digitoxin wird unabhängig von der Nierenfunktion eliminiert. Selbst bei gleichzeitiger hochgradiger Nieren- und Leberinsuffizienz ist die Digitoxingabe unproblematisch, da auch dann keine Kumulation auftreten kann. Die relativ lange Halbwertzeit im Serum von etwa fünf bis acht Tagen muss allerdings bedacht werden. Diese beträgt bei Digoxinen bei Nierengesunden nur etwa 35 bis 60 Stunden; kann aber bei ausgeprägter Niereninsuffizienz auf bis zu fünf Tage ansteigen.

Die Bioverfügbarkeit des Digitoxins liegt konstant bei 95 bis 97 %. Wahrscheinlich dieser hohen Bioverfügbarkeit wegen sind Interaktionen mit anderen, die Resorption hemmenden Pharmaka, kaum bekannt.

Tab. 4.18 Dosierung von Digoxin bei erhöhtem Kreatinin.

Kreatinin	
< 1,2 mg/dl	= 1/1 tägliche Digoxindosis
– 2 mg/dl	= 1/2 tägliche Digoxindosis
– 3 mg/dl	= 1/3 tägliche Digoxindosis
< 3 mg/dl	= 1/4 tägliche Digoxindosis

4.3.9 Dosierung von Herzglykosiden

Die geringe therapeutische Breite der Herzglykoside macht eine genaue Kenntnis der pharmakokinetischen Eigenschaften notwendig.

4.3.9.1 Dosierung von Digoxin und seinen Derivaten

In letzter Zeit ist man dazu übergegangen, mit Erhaltungsdosen ohne Sättigungsdosen eines Digoxinpräparates zu behandeln. Nach fünf bis sieben Halbwertzeiten, also bei **Digoxin** nach 7 bis 10 Tagen, ist dann der notwendige Wirkspiegel (Körperbestand) vorhanden. Man darf davon ausgehen, dass etwa 1 bis 1,5 mg Digoxin zur vollen Wirkung im Körper vorhanden sein müssen. Dementsprechend ist diese Menge in der gewünschten Zeit zu applizieren, wobei die individuelle Abklingquote zu berücksichtigen ist (siehe Tab. 4.19).

Wenn tatsächlich einmal die Notwendigkeit einer raschen Aufsättigung be-

Tab. 4.19 Dosierung von Digitalis bei normaler Nierenfunktion.

Orale Therapie	Digoxin [mg]	β-Acetyldigoxin [mg]	β-Methyldigoxin [mg]	Digitoxin [mg]
Langsame Sättigung über 2 bis 5 Tage (Gesamtdosis)	1,0 –1,5	1,0–1,5	1,0–1,5	1,0–1,5
Erhaltungsdosis = Tagesdosis	0,25–0,5	0,2–0,4	0,1–0,3	0,07

steht, z. B. bei tachykardem Vorhofflimmern oder Vorhofflattern mit schneller Überleitung auf die Kammern, sollte man etwa 0,5 mg Digoxin langsam intravenös geben und erst nach jeweils 1 bis 2 Stunden 0,25 mg zusätzlich geben. In der Regel ist jedoch diese schnelle Gabe hoher Dosen nicht notwendig. Die Erhaltungsdosen für Digoxine sind in Tabelle 4.20 angegeben. Wichtig ist die Berücksichtigung der Nierenfunktion. Bei intoxikierten Patienten liegt fast immer eine Nierenfunktionsstörung vor, bei nicht entsprechend reduzierter Erhaltungsdosis. Auch bei älteren Patienten (über 70 Jahre), bei Ischämie, Urämie und anderen die Digitalisempfindlichkeit steigernden Erkrankungen sollte die Erhaltungsdosis reduziert werden (siehe Tab. 4.18).

4.3.9.2 Dosierung von Digitoxin

Da früher **Digitoxin** in zu hohen Dosen gegeben worden war, weil man einen notwendigen Körperbestand von 2 mg Digitoxin als notwendig angenommen hatte, ist Digitoxin etwas in Verruf geraten. Seit man weiß, dass der Körperbestand auch beim Digitoxin 1,0 bis 1,5 mg betragen sollte und dementsprechend mit 0,07 mg als Erhaltungsdosis arbeitet, gibt es weniger als 5 % glykosidbedingte Nebenwirkungen. Eine langsame Sättigung mit Erhaltungsdosen ist für Digitoxin allerdings nicht mehr praktikabel, da man mehr als 40 Tage bis zum vollen Effekt warten müßte. Deshalb empfiehlt es sich, die Vollwirkdosis (z. B. 1,0 bis 1,5 mg) in drei bis vier Tagen zu geben und daraufhin mit Erhaltungsdosen

Tab. 4.20 Dosierung und Pharmakokinetik von Herzglykosiden.

Glykosid	Wirkspiegel (Körperbestand) [mg]	Absorptionsquote [%]	Tägliche Erhaltungsdosis [mg]	Tägliche Abklingquote [%]
Digitoxin	1,3–1,5	97	0,07	7
Digoxin	1,3–1,5	75	0,25–0,5	20
β-Acetyldigoxin	1,3–1,5	80	0,3 –0,4	20
β-Methyldigoxin	1,3–1,5	90	0,1 –0,3	15–20

Die *Erhaltungsdosis* ist definiert als diejenige Glykosidmenge, die zur Aufrechterhaltung des Wirkspiegels (= Körperbestand) täglich zugeführt werden muss.
Erhaltungsdosis = Wirkspiegel × Abklingquote/100 (mg/Tag)
Bei oraler Zufuhr muss auch die Bioverfügbarkeit mit berücksichtigt werden

$$\text{Erhaltungsdosis} = \frac{\text{Wirkspiegel} \times \text{Abklingquote} / 100}{\text{Bioverfügbarkeit} / 100}$$

fortzufahren. Bei der praktisch 100% betragenden Bioverfügbarkeit braucht die Resorptionsquote nicht berücksichtigt zu werden. Selbst bei Nieren- und/ oder Leberfunktionsstörungen braucht keine Dosisreduktion vorgenommen zu werden.

Es hat sich bewährt, Digitoxin in einer täglichen Dosierung von 0,1 mg nur bei Patienten mit tachyarrhythmischem Vorhofflimmern zu geben. Anhand der Kammerfrequenz unter Ruhebedingungen kann die Herzglykosidwirkung kontrolliert werden. In allen anderen Fällen geben wir nur 0,07 mg täglich p. o.

4.3.10 Nebenwirkungen und Intoxikationen

Man darf damit rechnen, dass bei etwa 5 bis 8% der Patienten unerwünschte Glykosidwirkungen auftreten, die keinen bedrohlichen Charakter haben und durch einfache Reduktion der Dosis wieder verschwinden. Der Ausdruck „Intoxikation" sollte den Fällen vorbehalten bleiben, bei denen eine aktive Intervention darüber hinaus notwendig ist.

Sämtliche Herzrhythmusstörungen können als unerwünschte Herzglykosidwirkungen auftreten (Haasis, Larbig, 1985). Ventrikuläre Extrasystolen, eventuell als Bigeminus und AV-Blockierungen, sind am häufigsten. Extrakardiale Nebenwirkungen manifestieren sich als Übelkeit, Erbrechen, Müdigkeit, Appetitlosigkeit, Kopfschmerzen, Psychosen, Farbseh- und Sehstörungen. Diese extrakardialen Symptome treten lediglich bei 4% aller untersuchten Patienten alleine auf, d.h. ohne gleichzeitige Herzrhythmusstörungen. Damit kommt der elektrokardiographischen Überwachung der Herzglykosidtherapie eine herausragende Bedeutung zu.

Alle sogenannten Tests (Kaliumgabe, Kalziumprovokation, Karotissinusstimulation, Edrophoniumchlorid, Acetylstrophanthingabe etc.), die früher empfohlen wurden, um zwischen glykosidbedingten und nicht glykosidbedingten Herzrhytmusstörungen zu unterscheiden, haben sich als unsicher bzw. inpraktikabel erwiesen. Wenn eine Digitalisnebenwirkung vermutet wird, sollte die Dosis reduziert und eine Serumkonzentrationsbestimmung durchgeführt werden. Diese hilft allerdings nur bei sehr niedrigen oder sehr hohen Werten weiter. Mittlere Konzentrationen zwischen 0,7 und 1,5 ng/ml für **Digoxin** und zwischen 10 und 25 ng/ml für **Digitoxin** besagen wegen der individuell sehr unterschiedlichen Empfindlichkeit gerade bei älteren Patienten wenig.

Bei Herzgesunden mit **massiven Digitalisintoxikationen** zeigt sich eine besondere Vielfalt von Reizbildungs- und Reizleitungsstörungen mit raschen Änderungen des elektrokardiographischen Bildes. Es überwiegen Störungen der Automatie im Bereich des Sinus- und Tawara-Knotens sowie des Vorhofs. Insbesondere höhergradige AV-Blockierungen, Extrasystolien, ventrikuläre Tachykardien oder Kammerflattern als Zeichen einer gesteigerten Erregbarkeit des Myokards werden bei Patienten mit Digitalisintoxikationen registriert. Die myokardiale Vorschädigung des Herzkranken bestimmt weitgehend das Bild der Herzrhythmusstörungen. Auch die Prognose hängt vom Ausmaß der Vorschädigung des Herzens ab. Der Herzgesunde toleriert oft erstaunlich hohe Glykosidkonzentrationen lediglich mit AV-Blockierungen. Bei massiven Intoxikationen, oft bei Angehörigen des medizinischen Personals aus suizidalen Intentionen herrührend, werden manchmal Hyperkaliämien gefunden, die sogar die Dialysetherapie erforderlich machen können. Diese Hyperkaliämie ist durch eine Hemmung der Na^+/K^+-ATPase aller Körperzellen bedingt und hat eine intrazelluläre Kaliumverarmung und Natriumzunahme zur Folge. Diese Elektrolytstörungen bestimmen dann weitgehend die weitere Prognose. Bei sehr hohen Dosen kann der vasokonstriktorische Glykosideffekt gelegentlich zu Gefäßspasmen mit krisenhaften Blutdruckanstiegen führen. Sogar Mesenterialinfarkte und Darmnekrosen wurden berichtet.

Als sehr seltene Nebenwirkungen sind eine Gynäkomastie bei Männern mit Leberfunktionsstörungen, ein östrogenartiger Effekt bei Frauen nach der Menopause, Thrombozytopenie und Eosinophilie berichtet worden.

4.3.11 Therapie der Herzglykosidintoxikation

Die Digitalisnebenwirkungen werden meist ausreichend durch ein- oder mehrtägige Glykosidpause behandelt. Danach muss mit einer reduzierten Dosis die Therapie fortgeführt werden. Bei bradykarden Herzrhythmusstörungen wird ebenso wie bei AV-Blockierungen **Atropin** mit gutem Erfolg gegeben, da diese Glykosideffekte indirekter Natur sind und vagal vermittelt werden. Wenn allerdings 1 mg Atropin intravenös die Bradykardie nicht beendet, muss eine transvenöse, passagere Schrittmachersonde in den rechten Ventrikel plaziert werden. Vor der Magenspülung bei Suizidpatienten mit Digitaliseinnahme sollte wegen der glykosidbedingten Vagusaktivierung, die durch die Magensonde noch verstärkt werden kann, ebenfalls eine Schrittmachersonde oder zumindest die Atropingabe erwogen werden. Wenn die Extrasystolie im Vordergrund der Nebenwirkungen steht, hat sich die Kaliumzufuhr bewährt. Dadurch erniedrigt sich die Glykosid-Rezeptor-Affinität zum Digitalis. Das Glykosid wird aus seiner Rezeptorbindung verdrängt. Beim nierengesunden Patienten kann **Kalium** p. o. in relativ großen Mengen ohne Gefahr zugeführt werden. Kaliumbrausetabletten als Getränk haben sich sehr bewährt. Damit kann der Serumkaliumspiegel um 1 bis 2 mval/l angehoben werden (bis etwa 5,5 mval/l). Selbstverständlich ist bei Niereninsuffizienz besondere Vorsicht geboten. Bei massiven Intoxikationen verbietet sich wegen der Gefahr der Hyperkaliämie diese Therapie. Der Wert einer intravenösen Magnesiumtherapie bei digitalisinduzierten Herzrhythmusstörungen ist noch nicht gesichert (siehe Tab. 4.21).

Bei schweren oralen Intoxikationen ist die Magenspülung wichtig, da oft noch erhebliche Mengen aus dem Magen entfernt werden können. Hämodialyse, Peritonealdialyse und forcierte Diurese sind generell nutzlos, da mehr als 99 % des **Digoxins** oder **Digitoxins** im Körpergewebe gebunden sind. Die wir-

Tab. 4.21 Therapie der Digitalisintoxikation.

- Absetzen der Herzglykoside
- Gabe von Kalium (cave Hyperkaliämie)
- Atropin bei Bradykardie
- Magnesium i.v.
- Lidocain
- Schrittmacher
- Digitalis-Antidot BM
- Defibrillation bei Kammerflimmern

kungsvollste und rasch wirksame Therapie einer Digoxin- bzw. Digitoxinintoxikation ist innerhalb von Stunden erfolgreich mit Hilfe von Digoxinantikörpern (Fab-Fragmente) durchzuführen (Smith et al., 1976). Im Vergleich damit sind alle anderen Verfahren der Entgiftung heute überholt. Diese Fab-Fragmente der IgG-Klasse binden Digoxin oder Digitoxin mit höherer Affinität als der Herzglykosidrezeptor selbst und werden dann zusammen mit dem Glykosid renal (Näbauer, Erdmann, 1987) eliminiert. Experimentelle und klinische Untersuchungen haben gezeigt, dass die Fab-Fragmente eine sehr schnelle Abdissoziation des Glykosidmoleküls vom Rezeptor bewirken. Diese Dissoziation des Digoxin-Rezeptor-Komplexes erfolgt mit einer Halbwertzeit von etwa 50 Minuten am schlagenden Herzmuskel. Damit ist der zeitliche Rahmen des Therapieerfolgs (Minuten bis maximal 2 Stunden) vorgegeben.

Er erscheint sinnvoll, etwa 160 mg Fab (Digitalis-Antidot BM®, Roche) intravenös innerhalb von 15 Minuten zu geben und danach bei schweren Intoxikationen 160 mg über etwa zwei Stunden weiter kontinuierlich intravenös zu applizieren. Man kann davon ausgehen, dass 80 mg Fab etwa 1 mg **Digoxin** oder **Digitoxin** im Körper zu binden und zu neutralisieren vermögen. Damit lässt sich die notwendige Menge zur Therapie der Digitalisintoxikation abschätzen, wenn man in etwa weiß, wieviel genommen und resorbiert wurde oder wenn die Serumspiegel bekannt sind. Unter Gleichgewichtsbedingungen entsprechen 1ng/ml Digoxin oder 10 ng/ml Digitoxin etwa 1 mg Digoxin oder Digitoxin im Körper. Nebenwirkungen oder allergische Reaktionen haben wir nie beobachtet.

4.3.12 Kontraindikationen für Herzglykoside

Herzglykoside sind nur indiziert, wenn die Kammerfrequenz bei Vorhofflimmern, Vorhofflattern oder paroxysmalem Vorhofflimmern kontrolliert werden soll oder wenn eine symptomatische manifeste Herzinsuffizienz auf dem Boden einer linksventrikulären Dysfunktion besteht. In allen anderen Fällen sind Herzglykoside nicht indiziert. Kontraindiziert sind Herzglykoside bei AV-Blockierungen II. Grades ohne gleichzeitige Schrittmacherimplantation. Beim AV-Block I. Grades und Herzinsuffizienz kann man unter regelmäßiger EKG-Kontrolle eine Digitalistherapie versuchen.

Beim Sinusknotensyndrom können deutliche Verlängerungen der Sinusknotenerholungszeit und schwerwiegende symptomatische Bradykardien vorkommen (siehe Tab. 4.22). Deshalb gilt dieses, auch Bradykardie-Tachykardie-Syndrom genannte Krankheitsbild ebenfalls als Kontraindikation für eine Herzglykosidtherapie. Auch im Rahmen eines Karotissinussyndroms treten gelegentlich schwere Bradykardien nach Digitalis auf. Das Wolff-Parkinson-White-Syndrom bedarf bei Sinusrhythmus keiner

Tab. 4.22 Kontraktindikation einer Digitalistherapie.

- Bradykardie
- AV-Block II. Grades oder III. Grades
- Sick-Sinus-Syndrom
- Kammertachykardie
- Aortenaneurysma
- Obstruktive Kardiomyopathie mit Sinusrhythmus
- Karotissinussyndrom
- Elektrolytstörung

Herzglykosidtherapie, obwohl hierbei häufig Vorhofflimmern vorkommt. Digitalis verlängert die Refraktärzeit der antegraden Leitung über den AV-Knoten, kann aber gleichzeitig die effektive Refraktärzeit der akzessorischen Leitungsbahn verkürzen. Dadurch kann die Zahl der Impulse, die die Kammern erreichen, bei Vorhofflimmern noch zunehmen. Ob dies im Einzelfall zutrifft, ist nicht vorhersehbar. Bei der obstruktiven Kardiomyopathie können Herzglykoside durch Zunahme der Kontraktilität des linken Ventrikels den Druckgradienten in der Ausflussbahn noch erhöhen und dadurch Synkopen provozieren. Wenn im weiteren Verlauf der Krankheit tachysystolisches Vorhofflimmern beherrscht werden soll, kann allerdings ein Therapieversuch mit Glykosiden gemacht werden. Beim dissoziierenden Aortenaneurysma ist jede Kontraktilitätszunahme zu vermeiden. Deshalb sind Herzglykoside bei Sinusrhythmus kontraindiziert, man wird im Gegenteil sogar β-Rezeptorenblocker geben.

Literatur

Akera, T., Brody, T. M.: The Role of Na^+, K^+-ATPase in the Inotropic Action of Digitalis. Pharmacol Rev **29**, 187-220 (1978).

Erdmann, E.: Therapie der akuten und chronischen Herzinsuffizienz mit Herzglykosiden. In: Handbuch der inneren Medizin. 1X/4, S. 563-656, Riecher, G. (Hrsg.). Springer, Berlin, Heidelberg, New York (1984).

Erdmann, E.: Digitalis therapy – Relevance of heart rate reduction. Basic Res. Cardiol. **93** (Suppl. 1), 156-159 (1998).

Erdmann, E., Brown, L.: The cardiac glycoside-receptor system in the human heart. Eur Heart J **4**, 61-65 (1983).

Erdmann, E., Presek, P., Swozil, R : Über den Einfluss von Kalium auf die Bindung von Strophanthin an menschliche Herzmuskelzellmembranen. Klin Wschr 54, 383-387 (1976).

Goodman, D. J., Rossen, R. M., Inghem, R., Rider, A. K., Harrison, D. C.: Sinus node function in the de nenervated human heart. Br Heart J **37**, 612-618 (1975b).

Greeff. K.: Zur Pharmakokinetik des g-Strophanthins. Dtsch Med Wschr **102**, 135-139 (1977).

Haasis, R., Larbig, D.: Serumglykosidkonzentration und Digitalisintoxikation. Dtsch Med Mschr **100**, 1768- 1773 (1975).

Larbig, D., Haasis, R., Kochsiek. K.: Die Glykosidkonzentration und ihre klinische Bedeutung. In: Forum Cardiologium **15**. Mannheimer Morgen. Mannheim 1978.

Näbauer, M., Erdmann, E.: Reserval of toxic and nontoxic effects of digoxin by digoxin-specific fab fragments in isolated human ventricular myocardium. Klin Wo **65**, 558-561 (1987).

Packer, M. et al. for the RADIANCE-Study: Withdrawal of digoxin from patients with chronic heart failure treated with angiotensin-converting-enzyme inhibitors N Engl J Med **329**, 1-7 (1993).

Rathore, S., Wang, Y., Krumholz, M.: Sex-Based differences in the effect of Digoxin for the treatment of heart failure
N Engl J Med **347**, 1403-1411 (2002).

Smith, T. W., Braunwald, E.: The management of heart failure. In: Heart disease, pp. 509-570. Braunuald, E. (ed.). WB Saunders Co. Philadelphia, London, Toronto 1980.

Smith, T. W., Haber, E.: Digitalis. Clinical value of the radioimmunoassay of the digitalis glycosides. Pharmacol Rev **25**, 219 (1973).

Smith, T. W., Haber, E., Yeatmen, L., Butler, V. P.: Reversal of advanced digoxin intoxication with FAB fragments of digoxin-specific antibodies. N Engl J Med **294**, 797-800 (1976).

The digitalis investigation group: The effect of Digoxin on mortality and morbidity in patients with heart failure. N Engl J Med **336**, 525-533 (1997).

The SOLVD Investigators: Effect on enalapril in survival in patients with reduced

left ventricular ejection fractions and congestive hear failure. N Engl J Med 325, 293-302 (1991).
The SOLVD Investigators: Effect of enalapril on mortality and the development of heart failure in symptomatic patientw with reduced left ventricular ejection fractions. N Engl J Med **327**, 685-691 (1992).

4.4 ACE-Hemmer

E. Erdmann

1987 wurde das Ergebnis der CONSENSUS-Studie (The CONSENSUS Trial Study Group, 1987) publiziert, in der 253 Patienten mit kongestiver Herzinsuffizienz im Stadium NYHA IV eingeschlossen waren. Alle Patienten bekamen Digitalis und Diuretika, zusätzlich wurde in randomisierter, doppelblinder Art entweder **Enalapril** oder Plazebo gegeben. Die Studie wurde vorzeitig vom Ethischen Komitee abgebrochen, da die Zwischenauswertung ergeben hatte, dass die Patienten ohne Enalapril gegenüber der Verumgruppe eine 40 % höhere Letalität aufwiesen. Die Subgruppenanalyse ergab, dass die Lebensverlängerung durch die ACE-Hemmer am stärksten bei den Patienten mit der höchsten neurohumoralen Aktivität zu Beginn der Behandlung, also mit der schwersten Herzinsuffizienz, ausgeprägt war. Seit dieser Zeit ist es nicht mehr vertretbar, Patienten mit schwerer chronischer Linksherzinsuffizienz auf dem Boden einer dilatativen Kardiomyopathie oder einer koronaren Herzerkrankung ohne ACE-Hemmer zu behandeln.

4.4.1 Pharmakodynamische Wirkungen

ACE-Inhibitoren hemmen kompetitiv das Angiotensin-Konversions-Enzym mit der Folge einer verminderten Bildung des Angiotensin II aus Angiotensin I (siehe Abb. 4.15). Da das Angiotensin-Konversions-Enzym identisch ist mit dem bradykininabbauenden Enzym Kininase II, hat die Gabe von ACE-Inhibitoren eine Aktivierung des Kallikrein-Kinin-Systems zur Folge. Dieses lokale, gewebsständige Hormonsystem bewirkt eine Vasodilatation und eine Natriumexkretion (siehe Abb. 4.15). Das Renin-Angiotensin-System ist als humorales System (klassisches RAS) und als lokales Gewebs-Renin-Angiotensin-System in verschiedenen Organen nachgewiesen worden (Paul et al., 1992). Wahrscheinlich wirken ACE-Hemmer bei chronischer Gabe sowohl durch Hemmung des humoralen als auch durch Hemmung lokaler, parakriner bzw. intrakriner Renin-Angiotensin-Systeme in den Geweben selbst.

Die Bedeutung der Hemmung der Angiotensin-II-Bildung bei der chronischen Herzinsuffizienz ist unumstritten. Ob die Zunahme der endogenen Kinine ebenfalls wesentlich ist, muss zur Zeit noch als ungeklärt angesehen werden.

Initial wurden ACE-Hemmer aus dem Gift der brasilianischen Lanzenotter, Bothrops jararaca, isoliert. Inzwischen gibt es eine große Zahl verschiedener oral wirksamer Substanzen mit und ohne SH-Gruppen, solche mit überwiegend renaler Elimination und solche mit biliärer Ausscheidung (siehe Tab. 4.23). Man kann ACE-Hemmer in solche mit kurzer (**Captopril**) oder mit langer Wirkdauer (alle anderen) und in Pharmaka unterteilen, die als „Pro-

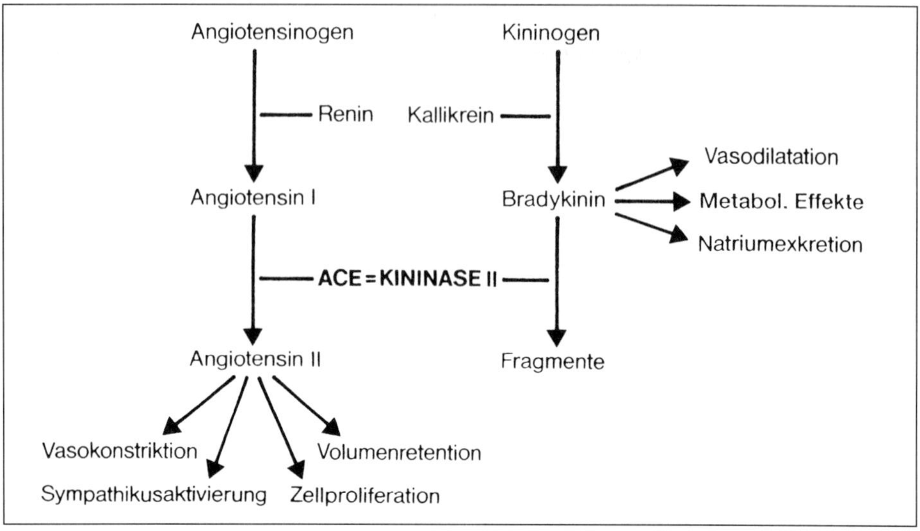

Abb. 4.15 Das Renin-Angiotensin- und das Kallikrein-Kinin-System.

drugs" erst im Organismus in die aktive Form umgewandelt werden müssen (**Enalapril**) (siehe Tab. 4.23). Ob eine unterschiedliche Gewebsgängigkeit der ACE-Hemmer klinisch relevant ist, erscheint ebenso zweifelhaft wie die Bedeutung der SH-Gruppen (**Captopril**) für einige spezielle Wirkungen (Aufhebung der Toleranz gegenüber Nitropräparaten).

Das lokale Renin-Angiotensin-System im Herzen, im Gehirn oder an den Gefäßen lässt sich durch ACE-Hemmer ebenfalls weitgehend hemmen. Man meint, dass die Linksherzhypertrophie, die Intimaproliferation bei Endothelläsionen, die Mediahypertrophie bei Hypertonie und die Mesangiumproliferation des Glomerulums bei Diabetes mellitus vom Ausmaß der lokalen Angiotensin-II-Erhöhung gesteuert werden. Gerade das Ausbleiben dieser Angiotensin-II-abhängigen Wachstumseffekte nach Gabe von ACE-Hemmern scheint für die günstige Prognose der Patienten mit Hypertonie oder mit Herzinsuffizienz wesentlich zu sein. Möglicherweise sind die in den bekannten kontrollierten Studien (Cohn et al., 1991; Pfeffer et al., 1992; Swedberg et al., 1992; The Acute Infarction Ramipril Efficacy (AIRE) Study Investigators, 1993; The CONSENSUS Trial Study Group, 1987; The SOLVD Investigators, 1992, 1991; White et al., 1987) gegebenen relativ hohen ACE-Hemmer-Dosen deshalb notwendig gewesen, weil die Hemmung des lokalen ACE-Systems höhere Konzentrationen benötigt und dies auch wesentlich ist.

Sowohl durch Hemmung der Bildung von Angiotensin II als auch durch die Aktivierung der Kinine resultieren eine Senkung des peripheren Widerstandes, eine Verbesserung des aeroben Skelettmuskelstoffwechsels, eine wesentliche Reduktion der sympathischen Aktivität (Senkung des zirkulären Noradrenalins), eine Reduktion der Herzfrequenz und Verminderung der Herzgröße sowie eine Reduktion der linksventrikulären Hypertrophie und eine Abnahme der in-

Tab. 4.23 Pharmakokinetische Eigenschaften verschiedener ACE-Hemmer.

	Captopril	Enalapril	Perindopril	Lisinopril	Ramipril	Quinapril	Cilazapril	Fosinopril	Trandolapril	Benazepril
Wirkungsbeginn [h]	0,5	1,0	1,5	1–2	1–2	1–2	1–2	1	1–2	1
Wirkungsmaximum [h]	1–2	4–5	4–8	6–8	6–8	2–4	4–10	3–4	4–6	2–4
Wirkungsdauer [h]	8–12	12–24	24	24	48	24	24	24	24	24
Plasma HWZ	1,7	11	6	12,5	13–17	3	15–20	< 12	< 12–20	11
Bioverfügbarkeit [%]	60	40	19	25	44	60	60–70	25	40–60	30
Hauptsächlich Elimination	Niere	Niere	Niere	Niere	Niere	Niere	Niere	Niere/ Leber	Niere	Niere/ Leber
Produg	nein	ja	ja	nein	ja	ja	ja	ja	ja	ja
Mittlere Tagesdosis [mg]	3 × 25	1–2 × 10	1 × 4	2 × 5	2 × 5	1 × 10	1 × 2,5	1 × 10–20	1 × 2	1 × 5
Initiale Einzeldosis [mg]	6,25	2,5		2,5	2,5	2,5			0,5	1 × 2,5

terstitiellen myokardialen Fibrose (Daeman et al., 1991; Konstam et al., 1992; Pfeffer et al., 1988). Gegenüber anderen Vasodilatatoren ist bemerkenswert, dass keine ungünstigen gegenregulatorischen Mechanismen aktiviert werden.

4.4.2 Pharmakokinetische Eigenschaften

Captopril hat einen raschen Wirkungseintritt und eine relativ kurze Plasmahalbwertzeit. Alle anderen ACE-Inhibitoren entwickeln ihre maximale Wirkung erst nach mehreren Stunden und weisen eine längere Plasmahalbwertzeit und Wirkdauer auf (siehe Tab. 4.20). Bis auf **Fosinopril** und **Benazepril** werden alle ACE-Hemmer überwiegend renal eliminiert. **Fosinopril** und **Benazepril** werden zusätzlich hepatisch ausgeschieden. Bei Reduktion der renalen Clearance um die Hälfte ist auch eine Reduktion der Captoprildosis notwendig, da die Eliminationshalbwertzeit dann auf etwa das Doppelte ansteigt. Bei Hämodialysepatienten kumulieren Metabolite deutlich stärker als freies Captopril, die Eliminationshalbwertzeit steigt bei diesen Patienten bis auf über 30 Stunden an. Etwa 35 % der Gesamtdosis von **Captopril** werden während einer vierstündigen Hämodialyse entfernt. Auch mit der Peritonealdialyse wird Captopril gut eliminiert.

Der renale Clearance von **Enalapril** beträgt etwa 300 ml/min, die von Enalaprilat etwa 160 ml/min beim Nierengesunden. Die Ausscheidung von **Enalaprilat** ist schon bei mäßig eingeschränkter Nierenfunktion vermindert, so dass bei höhergradiger Niereninsuffizienz unbedingt eine Dosisreduktion vorgenommen werden muss. Gleiches gilt für alle anderen ACE-Hemmer, auch für **Fosinopril** und **Benazepril**.

Die Ganzkörperclearance von **Fosinoprilat** ist bei Niereninsuffizienz trotz der hepatischen Elimination geringer als bei Gesunden. Deshalb empfiehlt sich auch für **Fosinopril** eine Dosisreduktion bei höhergradiger Niereninsuffizienz.

4.4.3 Indikationen für ACE-Hemmer

Ohne jeden Zweifel ist die zusätzliche Gabe von ACE-Hemmern zu Diuretika und Digitalis bei schwerer manifester Herzinsuffizienz mit einem erheblichen Zugewinn an Lebensqualität und Lebenszeit verbunden (Kao et al., 1989; The CONSENSUS Trial Study Group, 1987). Dies ist erstmals durch die CONSENSUS-I-Studie (The CONSENSUS Trial Study Group, 1987) gezeigt worden und in der Nachfolge mehrfach durch andere Untersuchungen bestätigt worden.

Auch bei 1285 Patienten mit verminderter linksventrikulärer Auswurffraktion und leichter bis mittelgradiger Herzinsuffizienzsymptomatik reduzierte die zusätzliche Gabe von Enalapril die Letalität um 16 % innerhalb von vier Jahren (The SOLVD Investigators, 1991) (siehe Abb. 4.16). Dabei wurde vorwiegend das terminale Herzversagen reduziert (um 22 %), während kaum ein antiarrhythmischer Effekt nachweisbar war. Wichtig erscheint außerdem, dass weniger Patienten stationär ins Krankenhaus aufgenommen werden mussten.

Bei 2111 Patienten mit verminderter kardialer Auswurffraktion, aber ohne

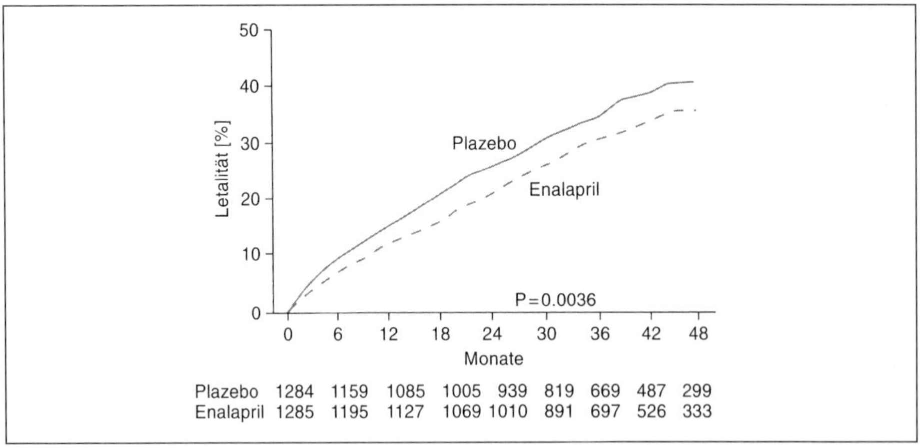

Abb. 4.16 Ergebnisse der SOLVD-Studien: Enalapril zusätzlich zu Diuretika und Digitalis gegeben senkt bei Patienten mit kardialer Dysfunktion (Auswurffraktion unter 35 %) und leichter bis mittelgradiger Herzinsuffizienz (NYHA II-III) die Letalität um 16 % innerhalb von 4 Jahren. Die Letalität in der Plazebogruppe betrug 39,7 %, in der Enalaprilgruppe 35,2 %.

Symptome der Herzinsuffizienz, reduzierte die zusätzliche Gabe von Enalapril zwar signifikant das Auftreten von Herzinsuffizienz und die Zahl der Krankenhausaufnahmen innerhalb von vier Jahren, die Letalität wurde jedoch nicht statistisch signifikant reduziert (The SOLVD Investigators, 1992).

Aus den drei klassischen Studien (The CONSENSUS Trial Study Group, 1987; The SOLVD Investigators 1991, 1992) zur Wirksamkeit von ACE-Hemmern bei linksventrikulärer Dysfunktion mit oder ohne symptomatische Herzinsuffizienz darf geschlossen werden, dass ACE-Hemmer sicher immer dann indiziert sind, wenn eine symptomatische Herzinsuffizienz besteht. Sie verbessern die Prognose, die Belastbarkeit und die Häufigkeit stationärer Aufnahmen in das Krankenhaus. Wenn keine Herzinsuffizienzsymptome nachweisbar sind, aber z. B. nach Myokardinfarkt eine verminderte Auswurffraktion gemessen wurde, ist innerhalb von vier Jahren keine Reduktion der Letalität zu erwarten (The SOLVD Investigators 1992). Allerdings treten auch in dieser Zeit unter ACE-Hemmern weniger häufig Herzinsuffizienzzeichen auf, und die Patienten müssen weniger häufig in ein Krankenhaus eingewiesen werden. Aus diesen Ergebnissen ist geschlossen worden, dass ACE-Hemmer heutzutage immer dann indiziert sind, wenn eine Reduktion der Auswurffraktion auf weniger als 35 % nachweisbar ist.

Die Therapie der chronischen Herzinsuffizienz mit ACE-Hemmern ist eine Langzeittherapie, die bei einmal nachgewiesener Indikation wahrscheinlich lebenslang durchgeführt werden muss falls nicht Nebenwirkungen die weitere Gabe verhindern. ACE-Hemmer sind einer Kombinationstherapie mit **Hydralazin** und **Isosorbiddinitrat** eindeutig überlegen, was die Prognose der Patienten anbetrifft (Cohn et al., 1991). Andere Vasodilatatoren haben sich demgegenüber nicht bewährt. Es gibt Hinweise dafür, dass für den günstigen Effekt der ACE-Hemmer auf die Prognose die gleichzeitige Gabe von Diuretika und Digitalis unabdingbar ist (siehe Kap. 4.5). Unter diesem Gesichtspunkt erscheint die fehlende Verbesserung der Prognose bei Patienten mit reduzierter Auswurffraktion ohne Herzinsuffizienzsymptomatik insofern erklärbar, als die Patienten in der SOLVD-Studie lediglich in 11,7 % bzw. 16,2 % Digoxin bzw. Diuretika eingenommen hatten (The SOLVD Investigators, 1992).

Die Ergebnisse der AIREX-Studie zeigen eindeutig, dass die einmal begonnene Therapie mit ACE-Hemmern bei Herzinsuffizienz im Rahmen eines Myokardinfarktes unbedingt weiter fortgesetzt werden sollte. Die Verbesserung der Letalität bleibt auch über 5 Jahre erhalten (siehe Abb. 4.17).

Man gewinnt sogar den Eindruck, als ob sich die günstige Wirkung mit der Zeit noch verstärkt. Inzwischen liegen die Daten der 12jährigen Nachbeobach-

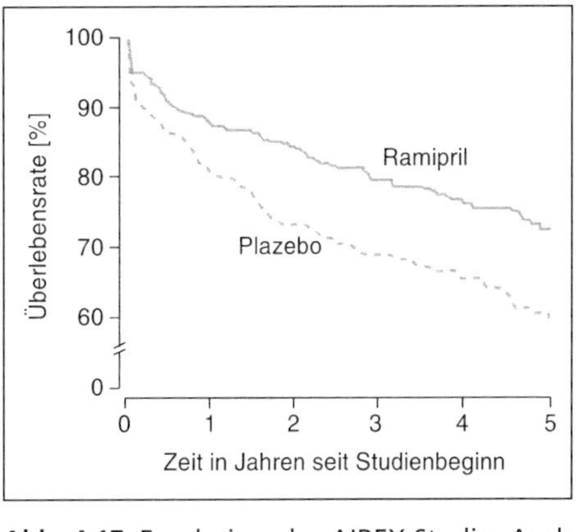

Abb. 4.17 Ergebnisse der AIREX-Studie. Auch fünf Jahre nach Studienbeginn bleibt der Vorteil der ACE-Hemmertherapie erhalten.

tung der SOLVD-Patienten vor. Dabei hat sich gezeigt, dass der Lebenszeitgewinn durch die ACE-Hemmertherapie in den Verumgruppen im Mittel 9,2 Monate im Präventionsarm und 8,6 Monate im Therapiearm der Studie im Vergleich zur damaligen Plazebogruppe betrug. Der Anteil noch lebender Patienten nach 12 Jahren betrug 47 % in der Enalaprilgruppe und 41 % in der Plazebogruppe (das war statistisch signifikant). Aus diesem Grunde ist bei einer einmal gegebenen Indikation zur ACE-Hemmertherapie praktisch eine lebenslange Indikation abzuleiten.

Risikofaktoren
↓
KHK
↓
Infarkt
↓
Dysfunktion
↓
Dilatation
↓
Herzinsuffizienz

Abb. 4.18 Pathophysiologische Ursachen der chronischen Herzinsuffizienz bei koronarer Herzkrankheit.

4.4.4 Wirkungen der ACE-Hemmer auf die linksventrikuläre Dilatation

Tierexperimentell, aber auch bei Patienten nach Myokardinfarkt konnte eindrucksvoll nachgewiesen werden, dass die progressive linksventrikuläre Dilatation nach Myokardinfarkt durch die Gabe von ACE-Hemmern deutlich verlangsamt werden kann (Konstam et al., 1992; Pfeffer et al., 1988; Sharpe et al., 1988; Swedberg et al., 1992). Pathophysiologisch ist diese Dilatation mit dem späteren Auftreten der Herzinsuffizienz kausal verknüpft (siehe Abb. 4.18 und Tab. 4.24). Deshalb wurde in verschiedenen Studien geprüft, ob die Gabe von ACE-Hemmern sofort nach durchgemachtem Myokardinfarkt die Prognose der Patienten zu bessern vermag (siehe Tab. 4.25). In der CONSENSUS-II-Studie wurde **Enalapril** im Mittel 15 Stunden nach Symptombeginn initial i. v. später p. o. über sechs Monate gegeben. Eine Reduktion der Letalität konnte während dieser Zeit nicht gesehen werden (Swedberg et al., 1992).

Ein praktisch identisches Ergebnis ergab sich in der SAVE-Studie (Survival-And-Ventricular-Enlargement-Studie), in der die nuklearmedizinisch gemessene Ejektionsfraktion 40 % oder weniger betrug (Pfeffer et al., 1992). Die Therapie mit dem ACE-Hemmer begann 3 bis 16 Tage (im Mittel 11) nach Myokardinfarkt. Als wesentliches Er-

Tab. 4.24 Einfluß von ACE-Hemmern auf die Progredienz der Herzinsuffizienz.

Progredienz der Herzinsuffizienz	ACE-Hemmer
▪ Dilatation der Herzhöhlen	Abnahme
▪ Aktivierung vasokonstriktorischer Systeme	Abnahme
▪ Abnahme der Koronarperfusion	Zunahme
▪ Hypokaliämie-Rhythmusstörungen	Ausgleich der Elektrolytbilanz
▪ Zunahme der Nachlast	Abnahme

Tab. 4.25 Therapiestudien bei akutem Myokardinfarkt.

Studie	Design	Therapie	Dauer	Ergebnis
CONSENSUS II	Akuter Myokardinfarkt mit und ohne Herzinsuffizienz	Enalapril vs. Plazebo ab 1. Tag 1 mg i.V., dann 2 × 2,5–20 mg p.o.	6 Monate	Enalapril reduziert Letalität nicht
SAVE	Akuter Myokarkdinfarkt mit eingeschränkter Ventrikelfunktion (EF ≤ 40 %)	Captopril vs. Plazebo ab 3. bis 16. Tag 3 × 50 mg	42 Monate	Captopril reduziert Letalität um 19 %
AIRE	Akuter Myokardinfarkt mit Herzinsuffizienz	Ramipril vs. Plazebo ab 3. bis 10. Tag 2 × 5 mg	15 Monate	Ramipril reduziert Letalität um 27 %
GISSI-3	Akuter Infarkt	Lisinopril vs. Plazebo initial 1 × 2,5 mg dann 1 × 10 mg < 24 Std. nach Infarkt	6 Monate	Lisonopril reduziert die Letalität um 11 %
ISIS-4	Akuter Infarkt	Captopril 1 × 6,5 mg initial dann 2 × 50 mg < 24 Std. nach Infarkt	5 Wochen Behandlungsdauer 18 Monate follow-up	Captopril reduziert die Letalität um 6 %

gebnis fand sich zwar keine Reduktion der Letalität nach sechs Monaten, aber eine Reduktion der Letalität um 19 % nach vier Jahren. Auch die Abnahme der Inzidenz für eine chronische Herzinsuffizienz, die zu einer Krankenhausaufnahme führte (22 %), und der Reinfarktrate (25 %) waren statistisch signifikant.

1993 wurde die AIRE-Studie (Acute-Infarction-Ramipril-Efficacy-Studie) publiziert, in der 2006 Patienten aus 147 Zentren in vier Ländern eingeschlossen waren (The Acute Infarction Ramipril Efficacy (AIRE) Study Investigators, 1993). Nach akutem Myokardinfarkt und nachgewiesenen klinischen Zeichen einer Herzinsuffizienz bekamen die Patienten am 3. bis 10. Tag nach dem Infarkt entweder Plazebo (992 Patienten) oder **Ramipril** (1014 Patienten) doppelblind. Die Nachbeobachtungsdauer betrug mindestens 6, im Durchschnitt 15 Monate. Auf der Grundlage der Behandlungsabsicht („intention to treat") ergab sich für Patienten, die nach Randomisierung mit Ramipril behandelt waren, eine um 27 % geringere Sterblichkeit (Plazebo: 222 Todesfälle. 23 %; Ramipril: 170 Todesfälle, 17 %). Auch für die Risiken einer schweren therapierefraktären Herzinsuffizienz, eines Myokardinfarktes oder Schlaganfalls ergaben sich statistisch signifikante Vorteile. Das Überraschende dieser Untersuchung war, dass sich die Vorteile der ACE-Hemmerbehandlung bereits 30 Tage nach Therapiebeginn zeigten.

Aus den vielen inzwischen vorliegenden kontrollierten Untersuchungen zur Wirksamkeit von ACE-Hemmern nach Myokardinfarkt (siehe Tab. 4.25) lässt sich zusammenfassend schließen, dass im wesentlichen dann ein Vorteil der

ACE-Hemmertherapie nachweisbar ist, wenn symptomatische Patienten (Herzinsuffizienzzeichen nach durchgemachtem Myokardinfarkt) bzw. schwerer kranke Patienten behandelt werden und wenn eine Langzeittherapie kontrolliert wird, das heißt eine Behandlungsdauer über mehrere Jahre gesichert ist. Besonders die AIRE-Studie weist darauf hin, dass ACE-Hemmer nach Myokardinfarkt dann als therapeutisch günstig angesehen werden können, wenn bereits Herzinsuffizienzsymptome und damit eine Aktivierung der neurohumoralen Parameter vorliegen (The Acute Infarction Ramipril Efficacy (AIRE) Study Investigators, 1993). Es macht wahrscheinlich keinen Sinn, den asymptomatischen Patienten mit Zustand nach kleinem Herzinfarkt und nicht wesentlich eingeschränkter linksventrikulärer Funktion mit ACE-Hemmern zu behandeln. Andererseits profitierten in den Megastudien (GISSI-3 und ISIS-4) immerhin 11 bzw. 6 % der Patienten auch dann von einer ACE-Hemmertherapie, wenn noch keine Herzinsuffizienz nach Infarkt nachweisbar war. Möglicherweise waren das die Patienten mit größerem Infarktbezirk und die Älteren (GISSI-3 1994).

4.4.5 Dosierung von ACE-Hemmern

ACE-Hemmer werden außerordentlich gut vertragen. Das wesentliche Problem ist ein übermäßiger Blutdruckabfall direkt nach Beginn der Therapie. Dieser tritt insbesondere bei Patienten mit Salz- und/oder Flüssigkeitsmangel nach der Erstgabe auf, speziell auch bei Patienten mit Hämodialysetherapie, Erbrechen und/oder Durchfall, einer vorbestehenden Diuretikatherapie, einer höhergradigen Herzinsuffizienz und bei schwerem oder durch Nierenerkrankungen bedingtem Bluthochdruck. Wenn immer möglich, sollten Salz- und/oder Flüssigkeitsmängel vor Beginn der ACE-Hemmertherapie ausgeglichen werden bzw. eine bestehende Therapie mit Diuretika reduziert oder ggf. abgesetzt werden. Gerade bei Patienten mit schwerer Herzinsuffizienz ist die Behandlung mit der geringsten Einzeldosis zu beginnen (siehe Tab. 4.23). Je höhergradiger die Herzinsuffizienz. desto eher sollte die Einstellung der ACE-Hemmertherapie initial im Krankenhaus erfolgen.

Die Anfangsdosis sollte 6,25 mg **Captopril**, 2,5 mg **Enalapril**, 2,5 mg **Quinapril**, 2,5 mg **Lisinopril**, 2,5 mg **Ramipril** o. ä. nicht überschreiten und nur schrittweise in Abhängigkeit vom individuellen Ansprechen des Patienten auf die Therapie erhöht werden. Die großen ACE-Inhibitorstudien zur Prognose der Patienten mit chronisch-manifester Herzinsuffizienz wurden alle mit einer Zieldosis von 3 × 50 mg **Captopril** oder 2 × 10 mg **Enalapril** bzw. 2 × 5 mg p. o./die **Ramipril** durchgeführt (Cohn et al., 1991: Pfeffer et al., 1992; Swedberg et al., 1992; The Acute Infarction Ramipril Efficacy (AIRE) Study Investigators, 1993; The CONSENSUS Trial Study Group, 1987; The SOLVD Investigators, 1991, 1992). Ob auch niedrigere Dauerdosen (außer bei Niereninsuffizienz) diese günstigen Wirkungen haben, ist nicht bekannt. Aus tierexperimentellen Untersuchungen geht eher hervor, dass die ACE-Inhibitordosis so hoch angesetzt werden sollte, da die organoprotektive Wirksamkeit (Daeman et al., 1991; Erley et al., 1994; Lewis et al., 1993; Pfeffer et al., 1988) wahrscheinlich von der Hemmung des gewebsständigen, lokalen ACE-Systems abhängt.

Auf die notwendige Anpassung der ACE-Inhibitordosis bei reduzierter Nierenfunktion wurde oben bereits hingewiesen.

4.4.6 Welcher ACE-Hemmer ist geeignet?

Zur Zeit gibt es keine gesicherten Hinweise für pharmakodynamisch wesentliche Unterschiede zwischen den ACE-Hemmern. Dementsprechend kann für die Indikation „chronische Herzinsuffizienz" oder „erniedrigte EF nach Myokardinfarkt" im Prinzip jeder ACE-Hemmer genommen werden. Zur Zeit ist noch nicht mit allen ACE-Hemmern jeweils eine kontrollierte prospektive Untersuchung zur Wirksamkeit bei chronischer Herzinsuffizienz durchgeführt worden. Man kann aber aufgrund der vielen vorliegenden Untersuchungen davon ausgehen, dass es sich hier um einen „Klassen-Effekt" handelt. Gleiches gilt für die Indikation Myokardinfarkt. Nach der AIRE-Studie und der GISSI-II-Studie darf man wahrscheinlich beim Auftreten von Herzinsuffizienzsymptomen nach Myokardinfarkt jeden ACE-Hemmer einsetzen. Die AIREX-Studie zeigt, dass die ACE-Hemmer dann auch mehrere Jahre lang gegeben werden sollten. In der MITRA PLUS-Studie (Maximal Individual Therapy of Acute Myocardial Infarction + Registry) wurden 14.608 konsekutive Patienten mit ST-Hebung und akutem Myokardinfarkt hinsichtlich der vorherigen ACE-Hemmer-Therapie registriert bzw. untersucht. In dieser nicht randomisierten Studie schien sich zu zeigen, dass Ramipril gegenüber anderen ACE-Hemmern einen Vorteil hatte hinsichtlich einer niedrigeren Rate von Herzinfarkten und Schlaganfällen jedoch nicht des Auftretens einer Herzinsuffizienz. Da diese Studie nicht den evidence-based-Kriterien entspricht (nicht prospektiv randomisiert und doppelblind), muss man die Daten mit großer Vorsicht und kritisch ansehen. Auch sind die ACE-Hemmer-Dosen nicht registriert worden. Die günstigen Ramipril-Effekte könnten zum Beispiel durch eine unterschiedliche Dosierung hervorgerufen worden sein.

Die pharmakokinetischen Eigenschaften der ACE-Inhibitoren sind deutlich verschieden. Während **Captopril** schnell und kurz wirkt und dementsprechend bei dieser Indikation dreimal täglich dosiert werden muss, wirken **Enalapril** und andere relativ langsam und lange und brauchen nur ein- oder zweimal pro Tag gegeben zu werden, wenn man sich an die Herzinsuffizienzstudien hält. Möglicherweise ist auch die einmal tägliche Gabe ausreichend wirksam (Ramipril). Wenn nach einem akuten Myokardinfarkt ACE-Inhibitoren gegeben werden sollen, empfiehlt es sich nicht nur, einen stabilen Zustand des Patienten abzuwarten (Instabilität war praktisch immer Ausschlusskriterium siehe – GISSI-3, 1994), sondern außerdem, mit möglichst geringen Dosen p.o. zu beginnen.

Fosinopril und **Benazepril** werden zusätzlich hepatisch eliminiert, müssen aber trotzdem bei höhergradiger Niereninsuffizienz in ihrer Dosis reduziert werden. Zur Kombinationstherapie sei auf das nachfolgende Kapitel 4.5 verwiesen.

4.4.7 Nebenwirkungen

Das Auftreten einer symptomatischen Hypotonie mit Schwindel oder Synkopen bei Erstdosierung oder bei Steigerung der Dosis und vorheriger Aktivierung des Renin-Angiotensin-Systems ist die häufigste Nebenwirkung (siehe Tab. 4.26). Diese Nebenwirkung betrifft vorwiegend Patienten mit schwerer Herzinsuffizienz und/oder Diuretikavorbehandlung. Die Hypotonie kann sowohl bereits nach 60 Minuten (Captopril) auftreten, als auch erst mehrere Stunden nach der Erstgabe (alle ACE-Hemmer). Gefährdete Patienten sollten dementsprechend unbedingt stationär überwacht werden. Es sind dies:

- Patienten mit schwerer Herzinsuffizienz, insbesondere unter einer höher dosierten Diuretikatherapie
- Patienten mit deutlicher Hyponatriämie
- Patienten mit Herzinsuffizienz und deutlich eingeschränkter Nierenfunktion
- Patienten mit vorbestehender arterieller Hypotonie.

Wegen des potentiell lebensbedrohlichen, wenn auch sehr selten auftretenden angioneurotischen Ödems (Inzidenz < 0,1 %) sollten die Patienten speziell aufgeklärt werden. Bei etwa 5 bis 10 % der chronisch behandelten Patienten stellt sich ein trockener Reizhusten ein. Ein Wechsel des ACE-Hemmers beseitigt das Problem in der Regel nicht.

Wenn ACE-Hemmer auch einen nachgewiesenen protektiven Effekt bei bereits eingeschränkter Nierenfunktion (bei vorbestehender arterieller Hypertonie oder bei Diabetes mellitus) haben (Erley et al., 1994; Lewis et al., 1993), so muss zu Behandlungsbeginn doch die Nierenfunktion zumindest in wöchentlichen Abständen überwacht werden, da gelegentlich eine zunehmende Niereninsuffizienz auftreten kann (siehe Tab. 4.26).

Tab. 4.26 ACE-Hemmer – Nebenwirkungen.

- Hypotonie (bes. bei Erstgabe)
- Zunahme der Niereninsuffizienz
- Trockener Reizhusten
- Angioneurotisches Ödem
- Exanthem
- Geschmacksveränderungen
- Leuko-, Thrombopenie

Exantheme, Geschmacksstörungen und Leuko- sowie Thrombopenie sind bei den heute üblichen Dosierungen sehr selten.

4.4.8 Interaktionen mit anderen Medikamenten

Es hat sich in mehreren Studien durch Untergruppenanalyse herausgestellt, dass die gleichzeitige Gabe von Acetylsalicylsäure zu einer Wirkungsabschwächung führt. Es wurde jedoch keine Aufhebung der ACE-Inhibitorwirkung nachgewiesen.

Durch die Senkung der Aldosteronkonzentrationen nach ACE-Hemmertherapie resultiert meist eine geringfügige Erhöhung der Serumkaliumkonzentration. Die gleichzeitige Gabe eines kaliumsparenden Diuretikums sollte wegen potentiell gefährdender Hyperkaliämie vermieden werden. Wenn wegen trotzdem auftretender Hypokaliämie ein Aldosteronantagonist verordnet wird, sind regelmäßige Kontrollen der Serumkaliumkonzentration notwendig (siehe Tab. 4.27). Spironolacton

Tab. 4.27 ACE-Hemmer-Interaktionen.

- Aspirin (Abschwächung der Wirkung)
- K^+-sparende Diuretika (Hyperkaliämie)
- Lithium (Zunahme der Lithiumspiegel)
- Allopurinol (Leukopenie)

sollte dann nicht höher als 25 mg p.o./die dosiert werden (RALES-Studie).

Bei Patienten mit einer gleichzeitigen Lithiumbehandlung müssen die Lithiumspiegel regelmäßig kontrolliert werden, da es nach ACE-Inhibitorgabe meist zu Anstiegen der Serum-Li^+-Konzentration kommt. Die gleichzeitige Gabe von Allopurinol kann, insbesondere bei Kumulation, bei Niereninsuffizienz Leukopenien hervorrufen.

4.4.9 Kontraindikationen

Die Kontraindikationen gegen eine ACE-Hemmertherapie sind in Tabelle 4.28 zusammengefasst. Wichtig ist, dass eine beidseitige Nierenarterienstenose oder eine Nierenarterienstenose bei Einzelniere (sowie Transplantatniere) sicher ausgeschlossen worden ist, da andernfalls nach ACE-Hemmertherapie bedrohliche Hypotonie und Niereninsuffizienzen resultieren können.

Die höhergradige Mitral- oder Aortenklappenstenose ist ebenso eine Kontraindikation wie die hypertrophe obstruktive Kardiomyopathie, die Schwangerschaft und Stillzeit, die Hyperkaliämie und die gleichzeitige Behandlung mit Immunsuppressiva.

Tab. 4.28 ACE-Hemmer – Kontraindikationen.

- Überempfindlichkeit
- Bekanntes angioneurotisches Ödem
- Nierenarterienstenose (beidseitig oder bei Einzelniere)
- Höhergradige Klappenstenose
- Leber- und Niereninsuffizienz
- Schwangerschaft und Stillzeit
- Hyperkaliämie

4.4.10 Alternativen zu ACE-Hemmern bei chronischer Herzinsuffizienz

Grundsätzlich werden ACE-Hemmer heute zusätzlich zu Diuretika und Digitalis auch aus prognostischen Gründen gegeben, selbst wenn die vorbestehende chronische Herzinsuffizienz bei reduzierter linksventrikulärer Funktion mit Diuretika und Digitalis bereits kompensiert erscheint (siehe Tab. 4.29 und 4.30).

Tab. 4.29 Die wichtigen kontrollierten Therapiestudien der chronischen Herzinsuffizienz.

- Schwere Herzinsuffizienz (NYHA IV)
  Consensus Trial (1987)
  Diuretika, Digitalis und ACE-Hemmer
  Reduktion der Letalität um 40 %
- Mittelgradige Herzinsuffizienz (NYHA II–III)
  SOLVD Treatment Trial (1991)
  Diuretika (85 %), Digitalis (68 %) and ACE-Hemmer
  Reduktion der Letalität um 16 %
- Ventrikelfunktionsstörung ohne Herzinsuffizienzsymptomatik (NYHA I) SOLVD Prevention Trial (1992)
  Diuretika (16 %), Digitalis (12 %) und ACE-Hemmer
  Reduktion der Letalität nicht signifikant

Tab. 4.30 Kontrollierte Therapiestudien mit ACE-Hemmern bei Herzinsuffizienz.

	Studienname	Design	Therapie	Dauer [Monate]	Ergebnis
Chronische Herzinsuffizienz	CONSENSUS (253 Patienten) (1987)	Herzinsuffizienz NYHA IV	Enalapril vs. Plazebo initial 2,5–5 mg p.o. Dauer: 2 × 10 mg p.o.	6	Enalapril reduziert die Letalität um 40 %
	SOLVD („Treatment") (2569 Patienten) (1991)	Herzinsuffizienz NYHA II/III EF ≤ 35 %	Enalapril vs. Plazebo initial 2.5 mg p.o. Dauer: 2 × 10 mg p.o.	41	Enalapril reduziert die Letalität um 16 %
	SOLVD („Prevention") (4228 Patienten) (1992)	Keine Herzinsuffizienz (NYHA I) EF ≤ 35 %	Enalapril vs. Plazebo initial 2,5 mg p.o. Dauer: 2 × 10 mg p.o.	37	Keine Reduktion der Letalität: 20 % weniger Krankenhausaufnahmen
Herzinsuffizienz nach Myokardinfarkt	AIRE (2006 Patienten) (1993)	Akuter Herzinfarkt mit Herzinsuffizienz	Ramipril vs. Plazebo ab 3. bis 10. Tag nach Infarkt, 2 × 5 mg p.o.	15	Ramipril reduziert Letalität um 27 %
	Folgestudie der AIRE-Studie: AIREX-Studie (603 Patienten) (1997)	Akuter Herzinfarkt mit Herzinsuffizienz	Ramipril vs. Plazebo	60	Ramipril reduziert die Letalität um 36 %

Bei allen doppelblind randomisierten Patienten wurde der ACE-Hemmer oder Plazebo zusätzlich zur üblichen Behandlung ihrer Erkrankungen gegeben. Die Abkürzungen bedeuten: CONSENSUS: Cooperative North Scandinavian Enalapril Survival Study; SOLVD: Studies of Left Ventriculur Dysfunction: AIRE: Acute Infarction Ramipril Efficacy; AIREX: AIRE Extension Study.

ACE-Hemmer verbessern aber auch die Lebensqualität und die Leistungsfähigkeit der herzinsuffizienten Patienten. Wenn wegen Nebenwirkungen oder Kontraindikationen keine ACE-Hemmer gegeben werden können, bot sich bis vor Publikation der ELITE-Studie die Therapie mit **Hydralazin** und **Isosorbiddinitrat** zusätzlich zu Diuretika und Digitalis an (Cohn et al., 1991). Statistisch gesehen ist diese Alternativtherapie weniger wirksam. Nach eigenen Erfahrungen und auch nach den Studienergebnissen zu urteilen hat diese Alternativtherapie deutlich mehr Nebenwirkungen. Alle anderen Vasodilatatoren (**Prazosin**, **Clonidin** u.a.) haben sich wegen rascher Toleranzentwicklung oder nur geringfügiger Effekte nicht bewährt.

Seit Erscheinen der ELITE-Studie (1997) und der VALHEFT-Studie werden ACE-Hemmer bei Nichtvertragen (Nebenwirkungen) primär durch AT1-Rezeptorantagonisten ersetzt. Ob es sich bei dieser Therapie um einen „Klassen-Effekt" handelt, kann im Augenblick noch nicht gesagt werden. Sicher ist jedenfalls, dass **Losartan** und **Valsar-**

tan genausogut wie ACE-Hemmer wirken (wenn keine β-Blocker gleichzeitig gegeben werden!). Die AT_1-Rezeptorantagonisten haben aber weniger Nebenwirkungen) (siehe Kapitel 4.9).

4.4.11 ACE-Hemmer bei „kardiovaskulären Hochrisikopatienten"

ACE-Hemmer verbessern die Prognose bei Patienten mit linksventrikulärer Dysfunktion unabhängig davon, ob sie eine Herzinsuffizienz haben. ACE-Hemmer haben außerordentlich günstige Wirkung auf die Nierenfunktion, insbesondere bei Diabetes, und sie verhindern die kardialen und peripheren negativen Angiotensin-II-Effekte. Vor diesem Hintergrund wurden 9297 sogenannte kardiovaskuläre Hochrisikopatienten (bekannte koronare Herzerkrankung, Z. n. Schlaganfall, periphere arterielle Verschlusskrankheit, Diabetes + andere Risikofaktoren) fünf Jahre lang mit 10 mg **Ramipril** behandelt. Das überaus positive Ergebnis hat uns gezeigt, dass in Zukunft wohl alle Patienten mit einer dieser Erkrankungen grundsätzlich ACE-Hemmer bekommen sollten. Die Letalität wurde gegenüber Plazebo absolut um 2 % (relativ um 26 %) gesenkt, die Inzidenz des Myokardinfarktes wurde um 20 % reduziert, Revaskularisationsinterventionen um 15 %, der akute Herztod um 37 %, die Herzinsuffizienz um 23 % und diabetesbedingte Komplikationen um 16 %. Die positiven Ergebnisse dieser HOPE-Studie (the Heart Outcomes Prevention Evaluation Study) (The Hope investigators, 2000) waren unabhängig vom Alter, Geschlecht, Vorliegen von Diabetes, Hypertonie oder anderen Risikofaktoren in allen Fällen günstig. Da auch in diesem Falle die Ramipril-Therapie eine add-on-Therapie war (zusätzlich zu Aspirin, Beta-Blockern und Statinen) wird man nicht umhin kommen, alle derartigen Patienten auch in Zukunft zusätzlich mit ACE-Hemmer zu behandeln, wenn es keine Kontraindikationen gibt.

Kritisch ist bemerkt worden, dass 10 mg Ramipril den Blutdruck eventuell zu sehr senken könnten oder, dass die günstigen Effekte durch eine starke Blutdrucksenkung hervorgerufen wurden. Tatsächlich wurde aber nur eine Abnahme des systolischen Blutdrucks um 2–3 mmHg in dem entsprechenden Kollektiv gemessen. Noch ungeklärt ist der günstige Effekt von Ramipril hinsichtlich des Auftretens eines Diabetes mellitus. In der Ramipril-Gruppe (n = 4.645) bekamen neu 3,6 % der Patienten einen Diabetes innerhalb von 5 Jahren, in der Plazebo-Gruppe (n = 4.652) 5,4 %. Diese Risikoreduktion um 33 % für das Neuauftreten einer diabetischen Stoffwechsellage ist hochinteressant, kann aber zum jetzigen Zeitpunkt noch nicht erklärt werden.

In dieser sehr großen prospektiven randomisierten Studie zeigte sich außerdem, dass die günstigen ACE-Hemmer-Effekte unabhängig von der gleichzeitigen Einnahme von Aspirin oder anderen Aggregationshemmern, Beta-Blockern, Statinen oder einer anderen hypertensiven Medikation auftraten. Aus unserer Sicht ist die HOPE-Studie ein Meilenstein für die kardiovaskuläre Therapie von „Risikopatienten".

Literatur

Cohn, J. N., Johnson, G., Ziesche, S., Cobb, F., Francis, G., Tristani, F., Smith, R.,

Dunkman, W. B., Loeb, H., Wong, M., Bhat, G., Goldman, S., Fletcher, R. D., Doherty, J., Hughes, V., Carson, P., Cintron, G., Shabetai, R., Haakenson, C.: A Comparison of Enalapril with Hydralazine-Isosorbide Dinitrate in the Treatment of Chronic Congestive Heart Failure. N Engl J Med **325**, 303-310 (1991).

Daeman, M. J. A. P., Lombardi, D. M., Bosmann, F. T., Schwartz, S. M.: Angiotensin II Induces Smooth Muscle Cell Proliferation in the Normal and Injured Rat Arterial Wall. Circ Res **68**, 450-456 (1991).

Erley, C. M., Wolf, S., Komini, E., Nicaeus, T., Braun, N., Risler, T.: Reduction of Proteinuria and Changes of Renal Function in Patients With Glomerulonephritis and Mild Renal Insufficiency. In: Cardiorenal Disease. Contrib Nephrol, Vol. 106. Tmio. M., Wizemann, V. (eds.). Karger. Basel 1994.

Gheorghiade, M., Hall. V., Lakier, J. B., Goldstein, S.: Comparative Hemodynamic and Neurohormonal Effects of Intravenous Captopril and Digoxin and Their Combinations in Patients With Severe Heart Failure. J Am Coll Cardiol 13, 134-42 (1989).

GISSI-3: effects of lisinopril and transdermal glyceryl trinitrate singly and together on 6-week mortality and ventricular function after acute myocardial infarction. Lancet **343**, 115-1122 (1994).

Hall, A. S., Murray, G. D., Ball, G. S., on behalf of the AIREX Study Investigators: Follow-up study of patients randomly allocated ramipril or placebo for heart failure after acute myocardial infarction: AIRE Extension (AIREX) Study. Lancet 349, 1493-1497 (1997).

Jahrmärker, H.: Wann muss, wann soll, wann kann ich ACE-Hemmer bei Herzinsuffizienz geben? Medizinische Klinik **88**, 496-502 (1993).

Kao, W., Gheorghiade, M., Hall, V., Goldstein, S.: Relation Between Plasma Norepinephrine and Response to Medical Therapy in Men with Congestive Heart Failure Secondary to Coronary Artery Disease or Idiopathic Dilated Cardiomyopathy. Am J Cardiol **64**, 609-613 (1989).

Konstam, M. A., Rousseau, M. F., Kronenberg, M. W., Udelson, J. E., Melin, J., Stewart, D., Dolan, N., Edlens, T. R., Ahn, A., Kinan, D., Howe, D. M., Kilcoyne, L., Metherall, J., Benedict, C., Yusut, S., Pouleur, H. for the SOLVD Investigators: Effects of the Angiotensin Convertine Enzyme Inhibitor Enalapril on the Longterm Progression of Left Ventricular Dysfunction in Patients With Heart Failure. Circulation **86**, 431-438 (1992).

Lewis, E. J., Hunsicker, L. G., Bain, R. P., Rohde, R. D., for the collaborative Study Group. The Effect of Angiotensin-Converting-Enzyme Inhibition on Diabetic Nephropathy. N Engl J Med **329**, 1456-62 (1993).

Packer, M. et al. for the RADIANCE-Study: Withdrawal of Digoxin from Patients with Chronic Heart Failure treated with Angiotensin-Converting-Enzyme Inhibitors. N Engl J Med **329**, 1-7 (1993).

Paul, M., Bachmann, J., Ganten, D.: The Tissue Renin-Angiotensin Systems in Cardiovascular Disease. Trends Cardiovasc Med **2**, 94-99 (1992).

Pfeffer, M. A., Lamas, G. A., Vaughan, D. E., Parisi, A. F., Braunwald, E.: Effect of Captopril on Progressive Ventricular Dilatation after Anterior Myocardial Infarction. N Engl J Med **319**, 80-6 (1988).

Pfeffer, M. A., Braunwald, E., Moyé, L. A., Basta, L., Brown, E. J., Duddy, T. E., Davis, B. R., Geltman, E. M., Goldman, S., Flaker, G. C., Klein, M., Lamas, G. A., Packer, M., Rouleau, J., Rouleau, J. L., Rutherford, J., Wertheimer, J. H., Hawkins, C. M. on Behalf of the SAVE Investigators: Effect of Captopril on Mortality and Morbidity in Patients With Left Ventricular Dysfunction After Myocardial Infarction. N Engl J Med **327**, 669-77 (1992).

Pitt, B., Segal, R., Martinez, F. A., Meurers, G., Cowley, A. J., Thomas, I., Deedwania, P. C., Ney, D. E., Snavely, D. B., Chang, P., on behalf of ELITE Study Investigators: Randomised trial of losartan versus captopril in patients over 65 with heart failure (Evaluation of Losartan in the Elderly Study, ELITE). Lancet **349**, 747-752 (1997).

Sharpe, N., Murphy, J., Smith, H., Hannan, S.: Behandlung von Patienten mit asymptomatischer linksventrikulärer Funktionsstörung nach Myokardinfarkt. Lancet **7**, 452-456 (1988).

Swedberg, K., Held, P., Kjekshus, J., Rasmussen, K., Rydén, L., Wedel, H. on Behalf of the CONSENSUS II Study Group: Effects of the Early Administration of Enalapril on Mortality in Patients With Acute Myocardial Infarction. N Engl J Med **327**, 678-84 (1992).

The Acute Infarction Ramipril Efficacy (AIRE) Study Investigators: Effect of ramipril on mortality and morbidity of survivors of acute myocardial infarction with clinical evidence of heart failure. Lancet **342**, 821-828 (1993).

The CONSENSUS Trial Study Group: Effects of Enalapril on Mortality in Severe Congestive Heart Failure. N Engl J Med **316**, 1429-1435 (1987).

The Heart Outcomes Prevention Evaluation Study Investigators: Effects of an angiotensin-converting-enzyme inhibitor, Ramipril, on cardiovascular events in high-risk patients. N Engl J Med **342**, 145-153 (2000).

The SOLVD Investigators: Effect of Enalapril on Mortality and the Development of Heart Failure in Asymptomatic Patients with Reduced Left Ventricular Ejection Fractions. N Engl J Med **327**, 685-691 (1992).

The SOLVD Imvestigators: Effect of Enalapril on Survival in Patients with Reduced Left Ventricular Ejection Fractions and Congestive Heart Failure. N Engl J Med **325**, 293-302 (1991).

White, H. D., Norris, R. M., Brown, M. A., Brandt, P. W. T., Whitlock, R. M. L., Wild, C. J.: Left ventricular end-systolic volume as the major determinant of survival after recovery from myocardial infarction Circulation **76**, 44-51 (1987).

Wienbergen, H., Schiele, R., Gitt, A., et al., for the MITRA PLUS Study Group: Impact of ramipril versus other angiotensin-converting enzyme inhibitors on qutcome of unselected patients with ST-elevation acute myocardial infraction. Am J Cardiol **90**, 1045-1049 (2002).

4.5 Die Kombinationstherapie

E. Erdmann

Die medikamentöse symptomatische Therapie der chronischen Herzinsuffizienz hat durch den zusätzlichen Einsatz von ACE-Hemmern zu einer verbesserten Prognose geführt (The CONSENSUS Trial Study Group, 1987; The SOLVD Investigators, 1991, 1992). Dabei wurden ACE-Hemmer in der Regel zusätzlich zu Diuretika und Digitalis gegeben. Damit stellt sich die Frage, ob ACE-Hemmer auch alleine, d.h. ohne Diuretika und Digitalis wirksam sind. Gleiches gilt für die Betarezeptorenblocker.

4.5.1 Von der Stufentherapie zur Kombinationstherapie

Ziel einer medikamentösen Therapie der chronischen Herzinsuffizienz ist primär eine Reduktion der Insuffizienzsymptome. Es hat sich aber gezeigt, dass die Hypothese: eine Abnahme der Herzinsuffizienzsymptome führt auch zur Verbesserung der Prognose – nicht immer richtig ist. Bislang ist lediglich für die Kombination von ACE-Hemmern mit Diuretika und Digitalis die Verbesserung der Prognose symptomatischer Patienten nachgewiesen worden. Bei schwerer Herzinsuffizienz (NYHA IV) resultierte eine Reduktion der Letalität um 40 % (The CONSENSUS Trial Study Group, 1987). Auch bei mittelgradiger Herzinsuffizienz (NYHA II-III) führte diese Kombinationstherapie zu einer Senkung der Letalität um 16 % (The SOLVD Investigators, 1991). Liegt eine Ventrikelfunktionsstörung mit niedriger Auswurffraktion (d.h. ≤ 35 %) vor, ohne dass eine symptomatische Herzinsuffizienz besteht, dann ist durch die Gabe von ACE-Hemmern ohne Diuretika und ohne Digitalis erst nach 12 Jahren der Therapie eine signifikante Reduktion der Letalität nachweisbar nicht jedoch nach 4 Jahren (The SOLVD Investigators, 1992). Dies spricht entweder dafür, dass der prognostisch günstige Effekt der ACE-Hemmer nur bei symptomatischer Herzinsuffizienz (NYHA II-III) auftritt oder dass gleichzeitig Diuretika und/oder Digitalis gegeben werden müssen.

Zwei publizierte Untersuchungen widmen sich dieser Frage in bezug auf die Notwendigkeit der Diuretikatherapie (Andan et al., 1990; Richardson et al., 1987). Bei 14 Patienten mit nachgewiesener Linksherzinsuffizienz wurde prospektiv doppelblind randomisiert im Cross-over-Design **Captopril** alleine gegen **Furosemid** plus **Amilorid** gegeben. Unter Captopril (3 × 25 mg p. o./die) bekamen vier Patienten eine schwere Dyspnoe bzw. ein Lungenödem (Richardson et al., 1987). Diese Symptome wurden unter Diuretika nicht gesehen. Dementsprechend waren die Autoren der Meinung, dass ACE-Hemmer allein nicht ausreichen für die Therapie der Patienten, die früher bereits einmal eine manifeste Herzinsuffizienz hatten. Ähnliche Erfahrungen wurden bei fünf Patienten, die an einer schweren hydropischen Herzinsuffizienz litten und vorher überhaupt nicht medikamentös behandelt worden waren, gemacht (Andan et al., 1990). Bei diesen Kranken war die Therapie nur mit ACE-Hemmern insofern unzureichend, als die invasiv gemessenen hämodynamischen Parameter ebenso unverändert blieben wie die Spiegel der Plasmakatecholamine und die Herzinsuffizienzsymptome. Der Zustand aller dieser Patienten besserte sich aber nach einer gleichzeitigen Diuretikatherapie. Aus diesen Untersuchungen und anderen (Dzau, Hollenberg, 1984) an einer relativ kleinen Zahl von Patienten mit mittelgradiger und schwerer Herzinsuffizienz lässt sich ableiten, dass Diuretika zusätzlich zu ACE-Hemmern notwendig sind. Anders als bei der Hypertonie scheint also bei der chronischen Herzinsuffizienz eine alleinige ACE-Hemmertherapie nicht optimal zu sein.

Es entspricht auch der praktischen Erfahrung, dass die Symptome der chronischen Herzinsuffizienz, die zumeist durch die Natrium- und Wasserretention bedingt sind, durch Diuretika am schnellsten und am besten zu kontrollieren sind (Bayliss et al., 1987). Insbesondere für die Akuttherapie einer hydropischen Herzinsuffizienz kann man auf Diuretika nicht verzichten. Ob der günstige Effekt der Diuretikatherapie bei chronischer Herzinsuffizienz bedingt ist durch eine notwendige primäre Stimulation des Renin-Angiotensin-Aldosteron-Systems oder durch die wesentliche Wirkung der Vor- und Nachlastsenkung durch die Natriumelimination (Harris 1988), ist schwer zu ermessen.

Dass Herzglykoside, zusätzlich zu einer Diuretika- und ACE-Hemmertherapie gegeben, bei manifester Herzinsuffizienz zumindest symptomatisch günstig wirken, ist seit der RADIANCE-Studie (Packer et al., 1993) und der PROVED-Studie (Uretsky et al., 1993) zweifelsfrei belegt. Da die Untersuchungen von Gheorghiade und Mitarbeitern, 1987 gezeigt haben, dass erst die zusätzliche Gabe von Herzglykosiden zu Diuretika und ACE-Hemmern die neuroendokrine Aktivierung bei Herzinsuffizienz reduziert, ist auch Digitalis wahrscheinlich durch Hemmung überschießender Gegenregulationsmechanismen bei chronischer Herzinsuffizienz wirksam. Tatsächlich wurden aktivierende Wirkungen von Herzglykosiden auf die verminderte Baroreflexaktivität bei chronischer Herzinsuffizienz nachgewiesen (Ferguson et al., 1989; Gheorghiade et al., 1987; Schobel et al., 1991). Manche sind der Meinung, dass diese sympathoinhibitorischen Wirkungen von Digitalis wesentlicher sind als die positiv inotropen (siehe Tab. 4.31).

Tab. 4.31 Medikamentöse Therapie der chronischen Herzinsuffizienz.

- Senkung der Vor- und Nachlast
  Diuretika
  Vasodilatantien (ACE-Inhibitoren)
- Steigerung der Kontraktilität
  Digitalis
- Verlängerung der diastolischen Füllungszeit
  Digitalis
  β-Adrenozeptorenblocker
  Verapamil, Diltiazem
- Hemmung von Gegenregulationsmechanismen
  ACE-Hemmer oder AT_1-Rezeptorantagonisten
  Digitalis
  β-Adrenozeptorenblocker
  Aldosteronantagonisten

Nach den Ergebnissen der DIG-Studie darf man davon ausgehen, dass Digitalis immer dann indiziert ist, wenn es sich um eine Linksherzinsuffizienz mit Stauung und großem Herzen bei verminderter Auswurffraktion handelt (The digitalis investigation group, 1997).

Man kann man heute davon ausgehen, dass ACE-Hemmer bei Unverträglichkeit durch AT1-Rezeptorantagonisten bedenkenlos ersetzt werden können. Nach den bisher vorliegenden Untersuchungen scheinen AT1-Rezeptorantagonisten (z. B. **Losartan, Valsartan**) (Cohn et al. 2001) weniger Nebenwirkungen zu haben (Hüsteln) als ACE-Hemmer.

Da Betarezeptorenblocker bei zusätzlicher Gabe (zu Diuretika, Digitalis und ACE-Hemmern) die Prognose deutlich (um 34 %!)verbessern, muss man heute davon ausgehen, dass auch Betarezeptorenblocker bei chronischer Linksherzinsuffizienz grundsätzlich indiziert sind. Für **Carvedilol, Bisoprolol** (CIBIS II-Studie) und **Metoprolol** (MERIT-Studie) wurden etwa gleiche deutliche Senkungen der Letalität um 34 % in kontrollierten Untersuchungen nachgewiesen.

Bei diesen Untersuchungsergebnissen handelt es sich immer um eine „add on-Therapie". Dementsprechend sollte man – zumindest bis neuere Studienergebnisse vorliegen – so auch behandeln. Auch das nach den Ergebnissen der RALES-Studie bei schwerer Herzinsuffizienz prognoseverbessernde Spironolacton muss zusätzlich (25 mg p.o./die) zu Diuretika, Digitalis und ACE-Hemmern gegeben werden. Dementsprechend ist die ideale Kombinationstherapie bei NYHA III und IV also eine 5-fach-Kombination.

4.5.2 Schlussfolgerung

Das früher vertretene Schema einer Stufentherapie der chronischen Herzinsuffizienz gilt heute nicht mehr. Wenn eine chronisch manifeste Linksherzinsuffizienz auf dem Boden einer koronaren Herzerkrankung (z. B. nach Herzinfarkt) oder einer dilatativen Kardiomyopathie mit verminderter Auswurffraktion nachgewiesen wurde, dann muss kombiniert mit Diuretika, Digitalis und ACE-Hemmern beziehungsweise AT1-Rezeptorantagonisten behandelt werden, um ein optimales Resultat auch hinsichtlich der Prognose sicherzustellen. Dies ist ebenfalls das Ergebnis der Consensus-Konferenz zur Therapie der chronischen Herzinsuffizienz (siehe Tab. 4.32) (siehe auch Anhang).

Wenn lediglich eine linksventrikuläre Dysfunktion ohne Herzinsuffizienzsymptomatik besteht, ist innerhalb von vier Jahren prognostisch kaum ein Vorteil von einer medikamentösen Therapie zu erwarten. Der zeigt sich allerdings dann doch bei längerer Nachbeobachtungszeit (12 Jahre in der SOLVD-Präventionsstudie). Es spricht viel dafür, dass ACE-Hemmer zumindest immer mit Diuretika zusammen gegeben werden sollten. Dazu liegen aber für das Sta-

Tab. 4.32 Die Standardtherapie der manifesten chronischen Linksherzinsuffizienz.

- Diuretika
- Digitalis
- ACE-Inhibitoren oder AT_1-Rezeptorantagonisten
- β-Blocker (Carvedilol, Bisoprolol, Metoprolol)

bei NYHA III und IV zusätzlich:
- Spironolacton

Tab. 4.33 Benefit der ACE-Inhibitoren und β-Blocker auf die Prognose bei Herzinsuffizienz-Patienten. Die ACE-Hemmer verbesserten in den angegebenen Studien die Lebenserwartung deutlich. Um so mehr erstaunt es, daß die β-Blocker (zusätzlich zu Diuretika, Digitalis und ACE-Hemmern gegeben) die Prognose noch weiter verbesserten (DCM = dilatative Kardiomyopathie).

Studie	Pharmakon	NYHA-Klasse	Zunahme der Lebenserwartung im Vergleich zur Kontrolle [%]
CONSENSUS	Enalapril	IV	40
AIRE	Ramipril	II(?)	27
SAVE	Captopril	I–II(?)	19
SOLVD-T	Enalapril	II–III	16
SOLVD-P	Enalapril	I	8 (n.s.)
MDC	Metoprolol	II–III	34 (nur DCM)
CIBIS I	Bisoprolol	III–IV	50 (nur DCM)
CIBIS II	Bisoprolol	III–IV	34
COPERNICUS	Carvedilol	III–IV	34

dium NYHA I (Zustand nach Infarkt, eingeschränkte Pumpfunktion, keine Herzinsuffizienzsymptomatik unter gewohnter körperlicher Tätigkeit) noch keine überzeugenden Untersuchungen vor.

Nach den eindeutig gesicherten Untersuchungsergebnissen über die Betarezeptorenblocker-Therapie der Herzinsuffizienz (Packer et al., 2001) muss man das bisherige Schema der Standardtherapie der chronischen Linksherzinsuffizienz mit niedriger Auswurffraktion heute insofern ändern, als die zusätzliche Gabe von Carvedilol oder Bisoprolol bzw. Metoprolol zur Standardtherapie gehört, wenn keine Gegenanzeigen vorhanden sind (siehe Kapitel 4.12) (siehe Tab. 4.33).

Literatur

Andan, I. S., Kulra, G. S., Ferrari, R., Wahi, P. L., Harris, P. C., Puole-Wilson, P. A.: Enalapril as initial and sole treatment in severe chronic heart failure with sodium retention. Int J Cardiol **28**, 341-36 (1990).

Bayliss, J., Norell, M., Canepa-Anson, R., Sutton, G., Poole-Wilson, P.: Untreated heart failure: clinical and neuroendocrine effects of introducing diuretics. Br Heart J **57**, 17-22 (1987).

Burkart, F., Erdmann, E., Hanrath, P., Kübler, W., Mutschler, E., Riegger, G., Riecker, G., Scholz, H., Schultheiß, H.-P.: Consensus-Konferenz: Therapie der chronischen Herzinsuffizienz. Z Kardiol **82**, 200-206 (1993).

Cohn, J., Tognoni, G., for the Valsartan Heart Failure Trial Investigators: A randomized trial of the angiotensin-receptor blocker valsartan in chronic heart failure. N Eng J Med **345**, 1667-1675 (2001).

Dzau, V. J., Hollenberg, N. K.: Renal Response to Captopril in Severe Heart Failure: Role of Furosemide in Natriuresis and Reversal of Hyponatremia. Annals of Internal Medicine **100**, 777-782 (1984).

Ferguson, D. W., Berg, J., Sanders, J. S., Roach, P. J., Kempf, J. S., Kienzle, M. G.: Sympathoinhibitory Responses to Digitalis Glycosides in Heart Failures Patients. Circulation **80**, 65-77 (1989).

Gheorghiade, M., St. Clair, J., St. Clair, C., Beller, G. A.: Hemodynamic Effects of Intravenous Digoxin in Patients With Severe Heart Failure Initially Treated With Diuretics and Vasodilators. J Am Coll Cardiol 9, 849-57 (1987).

Harris, P.: Role ot Arterial Pressure in the Oedema of Heart Disease. Lancet 7, 1036-1038 (1988).

Packer, M., Coates, A., Fowler, B., et al. for the CARVEDILOL Prospective Randomized Cumulative Survival Study Group: Effect of carvedilol on survival in severe chronic heart failure. N Eng J Med **433**, 1651-1658 (2001)

Packer, M. et al. for the RADIANCE-Study: Withdrawal of Digoxin from Patients with Chronic Heart Failure Treated with Angiotensin-Converting-Enzyme Inhibitors. N Eng J Med **329**, 1-7 (1993).

Pitt, B., Segal, R., Martinez, F. A., Meurers, G., Cowley, A. J., Thomas, I., Deedwania, P. C., Ney, D. E., Snavely, D. B., Chang, P., on behalf of ELITE Study Investigators: Randomised trial of losartan versus captopril in patients over 65 with heart failure (Evaluation of Losartan in the Elderly Study, ELITE). Lancet **349**, 747-752 (1997).

Richardson, A., Bayliss, J., Scriven, A. J., Parameshwar, J., Poole-Wilson, P. A., Sutton, G. C.: Double-Blind Comparison of Captopril Alone Against Frusemide Plus Amiloride in Mild Heart Failure. Lancet **26**, 709-711 (1987).

Schobel, H. P., Oren, R. M., Roach, P. J., Mark, A. L., Ferguson, D. W.: Contrasting Effects of Digitalis and Dobutamine on Baroreflex Sympathetic Control in Normal Humans. Circulation **84**, 1118-1129 (1991).

The CONSENSUS Trial Study Group: Effects of Enalapril on Mortality in Severe Congestive Heart Failure. N Engl J Med 316, 1429-1435 (1987).

The digitalis investigation group: The effect of Digoxin on mortality and morbidity in patients with heart failure. N Engl J Med **336**, 525-533 (1997).

The SOLVD Investigators: Effect of Enalapril on Survival in Patients with Reduced Left Ventricular Ejection Fractions and Congestive Heart Failure. N Engl J Med **325**, 293-302 (1991).

The SOLVD Investigators: Effect of Enalapril on Mortality and the Development of the Heart Failure in Asymptomatic Patients With Reduced Left Ventricular Ejection Fractions. N Engl J Med **327**, 685-91 (1992).

Uretsky, B. F., Young, J. B., Eden, F., Shahidi, F., Yellen, L. G., Harrison, M. C., King Jolly, M. on Behalf of the PROVED Investigative Group: Randomized Study Assessing the Effect of Digoxin Withdrawal in Patients With Mild to Moderate Chronic Congestive Heart Failure: Results of the PROVED Trial. J Am Coll Cardiol **22**, 955-62 (1993).

4.6 Therapie der chronischen Herzinsuffizienz mit c-AMP-Phosphodiesterasehemmern

D. Beuckelmann

Wirkungen von c-AMP auf den Herz- und Gefäßmuskel

Der Mechanismus, durch den an der Herzmuskelzelle eine Kontraktionskraftsteigerung und an der glatten Gefäßmuskelzelle eine Relaxation erfolgt, ist die Steigerung von intrazellulärem c-AMP. Die cAMP-Konzentration in der Zelle kann entweder durch Stimulation des zellwandständigen Enzyms Adenylatzyklase und damit vermehrte Bildung von c-AMP oder durch eine Hemmung des Abbaus durch Inhibition der Phosphodiesterase erfolgen. Phosphodiesteraseinhibitoren führen über eine Hemmung der Hydrolyse von c-AMP zu 5'-AMP zu einer Steigerung der intrazellulären c-AMP-Konzentration und hierdurch zu einer Zunahme der Kontraktionskraft des Herzens und einer Relaxation der glatten Muskulatur. Vier Isoenzyme der Phosphodiesterase konnten bisher im Myokard charakterisiert werden. Diese Isoenzyme werden als PDE I, II, III und IV bezeichnet. Die PDE II besitzt eine geringe Affinität zu c-AMP und c-GMP. Die PDE III besitzt eine relative Spezifität für c-AMP und die PDE IV hat eine hohe Affinität zu c-AMP und hydrolysiert in nur sehr geringem Umfang c-GMP. Die in der Therapie der Herzinsuffizienz benutzten Phosphodiesteraseinhibitoren hemmen bevorzugt das Isoenzym III der PDE.

Die relative Wirkung verschiedener Substanzen aus der Gruppe der Phosphodiesterasehemmstoffe am glatten Gefäßmuskel und am Herzmuskel ist unterschiedlich. So findet man bei Amrinon einen vasodilatierenden Effekt, der bereits in 10- bis 100-fach niedrigeren Konzentrationen auftritt als zur positiv inotropen Wirkung notwendig ist. Viele der neueren in der Therapie verwendeten PDE-Hemmstoffe inhibieren bevorzugt das Isoenzym III, d.h. sie hemmen die PDE III in Konzentrationen, die 10- bis 300-fach geringer sind als die mittleren Hemmkonzentationen für die übrigen PDE-Isoenzyme. Relativ selektive Inhibitoren der PDE I (Zaprinast) und der PDE IV (Rolipram) weisen keine oder nur geringe positiv inotrope Effekte auf, obwohl sie den intrazellulären c-AMP-Gehalt erhöhen (Brunkhorst et al., 1989; Weishaar et al., 1987). Somit scheint die PDE-III-Hemmung wesentlich für die Kontraktionskraftsteigerung durch diese Substanzen zu sein (Harrison et al., 1986). Die Details der Wirkung klinisch eingesetzter Phosphodiesteraseinhibitoren sowie ihrer Pharmakokinetik ist im Kapitel 3.4 (akute Herzinsuffizienz) ausführlich dargestellt.

Ob die neben der PDE-III-Hemmung bei einigen PDE-Hemmern nachweisbaren weiteren Mechanismen für die positiv inotropen Effekte wesentlich sind ist zwar nicht eindeutig geklärt, erscheint jedoch unwahrscheinlich. Pimobendan und Sulmazol führen zu einer mäßiggradig ausgeprägten Sensibilisierung der kontraktilen Proteine für Kalzium und verlängern darüber hinaus (Pimobendan) das myokardiale Aktionspotential.

Inotrope Wirkungen von c-AMP-Phosphodiesterasehemmern in vitro

Mehrere Autorengruppen konnten zeigen, dass an isolierten Papillarmuskelstreifen herzinsuffizienter Patienten die positiv inotrope Wirkung von Phosphodiesterasehemmern, die unter Umgehung von β-Adrenozeptoren den zellulären c-AMP-Gehalt erhöhen, vermindert ist (Feldmann et al., 1987; Schmitz et al., 1987; Böhm et al., 1988). In Abhängigkeit vom Schweregrad der Herzinsuffizienz ist der positiv inotrope Effekt von Milrinon im Vergleich zu erhöhtem extrazellulärem Kalzium deutlich reduziert, obwohl die Konzentration der myokardialen PDE-Isoenzyme bei der Herzinsuffizienz nicht abnimmt (Schmitz et al., 1987; Movsesian et al., 1991). Somit sprechen diese Ergebnisse dafür, dass nicht nur die Abnahme kardialer β-Adrenozeptoren, sondern auch die Verminderung der basalen cAMP-Bildung für die verminderte Wirkung von PDE-Inhibitoren bedeutsam ist.

Klinische Wirkungen von c-AMP-Phosphodiesterasehemmern

Die positiv inotrope und vasodilatierende Akutwirkung von PDE-III-Inhibitoren steht nicht nur in vivo sondern auch in vitro außer Frage. Diese hämodynamischen Veränderungen gehen mit einer Verbesserung der Belastungstoleranz bei Herzinsuffizienz einher (Siskind et al., 1981). Allerdings sind diese Effekte nur bei der Akutanwendung von Phosphodiesterasehemmern besonders ausgeprägt. So konnten Packer et al. (1984) zeigen, dass der günstige hämodynamische Effekt nach oraler Gabe von 600 mg Amrinon sein Maximum nach 48 Stunden erreicht, die hämodynamischen Parameter jedoch bereits nach 2 bis 10 Wochen unter einer Dauertherapie wieder auf die Ausgangswerte absinken. Nach Absetzen der Substanz verschlechterte sich die kardiale Auswurfleistung gegenüber der Situation vor Therapiebeginn. Weitere Studien zur Wirksamkeit von PDE-III-Inhibitoren ergaben jeweils, dass die akute hämodynamische Verbesserung bei chronischer, wochenlanger Anwendung nicht erhalten blieb und die Therapie eine besonders hohe Nebenwirkungsrate aufweist (Massie et al., 1985). Der fehlende positive Effekt auf die Überlebenszeit herzinsuffizienter Patienten wurde in einer kontrollierten Studie mit einer oralen Therapie mit Enoximon bestätigt (Uretsky et al., 1990). Es zeigte sich, dass bei Patienten mit einer leichten oder mittelschweren Herzinsuffizienz die Überlebensrate in der enoximonbehandelten Patientengruppe schlechter war als bei Patienten, die Plazebo erhielten.

Die Publikation der PROMISE-Studie (Packer et al., 1991) führte schließlich dazu, dass das Prinzip der PDE-III-Hemmung in der Therapie der chronischen Herzinsuffizienz praktisch völlig verlassen wurde. In dieser Untersuchung an über 1000 Patienten mit schwerer Herzinsuffizienz (klinisches Stadium NYHA III und IV) wurde bei vergleichbarer Basismedikation mit ACE-Hemmern, Diuretika und Digitalis die Wirkung von Milrinon in einer Dosierung von 40 mg täglich mit Plazebo verglichen. Innerhalb des Beobachtungszeitraums von im Durchschnitt 6,1 Monaten führte die Zusatztherapie mit Milrinon zu einer 28 %igen Zunahme der Gesamtsterblichkeit sowie einer 34 %igen Zunahme der kardiovaskulären Mortalität. Eine Verbesserung der Letalität konnte in keiner Subgruppe nachgewiesen werden. Darüber hinaus waren Therapieabbrüche wegen relevanter Nebenwirkungen (Hypotonie und Synkope) in der Milrinongruppe signifikant häufiger. Auf Basis dieser Studien muss daher davon ausgegangen werden, dass das Prinzip der Inodilatation mit Phosphodiesterasehemmern in der Therapie der chronischen Herzinsuffizienz wegen fehlender langfristiger Wirksamkeit und Erhöhung der Mortalität keinen Platz mehr hat.

Über die Mechanismen dieser ungünstigen Langzeitwirkung kann nur spekuliert werden. Wahrscheinlich führt die Erhöhung des zellulären c-AMP-Gehalts zu einer Zunahme maligner Rhythmusstörungen und somit des plötzlichen Herztodes. Daneben erhöht sich durch den positiv chronotropen und inotropen Effekt jedoch auch der Energiebedarf des Herzens, was zu einer rascheren Progression der Erkrankung führen könnte.

Literatur

Böhm, M., Diet, F., Feiler, G., Kemkes, B., Kreuzer, E., Weinhold, C., Erdmann, E.: Subsensitivity of the failing human heart to isoprenaline and milrinone is related to β-adrenoceptor downregulation. J Cardiovasc Pharmacol **12**, 726 (1988).

Brunkhorst, D., von der Leyen, H., Meyer, W., Nigbur, R., Schmidt-Schumacher, C., Scholz, H.: Relation of positive inotropic and chronotropic effects of pimobendan, UD-CG 212 Cl, milrinone and other phosphodiesterase inhibitors to phosphodiesterase III inhibition in guinea pig-heart. Naunyn-Schmiedeberg's Arch Pharmacol **339**, 575 (1989).

Feldman, A. M., Copelas, L., Gwathmey, J. K., Phillips, P., Warren, S. E., Schoen, F. J., Grossman, W., Morgan, J. P.: Deficient production of cyclic AMP: pharmacologic evidence of an important cause of contractile dysfunction in patients with end-stage heart failure. Circulation **75**, 331 (1987).

Harrison, S. A., Reifsnyder, D. H., Gallis, B., Cadd, G. G., Beavo, J. A.: Isolation and characterization of bovine cardiac muscle cGMP-inhibited phosphodiesterase: a receptor for new cardiotonic drugs. Mol Pharmacol **29**, 506 (1986).

Massie, B., Bourassa, M., DiBianco, R., Hess, M., Konstam, M., Likoff, M., Packer, M.: Long-term oral administration of amrinone for congestive heart failure: lack of efficacy in a multicenter controlled trial. Circulation **71** No. 5, 963 (1985).

Movsesian, M. A., Smith, C. J., Krall, J., Bristow, M. R., Manganiello, V. C.: Sarcoplasmatic reticulum-associated cyclic adenosine 3',5'-monophosphate phosphodiesterase activity in normal and failing human hearts. J Clin Invest **88**, 15 (1991).

Packer, M., Medina, N., Yushak, M.: Hemodynamic and clinical limitations of long-term inotropic therapy with amrinone in patients with severe chronic heart failure. Circulation **70** No. 6, 1038 (1984).

Packer, M., Carver, J. R., Rodeheffer, R. J., Ivanhoe, R. J., DiBianco, R., Zeldis, S. M., Hendrix, G. H., Bommer, W. J., Elkayam, U., Kukin, M. L., Mallis, G. I., Sollano, J. A., Shannon, J., Tandon, P. K., DeMets, D. L.: Effect of oral milrinone on mortality in severe chronic heart failure. N Engl J Med **325**, 1468 (1991).

Schmitz, W., Scholz, H., Erdmann, E.: Effects of a- and b-adrenergic agonist, phosphodiesterase inhibitors and adenosine on isolated human heart muscle preparations. Trends Pharmacol Sci **8**, 447 (1987).

Siskind, S. J., Sonnenblick, E. H., Forman, J., Scheuer, J., Le Jemtel, T. H.: A acute substancial benefit of inotropic therapy with amrinone on exercise hemodynamics and metabolism in severe congestive heart failure. Circulation **64**, 966 (1981).

Uretsky, B. F., Jessup, M., Konstam, M. A., Dec, G. W., Leier, C. V., Benotti, J., Murali, S., Herrmann, H. C., Sandberg, J. A.: Multicenter trial of oral enoximone in patients with moderate to moderately severe congestive heart failure. Circulation **82**, 774 (1990).

Weishaar, R. E., Kobylarz-Singer, D. C., Steffen, R. P., Kaplan, H. R.: Subclasses of cyclic AMP-specific phosphodiesterase in left ventricular muscle and their involvement in regulating myocardial contractility. Circ Res **61**, 539 (1987).

4.7 Therapie der chronischen Herzinsuffizienz mit Katecholaminen

D. Beuckelmann

Die mechanische Sichtweise der Herzinsuffizienz mit verminderter Pumpleistung des linksventrikulären Myokards als Ausgangsereignis des Syndroms Herzinsuffizienz führte frühzeitig zur Überlegung, die Inotropie des Herzens mit Hilfe natürlicher oder synthetischer Katecholamine zu steigern und so eine Verbesserung der Symptomatik herzinsuffizienter Patienten zu erreichen. Kardiale β-Adrenozeptoren vermitteln über eine Aktivierung der Adenylatzyklase eine Steigerung des intrazellulären c-AMP-Gehaltes und haben hierdurch einen positiv inotropen Effekt. Die Veränderungen der Regulation der Adenylatzyklase sowie der β-adrenozeptorvermittelten Kontraktiliätssteigerung sind in Kapitel 1.3 detailliert beschrieben. So kommt es bei der chronischen Herzinsuffizienz zu einer Abnahme von β-Adrenozeptoren, von der insbesondere die β1-Adrenozeptorsubpopulation betroffen ist (Bristow et al., 1986). Hierdurch und durch die weiteren nachweisbaren Veränderungen der β-adrenozeptor-vermittelten Steigerung der intrazellulären c-AMP-Konzentration resultiert ein verminderter Basalgehalt von c-AMP im schwer herzinsuffizienten Myokard und eine verminderte β-adrenozeptorvermittelte Kontraktilitätsreserve. Der therapeutische Einsatz von Katecholaminen bei der akuten Herzinsuffizienz ist zur kurzfristigen Überbrückung hämodynamischer Dekompensationszustände in seiner Wirksamkeit unumstritten. Details der Pharmakologie der unterschiedlichen Substanzen und ihrer Dosierungen sind in Kap. 3.1 ausführlich dargestellt.

Dopaminagonisten (z. B. Ibopamin) besitzen neben ihrer agonistischen Aktivität auf dopaminerge DA1- und DA2-Rezeptoren die Eigenschaft, kardiale β-Adrenozeptoren zu stimulieren. Hierdurch kommt es nach Gabe von Vertretern dieser Substanzklasse neben einem positiv inotropen Effekt auch zu einer Vasodilatation. Aufgrund der Verteilung von Dopaminrezeptoren mit hoher Dichte im renalen Gefäßbett erscheint dieses Therapieprinzip wegen seiner durchblutungssteigernden Wirkung auf die Niere bei Patienten mit Herzinsuffizienz zwar besonders günstig, jedoch weisen die meisten Untersuchungen über die Wirkung von Dopamin auf die Nierendurchblutung daraufhin, dass diese vor allem durch dessen positiv inotrope Wirkung erfolgt. Eine vermehrte Wasserausscheidung und Natriumexkretion beruht auf einer Zunahme der Nierendurchblutung.

Forskolin ist ein Diterpenderivat, das die katalytische Untereinheit der Adenylatcyclase direkt stimuliert (Seamon & Daly, 1989). In vitro ist die positiv inotrope Wirkung trotz Abnahme kardialer β-Adrenozeptoren am chronisch insuffizienten Herzen voll erhalten (Bristow et al., 1984, Feldman et al., 1987; Böhm et al., 1988). Allerdings kommt die Substanz aufgrund ihrer proarrhythmogenen Eigenschaften für die Therapie beim Menschen in vivo nicht infrage.

Klinische Wirkungen von β-Sympathomimetika

Die Gabe von β-Sympathomimetika führt zu einer Zunahme des Herzzeitvolumens durch Steigerung der Kontraktilität, zu einer Zunahme der Herzfrequenz und einer Abnahme der Nachlast. Darüber hinaus kommt es zu einer Verbesserung der ventrikulären Relaxation. Untersuchungen zur Therapie der chronischen Herzinsuffizienz wurden vor allem mit dem synthetischen β-Adrenozeptoragonisten Dobutamin durchgeführt. Unverferth et al. (1980) konnten in einer kleinen Studie mit 20 Patienten, die an einer dilatativen Kardiomyopathie und einer Herzinsuffizienz des Schweregrades NYHA II-IV litten zeigen, dass die intravenöse Gabe von Dobutamin zu einer deutlichen Senkung des linksventrikulären Füllungsdrucks, einer signifikanten Zunahme des Herzminutenvolumens, einer Zunahme der Herzfrequenz und der kardialen Kontraktilität führt. Diese hämodynamischen Wirkungen waren jedoch nach einer Dauertherapie über 96 Stunden nicht mehr nachweisbar, d.h. bei kontinuierlicher Gabe von β-Adrenozeptoragonisten kommt es zu einer raschen Toleranzentwicklung. Ursächlich hierfür scheint eine zusätzliche Abnahme von β-Adrenozeptoren an der myokardialen Zellmembran zu sein.

Auch die intermittierende Gabe von **Dobutamin** hat sich nicht bewährt. Dies et al. (1986) untersuchten an 60 Patienten mit schwerer Herzinsuffizienz (NYHA III-IV) die Wirkung einer intermittierenden Dobutamingabe in 48 Stundenintervallen. Die intermittierende Therapie mit Dobutamin verbesserte die Belastungstoleranz signifikant gegenüber der Plazebogruppe. Es zeigte sich jedoch eine deutliche Übersterblichkeit der Patienten, die Dobutamin erhielten. Wenngleich zu dieser Frage nur kleine Studien vorliegen, so muss jedoch auf Basis dieser Informationen geschlossen werden, dass die Therapie von Patienten mit chronischer Herzinsuffizienz mit Dobutamin zwar zu einer Verbesserung der Hämodynamik und damit einhergehend der Belastungstoleranz führt. Erkauft wird diese symptomatische Besserung jedoch mit einer erhöhten Sterblichkeit, wie sie auch bei anderen medikamentösen Therapieverfahren, die den intrazellulären c-AMP-Gehalt erhöhen, beschrieben wurden (z.B. Phosphodiesteraseinhibitoren, siehe Kap. 4.6).

Dopexamin ist ein Dobutaminderivat, das eine deutlich höhere Affinität zu β_2- als zu β_1-Adrenozeptoren aufweist. Darüber hinaus besitzt es eine agonistische Aktivität an peripheren Dopaminrezeptoren (Brown et al., 1985, Smith et al., 1987). Die parenterale Gabe von Dopexamin bei Patienten mit kompensierter, chronischer Herzinsuffizienz (NYHA II) erhöht akut das Herzzeitvolumen (Bayliss et al., 1987), am ehesten auf dem Boden seines vasodilatierenden Effektes. Zugelassen ist die Substanz als Reservemedikament zur Therapie der schweren akuten Herzinsuffizienz (Dopacard®) bei Versagen einer konventionellen Therapie. Eine Zulassung zur Therapie der chronischen Herzinsuffizienz besteht nicht, ist zur Zeit auch nicht angestrebt.

Ibopamin ist ein Dopaminderivat, das nahezu vollständig resorbiert wird. Ibopamin wird durch Serumesterasen schnell zu N-methyl-Dopamin (Epinin) hydrolysiert, das den aktiven Metaboliten von Ibopamin darstellt. Bei Patienten mit Herzinsuffizienz führt die orale Gabe von 50 bis 200 mg Ibopamin zu vergleichbaren hämodynamischen Effekten wie die von intravenös verabreichtem Dopamin in einer Dosierung von 1 bis 6 µg/kg Körpergewicht/min (De Vita et al., 1986). Auch durch diese Therapie steigt das Herzzeitvolumen an und es kommt zu einer Abnahme des peripheren Widerstandes (Raifer et al., 1986). Wenngleich unter einer Therapie mit Ibopamin eine Abnahme des Serum-Noradrenalinspiegels nachgewiesen werden konnte, ergab die große prospektive Studie zur Wirkung von Ibopamine auf Hämodynamik und Sterblichkeit (PRIME-II-Studie) eine Übersterblichkeit von Patienten mit höhergradiger Herzinsuffizienz. Nahezu 2000 Patienten mit Herzinsuffizienz des Schweregrades NYHA III oder IV und eingeschränkter systolischer Kontraktilität wurden zusätzlich zur Standardtherapie entweder mit Ibopamin in einer Dosierung von 3 × 100 mg oder mit Plazebo behandelt. Die Studie wurde nach einer Beobachtungszeit von im Durchschnitt weniger als einem Jahr wegen einer signifikant höheren Sterblichkeit in der Ibopamingruppe (25 % vs. 20 %, $p = 0.017$) vorzeitig abgebrochen. Auch diese positiv inotrope Substanz als Katecholaminabkömmling wird daher nicht mehr zur Therapie der Herzinsuffizienz eingesetzt.

Zusammenfassend muss daher gesagt werden, dass Katecholamine und Katecholaminderivate die in sie gesetzten Hoffnungen bei der Therapie der chronischen Herzinsuffizienz wegen erhöhter Sterblichkeit, trotz Besserung der Hämodynamik und meist auch der klinischen Symptomatik, nicht erfüllt haben. Katecholamine und -derivate haben in der Therapie der chronischen Herzinsuffizienz nach heutigem Kenntnisstand somit keinen Platz.

Literatur

Bayliss, J., Thomas, L., Poole-Wilson, P.: Acute hemodynamic and neuroendocrine effects of dopexamine, a new vasodilator for the treatment of heart failure: comparison with dobutamine, captopril, and nitrate. J Cardiovasc Pharmacol **9**, 551 (1987).

Böhm, M., Beuckelmann, D., Brown, L., Feiler, G., Lorenz, B., Näbauer, M., Kemkes, B., Erdmann, E.: Reduction of beta-adrenoceptor density and evaluation of positive inotropic responses in isolated, diseased human myocardium. Eur Heart J **9**, 844 (1988).

Bristow, M. R., Ginsburg, R., Minobe, W., Cubicciotti, R. S., Sagemann, W. S., Lurie, K., Billingham, M. E., Harrison, D. C., Stinson, E. B.: Decreased catecholamine sensitivity and β-adrenergic-receptor density in failing human hearts. N Engl J Med **307**, 205 (1982).

Bristow, M. R., Ginsburg, R., Strosberg, A., Montgomery, W., Minobe, W.: Pharmacology and inotropic potential of forskolin in the human heart. J Clin Invest **74**, 212 (1984).

Brown, R. A., Dixon, J., Farmer, J. B., Hale, J. C., Humphries, R. C., Ina, F., O'Connor, S. E., Simpson, W. T., Smith, G. W.: Dopexamine: a novel agonist at peripheral dopamine receptors and β2-adrenoceptors. Br J Pharmacol **85**, 599 (1985).

De Vita, C., Triulzi, E., De Vizzi, S. et al.: Evaluation of acute hemodynamic effects and pharmacokinetic behaviour of ibopamine in patients with severe heart failure. Arzneimittelforschung **36**, 349 (1986).

Dies, F., Krell, M. J., Whitlow, P., Liang, C.-S., Goldenberg, I., Applefeld, M. M., Gilbert, E. M.: Intermittent dobutamine in ambulatory outpatients with chronic cardiac failure. Circulation **74** (Suppl. II), II-138 (1986).

Raifer, S. I., Rossen, J. D., Douglas, F. L., Goldberg, L. I., Karrison, T.: Effects of long-term therapy with oral ibopamine on resting hemodynamics and exercise capacity in patients with heart failure: relationship to the generation of N-methyldopamine and to plasma norepinephrine levels. Circulation **73**, 740 (1986).

Seamon, K. B., Daly, J. W.: Forskolin: its biological and chemical properties. Adv Cyclic Nueleotide Protein Phosphorylation Res **20**, 1 (1989).

Smith, G. W., Hall, J. C., Farmer, J. B., Simpson, W. T.: The cardiovascular actions of dopexamine hydrochloride, an agonist at dopexamine receptors and β2-adrenoceptors in the dog. J Pharm Pharmacol **39**, 636 (1987).

Unverferth, D. V., Blanford, M., Kates, R. E., Leier, C. V.: Tolerance to dobutamine after a 72-hour continuous infusion. Am J Med **69**, 262 (1980).

4.8 Therapie der chronischen Herzinsuffizienz mit Ca^{2+}-Sensitizern

R. H. G. Schwinger, K. Brixius

Da die Anzahl der Patienten mit Herzinsuffizienz, die auf eine Herztransplantation warten, ansteigt, sind Therapien notwendig, die es diesen Patienten ermöglichen, die Zeit bis zur Herztransplantation zu überbrücken. Die pharmakologisch-therapeutische Unterstützung dieser Patienten ist jedoch limitiert. Die Wirkung von β-Adrenozeptoragonisten (Katecholamine) ist bei Patienten mit Herzinsuffizienz aufgrund der Herabregulation von β_1-Adrenozeptoren vermindert. Ein wesentlicher Nachteil von positiv inotropen Substanzen, die über eine Erhöhung der intrazellulären Ca^{2+}-Konzentration die Kontraktionskraft steigern (z.B. Hemmer der sarkolemmalen Na^+/K^+-ATPase (g-Strophanthin) oder Inhibitoren der Phosphodiesterase (Milrinon)), besteht darin, dass sie möglicherweise durch die Erhöhung der intrazellulären Ca^{2+}-Konzentration eine Ca^{2+}-Überladung der Zelle verursachen, die mit der Ausbildung von Nekrosen, Tachykardien und Arrhythmien einhergeht. Hinzu kommt, dass eine Kontraktionskraftsteigerung durch Erhöhung der intrazellulären Ca^{2+}-Konzentration mit einer Erhöhung des kardialen Sauerstoff-Verbrauchs aufgrund der Zunahme des Energiebedarfs verbunden ist – und dies in einer Situation, in der sich das Herz bereits schon in einem Sauerstoffversorgungsengpass befindet.

4.8.1 Kardiale Wirkung von Ca^{2+}-Sensitizern

Ca^{2+}-Sensitizer sind positiv inotrope Substanzen, die auf die Myofilamente oder den Querbrückenzyklus Einfluss nehmen, wodurch sie in der Lage sind, die Kontraktionskraft zu erhöhen, ohne hierbei eine Erhöhung der intrazellulären Ca^{2+}-Konzentration zu induzieren. Abb. 4.19 zeigt Orginalmechanogramme der simultanen Messung der Kraft und des intrazellulären Ca^{2+}-Transienten an isolierten, elektrisch stimulierten Trabekeln aus menschlichem Myokard. Nach Applikation des β-Adrenozeptoragonisten Isoprenalin kommt es zu einem Anstieg der Kontraktionskraft infolge einer Steigerung des intrazellulären systolischen Ca^{2+}-Transienten.

In Anwesenheit des Ca^{2+}-Sensitizers EMD 57033 hingegen kommt es zu einer Steigerung der Kontraktionskraft, ohne dass eine Zunahme der intrazellulären Ca^{2+}-Konzentration zu beobachten ist (Brixius et al. 1997). In Abbildung 4.20 sind Messungen an chemisch gehäuteten Herzmuskelfasern dargestellt, d.h. an Herzmuskelpräparationen, bei denen alle sarkolemmalen und sarkoplasmatischen Membranen durch Detergenz-Behandlung zerstört wurden. Werden diese Fasern in Lösungen aufsteigender Ca^{2+}-Konzentrationen eingetaucht, so kann man die Ca^{2+}-aktivierte Kraft unabhängig von sarkolemmalen und intrazellulären Einflüssen messen.

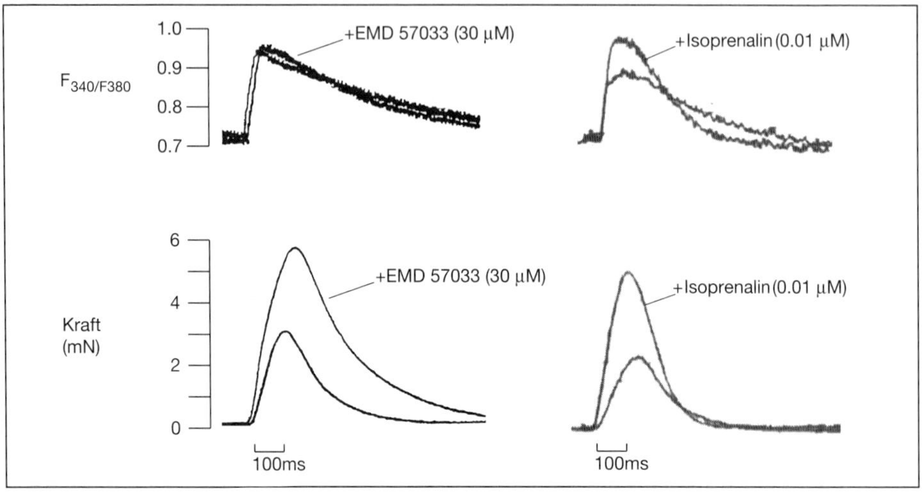

Abb. 4.19 Simultane Messung des intrazellulären Ca^{2+}-Transienten (oben) und der isometrischen Kontraktionskraft an isolierten Trabekeln aus menschlichem Myokard. Der Ca^{2+}-Sensitizier EMD 57033 erhöht die Kontraktionskraft ohne hierbei die intrazelluläre Ca^{2+}-Konzentration zu steigern. Die Ca^{2+}-sensibilisierende Wirkung von EMD 57033 bewirkt jedoch, dass die Relaxation verlängert wird. Applikation des β-Adrenozeptor Agonisten Isoprenalin erhöht die Kontraktionskraft infolge einer Erhöhung der intrazellulären Ca^{2+}-Konzentration.

Wird die Ca^{2+}-abhängige Kraftentwicklung in Gegenwart von Ca^{2+}-Sensitizern gemessen, so verschiebt sich die Ca^{2+}-Kraft-Beziehung nach links, d.h. die Myofilamente reagieren empfindlicher auf die zugegebene Ca^{2+}-Konzentration (Brixius et al. 2000). Durch dieses Wirkprinzip ergeben sich für die Ca^{2+}-Sensitizer Vorteile gegenüber den zuvor erwähnten Ca^{2+}-mobilisierenden Substanzen: 1) es besteht keine Gefahr für die Ausbildung von Arrhythmien aufgrund einer Ca^{2+}-Überladung der Zelle, und 2) trotz der Kontraktionskraft-Steigerung wird der kardiale ATP-Verbrauch nicht erhöht (s.u.).

Abbildung 4.19 macht jedoch auch den wesentlichen Nachteil einiger Ca^{2+}-sensibilisierenden Substanzen deutlich: sie verlängern die Relaxation des Herzmuskels. Dies ist insbesondere dann therapeutisch ungünstig, wenn aufgrund der Vorerkrankung des Patienten, z.B. bei Herzinsuffizienz, bereits eine diastolische Funktionsstörung vorliegt. Von daher sind Ca^{2+}-Sensitizer wünschenswert, die spezifisch in der Systole die Kontraktionskraft steigern.

4.8.2 Wirkmechanismus und Klassifizierung von Ca^{2+}-Sensitizern

Wie bereits erwähnt sind Ca^{2+}-Sensitizer Substanzen, die auf die Myofilamente oder den Querbrückenzyklus Einfluss nehmen. Abbildung 4.21 zeigt ein mechanisches (Abb. 4.21A) und chemisches Schema (siehe Abb. 4.21 B) zum Querbrückenzyklus. Bei niedrigen intrazellulären Ca^{2+}-Konzentrationen, wie sie zum Beispiel in der Diastole anzutreffen sind, wird die Aktin-Myosin-Interaktion

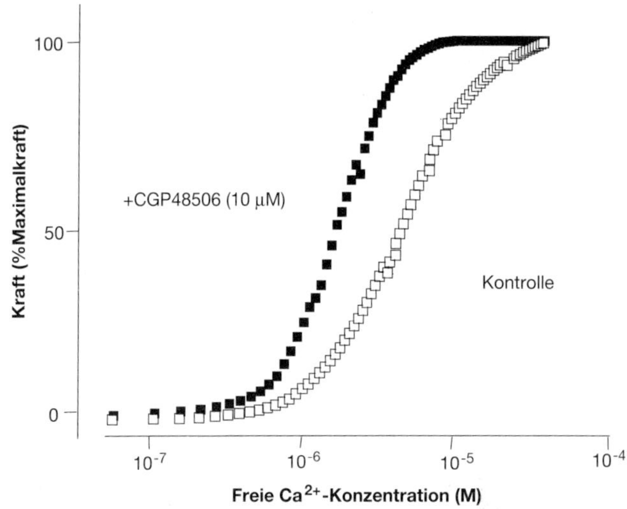

Abb. 4.20 Einfluss des Ca^{2+}-Sensitizers CGP 48506 auf die Ca^{2+}-aktivierte Kraftentwicklung an chemisch gehäuteten Herzmuskelfasern aus insuffizientem menschlichen Myokard. In Anwesenheit des Ca^{2+}-Sensitizers wird die Kurve der Ca^{2+}-abhängigen Kraftentwicklung nach links verschoben. Dies bedeutet, dass die Myofilamente auf Ca^{2+} empfindlicher reagieren.

durch den Troponin-Komplex verhindert, der sich in regelmäßigen Abständen auf dem dünnen Filament findet und mit seiner inhibitorischen Untereinheit (Troponin I) die Anheftung der Myosin-Köpfe an das Aktinfilament blockiert. Erhöht sich die intrazelluläre Ca^{2+}-Konzentration während der Systole, bindet Ca^{2+} an die Ca^{2+}-bindende Untereinheit des Troponin-Komplexes (Troponin C), wodurch der Troponin-Komplex eine Konformationsänderung erfährt, in deren Folge die inhibitorische Wirkung von Troponin I entfällt und der 'Kopf' des Myosin-Moleküls, an das Aktinfilament bindet. Im folgenden durchläuft die Aktin/Myosin-Verknüpfung unter der Spaltung von ATP eine Reihe von energetisch unterschiedlichen Konformationen, die in Abbildung 4.21B in Anlehnung an Goldman und Brenner 1987 dargestellt sind.

Unter Ruhebedingungen liegt Myosin meistens mit ATP im Komplex als M*ATP im Gleichgewicht mit dem Zustand M*ADP*P_i, in dem ATP zwar eigentlich hydrolysiert ist, aber die Energie noch nicht in eine Kontraktion umgesetzt wurde. Wenn die intrazelluläre Ca^{2+}-Konzentration ansteigt, kann der Komplex M*ADP*P_i mit Aktin interagieren und Phosphat wird schnell freigesetzt. Der so gebildete Aktin/Myosin Komplex durchläuft mindestens zwei weitere energetische Stadien, in denen das ADP gebunden bleibt (A*M*ADP* und A*M*ADP). Diese Stadien umfassen die Rotation des Myosin-Kopfes (sog. 'power stroke'). Die Affinität von Myosin für Aktin steigt entlang der eben aufgezählten Zwischenschritte an und ist am stärksten, nachdem ADP abdissoziiert ist, d.h. im Zustand A*M. In Situationen, in denen die intrazelluläre ATP-Konzentration normal ist, bindet der Komplex A*M schnell wieder ATP, wodurch es zur Dissoziation von Aktin und dem Myosin/ATP-Komplex kommt. Dieser Zyklus kann sich so lange wiederholen, bis entweder die intrazelluläre Konzentration an Ca^{2+} oder ATP sinkt. Hierbei wird das Aktin-Filament zur Mitte des Sarkomers hin gezogen und der Muskel verkürzt sich.

Ca^{2+}-Sensitizer können in die verschiedenen Stufen des Querbrückenzyklus eingreifen, um die von der Querbrücke unter ATP-Bildung erzeugte Kraft zu beeinflussen. In Abhängigkeit ihres Wirkortes werden die Ca^{2+}-Sensitizer in drei Klassen eingeteilt ((Endoh 2001), siehe Abb. 4.22). Klasse I Ca^{2+}-Sensitizer greifen in die Interaktion von Troponin C mit Ca^{2+} ein. Ca^{2+}-Sensitizer der Klasse II greifen an den dünnen Filamenten an und erleichtern die Aktin-Regulation durch den Komplex der dünnen Filamente mit Ca^{2+}. Im Unterschied zu den Klasse I Ca^{2+}-Sensitizern beeinflusst diese Gruppe aber nicht die Ca^{2+}-Affinität von Troponin C. Ca^{2+}-Sensitizer der Klasse III greifen Ca^{2+}-unabhängig sowie unabhängig von den dünnen Filamenten direkt in den Querbrückenzyklus ein.

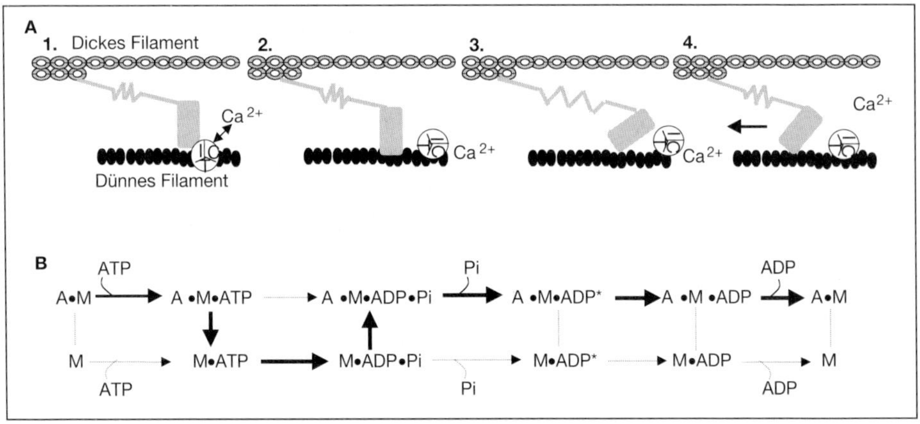

Abb. 4.21 Mechanisches (A) und chemisches (B) Modell der Querbrückenaktivierung. Zu A: Schema modifiziert nach dem Originaldiagramm von Huxley und Simmons 1971 (Huxley and Simmons 1971). 1) Querbrücke im unverbundenen Zustand (einem Zustand der M*ATP in Abb. B entspricht), 2) eine Querbrücke im verknüpften Zustand kurz vor der Kraftentwicklung (entspricht z.B. A*M*ADP*P_i in Abb. B), 3) Querbrücke im krafterzeugenden Zustand, bei der die entwickelte Kraft in einer elastischen Komponente des Myosinkopfes gespeichert ist (z.B. A*M*ADP* in Abb. B), 4) Querbrücke nach Rotation des Myosinkopfes (A*M*ADP oder A*M in Abb. B), das dünne Filament wurde vom Myosinkopf relativ zum dicken Filament gezogen, so dass es den Eindruck macht, als ob die Filamente ineinandergleiten. Zu B: Chemisches Modell der verschiedenen Zwischenschritte des Querbrückenzyklus (oder der sog. Actomyosin ATPase) modifiziert nach dem Schema von Goldman und Brenner 1987 (Goldman 1987). In der oberen Reihe sind die Zwischenschritte abgebildet, in denen Aktin (A) mit Myosin (M) interagiert. In der unteren Reihe sind die verschiedenen energetischen Stadien abbgebildet, die vom Myosin-Molekül alleine durchlaufen werden. Der normale Reaktionsweg ist durch die dicken schwarzen Pfeile gekennzeichnet. Alle dargestellten Reaktionen können ablaufen und sind reversibel.

4.8.3 PDE III-inhibitorische Wirkung von Ca^{2+}-Sensitizern

Die meisten Ca^{2+}-Sensitizer bewirken eine moderate Erhöhung des intrazellulären cAMP-Spiegels, meistens durch eine selektive Hemmung der Phosphodiesterase III (s.u.). Es gibt Hinweise, dass die cAMP-abhängige Phosphorylierung von myofibrillären Proteinen unbedingt erforderlich ist, damit die Ca^{2+}-sensibilisierende Wirkung der betreffenden Pharmaka eintritt. Abbildung 4.23 zeigt Messungen der isometrischen Kontraktionskraft an isolierten Papillarmuskelstreifen aus menschlichem insuffizientem Myokard. Erst nach cAMP-abhängiger Vorstimulation durch Vorbehandlung der Trabekel mit Isoprenalin, steigert Levosimendan konzentrationsabhängig die Kontraktionskraft (Brixius et al. 2002).

Wie simultane Messungen des intrazellulären Ca^{2+}-Transienten und der Kontraktionskraft zeigen, ist dieser Anstieg der Kontraktionskraft unabhängig von einer Zunahme des intrazellulären Ca^{2+}-Transienten (siehe Abb. 4.24). Als potentielle Kandidaten der myofibrillären Proteine, die möglicherweise eine Rolle bei der cAMP-abhängigen Induktion der Ca^{2+}-sensibilisierenden Wirkung spielen, gelten das Myosin-bindende Protein C und Troponin I. Endgültige Untersuchungen über die Bedeutung der PKA-abhängigen Phosphorylierung für die Ca^{2+}-sensibilisierende Wirkung von Ca^{2+}-Sensitizern stehen jedoch aus.

Im Unterschied zu dem Ca^{2+}-Sensitizer EMD 57033 (vgl. Abb. 4.19) verlängert Levosimendan nicht die Relaxation des Herzmuskels (vgl. Abb. 4.23 B und Abb. 4.24). Die Applikation von Levosimendan bewirkt konzentrationsabhängig sogar eine Abnahme der Kontraktionskraft, die vermutlich auf eine cAMP-abhängige Phosphorylierung von Phospholamban zurückzuführen ist, einem Regulatorprotein des sarkoplasmatischen Retikulums, das für die Ca^{2+}-Aufnahme in das sarkoplasmatisch Retikulum verantwortlich ist (Haikala 1995).

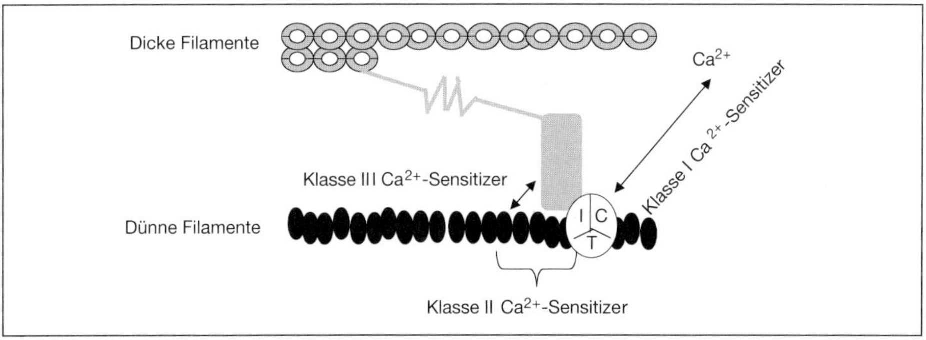

Abb. 4.22 Schema zur Klasseneinteilung der Ca^{2+}-Sensitizer. Ca^{2+}-Sensitizer der Klasse 1 bewirken eine Erhöhung der Ca^{2+}-Affinität an Troponin C. Klasse II Ca^{2+}-Sensitizer greifen im ereich der dünnen Filamente an und erleichtern die Ca^{2+}-abhängige Aktin-Interaktion ohne hierbei die Ca^{2+}-Affinität von Troponin I zu beeinflussen. Ca^{2+}-Sensitizer der Klasse III greifen direkt in den Querbrückenzyklus ein.

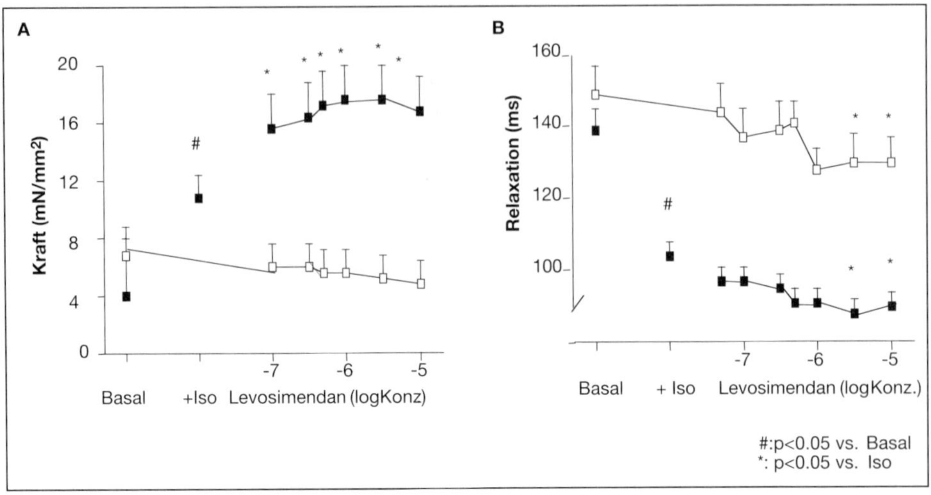

Abb. 4.23 cAMP-abhängige Wirkung des Ca^{2+}-Sensitizers Levosimendan, Messungen an isolierten, elektrisch stimulierten Papillarmuskelstreifen aus linksventrikulärem insuffizienten menschlichen Myokard. A: Messungen der Kontraktionskraft, B: Messung der Herzmuskelrelaxation. Nur nach Vorstimulation mit Isoprenalin kommt es konzentrationsabhängig zu einer Zunahme der isometrischen Kontraktionskraft gemessen an isolierten Trabekeln aus insuffizientem linksventrikulären Myokard unter Levosimendan. Im Unterschied zu dem Ca^{2+}-Sensitizer EMD 57033 verlängert Levosimendan nicht die Relaxation des Herzmuskels. Levosimendan bewirkt konzentrationsabhängig eine Zunahme der Herzmuskelrelaxation, was vermutlich auf eine Phosphorylierung von Phospholamban zurückzuführen ist.

4.8.4 Ca^{2+}-Sensitizer zur Therapie der Herzinsuffizienz

Bei der Herzinsuffizienz nimmt das Herzzeitvolumen ab und kann den Bedarf in der Peripherie nicht mehr decken. Es resultieren erhöhte (links-)ventrikuläre Füllungsdrücke ohne dass dabei das Auswurfvolumen adäquat gesteigert wird. Diese kardiale Dysfunktion erzeugt eine Kette von neuro-endokrinen Aktivierungsprozessen, infolge derer es zur Vasokonstriktion, Endorgan-Dysfunktion sowie einer weiteren Abnahme der kardialen Funktion selbst kommt. Aus diesen Gesichtspunkten erscheint eine Substanz, die den kardialen Füllungsdruck reduziert und 'energieneutral' die Kontraktionskraft steigert als günstig. Hinzu kommt, dass Ca^{2+}-Sensitizer in der Lage sind, auch unter pathologischen Bedingungen, wie z.B. während einer ischämie-bedingten Azidose oder im myokardialen Stunning, die Kontraktionskraft zu steigern.

Ein potentielles Risiko für den klinischen Einsatz von Ca^{2+}-Sensitizern besteht darin, dass Ca^{2+}-Sensitizer die für die Herzinsuffizienz beschriebene diastolische Dysfunktion verstärken können, indem sie die Ca^{2+}-Empfindlichkeit der Myofilamente gegenüber den diastolischen Ca^{2+}-Konzentrationen erhöhen. Dies gilt insbesondere für solche Ca^{2+}-Sensitizer, die Ca^{2+}- und cAMP-unabhängig ihre Wirkung entfalten, wie zum Beispiel die Klasse III Ca^{2+}-Sensitizer EMD57033 und CGP 48506. Andere

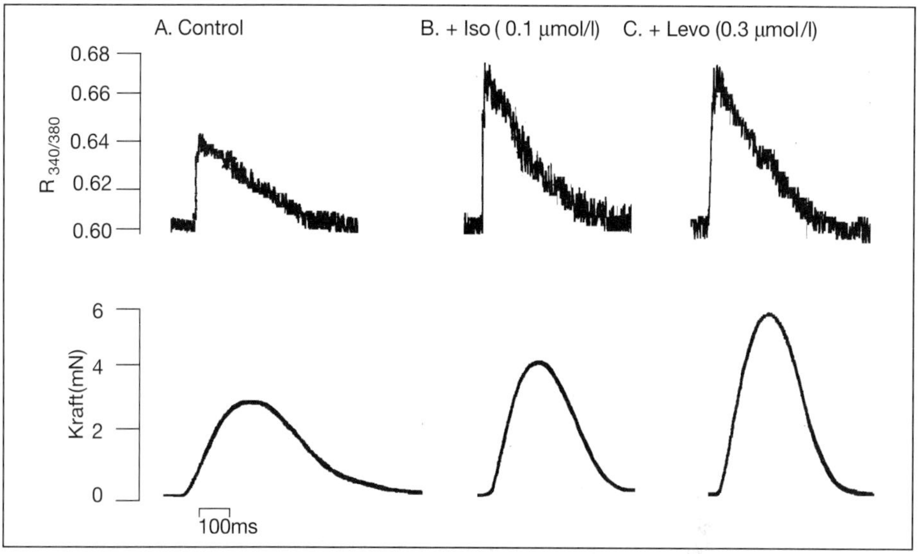

Abb. 4.24 Simultane Messung des intrazellulären Ca^{2+}-Transienten und der isometrischen Kontraktionskraft nach Applikation von Isoprenalin und Levosimendan. Levosimendan erhöht die Kontraktionskraft nach Vorbehandlung der Muskeln mit Isoprenalin. Dieser Kontraktionskraftanstieg ist unabhängig von einem Anstieg der intrazellulären Ca^{2+}-Konzentration.

Ca^{2+}-Sensitizer, wie z.B. Levosimendan, Pimobendan, DU-CG 212 Cl, MCI-154, SCH00013 und OR-1896, dem aktiven Metaboliten von Levosimendan haben einen positiv lusitropen Effekt oder beeinflussen die diastolische Herzfunktion nicht. Dies wird darauf zurückgeführt, dass die Substanzen mit PDE III-inhibitorischer Wirkung die kardiale Relaxation beschleunigen und dabei gleichzeitig ihre Ca^{2+}-sensibilisierende Wirkung entfalten. Schwach PDE III-inhibitorisch wirksame Substanzen könnten möglicherweise einen unterschiedliche Wirkung auf den systolischen und diastolischen Kontraktionszyklus haben. Es gibt bisher nur zwei Ca^{2+}-Sensitizer, die mit Erfolg zur Kontraktionskraft-Steigerung in der Kardiologie eingesetzt werden: Pimobendan und Levosimendan.

4.8.5 Pimobendan

Pimobendan ist ein Klasse I Ca^{2+}-Sensitizer, der bereits zur Behandlung von Herzinfarktpatienten eingesetzt worden ist (Hagemeijer 1993). Neben Ca^{2+}-sensibilisierenden Eigenschaften besitzt Pimobendan selektive PDE III-inhibitorische Aktivität und verlängert die Dauer des Aktionspotentials (Honerjager et al. 1984). Pimobendan war in der Lage, in den ersten sechs Monaten nach Beginn der Behandlung die maximale Belastbarkeit bei Patienen mit chronischer Herzinsuffizienz zu steigern, wo selektive PDE III-Inhibitoren wie z.B. Milrinon oder Amrinon keine Wirkung mehr zeigten (Lubsen et al. 1996). In der EPOCH-Studie (The Effects of Pimobendan on Chronic Heart Failure Study 2002), in der die Langzeit-Wirkung (52 Wochen) von Pimobendan für die

Behandlung herzinsuffizienter Patienten (NYHA II-III, Ejektionsfraktion ≤45 % untersucht wurde (1.25 oder 2.5 mg Pimobendan/Tag), konnte gezeigt werden, dass Pimobendan in der niedrigeren Dosierung (1.25 mg/Tag) signifikant die Morbidität und die körperliche Aktivität der Patienten verbesserte. Die Langzeitwirksamkeit (15 Monate) von Pimobendan wurde ebenfalls in der PICO (Pimobendan in Congestive Heart Failure)-Studie an 317 Patienten im NYHA Stadium II-III untersucht. Auch hier verbesserte Pimobendan signifikant die körperliche Leistungsfähigkeit der Patienten (Lubsen et al., 1996). Dennoch verbesserte Pimobendan nicht die Mortalität der Patienten.

4.8.6 Levosimendan

Levosimendan gehört zu den Ca^{2+}-Sensitizern der Klasse I. Die Besonderheit von Levosimendan besteht darin, dass Levosimendan die Konformation von Troponin C stabilisiert, in der Troponin C Ca^{2+} gebunden hat, ohne jedoch die Ca^{2+}-Affinität von Troponin C zu erhöhen (Haikala et al., 1995). Von daher ist die Wirkung von Levosimendan Ca^{2+}-abhängig, so dass der kontraktile Apparat nur bei hohen intrazellulären Ca^{2+}-Konzentrationen gegenüber Ca^{2+} sensibilisierend wirkt. Hierdurch kommt es nicht zu einer Beeinträchtigung der diastolischen Relaxation (Haikala et al. 1995). Im Unterschied zu den übrigen Ca^{2+}-Sensitizern besitzt Levosimendan zusätzliche vasodilatatorische Wirkung, die über eine Öffnung der ATP-sensitiven Kalium-Kanäle vermittelt wird (Kopustinskiene et al. 2001). Daher wird Levosimendan auch als Inodilator bezeichnet. Die Eigenschaft von Levosimendan, K^+-Kanäle zu öffnen, wirkt sich möglicherweise auch kardioprotektiv in Situationen wie Ischämie und Reperfusion aus (Du Toit et al. 1999). Levosimendan zeigte in *in vitro* Experimenten in hohen Konzentrationen Phosphodiesterase-III-inhibitorische Wirkung (Haikala et al. 1995). Diese Wirkung ist jedoch erst für Konzentrationen interessant, die weit über dem therapeutischen Dosis-Bereich liegen. Erst kürzlich wurde in zwei randomisierten, Plazebo-kontrollierten Doppelblind-Studien die Wirksamkeit von Levosimendan bei Patienten nach akutem Koronarinfarkt (Randomised stUdy on Safety and effectivenesS of Levosimendan in patients with left ventricular failure due to an Acute myocardial iNfarct, Russlan Studie, (Moiseyev, Poder et al. 2002)) sowie bei Patienten mit Herzinsuffizienz und niedriger Ejektionsfraktion (Levosimendan Infusion versus Dobutamin Study, LIDO-Studie, vgl. Abb. 4.25, (Follath et al. 2002)) untersucht. Levosimendan wurde von den Patienten gut vertragen. Levosimendan induzierte (in der applizierten Dosierung von 24 $\mu g{*}kg^{-1}$ über 10 Minuten gefolgt von einer kontinuierlichen Infusion von 0.1 $\mu g{*}kg^{-1}{*}min^{-1}$) keine Hypotonie und verhinderte eine weitere Progredienz der Herzinsuffizienz durch einen Myokardinfarkt. Levosimendan verbesserte die hämodynamische Funktion der Patienten deutlich besser als Dobutamin. Dies äußerte sich in der LIDO-Studie auch darin, dass die Mortalität in der Levosimendan-behandelten Patientengruppe signifikant niedriger war als in der Patientengruppe, die mit Dobutamin behandelt wurde.

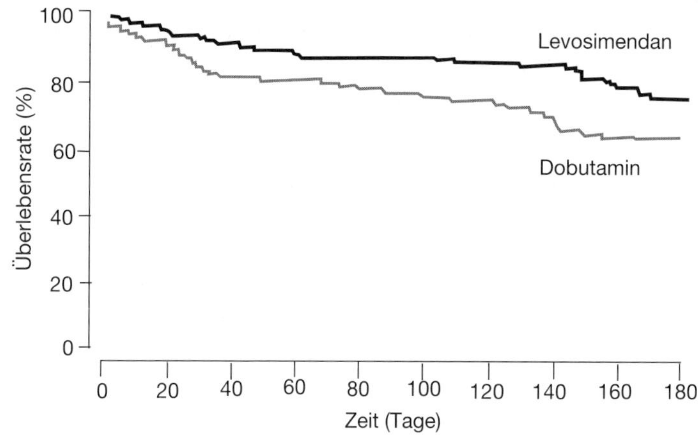

Abb. 4.25 Kaplan-Meier Kurven der ‚Levosimendan Infusion versus Dobutamin Study' (LIDO-Studie). Mittels der Kaplan-Meier Kurven kann das Risiko abgeschätzt werden, wie viele Patienten innerhalb der ersten 180 Tage nach der randomisierten Einteilung in einer Gruppe versterben (nach Follath et al. 2002).

Zusammenfassung

Positiv inotrope Substanzen werden bei Patienten mit schwerer Herzinsuffizienz oft eingesetzt, um die hämodynamische Situation zu stabilisieren. Hierbei werden insbesondere Medikamente eingesetzt, die intrazellulär die cAMP- und Ca^{2+}-Verfügbarkeit erhöhen, aber auch arrhythmogen wirken. Dies trifft für Dobutamin ebenso zu wie für Phosphodiesterase-Hemmstoffe (z.B. Milrinon). Die jüngst veröffentlichten Daten der OPTIME-CRF-Studie zeigten trotz Einflussnahme auf die Hämodynamik keine Verbesserung des Überlebens: die Inzidenz von Vorhofflimmern war unter Milrinon sogar dramatisch erhöht. Das Faszinierende an Levosimendan, einem hochpotenten Ca^{2+}-Sensitizer, ist, dass die Hämodynamik verbessert und das Überleben verlängert werden konnte – zugegebenermaßen bei einer kleinen Studiengröße. Bei diesen Patienten konnte Levosimendan die Hämodynamik verbessern, auch und möglicherweise gerade bei Patienten, die mit β-Blockern behandelt worden waren. Dies ist wichtig, da die Therapie mit β-Rezeptorantagonisten die überlegendste Datenlage vorzuweisen hat, die zeigt, dass β-Blocker die Hämodynamik verbessern und das Überleben chronisch herzinsuffizienter Patienten verlängern. Hier unterscheiden sich die bisherigen medikamentösen inotrop-wirksamen Therapieansätze grundlegend von Levosimendan. Dies wird unterstützt durch die Tatsache, dass anders als für Dobutamin oder Milrinon beschrieben, Levosimendan keine proarrhythmische Wirkung zeigte. In der applizierten Dosierung scheint somit Levosimendan ein 'reiner' Ca^{2+}-Sensitizer ohne Einfluss auf die Phosphodiesterase zu sein (im Gegensatz zu Pimobendan). Trotzdem wirkt Levosimendan peripher vasodilatierend, senkt den linksventrikulären Füllungsdruck und vermindert den Sauerstoffverbrauch. Dies als Folge der 'use dependency', d.h. der Abhängigkeit der Ca^{2+}-sensibilisierenden Wirkung von der tatsächlichen freien intrazellulären Ca^{2+}-Konzentration. Sollten auch plazebokontrollierte (dies ist die LIDO-Studie nicht), prospektive, randomisierte Studien belegen, dass Levosimendan die Hämodynamik verbessert und das Überleben der Patienten verlängert, wäre Levosimendan eine 'Designer-Droge' für die Therapie schwer herzinsuffizienter Patienten. Trotz der mutigen ersten Ergebnisse – Evidence-basierte Therapiekriterien verlangen prospektive kontrollierte Studien mit dem primären Endpunkt Mortalität und dies gibt es für Levosimendan bisher nicht.

Literatur

Brixius, K., Pietsch, M., Hoischen, S., Muller-Ehmsen, J., Schwinger, R. H.G.: Effect of inotropic interventions on contraction and Ca^{2+} transients in the human heart. J Appl Physiol **83**: 652-660 (1997).

Brixius, K., Mehlhorn, U., Bloch, W., Schwinger, R. H. G.: Different effect of the Ca^{2+} sensitizers EMD 57033 and CGP 48506 on cross-bridge cycling in human myocardium. J Pharmacol Exp Ther **295**: 1284-1290 (2000).

Brixius, K., Reicke S., Schwinger R.H.G.: Beneficial effects of the Ca^{2+} sensitizer levosimendan in human myocardium. Am J Physiol Heart Circ Physiol **282**: H131-H137 (2002).

Du Toit, E. F., Muller C. A., McCarthy, J., Opie, L. H.: Levosimendan: effects of a calcium sensitizer on function and arrhythmias and cyclic nucleotide levels during ischemia/reperfusion in the Langendorff-perfused guinea pig heart. J Pharmacol Exp Ther **290**: 505-514 (1999).

Endoh, M.: Mechanism of action of Ca^{2+}-Sensitizers – Update 2001.“ Cardiovasc Drugs Ther **15**: 397-403 (2001).

Follath, F., Cleland, J. G., Just, H., Papp, J. G., Scholz, H., Peuhkurinen, K., Harjola, V. P., Mitrovic, V., Abdalla, M., Sandell, E. P., Lehtonen, L.: Efficacy and safety of intravenous levosimendan compared with dobutamine in severe low-output heart failure (the LIDO study): a randomised double-blind trial. Lancet **360**(9328): 196-202 (2002).

Goldman, Y. E., Brenner, B.: Molecular mechanism of muscle contraction. Ann Rev Physiol **49**: 629-636 (1987).

EPOCH Study Group: Effects of pimobendan on adverse cardiac events and physical activities in patients with mild to moderate chronic heart failure – The Effects of Pimobendan on Chronic Heart Failure Study (EPOCH Study). Circ J **66**: 149-157 (2002).

Hagemeijer, F.: Calcium sensitization with pimobendan: pharmacology, haemodynamic improvement, and sudden death in patients with chronic congestive heart failure. Eur Heart J **14**: 551-566 (1993).

Haikala, H., Kaivola, J., Nissinen, E., Levijoki, J., Linden, I.B.: Cardiac troponin C as a target protein for a novel calcium sensitizing drug, levosimendan. J Mol Cell Cardiol **27**: 1859-1866 (1995).

Honerjager, P., Heiss, A., Schafer-Korting, M., Schonsteiner, G., Reiter, M.: UD-CG 115-a cardiotonic pyridazinone which elevates cyclic AMP and prolongs the action potential in guinea-pig papillary muscle. Naunyn Schmiedebergs Arch Pharmacol **325**: 259-269 (1984).

Huxley, A. F., Simmons, R.M.: Proposed mechanism of force generation in striated muscle. Nature **233**: 533-538 (1971).

Kopustinskiene, D. M., P. Pollesello, Saris, N. E.: Levosimendan is a mitochondrial K(ATP) channel opener. Eur J Pharmacol **428**: 311-314 (2001).

Lubsen, J., Just, H., Hjalmarsson, A.C., La Framboise, D., Remme, W.J., Nols, J. Dumont, J. M., Seed, P. for the Pimobendan in Congestive Heart Failure (PICO) investigators: Effect of pimobendan on exercise capacity in patients with heart failure: main results from the Pimobendan in Congestive Heart Failure (PICO) Trial. Heart **76**: 223-231 (1996).

Moiseyev, V. S., Poder, P., Andrejevs, N., Ruda, M. Y., Golikov, A. P., Lazebnik,

L.B., Kobalava, Z. D., Lehtonen, L. A., Laine, T., Nieminen, M. S., Lie, K. I.: Safety and efficacy of a novel calcium sensitizer, levosimendan, in patients with left ventricular failure due to an acute myocardial infarction. A randomized, placebo-controlled, double-blind study (RUSSLAN). Eur Heart J **23**: 1422-1432 (2002).

4.9 AT1-Antagonisten zur Therapie der chronischen Herzinsuffizienz

R. H. G. Schwinger, J. Müller-Ehmsen

4.9.1 Die Rolle des Renin-Angiotensin-Aldosteron-Systems (RAAS) bei Herzinsuffizienz

Bei der chronischen Herzinsuffizienz kommt es zu einer neurohumoralen Gegenregulation mit Erhöhung der Katecholamine und einer gesteigerten Aktivität des Renin-Angiotensin-Aldosteron-Systems (RAAS). Diese Gegenregulation dient kurzfristig dem Erhalt der kardialen Auswurfleistung, mittelfristig führt dieser zunächst physiologisch günstige Effekt jedoch zu einer weiteren Zunahme der Herzinsuffizienz. Daraufhin wird neurohumoral erneut gegenreguliert, so dass ein Teufelskreis der Herzinsuffizienz entsteht.

Ein Teil der neurohumoralen Gegenregulation erfolgt über das Renin-Angiotensin-Aldosteron-System (RAAS), welches bei Herzinsuffizienz systemisch aber auch lokal am Herzen aktiviert ist. So ist bei Herzinsuffizienz im Myokard sowohl das Angiotensin-Converting-Enzym (ACE) als auch die Aldosteronsynthase vermehrt exprimiert (Studer et al., 1994). Folge ist eine erhöhte Konzentration von Angiotensin II (AngII) (siehe Abb. 4.26), welches zur Hypertrophie der Herzmuskelzellen, zur Myokardfibrose und zu Apoptose führt (Helin et al., 1997). Die Folge ist eine weiter zunehmende Herzinsuffizienz. An der Gefäßmuskulatur führt die erhöhte AngII-Konzentration zur Vasokonstriktion, zu einer gesteigerten Nachlast, aber auch zur Hypertrophie glatter Gefäßmuskelzellen und zum Fortschreiten von Atherosklerose (Nickenig 2002).

Wegen dieser vielen ungünstigen Wirkungen einer dauerhaften Aktivierung des RAAS überrascht es nicht, dass zahlreiche klinische Studien gezeigt haben, dass eine Hemmung des RAAS-Systems durch ACE-Hemmung und Aldosteron-Antagonismus klinisch günstig ist und zu einem verlängerten Überleben von Patienten mit Herzinsuffizienz führt. Dementsprechend gehören diese Substanzen fraglos zu den Hauptsäulen der Herzinsuffizienz-Therapie (siehe Kapitel 4.4).

4.9.2 Angiotensin II-Rezeptor-Typ 1 (AT1) Blockade versus ACE-Hemmung

Theoretische Überlegungen und experimentelle Daten

Seit der Entwicklung der AT1-Rezeptor-Antagonisten gibt es neben der ACE-Hemmung und dem Aldosteron-Antagonismus eine weitere Möglichkeit die Aktivierung des RAAS zu inhibieren. Während ACE-Hemmer die Bildung von AngII (teilweise) blockieren, verhindern AT1-Rezeptor-Blocker die Bindung von AngII an seinen Rezeptor.

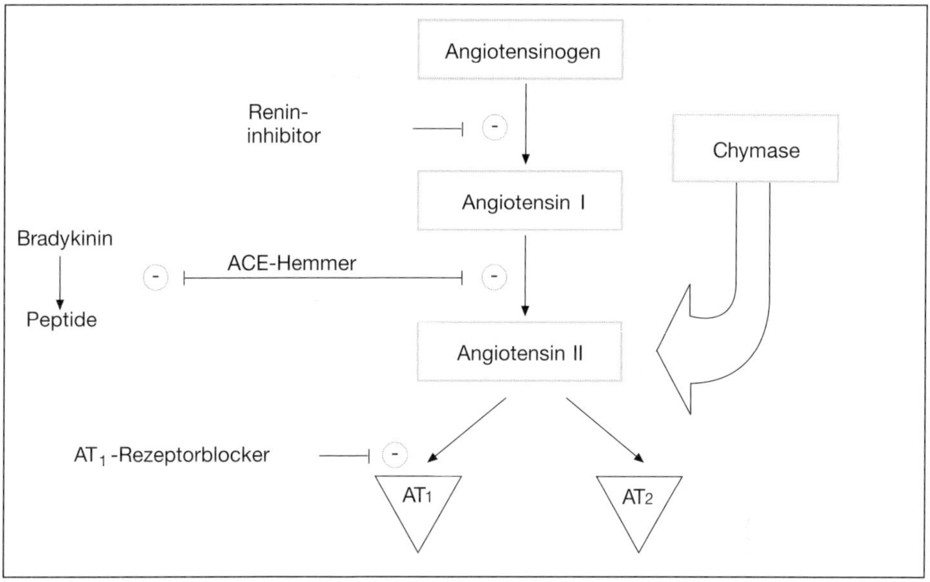

Abb. 4.26 Das Renin-Angiotensin-Aldosteron-System (RAAS) und seine pharmakologische Beeinflussbarkeit.

Der Angriffspunkt ist also selektiver und weiter unten in der Signaltransduktionskaskade (siehe Abb. 4.26). Es gibt einige experimentelle Befunde, die dafür sprechen, dass eine selektive Hemmung von AT1-Rezeptoren der Hemmung des ACE zumindest ebenbürtig möglicherweise aber auch überlegen sein sollte.

1. Viele für die Herzinsuffizienz ungünstige Wirkungen des AngII (Vasokonstriktion, Hypertrophie) werden vor allem auf seine Aktivität am AT1-Rezeptor zurückgeführt. Demgegenüber scheint eine Aktivierung des AT2-Rezeptors sogar die NO-Freisetzung und eine Vasodilatation zu begünstigen (siehe Abb. 4.27) (De Gasparo et al., 2000). Eine selektive Blockade des AT1-Rezeptors erlaubt weiterhin die möglicherweise wünschenswerte Stimulation von AT2-Rezeptoren.

2. Im Hinblick auf die hämodynamischen Wirkungen einer AT1-Rezeptor-Blockade haben frühe Studien belegt, dass diese ähnlich günstig wie die von ACE-Hemmern sind (Gottlieb et al., 1993).

3. AT1-Blocker sind im pharmakodynamischen Sinne eine 'sauberere' Substanz als ACE-Hemmer, da sie selektiv die Aktivierung des AT1-Rezeptors blockieren, während durch ACE-Hemmung die Aktivierung von AT1- und AT2-Rezeptoren und zusätzlich der Abbau von Bradykininen gehemmt wird. Dadurch erklären sich zumindest einige der Nebenwirkungen von ACE-Hemmern (z.B. der Husten) (Pitt et al., 1995).

4. Ein Teil des AngII wird unabhängig vom ACE gebildet und kann deshalb durch ACE-Hemmer nicht blockiert werden. Am menschlichen Herzen gibt es Hinweise dafür, dass sogar 85 % des AngII durch Chymasen gebildet werden, und dass Chymasen im insuffizienten Myokard stärker exprimiert werden

AT_1 - Rezeptor	AT_2 - Rezeptor
■ Vasokonstriktion	■ Vasodilatation
■ Flüssigkeits- und Na-Retention	■ Antiproliferative Effekte
■ Hypertrophie glatter Muskelzellen	■ Hemmung von Zellwachstum
■ Fibrose des Myokards und der Gefäßwand	■ Reparative Vorgänge am Gewebe
■ Hypertrophie des Myokards	■ Vermehrte Bildung von Stickstoffmonoxid (NO)
■ Vermehrte Endothelinsekretion	■ Vermehrte Sensitivität von Bradykinin 2-Rezeptoren
■ Bahnung der sympatho-adrenergen Aktivierung	
■ Stimulierung der Sauerstoff-Radikalbildung	
■ Negativer Einfluss auf Gerinnung (PAI-1)	

Abb. 4.27 Unterschiedliche physiologische und pathophysiologische Wirkungen bei Stimulation von AT1- und AT2-Rezeptoren.

(Urata et al., 1995). Daher ist die RAAS-Blockade durch AT1-Rezeptorantagonisten möglicherweise vollständiger (siehe Abb. 4.26).

Schließlich ist auch denkbar, dass die Kombination aus ACE-Hemmung und AT1-Rezeptor-Blockade Vorteile bringen könnte. Dieser Überlegung liegt die Hypothese zugrunde, dass Bradykinine, deren Abbau durch ACE-Hemmer blockiert wird, eher günstige als ungünstige Wirkungen haben könnten. So wurde beschrieben, dass Bradykinine die Produktion von NO und anderen vasoaktiven Substanzen erhöhen können (Gainer et al., 1998). Darüberhinaus könnte der pro-angiogentische Effekt von ACE-Hemmern auch auf die gesteigerte Aktivität von Bradykininen zurückzuführen sein (Silvestre et al., 2001).

4.9.3 Pharmakologie der AT1-Rezeptor-Blocker

Obwohl die einzelnen AT1-Blocker im Hinblick auf ihren Wirkmechansimus weitgehend übereinstimmen, zeigen sie gewisse Unterschiede in ihrer Pharmakokinetik und Pharmakodynamik, die klinisch von Bedeutung sein könnten (siehe Tab. 4.34). Einige AT1-Blocker (Eprosartan, Irbesartan, Telmisartan und Valsartan) werden als aktive Substanz appliziert, andere (Candesartan und Olmesartan) werden als echte 'Prodrugs' verabreicht (Candesartan cilexetil und Olmesartan medoxomil), die schon während der gastrointestinalen Absorption vollständig zur aktiven Form metabolisiert werden. Losartan, die erste Substanz, die 1995 zur Behandlung der arteriellen Hypertonie zugelas-

Tab. 4.34 Pharmakokinetische Eigenschaften der AT1-Antagonisten.

	T_{max} (h)	BV (%)	t1/2 (h)	Wirk-dauer (h)	PEB (%)	VV (l)	E renal (%)	Dosis/d (mg)	Pro-drug	Handels-name
Candesartan cilexetil		0						4–16	Ja	Atacand® Blopress®
Candesartan	4	42	9	24	99,5	9	59		–	–
Eprosartan	1,5	13	4,5–8	24	98	13	37	600–800	Nein	Teveten®
Irbesartan	1–2	80	13–17	24	90–96	53	23	75–300	Nein	Karvea® Aprovel®
Losartan	1	33	2	4–6	98,7	34	43	50–100	Ja	Lorzaar®
EXP3174	3–4		6–7	24	99,8	12			–	–
Olmesartan medoxomil	2	26	11		> 99	16–29	40	10–40	Ja	Olmetec®
Telmisartan	1	43	14	24	> 99	500	2	20–80	Nein	Micardis®
Valsartan	2	25	6–7	24	94–97	17	30	80–160	Nein	Diovan®

Tmax: Zeit bis zur maximalen Plasmakonzentration; BV: Bioverfügbarkeit; t1/2: Halbwertszeit; PEB: Plasmaeiweißbindung; VV: Verteilungsvolumen; Erenal; renale Elimination. Modifiziert nach (Dominiak und Unger, 1999) und (Laais et al., 2001).

sen wurde und selbst nur eine schwächere Rezeptor-blockierende Potenz hat, wird in der Leber zu dem aktiven Metaboliten EXP 3174 umgewandelt (siehe Tab. 4.34).

Im Hinblick auf ihr Verteilungsvolumen und ihre Gewebepenetranz gibt es deutliche Unterschiede unter den AT1-Rezeptorblockern. So können zum Beispiel Candesartan und Telmisartan die Blut-Hirn-Schranke besser überwinden als Irbesartan und Losartan. Zwar könnten diese Unterschiede besonders für die Gewebeprotektion klinisch bedeutsam sein, und Candesartan verhinderte die Folgen eines experimentellen Schlaganfalls eindrucksvoller als andere AT1-Blocker. Andererseits weisen zum Beispiel die Ergebnisse der LIFE-Studie darauf hin, dass auch Losartan trotz schlechterer Gewebepenetranz in geeigneter hoher Dosierung die Schlaganfall-Inzidenz bei Hypertonikern deutlich senken kann (Dahlof et al., 2002).

Alle AT1-Rezeptorblocker haben eine äußerst hohe Selektivität für den AT1-Rezeptor (Selektivitätsfaktor vs. AT2-Rezeptoren > 10000). Sie binden als kompetitive Hemmstoffe am AT1-Rezeptor, das heißt sie können durch hohe Konzentrationen von Angiotensin II wieder von ihrer Bindungsstelle verdrängt werden. Jedoch unterscheiden sie sich in ihrer Bindungskinetik, d. h. der Schnelligkeit, mit der sie am Rezeptor binden und sich von ihm wieder ablösen. Die Ablösezeit schwankt zwischen wenigen Minuten (Eprosartan, Losartan-Muttersubstanz) und mehreren Stunden (Candesartan, Olmesartan) – Irbesartan, EXP3174 (aktiver Metabolit von Losartan), Telmisartan und Valsartan liegen dazwischen. Eine längere Ablösezeit hat zur Folge, dass unter bestimmten experimentellen Bedingungen eine AT1-Rezeptorblockade durch Angiotensin II nicht mehr überwunden werden kann (*insurmountability*). Die klinische Bedeutung dieser pharmakologischen Unterschiede ist jedoch noch nicht abschließend geklärt.

4.9.4 Therapie der Herzinsuffizienz mit AT1-Antagonisten

Aufgrund der experimentellen Daten und theoretischer Überlegungen erscheint es also nicht unwahrscheinlich, dass die selektive Blockade von AT1-Rezeptoren bei Herzinsuffizienz ebenso gut oder sogar besser wirksam ist als die Hemmung des ACE. Selbst bei gleichwertiger Effektivität aber besserer Verträglichkeit von AT1-Rezeptor-Blockern sollte diese Substanzklasse einen Stellenwert bei der Herzinsuffizienztherapie haben.

Bei Patienten mit arterieller Hypertonie und linksventrikulärer Hypertrophie (als Vorstadien der Herzinsuffizienz) zeigte sich, dass eine AT1- Rezeptorblockade mit Losartan wirksamer ist als eine Therapie mit dem β-Blocker Atenolol, um die kardiovaskuläre Morbidität und Mortalität zu verringern (LIFE-Studie, Losartan Intervention For Endpoint reduction, n = 9193) (Dahlof et al., 2002). Das Ergebnis dieser Studie weist eindrücklich darauf hin, dass nicht nur die Blutdrucksenkung als solche, sondern auch die Wege dorthin von Bedeutung sind (siehe Abb. 4.28).

Ähnliches könnte für die Therapie der Herzinsuffizienz gelten. Die erste größere Studie, in der die Wirkung eines AT1-Blockers (Losartan) versus ACE-Hemmer (Captopril) untersucht wurde, war die ELITE-1 Studie (Evaluation of Losartan In The Elderly) (Pitt et al., 1997). Behandelt wurden 722 Patienten über 65 Jahre, die eine Herzinsuffizienz

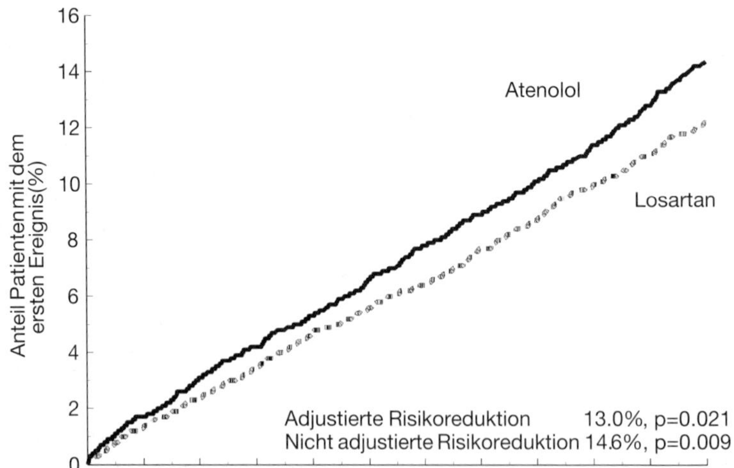

	Studienmonat	0	6	12	18	24	30	36	42	48	54	60	66
Anzahl	Losartan (n)	4605	4524	4460	4392	4312	4247	4189	4112	4047	3897	1889	901
mit Risiko	Atenolol (n)	4588	4494	4414	4349	4289	4205	4135	4066	3992	3821	1854	876

Abb. 4.28 Ergebnisse der LIFE-Studie (Losartan Intervention For Endpoint reduction): Kombinierter Endpunkt bei Patienten mit Hypertonie (Dahlof et al., 2002).

NYHA II-IV und eine linksventrikuläre Auswurffraktion < 40% hatten. Nach 48 Wochen zeigte sich, dass in beiden Gruppen der primäre Endpunkt (Anstieg des Serumkreatinins um 0,3 mg/dl) gleich häufig erreicht wurde. Interessanterweise zeigte sich aber beim sekundären Endpunkt, der Gesamtmortalität, ein Vorteil in der Losartan-Gruppe (4,8% vs. 8,7%, P = 0,035) (Pitt et al., 1997). ELITE-1 war aber nicht konzipiert, um einen Vorteil für Losartan in der Gesamtmortalität nachzuweisen, so dass das Ergebnis nur eine Hypothese für weitere Studien sein konnte. Andererseits wurde in einer anderen Studie (RESOLVD, Randomized Evaluation of Strategies for Left Ventricular Dysfunction), bei der 768 Patienten (NYHA II-IV) entweder mit Candesartan oder mit Enalapril behandelt wurden, kein Mortalitätsunterschied gefunden (McKelvie et al., 1999).

Um diese Unklarheiten zu beseitigen wurde ELITE-2 konzipiert (Pitt et al., 2000). 3152 Patienten (> 60 Jahre, NYHA II-IV, EF < 40%) wurden eingeschlossen und im Mittel über 555 Tage beobachtet. Die mittlere jährliche Sterblichkeit war in der Losartan-Gruppe ähnlich hoch wie in der Captopril-Gruppe (11,7% gegenüber 10,4%). Obwohl in beiden Substanzgruppen eine ähnliche Sterblichkeit nachgewiesen wurde, kann mit der ELITE-2 Studie genau genommen nicht die Frage beantwortet werden, ob Losartan genauso gut oder zumindest nicht schlechter ist als Captopril. Dies liegt daran, dass die Studie statistisch nur konzipiert war, um eine Überlegenheit nicht aber eine Gleichwertigkeit von Losartan zu zeigen.

Damit konnte also bisher keine Überlegenheit eines AT1-Rezeptorblockers gegenüber einem ACE-Hemmer nachgewiesen werden. Nichtsdestotrotz darf die deutlich bessere Veträglichkeit, die in allen bisher durchgeführten Studien nachgewiesen wurde, nicht unerwähnt bleiben (z.B. Losartan vs. Captopril in ELITE-1) (Pitt et al., 1997).

Wie oben bereits ausgeführt, gibt es neben der Hypothese, dass AT1-Rezeptoren-Blocker den ACE-Hemmern in der Herzinsuffizienztherapie überlegen sein könnten, auch Grund zu der Annahme, dass eine kombinierte Hemmung der AT1-Rezeptoren und des ACE die bessere Therapie sein könnte. Positive Ergebnisse in kleineren Studien unterstützen dieses Hypothese (McKelvie et al., 1999), und in der Val-HeFT-Studie (Valsartan in Heart Failure Trial) wurde sie getestet (Cohn und Tognoni, 2001). 5010 Patienten (NYHA II-IV, LVEF < 40%) erhielten zusätzlich zur bisherigen Herzinsuffizienztherapie (ca. 35% β-Blocker, ca. 93% ACE-Hemmer) entweder Valsartan (160 mg pro Tag) oder Plazebo. Die Gesamtmortalität war in beiden Gruppen über den Studienverlauf (im Mittel 23 Monate) gleich (19,7% Valsartan vs. 19,4% Plazebo). Der kombinierte Endpunkt aus Mortalität und Morbidität, definiert als die Inzidenz von Herzstillstand mit Reanimation, Krankenhausaufnahme wegen Herzinsuffizienz oder Gabe einer intravenösen inotropen oder vasodilatatorischen Therapie für mindestens 4 Stunden, wurde jedoch in der Valsartan-Gruppe seltener erreicht (28,8% vs. 32,1%, P = 0,009) (siehe Abb. 4.29). Dieser Unterschied beruht vor allem auf einer niedrigeren Anzahl von Patienten, die wegen Herzinsuffizienz stationär aufgenommen wurden (13,8% vs. 18,2%, P < 0,001). Ebenso verbesserte die Therapie mit Valsartan die NYHA-Klasse, die Auswurffraktion, Zeichen und Symptome der Herzinsuffizienz und die Lebensqualität (Cohn und Tognoni, 2001).

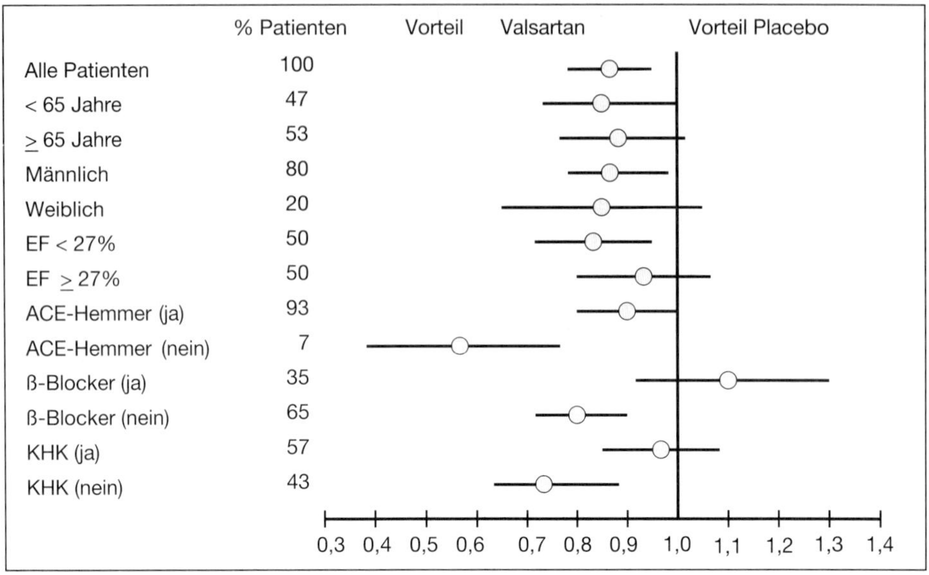

Abb. 4.29 Ergebnisse der Val-HeFT-Studie (Valsartan in Heart Failure Trial): Kombinierter Endpunkt bei Patienten mit Herzinsuffizienz – Subgruppenanalyse (Cohn und Tognoni, 2001).

In der post-hoc Untergruppenanalyse zeigte sich, dass besonders die Patienten profitierten, die keinen ACE-Hemmer einnahmen (nur 7 % der Studienpopulation), aber auch die Patienten, die keinen β-Blocker einnahmen (65 % der Studienpopulation). Bei Patienten, die zuvor sowohl mit ACE-Hemmer als auch mit β-Blocker behandelt worden waren (ca. 30 % der Studienpopulation), führte die zusätzliche Behandlung mit Valsartan zu einer signifikant erhöhten Mortalität (P = 0,009). Bei Patienten, die zuvor mit β-Blocker behandelt wurden, gab es einen Trend zu einem schlechteren Outcome (siehe Abb. 4.29) (Cohn und Tognoni, 2001). Ob dieser Befund zufallsbedingt ist oder eine tatsächliche unvorteilhafte Interaktion darstellt, kann mit dieser Studie allerdings nicht beantwortet werden.

Aus pathophysiologischer Sicht steht außer Zweifel, dass die Blockade des RAAS ein günstiges Prinzip zur Therapie der Herzinsuffizienz ist. Daher wird gemeinhin angenommen, dass auch AT1-Blocker bei dieser Indikation effektive Medikamente sind. Interessanterweise gibt es nur wenige kleine Studien, die die Wirksamkeit von AT1-Blockern mit Plazebo bei herzinsuffizienten Patienten (ohne ACE-Hemmer-Therapie) verglichen haben. Aus Meta-Analysen dieser Studien, lässt sich ein Vorteil von AT1-Inhibitoren gegenüber Plazebo im Hinblick auf die Mortalität von Patienten mit Herzinsuffizienz ableiten, der ebenso bei den Daten aus ELITE-2 (im Vergleich mit den Plazebo-Daten aus SOLVD) und von den Daten aus Val HeFT (Subgruppe ohne ACE-Hemmer) unterstützt wird (Erdmann et al., 2000; Sharma et al., 2000). Allerdings gibt es bis heute keine große randomisierte Studie, die eine eindeutige Überlegenheit von AT1-Blockern gegenüber Plazebo bei der Behandlung der Herzinsuffizienz (ohne ACE-Hemmer) gezeigt

Tab. 4.35 Klinische Studien zum Einsatz von AT1- Rezeptor- Antagonisten.

Studie	Einschluss-kriterien	Therapie	Beobachtungs-zeitraum	Ergebnis
LIFE	Hypertonie und LV Hypertrophie	Losartan vs. Atenolol	> 4 Jahre	Losartan ist besser
ELITE-II (n = 3152)	Alter > 60 Jahre LVEF < 40 % NYHA II–IV	Losartan vs. Captopril	im Mittel 555 Tage	Losartan ist nicht besser als Captopril
Val-HeFT (n = 5010)	NYHA II–IV LVEF < 40 % und LVIDD > 2,9 cm/m^2	Valsartan vs. Placebo zusätzlich zur bestehenden HI- Therapie	im Mittel 23 Monate	Valsartan ist besser als Placebo (Cave: Subgruppenanalyse!)
CHARM (n = 7601)	NYHA II–IV	1) Candesartan vs. Placebo 2) Candesartan plus ACE-Hemmer vs. ACE-Hemmer 3) Candesartan bei HI mit LVEF > 40 %	> 2 Jahre	Läuft bis 2003
OPTIMAAL (n = 5477)	Post-Myokardinfarkt und Zeichen der HI	Losartan vs. Captopril	im Mittel 2,7 Jahre	Losartan nicht besser als Captopril
VALIANT (n = 14500)	Post-Myokardinfarkt und Zeichen der HI	Valsartan vs. Captopril und Valsartan plus Captopril vs. Captopril	bis 2700 Todesfälle aufgetreten sind	Läuft bis 2003

HI, Herzinsuffizienz; LV, linksventrikulär; LVEF, linksventrikuläre Auswurffraktion; NYHA, New York Heart Association; ACE, Angiotensin Converting Enzym, LVIDD, linksventrikulärer interner Durchmesser in Diastole.

hat. Deshalb sind AT1-Blocker bei Herzinsuffizienz derzeit nur indiziert, wenn ACE-Hemmer nicht vertragen werden.

Einige der offenen Fragen können möglicherweise mit den Ergebnissen der CHARM-Studie (Candesartan in Heart failure – Assessment of Reduction in Mortalitiy and morbidity) beantwortet werden (Swedberg et al., 1999). In dieser Studie wird in zwei von drei Studienprotokollen die Therapie von Patienten mit Herzinsuffizienz und einer LVEF < 40 % untersucht: In 'alternative CHARM' werden 2028 Patienten, die keinen ACE-Hemmer einnehmen (Candesartan vs. Plazebo), beobachtet. Damit wird es in einer großen Studie den Nachweis der Wirksamkeit von AT1-Rezeptorantagonisten bei Herzinsuffizienz geben. In 'added CHARM' wird die zusätzliche Gabe von Candesartan zu ACE-Hemmer bei 2548 Patienten geprüft. Bei dieser Teilstudie werden 55 % der Patienten zusätzlich mit einem β-Blocker therapiert, so dass von dieser Studie auch weitere Aufschlüsse über eine Interaktion von AT1-Rezeptorantagonisten mit β-Blockern erwartet werden können (Swedberg et al., 1999). Die Ergebnisse werden im Jahr 2003 erwartet.

4.9.5 Post-Infarkt Studien

Häufige Ursache für die Entwicklung einer Herzinsuffizienz ist die ischämische Herzerkrankung und der Herzinfarkt. Für ACE-Hemmer wurde in mehreren großen Studien gezeigt, dass sie Überleben verlängern, wenn sie kurz nach einem Infarktereignis verabreicht werden (siehe Kapitel 4.4). Dieses Therapiekonzept wurde in der OPTIMAAL-Studie (OPtimal Trial In Myocardial infarction with the Angiotensin II Antagonist Losartan) auf AT1-Rezeptorenblocker übertragen, und die Therapie mit Losartan wurde mit Captopril bei 5477 Patienten mit akutem Myokardinfarkt verglichen (Dickstein und Kjekshus 2002). Die Mortalität als primärer Endpunkt war vergleichbar in beiden Gruppen (18 % vs. 16 %, mittlerer Beobachtungszeitraum 2,7 Jahre). Ebenso wurden die sekundären und tertiären Endpunkte wie plötzlicher Herztod, Reinfarkt und Krankenhausaufnahmen in beiden Gruppen gleich häufig erreicht. Wie bei allen AT1-Rezeptor-Blocker versus ACE-Hemmer-Studien war der AT1-Rezeptor-Blocker besser verträglich ($P < 0{,}0001$) (Dickstein und Kjekshus, 2002). Wiederum erlaubt das Studien-Design streng genommen keine Aussage darüber, ob Losartan ebenso gut wirksam war wie Captopril.

Die VALIANT-Studie (VALsartan In Acute myocardial iNfarcTion) hat drei Behandlungsgruppen mit Valsartan, Captopril und einer Kombinationstherapie. Sie soll bei 14500 Patienten mit eingeschränkter kardialer Funktion nach Myokardinfarkt testen, ob der AT1-Blocker oder eine Kombinationstherapie gegenüber dem ACE-Hemmer überlegen ist. VALIANT ist aber auch so konzipiert, dass eine nicht Unterlegenheit mit großer statistischer Wahrscheinlichkeit ermittelt werden kann (Pfeffer et al., 2000). Die Ergebnisse werden für Ende 2003 erwartet.

4.9.6 Empfehlungen der Leitlinien

Als Reaktion auf die verminderte kardiale Leistung bei Herzinsuffizienz ist die Aktivität des systemischen und des lokalen RAAS zusammen mit anderen neurohumoralen Systemen gesteigert. Die Blockade des RAAS durch ACE-Hemmer und Aldosteron-Antagonisten ist eine sinnvolle und bewährte Therapiestrategie bei Herzinsuffizienz. AT1-Rezeptor-Blocker erscheinen aufgrund ihrer spezifischen Wirkung am AT1-Rezeptor und der geringen Nebenwirkungen ein guter Ersatz oder eine gute Ergänzung für ACE-Hemmer zu sein. Die Verträglichkeit der Substanzen dieser Klasse ist tatsächlich in allen Studien höher als die der ACE-Hemmer. Eine Überlegenheit von AT1-Rezeptor-Antagonisten gegenüber ACE-Hemmern konnte bisher in keiner Studie bei der Therapie der chronischen Herzinsuffizienz oder post-Myokardinfarkt nachgewiesen werden. Auch ist eine lebensverlängernde Wirkung der AT1-Rezeptorblocker bei chronischer Herzinsuffizienz bisher nicht eindeutig belegt. Gleiches gilt für die Kombination aus AT1-Rezeptorantagonisten und ACE-Hemmern. Bis auf weiteres bleiben damit ACE-Hemmer die Therapeutika der Wahl, um die Aktivität des RAAS bei Herzinsuffizienz zu senken und sowohl die Symptome als auch das Überleben der Patienten zu verbessern. Die AT1-Blocker Losartan (in Deutschland) und

Valsartan (in den U.S.A.) wurden aber zur Therapie von Patienten mit Herzinsuffizienz zugelassen, wenn ein ACE-Hemmer aufgrund von Unverträglichkeiten nicht gegeben werden kann. Diese Indikation für AT1-Rezeptor-Blocker bei Herzinsuffizienz entspricht auch den Empfehlungen der Leitlinien nationaler und internationaler kardiologischer Gesellschaften (Hoppe und Erdmann, 2001; Remme und Swedberg, 2001; Hunt et al., 2001). Sie wurden als Klasse IIa oder B eingestuft, welches bedeutet, dass die bisherige Datenlage und die allgemeine Meinung eher dafür spricht, dass sie therapeutisch nützlich sind.

Literatur

Cohn, J. N., Tognoni, G.: A randomized trial of the angiotensin-receptor blocker valsartan in chronic heart failure. N.Engl.J.Med. **345**, 1667-1675 (2001).

Dahlof, B., Devereux, R. B., Kjeldsen, S. E., Julius, S., Beevers, G., Faire, U., Fyhrquist, F., Ibsen, H., Kristiansson, K., Lederballe-Pedersen, O., Lindholm, L. H., Nieminen, M. S., Omvik, P., Oparil, S., Wedel, H.: Cardiovascular morbidity and mortality in the Losartan Intervention For Endpoint reduction in hypertension study (LIFE): a randomised trial against atenolol. Lancet **359**, 995-1003 (2002).

De Gasparo, M., Catt, K. J., Inagami, T., Wright, J. W., Unger, T.: International union of pharmacology. XXIII. The angiotensin II receptors. Pharmacol Rev **52**, 415-472 (2000).

Dickstein, K., Kjekshus, J.: Effects of losartan and captopril on mortality and morbidity in high-risk patients after acute myocardial infarction: the OPTIMAAL randomised trial. Optimal Trial in Myocardial Infarction with Angiotensin II Antagonist Losartan. Lancet **360**, 752-760 (2002).

Dominiak, P., Unger, T.: AT1-Rezeptorantagonisten Angiotensin II. Steinkopff Verlag, Darmstadt (1999).

Erdmann, E., George, M., Voet, B., Belcher, G., Kolb, D., Hiemstra, S., Pietrek, M., Held, P.: The safety and tolerability of candesartan cilexetil in CHF. *J Renin Angiotensin Aldosterone Syst* **1 Suppl 1**:31-36 (2000).

Gainer, J. V., Morrow, J. D., Loveland, A., King, D. J., Brown, N. J.: Effect of bradykinin-receptor blockade on the response to angiotensin-converting-enzyme inhibitor in normotensive and hypertensive subjects. *N Engl J Med* **339**, 1285-1292 (1998).

Gottlieb, S. S., Dickstein, K., Fleck, E., Kostis, J., Levine, T. B., LeJemtel, T., DeKock, M.: Hemodynamic and neurohormonal effects of the angiotensin II antagonist losartan in patients with congestive heart failure. Circulation **88**,1602-1609 (1993).

Helin, K., Stoll, M., Meffert, S., Stroth, U., Unger, T.: The role of angiotensin receptors in cardiovascular diseases. Ann Med **29**, 23-29 (1997).

Hoppe, U. C., Erdmann, E.: Leitlinien zur Therapie der chronischen Herzinsuffizienz. *Z* Kardiol **90**, 218-237 (2001).

Hunt, S. A., Baker, D. W., Chin, M. H., Cinquegrani, M. P., Feldman, A. M., Francis, G. S., Ganiats, T. G., Goldstein, S., Gregoratos, G., Jessup, M. L., Noble, R. J., Packer, M., Silver, M. A., Stevenson, L. W., Gibbons, R. J., Antman, E. M., Alpert, J. S., Faxon, D. P., Fuster, V., Gregoratos, G., Jacobs, A. K., Hiratzka, L. F., Russell, R. O., Smith, S. C. Jr.: ACC/AHA Guidelines for the Evaluation and Management of Chronic Heart Failure in the Adult: Executive Summary A Report of the American College of Cardiology/American Heart Association Task Force on Practice Guidelines (Committee to Revise the 1995 Guidelines for the Evaluation and Management of Heart Failure): Developed in Collaboration With the International Society for Heart and Lung Transplantation; Endorsed by the Heart Failure Society of America. Circulation **104**, 2996-3007 (2001).

Laeis, P., Puchler, K., Kirch, W.: The pharmacokinetic and metabolic profile of olmesartan medoxomil limits the risk of clinically relevant drug interaction. J Hypertens Suppl **19 Suppl 1**, S21-S32 (2001).

McKelvie, R. S., Yusuf, S., Pericak, D., Avezum, A., Burns, R. J., Probstfield, J., Tsuyuki, R. T., White, M., Rouleau, J., Latini, R., Maggioni, A., Young, J., Pogue, J.: Comparison of candesartan, enalapril, and their combination in congestive heart failure: randomized evaluation of strategies for left ventricular dysfunction (RESOLVD) pilot study. The RESOLVD Pilot Study Investigators. Circulation **100**, 1056-1064 (1999).

Nickenig, G.: Central role of the AT(1)-receptor in atherosclerosis. J Hum Hypertens **16 Suppl 3**, S26-S33 (2002).

Pfeffer, M. A., McMurray, J., Leizorovicz, A., Maggioni, A. P., Rouleau, J. L., Van de, W. F., Henis, M., Neuhart, E., Gallo, P., Edwards, S., Sellers, M. A., Velazquez, E., Califf, R.: Valsartan in acute myocardial infarction trial (VALIANT): rationale and design. Am Heart J **140**, 727-750 (2000).

Pitt, B., Chang, P., Timmermans, P. B.: Angiotensin II receptor antagonists in heart failure: rationale and design of the evaluation of losartan in the elderly (ELITE) trial. Cardiovasc Drugs Ther **9**, 693-700 (1995).

Pitt, B., Poole-Wilson, P. A., Segal, R., Martinez, F. A., Dickstein, K., Camm, A. J., Konstam, M. A., Riegger, G., Klinger, G. H., Neaton, J., Sharma, D., Thiyagarajan, B.: Effect of losartan compared with captopril on mortality in patients with symptomatic heart failure: randomised trial--the Losartan Heart Failure Survival Study ELITE II. Lancet **355**, 1582-1587 (2000).

Pitt, B., Segal, R., Martinez, F. A., Meurers, G., Cowley, A. J., Thomas, I., Deedwania, P. C., Ney, D. E., Snavely, D. B., Chang, P. I.: Randomised trial of losartan versus captopril in patients over 65 with heart failure (Evaluation of Losartan in the Elderly Study, ELITE). Lancet **349**, 747-752 (1997).

Remme, W. J. Swedberg, K.: Guidelines for the diagnosis and treatment of chronic heart failure. Eur Heart J **22**, 1527-1560 (2001).

Sharmam D., Buyse, M., Pitt, B., Rucinska, E. J.: Meta-analysis of observed mortality data from all-controlled, double-blind, multiple-dose studies of losartan in heart failure. Losartan Heart Failure Mortality Meta-analysis Study Group. Am J Cardiol **85**, 187-192 (2000).

Silvestre, J. S., Bergaya, S., Tamarat, R., Duriez, M., Boulanger, C. M., Levy, B. I.: Proangiogenic effect of angiotensin-converting enzyme inhibition is mediated by the bradykinin B(2) receptor pathway. Circ Res **89**, 678-683 (2001).

Studer, R., Reinecke, H., Muller, B., Holtz, J., Just, H., Drexler, H.: Increased angiotensin-I converting enzyme gene expression in the failing human heart. Quantification by competitive RNA polymerase chain reaction. J Clinm Invest **94**, 301-310 (1994).

Swedberg, K., Pfeffer, M., Granger, C., Held, P., McMurray, J., Ohlin, G., Olofsson, B., Ostergren, J., Yusuf, S.: Candesartan in heart failure–assessment of reduction in mortality and morbidity (CHARM): rationale and design. Charm-Programme Investigators. J Card Fail **5**, 276-282 (1999).

Urata, H., Nishimura, H., Ganten, D.: Mechanisms of angiotensin II formation in humans. Eur Heart J **16 Suppl N**, 79-85 (1995).

4.10 Vasodilatantien außer ACE-Hemmer und Angiotensin II (AT1-Rezeptor) Rezeptor-Antagonisten

Ch. Schneider

4.10.1 Pathosphysiologische Aspekte

Die periphere Vasokonstriktion ist eines der grundlegenden pathophysiologischen Kennzeichen der Herzinsuffizienz. Durch die Aktivierung des adrenergen und des Renin-Angiotensin-Aldosteron-Systems kommt es zu einer Erhöhung des peripheren Widerstandes. Dieser Schutzmechanismus zur Aufrechterhaltung der Durchblutung lebenswichtiger Organe (Herz, Hirn) zuungunsten weniger lebenswichtiger Organe (Darm, Muskulatur) macht in der akuten Notfallsituation (z.B. Blutverlust) Sinn. Bei einer chronischen Erkrankung wie der Herzinsuffizienz trägt jedoch die chronische periphere Vasokonstriktion zur weiteren, kontinuierlichen Verschlechterung der Herzleistung bei. Theoretisch sollte es daher sinnvoll sein, Medikamente einzusetzen, die den peripheren Widerstand senken (Cohn et al. 1977). Nach dem Ohm'schen Gesetz ist der Fluss der Quotient aus der Differenz des arteriellen und venösen Drucks und dem (peripheren) Widerstand (Fluss = Delta Druck/Widerstand). Wird daher der periphere Widerstand gesenkt, könnte das Herzminutenvolumen ansteigen. Dabei ist nicht nur die Senkung des peripheren Widerstandes über die Vasorelaxation der arteriellen Widerstandsgefäße (Arteriolen) von Bedeutung, sondern ebenso die Relaxation der venösen Kapazitätsgefäße, die zu einer Senkung des end-diastolischen, des pulmonalen und des system-venösen Druckes führt. Diese Verminderung der Vorlast führt letztlich zu einer Abnahme der pulmonalen und hepatischen Stauung und führt neben einer symptomatischen Verbesserung auch zu einer Verminderung der myokardialen, zellulären Gegenregulationsmechanismen (Genexpression, Freisetzung von natriuretischen Peptiden etc.). Neben den ACE-Hemmern und den AT1-Rezeptor-Antagonisten werden andere Medikamente (z.B. Nitroprussid-Natrium, organische Nitrate, Molsidomin) als Vasodilatantien bei der chronischen Herzinsuffizienz eingesetzt.

4.10.2 Nitrovasodilatatoren

4.10.2.1 Nitroprussidnatrium

Nitroprussid i. v. ist ein starker Vasodilatator des venösen und arteriellen Schenkels des Gefäßsystems der entsprechend Vor- und Nachlast senkt. Da die Substanz schnell zu Zyanid und NO abgebaut wird, wirkt die Substanz sehr rasch und ist geeignet, durch Titrationsschritte zum gewünschten hämodynamischen Ziel zu gelangen. Aufgrund dieser spezifischen Charakteristika wird Nitroprussid routinemäßig nur auf Intensivstationen eingesetzt, die eine kontinuierliche, in der Regel invasive Kontrolle hämodynamischer Parameter gewährleisten. Nitroprussid führt durch Vasodilatation zu einer raschen Zunahme der venösen Kapazität und letztlich zu einer Senkung des linksventrikulären enddiastolischen Druckes. Neben den Effekten im venösen Schenkel führt Nitroprussid unter anderem auch zu einer Nachlast-Senkung und Senkung des pulmonal-vaskulären Widerstandes.

Ein Nachteil der Therapie mit Nitroprussid ist die Entstehung von Zyanid oder Thiocyanaten, die insbesondere bei Anämie oder Nierenfunktionsstörungen zur Intoxikation führen können. Eine Kombination mit Thiosulfaten vermindert die Toxizität.

Nitroprussid sollte nicht verwandt werden bei Patienten mit akuter Myokardischämie (Flaherty et al. 1983; Cohn et al 1982; Steal-Phänomen) oder Aortenstenosen (starke Nachlastsenkung). Bei Patienten mit hohen Füllungsdrücken und akutem Myokardinfarkt sind die Daten widersprüchlich (Cohn et al. 1982; Durer et al 1982), so dass eine Empfehlung nicht gegeben werden kann.

4.10.2.2 Organische Nitrate und Molsidomin

Nitrate und Molsidomin führen zu einer starken venösen Dilatation und einer geringer ausgeprägten Erweiterung arterieller Widerstandsgefäße. Besonders ausgeprägt ist die dilatierende Wirkung auf Koronargefäße, was letztlich über eine Abnahme der Füllungsdrücke, der Wandspannung und des Sauerstoffbedarfs zu einer Verbesserung der systolischen und diastolischen Myokardfunktion bei Patienten mit ischämischer Kardiomyopathie beitragen kann (Fallen et al. 1995). Die Rolle einer Nitrat-Therapie im Therapie-Algorithmus herzinsuffizienter Patienten ist unklar, da keine qualitativ guten Daten existieren, die eindeutig einen günstigen Effekt für Nitrate oder Molsidomin auf harte Endpunkte (Tod) zeigen. Lediglich die Kombination Nitrat (160 mg Isosorbiddinitrat) und Hydralazin (300 mg) führte im Vergleich zu Plazebo zu einer signifikanten Abnahme der Sterblichkeit (Cohn et al. 1986), diese Medikamenten-Kombination war aber einer ACE-Hemmer-Therapie mit 20 mg Enalapril unterlegen (Cohn et al. 1991) (siehe Abb. 4.30).

In einigen kleineren Studien wurden Nitrate zusätzlich zu ACE-Hemmern bei Patienten mit systolischer Herzinsuffizienz gegeben. Es konnte gezeigt werden, dass es unter der zusätzlichen Nitrat-Gabe zu einer Verbesserung der Belastbarkeit (Lewis et al. 1999; Elkayam et al. 1999) und einer günstigen Beeinflussung der linksventrikulären Remodelling (Wieshammer et al. 2001; Elkayam et al. 1999) kommt. Problematisch ist bei der regelmäßigen Gabe von Nitraten die Toleranzentwicklung, der durch eine nächtliche Nitrat-Pause vorgebeugt werden kann. Penta-erithrityltetranitrat, ein älteres Langzeit-Nitrat, scheint hier günstiger zu sein und zu deutlich weniger Toleranz zu führen. Inwieweit Penta-erithrityl-tetranitrat als Therapeutikum bei Herzinsuffizienz einsetzbar ist, ist – trotz einzelner Ergebnisse (Amsterdam et al. 1980; Schneider et al. 2003) – zur Zeit nicht abschätzbar.

Die Toleranzentwicklung ist bei **Molsidomin** ebenfalls wesentllich geringer ausgeprägt als bei Mono- oder Dinitraten. Molsidomin ist ein Prodrug, dessen wirksames Molekül (SIN-A1) durch enzymatische Abspaltung des Ethoxycarbonylrestes und Ringöffnung entsteht.

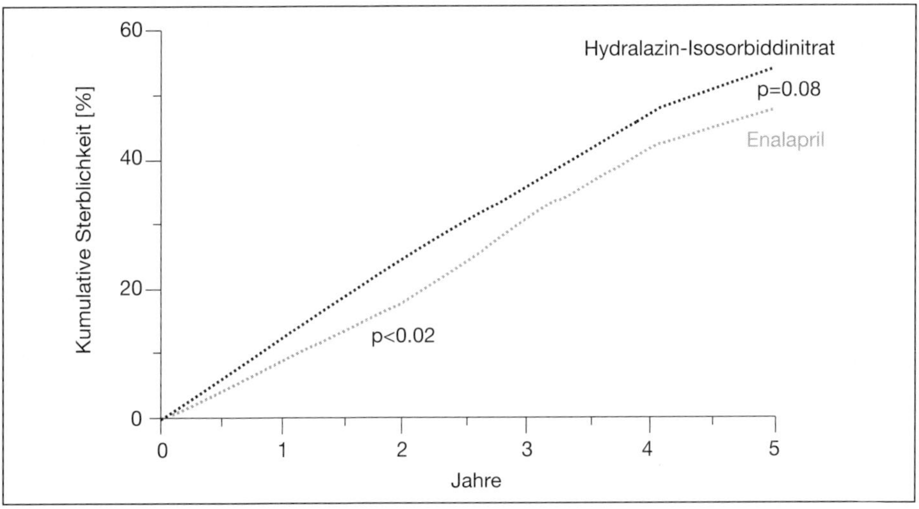

Abb. 4.30 Ergebnisse der V-HEFT-Studie zeigen, dass die Therapie mit dem ACE Hemmer Enalapril einer Kombinationstherapie mit Nitrat und Hydralazin überlegen ist (Cohn et al. N Engl J Med 1991, 325: 303).

Ähnlich wie bei den Nitraten kommt es zur Vasodilatation durch Freisetzung von NO. Im Akutversuch (Lehmann et al. 1998; Unger et al. 1994) bei herzinsuffizienten Patienten konnte gezeigt werden, dass Molsidomin, anders als Isosorbidmononitrat, zu einer signifikanten Abnahme des Blutdrucks und des systemischen Widerstandes bei gleichzeitiger Erhöhung des Herzminutenvolumens führt. Dies war allerdings von einer erhöhten Renin-Konzentration begleitet, was während einer Nitrat-Therapie nicht nachweisbar war. Weitere, kleinere Studien (Acar et al. 1985, Larbig et al. 1985) haben gezeigt, dass die hämodynamischen Veränderungen unter einer chronischen Molsidomin-Gabe, erhalten bleiben. Die Bedeutung von Molsidomin in der modernen Herzinsuffizienztherapie ist jedoch unklar, da größerer Letalitätsstudien fehlen.

Der routinemäßige Einsatz von Nitraten oder Molsidomin bei Patienten mit Herzinsuffizienz ist zur Zeit nicht empfehlenswert, ihre Anwendung wird in den Leitlinien nicht empfohlen. Sollte man sich aufgrund weiter bestehender Herzinsuffizienz-Symptome unter einer vollen Standardtherapie für den Einsatz von Nitraten entscheiden, ist zu bedenken, dass eine Therapie als individueller Heilversuch mit dem Patienten vereinbart werden muss, da keine dieser Substanzen für die Behandlung der chronischen Herzinsuffizienz zugelassen ist.

4.10.3 Dihydralazin, Hydralazin

Der genaue Wirkmechanismus der Hydrazinophtalazine ist nicht bekannt, diskutiert wird die Hemmung der IP3-vermittelten Kalziumfreisetzung aus dem endoplasmatischen Retikulum, die zu einer ganz überwiegenden arteriellen

Vasorelaxation und damit Senkung des systemischen Widerstandes führt. Wie bei der Nitrattherapie diskutiert, führte eine Kombination von Hydralazin und Nitrat zu einer verbesserten Prognose, diese Therapie war jedoch einer ACE-Hemmer Therapie unterlegen (Cohn et al. 1986, 1991) (siehe Abb. 4.30). Eine potentielle Nische könnte daher für diese Kombination bei solchen Patienten bestehen, die einen ACE-Hemmer nicht vertragen. Es existieren jedoch keine Daten, die systematisch die optimale Therapie bei solchen Patienten untersucht haben. Eine Therapie mit AT1-Rezeptorantagonisten und Beta-Blocker wäre für diese kleine Subgruppe vorzuziehen. Die zusätzliche Gabe von Hydralazin/Nitrat zu einer Beta-Blocker/ACE-Hemmer Kombination ist nicht untersucht.

4.10.4 Brain-Natriuretic peptide (BNP)

BNP ist ein Protein, das in kardialen Ventrikeln als Antwort auf eine Erhöhung der Füllungsdrücke gebildet und sezerniert wird. BNP bindet an Guanylatcyclase-Rezeptoren der glatten Muskelzellen und des Endothels und erhöht die Konzentration des intrazelluären cGMP, was zu einer Relaxation des glatten Gefäßmuskelzellen führt.

In klinischen Untersuchungen mit dekompensierten Herzinsuffizienz-Patienten und rekombinantem, humanem BNP (Neseritide) konnte gezeigt werden, dass es unter einer intravenösen Gabe zu einer dosis-abhängigen Abnahme des pulmonal-kapillaren Verschlussdruckes, des rechtsatrialen und des systemischen arteriellen Druckes kommt. Die Abnahme des peripheren Widerstandes ist begleitet von einer signifikanten Zunahme des Herzminutenvolumens (Mills et al. 1999, Marcus et al. 1996). Diese Wirkung beginnt eine Stunde nach Beginn der Therapie und hält während der gesamten Infusionsdauer an. Es kann zu einer geringen Zunahme der Natrium-Ausscheidung kommen. In einer prospektiven Studie mit 432 Patienten konnte gezeigt werden, dass die hämodynamischen Veränderungen auch von einer symptomatischen Verbesserung begleitet waren (Colucci et al. 2000). Ein prognostisch günstiger Trend zeichnete sich ab, die Gesamtkosten scheinen unter Neseritide niedriger zu sein. (Silver et al. 2002). Trotz dieser ermutigenden Ergebnisse ist zur Zeit noch unklar, welche genaue Rolle Neseritide in der Behandlung akut dekompensierter Patienten spielen wird. Inwieweit Neseritide in der chronischen Behandlung einen Platz finden wird, bleibt abzuwarten.

4.10.5 Endothelin Rezeptor-Antagonisten

Herzinsuffiziente Patienten haben erhöhte Endothelin-Spiegel (MacMurray 1992), als Folge lokaler Hypoxie, Ischämie, Zytokinen und neurohumoralen Faktoren (Noradrenalin, Angiotensin II etc.). Endothelin (ET) 1 führt bei herzinsuffizienten Patienten über eine Aktivierung von Endothelin A und B Rezeptoren zu einer peripheren Vasokonstriktion (Cowburn et al. 1999). Neben der Vasokonstriktion führt Endothelin 1 auch zur Myokardhypertrophie und zur Fibroblasten-Proliferation und beeinflusst die Nierenfunktion. Die Beobach-

Beobachtung, dass Endothelin-Spiegel bei Herzinsuffizienz erhöht und in eine Vielzahl von Herzinsuffizienz-Pathomechanismen involviert sind, legt eine Schlüsselrolle für dieses Protein in der Pathogenese der Herzinsuffizienz nahe. Diese Einschätzung wird von tierexperimentellen Befunden unterstützt, in denen gezeigt werden konnte, dass die frühe Gabe von Endothelin-Rezeptorantagonisten (**Bosentan, Tezosentan**) günstige Wirkungen auf Remodelling und linksventrikuläre Ejektionsfraktion hat (Sakai 1996; Mulder 1997). Diese günstigen Effekte scheinen über die Blockierung des ET-A Rezeptors vermittelt zu werden.

Diese günstigen experimentellen Befunde konnten unter klinischen Langzeit-Bedingungen nicht bestätigt werden, obwohl vielversprechende Befunde während der Akutgabe von nicht-selektiven und selektiven ET-Rezeptorantagonisten erhoben wurden (Torre-Amino et al. 2001; Spieker et al. 2000). In der ENABLE Studie (Williams et al. 2002) wurden 1613 Patienten mit symptomatischer Herzinusffizienz und optimaler Therapie (NYHA III/IV) eingeschlossen und mit **Bosentan** (2 × 125 mg/Tag) behandelt. Nach einem Jahr ergab sich kein Unterschied zur Plazebogruppe in Bezug auf Tod oder Krankenhausaufnahme (39 vs. 40 % (Plazebo)) oder Gesamtsterblichkeit (20 vs. 21 %). Auch in der Subgruppen-Analyse fand sich kein signifikanter Unterschied. **Bosentan** erhöhte sogar das Risiko von Wassereinlagerungen und Krankenhausaufnahmen während der ersten Wochen. Ähnliche Ergebnisse fanden sich für den ET Rezeptorantagonisten **Enrasentan** in der ENCOR-Studie (präsentiert auf der 50. Jahrestagung des American College Of Cardiology Kongress, Florida 2001). In dieser Studie war die Gabe von **Enrasentan** sogar mit einer höheren Inzidenz von unerwünschten Ereignissen verbun-

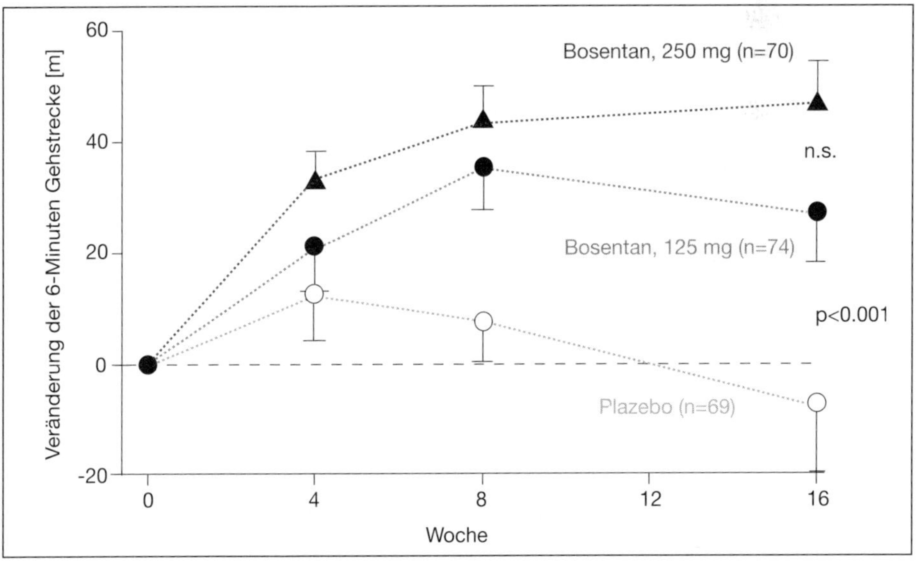

Abb. 4.31 Veränderung der Gehstrecke unter Bosentan Therapie bei Patienten mit primärer pulmonaler Hypertonie. Unter der Therapie kam es zu einer signifkanten Zunahme der Gehstrecke (Rubin et al. N Engl J Med 2002, 346: 896-903).

den, die zum Therapieabbruch führte (21 vs. 8 % für Plazebo).

Günstigere Ergebnisse gibt es für die Behandlung der primären pulmonalen Hypertonie mit **Bosentan** (Rubin et al. 2002; siehe Abb. 4.31). In einer randomisierten, doppel-blinden, plazebokontrollierten Studie mit 213 deutlich symptomatischen Patienten führte eine 16-wöchige Therapie mit maximal 2 × 250 mg **Bosentan** zu einer signifikanten Verbesserung der Gehstrecke um 36 m im Mittel. Auch klinische Parameter verbesserten sich (Borg-Skala, Zeit bis zur klinischen Verschlechterung). Inwieweit die Prognose dieser Patienten durch **Bosentan** verbessert werden kann, ist unklar.

4.10.6 Andere vasodilatierende Medikamente

Eine Vielzahl anderer vasodilatierender Medikamente wurde bei Patienten mit Herzinsuffizienz eingesetzt. Für keine dieser Substanzgruppen konnte ein nachhaltiger Nutzen eindeutig dokumentiert werden.

4.10.6.1 Kalziumantagonisten

Kalziumantagonisten wirken vasodilatierend und führen zu einer Abnahme der Nachlast. Theoretisch sollten sie daher bei Patienten mit Herzinsuffizienz günstige Effekte erzielen. Klinische Studien (Elkayam et al. 1990; Goldstein et al. 1991) haben jedoch gezeigt, dass die klassischen Kalziumantagonisten (**Nifedipin, Verapamil, Diltiazem**) im Vergleich zu Nitraten eher zu einer Verschlechterung der Symptomatik als zu einer Verbesserung führen.

Der Effekt einer Therapie mit dem neueren Kalziumantagonisten **Amlodipin** wurde in zwei Studien untersucht: PRAISE (Packer et al. 1996) und PRAISE 2 (vorgestellt 49. Jahrestagung des American College of Cardiology, Anaheim 2000). IN PRAISE wurden 1153 Patienten mit symptomatischer Herzinsuffizienz (NYHA III, IV) und einer linksventrikulären Ejektionsfraktion < 30 % mit **Amlodipin** oder Plazebo zusätzlich zur Standardmedikation behandelt. Kein signifikanter Unterschied konnte nach 14 Monaten gefunden werden (siehe Abb. 4.32). Periphere Ödeme oder Lungenödeme waren in der Amlodipin-Gruppe häufiger, schwere arterielle Hypertonie seltener. In der Untergruppe der Patienten mit dilatativer Kardiomyopathie wurden seltener plötzliche Herztodesfälle verzeichnet als in der Gruppe mit ischämischer Kardiomyopathie. Dieser Nutzen konnte jedoch in PRAISE 2 nicht bestätigt werden. In dieser Studie wurden 1650 Patienten mit nicht-ischämischer Kardiomyopathie eingeschlossen und

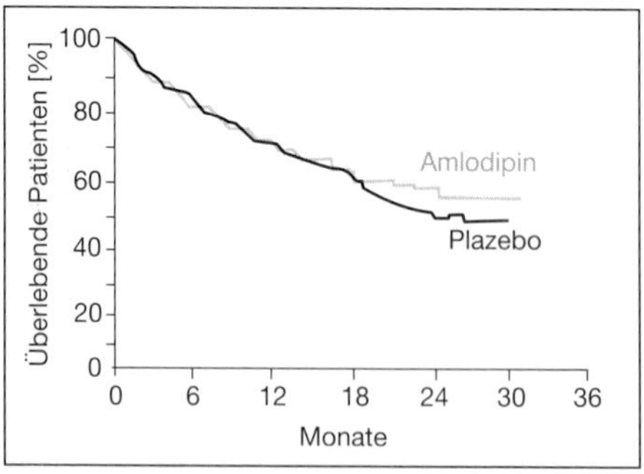

Abb. 4.32 Überlebenskurven herzinsuffizienter Patienten mit Amlodipin oder Plazebo-Behandlung zusätzlich zur Standardtherapie. Kein signifikanter Unterschied konnte gefunden werden. (nach Packer, M., N Engl J 335, 1107-1114, 1996).

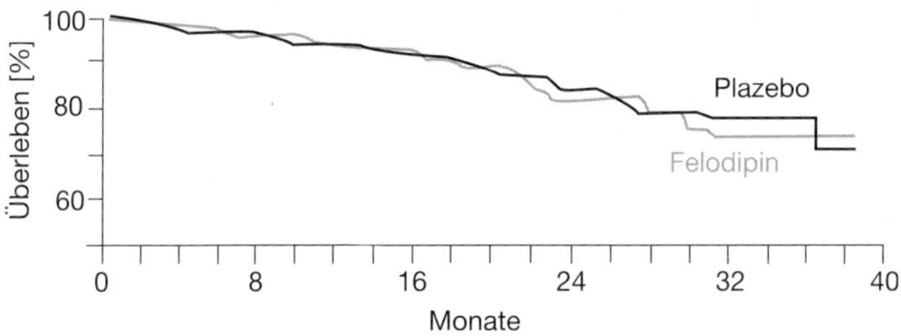

Abb. 4.33 Fehlender Effekt von Felodipin auf die Letalität bei Patienten mit symptomatischer Herzinsuffizienz (Cohen et al. Circulation 1997, 96:856-861).

mit Amlodipin oder Plazebo für 4 Jahre behandelt. Nach 4 Jahren ergab sich kein Letalitäts-Unterschied (34 vs. 32 % für Plazebo).

Felodipin ist ein weiterer neuerer Kalziumantagonist ohne negativ-inotrope Eigenschaften. In der V-Heft III Studie (Cohn et al., 1997) wurden 450 Männer mit chronischer Herzinsuffizienz zusätzlich zur Standardtherapie mit **Felodipin** (2 × 5 mg) für 18 Monate behandelt. Die linksventrikuläre Ejektionsfraktion, Belastbarkeit und Lebensqualität verbesserte sich signifkant, Sterblichkeit und Häufigkeit der Krankenhausaufnahme blieb unverändert (siehe Abb. 4.33).

Zusammenfassend lässt sich daher sagen, dass eine Therapie der Herzinsuffizienz mit Kalzium-Antagonisten nicht empfehlenswert ist. In den seltenen Fällen, in denen hypertone Herzinsuffizienz-Patienten trotz maximaler Therapie mit ACE-Hemmern, Beta-Blockern und Diuretika weiter hypertone Blutdruckwerte zeigen, wäre eine Therapie mit den Kalzium-Anatgonisten Amlodipin oder Felodipin zu erwägen.

4.10.6.2 Flosequinan

Flosequinan ist ein neuartiger Vasodilatator, der teilweise über eine Phosphodiesterase-Hemmung wirkt. Obwohl **Flosequinan** zu einer symptomatischen Verbesserung führt (Packer 1993), war eine Standard-Dosis von 100 mg mit einer erhöhten Sterblichkeit assoziiert (Massie et al. 1993).

4.10.6.3 Prostazyklin-Derivate

Epoprostenol (Prostazyklin) ist effektiv in der Behandlung der primären pulmonalen Hypertonie und wurde auch in der Behandlung der Herzinsuffizienz eingesetzt. In der FIRST Studie wurden 471 herzinsuffiziente Patienten mit einer chronischen Epoprostenol-Infusion oder Plazebo behandelt. Die Studie musste jedoch abgebrochen werden, da es einen eindeutigen Übersterblichkeits-Trend in der Epoprostenol Gruppe gab (Califf et al. 1997). Unter **Epoprostenol** kam es zu keiner Verbesserung der Belastbarkeit oder der Lebensqualität, obwohl es zu einer Zunahme des Herzminutenvolumens und einer Abnahme des linksventrikulären Füllungsdruckes kam. Die Erklärung für diese widersprüchlichen Befunde könnte in positiv inotropen Effekten des **Epoprostenol** zu suchen sein (Montalescot et al. 1998).

4.10.6.4 Vasopeptidase-Inhibitoren

Vasopeptidase-Inhibitoren blockieren sowohl die neutralen Endopeptidasen und damit den Metabolismus des atrialen natriuretischen Enzyms, als auch das Angiotensin-Conversions-Enzym (Corti et al., 2001). Diese Substanzgruppe vermindert den systolischen und mittleren Blutdruck und den peripheren Widerstand und verbessert die renale Durchblutung und die linksventrikuläre Ejektionsfraktion. Aufgrund dieser Eigenschaften wäre ein positiver Effekt bei Patienten mit Herzinsuffizienz zu erwarten. In der Tat wurde in der IMPRESS Studie mit 573 herzinsuffizienten Patienten nachgewiesen, dass eine Therapie mit dem Vasopeptidase Hemmer **Omapatrilat** im Vergleich zum ACE Hemmer Lisinopril die Belastbarkeit verbesserte und die Häufigkeit einer Krankenhausaufnahme und Sterblichkeit signifikant verminderte (Roleau et al. 2000). Diese Ergebnisse konnten jedoch in der wesentlich größeren Overture-Studie nicht bestätigt werden (Packer 2002). In dieser Studie wurden 5770 Patienten mit symptomatischer Herzinsuffizienz eingeschlossen und entweder mit Omapatrilat (40 mg /Tag) oder Enalapril (10 mg 2x/Tag) behandelt. Es zeigte sich kein Unterschied bezüglich des primären Endpunktes Tod oder Krankenhausaufnahme (31,7 vs 33,7 % für Enalapril). Die Häufigkeit von Nebenwirkungen war in beiden Gruppen ähnlich, mit der Ausnahme von Hypotonie, die unter Omapatrilat häufiger auftrat (19,5 vs. 11,5 %).

Zusammenfassung

Zu einer Herzinsuffizienz-Therapie mit ACE-Hemmern, Beta-Blockern und Diuretika gibt es derzeit keine effektivere, pharmakologische Alternative. Keines der hier vorgestellten Therapiekonzepte hat trotz begründeter theoretischer Überlegungen und trotz günstiger experimenteller Daten einen Vorteil gegenüber der Standardtherapie zeigen können. Diese Sachlage wird weiter durch die Tatsache erschwert, dass in keiner der oben erwähnten Studien eine ausreichend dosierte Beta-Blockertherapie zur Standardtherapie gezählt wurde. Es ist daher zu erwarten, dass die Ergebnisse bei einer lege artis durchgeführten Standardtherapie heute noch enttäuschender ausfallen würden.

Die vasodilatierende Therapie mit den hier erwähnten Substanzen muss sich daher auf Einzelfälle und Randindikationen beschränken. Zu solchen Indikation könnte eventuell die Nitrattherapie bei Patienten mit weiter symptomatischer pulmonal-arterieller Hypertonie unter maximaler Therapie genauso zählen wie eine Therapie mit Amlodipin oder Felodipin bei therapieresistenter arterieller Hypertonie und Herzinsuffizienz. Zu berücksichtigen bleibt jedoch, dass dies individuelle Therapieentscheidungen in Einzelfällen sind, da es hierfür keine aussagekräftigen Studien gibt, die z.B. eine Kombination von Diuretika, ACE-Hemmer, Beta-Blocker mit Felodipin bei Herzinsuffizienz untersucht haben.

Literatur

Acar, J., Kulas, A., Escudier, B.: Long-term clinical and hemodynamic results of molsidomine treatment in patients with refractory heart failure. Am Heart J **109**,(3 Pt 2)685-7 (1985).

Amsterdam, E. A., Lee, G., Awan, N. A., Low, R., Mason, D.T.: Effects of oral pentaerythritol tetranitrate in cardiac failure and angina pectoris. Assessment by hemodynamic measurement and exercise capacity. Nouv Presse Med **9** (34 Suppl), 2443-6 (1980).

Califf, R. M., Adams, K. F., McKenna, W. J., Gheorghiade, M., Uretsky, B. F., McNulty, S. E., Darius, H., Schulman, K., Zannad, F., Handberg-Thurmond, E., Harrell, F. E. Jr., Wheeler, W., Soler-Soler, J., Swedberg, K.: A randomized controlled trial of epoprostenol therapy for severe congestive heart failure: The Flolan International Randomized Survival Trial (FIRST). Am Heart J **134**(1), 44-54 (1997).

Cohn, J. N., Franciosa, J. A.: Vasodilator therapy of cardiac failure. N Engl J Med **297**, 27-34 (1977).

Cohn, J. N., Franciosa, J. A., Francis, G. S., Archibald, D., Tristani, F., Fletcher, R., Montero, A., Cintron, G., Clarke, J., Hager, D., Saunders, R., Cobb, F., Smith, R., Loeb, H., Settle, H.: Effect of short-term infusion of sodium nitroprusside on mortality rate in acute myocardial infarction complicated by left ventricular failure: results of a Veterans Administration cooperative study. N Engl J Med **306**, 1129-1135 (1982).

Cohn, J. N., Archibald, D. G., Ziesche, S., Franciosa, J. A., Harston, W. E., Tristani, F. E., Dunkman, W. B., Jacobs, W., Francis, G. S., Flohr, K. H. et al.: Effect of vasodilator therapy on mortality in chronic congestive heart failure. Results of a Veterans Administration Cooperative Study. N Engl J Med **314**, 1547-52 (1986).

Cohn, J. N., Johnson, G., Ziesche, S., Cobb, F., Francis, G., Tristani, F., Smith, R., Dunkman, W. B., Loeb, H., Wong, M. et al.: A comparison of enalapril with hydralazine-isosorbide dinitrate in the treatment of chronic congestive heart failure. N Engl J Med **325**, 303-10 (1991).

Cohn, J. N., Ziesche, S., Smith, R., Anand, I., Dunkman, W. B., Loeb, H., Cintron, G., Boden, W., Baruch, L., Rochin, P., Loss, L.: Effect of the calcium antagonist felodipine as supplementary vasodilator therapy in patients with chronic heart failure treated with enalapril: V-HeFT III. Vasodilator-Heart Failure Trial (V-HeFT) Study Group. Circulation **96** (3), 856-63 (1997).

Colucci, W. S., Elkayam, U., Horton, D. P., Abraham, W. T., Bourge, R. C., Johnson, A. D., Wagoner, L. E., Givertz, M. M., Liang, C. S., Neibaur, M., Haught, W. H., LeJemtel, T. H., Intravenous nesiritide, a natriuretic peptide, in the treatment of decompensated congestive heart failure. Nesiritide Study Group. N Engl J Med **343**(4), 246-53 (2000).

Corti, R., Burnett, J. C. Jr., Rouleau, J. L., Ruschitzka, F., Luscher, T. F: Vasopeptidase inhibitors: a new therapeutic concept in cardiovascular disease? Circulation**104**(15), 1856-62 (2001).

Cowburn, P. J., Cleland, J. G., McArthur, J. D., MacLean, M. R., McMurray, J. J., Dargie, H. J., Morton, J. J.: Endothelin B receptors are functionally important in mediating vasoconstriction in the systemic circulation in patients with left ventricular systolic dysfunction. J Am Coll Cardiol **33**(4), 932-8 (1999).

Durrer, J. D., Lie, K. I., van Capelle, F. J., Durrer, D.: Effect of sodium nitroprusside on mortality in acute myocardial infarction. N Engl J Med **306**, 1121-8 (1982).

Elkayam, U., Johnson, J. V., Shotan, A., Bokhari, S., Solodky, A., Canetti, M., Wani, O. R., Karaalp, I. S.: Double-blind, placebo-controlled study to evaluate the effect of organic nitrates in patients with chronic heart failure treated with angiotensin-converting enzyme inhibition. Circulation **25;99**, 2652-7 (1999).

Elkayam, U., Amin, J., Mehra, A., Vasquez, J., Weber, L., Rahimtoola, S. H.: A prospective, randomized, double-blind, crossover study to compare the efficacy and safety of chronic nifedipine therapy with that of isosorbide dinitrate and their combination in the treatment of chronic congestive heart failure. Circulation **82(6)**, 1954-61 (1990).

Flaherty, J. T.: Comparison of intravenous nitroglycerin and sodium nitroprusside in acute myocardial infarction. Am J Med **27;74**, 53-60 (1983).

Fallen, E. L., Nahmias, C., Scheffel, A., Coates, G., Beanlands, R., Garnett, E. S.: Redistribution of myocardial blood flow with topical nitroglycerin in patients with coronary artery disease. Circulation **91**, 1381-8 (1995).

Goldstein, R. E., Boccuzzi, S. J., Cruess, D., Nattel, S.: Diltiazem increases late-onset congestive heart failure in postinfarction patients with early reduction in ejection fraction. The Adverse Experience Committee; and the Multicenter Diltiazem Postinfarction Research Group. Circulation **83(1)**, 52-60 (1991).

Larbig, D. T., Milstrey, H. R., Nasse, H., Kahle, T.: The influence of molsidomine on the hemodynamics of patients with chronic heart failure at rest and during exercise. Am Heart J **109**(3 Pt 2), 688-90 (1985).

Lehmann, G., Hahnel, I., Reiniger, G., Lampen, M., Beyerle, A., Schomig, A.: Infusions with molsidomine and isosorbide-5-mononitrate in congestive heart failure: mechanisms underlying attenuation of effects. J Cardiovasc Pharmacol **31**(2), 212-20 (1998).

Lewis, B. S., Rabinowitz, B., Schlesinger, Z., Caspi, A., Markiewicz, W., Rosenfeld, T., Sclarovsky, S., Ermer, W.: Effect of isosorbide-5-mononitrate on exercise performance and clinical status in patients with congestive heart failure. Results of the Nitrates in Congestive Heart Failure (NICE) Study. Cardiology **91**(1), 1-7 (1999).

Marcus, L. S., Hart, D., Packer, M., Yushak, M., Medina, N., Danziger, R. S., Heitjan, D. F., Katz, S. D.: Hemodynamic and renal excretory effects of human brain natriuretic peptide infusion in patients with congestive heart failure. A double-blind, placebo-controlled, randomized crossover trial. Circulation **94**(12), 3184-9 (1996).

McMurray, J. J., Ray, S. G., Abdullah, I., Dargie, H. J., Morton, J. J.: Plasma endothelin in chronic heart failure. Circulation **85**(4), 1374-9 (1992).

Massie, B. M., Berk, M. R., Brozena, S. C., Elkayam, U., Plehn, J. F., Kukin, M. L., Packer, M., Murphy, B. E., Neuberg, G. W., Steingart, R. M. et al.: Can further benefit be achieved by adding flosequinan to patients with congestive heart failure who remain symptomatic on diuretic, digoxin, and an angiotensin converting enzyme inhibitor? Results of the flosequinan-ACE inhibitor trial (FACET). Circulation **88**(2), 492-501 (1993).

Mills, R. M., LeJemtel, T. H., Horton, D. P., Liang, C., Lang, R., Silver, M. A., Lui, C., Chatterjee, K.: Sustained hemodynamic effects of an infusion of nesiritide (human b- type natriuretic peptide) in heart failure: a randomized, double-blind, placebo-controlled clinical trial. Natrecor Study Group. J Am Coll Cardiol **34**(1), 155-62 (1999).

Mulder, P., Richard, V., Derumeaux, G., Hogie, M., Henry, J. P., Lallemand, F., Compagnon P., Mace, B., Comoy, E., Letac, B., Thuillez, C.: Role of endogenous endothelin in chronic heart failure: effect of long-term treatment with an endothelin antagonist on survival, hemodynamics, and cardiac remodeling. Circulation **96**(6), 1976-82 (1997).

Montalescot, G., Drobinski, G., Meurin, P., Maclouf, J., Sotirov, I., Philippe, F., Choussat, R., Morin, E., Thomas, D.: Effects of prostacyclin on the pulmonary vascular tone and cardiac contractility of patients with pulmonary hypertension secondary to end-stage heart failure. Am J Cardiol **82**(6), 749-55 (1998).

Packer, M., Narahara, K. A., Elkayam, U., Sullivan, J. M., Pearle, D. L., Massie, B. M., Creager, M. A.: Double-blind, placebo-controlled study of the efficacy of flosequinan in patients with chronic heart failure. Principal Investigators of the REFLECT Study. J Am Coll Cardiol **22**, 65-72 (1993).

Packer, M., O'Connor, C. M., Ghali, J. K., Pressler, M. L., Carson, P. E., Belkin, R. N., Miller, A. B., Neuberg, G. W., Frid, D., Wertheimer, J. H., Cropp, A. B., De Mets, D. L.: Effect of amlodipine on morbidity and mortality in severe chronic heart failure. Prospective Randomized Amlodipine Survival Evaluation Study Group N Engl J Med **335**(15), 1107-14 (1996).

Packer, M., Califf, R. M., Konstam, M. A., Krum, H., McMurray, J. J., Rouleau, J. L.,

Swedberg, K.: Comparison of omapatrilat and enalapril in patients with chronic heart failure: the Omapatrilat Versus Enalapril Randomized Trial of Utility in Reducing Events (OVERTURE). Circulation **106**(8), 920-6 (2002).

Rouleau, J. L., Pfeffer, M. A., Stewart, D. J., Isaac, D., Sestier, F., Kerut, E. K., Porter, C. B., Proulx, G., Qian, C., Block, A. J.: Comparison of vasopeptidase inhibitor, omapatrilat, and lisinopril on exercise tolerance and morbidity in patients with heart failure: IMPRESS randomised trial. Lancet **356**, 615-20 (2000).

Rubin, L. J., Badesch, D. B., Barst, R. J., Galie, N., Black, C. M., Keogh, A., Pulido, T., Frost, A., Roux, S., Leconte, I., Landzberg, M., Simonneau, G.:Bosentan therapy for pulmonary arterial hypertension. N Engl J Med **21**, **346**(12), 896-903 (2002).

Sakai, S., Miyauchi, T., Kobayashi, M., Yamaguchi, I., Goto, K., Sugishita, Y.: Inhibition of myocardial endothelin pathway improves long-term survival in heart failure. Nature **384**, 53-5 (1996).

Schneider, C. A, Erdmann, E.: Nitrattherapie der pulmonalen Hypertonie-Pilotuntersuchung mit Pentaerithrityltetranitrat. In: Pentaerithrityltetranitrat. Hrsg. E.Mutschler, E. Erdmann, D. Stalleicken, Steinkopff Verlag Darmstadt.: 12-19 (2002).

Silver, M. A., Horton, D. P., Ghali, J. K., Elkayam, U.: Effect of nesiritide versus dobutamine on short-term outcomes in the treatment of patients with acutely decompensated heart failure. J Am Coll Cardiol **39**(5), 798-803 (2002).

Spieker, L. E., Mitrovic, V., Noll, G., Pacher, R., Schulze, M. R., Muntwyler, J., Schalcher, C., Kiowski, W., Luscher, T. F.: Acute hemodynamic and neurohumoral effects of selective ET(A) receptor blockade in patients with congestive heart failure. ET 003 Investigators. J Am Coll Cardiol **35**(7), 1745-52 (2000).

Unger, P., Vachiery, J. L., de Canniere, D., Staroukine, M., Berkenboom, G.: Comparison of the hemodynamic responses to molsidomine and isosorbide dinitrate in congestive heart failure. Am Heart J **128**(3), 557-63 (1994).

Torre-Amione, G., Young, J. B., Durand, J. B., Bozkurt, B., Mann, D. L., Kobrin, I., Pratt, C. M.: Hemodynamic Effects of Tezosentan, an Intravenous Dual Endothelin Receptor Antagonist, in Patients With Class III to IV Congestive Heart Failure. Circulation **103**(7), 973-980 (2001).

Wieshammer, S., Hetzel, M., Hetzel, J., Henze, E., Hombach, V.: Effects of chronic nitrate therapy on left-ventricular volume in patients with heart failure secondary to coronary disease already treated with captopril: a withdrawal study. Cardiology **95**, 61-5 (2001).

Williams, E. S., Miller, J. M.: Results from late-breaking clinical trial sessions at the American College of Cardiology 51st Annual Scientific Session. J Am Coll Cardiol **40**(1), 1-18 (2002).

4.11 Kalziumantagonisten

E. Erdmann

Die koronare Herzerkrankung ist die häufigste Ursache der ventrikulären Dysfunktion und einer nachfolgenden Herzinsuffizienz. Da Kalziumantagonisten mit gutem Erfolg bei Angina pectoris sowie bei Koronarspasmus gegeben werden und da es Hinweise dafür gibt, dass mit diesen Pharmaka die Progression der koronaren Herzerkrankung aufgehalten werden kann (Balke et al., 1992), ist immer wieder versucht worden, die periphere vasodilatatorische Wirkung der Kalziumantagonisten auch für die Therapie der chronischen Linksherzinsuffizienz zu nutzen (siehe schematische Wirkung bei Herzinsuffizienz) (Frishman et al., 1991). Der bekannte negativ inotrope Effekt der Kalziumantagonisten kommt bei Patienten normalerweise nicht zum Tragen wegen einer barorezeptorinduzierten Zunahme des sympathoadrenergen Tonus und damit auch der Herzfrequenz. **Nifedipin** hat unter den 3 „klassischen" Kalziumkanalblockern sowohl die stärkste vasodilatatorische Wirkung als auch die stärkste sympathoadrenerge Aktivierung zur Folge (siehe Abb. 4.34). Deshalb sieht man in vivo die negativ inotrope Wirkung nicht, die in vitro allen Kalziumantagonisten eigen ist (Schwinger et al., 1991). Unabhängig davon haben die verschiedenen Kalziumantagonisten eine unterschiedlich ausgeprägte vasodilatierende Effektivität in Relation zur kardiodepressorischen Wirkung (Godfraind et al., 1992). Bei Patienten mit chronischer Herzinsuffizienz ist die Barorezeptorempfindlichkeit vermindert, dementsprechend kommt es dabei auch zu einer geringeren Aktivierung des Sympathikus.

4.11.1 Ergebnisse kontrollierter Untersuchungen

Bei Patienten mit linksventrikulärer Insuffizienz haben viele Akutuntersuchungen hämodynamische Verbesserun-

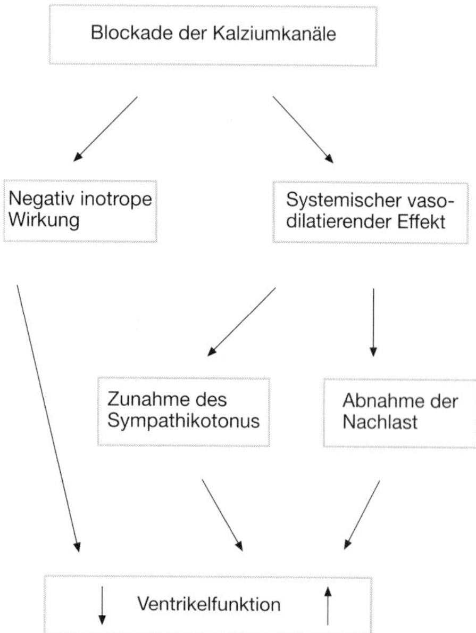

Abb. 4.34 Schematische Darstellung der hämodynamischen Wirkung von Kalziumantagonisten.

Tab. 4.36 Therapie der chronischen Herzinsuffizienz mit Nifedipin (randomisiert, doppelblind, crossover, NYHA II–III, Behandlungsdauer: 2 Monate) (Elkayam et al., 1990).

Behandlung	Zahl der Patienten mit Krankenhausaufnahme wegen Herzinsuffizienz	Zahl der Patienten mit dekompensierter Herzinsuffizienz
Isosorbiddinitrat (n = 20)	0	3
Nifedipin (n = 21)	5	9
Nifedipin + Isosorbiddinitrat (n = 23)	6	21

gen mit Abnahme des Blutdrucks, des linksventrikulären Füllungsdrucks und Zunahme des Herzminutenvolumens gezeigt. Diese günstig erscheinenden Akuteffekte haben sich aber in kontrollierten Langzeituntersuchungen in keinem Fall bewahrheitet. Bei 28 Patienten mit chronischer Herzinsuffizienz NYHA II oder III mit linksventrikulärer Dysfunktion zeigte sich **Nifedipin** alleine oder zusammen mit **Isosorbiddinitrat** als deutlich schlechter als Isosorbiddinitrat alleine (Elkayam et al., 1990). Nach 8-wöchiger Behandlung kam es zu signifikant häufigerer Notwendigkeit der Krankenhausaufnahme als auch des Auftretens eines Lungenödems mit Nifedipin als ohne (siehe Tab. 4.36).

Auch für **Verapamil** sind ähnliche negative Wirkungen berichtet worden bei Patienten mit reduzierter linksventrikulärer Auswurffraktion (Ferlinz et al., 1983).

Sehr genau sind die Wirkungen von **Diltiazem** bei chronischer Herzinsuffizienz nach einem Herzinfarkt untersucht worden (Goldstein et al., 1991). Dabei zeigte sich innerhalb von 12 bis 52 Monaten nach akutem Herzinfarkt dann eine Zunahme der Herzinsuffizienzsymptomatik, wenn die Auswurffraktion bei Beginn der Diltiazemtherapie unter 40 % betrug. Besonders schlecht schnitten bei einer Diltiazemtherapie die Patienten mit einer Auswurffraktion von unter 25 % ab (siehe Abb. 4.35).

Ähnliche negative Wirkungen bei Patienten mit chronischer Herzinsuffizienz sind für **Nicardipin**, **Nisoldipin**, **Nitrendipin** und **Isradipin** berichtet worden (Frishman et al., 1991). Andererseits wiesen akute hämodynamische und neurohumorale Effekte bei Patienten mit

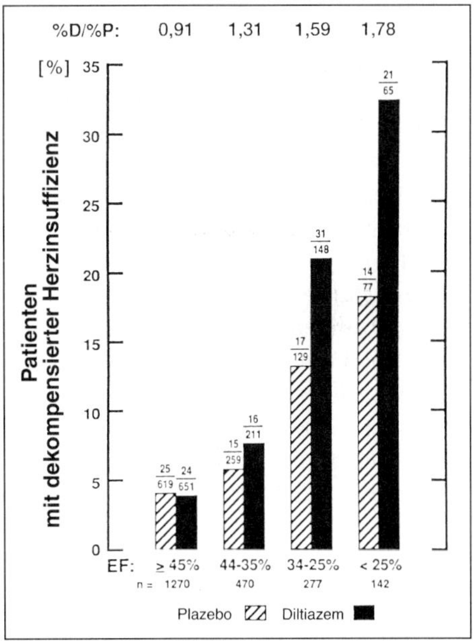

Abb. 4.35 Bei Patienten nach akutem Herzinfarkt wurde Diltiazem gegeben. Im Vergleich zu Plazebo bekamen signifikant mehr Patienten eine chronische Herzinsuffizienz nach 12 bis 52 Monaten Follow-up, wenn die linksventrikuläre Auswurffraktion (EF) erniedrigt war. Je niedriger die Auswurffraktion, desto deletärer die Wirkung des Kalziumantagonisten (aus Goldstein et al., 1991).

schwerer Linksherzinsuffizienz nach **Nisoldipin** auf eine signifikante Verbesserung hin (Erlemeier et al., 1990). Diese Untersuchungen wurden kürzlich durch Messungen der regionalen myokardialen Perfusion nach **Nisoldipin** bestätigt (Rousseau et al., 1994). Größere kontrollierte Studien fehlen aber. Bei Zustand nach Myokardinfarkt scheint der antiischämische Effekt von Nisoldipin zu einer Verbesserung der diastolischen Funktion zu führen (DEFIANT-Studie 1992).

Amlodipin und **Felodipin**, wurden in doppelblind randomisierten prospektiven Studien hinsichtlich ihrer Wirksamkeit bei Patienten mit chronischer Herzinsuffizienz sehr genau untersucht. Für **Felodipin** stellte sich kein zusätzlicher Effekt – weder in negativer noch in positiver Hinsicht – dar, wenn die Patienten mit symptomatischer chronischer Herzinsuffizienz Diuretika, Digitalis und ACE-Hemmer bekamen. Anders sieht die Situation mit **Amlodipin** aus. Packer und Mitarbeiter (1996) untersuchten 1153 Patienten mit schwerer chronischer Herzinsuffizienz und einer Auswurffraktion unter 30 % doppelblind randomisiert über bis zu 33 Monate. Als Ergebnis zeigte sich, dass bei den Patienten mit schwerer symptomatischer Herzinsuffizienz auf dem Boden einer koronaren Herzerkrankung Amlodipin die Prognose weder verbesserte noch verschlechterte. Bei den Patienten mit nicht-ischämischer Kardiomyopathie – wahrscheinlich dilatativer Kardiomyopathie – wurde hingegen eine Reduktion der Letalität um etwas über 40 % ($p < 0{,}001$) festgestellt. Eine vernünftige Erklärung für diese Unterschiede, die durch die Ätiologie der Herzinsuffizienz gegeben erscheinen, ist bislang nicht publiziert worden. Man darf aber sicher als Ergebnis festhalten, dass Amlodipin sich zumindest als Antihypertensivum bzw. Antianginosum bei Patienten mit Herzinsuffizienz eignet und möglicherweise bei dilatativer Kardiomyopathie die Prognose sogar verbessert. Diese Untersuchungen sind aber nicht durchgeführt worden als add-on-Therapie zu ACE-Hemmern und Beta-Blockern. Deswegen kann, man gerade in der heutigen Zeit keine gesicherte Aussage machen.

Offensichtlich sind kurzwirksame Kalziumantagonisten (vom Nifedipin-Typ) wegen ihrer sympathikusaktivierenden Eigenschaft bei chronischer Herzinsuffizienz kontraindiziert. Dieses gilt nicht für Kalziumantagonisten, die langsam und lange wirken. **Amlodipin** muss wegen seiner langen Halbwertszeit von über 40 Stunden nur einmal am Tag gegeben werden, eine Aktivierung des Sympathikus ist nicht nachgewiesen worden. Damit ist aus unserer Sicht **Amlodipin** bei Patienten mit Herzinsuffizienz bzw. mit niedriger Auswurffraktion vorzuziehen.

Mibefradil, ein sogenannter T-Kanaltypblocker unter den Kalziumantagonisten, senkt in therapeutischen Dosen nicht die Myokardkontraktilität und erhöht auch nicht die Plasmakatecholamine. Im Tierexperiment verminderte Mibefradil die Letalität von herzinsuffizienten Ratten signifikant (Mulder et al., 1997). T-Typ-Kalziumkanäle sind in der glatten Gefäßmuskulatur und im Nervengewebe, während die L-Typ-Kalziumkanäle in der Herzmuskelzelle vorhanden sind. Sie unterscheiden sich sowohl strukturell und funktionell. Da Mibefradil durch seine selektive Wirksamkeit über die T-Typ-Kalziumkanäle weder negativ inotrop wirkt noch die Plasmakatecholamine erhöht, glaubte man, dass es bei der chronischen Herzinsuffizienz günstig sei. Dies scheint auch tatsächlich der Fall zu sein, wenn man auch über die Selektivität zum Teil noch widersprüchliche Daten findet. Deshalb hat man vor einigen Jahren die MACH-I-Studie an über 2600 Patienten initiiert. Leider zeigte sich in dieser Studie, dass die Letalität sowohl in der Plazebogruppe als auch in der mit Mibefradil behandelten Gruppe ähnlich war, mit sogar einem Trend zu einer höheren Letalität unter Mibefradil. Als Ursache konnte eine vermehrte Inzidenz des plötzlichen Herztodes eruiert werden. Da Mibefradil mit hoher Affinität über die CYP-3A4 abgebaut wird, sind außerdem relativ viele Nebenwirkungen wegen einer Kumulation mit anderen, über dieses Enzym abgebauten Pharmaka (Amiodaron, Astemizol, Cisaprid, Erythromycin, Chinidin, Flecainid, Sotalol etc.) bekannt geworden. Inzwischen wurde Mibefradil vom Markt genommen.

Zusammenfassend darf man heute sagen, dass Kalziumantagonisten nach den vorliegenden Erkenntnissen bei chronischer Linksherzinsuffizienz grundsätzlich nicht eingesetzt werden sollten. Wenn sich aber eine klare Indikation für Kalziumantagonisten ergibt (koronare Herzerkrankung mit Nitratkopfschmerz und Kontraindikationen gegen Betablocker etc.), sollte unseres Erachtens **Amlodipin** oder ein anderer langwirksamer Kalziumantagonist (**Felodipin, Isradipin**) vorgezogen werden.

Literatur

Balke, C. W., Gold, M. R.: Calcium channels in the heart: an overview. Heart Disease and Stroke **1**, 398-403 (1992).

DEFIANT Research Group: Improved diastolic function with the calcium antagonist nisoldipine (coat-core) in patients post myocardial infarction: results of the DEFIANT study. Eur Heart J **13**, 1496-1505 (1992).

Elkayam, U., Amin, J., Mehra, A., Vasquez, J., Weber, L., Rahimtoola, S. H.: A prospective, randomized, double-blind, crossover study to compare the efficacy and safety of chronic nifedipine therapy with that of isosorbide dinitrate and their combination in the treatment of chronic congestive heart failure. Circulation **82**, 1954-1961 (1990).

Erlemeier, H.-H., Kupper, W., Bleifeld, W.: Acute haemodynamic and neurohumoral effects of intravenous nisoldipine in patients with severe congestive heart failure. Eur J Clin Pharmacol **38**, 11-15 (1990).

Ferlinz, J., Citron, P. D.: Hemodynamik and myocardial performance characteristics after verapamil use in congestive heart failure. Am J Cardiol **51**, 1339 (1983).

Frishman, W. H., Landau, A. J., Charlap, S., Lazar, E. J.: Calcium antagonists and heart failure. Heart Failure **7**, 138 (1991).

Godfraind, T., Salomone, S., Dessy, C., Verhelst, B., Dion, R., Schoevaerts, J. C.: Selectivity scale of calcium antagonists in the human cardiovascular system based on in vitro studies. J Cardiovasc Pharmacol **20** (Suppl. 5), S34-S41 (1992).

Goldstein. R. E., Boccuzzi, S. J., Cruess, D., Nattel, S.: Diltiazem increases lateonset congestive heart failure in postinfarction patients with early reduction in ejection fraction. Circulation **83**, 52-60 (1991).

Mulder, P. et al.: Increased Survival After Long-Term Treatment with Mibefradil, a Selective T-Channel Calcium Antagonist. Heart Failure, JACC **29**, 416-421 (1997).

Packer, M. et al: Effect of Amlodipine on Morbidity and Mortality in Severe Chronic Heart Failure. N Engl J Med **335**, 1107-1114 (1996).

Pouleuer, H., Benedict, C. R., Rousseau, M. F.: Neurohormones in Patients with Ischemic Left Ventricular Dysfunction. Cardiovasc. Drugs Ther **8**, 313-317 (1994).

Rousseau, M. F., Melin, J., Benedict, C. R., Ahn, S., Raphael, D., Bornemann, M., Pouleur, H.: Effects of nisoldipine therapy on myocardial perfusion and neurohormonal status in patients with severe ischaemic left ventricular dysfunction. Eur Heart J **15**, 957-964 (1994).

Schwinger, R. H. G., Böhm, M., Erdmann, E.: Negative inotropic activity of the calcium antagonists isradipine, nifedipine, diltiazem, and verapamil in diseased human myocardium. Am J Hypertens **4**, 185S-187S (1991).

4.12 Therapie der chronischen Herzinsuffizienz mit Betarezeptorenblockern

E. Erdmann

Nach dem Ergebnis der ISIS-I-Untersuchungen war klar, dass Betarezeptorenblocker in der Sekundärprävention nach Myokardinfarkt einen prognostisch günstigen Effekt haben (Olsson et al., 1992; Senior et al., 1992; Wikstrand, Rendall, 1992). Dies trifft besonders bei Patienten mit großem Infarkt und sogar mit Herzinsuffizienz im Gefolge des Infarktes zu (siehe Tab. 4.37). Neuere Untersuchungen haben ergeben, dass gerade die Patienten, bei denen man aufgrund der instabilen Situation nach Myokardinfarkt eine Kontraindikation für Betarezeptorenblocker sieht, mit am meisten davon profitieren (Gottlieb et al., 1998). Weiterhin ist herauszustellen, dass wahrscheinlich alle Betarezeptorenblocker bei dieser Indikation günstig wirken, wenn sie nur die Herzfrequenz senken und keine ISA haben. Das gilt auch für neuere Betarezeptorenblocker, die gleichzeitig eine α-blockierende Wirkung haben, wie **Carvedilol** (Basu et al., 1997).

Tab. 4.37 Indikation für Betarezeptorenblocker.

1. Koronare Herzerkrankung
   a) stabile Angina pectoris
   b) instabile Angina pectoris
2. Myocardinfarkt
   a) Akuttherapie
   b) Sekundärprophylaxe
3. Stabile chronische Linksherzinsuffizienz
   a) nach Myokardinfarkt
   b) dilatative Kardiomyopathie
4. Tachykarde Herzrhythmusstörungen
5. Hypertonie
6. Mitralklappenprolapssyndrom
7. Hyperkinetisches Herzsyndrom
8. Hypertrophe Kardiomyopathie
9. Hyperthyreose
10. Migräne
11. Angstsymptomatik (Examen etc.)

Trotzdem wurden die initialen Berichte von Waagstein und Mitarbeitern 1975 mit kritischer Skepsis aufgenommen, dass die Therapie mit Betablockern auch bei herzinsuffizienten Patienten mit Kardiomyopathie (NYHA III-IV) zu Symptomverbesserung und Lebensverlängerung führt. Schließlich erscheint eine Behandlung des kardialen Pumpversagens mit kardiodepressiven Pharmaka auf den ersten Blick paradox und steht im Gegensatz zur klassischen Therapie mit positiv-inotrop wirksamen, bzw. die Vor- und Nachlast senkenden Substanzen (Digitalis, Diuretika, ACE-Hemmer). Inzwischen wurde dieses neue Therapieprinzip in zahlreichen prospektischen Studien überprüft. Die erst kürzlich publizierte MDC-Studie, wieder unter der Leitung von Waagstein, scheint zu belegen, dass bei ausgewählten Patienten mit chronischer Herzinsuffizienz bei dilatativer Kardiomyopathie zusätzlich zur Behandlung mit Diuretika, Digitalis und ACE-Hemmern Betablocker günstig sind.

Seit die Untersuchungen mit **Carvedilol** bei Patienten mit chronischer linksventrikulärer Herzinsuffizienz auf dem Boden einer koronaren Herzerkrankung (Zustand nach Myokardinfarkt)

Tab. 4.38 Letalität in wichtigen Herzinsuffizienzstudien. Sowohl in den SOLVD- als auch in den Carvedilol-Studien waren die Letalitäten in etwa gleich, sowohl während der Einschlussphase als auch in den beiden Behandlungsarmen mit dem ACE-Hemmer (in der SOLVD-Studie der Enalaprilarm, in der Carvedilolstudie der Plazeboarm). Dementsprechend ist die weitere Letalitätsreduktion unter Carvedilol besonders bemerkenswert.

	SOLVD		Carvedilol (US-Trials)	
Einschlussphase (Letalität):):	0,51%		0,58%	
	Plazebo	Enalapril	Plazebo	Carvedilol
Letalität:	10,9%	7,6%	7,8%	3,2%
Risikoreduktion (Letalität):	–29%		–60%	

Tab. 4.39 CIBIS II: Letalitätsdaten. Unter den Patienten mit einer Bisoprolol-Therapie zusätzlich zu Diuretika, Digitalis und ACE-Hemmern zeigte sich eine deutliche Reduktion der Letalität um 32 %. Besonders ausgeprägt war die Reduktion der Letalität durch den plötzlichen Herztod (- 43 %). Wahrscheinlich zeigt sich hier auch die gute antiarrhythmische Wirkung des Betarezeptorenblockers.

	Plazebo (n = 1320)	**Bisoprolol (n = 1327)**	**Relative Risikoreduktion [%]**
Gesamtletalität:	n = 228 17,3 %	n = 156 11,8 %	- 32 %
Plötzlicher Herztod:	6,36 %	3,62 %	- 43 %

oder einer dilatativen Kardiomyopathie eindeutig gezeigt haben, dass die Prognose durch den zusätzlichen Einsatz von Betarezeptorenblockern verbessert wird, besteht kein Zweifel mehr an der Indikation für Betarezeptorenblocker auch bei Herzinsuffizienz (siehe Tab. 4.38). Trotzdem war es für die Durchsetzung dieses Prinzips äußerst günstig, als die Ergebnisse der CIBIS-II-Untersuchung ebenfalls eine etwa 32 %-ige Reduktion der Letalität nach Gabe des Betarezeptorenblockers **Bisoprolol** ergaben (siehe Tab. 4.39).

4.12.1 Klinische Erfahrungen

Inzwischen gibt es eine Vielzahl von Untersuchungen zur günstigen Wirksamkeit von Betarezeptorenblockern bei mittel- und höhergradiger chronischer Herzinsuffizienz. **Alprenolol**, **Practolol**, **Metoprolol**, **Carvedilol**, **Bisoprolol** und andere sind untersucht worden (Binkley et al., 1986; Engelmeier et al., 1985; Ohlstein et al., 1993; Schwinger et al., 1990b; Woodley et al., 1991; Olsen et al., 1995; Packer et al., 1996; Cleland et al., 1996). Bei den meisten Studien konnten bei den Patienten unter Therapie mit Betablockern eine Erhöhung der Auswurffraktion, der Ergometriebelastbarkeit sowie eine Abnahme der Herzfrequenz, des Blutdruckes und der Herzgröße festgestellt werden (Andersson et al., 1991; Binkley et al., 1986; Fowler 1993; Gilbert et al., 1990; Vedin, Wilhelmsson 1985). Es fällt auf, dass die prospektiven Untersuchungen, bei denen sich keine günstigen Wirkungen der Betarezeptorenblocker zeigten, nur über ein bis zwei Monate liefen und relativ wenige Patienten betrafen. Die publizierte MDC-Studie (Waagstein et al., 1993) war eine randomisierte prospektive Untersuchung an 383 Patienten mit einer Auswurffraktion unter 40 % im Gefolge einer idiopathischen dilatativen Kardiomyopathie, in der Plazebo oder **Metoprolol** zusätzlich zu Diuretika, Digitalis oder ACE-Hemmern bei mittelgradiger Herzinsuffizienz (NYHA II und III) gegeben wurde. 5 mg Metoprolol wurden als Testdosis zweimal täglich über zwei bis sieben Tage verabreicht, die Zielmedikation wurde durch langsame Dosissteigerung auf 100 bis 150 mg Metoprolol täglich angeboten. Wenn man als primäre Endpunkte Tod und Notwendigkeit der Herztransplantation betrachtet, gab es in der mit Metoprolol behandelten Gruppe 34 % weniger davon betroffene Patienten (siehe Abb. 4.36). Diese günstigen prognostischen Resultate werden durch hämodynamische Verbesserungen unterstrichen. Sowohl die Auswurffraktion als auch der pulmonalarterielle Verschlussdruck veränderten sich nur in der mit Betablockern behandelten Gruppe günstig.

Drei große doppelblind randomisierte Beta-Blocker-Studien haben unabhängig voneinander ergeben, dass die zusätzliche Gabe von Beta-Rezeptorenblockern bei gleichzeitiger ACE-Hemmer-, Digitalis- und Diuretikatherapie die Letalität um etwa 35 % senken. Dies gilt für Bisoprolol (CIBIS-II Studie,

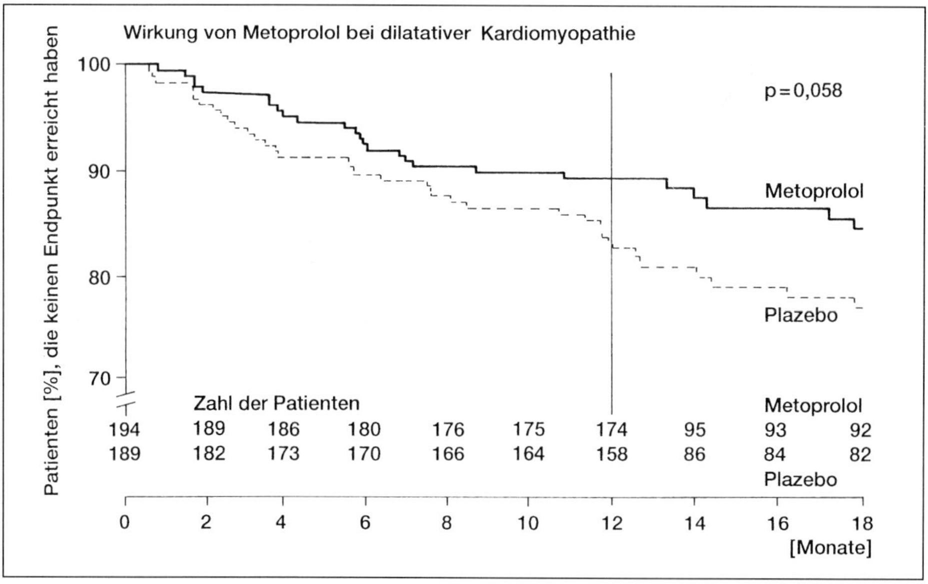

Abb. 4.36 Wirkungen von Metoprolol bei dilatativer Kardiomyopathie (MDC-Trial, Waagstein et al., 1993).

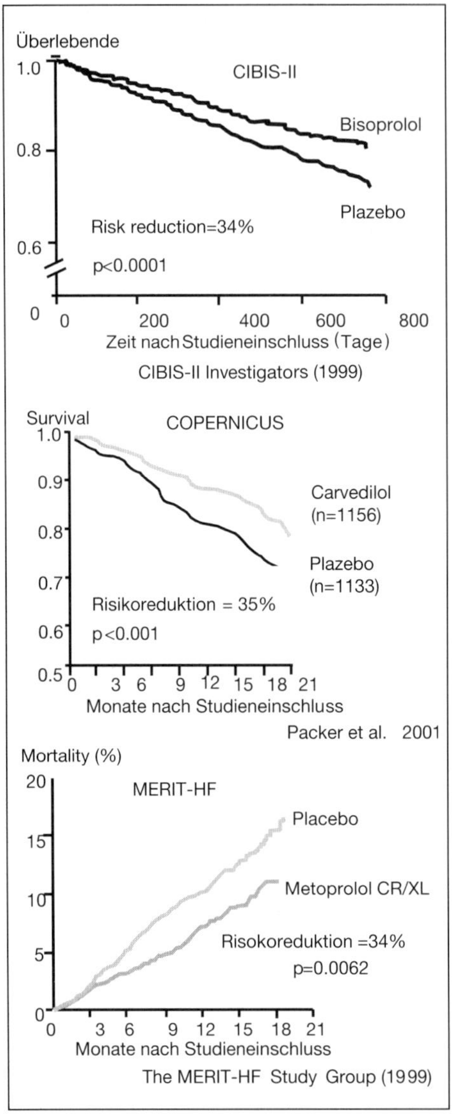

Abb. 4.37 Die Letalität in den drei vorliegenden kontrollierten prospektiven randomisierten großen Beta-Blocker-Studien mit jeweils weit mehr als 2.000 Patienten zeigt in allen Fällen eine Risikoreduktion von 34 bzw. 35 % durch die Beta-Blocker-Gabe. Da sowohl Patienten im Herzinsuffizienzstadium NYHA II / III (MERIT-HF) als auch III – IV (CIBIS-II) sowie IV (COPERNICUS) eingeschlossen wurden, kann man heute davon ausgehen, dass alle Patienten mit symptomatischer Herzinsuffizienz Betarezeptorenblocker benötigen.

1999), Carvedilol (COPERNICUS-Studie, 2001) und Metoprolol (MERIT-HF-Studie, 1999). Interessant in diesem Zusammenhang ist, dass in die CIBIS-II-Studie Patienten des klinischen Schweregrades NYHA III/IV, in die MERIT-HF-Studie NYHA II/III und in die COPERNICUS-Studie NYHA IV eingeschlossen wurden. In allen drei Studien wurden vom Safety-Committee wegen eines außerordentlich großen und eindeutig statistisch signifikanten Benefits eine vorzeitige Beendigung angeordnet.

Kurz zusammengefasst darf man heute sagen, dass unabhängig vom Schweregrad der Herzinsuffizienz, der Begleitmedikation und der Genese (dilatative oder ischämische Kardiomyopathie), eine Beta-Blocker-Therapie indiziert ist, wenn der Patient sie verträgt. Selbst hohes Alter, gleichzeitig vorliegender Diabetes mellitus, gestörte Nierenfunktion, gleichzeitige Digitalis- oder Spironolacton- oder Amiodarontherapie änderten nichts an der deutlichen Prognoseverbesserung (Erdmann et al., 2001). Man hat errechnet, dass innerhalb eines Jahres von 100 behandelten Patienten 7 vorzeitige Todesfälle durch die Beta-Blocker-Therapie verhindert werden können. Der Vorteil der Beta-Blocker-Therapie ist in Absolutwerten ausgedrückt am größten bei den Risikopatienten (hohes Alter, schwere Herzinsuffizienz).

Auch im Jahre 2001 wurden die Ergebnisse einer Beta-Blocker-Therapie mit Bucindolol publiziert. Statistisch gesehen ergab sich kein Benefit trotz einer sehr großen Zahl an behandelten Patienten (n = 2.708) (The BEST-Study, 2001). Es gibt Hinweise dafür, dass Bucindolol eine intrinsisch sympathomimetische Eigenaktivität (ISA) hat. Dies würde den Unterschied zu den drei anderen getesteten Beta-Rezeptorenblo-

Tab. 4.40 Reduktion der Letalität bei verschiedenen Schweregraden der Herzinsuffizienz

	NYHA			
	I–II		III	IV
ACE-Hemmer (SOLVD)	1 %		4,5 %	18 %
Betablocker (MERIT/CIBIS/ COPERNICUS)	–	2,8 %	5,8 %	7,1 %
Spironolacton (RALES)	–		–	10 %

ckern erklären. Schon Xamoterol als partieller Agonist hatte keinen günstigen Effekt bei der chronischen Herzinsuffizienz. Vorsichtigerweise sollte man deshalb solange, bis weitere kontrollierte Studien vorliegen und uns eines besseren belehren, bei der Therapie der chronischen Herzinsuffizienz bei **Bisoprolol**, **Carvedilol** oder **Metoprolol** bleiben.

Carvedilol ist ein β1- und β2-Blocker, als auch ein α-Blocker. Es gibt theoretische Hinweise dafür, dass die unspezifische β-Blockade der spezifischen β1-Blockade bei chronischer Herzinsuffizienz möglicherweise sogar vorzuziehen ist. Die CIBIS-II-Studie widerlegt dieses pathophysiologische Argument allerdings (siehe Tab. 4.39). In dieser Untersuchung wurden 1320 Patienten der Plazebo-Gruppe und 1327 Patienten der **Bisoprolol**-Gruppe zugeteilt. Alle Patienten mit Herzinsuffizienz NYHA III und IV erhielten Diuretika, Digitalis und ACE-Hemmer. Die Gesamtletalität betrug in der Plazebo-Gruppe 228 Patienten (17,3 %) und in der Bisoprolol-Gruppe 156 Patienten (11,8 %), welches einer Risikoreduktion von 34 % entspricht. Wichtig in diesem Zusammenhang ist, dass hier erstmals nachgewiesen werden konnte, dass **Bisoprolol** auch die Rate des plötzlichen Herztodes

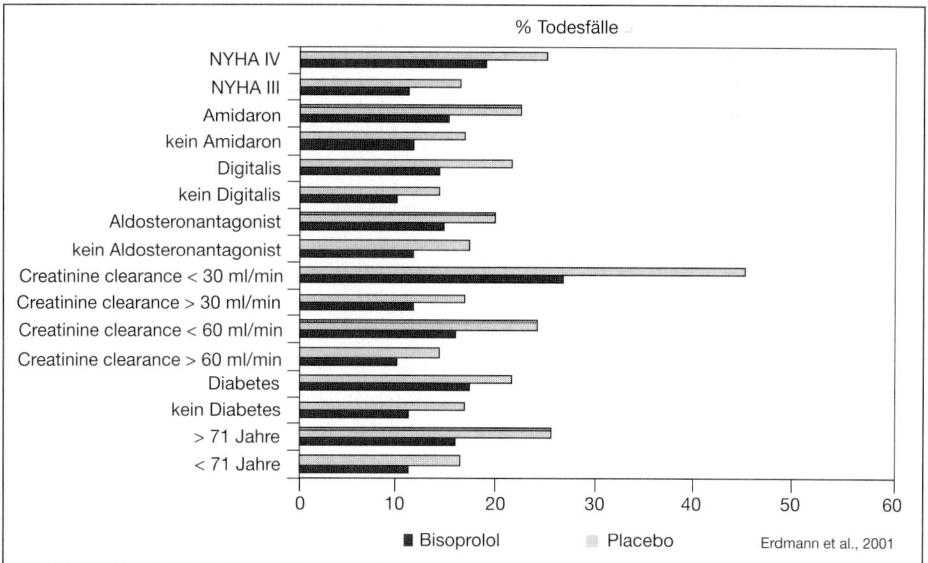

Abb. 4.38 Die Posthoc-Analyse der CIBIS-II-Studie zeigt eindeutig, dass in allen Fällen, unabhängig von der Co-Medikation, der Nierenfunktion, dem Diabetes oder dem höheren Lebensalter die Beta-Blocker-Therapie die Lebensspanne herzinsuffizienter Patienten verlängerte.

(definiert als Tod innerhalb einer Stunde nach Symptombeginn) um 43 % reduzierte. Inzwischen gilt dies auch für Metoprolol (MERIT-Studie).

4.12.2 Pathophysiologische Aspekte

Unter Ruhebedingungen ist das gesunde menschliche Herz keiner wesentlichen sympathoadrenergen Stimulation ausgesetzt. Bei eingeschränkter linksventrikulärer Pumpfunktion kommt es aber zu einer dauernden sympathischen Stimulation bereits unter Ruhebedingungen mit Downregulation der betaadrenergen Rezeptoren, Zunahme von G1 und verminderter Wirksamkeit des intrazellulären cAMP. Man weiß, dass die Gabe von Betablockern bei derartigen Patienten wieder zu einer Zunahme der myokardialen Betaadrenozeptoren und damit zu einer Wiederansprechbarkeit des Myokards auf den physiologischen Stimulator der Kontraktionskraft, das Noradrenalin, führt (Engelmeier et al., 1985; Gilbert et al., 1990). In Herzmuskelbiopsien bei Patienten mit schwerer Herzinsuffizienz vor und nach Betablockertherapie konnte dies bestätigt werden (Engelmeier et al., 1985).

Nach akuter Gabe eines Betablockers kann es durch die Verhinderung der Noradrenalinwirkung an den Beta-1-Rezeptoren zu einer Reduktion der Pumpfunktion kommen. Patienten mit noch wirksamer und andauernd notwendiger Betaadrenozeptor-vermittelter Stimulation der Kontraktionskraft sind hiervon stärker betroffen als Patienten, die keine Adrenozeptor-vermittelte Stimulation benötigen. Um diese initial mögliche Depression der Pumpfunktion nach Betablockergabe zu vermeiden, liegt es nahe, mit einer sehr niedrigen Dosis zu beginnen und diese dann extrem langsam zu steigern. Erst die Dauergabe mit dann auch höheren Dosen lässt günstige indirekte, neuroendokrine und direkte kardiale Wirkungen der Betaadrenozeptoren-Blockade bei chronischer Herzinsuffizienz erwarten, die wahrscheinlich auf die Zunahme der myokardialen Beta-1-Adrenozeptoren zurückzuführen sind (Binkley et al., 1986). So wird auch eine Reduktion der Plasma-Noradrenalinspiegel nach dreimonatiger Therapie mit Betablockern berichtet. Möglicherweise tragen die übrigen Wirkungen der Betablocker auf das Herz-Kreislauf-System, wie Reduktion der Herzfrequenz und der Nachlast sowie Hemmung der präganglionären Noradrenalinfreisetzung, zu einer antiarrhythmischen Wirkung bei (Schwinger et al., 1990b).

4.12.3 Direkte kardiale Wirkungen (siehe Tab. 4.41)

Die permanente Stimulation des Betaadrenozeptor-Adenylatcyclase-Systems führt zu hohen intrazellulären Kalziumkonzentrationen mit nachfolgend erhöhtem O_2-Verbrauch. Die bei Belastung teilweise extrem hohen Noradrenalinkonzentrationen können sogar kardiotoxisch wirken. Die Besetzung eines Teils der noch verfügbaren Beta-1-Rezeptoren durch Antagonisten verhindert deren Stimulation durch Katecholamine und somit auch die Noradrenalin-induzierte Downregulation dieser Rezeptoren. Dadurch könnte es zu einer De-novo-Synthese von Betarezeptoren

Tab. 4.41 Betablockerwirkungen bei chronischer Linksherzinsuffizienz.

Direkte Effekte auf die Herzmuskelzelle
1. Schutz vor Downregulation der Betarezeptoren
2. De-novo-Synthese von Betarezeptoren
3. Zunahme der Kontraktionskraftreserve
4. Schutz vor toxischer Katecholaminauswirkung

Indirekte Effekte am Herz-Kreislauf-System
1. Senkung der neuroendokrinen Überaktivität
2. Hämodynamische Verbesserung
   - Abnahme der Herzfrequenz
   - Zunahme der diastolischen Füllungszeit
   - Senkung des Blutdrucks (Impedanz)

kommen, wie dies an Herzmuskelbiopsien auch nachgewiesen wurde. Da es beim Menschen im linksventrikulären Myokard keine überzähligen Betaadrenozeptoren gibt (Schwinger et al., 1990a), ist jede funktionelle Zunahme an Betaadrenozeptoren bei einer bestimmten Agonistenkonzentration mit einer Verbesserung der stimulierbaren Kontraktionskraft verbunden (Engelmeier et al., 1985). Die blockierten Rezeptoren sind offensichtlich vor einer Downregulation geschützt, stehen aber weiterhin als physiologischer Stimulationsweg bei Belastung und entsprechender Noradrenalin-Ausschüttung zur Verfügung, da dann durch Kompetition bei kurzzeitiger sympathischer Aktivierung endogenes Noradrenalin den Betablocker aus der Bindung verdrängt.

Dadurch erhalten herzinsuffiziente Patienten wieder eine endogen nutzbare Kontraktionskraftreserve. So wird zumindest theoretisch erklärbar, dass Betablocker den Regelkreis mit verstärkter adrenerger Stimulation, verminderter Rezeptorzahl und damit verbundenem weiterem Anstieg der zirkulierenden Katecholamine unterbrechen können.

4.12.4 Klinische Bedeutung

Auch wenn die Behandlung von chronisch herzinsuffizienten Patienten mit Betablockern zusätzlich zu Diuretika, Digitalis und ACE-Hemmern pathophysiologisch sehr interessant ist, so muss doch berücksichtigt werden, dass viele Patienten diese Behandlung nicht vertragen und initial eventuell sogar mit einer Zunahme der Herzinsuffizienzsymptomatik reagieren (siehe Tab. 4.42). Deshalb sollte diese Therapie nur unter ständiger ärztlicher Überwachung eingeleitet werden. Man beginnt mit einer sehr niedrigen Testdosis (in der Regel ein Zehntel der Zieldosis: 3,125 mg Carvedilol, 1,25 mg Bisoprolol, 10 mg Metoprolol). Die Betablockerdosis wird dann in etwa 2wöchigen Abständen langsam gesteigert.

Wahrscheinlich profitieren am besten Patienten davon, die eher eine hohe Herzfrequenz (über 90/min) unter Ruhebedingungen aufweisen. Wenn die Patienten die Therapie mit Betablockern vertragen, so sollte diese über mindestens sechs Monate fortgesetzt werden,

Tab. 4.42 Therapie der Linksherzinsuffizienz mit Betablocker-Absetzraten wegen Unverträglichkeit.

In den großen kontrollierten Betarezeptorenblocker-Studien waren die Absetzraten wegen Unverträglichkeit durchweg geringer als in der Plazebo-Gruppe. Dies weist darauf hin, dass die Betarezeptorenblocker-Therapie – wenn korrekt durchgeführt – gut verträglich ist und sogar zur Besserung des Befindens beiträgt.

	Plazebo	Betablocker
MDC-Trial (Metoprolol):	16 %	12 %
CIBIS-Trial (Bisoprolol):	26 %	23 %
Carvedilol-Study:	5,7 %	5,7 %

Tab. 4.43 Betablockertherapie der chronischen Herzinsuffizienz.

1. Indikationen bei gleichzeitig bestehenden anderen Erkrankungen:
   a) Hypertonie
   b) Angina pectoris
   c) Zustand nach Myokardinfarkt
   d) tachykarde Herzrhythmusstörungen
2. Zusätzlich zu Diuretika, Digitalis, ACE-Hemmern oder AT_1-Rezeptorenblockern:
   a) dilatative und ischämische Kardiomyopathie mit Herzinsuffizienzsymptomatik
   b) niedrige Auswurffraktion, kombiniert mit Tachykardie
   c) absolute Tachyarrhythmie mit Herzinsuffizienzsymptomatik

Tab. 4.44 Therapeutische Empfehlungen für die Behandlung der chronischen Herzinsuffizienz mit Betablockern.

1. Nur bei Patienten, die seit mehr als 2 Wochen stabil sind
2. Nur zusätzlich zu Diuretika, Digitalis und ACE-Hemmern
3. Nicht, wenn in letzter Zeit die Diuretikadosis gesteigert werden musste.
4. Ambulante Therapie bei NYHA I–III
5. Stationäre Therapie bei NYHA IV
6. Testdosis: 1/10 der Zieldosis
7. Steigerung der Dosis alle 2 Wochen
8. Zieldosis: 2 × 5 mg Bisoprolol, 2 × 100 mg Metroprolol, 2 × 25 mg Carvedilol
9. Vor jeder Dosiserhöhung klinische Untersuchung des Patienten
10. Verbesserung des Befindens ist erst nach 3–6 Monaten zu erwarten

da erst dann eine messbare Besserung der hämodynamischen Parameter zu erwarten ist (siehe Tab. 4.43).

Zur Zeit sollte man Betarezeptorenblocker nur bei Patienten geben, die eine sicher nachgewiesene chronische Herzinsuffizienz auf dem Boden einer dilatativen Kardiomyopathie oder einer ischämischen Kardiomyopathie haben und bereits Diuretika, Digitalis und ACE-Hemmer (oder AT1-Rezeptorenblocker) regelmäßig einnehmen (siehe Tab. 4.44). Da in den US-Trials mit Carvedilol die Patienten mit einer chronischen Herzinsuffizienz im Stadium NYHA II (EF < 35 %) ebenso davon profitierten, ist es wahrscheinlich, dass ähnlich wie bei der Sekundär-Prophylaxe nach Myokardinfarkt auch Patienten mit leichten Symptomen der chronischen Herzinsuffizienz einen Nutzen von der Betablockertherapie haben. Bei uns hat es sich bewährt, vor jeder Dosissteigerung eine körperliche Untersuchung durchzuführen und anamnestisch wesentliche Nebenwirkungen auszuschließen. Viele Patienten mit mittelgradiger bis schwerer chronischer Linksherzinsuffizienz haben unter der Betablockertherapie systolische Blutdruckwerte zwischen 90 und 100 mmHg. Ich sehe darin keine Indikation zum Absetzen des Betablockers, sondern kläre die Patienten darüber auf, dass sie mit diesem Zustand, der häufig auch mit Schwindel nach schnellem Aufstehen verbunden ist, fertig werden können. Zumeist steigen die Blutdruckwerte nach drei bis vier Monaten wieder an – mit Zunahme der Auswurffraktion. Wenn ein Patient die Dosissteigerung nicht verträgt, kann man ohne Probleme wieder um ein bis zwei Stufen zurückgehen und dann erst nach drei bis vier Wochen eine erneute Dosissteigerung versuchen. Die allzu schnelle Dosissteigerung muss vermieden werden. Wirklich besser fühlen die Patienten sich sowieso in der Regel erst nach drei bis sechs Monaten.

Die Standardtherapie der chronischen Linksherzinsuffizienz besteht also heute aus Diuretika, Digitalis (bei Vorhofflimmern oder hydrophischer Linksherzinsuffizienz mit niedriger Auswurffraktion), ACE-Hemmern (oder AT1-Rezeptorantagonisten) und Betarezeptorenblockern. Über die Nebenwirkungen und Kontraindikationen der Betablocker informieren die Tabellen 4.45 und 4.46.

Die Subgruppenanalyse der CIBIS-II-Analyse, an der wir auch im Steering Committee beteiligt waren, hat eindeutig ergeben, dass gerade die Patienten, die man normalerweise aus Vorsicht eher nicht mit Beta-Blockern behandeln würde, am meisten von dieser Therapie profitieren. **Bisoprolol** ist also unbedingt indiziert bei schwerstgradiger Herzinsuffizienz (NYHA IV), Diabetes mellitus, Niereninsuffizienz und selbstverständlich auch bei tachykarden Herzrhythmusstörungen (Erdmann et al., 2001). Je schwerer die Herzinsuffizienz ist, desto langsamer sollte man die Dosierung steigern. Es hat sich bewährt, im Zweifelsfall mit 1,25 mg Bisoprolol pro Tag über mehrere Wochen zu behandeln und nur ganz langsam zu steigern (alle 3-4 Wochen), wenn sich der Patient bereits mit niedrigem Blutdruck in einem fortgeschrittenen Herzinsuffizienzstadium befindet.

Tab. 4.45 Nebenwirkungen der Betablocker.

- Hypotension
- Bradykardie, AV-Überleitungsstörungen
- Bronchialobstruktionen
- Müdigkeit
- Herzinsuffizienz (akut)
- Glukosetoleranzstörungen
- Claudicatio intermittens
- Raynaud-Phänomen

Tab. 4.46 Kontraindikationen für Betablocker.

- Hypotension
- Bradykardie, AV-Blockierungen II° und III°
- Sick-Sinus-Syndrom
- Obstruktive Lungenerkrankungen
- Insulinpflichtiger Diabetes mellitus

Obwohl sich alle Leitlinien der Fachgesellschaften (Deutsche Gesellschaft für Kardiologie, European Society of Cardiology, American Heart Association) eindeutig für eine Beta-Blocker-Therapie der chronischen Herzinsuffizienz aussprechen, sind im Augenblick nur 30-50 % der Patienten damit auch behandelt. Nach den Studienlagen (evidence based medicine) ist es nicht mehr vertretbar, einem herzinsuffizienten Patienten einen Beta-Blocker vorzuenthalten. Sehr oft hört man, dass der Patient angibt, Beta-Blocker „nicht zu vertragen". Zumeist ist dann mit zu hohen Dosen behandelt worden oder zu rasch eine Dosiserhöhung vorgenommen worden. Ein erneuter Versuch in niedrigster Dosierung lohnt sich in der Regel.

Es gibt kaum eine andere Herzinsuffizienztherapie, die an derart vielen Patienten mit allen Schweregraden dieses Syndroms so gut untersucht worden ist, wie die Beta-Blocker-Therapie. Das Ergebnis war für **Bisoprolol**, **Carvedilol** und **Metoprolol** eindeutig.

Literatur

Andersson, B., Blomsttröm-Lundquist, C., Hedner, T., Wagstein, F.: Exercise hemodynamics and myocardial metabolism during long-term beta-adrenergic blockade in severe heart failure. JACC **18**, 1059-1066 (1991).

Basu, S., Roxy Sr., Raval, U., van der Does, R., Bruckner, T., Lahiri, A.: Beneficial Effects of Intravenous and Oral Carvedilol Treatment in Acute Myocardial Infarction. A Placebo-Controlled, Randomized Trial. Circulation **96**, 183-191 (1997).

Binkley, P. F., Lewe R. F., Lima, J. J., Ai-Awwa, A., D. Unverferth V. C., Leier, V.:

Hemodynamic-inotropic response to beta-blocker with intrinsic sympathomimetic activity in patients with congestive cardiomyopathy. Circulation **74**, 1390-1398 (1986).

CIBIS-Study: Effective beta-blockade in the selected dosages. 90, 1765-1773 (1994).

CIBIS-II Investigators and Committees. The Cardiac Insufficiency Bisoprolol Study II (CIBIS II): a randomised trial. Lancet **1359**, 9-13 (1999).

Cleland, J., Bristow, M., Erdmann, E., Remme, W., Swedberg, K., Waagstein, F.: Beta-blocking agents in heart failure. Eur Heart J 17, 1629-1639 (1996).

Cleland, J., Cohen-Solal, A., Aguilar, J., et al. for the IMPROVEMENT of Heart Failure Programme Committees and Investigators and the Study Group on Diagnosis of the Working Group on Heart Failure of The Europena Society of Cardiology: Management of heart failure in primary care (the IMPROVEMENT of heart failure programme): an international survey. Lancet **360**, 1631-1639 (2002).

DaGupta, P., Lahiri, A.: Can intravenous beta-blockade predict long-term hemodynamic benefit in chronic congestive heart failure srcondary to ichemic heart disease? J Cardiovasc Pharmarol **19**, 62-67 (1992).

Engelmeier, R. S., O'Connell, J. B., Walsh, R., Rad, N., Scanlon, P. J., Gunnar, R. M.: Improvement in symptoms and exercise tolerance by metoprolol in patients with dilated cardiomyopathy: a double-blind, randomized, placebo-controlled trial. Circulation **72**, 536-546 (1985).

Erdmann, E., Lechat, P., Verkenne, P., Wiemann, H.: Results from post-hoc analyses of the CIBIS-II trial: effect of bisoprolol in high-risk patient groups with chronic heart failure. Eur J Hear Failure **3**, 469-479 (2001).

Fowler, M. B.: Beta-blockers in heart failure: potential of carvedilol. J. Hum. Hypertens 7, 62-67 (1993).

Fowler, M., Vera-Llonch, M., Oster, G., et al. for the U.S. Carvedilol Heart Failure Study Group: Influence of carvedilol on hospitalizations in heart failure: Incidence, resource utilization and costs. JACC **37**, 1692-1999 (2001).

Gilbert, E. M., Anderson, J. L., Deitchman, D., Yanowitz, F. G., O'Connell, J. B., Renlund, D. G., Bartholomew, M., Mealey, P. C., Larrabee, P., Bristow, M. R.: Long-term beta-blocker vasodilator therapy improves cardiac function in idiopathic dilated cardiomyopathy: A double-blind, randomized study of bucindolol versus placebo. Am. J. Med. **88**, 223-229 (1990).

Gottlieb, S., McCarter, R., Vogel, R.: Effect of Beta-Blockade On Mortality Among High-Risk and Low-Risk Patients After Myocardial Infarction. N Engl J Med **339**, 489-497 (1998).

Mangano, D., Layug, E., Wallace, A., Tateo, I.: Effect of Atenolol on Mortality and Cardiovascular Morbidity after Noncardiac Surgery. N Engl J Med **335**, 1713-1720 (1996).

MERIT-HF Study Group. Effect of metoprolol CR/XL in chronic heart failure: Metoprolol CR/XL randomised intervention trial in congestive heart failure (MERIT-HF). Lancet **353**, 2001-2007 (1999).

Ohlstein, E. H., Douglas, S. A., Sung, C. P., Yue, T.-L., Louden, C., Arleth, A., Poste, G., Ruffolo, R. R., Feuerstein, G. Z.: Carvedilol, a cardiovascular drug, prevents vascular smooth muscle cell proliferation, migration, and neointimal formation following vascular injury. Proc. Natl. Acad. Sci. USA **90**, 6189-6193 (1993).

Olsen, S., Gilbert, E, Renlund, D. J., Taylor, D., Yanowitz, F., Bristow, M.: Carvedilol Improves Left Ventricular Function and Symptoms in Chronic Heart Failure: A Double-Blind Randomized Study, Am Coll Cardiol **25**, 1225-12231 (1995).

Olsson, G., Wikstrand, J., Warnold, I., Manger, V., Cats, McBoyle, D., Herlitz, J., Hjalmarson, A., Sonnenblick, E. H.: Metoprolol-induced redution in postinfarction mortality: pooled results from five double-blind randomized trials. Eur. Heart J. 13, 28-32 (1992).

Packer, M., Bristow, M., Cohn, J., Colucci, W., Fowler, M., Gilbert, E., Shustermann,

N.: The Effect of Carvedilol on Mortality in Patients with Chronic Heart Failure. N Engl J Med **334**, 1349-1355 (1996).

Packer, M., Coats, A., Fowler, M., et al. for the Carvedilol Prospective randomized cumultative survival study group: Effect of carvedilol on survival in severe chronic heart failure. N Engl J Med **344**, 165-1658 (2001).

Schwinger, R. H. G., Böhm, M., Erdmann, E.: Evidence against spare or uncoupled beta-adrenoceptors in the human heart. Am Heart J **119**, 899 (1990a).

Schwinger. R. H. G., Böhm, M., Erdmann, E: Therapie dcr chronischen Herzinsuffizienz mit Beta-Rezeptorenblockern? Dtsch med Wschr **115**, 825-831 (1990b).

Senior, R., Müller-Beckmann, B., Das-Gupta, P., van der Does, R., Lahiri, A.: Effects of carvedilol on ventricular arrhythmias. J Cardiovasc Pharmacol **19**, 117-121 (1992).

The BEST-Investigators: A trial of the beta-blocker bucindolol in patients with advanced chronic heart faiure. N Engl J Med **344**, 1659-1667 (2001).

Vedin, A., Wilhelmsson, C.: Medical treatment of ischaemic heart disease – beta-blockers. Eur Heart J **6**, 13-27 (1985).

Waagstein, F., Bristow, M. R., Swedberg, K., Camerini, F., Fowler, M. B., Silver, M. A., Gilbert, E. M., Johnson, M. R., Gross, F. G., Hjalmarson, A.: Bcneficial effects of metoprolol in idiopathic dilated cardiomyopathy. Lancet **342**, 1441-1446 (1993).

Wikstrand, J., Kendall, M.: The role of beta receptor blockade in preventing sudden death. Eur Heart J **13**, 111-120 (1992).

Woodley, S. L., Gilbert, E. M., Anderson, J. L., O'Connell, J. B., Deitchman, D., Yanowitz. F. G., Mealey, P. C., Volkman, K., Renlund, D. G., Menlove, R., Bristow, M. R.: Beta-blockade with lucindulol in heart failure caused by ischemic versus idiopathic dilated cardiomyopathy. Circulation **84**, 2426-2441 (1991).

Yancy, C., Fowler, M., Colucci, W., et al. for the U.S. Carvedilol Heart Failure Study Grooup: Race and the response to adrenergic blockade with carvedilol in patients with chronic heart failure. N Engl J Med **344**, 1358-1365 (2001).

4.13 Neue Medikamente und Ansätze in der Langzeittherapie der chronischen Herzinsuffizienz

R. H. G. Schwinger, J. Müller-Ehmsen

Trotz des bedeutsamen Fortschritts bei der Therapie der Herzinsuffizienz, mit dem ein deutlich längeres und symptomärmeres Überleben der Patienten erreicht wurde, bleibt die Herzinsuffizienz eine schwer zu behandelnde Erkrankung mit hoher Sterblichkeit und großer sozialer und sozioökonomischer Bedeutung. Für die Entwicklung neuer Therapieansätze sind vier grundlegende Konzepte vorstellbar (siehe Abb. 4.39):

1) Die Weiterentwicklung der konventionellen Therapie durch Pharmaka bzw. Änderung von Lebensgewohnheiten.
2) Die Weiterentwicklung technischer Unterstützungssysteme.
3) Die therapeutische Nutzung eines Gentransfers.
4) Zellersatztherapie.

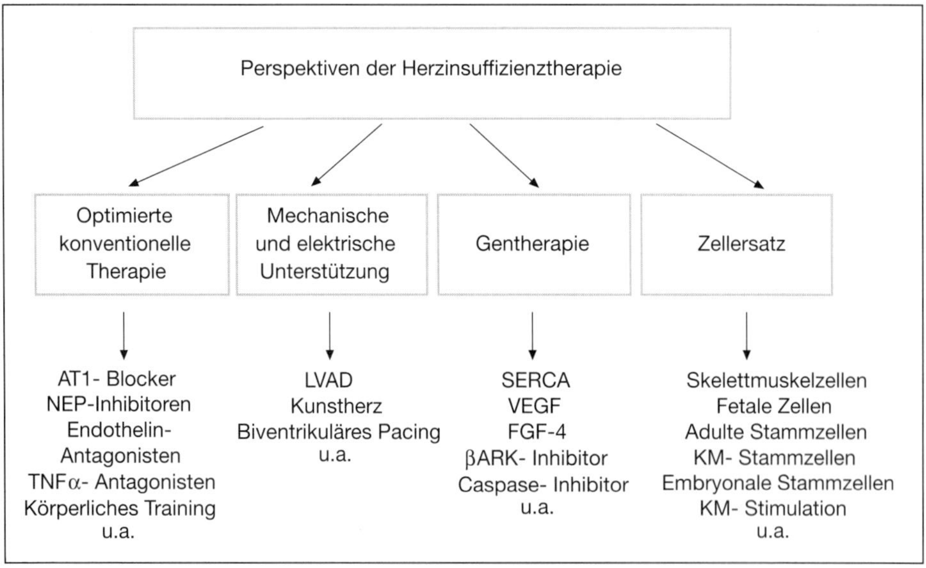

Abb. 4.39 Therapeutische Perspektiven der Herzinsuffizienz. Neben der Optimierung der konventionellen Therapie mit Pharmaka bzw. Lebensführung und der Therapie mit mechanischen Geräten oder Schrittmachern, die bereits heute zum Einsatz kommen, gilt es für die Zukunft neue Therapieformen wie die Gentherapie und die Zellersatztherapie weiter zu entwickeln. (NEP: neutrale Endopeptidase; TNF: Tumor-Nekrosefaktor; LVAD: left ventricular assist device; SERCA: Ca-ATPase des sarkoplasmatischen Retikulums; VEGF: vascular endothelial growth factor; FGF: fibroblast growth factor; βARK: β-Adrenozeptor Kinase; KM: Knochenmark).

4.13.1 Weiterentwicklung der medikamentösen Herzinsuffizienztherapie und Richtlinien zur Lebensführung

Da eine Blockade der neurohumoralen Aktivierung bei Herzinsuffizienz durch β-Adrenozeptorenblocker, ACE-Hemmer, und Aldosteron-Antagonisten einen deutlichen günstigen Effekt auf die Symptome und das Überleben der Patienten hervorruft, erscheint es sinnvoll, Substanzen zu entwickeln, mit denen die neurohumorale Blockade noch gesteigert oder optimiert werden kann. Beispiele für solche Substanzen sind die Angiotensin-Rezeptorantagonisten, Neutrale Endopeptidase-Blocker, Endothelin-Antagonsiten oder Hemmer proinflammatorischer Zytokine (z.B. TNF) (Mann et al., 2002).

Die Bedeutung der Angiotensin-Rezeptorblocker bei Herzinsuffizienz wird an anderer Stelle diskutiert (siehe Kapitel 4.9). Die Neutrale Endopeptidase (NEP) ist ein Enzym, das mehrere biologisch aktive Peptide einschließlich Bradykinin und natriuretische Peptide (ANP und BNP) inaktiviert. Die gleichzeitige Hemmung von NEP und ACE sollte einen positiveren Effekt haben als ACE-Hemmung alleine, zumal für BNP ein günstiger hämodynamischer Effekt bei Herzinsuffizienz gezeigt wurde (Colucci et al., 2000). Omapatrilat ist eine Substanz, die gleichzeitig NEP und ACE hemmt. Die Studienergebnisse bisher waren vielversprechend. In der IMPRESS-Studie (Inhibition of MetalloProtease by omapatrilat in a Randomized Exercise and SymptomS trial) zeigten 573 Patienten mit Herzinsuffizienz NYHA II-IV unter Omapatrilat eine bessere körperliche Belastbarkeit und geringere Morbidität als unter Lisi-

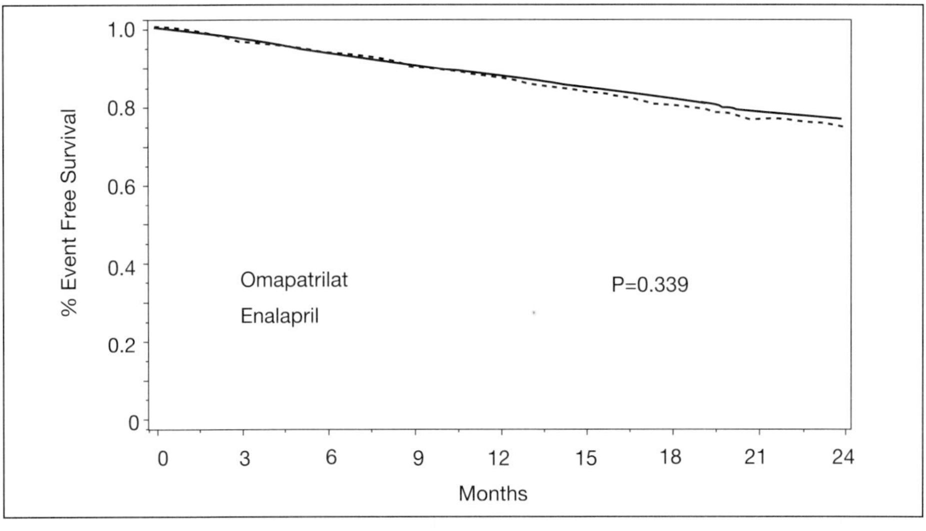

Abb. 4.40 Kaplan-Meier Kurve zum ereignisfreien Überleben von Patienten mit Herzinsuffizienz (NYHA II-IV). Die Patienten wurden entweder mit Omapatrilat 40 mg/Tag (n = 2886) oder Enalapril 2 × 10 mg/Tag (n = 2884) behandelt (Packer et al., 2002).

nopril. Ähnlich gute Ergebnisse wurden in einer Langzeit-Studie gefunden, in der Omapatrilat den kombinierten Endpunkt von Tod und Hospitalisierung wegen Herzinsuffizienz verminderte (Kostis et al., 2002). In einer großen Überlebensstudie (n = 5770) zeigte sich in einer post hoc Analyse zwar, dass das Risiko für Tod oder Hospitalisierung wegen Herzinsuffizienz durch Omapatrilat um 11 % gesenkt wurde (P = 0,01), beim Erreichen des primären Endpunktes (Tod oder Hospitalisierung wegen Herzinsuffizienz mit i. v.-Therapie) war Omapatrilat jedoch nicht besser als Enalapril (OVERTURE-Omapatrilat Versus Enalapril Randomized Trial of Utility in Reducing Events) (Packer et al., 2002) (siehe Abb. 4.40). Der Nachweis, dass Omapatrilat nicht schlechter war als der ACE-Hemmer konnte aber erbracht werden.

Endothelin-1 ist ein Peptid, welches durch seine Wirkung am Herzen und an den Gefäßwänden zunächst zu einer Adaptation an die veränderte Kreislaufsituation bei Herzinsuffizienz führt (Steigerung der Inotropie, Hypertrophie, Vasokonstriktion). Erhöhte Werte von Endothelin-1 wurden bei Herzinsuffizienz gemessen, die Im Verlauf ähnlich wie bei Angiotensin II oder Katecholaminen schädlich für den Herzmuskel und für die weitere Entwicklung der Herzinsuffizienz sein könnten. Deshalb wurde die Wirkung des Endothelin-Rezeptorblockers Bosentan in der REACH-1-Studie (Research on Endothelin Antagonism in Chronic Heart failure study) bei 370 Patienten mit Herzinsuffizienz NYHA Klasse IIIb oder IV untersucht. Hier zeigte sich zu Beginn der Therapie ein erhöhtes Risiko einer Zunahme der Herzinsuffizienz. Dennoch scheint Bosentan mittelfristig die Herzinsuffizienzsymptome zu mildern und ein Fortschreiten der Erkrankung zu verhindern. Möglicherweise liegt dieser zweideutige Effekt von Bosentan an seiner unselektiven Blockade von sowohl ET_A als auch ET_B Rezeptoren. Bei der akuten Herzinsuffizienz hat die Therapie mit Tezosentan, ebenfalls einem unselektiven ET-Rezeptorblocker positive hämodynamische Effekte (Erhöhung des Cardiac Index, Abnahme des PCWP und Abnahme des vaskulären Widerstands) erbracht (Torre-Amione et al., 2001). Somit gibt es einige ermutigende Ergebnisse zur Endothelin-Rezeptorantagonisten-Therapie bei akuter Herzinsuffizienz, während die Ergebnisse bei chronischer Herzinsuffizienz enttäuschend waren.

Die Blockade von Zytokinen (z.B. TNF – tumor necrosis factor) ist ein weiterer Versuch das Fortschreiten einer Herzinsuffizienz zu verhindern. Sliwa et al. haben die Wirkung von Pentoxifyllin bei Patienten mit Herzinsuffizienz NYHA II-III untersucht. Dabei zeigte sich nach 6 Monaten eine Verbesserung der Herzinsuffizienzsymptome und eine Verbesserung der LVEF im Vergleich zur Kontrollgruppe (Sliwa et al., 1998). Gleichzeitig wurde ein Abfall der Plasma-TNF-Werte beobachtet. In der Folge wurden deshalb auch TNF-Antagonisten (z.B. Etanercept) als Therapeutika für Herzinsuffizienz getestet. In kleineren Phase-I-Studien zeigte sich zwar ein positiver Effekt der Therapie mit dem TNF-Antagonisten auf die Symptome von Patienten mit Herzinsuffizienz (Deswal et al., 1999); zwei große Studien mit Etanercept bei Patienten mit NYHA II-IV wurden jedoch wegen eines fehlenden günstigen Effektes abgebrochen (Mann et al., 2002). Möglicherweise ist dies auf eine unbalancierte Blockade von pro-inflammatorischen Signalen zurückzuführen, die zwar Bedeutung für das Fortschreiten der Herzinsuffizienz haben, die aber andererseits auch wirksame Kompensationsmechanismen steuern könnten.

Insgesamt deutet die derzeitige Datenlage darauf hin, dass durch eine zusätzliche Blockade der neurohumoralen Aktivierung die zur Zeit etablierte Herzinsuffizienztherapie nicht unmittelbar verbessert wird, so dass weitere Entwicklungen abgewartet werden müssen.

Neben der Blockade der neurohumoralen Aktivierung erscheint es auch sinnvoll, Pharmaka zu entwickeln, die pathophysiologische Veränderungen der Herzinsuffizienz beheben können. Zu diesen Pharmaka, die sich noch in der Entwicklung befinden, und zu denen keine klinischen Studien vorliegen, gehören Phospholamban-Antagonsiten, Ryanodin-Rezeptor-Sensitizer und Sorcin-Antagonisten. Phospholamban ist ein Inhibitor der Ca-ATPase des sarkoplasmatischen Retikulums, das ohnehin bei Herzinsuffizienz eine verminderte Aktivität hat (Schwinger et al., 1995). Durch die Hemmung von Phospholamban könnte die Ca-Speicherfunktion des sarkoplasmatischen Retikulums und damit die Herzfunktion verbessert werden, weshalb es lohnend sein könnte hier spezifische Inhibitoren zu entwickeln (Schmidt et al., 2001). Mit Ryanodin-Rezeptor-Sensitizern soll die verminderte Ca-Freisetzung aus dem sarkoplasmatischen Retikulum durch die Ca-Freisetzungskanäle (Ryanodin-Rezeptoren), wie sie bei Herzinsuffizienz vorliegt, antagonisiert werden. Dazu wurde die Substanz JTV519 entwickelt, die zumindest in vitro, an Herzmuskelzellen herzinsuffizienter Hunde, eine Verbesserung der Ca-Freisetzung bewirkte (Kohno et al., 2002). Schließlich wird auch dem kardialen Ca-bindenden Protein Sorcin eine Funktion bei der Ca-Regulation in der Herzinsuffizienz zugesprochen, so dass auch hier eine pharmakologische Beeinflussung sinnvoll sein könnte (Valdivia, 1998).

Bei der Therapie der akuten dekompensierten Herzinsuffizienz wurden in neueren Studien für zwei Substanzen mit vollkommen unterschiedlichen Wirkmechanismen günstige Ergebnisse gefunden. Zum einen konnte mit dem Ca-Sensitizer Levosimendan häufiger eine hämodynamische Stabilisierung erzielt werden als mit Dobutamin (siehe Kapitel 3.7). Dies war auch verbunden mit einer verringerten Mortalität nach 180 Tagen. Zum anderen zeigte sich, dass die therapeutische Gabe von rekombinantem Brain Natriuretic Peptide (BNP, Nesiretide) günstige hämodynamische Auswirkungen hat, die vergleichbar sind mit einer konventionellen intravenösen Katecholamintherapie (Colucci et al., 2000). Darüberhinaus war die Therapie mit BNP mit einer geringeren 6 Monats-Sterblichkeit verbunden als die Therapie mit Dobutamin.

Ein nicht-pharmakologischer Ansatz zur Therapie der Herzinsuffizienz stellt das kontrollierte körperliche Training dar. Belardinelli al. konnten in einer randomisierten Studie bei 99 Patienten mit Herzinsuffizienz zeigen, dass regelmäßiges körperliches Training zu einer Zunahme der maximalen Sauerstoffaufnahme, zu einer verbesserten Lebensqualität und sogar zu einem verbesserten Überleben und einer verminderten Hospitalisierungsrate führt (Belardinelli et al., 1999).

4.13.2 Weiterentwicklung elektrischer und mechanischer Adjuvantien zur Therapie der Herzinsuffizienz

Die Beobachtung, dass die mechanische Entlastung eines Herzens auch zu einer Rückbildung des strukturellen und zellulären Remodelings führen kann, eröffnet zusammen mit der Weiterentwicklung linksventrikulärer Assist Devices (LVAD's) die Perspektive einer 'mechanischen' Therapie der Herzinsuffizienz. Hierbei ändert sich nicht nur die Geometrie des Herzens sondern auch die Signaltransduktion und die Rezeptorausstattung der Zellen. Weitere chirurgische Ansätze sind Ventrikelreduktionsplastik, Myosplint (Reduktion des LV-Innendurchmessers durch Stahlstifte) und Kunstherzimplantationen. Neben der verminderten Kontraktilität der Herzmuskelzellen und der ungünstigen Geometrie eines dilatierten Herzens, trägt auch eine häufig beobachtete Asynchronie der Kontraktion zur verminderten Auswurfleistung des insuffizienten Herzens bei. Insbesondere ist dies bei Patienten zu beobachten die auch einen ausgeprägten Linksschenkelblock im Oberflächen-EKG aufweisen. Bei diesen Patienten konnte durch die Implantation eines Zwei-Kammer-Herzschrittmachersystems eine Linderung der Herzinsuffizienzsymptomatik erzielt werden (Abraham et al., 2002). Ob durch diese Maßnahme auch das Überleben herzinsuffizienter Patienten verbessert werden kann, soll in derzeit laufenden großen klinischen Studien geklärt werden (Cleland et al., 2001)(CArdiac Resynchronization in Heart Failure, CARE-HF).

4.13.3 Gentransfer zur Therapie der Herzinsuffizienz

Es gibt zahlreiche Untersuchungen, die belegen, dass der mechanischen Pumpschwäche bei Herzinsuffizienz ausgeprägte biochemische Veränderungen auf zellulärer und subzellulärer Ebene zugrundeliegen. So wurden insbesondere veränderte Signaltransduktionswege und veränderte Ionengleichgewichte gefunden. Das veränderte Gleichgewicht des Ca-Haushalts spielt wegen der herausragenden Rolle von Kalzium bei der elektromechanischen Kopplung eine große Rolle für die Kontraktilität des Herzmuskels. Am ehesten ist eine verminderte Aktivität der Ca-ATPase des sarkoplasmatischen Retikulums (SERCA) Ursache für eine erhöhte Ca-Konzentration in der Diastole und verminderte Ca-Konzentration in der Systole (Schwinger et al., 1995).

Eine erfolgreiche Gentherapie ist in der Lage, durch das Einschleusen von Erbmaterial in erkrankte Zellen, die Expression bestimmter Proteine zu steigern und damit möglichen Gendefekten oder funktionellen Defekten entgegenzuwirken (siehe Abb. 4.41). Dieser Ansatz wurde genutzt, um die verminderte Aktivität der SERCA bei Herzinsuffizienz zu steigern. Durch einen solchen Gentransfer zeigte sich bei Zellen menschlicher insuffizienter Herzen eine Verbesserung der Kontraktilität. Interessanterweise hatten Ratten mit Herzinsuffizienz, die auf diese Weise therapiert wurden, auch eine höhere 30 Tages-Überlebenswahrscheinlichkeit als Kontrolltiere (del Monte et al., 2001).

Besonders häufige Ursachen für ein insuffizientes Herz sind Ischämie und

Myokardinfarkt. Dieser Tatsache gerecht werdend wurden verschiedene angiogenetische Faktoren als potentielle Ziele der Gentherapie bei Herzinsuffizienz untersucht. Bisher wurden die Gene von VEGF (vascular endothelial growth factor), FGF-4 (fibroblast growth factor) und HIF-1α (hypoxia induced factor) transferiert, und zwar ausschließlich in Phase 1 Studien, in denen die Sicherheit des Gentransfers nachgewiesen werden sollte. Trotz eines entsprechenden Studiendesigns zeigte sich in einigen dieser Studien neben der Tatsache, dass Gentherapie am Herzen sicher ist (Isner 2002), auch eine gewisse klinische Verbesserung. So wurden 7 von 10 Patienten vollständig beschwerdefrei 12 Monate nach VEGF-Gentransfer durch direkte Myokardinkjektion. In 13 von 17 Patienten zeigte sich in SPECT Untersuchungen (Single Photon Emission Computed Tomography) eine verminderte Ischämie (Isner 2002). Inzwischen wurde das VEGF-Gen auch mit gutem Ergebnis durch eine perkutane transluminale Kathetertechnik in das Myokard injiziert. Derzeit soll eine große multizentrische Studie diese Ergebnisse belegen. In der AGENT-Studie (Adenovirus FGF angiogenic GENe Therapy) wurde der Gentransfer mit einem Adenovirus Vektor FGF-4 bei insgesamt 79 Patienten mit Angina pectoris untersucht. Hier zeigte sich insgesamt nur ein Trend zu einer besseren körperlichen Leis-

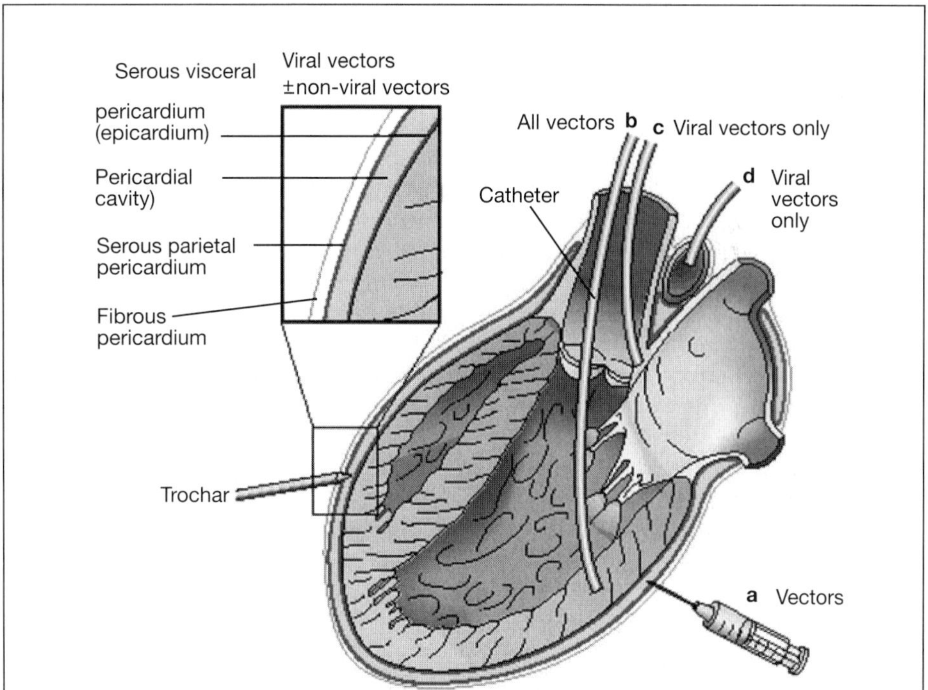

Abb. 4.41 Möglichkeiten des Gentransfers oder des Zelltransfers zur Therapie der Herzinsuffizienz. Denkbare Applikationsformen sind (a) die intramyokardiale Injektion von epikardial, (b) die intramyokardiale Injektion von endoluminal, (c) die intrakoronare Injektion, (d) die transvenöse Retroperfusion und (e) die intraperikardiale Applikation (Isner 2002).

tungsfähigkeit, dieser Unterschied war in der Gruppe mit der schlechtesten Ergometrie-Leistung (n = 50) jedoch signifikant (P = 0.01) (Grines et al., 2002).

Die Herabregulation der β-Adrenozeptoren am insuffizienten Herzen ist ein gut untersuchtes Phänomen, welches auch als Ziel für einen therapeutischen Gentransfer geeignet erscheint. Tatsächlich zeigte sich, dass eine Hemmung der β-Adrenozeptorkinase 1 (βARK), welche mitverantwortlich ist für den Abbau von β-Rezeptoren, durch die gentherapeutische Überexpression von βARK Inhibitor, zu einer Wiederherstellung der β-Rezeptorsignaltransduktion führt (Rockman et al., 2002). Darüberhinaus konnte das Auftreten einer Herzinsuffizienz bei Mäusen, die aus genetischer Ursache eine Kardiomyopathie entwickeln verhindert werden, und bei einem anderen Mausmodell für schwere Herzinsuffizienz konnte das Überleben der Tiere durch Überexpression eines βARK-Hemmers verlängert werden (Harding et al., 2001). Laugwitz et al. haben gezeigt, dass durch Überexpression des Caspase-Hemmers p35 eine Herzinsuffizienz bei Kaninchen, die durch schnelle Schrittmacherstimulation des Herzens hervorgerufen wurde, vermindert wurde (Laugwitz et al., 2001).

4.13.4 Zellersatztherapie bei Herzinsuffizienz

Ein besonders aktueller und interessanter Therapieansatz ist der Versuch, verlorengegangene oder insuffiziente Herzmuskelzellen durch Zelltransplantation zu ersetzen. Ausgehend von der begrenzten Regenerationsfähigkeit terminal differenzierter Kardiomyozyten ist die Hypothese, dass durch den Transfer neuer Zellen dem Herzmuskel zu gesteigerter Kraft verholfen werden kann. Erste Untersuchungen hierzu wurden bei Mäusen und Ratten mit fetalen oder neonatalen Kardiomyozyten durchgeführt. Nach direkter Injektion der Zellen können zwar nur wenige Zellen im Myokard überleben (Müller-Ehmsen et al., 2002b). Dennoch wurde auch eine längerfristige Persistenz transplantierter Herzmuskelzellen nachgewiesen und eine Verbesserung der Herzfunktion nach Myokardinfarkt beobachtet (Li et al., 1996; Müller-Ehmsen et al., 2002a) (siehe Abb. 4.42). Beim Menschen stehen diese Zelltypen jedoch nicht oder nur in ungenügender Menge und unter großen ethischen Vorbehalten zur Verfügung.

Anders ist dies bei Skelettmuskelzellen und bei adulten Stammzellen, die zu Herzmuskelzellen ausdifferenzieren können. Menasche et al. haben erste klinische Daten zum Einsatz autologer Skelettmuskelzellen bei eingeschränkter Pumpfunktion vorgelegt. Ihre Ergebnisse belegen, dass die 'neuen' Zellen dem Herzen zu mehr Vitalität in der Szintigraphie und zu mehr Kontraktilität in der Echokardiographie verholfen haben (Menasche et al., 2001) (siehe Abb. 4.43). Andererseits mussten die Untersucher beim Kongress der American Heart Association 2001 auch einräumen, dass es im Lauf der Zeit zum vermehrten Auftreten ventrikulärer Arrhythmien gekommen ist.

Ein idealer Zelltyp zur Transplantation wären autologe Stammzellen, die sich zu Herzmuskelzellen differenzieren können. Damit wären zum einen die Probleme einer möglichen Immunreaktion gegen das Transplantat behoben, zum anderen aber auch die Probleme, die durch organfremde Zellen entstehen können. In Experimenten an der Maus

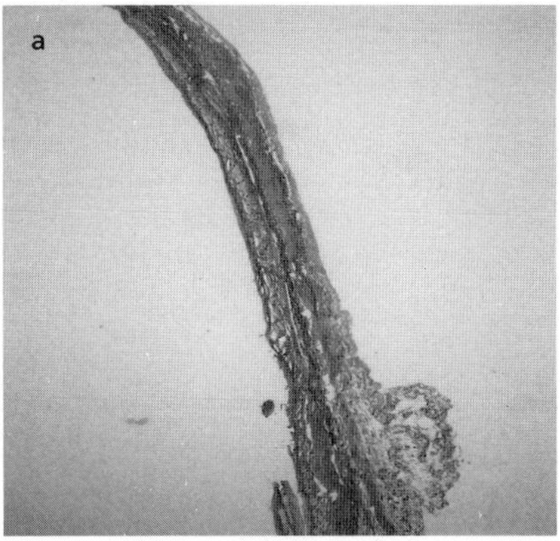

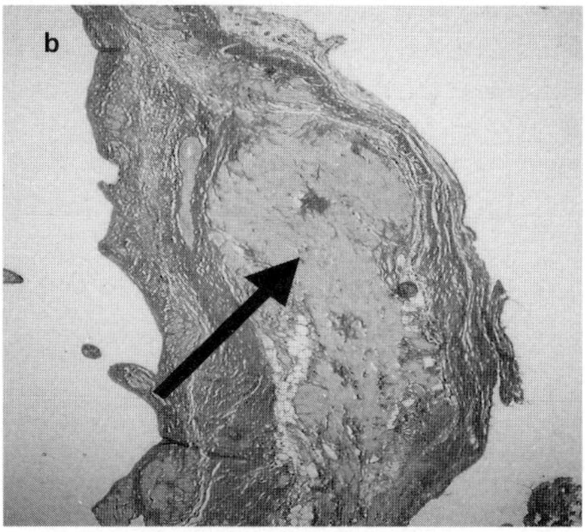

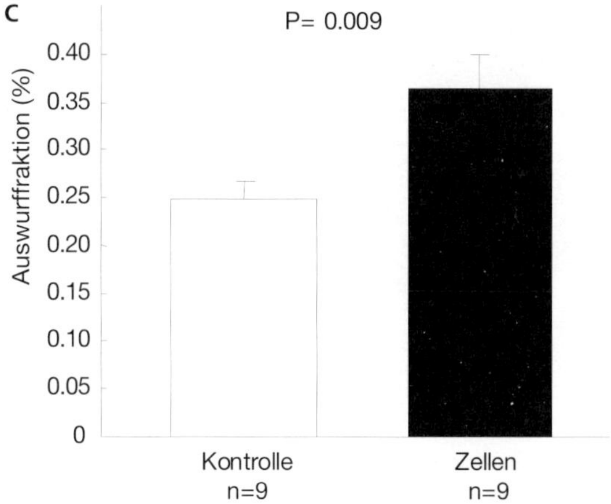

Abb. 4.42 Zunahme der Infarktdicke und neu entstandenes Myokard durch transplantierte neonatale Kardiomyozyten (B, Pfeil) im Vergleich zur Kontrolle (A). Verbesserung der linksventrikulären Auswurffraktion (C) nach Zelltransplantation bei Ratten nach Myokardinfarkt (Müller-Ehmsen et al., 2002a).

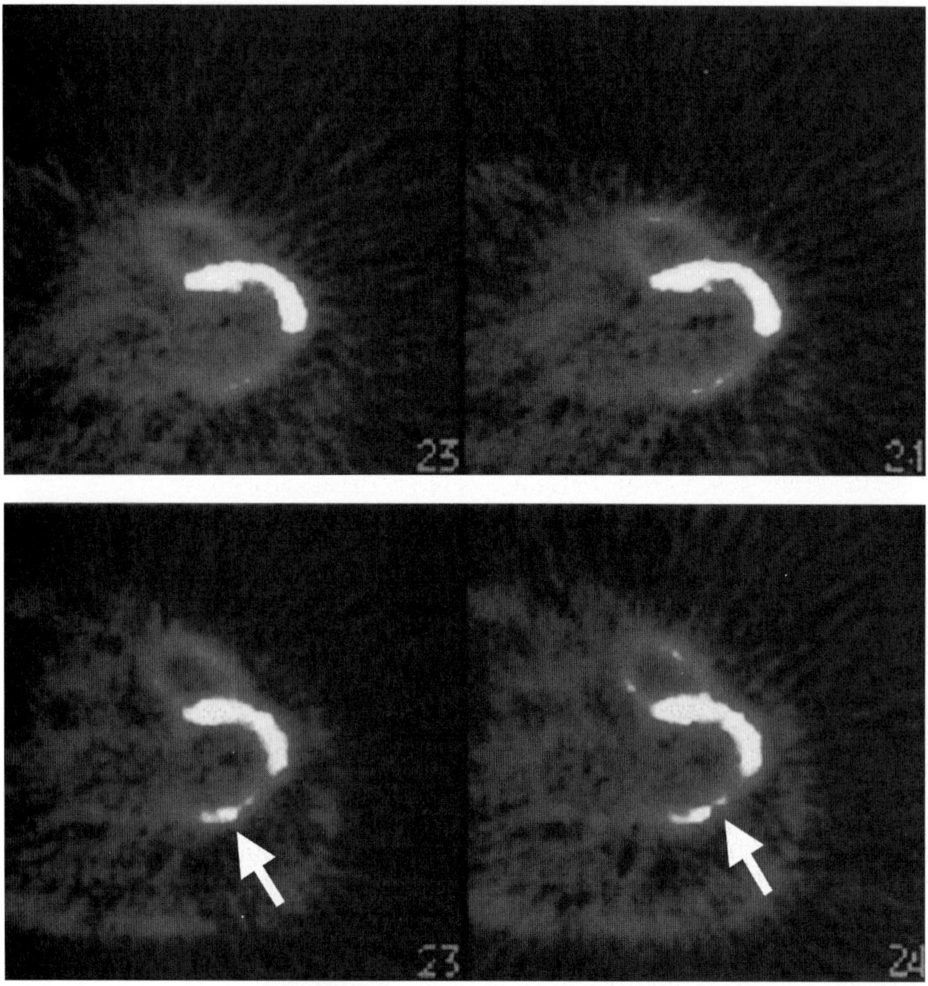

Abb. 4.43 Lateralansicht einer Positronen Emissions Tomographie des Herzens. In den oberen Abbildungen zeigt sich eine deutliche Minderbelegung der linksventrikulären Hinterwand. Nach Transplantation von autologen Myoblasten in das Infarktareal, zeigt sich eine gesteigerte Vitalität der Hinterwand (Pfeile) (Menasche et al., 2001).

konnte gezeigt werden, dass Herzmuskelgewebe in geringem Maße aus Knochenmarkszellen regeneriert werden kann. Darüberhinaus zeigte sich, dass Knochenmarkstammzellen, die nach Infarkt direkt in den Herzmuskel injiziert wurden, zu Herzmuskelzellen differenzieren und die Herzfunktion verbessern können (Orlic et al., 2001). Interessanterweise konnte auch ein längeres Überleben nach Herzinfarkt festgestellt werden, wenn zuvor die Knochenmarkstammzellen durch die Gabe von G-CSF und SCF stimuliert wurden. Auch menschliche CD34+ Stammzellen aus dem Knochenmark führten nach intravenöser Gabe bei immun inkompetenten Ratten nach Myokardinfarkt zu einem deutlich kleineren Infarktausmaß und zu einer verbesserten Herzfunktion.

Basierend auf diesen tierexperimentellen Daten wurden autologe Knochenmarkstammzellen bereits in mehreren klinischen Studien eingesetzt (Strauer et al., 2002). Neben den ursprünglich als hämatopoetische Stammzellen eingestuften Zelltypen wurden auch mesenchymale Stammzellen des Knochenmarks auf ihr Potential hin untersucht, zu Herzmuskelgewebe zu differenzieren und so einen geschwächten Herzmuskel zu stärken. Auch hier gibt es bereits einige vielversprechende Berichte.

Neben dem Zellersatz 'von außen', ist auch der Ansatz zu diskutieren, das Regenerationsverhalten eines insuffizienten Herzens 'von innen' zu verbessern. Dass dies grundsätzlich möglich sein könnte, wird dadurch belegt, dass begrenzte Regenerationsvorgänge im Randbereich eines Myokardinfarktes und bei dilatativer Kardiomyopathie beobachtet wurden. Der Nachweis einer erhöhten Anzahl zirkulierender Stammzellen nach Myokardinfarkt legt den Verdacht nahe, dass diese Regeneration des Herzmuskels vom Knochenmark ausgeht. Dies wird unterstützt durch die Verbesserung des Überlebens und der Herzfunktion von Mäusen nach Myokardinfarkt durch die Stimulation mit G-CSF und SCF.

Diesen vielversprechenden Studien, steht ein wachsende Zahl von Untersuchungen gegenüber, in denen die Differenzierung von Knochenmarkstammzellen zu Kardiomyozyten und die günstigen Auswirkungen nach deren Transplantation nicht nachvollzogen werden konnten. Daher bleibt abzuwarten, ob einer dieser zelltherapeutischen Ansätze in den kommenden Jahren eine klinische Bedeutung erlangen wird. Bevor Effektivitätsstudien bei Patienten mit Herzinsuffizienz durchgeführt werden können, sind Studien an größeren Tieren sicherlich hilfreich, um genauere Vorstellungen von den Auswirkungen einer Zelltransplantation auf den Gesamtorganismus zu erlangen.

Literatur

Abraham, W. T., Fisher, W. G., Smith, A. L., Delurgio, D. B., Leon, A. R., Loh, E., Kocovic, D. Z., Packer, M., Clavell, A. L., Hayes, D. L., Ellestad, M., Trupp, R. J., Underwood, J., Pickering, F., Truex, C., McAtee, P., Messenger, J.: Cardiac resynchronization in chronic heart failure. N Engl J Med 346, 1845-1853 (2002).

Belardinelli, R., Georgiou, D., Cianci, G., Purcaro, A.: Randomized, controlled trial of long term moderate exercise training in chronic heart failure: effects on functional capacity, quality of life, and clinical outcome. Circulation 99, 1173-1182 (1999).

Cleland, J. G., Daubert, J. C., Erdmann, E., Freemantle, N., Gras, D., Kappenberger, L., Klein, W., Tavazzi, L.: The CARE-HF study (CArdiac REsynchronisation in Heart Failure study): rationale, design and end-points. Eur J Heart Fail 3, 481-489 (2001).

Colucci, W. S., Elkayam, U., Horton, D. P., Abraham, W. T., Bourge, R. C., Johnson, A. D., Wagoner, L. E., Givertz, M. M., Liang, C. S., Neibaur, M., Haught, W. H., LeJemtel, T. H.: Intravenous nesiritide, a natriuretic peptide, in the treatment of decompensated congestive heart failure. Nesiritide Study Group. N Engl J Med 343, 246-253 (2000).

del Monte, F., Williams, E., Lebeche, D., Schmidt, U., Rosenzweig, A., Gwathmey, J. K., Lewandowski, E. D., Hajjar, R. J.: Improvement in survival and cardiac metabolism after gene transfer of sarcoplasmic reticulum Ca(2+)-ATPase in a rat model of heart failure. Circulation 104, 1424-1429 (2001).

Deswal, A., Bozkurt, B., Seta, Y., Parilti-Eiswirth, S., Hayes, F. A., Blosch, C., Mann, D. L.: Safety and efficacy of a soluble P75 tumor necrosis factor receptor (Enbrel, etanercept) in patients with advanced heart failure. Circulation 99, 3224-3226 (1999).

Grines, C. L., Watkins, M. W., Helmer, G., Penny, W., Brinker, J., Marmur, J. D., West, A., Rade, J. J., Marrott, P., Hammond, H. K., Engler, R. L.: Angiogenic Gene Therapy (AGENT) trial in patients with stable angina pectoris. Circulation 105, 1291-1297 (2002).

Harding, V. B., Jones, L. R., Lefkowitz, R. J., Koch, W. J., Rockman, H. A.: Cardiac beta ARK1 inhibition prolongs survival and augments beta blocker therapy in a mouse model of severe heart failure. Proc Natl Acad Sci U S A 98, 5809-5814 (2001).

Isner, J. M.: Myocardial gene therapy. Nature 415, 234-239 (2002).

Kohno, M., Yano, M., Kobayashi, S., Doi, M., Oda, T., Tokuhisa, T., Okuda, S., Ohkusa, T., Kohno, M., Matsuzaki, M.: A new cardioprotective agent, JTV519, improves defective channel gating of ryanodine receptor in heart failure. Am J Physiol Heart Circ Physiol (2002).

Kostis, J. B., Rouleau, J. L., Pfeffer, M. A., et al.: Beneficial effects of vasopeptidase inhibition on mortality and morbidity in heart failure: evidence from the omapatrilat heart failure program. J Am Coll Cardiol 35(suppl.I), I-704 (Abstract) (2002).

Laugwitz, K. L., Moretti, A., Weig, H. J., Gillitzer, A., Pinkernell, K., Ott, T., Pragst, I., Stadele, C., Seyfarth, M., Schomig, A., Ungerer, M.: Blocking caspase-activated apoptosis improves contractility in failing myocardium. Hum Gene Ther 12, 2051-2063 (2001).

Li, R. K., Jia, Z. Q., Weisel, R. D., Mickle, D. A., Zhang, J., Mohabeer, M. K., Rao, V., Ivanov, J.: Cardiomyocyte transplantation improves heart function. Ann Thorac Surg 62, 654-60; discussion 660-1 (1996).

Mann, D. L., Deswal, A., Bozkurt, B., Torre-Amione, G.: New therapeutics for chronic heart failure. Annu Rev Med 53, 59-74 (2002).

Menasche, P., Hagege, A. A., Scorsin, M., Pouzet, B., Desnos, M., Duboc, D., Schwartz, K., Vilquin, J. T., Marolleau, J. P.: Myoblast transplantation for heart failure. Lancet 357, 279-280 (2001).

Müller-Ehmsen, J., Peterson, K. L., Kedes, L., Whittaker, P., Dow, J.S., Long, T.I., Laird, P.W., Kloner, R.A.: Rebuilding a damaged heart: long-term survival of transplanted neonatal rat cardiomyocytes after myocardial infarction and effect on cardiac function. Circulation 105, 1720-1726 (2002a).

Müller-Ehmsen, J., Whittaker, P., Kloner, R. A., Dow, J. S., Sakoda, T., Long, T. I., Laird, P. W., Kedes, L.: Survival and development of neonatal rat cardiomyocytes transplanted into adult myocardium. J Mol Cell Cardiol 34, 107-116 (2002b).

Orlic, D., Kajstura, J., Chimenti, S., Jakoniuk, I., Anderson, S. M., Li, B., Pickel, J., McKay, R., Nadal-Ginard, B., Bodine, D. M., Leri, A., Anversa, P.: Bone marrow cells regenerate infarcted myocardium. Nature 410, 701-705 (2001).

Packer, M., Califf, R. M., Konstam, M. A., Krum, H., McMurray, J. J., Rouleau, J. L., Swedberg, K.: Comparison of omapatrilat and enalapril in patients with chronic heart failure: the Omapatrilat Versus Enalapril Randomized Trial of Utility in Reducing Events (OVERTURE). Circulation 106, 920-926 (2002).

Rockman, H. A., Koch, W. J., Lefkowitz, R. J.: Seven-transmembrane-spanning receptors and heart function. Nature 415, 206-212 (2002).

Schmidt, A. G., Edes, I., Kranias, E. G.: Phospholamban: a promising therapeutic target in heart failure? Cardiovasc Drugs Ther 15, 387-396 (2001).

Schwinger, R. H., Böhm, M., Schmidt, U., Karczewski, P., Bavendiek, U., Flesch, M., Krause, E. G., Erdmann, E.: Unchanged protein levels of SERCA II and phospholamban but reduced Ca2+ uptake and Ca(2+)-ATPase activity of cardiac sarcoplasmic reticulum from dilated cardiomyopathy patients compared with patients with nonfailing hearts. Circulation 92, 3220-3228 (1995).

Sliwa, K., Skudicky, D., Candy, G., Wisenbaugh, T., Sareli, P.: Randomised investigation of effects of pentoxifylline on left-ventricular performance in idiopathic dilated cardiomyopathy. Lancet 351, 1091-1093 (1998).

Strauer, B. E., Brehm, M., Zeus, T., Kostering, M., Hernandez, A., Sorg, R. V., Kogler, G., Wernet, P.: Repair of infarcted myocardium by autologous intracoronary mononuclear bone marrow cell transplantation in humans. Circulation 106, 1913-1918 (2002).

Torre-Amione, G., Young, J. B., Durand, J., Bozkurt, B., Mann, D. L., Kobrin, I., Pratt, C. M.: Hemodynamic effects of tezosentan, an intravenous dual endothelin receptor antagonist, in patients with class III to IV congestive heart failure. Circulation 103, 973-980 (2001).

Valdivia, H. H.: Modulation of intracellular Ca2+ levels in the heart by sorcin and FKBP12, two accessory proteins of ryanodine receptors. Trends Pharmacol Sci 19, 479-482 (1998).

4.14 Chronische Herzinsuffizienz und Statin-Therapie

S. Rosenkranz, Ch. Schneider

Einleitung

Der Benefit von HMG-CoA-Reduktase-Hemmern (Statinen) bei Patienten mit einer koronaren Herzkrankheit (KHK) mit oder ohne Hypercholesterinämie ist in zahlreichen Studien belegt (Scandinavian Simvastatin Survival Study, 1994; Sacks et al., 1996; LIPID 1998; WOSCOPS 1998; Downs et al., 1998). Neben der Cholesterinsenkung üben diese Substanzen auch direkte vasoprotektive Effekte aus, die zu einer Verbesserung der Endothelfunktion und zur Stabilisierung atherosklerotischer Plaques führen (O'Driscoll et al., 1997; Rosenson 1998). Daher werden Statine in Abhängigkeit des individuellen koronaren Gesamtrisikoprofils auch unabhängig von einer Hyperlipoproteinämie zur Reduktion akuter Koronarereignisse empfohlen (Expert panel – blood cholesterol (NCEP), 2001; Heart protection study, 2002). Darüber hinaus gibt es zahlreiche Hinweise darauf, dass Statine auch bei Patienten mit chronischer Herzinsuffizienz auf dem Boden einer ischämischen Kardiomyopathie (ICM), aber auch unabhängig von einer koronaren Herzkrankheit (KHK), benefizielle Wirkungen haben und zu einer Verbesserung der Prognose von Herzinsuffizienz-Patienten führen könnten.

Hinweise für benefizielle Effekte von Statinen bei Herzinsuffizienz in klinischen Studien

Erste Hinweise auf einen günstigen Einfluss von Statinen bei Patienten mit Herzinsuffizienz ergaben sich aus retrospektiven Analysen großer randomisierter Studien (siehe Tab. 4.47). In der „Scandinavian Simvastatin Survival Study" (4S-Studie) führte Simvastatin zu einer signifikanten Reduktion (-19 %) der Inzidenz der Herzinsuffizienz bei Patienten mit koronarer Herzkrankheit und initial erhaltener Pumpfunktion (Kjekshus et al., 1997). Darüber hinaus lag die Mortalität bei Patienten, die im Verlauf der Studie eine Herzinsuffizienz entwickelten, in der Simvastatin-Gruppe mit 25,5 % signifi-

Tab. 4.47 Statine reduzieren in klinischen Studien die Herzinsuffizienz-Inzidenz.

Studie	n	Inzidenz CHF Plazebo	Inzidenz CHF Statin	Reduktion absolut (%)	Lit.
4S	4.444	10,3 %	8,3 %	– 19 %	[Kjekshus et al., 1997]
CARE	1.283	13,8 %	10,9 %	– 21 %	[Lewis et al., 1998]
Aronow & Ahn	1.410	42 %	31 %	– 26 %	[Aronow, Ahn 2002]

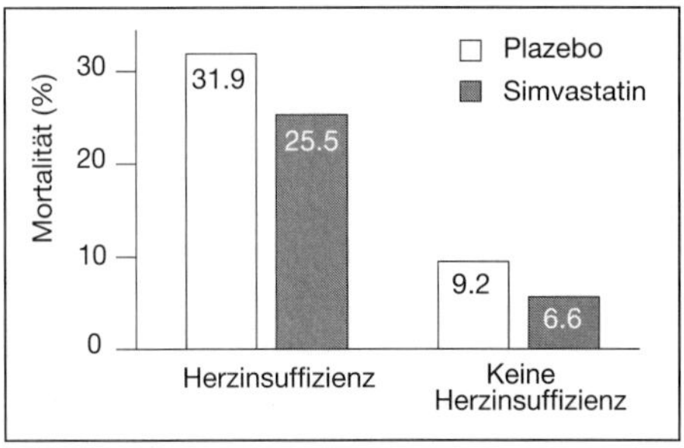

Abb. 4.44 Mortalität bei Patienten mit und ohne Herzinsuffizienz in Abhängigkeit von der Einnahme von Simvastatin in der 4S-Studie (Scandinavian Simvastatin Survival Study, 1994; Kjekshus et al., 1997).

kant niedriger als in der Plazebo-Gruppe mit 31,9 % (siehe Abb. 4.44).

In der CARE-Studie lag die Inzidenz der Herzinsuffizienz bei Patienten, die Pravastatin einnahmen, um 21 % niedriger als bei solchen, die nicht mit einem Statin behandelt wurden (Lewis et al., 1998). Bei Patienten über 60 Jahre (mittleres Alter 81 ± 9 Jahre) mit vorangegangenem Myokardinfarkt wurde durch eine Statin-Behandlung nach 36 Monaten eine Reduktion der Herzinsuffizienz-Inzidenz um 26 % beobachtet (Aronow, Ahn 2002). Gleichzeitig zeigte sich in dieser prospektiven Studie eine erhebliche Reduktion schwerwiegender Koronarereignisse (Myokardinfarkt, plötzlicher Herztod) von 72 % ohne lipidsenkende Therapie auf 46 % unter Statin-Behandlung. Bei Patienten mit KHK sind die günstigen Effekte auf die Inzidenz und Mortalität der Herzinsuffizienz primär durch eine Reduktion ischämischer Ereignisse und eine Verbesserung der Myokardperfusion zu erklären.

Weitere Hinweise finden sich in retrospektiven Subgruppen-Analysen von Herzinsuffizienz-Studien. In der ELITE II-Studie wiesen Patienten mit chronischer Herzinsuffizienz, die ein Statin einnahmen, mit 10,6 % eine signifikant niedrigere Mortalität auf als solche, die kein Statin einnahmen mit 17,6 % (Segal et al., 2000). Schließlich verbesserte Simvastatin in einer Postinfarktstudie bei Patienten mit einer linksventrikulären Ejektionsfraktion (LVEF) < 40 % innerhalb von 12 Wochen die LVEF um durchschnittlich 6 % (de Lorgeril et al., 1999). Diese Beobachtungen legen nahe, dass Statine neben der Reduktion ischämischer Ereignisse auch direkte kardioprotektive Effekte ausüben. Bisher liegen jedoch keine definitiven Daten aus einer großen prospektiven Studie vor.

Tierexperimentelle Studien (Präklinische Daten)

Neben ischämischen Ereignissen spielen postinfarzielle Umbauvorgänge des Myokards („Remodeling") sowie die arterielle Hypertonie und Myokardhypertrophie eine wichtige Rolle in der Pathogenese der Herzinsuffizienz. In verschiedenen Tiermodellen führten Statine nach Myokardinfarkt übereinstimmend zu einer Verminderung des linksventrikulären „Remodeling" und zu einer Verbesserung der myokardialen Pumpfunktion (Hayashidami et al., 2002; Bauersachs et al., 2001; Dechend et al., 2001; Luo et al., 1999). Insbesondere ließen sich günstige Effekte auf die linksventrikulären Diameter, enddiastolische Füllungsdrücke, Myozytenhypertrophie, und interstitielle Fibrose nachweisen. Von entscheidender Bedeutung bei diesen Beobachtungen ist, dass – obwohl in Infarktmodellen untersucht – die genannten Vorgänge unabhängig von weiteren ischämischen Ereignissen stattfinden. Somit scheinen Statine auch ischämieunabhängige benefizielle Effekte auf das Myokard auszuüben. Die Reduktion der Myokardhypertrophie durch Statine scheint zumindest teilweise durch eine Hemmung des Renin-Angiotensin-Systems vermittelt zu sein (Luo et al., 1999; Oi et al., 1999). Des weiteren verbessern Statine bei experimenteller Herzinsuffizienz die abnorme Reflexbradykardie und normalisieren zudem die Herzfrequenz-Variabilität und die sympathische Aktivität (Pliquett, Zucker 2001a+b).

Statine reduzieren akute ischämische Ereignisse als primäre Ursache der Herzinsuffizienz

Bei Patienten mit KHK, die initial keine Herzinsuffizienz aufweisen, ist die Behandlung mit Statinen eine gesicherte Therapie zur Reduktion ischämischer kardiovaskulärer Ereignisse (Myokardinfarkt) und zur Senkung der Gesamtmortalität (Scandinavian Simvastatin Survival Study, 1994; Sacks et al., 1996; LIPID 1998; WOSCOPS 1998; Downs et al., 1998). Ischämische Koronarereignisse sind ein wichtiger Risikofaktor für die Entwicklung einer Herzinsuffizienz (Fox et al., 2001). In der CARE-, LIPID-, WOSCOPS-, und AFAPSC/TexCAPS-Studie führte die Statinbehandlung insbesondere bei älteren Patienten zu einer drastischen Reduktion der Myokardinfarktrate um bis zu 50 % (Sacks et al., 1996; LIPID 1998; WOSCOPS 1998; Downs et al., 1998; Lewis et al., 1998; Hunt et al., 2001). Dementsprechend war die Statin-Therapie in der CARE-Studie auch mit einer signifikant niedrigeren Inzidenz der Herzinsuffizienz assoziiert (Lewis et al., 1998).

Bei Patienten mit Herzinsuffizienz können weitere ischämische Ereignisse zu einer Progression der Herzinsuffizienz führen. In der SOLVD-Studie (Study of Left Ventricular Dysfunction) war ein im Studienverlauf erlittener Myokardinfarkt mit einer Erhöhung der 1-Jahres-Hospitalisierungsrate für Herzinsuffizienz von 8,6 % auf 20,5 % assoziiert (Yusuf et al., 1992). In der Plazebo-Gruppe der 4S-Studie betrug die Myokardinfarktrate bei Patienten, die eine Herzinsuffizienz entwickelten, 52 %, während nur 16 % der Patienten, die keine Herzinsuffizienz entwickelten, im Verlauf einen Infarkt erlitten hatten (Scandinavian Simvastatin Survival Study, 1994). Statine senken auch bei Patienten mit manifester Herzinsuffizienz die Rate ischämischer Koronarereignisse. In der CARE-Studie führte Pravastatin bei Patienten mit einer LVEF < 40 % zu einer ebenso effizienten Reduktion von Koronarereignissen wie bei Patienten mit einer LVEF > 40 % (Sacks et al., 1996)

Ischämie-unabhängige, kardioprotektive Effekte von Statinen

Die günstigen Effekte von Statinen bei Herz-Kreislauf-Erkrankungen sind primär auf eine Reduktion akuter Koronarsyndrome (Myokardinfarkt, instabile Angina pectoris) zurückzuführen. Jedoch weisen die o.g. Studien darauf hin, dass Statine auch direkte schützende Effekte auf den Herzmuskel vermitteln. Unabhängig von der Senkung insbesondere des LDL-Cholesterins üben Statine sogenannte „pleiotrope Effekte“ aus, die bei den myokardprotektiven Eigenschaften dieser Substanzen von Bedeutung sind (siehe Tab. 4.48).

Tab. 4.48 Lipidunabhängige, pleiotrope Effekte von Statinen.

Pleiotrope Effekte von HMG-CoA Reduktase-Hemmern (Statinen)
Verminderung des LV Remodeling, Prävention der Kardiomyozyten-Hypertrophie
Reduktion der Myokardfibrose
Verminderung der O_2-Radikalbildung im Myokard
Herabregulation des Angiotensin AT_1-Rezeptors
Einfluss auf die Endothelfunktion, Heraufregulation der eNOS
Induktion der Neoangiogenese, Mobilisation von EPCs
Restoration der autonomen Funktion (Sympathikus-Aktivität)
Hemmung proinflammatorischer Zytokine

LV Remodeling und Kardiomyozyten-Hypertrophie

In mehreren tierexperimentellen Studien wurde durch eine Statin-Therapie eine Verminderung des linksventrikulären „Remodeling" und eine Verbesserung der myokardialen Pumpfunktion nach Myokardinfarkt gezeigt (Hayashidami et al., 2002; Bauersachs et al., 2001; Dechend et al., 2001; Luo et al., 1999). Diese Beobachtungen lassen sich durch eine Reihe Cholesterin-unabhängiger zellulärer Effekte erklären. Durch antioxidative Effekte und die Inhibition des GTP-bindenden Proteins Rac1 vermindern Statine die Kardiomyozyten-Hypertrophie (Takemoto et al., 2001; Patel et al., 2001). Zudem steigern sie die Expression der endothelialen NO-Synthase (eNOS) und vermindern die myokardiale Sauerstoffradikalbildung und die Myokardfibrose (Patel et al., 2001; Laufs, Liao 1998; Wassmann et al., 2001). Darüber hinaus reduzieren Statine durch eine Hemmung des Angiotensin-Converting-Enzyms (ACE) und eine Herabregulation des Angiotensin AT_1-Rezeptors die Aktivität des kardialen Renin-Angiotensin-Systems (Luo et al., 1999; Nickenig et al., 1999; Strehlow et al., 2000). Die molekularen Mechanismen dieser Effekte ergeben sich aus der Wirkungsweise der HMG-CoA Reduktase-Hemmer. Statine reduzieren durch die Hemmung der Mevalonatsynthese nicht nur die Cholesterinsynthese selbst, sondern auch die Bildung von Isoprenoid-Zwischenprodukten wie Geranylgeranyl-Pyrophosphat (GGPP), das für die posttranslationale Modifikation von kleinen GTP-bindenden Proteinen der Rho-Familie (RhoA, Rac1) verantwortlich ist (siehe Abb. 4.45). RhoA ist ein negativer Regulator der eNOS (Laufs et al., 1998), während Rac1 als essentieller Bestandteil der NAD(P)H-Oxidase für die intrazelluläre Sauerstoffradikalproduktion von Bedeutung ist (Heyworth et al., 1993) und die Angiotensin II-induzierte Kardiomyozyten-Hypertrophie und Reexpression eines „fetalen" Genotyps vermittelt (Pracyk et al., 1998). Im Tiermodell wies die Myokard-spezifische Überexpression von Rac1 auf eine wichtige

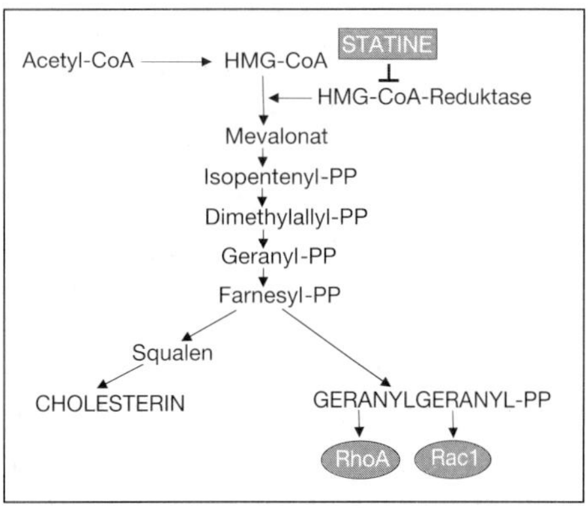

Abb. 4.45 Mevalonat-Isopren-Stoffwechselweg und Angriffspunkt von Statinen.

Rolle in der Pathogenese der Myokardhypertrophie und der dilatativen Kardiomyopathie (DCM) hin (Sussman et al., 2000).

Einfluss auf die Endothelfunktion

Das Syndrom der klinisch manifesten Herzinsuffizienz beinhaltet neben einer Funktionseinschränkung des Herzmuskels auch eine pathologische periphere Vasokonstriktion, die für die verminderte Leistungsfähigkeit der Patienten mitverantwortlich ist. Statine führen unabhängig vom Cholesterinspiegel zu einer endothelabhängigen Vasodilatation. Sie verbessern die Endothelfunktion durch die Heraufregulation der endothelialen NO-Synthase (eNOS) und die Hemmung der vaskulären Produktion von O_2-Radikalen (Laufs, Liao 1998; Wassmann et al., 2001). Darüber hinaus führt auch hier die Herabregulation des Angiotensin AT_1-Rezeptors zu einer Reduktion der Wirkungen des Renin-Angiotensin-Systems auf die Gefäßwand (Nickenig et al., 1999; Strehlow et al., 2000).

Neoangiogenese

Im Tiermodell (Extremitäten-Ischämie) induzieren Statine ähnlich wie Wachstumsfaktoren (basic Fibroblast Growth Factor, bFGF; Vascular Endothelial Growth Factor, VEGF) die Bildung neuer Blutgefäße (Kureishi et al., 2000). Insbesondere führen sie zur Proliferation und Migration von Endothelzellen und induzieren darüber hinaus die Mobilisation von endothelialen Progenitor-Zellen (EPC's) aus dem Knochenmark (Dimmeler et al., 2001; Vasa et al., 2001), die im Tiermodell für die postnatale Neoangiogenese essentiell sind (Asahara et al., 1999; Kalka et al., 2000). Jedoch sind die Effekte von Statinen auf die Angiogenese dosisabhängig. Bei niedrigen Konzentrationen vermitteln Statine proangiogene Effekte, während hohe Konzentrationen durch die Induktion der Apoptose von Endothelzellen zu einer Hemmung der Gefäßbildung führen (Weis et al., 2002; Urbich et al., 2002). Möglicherweise tragen diese Effekte zu einer Verbesserung der Myokardperfusion bei und kommen daher Patienten mit Herzinsuffizienz zugute.

Restoration der autonomen Funktion

Die chronische Herzinsuffizienz ist mit einer erhöhten sympathischen Aktivität und einer Parasympathikolyse assoziiert (Floras 1993). Da diese autonome Dysfunktion mit dem plötzlichen Herztod korreliert und zudem zu einem weiteren Fortschreiten der Herzinsuffizienz führt, ist therapeutisch eine Normalisierung der autonomen Funktion anzustreben. In einem Herzinsuffizienz-Modell verbesserten Statine die abnorme Reflexbradykardie, normalisierten die Herzfrequenz-Variabilität und reduzierten die Sympathikus-Aktivität (Pliquett, Zucker 2001a+b).

Hemmung proinflammatorischer Zytokine

Die chronische Herzinsuffizienz geht mit der Aktivierung zahlreicher proinflammatorischer Zytokine (z. B. TNF-α, IL-6) einher, die mit pathologischen Veränderungen des Myokards wie Zell-Nekrose, -Apoptose und Gewebsfibrosierung assoziiert sind und daher für die Progression der Herzinsuffizienz von Bedeutung sind (Torre-Amione et al., 1999). Statine sind in der Lage, die

Plasma- und Gewebsspiegel von TNF-α und IL-6 signifikant zu senken (Rosnenson et al., 1999; Grip et al., 2000).

Durch die genannten Mechanismen könnten Statine unabhängig vom Vorliegen einer KHK die klinische Symptomatik und die Prognose der chronischen Herzinsuffizienz verbessern.

Fazit

Zusammenfassend gibt es zahlreiche Hinweise für einen günstigen Effekt von Statinen bei der chronischen Herzinsuffizienz. Dies lässt sich zum einen durch eine Reduktion ischämischer Ereignisse als wichtige Ursache der Herzinsuffizienz erklären. Darüber hinaus zeichnen die pleiotropen Effekte der Statine für direkte kardioprotektive Effekte verantwortlich. Eine prospektive, plazebokontrollierte klinische Studie erscheint dringend erforderlich (Maggioni 2001; Kjekshus 2001; Krum, McMurray 2002). Bis zum Vorliegen entsprechender definitiver Daten sollte auf den Einsatz von Statinen bei Herzinsuffizienz verzichtet werden.

Literatur

Aronow, W. S., Ahn, C.: Frequency of congestive heart failure in older persons with prior myocardial infarction and serum low-density lipoprotein cholesterol > or = 125 mg/dl treated with statins versus no lipid-lowering drug. Am J Cardiol **90**, 147-149 (2002).

Asahara, T., Takahashi, T., Masuda, H., Kalka, C., Chen, D., Iwaguro, H., Inai, Y., Silver, M., Isner, J. M.: VEGF contributes to postnatal neovascularization by mobilizing bone marrow-derived endothelial progenitor cells. EMBO J **18**, 3964-3972 (1999).

Bauersachs, J., Galuppo, P., Fraccarollo, D., Christ, M., Ertl, G.: Improvement of left ventricular remodeling and function by hydroxymethylglutaryl coenzyme A reductase inhibition with cerivastatin in rats with heart failure after myocardial infarction. Circulation **104**, 982-985 (2001).

Dechend, R., Fiebeler, A., Park, J. K. et al.: Amelioration of angiotensin II-induced cardiac injury by a 3-hydroxy-3-methylglutaryl coenzyme A reductase inhibitor. Circulation **104** 576-581 (2001).

de Lorgeril, M., Salen, P., Bontemps, L., Belichard, P., Geyssant, A., Itti, R.: Effects of lipid-lowering drugs on left ventricular function and exercise tolerance in dyslipidemic coronary patients. J Cardiovasc Pharmacol **33**, 473-478 (1999).

Dimmeler, S., Aicher, A., Vasa, M., Zeiher, A. M.: HMG-CoA reductase inhibitors (statins) increase endothelial progenitor cells via the PI 3-kinase / Akt pathway. J Clin Invest **108**, 391-397 (2001).

Downs, J. R., Clearfield, M., Weis, S., Whitney, E., Shapiro, D. R., Berre, P. A., Langendorfer, A., Stein, E. A., Kruyer, W., Gotto, A. M. Jr.: Primary prevention of acute coronary events with lovastatin in men and women with average cholesterol levels: results of AFCAPS/TexCAPS. Air Force/Texas Coronary Atherosclerosis Prevention Study. JAMA **279** 1615-1622 (1998).

Expert panel on detection, evaluation, and treatment of high blood cholesterol in adults. Executive summary of the third report of the National Cholesterol Education Program (NCEP) expert panel on detection, evaluation, and treatment of high blood cholesterol in adults (Adult Treatment Panel III). JAMA **285**, 2486-2497 (2001).

Floras, J. S.: Clinical aspects of sympathetic activation and parasympathetic withdrawel in heart failure. J Am Coll Cardiol **4**(Suppl. A), 72A-84A (1993).

Fox, K. F., Cowie, M.R., Wood, D. A., et al.: Coronary artery disease as the cause of incident heart failure in the population. Eur Heart J **22**, 228-236 (2001).

Grip, O., Janciauskiene, S., Lindgren, S.: Pravastatin down-regulates inflammatory mediators in human monocytes in vitro. Eur J Pharmacol **410**, 83-92 (2000).

Hayashidami, S., Tsutsui, H., Shiomi, T., Suematsu, N., Kinugawa, S., Die, T., Wen, J., Takeshita, A.: Fluvastatin, a 3-hydroxy-3-methylglutaryl coenzyme A reductase inhibitor, attenuates left ventricular remodeling and failure after experimental myocardial infarction. Circulation **105**, 868-873 (2002).

Heart Protection Study Collaborative Group. MRC/BHF Heart Protection Study of cholesterol lowering with simvastatin in 20,536 high-risk individuals: a randomized placebo-controlled trial. Lancet **360**, 7-22 (2002).

Heyworth, P. G., Knaus, U. G., Settleman, J., Curnutte, J. T., Bokoch, G. M.: Regulation of NAD(P)H oxidase activity by Rac GTPase activating protein(s). Mol Biol Cell **4**, 1217-1223 (1993).

Hunt, D., Young, P., Simes, J., Hague, W., Mann, S., Owensby, D., Lane, G., Tonkin, A. for the LIPID investigators. Benefits of pravastatin on cardiovascular events and mortality in older patients with coronary heart disease are equal to or exceed those seen in younger patients: results from the LIPID trial. Ann Intern Med **134**, 931-940 (2001).

Kalka, C., Masuda, H., Takahashi, T., Gordon, R., Tepper, O., Gravereaux, E., Pieczek, A., Iwaguro, H., Hayashi, S. I., Isner, J. M., Asahara, T.: Vascular endothelial growth $factor_{165}$ gene transfer augments circulating endothelial progenitor cells in human subjects. Circ Res **86**, 1198-1202 (2000).

Kjekshus, J., Pedersen, T. R., Olsson, A. G., Faergeman, O., Pyörälä, K.: The effects of simvastatin on the incidence of heart failure in patients with coronary heart disease. J Cardiac Failure **3**, 249-254 (1997).

Kjekshus, J.: Debate: Statins should be used in patients with heart failure. Curr Control Trials Cardiovasc Med **2**, 268-270 (2001).

Krum, H., McMurray, J. J.: Statins and chronic heart failure: Do we need a large-scale outcome trial? J Am Coll Cardiol **39**, 1567-1573 (2002).

Kureishi, Y., Luo, Z., Shoijima, I. et al.: The HMG-CoA reductase inhibitor simvastatin activates the protein kinase Akt and promotes angiogenesis in normocholesterolemic animals. Nat Med **6**, 1004-1010 (2000).

Laufs, U., Liao, J. K.: Post-transcriptional regulation of endothelial nitric oxide synthase mRNA stability by Rho GTPase. J Biol Chem **273**, 24266-24271 (1998).

Lewis, S. J., Moye, L. A., Sacks, F. M., Johnstone, D. E., Timmis, G., Mitchell, J., Lichamer, M., Kell, S., Glasser, S. P., Grant, J. et al. for the CARE Investigators. Effect of pravastatin on cardiovascular events in older patients with myocardial infarction and cholesterol levels in the average range. Results of the Cholesterol and Recurrent Events (CARE) trial. Ann Intern Med. **129**, 681-689 (1998).

Long-term Intervention with Pravastatin in Ischemic Disease (LIPID) Study group. Prevention of cardiovascular events and death with pravastatin in patients with coronary heart disease ans a broad range of initial cholesterol levels. N Engl J Med **339**, 1349-1357 (1998).

Luo, J. D., Zhang, W. W., Zhang, G. P., Guan, J. X., Chen, X.: Simvastatin inhibits cardiac hypertrophy and angiotensin-converting enzyme activity in rats with aortic stenosis. Clin Exp Pharmacol Physiol **26**, 903-908 (1999).

Maggioni, A. P.: Debate: Should statin be used in patients with heart failure? Curr Control Trials Cardiovasc Med **2**, 266-267 (2001).

Nickenig, G., Bäumer, A. T., Temur, Y., Kebben, D., Jockenhövel, F., Böhm, M.: Statin-sensitive dysregulated AT1 receptor function and density in hypercholesterolemic men. Circulation **100**, 2131-2134 (1999).

O'Driscoll, G., Green, D., Taylor, R. R.: Simvastatin, an HMG-CoA reductase inhibitor, improves endothelial function within 1 month. Circulation **95**, 1126-1131 (1997).

Oi, S., Haneda, T., Osaki, J. et al.: Lovastatin prevents angiotensin II-induced cardiac hypertrophy in cultured neonatal rat heart cells. Eur J Pharmacol **376**, 139-148 (1999).

Patel, R., Nagueh, S. F., Tsybouleva, N., Abdellatif, M., Lutucuta, S., Kopelen, H. A., Quinones, M. A., Zoghbi, W. A., Entman, M. L., Roberts, R., Marian, A. J.: Simvastatin induces regression of cardiac hypertrophy and fibrosis and improves cardiac function in a transgenic rabbit model of human hypertrophic cardiomyopathy. Circulation **104**, 317-324 (2001).

Pliquett, R. U., Zucker, I. H.: Chronic statin treatment improves abnormal reflex bradycardia in rabbits with heart failure. Circulation **103**, (Suppl.) II-9 (2001a).

Pliquett, R. U., Zucker, I. H.: Statins normalize heart rate variability and sympathetic nerve activity in experimental heart failure. Circulation **103**, (Suppl.) II-392 (2001).

Pracyk, J. B., Tanaka, K., Hegland, D. D., Kim, K. S., Sethi, R., Rovira, I. I., Blazina, D. R., Lee, L., Bruder, J. T., Kovesdi, I., Goldshmidt-Clermont, P. J., Irani, K., Finkel, T.: A requirement for rac1 GTPase in the signal transduction pathway leading to cardiac myocyte hypertrophy. J Clin Invest **102**, 929-937 (1998).

Rosenson, R. S., Tangney, C. C.: Antiatherothrombotic properties of statins: implications for cardiovascular event reduction. JAMA **279**, 1643-1650 (1998).

Rosenson, R. S., Tangney, C. C., Casey, L. C.: Inhibition of proinflammatory cytokine production by pravastatin. Lancet **353**, 983-984 (1999).

Sacks, F. M., Pfeffer, M. A., Moye, L. A. et al.: The effect of pravastatin on coronary events after myocardial infarction in patients with average cholesterol levels: Cholesterol And Recurrent Events (CARE) trial investigators. New England J Med **335**, 1001-1009 (1996).

Segal, R., Pitt, B., Poole-Wilson, P., Sharma, D., Bradstreet, D. C., Ikeda, L. S.: Effects of HMG-CoA reductase inhibitors (statins) in patients with heart failure. Eur J Heart Failure **2**, (Suppl. 2) 96 (2000).

Scandinavian Simvastatin Survival Study Investigators. Randomized trial of cholesterol lowering in 4,444 patients with coronary heart disease: The Scandinavian Simvastatin Survival Study (4S). Lancet **344**, 1383-1389 (1994).

Strehlow, K., Wassmann, S., Böhm, M., Nickenig, G.: Angiotensin AT_1 receptor over-expression in hypercholesterolaemia. Ann Med **32**, 386-389 (2000).

Sussman, M. A., Welch, S., Walker, A., Klevitsky, R., Hewett, T. E., Price, R. L., Schaefer, E., Yager, K.: Altered focal adhesion regulation correlates with cardiomyopathy in mice overexpressing constitutively active rac1. J Clin Invest **105**, 875-886 (2000).

Takemoto, M., Node, K., Nakagami, H., Liao, Y., Grimm, M., Takemoto, Y., Kitakaze, M., Liao, J. K.: Statins as antioxidant therapy for preventing cardiac myocyte hypertrophy. J Clin Invest **108**, 1429-1437 (2001).

The WOSCOPS Investigators. Influence of pravastatin and plasma lipids on clinical events in the West Of Scotland Coronary Prevention Study (WOSCOPS). Circulation **97**, 1440-1445 (1998).

Torre-Amione, G., Bozkurt, B., Deswal, A., Mann, D. L.: An overview of tumor necrosis factor alpha and the failing human heart. Curr Opin Cardiol **14**, 206-210 (1999).

Urbich, C., Dernbach, E., Zeiher, A. M., Dimmeler, S.: Double-edged role of statins in angiogenesis signaling. Circ Res **90**, 737-744 (2002).

Vasa, M., Fichtlscherer, S., Adler, K., Aicher, A., Martin, H., Zeiher, A. M., Dimmeler, S.: Increase in circulating endothelial progenitor cells by statin therapy in patients with stable coronary artery disease. Circulation **103**, 2885-2890 (2001).

Wassmann, S., Laufs, U., Bäumer, A. T., Müller, K., Konkol, C., Sauer, H., Böhm, M., Nickenig, G.: Inhibition of geranylgeranylation reduces angiotensin II-mediated free radical production in vascular smooth muscle cells: Involvement of angiotensin AT_1 receptor expression and Rac1 GTPase. Mol Pharm **59**, 646-654 (2001).

Weis, M., Heeschen, C., Glassford, A. J., Cooke, J. P.: Statins have biphasic effects on angiogenesis. Circulation **105**, 739-745 (2002).

Yusuf, S., Pepine, C. J., Garces, C. et al.: Effects of enalapril on myocardial infarction and unstable angina in patients with low ejection fractions. Lancet 340, 1173-1178 (1992).

4.15 Plötzlicher Herztod bei Herzinsuffizienz

D. Beuckelmann

Etwa 200 000 Patienten sterben jährlich in den Vereinigten Staaten an den Folgen einer Herzinsuffizienz. Die Mehrzahl dieser Patienten hat in ihrer Vorgeschichte nicht einen ausgedehnten Myokardinfarkt erlitten, so dass klassische Makro Reentry-Mechanismen mit Ausbildung von ventrikulären Tachykardien um große Infarktnarben herum wahrscheinlich nicht der Hauptmechanismus des plötzlichen Herztodes bei diesen Patienten sein können. Trotz der therapeutischen Fortschritte der letzten Jahre, die auch zu einer verbesserten Lebenserwartung führten, haben Patienten mit schwergradiger Herzinsuffizienz noch immer eine hohe Letalität. Abbildung 4.46 zeigt die Überlebenskurven von Patienten, die im Rahmen der V-HeFT-II-Studie untersucht wurden. Es geht hieraus klar hervor, dass etwa 50 % aller Todesfälle plötzlich und unerwartet, also nicht durch ein Pumpversagen bedingt sind.

Darüber hinaus ist die Letalität von Patienten mit Herzinsuffizienz geringeren Schweregrades zwar absolut kleiner, der Anteil von Patienten, die am plötzlichen Herztod versterben, bei geringgradiger Herzinsuffizienz jedoch relativ höher. Abbildung 4.47 fasst die Ergebnisse verschiedener Interventionsstudien in unterschiedlichen Stadien einer Herzinsuffizienz bezüglich des plötzlichen

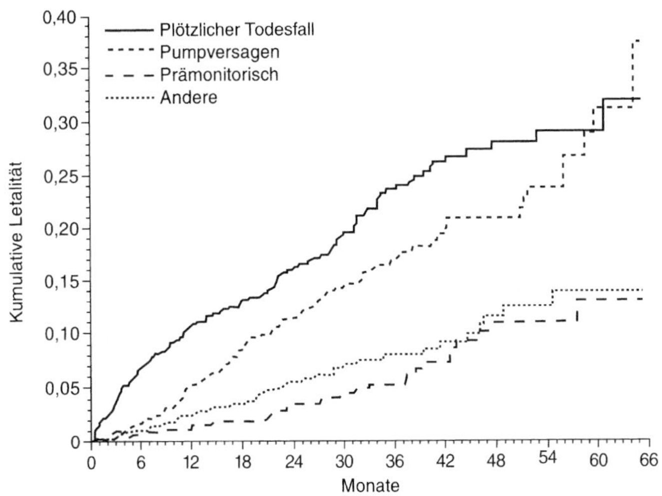

Abb. 4.46 Letalität von Patienten mit Herzinsuffizienz im Rahmen der V-HeFT-II-Studie (nach Cohn et al., 1991).

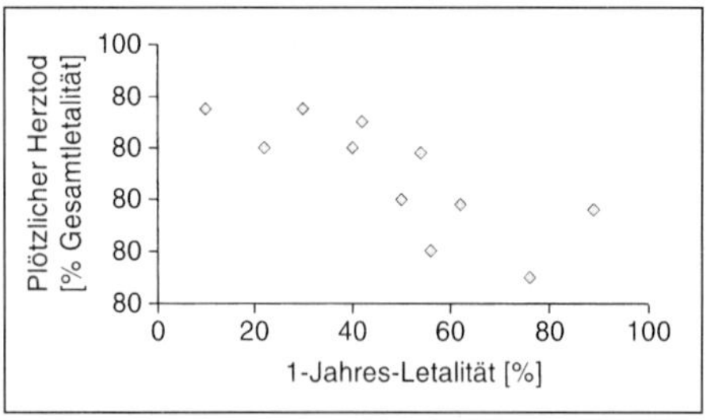

Abb. 4.47 Relativer Anteil des plötzlichen Herztodes an der Gesamtletalität in Abhängigkeit vom Schweregrad einer Herzinsuffizienz (11 Studien).

Herztodes zusammen. Es zeigt sich, dass der Anteil von Patienten, die am plötzlichen Herztod versterben, eine inverse Beziehung zur Ein-Jahres-Gesamtletalität aufweist. Das bedeutet, dass selbst dann, wenn die Progression des Pumpversagens unbeeinflusst bliebe, die Verhinderung des plötzlichen Herztodes bei 2 Millionen Amerikanern mit Herzinsuffizienz zu einer Verminderung der Todesrate von 1 Million Menschen führen könnte. Große multizentrische Studien zur Herzinsuffizienz haben zeigen können, dass ACE-Inhibitoren und andere Vasodilatatoren die Gesamtletalität senken können, aber nur sehr wenige therapeutische Interventionen haben die Rate des plötzlichen Herztodes spezifisch vermindern können (Cohn et al., 1991; Feldman et al., 1993).

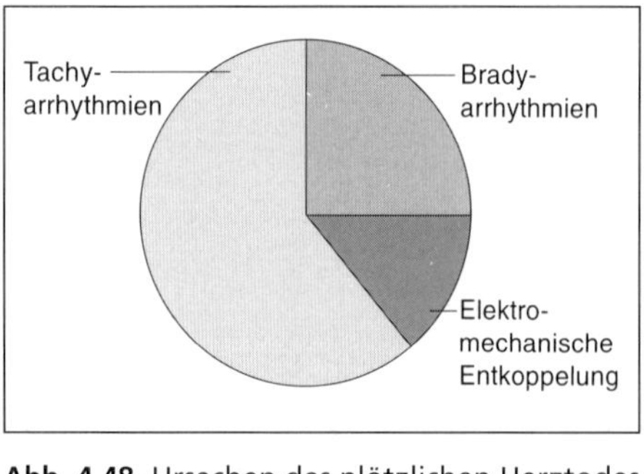

Abb. 4.48 Ursachen des plötzlichen Herztodes bei der Herzinsuffizienz (3 Studien).

Der Mechanismus des plötzlichen Herztodes bei der Herzinsuffizienz ist in weiten Teilen unklar. Aus diesem Grunde existieren bisher auch noch keine verlässlichen Strategien zur Risiko-Stratifikation, und medikamentös-therapeutische Interventionen waren bisher wenig erfolgversprechend.

4.15.1 Pathophysiologie

Wenngleich die Ätiologie von Arrhythmien bei der Herzinsuffizienz inhomogen ist, so ergeben die bisherigen Studien jedoch, dass die Mehrzahl der Patienten an tachykarden ventrikulären Herzrhythmusstörungen, ein Viertel an bradykarden oder asystolischen Formen und die übrigen Patienten an einer elektromechanischen Entkopplung versterben (siehe Abb. 4.48). Die wesentliche Ursache wird heutzutage in zellulären elektrophysiologischen Veränderungen gesehen. Ausdruck der Erregung der Membran ist das Aktionspotential. Nach einem raschen Aufstrich folgt das herztypische Plateau einer anhaltenden Depolarisation, bevor die Repolarisation einsetzt. Eine Verlängerung des Aktionspotentials, wie sie bei der Herzinsuffizienz nachgewiesen werden kann (siehe Kapitel 2.4), verzögert somit die Repolarisation. Diese Veränderung hat eine enorme Bedeutung für die Stabilität des Membranpotentials. Die Plateau-Phase des Aktionspotentials ist sehr labil, da der Membranwiderstand zu diesem Zeitpunkt sehr hoch ist. Aus diesem Grunde können bereits kleine Veränderungen von Strömen die Balance entweder in Richtung auf eine vorzeitige Repolarisation oder eine anhaltende Depolarisation verändern. Als Grundregel gilt, dass der Repolarisationsprozess um so labiler ist, je länger das Aktionspotential andauert (Aronson und Ming 1993). Während der Plateau-Phase oder initialen Repolarisations-Phase des Aktionspotentials können somit kleinste Stromänderungen zu einer erneuten Depolarisation führen. Diese Depolarisationen heißen frühe Nachdepolarisationen und können als Trigger für die Induktion von Kammerflimmern vom Typ Torsade de pointes dienen. Fördernde Faktoren hierfür sind Hypokaliämie, Azidose, Hypokalzämie und eine Vielzahl von Antiarrhythmika, insbesondere der Klasse III.

Charakteristischerweise findet man sowohl im Tiermodell als auch beim Menschen eine spezifische Veränderung repolarisierender Kaliumströme. So kommt es bei der schweren Herzinsuffizienz zur verminderten Expression des Ca^{2+}-unabhängigen transienten Auswärtsstroms (I_{t01}) und des Einwärtsgleichrichterstroms (I_{K1}) (Beuckelmann et al., 1993). In jüngster Zeit ist es nun gelungen, durch Implikation der verschiedenen Ströme in ein mathematisches Modell des menschlichen Aktionspotentials bei der Herzinsuffizienz die Bedeutung der verschiedenen Ionenströme für die Initiierung von Arrhythmien zu untersuchen (Priebe et al., 1998). Abbildung 4.49 zeigt, dass durch

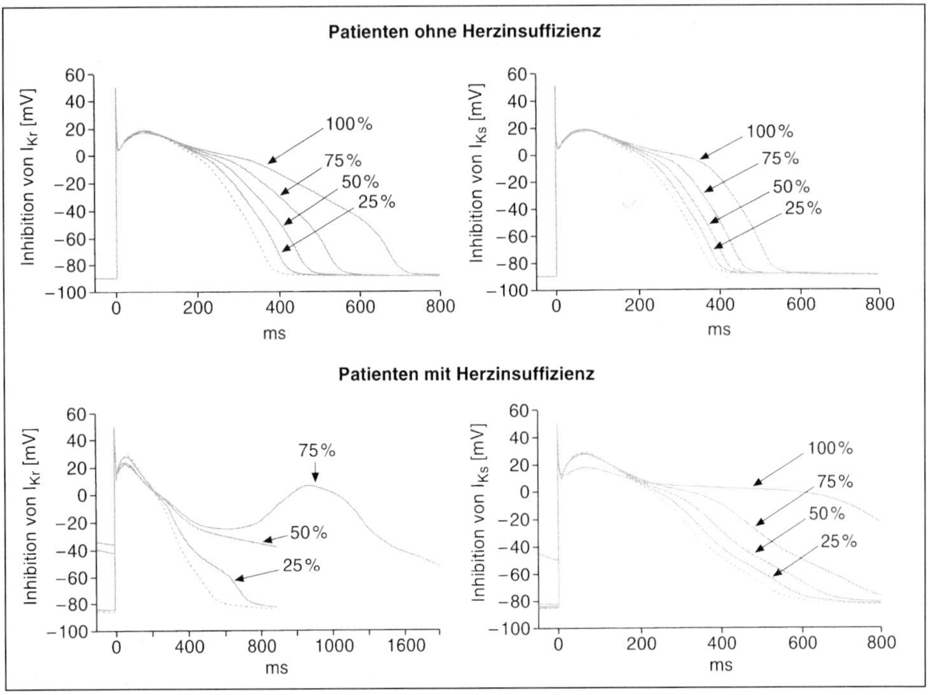

Abb. 4.49 Stimulation des menschlichen Aktionspotentials nach verschieden ausgeprägter Inhibition des schnellen Einwärtsgleichrichterstroms (I_{Kr}) und des langsamen Einwärtsgleichrichterstroms (I_{Ks}) bei Patienten mit und ohne Herzinsuffizienz. Blockade beider Ströme führt zu einer Verlängerung des Aktionspotentials. Nur bei Patienten mit Herzinsuffizienz führt die Blockade von I_{Kr} zu frühen Nachdepolarisationen, die Blockade des I_{Ks} zur fehlenden Repolarisation.

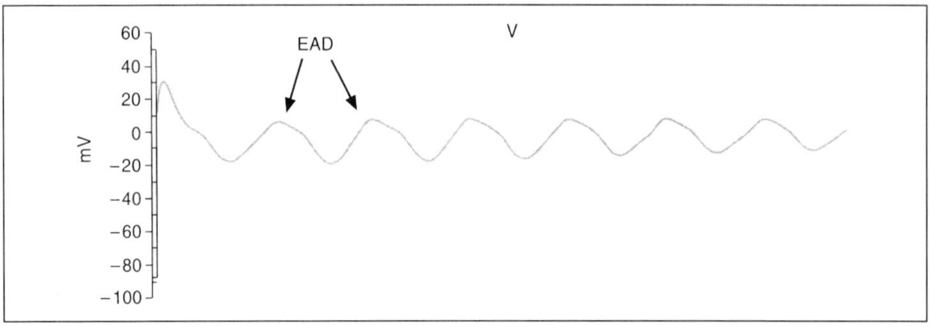

Abb. 4.50 Vollständige Blockade des I_{Kr} führt zum Auftreten früher Nachdepolarisationen, und anschließenden Membran-Oszillationen als zelluläres Äquivalent einer Torsade-de-pointes-Tachykardie.

Blockade des schnellen und langsamen Anteils des verzögerten Gleichrichterstroms (I_K) eine Verlängerung des Aktionspotentials bewirkt wird. Nur durch Blockade des schnellen Anteils (I_{Kr}) kommt es jedoch zur Ausbildung von schnellen Nachdepolarisationen (siehe Abb. 4.50). Die Struktur vieler Kalium-Kanäle ist inzwischen molekularbiologisch aufgeklärt, und es hat sich gezeigt, dass das HERG-Gen den I_{Kr}-Kanal kodiert und dass der langsame Auswärtsgleichrichterstrom (I_{Ks}) durch das KvLQT1-Gen kodiert wird. Mutationen dieser beiden Gene sind die Basis für die Mehrzahl der Patienten mit einer Verlängerung der QT-Zeit im Rahmen des angeborenen Long-QT-Syndroms (Romano-Ward-Syndrom, Jervell/Lange-Nielsen-Syndrom). Diese Patienten haben bekanntermaßen ein stark erhöhtes Risiko, am plötzlichen Herztod im Rahmen einer Torsade-de-pointes-Tachykardie zu versterben. Eine zum jetzigen Zeitpunkt favorisierte Theorie der Arrhythmieentstehung bei der Herzin-

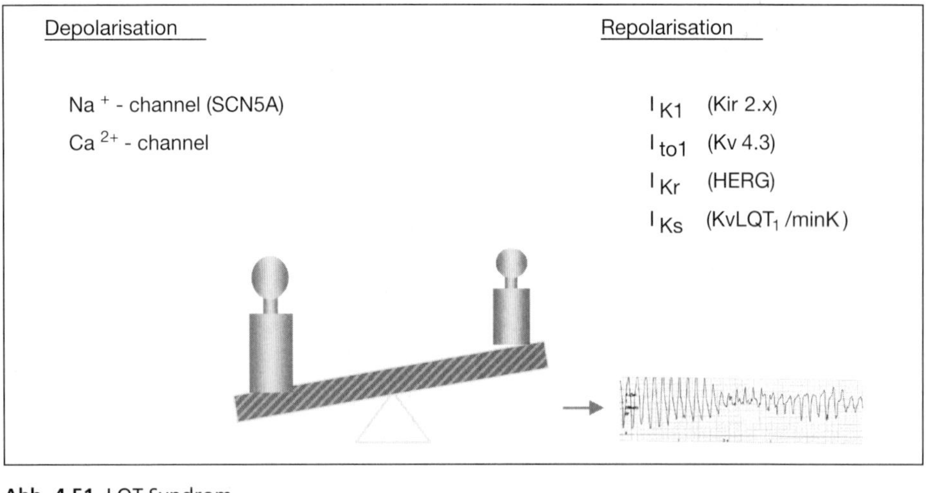

Abb. 4.51 LQT-Syndrom

suffizienz ist somit, dass es sich bei diesem Krankheitsbild um eine erworbene Erkrankung der Kalium-Kanäle mit konsekutiver Verlängerung des Aktionspotentials und erhöhter Inzidenz von Kammerflimmern handelt.

Inzwischen ist es (Hoppe et al., 2001) gelungen, durch Mutation repolarisierender Ionenkanäle, z. B. des HERG-Gens, das für den schnellen Teil des verzögerten Gleichrichter-Kaliumstroms (I_{Kr}) kodiert, in vitro die Aktivität des Kanals zu vermindern. Hieraus resultierte eine deutlich verzögerte Repolarisation sowie eine hiermit assoziierte höhere Häufigkeit von frühen Nachdepolarisationen bei Nachweis einer QT-Verlängerung im Oberflächen-EKG. Abbildung 4.51 zeigt schematisch das es durch die Veränderung des Gleichgewichts zwischen depolarisierenden und repolarisierenden Ionenströmen bei der Herzinsuffizienz zu einer labilen Repolarisation mit erhöhter Neigung zu malignen tachykarden Rhythmusstörungen kommt.

Tab. 4.49 Bedeutsame Faktoren für die antiarrhythmische Therapie bei Herzinsuffizienz.

- **Arrhythmie-Anamnese**
  Überlebter plötzlicher Herztod
  Anhaltende ventrikuläre Tachykardie
  Nicht-anhaltende ventrikuläre Tachykardie
  Synkope
- **Ätiologie der Herzinsuffizienz**
  Koronare Herzerkrankung
  Nicht-ischämische Kardiomyopathie (dilatativ, hypertroph, restriktiv)
- **Therapie**
  Effektivität
  Potentielle Nebenwirkungen

Tab. 4.50 Proarrhythmische Faktoren bei Herzinsuffizienz.

- Myokardiale Ischämie
- Hyperkaliämie
- Hypokaliämie, Hypomagnesiämie
- Hypoxie
- Aktivierung des sympathischen Nervensystems
- Antiarrhythmische Therapie – Proarrhythmie
- Weitere Medikamente:
  positiv inotrope Substanzen
  Phosphodiesteraseinhibitoren
  Digitalis (Toxizität)
  Antihistaminika
  Antibiotika (Erythromycin)

4.15.2 Therapie und Prophylaxe des plötzlichen Herztodes bei Herzinsuffizienz

Die Auswahl und Entscheidung für eine spezifische antiarrhythmische Therapie ist abhängig von einer Reihe verschiedener Faktoren, die Berücksichtigung finden müssen. Diese sind in Tabelle 4.49 zusammengefasst.

Bei allen therapeutischen Überlegungen sollten darüber hinaus eine Reihe verschlimmernder Faktoren berücksichtigt und korrigiert werden. Diese sind in Tabelle 4.50 zusammengefasst.

Für Patienten, die eine anhaltende ventrikuläre Tachykardie (VT) oder Kammerflimmern überlebt haben, ohne dass die Rhythmusstörung durch einen reversiblen Grund bedingt war, beträgt das Rezidivrisiko etwa 40 % innerhalb von 2 Jahren.

4.15.3 Antiarrhythmika bei Herzinsuffizienz

Proarrhythmische Wirkungen antiarrhythmischer Medikamente sind bei Patienten mit Herzinsuffizienz deutlich häufiger. Ohne eine klare und scharfe Indikation sollte eine antiarrhythmische Medikation somit grundsätzlich vermieden werden. Wenn eine derartige Therapie eingeleitet wird, bedarf es einer sorgfältigen Kontrolle evtl. Nebenwirkungen. Bei den meisten Substanzen ist darüber hinaus das Risiko einer Akkumulation aufgrund einer verminderten Clearance erhöht. Patienten mit stark eingeschränkter linksventrikulärer Funktion und solche, die bereits anhaltende oder nicht-anhaltende ventrikuläre Tachykardien erlitten haben, haben ein besonders hohes Risiko für eine Proarrhythmie. Diese Patienten-Gruppe sollte wenn, dann unter stationären Bedingungen eingestellt werden. Insbesondere sollten Antiarrhythmika der Klasse Ia und Ic vermieden werden (Chinidin, Disopyramid, Tocainid, Flecainid, Propafenon, etc.). Proarrhythmische Effekte und negativ-inotrope Wirkungen sind die Ursache für eine erhöhte Letalität, wenn diese Substanzen bei Patienten nach Myokardinfarkt mit verminderter linksventrikulärer Pumpfunktion und bei Patienten mit Herzinsuffizienz und Vorhofflimmern gegeben werden (CAST-Investigators, 1991; Flaker et al., 1992). Auch Sotalol, ein β-Blocker mit gleichzeitig antiarrhythmischer Klasse-III-Wirkung durch Kalium-Kanal-Blockade führt in 2 bis 4 % aller Patienten zu Torsade-de-pointes-Tachykardien. Die Rate dieser potentiell lebensbedrohlichen Arrhythmie scheint bei Patienten mit Herzinsuffzienz deutlich erhöht zu sein. Das d-Isomer von Sotalol, das keine β-blockierende Eigenschaft aufweist, erhöhte in der SWORD-Studie die Letalität bei Patienten nach Myokardinfarkt und verminderter Pumpfunktion (Waldo et al., 1996). Auch Sotalol sollte somit in fortgeschrittenen Stadien der Herzinsuffizienz, wenn möglich, vermieden werden.

4.15.4 Betarezeptorenblocker bei Herzinsuffizienz

Verschiedene Postinfarktstudien haben belegen können, dass Betarezeptorenblocker in der Postinfarktphase die Letalität dieser Patienten reduzieren können. In einer aktuellen und außerordentlich umfangreichen Analyse von über 200 000 Patientenakten nach Myokardinfarkt konnten Gottlieb et al. (1998) zeigen, dass insbesondere die Patienten mit hohem Risiko (sehr schlechte Auswurffraktion, hohes Lebensalter, Diabetes mellitus etc.) von einer Betablockertherapie profitieren.

Die Ergebnisse der aktuellen Betablockerstudien bei der Therapie der Herzinsuffizienz (MERIT-HF-Studie, 1999; CIBIS-II-Studie, 1999) konnten darüber hinaus inzwischen zeigen, dass sowohl bei Patienten mit ischämisch bedingter Herzinsuffizienz, als auch bei den Patienten mit dilatativer Kardiomyopathie durch eine hochdosierte Betablockertherapie die Rate des plötzlichen Herztodes signifikant um bis zu 50 % vermindert werden kann. Betarezeptorenblocker sind somit die einzigen Pharmaka, die zu einer deutlichen Reduktion des plötzlichen Herztodes bei Patienten mit Herzinsuffizienz führen.

In der COPERNICUS-Studie konnte inzwischen gezeigt werden das auch bei Patienten mit schwerer und schwerster Herzinsuffizienz (klinischer Schweregrad NYHA-III-IV) Therapie mit dem Betablocker Carvedilol zu einer Senkung der Sterblichkeit ohne Zunahme unerwünschter Nebenwirkungen kommt.

Nachteilig bei ihrem Einsatz ist, dass der Therapieerfolg beim individuellen Patienten anhand invasiver oder nicht invasiver Untersuchungsmethoden (programmierte Ventrikelstimulation, Langzeit-EKG, ventrikuläre Spätpotentiale) nicht beurteilt werden kann. Dennoch sollte zur Prophylaxe des plötzlichen Herztodes bei allen Patienten, bei denen keine Kontraindikationen vorliegen, ein Betarezeptorenblocker (Bisoprolol, Metoprolol, Carvedilol) eingesetzt werden.

4.15.5 Amiodaron bei Herzinsuffizienz

Amiodaron scheint die einzig sinnvolle spezifisch antiarrhythmische Substanz bei Patienten mit chronischer Herzinsuffizienz zu sein. Während einer chronischen Therapie kommt es zur Blockade von Kalium-Kanälen, Natrium-Kanälen und Ca^{2+}-Kanälen sowie zur Abschwächung der Antwort auf sympathomimetische Stimulation. Die Refraktärzeit aller Herzmuskelzellen wird verlängert, Sinus-Knoten- und AV-Knoten-Funktion werden verzögert.

Amiodaron führt nicht zu einer Erhöhung der Letalität nach Myokardinfarkt oder bei Patienten mit Herzinsuffizienz (Massie et al., 1996; Garguichevich et al., 1995). Während chronischer Therapie wird es hämodynamisch gut toleriert, in der CHF-STAT-Studie kam es zu einer leichten Verbesserung der Auswurffraktion (Massie et al., 1996). Nach initialer Aufsättigung mit 600 bis 1000 mg über 10-20 Tage beträgt die Dauer-Therapie-Dosierung 100 bis 300 mg. Diese heutzutage favorisierten niedrigen Dosierungen führen zu einer deutlichen Reduktion nicht-kardialer Nebenwirkungen, insbesondere der Haut und der Lunge.

Obwohl bei den meisten Patienten eine deutliche Verlängerung des QT-Intervalls nachweisbar ist, sind proarrhythmische Effekte der Substanz einschließlich Torsade-de-pointes-Tachykardien selten. Dennoch sollten Patienten, die bereits einmal eine Torsade-de-pointes-Tachykardie erlitten haben, nicht mit Amiodaron behandelt werden, da in einer retrospektiven kleinen Studie diese Patienten in 50 % der Fälle einen plötzlichen Herztod erlitten, wenn sie mit Amiodaron behandelt wurden; dies trat jedoch nur in 10 % der Fälle auf, wenn in der Vorgeschichte keine Torsade-de-pointes-Tachykardie stattgefunden hatte (Middlekauff et al., 1995). Patienten mit Sick-Sinus-Syndrom oder höhergradiger AV-Überleitungsstörung benötigen in der Regel unter einer chronischen Amiodaron-Therapie in suffizienter Dosierung einen Schrittmacher. Darüber hinaus führt Amiodaron zu einer Erhöhung der Defibrillationsschwelle, was insbesondere für Patienten mit gleichzeitig implantierten Defibrillatoren von Bedeutung ist.

4.15.6 Prophylaktische Therapie bei Patienten mit nicht-anhaltenden ventrikulären Tachykardien und ventrikulären Ektopien

Häufige ventrikuläre Extrasystolen und nicht-anhaltende ventrikuläre Tachykardien finden sich bei über 60 % aller Patienten mit Herzinsuffizienz und sind mit einer erhöhten Letalität assoziiert. In manchen Studien konnte gezeigt werden, dass diese erhöhte Letalität auf eine Häufung des plötzlichen Herztodes zurückzuführen ist. Bisher liegen keine Evidenzen dafür vor, dass die Unterdrückung ventrikulärer Ektopien selbst die Prognose bessert (Guidelines des ACC und der AHA, 1995). Amiodaron unterdrückt ventrikuläre Ektopien und nicht anhaltende ventrikuläre Tachykardien. Sein Einfluss auf die Letalität hängt jedoch vom Schweregrad der Herzinsuffizienz und der zugrundeliegenden Herzerkrankung ab.

Die GESICA-Studie randomisierte 516 Patienten mit Herzinsuffizienz der klinischen Stadien III und IV, sich entweder einer antiarrhythmischen Therapie mit im Mittel 300 mg Amiodaron oder keiner antiarrhythmischen Therapie zu unterziehen (Doval et al., 1994). Unter einer Therapie mit Amiodaron wurde die 2-Jahres-Letalität von 41 % auf 33,5 % gesenkt, darüber hinaus fand sich ein Trend zu einer Verminderung des plötzlichen Herztodes von 15 % auf 12 %. Weitere Subgruppen-Analysen zeigten, dass dieser positive Effekt insbesondere bei Patienten mit Herzfrequenzen von über 90/min. nachweisbar war. Diese Studie war jedoch nicht doppelblind durchgeführt und hatte einen relativ hohen Anteil von Patienten ohne koronare Herzerkrankung.

Die CHF-STAT-Studie der Veterans Administration randomisierte 674 Patienten mit milder bis mäßiggradiger Herzinsuffizienz (vor allem Stadium II) und häufigen ventrikulären Extrasystolen entweder zu einer Therapie mit 400 mg Amiodaron für 1 Jahr, anschließend 300 mg oder einer Plazebo-Therapie. Die Untersuchung wurde doppelblind durchgeführt (Massie et al., 1996). Die Amiodaron-Therapie hatte keinen Effekt auf die 2-Jahres-Überlebensrate (69 % vs. 71 %) oder die Häufigkeit des plötzlichen Herztodes (15 % vs. 19 %). Bei den Patienten mit nicht-ischämischer Kardiomyopathie waren die kombinierten Endpunkte Krankenhauseinweisungen und kardialer Tod jedoch vermindert und es zeigte sich ein Trend zu einer Verminderung der Letalität ($p = 0,07$). Untersuchungen zur Frage einer Wirksamkeit einer Amiodaron-Therapie nach Myokardinfarkt mit oder ohne Herzinsuffizienz deuten an, dass eine Amiodaron-Therapie hier einen kleinen Effekt auf die Letalität und auf die Reduktion Arrhythmie-assoziierter Todesfälle zu haben scheint (Zarembski et al., 1993).

Zusammengefasst lässt sich somit auf der Basis der bisher vorliegenden Studienergebnisse sagen, dass Amiodaron bei Patienten mit Herzinsuffizienz angewendet werden kann, ohne dass es die Letalität der Patienten erhöht. Eine chronische Amiodaron-Therapie mit im Mittel 300 mg pro Tag scheint bei Patienten mit fortgeschrittenen Stadien einer Herzinsuffizienz, insbesondere wenn sie eine relativ hohe Herzfrequenz aufweisen, die Prognose zu verbessern. Patienten mit nicht-ischämischer Kardiomyopathie scheinen hiervon eher zu profitieren. In den vorliegenden Studien wurde eine Dosierung von 300 mg pro Tag verwendet. Welchen Einfluss eine Niedrigdosis-Therapie mit 200 mg auf das Überleben der Patienten mit Herzinsuffizienz hat, ist zum heutigen Tage jedoch noch nicht geklärt (Stevenson et al., 1995).

4.15.7 Implantierbarer Kardioverter-Defibrillator bei Herzinsuffizienz

Der implantierbare Kardioverter-Defibrillator (ICD) hat im Vergleich zu Amiodaron mehrere Vorteile; Langzeittoxizität der Substanz wird vermieden, Patienten-Compliance ist garantiert, antibradykarde Back-up-Stimulation schützt vor Bradyarrhythmien. ICDs terminieren ventrikuläre Tachykardien entweder durch antitachykarde Stimulation (schmerzlos) oder durch elektrische Kardioversion, deren Schmerzhaftigkeit sehr unterschiedlich von verschiedenen Patienten empfunden wird. Eine ICD-Therapie ist aus diesem Grunde nicht indiziert, wenn ventrikuläre Tachykardien sehr häufig auftreten oder durch Kardioversion nicht terminierbar sind. Moderne Aggregate vermögen zwischen ventrikulären Tachykardien und supraventrikulären Tachykardien oder Vorhofflimmern zu differenzieren. Der technische Fortschritt auf diesem Gebiet war in den letzten Jahren enorm. Erwähnt werden soll in diesem Zusammenhang die Entwicklung der subklavikulären Implantation durch Verkleinerung des Aggregats, die transvenöse Defibrillationsspulen-Implantation ohne Thorakotomie und die Entwicklung biphasischer Schockformen. Hierdurch kam es zu einer Verminderung der OP-Letalität auf weit unter 1 %.

Eine ICD-Implantation sollte erst dann erfolgen, wenn die Herzinsuffizienz kompensiert ist und die Episoden ventrikulärer Tachykardien durch andere Maßnahmen soweit abgesenkt wurden, dass die Häufigkeit von Entladungen vertretbar erscheint. Zur Frage einer Prognosebeeinflussung von Patienten mit eingeschränkter Pumpfunktion oder Herzinsuffizienz durch einen ICD sind in den letzten Jahren mehrere große Studien publiziert worden.

1996 wurde die zur Primärprophylaxe konzipierte MADIT-Studie publiziert. Patienten mit dokumentierten nicht-anhaltenden Kammertachykardien bei Z.n. abgelaufenem Myokardinfarkt und eingeschränkter Auswurffraktion (< 35 %) wurden einer invasiven elektrophysiologischen Untersuchung unterzogen. War in dieser Untersuchung eine anhaltende ventrikuläre Tachykardie auflösbar, die durch Gabe von Procainamid nicht supprimierbar war, wurden diese Patienten randomisiert einer medikamentösen antiarrhythmischen Therapie zugeführt oder es wurde ein ICD implantiert. Die antiarrhythmische Medikation bestand bei der überwiegenden Zahl der Patienten in Amiodaron, weiterhin wurden Sotalol, β-Blocker oder Klasse-I-Antiarrhythmika eingesetzt. Die 5-Jahres-Letalität zeigte in diesem Patientenkollektiv einen deutlichen Vorteil zu Gunsten der ICD-Therapie. Innerhalb von 5 Jahren war die Letalität nur halb so groß wie in der medikamentös behandelten Patientengruppe (siehe Abb. 4.52).

1997 wurde die Coronary Artery-Bypass-Graft-Studie (CABG-Patch-Studie) publiziert, die den Einfluss einer prophylaktischen ICD-Implantation bei Patienten mit koronarer Herzerkran-

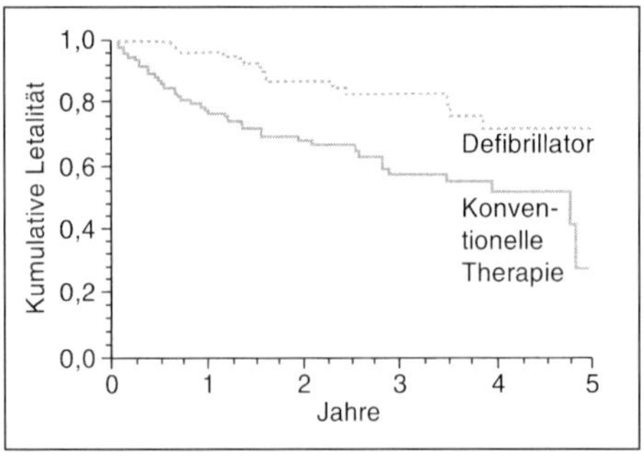

Abb. 4.52 Vergleich der Letalität von Patienten nach Myokardinfarkt mit eingeschränkter Pumpfunktion und nicht anhaltenden ventrikulären Tachykardien im Rahmen der MADIT-Studie: deutliche Überlebensvorteile der Patienten nach Defibrillator-Implantation (nach Moss et al., 1996).

kung untersuchte, die sich einer aortokoronaren Bypass-Operation unterziehen mussten. Einschlusskriterium war eine Auswurffraktion < 35 % und der Nachweis von Spätpotentialen im hochverstärkten EKG, da sich gezeigt hatte, dass der Nachweis von Spätpotentialen in diesem Patientenkollektiv mit einer deutlich erhöhten Letalität einhergeht. Etwa 450 Patienten wurden während der Bypass-Operation epikardiale Defibrillatorelektroden implantiert, im Kontrollkollektiv wurde lediglich die Revaskularisation durchgeführt. Präoperativ nachgewiesene ventrikuläre Tachykardien oder eine antiarrhythmische Medikation galten als Kontraindikation. In der ICD-Gruppe kam es innerhalb eines Jahres bei etwa 50 % der Patienten zur ICD-Entladung. Da es sich um Geräte früherer technischer Generationen handelte, konnte jedoch keine Speicherabfrage verifizieren, ob es sich um einen adäquaten Schock handelte. Nach einer Verlaufszeit von 32 ± 16 Monaten zeigte sich kein signifikanter Unterschied in beiden Patientengruppen, auch kardiale Todesfälle waren gleich häufig. 1997 wurde die AVID-Studie (Antiarrhythmics-versus-ICD-Studie) publiziert, um den Einfluss einer ICD-Implantation auf die Letalität von Patienten mit symptomatischen Kammertachykardien im Vergleich zur antiarrhythmischen Therapie mit Amiodaron oder Sotalol zu untersuchen. Alle Patienten hatten entweder dokumentiertes Kammerflimmern überlebt, eine Synkope im Rahmen einer Kammertachykardie oder eine hämodynamisch wirksame Kammertachykardie erlitten. Zusätzlich musste die Auswurffraktion auf unter 40 % reduziert sein. Patienten mit einer Herzinsuffizienz des klinischen Schweregrades NYHA IV wurden ausgeschlossen. Etwa 1000 Patienten wurden entweder mit einem ICD versorgt oder medikamentös mit Amiodaron oder Sotalol behandelt. Die Studie wurde wegen eines klaren Überlebensvorteils zugunsten des ICD-Studien-Kollektivs vorzeitig abgebrochen (siehe Abb. 4.53), innerhalb von 2 Jahren waren 15,8 % der Patienten mit ICD verstorben, dem stand eine Letalität von 24 % in der medikamentös-behandelten Gruppe ge-

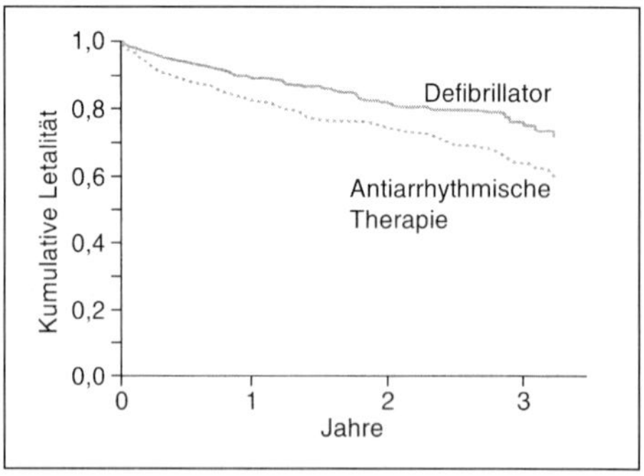

Abb. 4.53 Kumulative Letalität von Patienten mit schlechter Auswurffraktion und symptomatischen Kammertachykardien. Signifikanter Überlebensvorteil der mit einem Defibrillator behandelten Patientengruppe (nach AVID-Investigators, 1997).

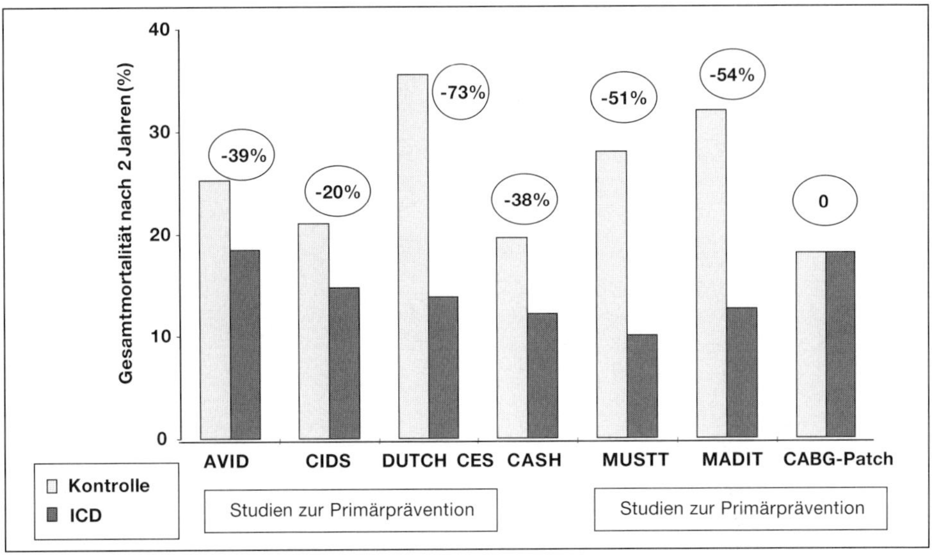

Abb. 4.54 Letalitätssenkung durch ICD-Therapie.

genüber. Kritisiert wurde diese Studie, da im ICD-Kollektiv signifikant häufiger β-Blocker zum Einsatz kamen. Eine Multivarianzanalyse ergab jedoch, dass ein Einfluss der β-Blocker auf das Ergebnis der Studie unwahrscheinlich war. Abbildung 4.54 zeigt schematisch die Ergebnisse der verschiedenen ICD-Studien zur Primär- und Sekundär-Prävention. In der Mehrzahl der Studien konnte ein eindeutiger Überlebensvorteil der Patienten mit ICD-Therapie dokumentiert werden.

Möglicherweise wird die jüngst publizierte Madit-II-Studie zu einer weiteren Ausweitung der Defibrilatorindikationen führen. In dieser Untersuchung wurden Patienten nach Myokardinfarkt mit einer Auswurffraktion kleiner gleich 30 % ohne Nachweis maligner Rhythmusstörungen entweder konservativ behandelt, wobei die Mehrzahl der Patienten eine Betablockertherapie bekam oder es wurde zusätzlich ein ICD implantiert. Abbildung 4.55 zeigt die Kaplan-Meier-Überlebenskurven der behandelten Patienten. Es ergab sich ein deutlicher Überlebensvorteil für die ICD-Gruppe. Die Subgruppenanalyse (siehe Abb. 4.56) ergab, das hiervon insbesondere Patienten mit sehr schlechter Pumpfunktion (EF $\leq$ 25 %) und verbreitertem QRV-Komplex (QRS-Breite > 150 ms) profitierten.

Zusammengefasst zeigen die bisher vorliegenden Daten, dass die Implantation eines ICD nach heutigem Kenntnisstand bei Patienten mit malignen Rhythmusstörungen und eingeschränkter Pumpfunktion einen festen Platz hat. Somit sollte auf dem Boden der o.g. Studien Patienten mit symptomatischen ventrikulären Tachyarrhythmien und schlechter Auswurffraktion ein ICD implantiert werden, da dieser einen deutlichen Überlebensvorteil gegenüber einer medikamentösen Therapie erbringt. Möglicherweise wird sich die Indikation zur Primärprophylaxe des plötzlichen Herztodes auch auf asymptomatische

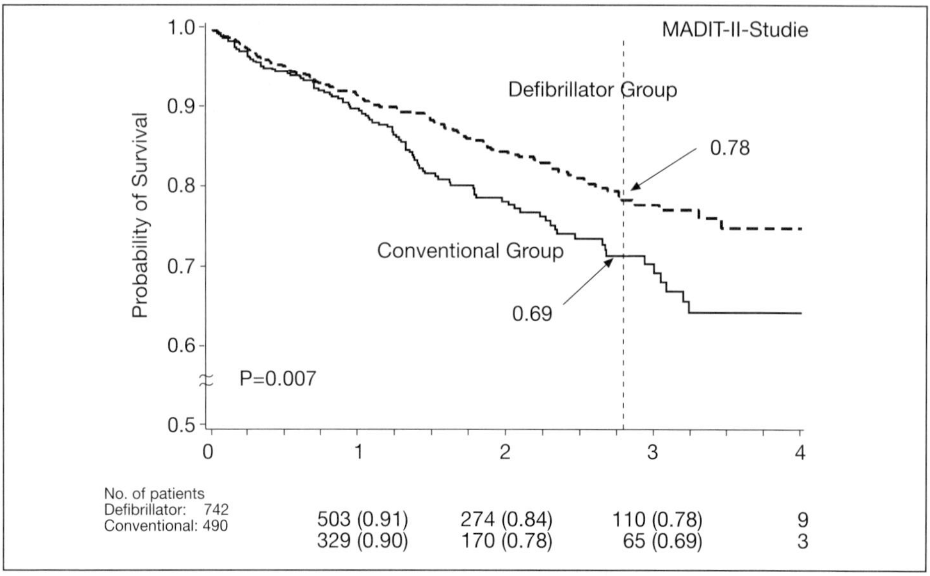

Abb. 4.55 A Kaplan-Meier-Kurven für Studienteilnehmer mit und ohne ICD-Implantation.

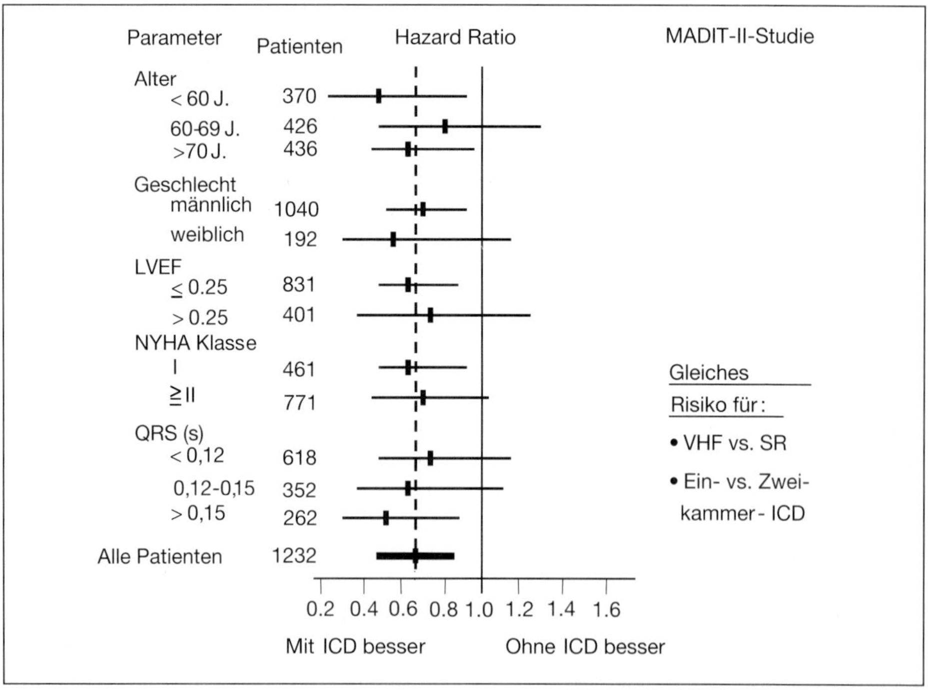

Abb. 4.55 B Subgruppenanalyse der Patienten für Studienteilnehmer mit und ohne ICD-Implantation.

Tab. 4.51 Indikationen zur Amiodaron-Therapie statt ICD-Implantation.

- Sehr häufige ventrikuläre Tachyarrhythmien
- Nicht terminierbare ventrikuläre Tachyarrhythmien
- Aktive Infektion
- Dekompensierte Herzinsuffizienz
- Hohes Risiko für eine Verschlechterung der Herzinsuffizienz
- Eingeschränkte Lebenserwartung wegen hochgradiger Herzinsuffizienz
- Eingeschränkte Lebenserwartung wegen anderer Erkrankungen

Patienten nach großem Myokardinfarkt mit schlechter Pumpfunktion ausdehnen. Die Food and Drug Administration der USA hat eine entsprechende Empfehlung inzwischen ausgesprochen.

Bei einer Reihe von Patienten sollte jedoch Amiodaron der Vorzug gegeben werden. Diese sind in Tabelle 4.51 zusammengefasst.

4.15.8 Katheterablation ventrikulärer Tachyarrhythmien

In sehr selektierten Patienten kann eine Katheterablation bei Patienten mit anhaltenden monomorphen ventrikulären Tachyarrhythmien erwogen werden. Sie ist die Therapie der Wahl für Patienten mit Bundle-Branch-Reentry-Kammertachykardien. Aber auch bei Patienten mit anderen Ursachen einer ventrikulären Tachykardie, z. B. im Rahmen alter Infarktnarben, wurde dieses Verfahren erprobt. Diese Therapieverfahren sollten bei den Patienten erwogen werden, die häufig wiederkehrende Episoden anhaltender Tachykardien trotz medikamentöser Therapie aufweisen. Die ventrikulären Tachykardien müssen zum Mapping hämodynamisch toleriert werden. In größeren Zentren mit hoher Erfahrung kann von einer Erfolgsrate von etwa 50 % ausgegangen werden. Bundle-Branch-Reentry-Kammertachykardien sind verantwortlich für etwa 1/3 aller Patienten mit anhaltenden monomorphen ventrikulären Tachykardien bei dilatativer Kardiomyopathie und in 5 % aller Patienten nach Myokardinfarkt (Blanck et al., 1993). Der Reentry-Kreis verläuft in der Regel über einen Schenkel des Tawarasystems aufwärts und nach Passage des interventrikulären Septums über den anderen Schenkel abwärts. Die Katheter-Ablation des rechten Tawara-Schenkels ist in diesem Fall kurativ, ein Schrittmacher ist jedoch bei 20-30 % aller Patienten notwendig. Die Möglichkeit der Katheter-Ablation von Bundle-Branch-Reentry-Kammertachykardien ist der Grund dafür, dass Patienten mit anhaltenden monomorphen ventrikulären Tachykardien invasiv elektrophysiologisch untersucht werden sollten.

4.15.9 Zusammenfassung

Patienten mit anhaltenden ventrikulären Tachykardien oder überlebtem plötzlichen Herztod, deren Ursache nicht klar auf einen reversiblen äußeren Umstand zurückzuführen ist, sollten bei Fehlen von Kontraindikationen einen ICD implantiert bekommen. Bei Kontraindikationen ist eine Therapie mit Amiodaron indiziert. Bei einzelnen Patienten ist es möglich, mittels Katheter-

Ablation eine dauerhafte Heilung der Tachykardien zu erreichen.

Insgesamt wird sich in Zukunft das Augenmerk zur Verhinderung des plötzlichen Herztodes bei Patienten mit Herzinsuffizienz mehr auf die Patienten mit geringer bis mäßiger Herzinsuffizienz fokussieren, da der plötzliche Herztod in diesem Patientenkollektiv die häufigste Ursache für ein frühzeitiges Versterben darstellt. Wissenschaftliche Untersuchungen der zellulären elektrophysiologischen Veränderungen und erste Ansätze einer molekularbiologischen Beeinflussung des Repolarisationsprozesses durch veränderte Expression repolarisierender Kalium-Kanäle sind hoffnungsvolle Ansätze für eine kausale Therapie in der Zukunft.

Literatur

Aronson, R. S., Ming, Z.: Cellular mechanisms of arrhythmias in hypertrophied and failing myocardium. Circulation **87** (suppl. VII), 76–83 (1993).

Beuckelmann, D. J., Näbauer, M., Erdmann, E.: Alterations of K currents in isolated human ventricular myocytes from patients with terminal heart failure. Circ Res 73, 379–385 (1993).

Blanck, Z., Dhala, A., Deshpande, S., Sra, J., Jazayeri, M., Ahtar, M.: Bundle branch reentrant ventricular tachycardia: cumulative experience in 48 patients. J Cardiovasc Electrophysiol **4**, 253–262 (1993).

Cohn, J., Archibald, D., Ziesche, S., Franciosa, J. A., Harston, W. E., Tristani, F. E., Dunkman, W. B., Jacobs, W., Francis, G. S., Flohr, K. H., Goldman, S., Cobb, F. R., Shah, P. M., Saunders, R., Fletscher, R. D., Loch, H. S., Hughes, V. C., Baker, B.: Effect of vasodilatator therapy on mortality in chronic congestive heart failure: results of a Veterans Administration cooperative study (V-HeFT). N Engl J Med **314**, 1547–1552 (1996).

Cohn, J., Johnson, G., Ziesche, S., Cobb, F. R., Francis, G. S., Tristani, F. E., Smith, R., Dunkman, W. B., Loch, H. S., Wong, M., Bhat, G., Goldman, S., Fletcher, R. D., Doherty, J., Hughes, C. V., Carsor, P., Cintron, G., Shabetai, R., Haakenson, C.: A comparison of enalapril with hydralazine-isosorbide dinitrate in the treatment of chronic congestive heart failure (V-HeFT II). N Engl J Med **325**, 303–310 (1991).

CONSENSUS Trial Study Group; Effects of enalapril on mortality in severe congestive heart failure: results of the Cooperative North Scandinavian Enalapril Survival Study (CONSENSUS). N Engl J Med **316**, 1429–1435 (1987).

Doval, H. C., Nul, D. R., Grancelli, H. O., Perrone, S. V., Bortman, G. R., Curiel, R.: Randomized trial of low-dose amiodarone in severe congestive heart failure. Lancet **344**, 493–398 (1994).

Feldman, A. M., Bristow, M. R., Parmley, W. W., Carson, P E., Pepine, C. J., Gilbert, E. M., Strobeck, J. E., Hendrix, G. H., Powers, E. R., Bain, R. P., White, B. G. for the Vesnarinone Study Group: Effects of vesnarinone (OPC-8212) on morbidity and mortality in patients with heart failure. N Engl J Med **329**, 149–155 (1993).

Flaker, G. C., Blackshear, J. L., McBride, R., Kronmal, R. A., Halperin, J. L., Hart, R. G.: Antiarrhythmic drug therapy and cardiac mortality in atrial fibrillation. J Am Coll Cardiol **20**, 527–532 (1992).

Garguichevich, J. J., Ramos, J. L., Gambarte, A., Gentile, A., Hauad, S., Scapin, O., Sirena, J., Tibaldi, M., Toplikar, J.: Effect of amiodarone therapy on mortality in patients with left ventricular dysfunction and asymptomatic complex ventricular arrhythmias: Argentine pilot study of sudden death and amiodarone (EPAMSA). Am Heart J **130**, 494–500 (1995).

Gottlieb, S. S., McCarter, R. J., Vogel, R. A.: Effect of beta-blockade on mortality among high-risk and low-risk patients after myocardial infarction. N Engl J Med **339**, 489–497 (1998).

Hoppe UC, Marban E, Johns DC., Proc Natl Acad Sci USA **98**, 5335–40 (2001).

Kendall, M. J., Lynch, K. P., Hjalmarson, A., Kjekshus, I.: b-blockers and sudden cardiac death. Ann Inern Med **123**, 358–367 (1995).

Massie, B. M., Fisher, S. G., Deedwania, P. C., Singh, B. N., Fletcher, R. D., Singh, S. N.: Effect of amiodarone on clinical status and left ventricular function in patients with congestive heart failure. Circulation **93**, 2128–2134 (1996).

MERIT-HF-Study Group: Effect of metoprolol CR/XL in chronic heart failure: Metoprolol CR/XL randomised intervention trial in congestive heart failure (MERIT-HF). Lancet **353**, 2001–2007 (1999).

Middlekauff, H. R., Stevenson, W. G., Saxon, L. A., Stevenson, L. W.: Amiodarone and torsade de pointes in the patient with advanced heart failure. Am J Cardiol 76, 499–501 (1995).

Pratt, C. M., Eaton, C. M., Francis, M., Woolbert, S., Mahmarian, J., Roberts, R., Young J. B.: The inverse relationship between baseline left ventricular ejection fraction and outcome of antiarrhythmic therapy: a dangerous imbalance in the risk-benefit ratio. Am Heart J **118**, 433–440 (1989).

Stevenson, W. G., Stevenson, L. W., Middlekauff, H. R., Fonarow, G. C., Hamilton, M. A., Woo, M. A., Saxon, L. A., Natterson, P. D., Steimle, A., Walden, J. A., Tillisch, J. H.: Improving survival for patients with advanced heart failure: a study of 737 consecutive patients. J Am Coll Cardiol **26**, 1417–1423 (1995).

The Cardiac Arrhythmica Suppression Trial (CAST) Investigators: CAST mortality and morbidity: treatment versus placebo. N Engl J Med **324**, 781–788 (1991).

The Committee on Evaluation and Management of Heart Failure: Guidelines for the evaluation and management of heart failure: report of the American College of Cardiology/American Heart Association Task Force on practice guidelines. Circulation **92**, 2764–2784 (1995).

Waldo, A. L., Camm, A. J., de Ruyter, H., Friedman, P. L., MacNeil, D. J., Pauls, J. F., Pitt, B., Pratt, C., Schwartz, P. J., Veltri, E. P.: Effects of d-sotalol on mortality in patients with left ventricular dysfunction after recent and remote myocardial infarction: the SWORD Investigators. Lancet **348**, 7–12 (1996).

Zarembski, DG., Nolan, P. E., Slack, M. K., Caruso, A., C.: Empiric long-term amiodarone prophylaxis following myocardial infarction. Arch Intern Med. 153, 2661–2667 (1993).

Herztransplantation

R. H. G. Schwinger, H. Diedrichs

5

5.1 Einleitung

Die erste orthotope Herztransplantation am Menschen wurde am 3. Dezember 1967 von Professor C. Barnard in Kapstadt/Südafrika durchgeführt. Der Patient, ein 54-jähriger Diabetiker, überlebte 18 Tage und starb dann an einer Infektion. Zu einem etablierten Therapieverfahren der terminalen Herzinsuffizienz entwickelte sich die Herztransplantation erst in den 80-er Jahren durch die Einführung von Cyclosporin A zur Immunsuppression und der routinemäßigen Abstoßungsdiagnostik mittels Endomyokardbiopsie. Weltweit wurden bereits rund 60000 Herzen erfolgreich transplantiert.

In Deutschland lag die jährliche Zahl an Herztransplantationen in den 90-er Jahren um 500, leider ist sie seither aufgrund eines Mangels an Organen deutlich rückläufig. Wurden 1998 noch 528 Transplantationen in der Bundesrepublik durchgeführt, so waren es im Jahr 2001 nur noch 394 (Eurotransplant). Die große Diskrepanz zwischen Organbedarf und -verfügbarkeit stellt eines der größten Probleme der Transplantationsmedizin dar. Selbst bei strenger Indikationsstellung kann man davon ausgehen, dass heutzutage der Bedarf an Organen die Verfügbarkeit um mindestens das 3-fache übersteigt. Derzeit versterben aufgrund der langen Wartezeit bis zu 25 % der auf eine Transplantation wartenden Patienten. Eine Lösung dieses Problems ist zurzeit nicht absehbar.

5.2 Evaluation vor Herztransplantation

5.2.1 Indikationen

Die Indikation zur Herztransplantation besteht prinzipiell, wenn bei einem Patienten trotz maximaler Ausschöpfung der organerhaltenden Therapie eine deutlich eingeschränkte Lebenserwartung vorliegt. Hierbei muss der voraussichtliche komparative Überlebensnutzen einer Herztransplantation versus Organerhaltung abgeschätzt werden. Aufgrund der guten Nachbeobachtung (z.B. Eurotransplant oder ISHLT) sind die Überlebensraten nach orthotoper Herztransplantation bekannt. So liegt die 1-Jahres-Überlebensrate um 85 %, die 5-Jahres-Überlebensrate um 70 % und die 10-Jahresüberlebensrate um 50 % (siehe Abb. 5.1). Wesentlich schwieriger hingegen ist die Abschätzung der Prognose des Patienten bei organerhaltender – in der Regel medikamentöser – Therapie. So gibt es neben den international anerkannten klinischen Indikationen zur Herztransplantation (z.B. refraktäre Herzinsuffizienz NYHA IV) bislang keine einheitlich anerkannten prognostischen hämodynamischen Marker. Die derzeitige Indikation zur Herztransplantation beruht daher auf einer Kombination von prognostisch ungünstigen hämodynamischen, funktionellen, neurohumoralen sowie rhythmologischen Kriterien (siehe Tab. 5.1).

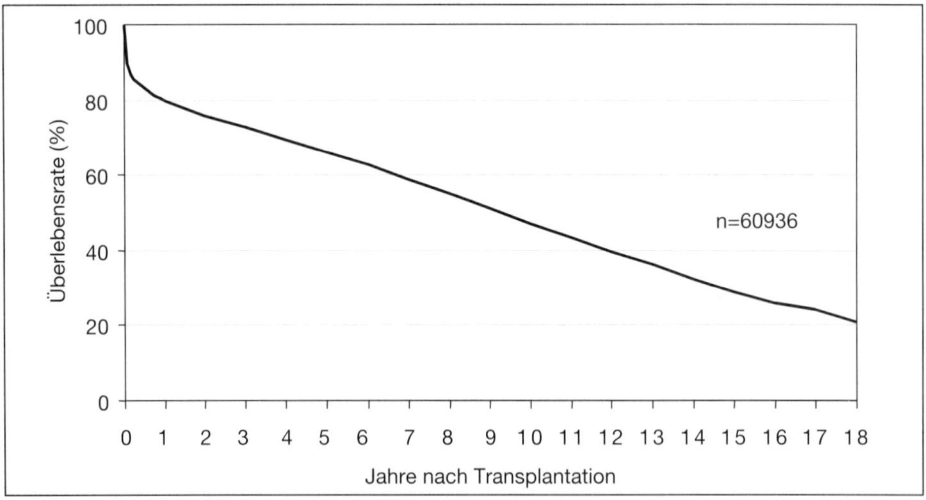

Abb. 5.1 Überlebensrate nach orthotoper Herztransplantation 1982 -2001(n = 60936). Quelle: International Society for Heart and Lung Transplantation (ISHLT).

Tab. 5.1 Indikationen zur Herztransplantation in Anlehnung an Scheld et al., 2001.

Anamnese
- Ruhedyspnoe mit Zunahme bei geringster Belastung (NYHA IV)

Untersuchung
- Zeichen der Linksherzdekompensation
- Zeichen der Rechtsherzdekompensation

Labor
- Hyponatriämie < 135 mmol/l
- Noradrenalinspiegel > 800 pg/ml
- ANP > 125 pg/ml

EKG
- refraktäre höhergradige ventrikuläre Arrhythmien

Echokardiogramm
- linksventrikulärer enddiastolischer Durchmesser > 75 mm
- linksventrikulärer endsystolischer Durchmesser > 65 mm
- Verkürzungsfraktion < 15 %

Röntgen-Thorax
- Herz-Thorax-Quotient > 0,55

Hämodynamik
- Linksventrikuläre Auswurffraktion (EF) < 20 %
- Herzindex < 2 $l/min/m^2$
- linksventrikulärer enddiastolischer Druck > 20 mmHg
- zentraler Venendruck > 15 mmHg

Funktionsdiagnostik
- maximale O_2-Aufnahme < 12–14 ml/min/kgKG

Aufgrund der Organknappheit und dem Problem der hohen Sterblichkeit während der langen Wartezeit muss eine strenge Indikationsstellung nach möglichst objektiv festgelegten Kriterien gestellt und diese im Verlauf der Wartezeit regelmäßig überprüft werden. Medikamentöse therapeutische Möglichkeiten sollten vollständig ausgeschöpft sein. Die Möglichkeiten eines koronarchirurgischen Eingriffs oder alternativer operativer Verfahren müssen sorgfältig geprüft werden. Als eindeutige Indikation zur Transplantation wird die therapierefraktäre Herzinsuffizienz im Stadium NYHA IV ohne längerfristige Stabilisierbarkeit angesehen. Bei rekompensierbarem NYHA IV Stadium sowie stabilem Stadium NYHA III ist eine Indikation zur Transplantation dann gegeben, wenn eine sonst prognostisch ungünstige Konstellation vorliegt (siehe Tab. 5.1). Als negative hämodynamische Prognoseprädiktoren gelten u.a. eine linksventrikuläre Auswurffraktion < 20 %, eine rechtsventrikuläre Auswurffraktion < 35 %, ein Herzindex < 2,0 $l/min/m^2$ sowie ein PC-Druck > 20 mmHg. Im Bereich der funktionellen Parameter hat die spiroergometrisch gemessene maximale Sauerstoffaufnahme (VO_2max) in den letzten Jahren zunehmend an Bedeutung gewonnen. Als prognostisch sehr ungünstig gilt ein Wert unter 10 ml/min/kg bzw. weniger als 50 % des Alterssolls (Stevenson et al., 1996, Mancini et al., 1991). Zahlreiche Arbeiten beschreiben die prognostische Bedeutung von neurohumoralen Parametern. So gelten eine Hyponatriämie (< 134 mmol/l) sowie erhöhte Plasmaspiegel von Noradrenalin (> 800-1000 pg/ml), Endothelin-1 (v. a. Big-Endothelin), atrialem oder brainnatriuretischem Peptid und Tumornekrosefaktor α als ungünstig. Keiner dieser Parameter ist allerdings bislang generell etabliert.

In den letzten Jahren sind vielfältige Risikoprädiktionsalgorithmen veröffentlicht worden (z.B. De Marco und Goldman 1997; Stevenson 1996; Mancini et al., 1991). Der einzige validierte multiparametrische Risikoscore ist der „Heart Failure Survival Score" (HFSS, Aaronson et al., 1997). Er umfasst 7 Parameter (Grunderkrankung, Herzfrequenz, arterieller Mitteldruck intraventrikuläre Erregungsleitungsstörungen im EKG, Natriumspiegel im Serum, linksventrikuläre Auswurffraktion und VO_2max) und wurde aus einem Set von 80 univariaten signifikanten Markern durch Regressionsanalyse in einem Kollektiv von 256 Patienten zwischen 1986 und 1991 konstruiert. Im Folgenden wurde er zwischen 1993 und 1995 an einer anderen Kohorte von 198 Patienten prospektiv validiert. Anhand des Scores ist eine Zuordnung der Patienten zu Gruppen mit niedrigem, mittlerem oder hohem Risiko mit einer 1-Jahres-Überlebensrate von 88 %, 60 % bzw. 35 % möglich.

Die von der International Society for Heart and Lung Transplantation vorgeschlagenen Indikationskonstellationen sind in Tabelle 5.2 aufgeführt (Stevenson 1996).

Trotz genauer Evaluation und Berücksichtigung statistisch festgelegter negativer Prädiktoren ist das Risiko für einen Patienten individuell nach wie vor nur mit sehr begrenzter Sicherheit abzuschätzen. Die Indikation zur Transplantation bleibt somit eine individuelle, repetitiv zu überprüfende Entscheidung mit begrenzter Sicherheit, die in enger Kooperation zwischen transplantationserfahrenen Kardiologen und Herzchirurgen getroffen werden muss.

5.2.2 Kontraindikation

Die genaue Evaluation vor einer Aufnahme auf die Herztransplantationswarteliste sollte auch die Erkrankungen und

Tab. 5.2 Selektionskriterien und Indikationskonstellationen zur Herztransplantation (nach Stevenson, 1996).

Akzeptierte Indikationen
VO_2 max < 10 ml/kg × min bei Erreichen der anaeroben Schwelle
Intraktable Angina/Ischämie ohne Revaskularisationsoption
Therapierefraktäre und rezidivierende symptomatische ventrikuläre Arrhythmien
Wahrscheinliche Indikationen
VO_2 max < 14 ml/kg × min und deutlich limitierter Alltagsaktivitäts-Grad
Rezidivierende instabile Angina/Ischämie ohne Revaskularisationsoption
Instabilität der Flüssigkeitshomöostase und Nierenfunktion trotz Diuretikaanpassung, Salzrestriktion und Patientencompliance
Inadäquate Indikationen
Auswurffraktion ≤ 20 %
Anamnestische NYHA-III- oder IV-Symptome einer Herzinsuffizienz
Frühere ventrikuläre Arrhythmien
VO_2 max > 15 ml/kg × min ohne andere Indikationen
Kontinuierliche Evaluation
Klinische Beurteilung mindestens alle 1–2 Monate durch Kardiologen/Kardiochirurgen des Transplantationszentrums
Reevaluation in 6-Monats-Intervallen incl. Messung der maximalen Sauerstoffaufnahme
Patienten, die aufgrund eintretender Besserung von der aktiven Warteliste genommen werden können, sollten ihre angesammelte Wartezeit für mindestens 6 Monate, möglicherweise dauerhaft behalten (zur Förderung der Delistung)

Tab. 5.3 Absolute und relative Kontraindikationen der orthotopen Herztransplantation (nach Kao et al., 1995; Miller et al., 1993).

Absolute Kontraindikationen
Lungengefäßwiderstand > 4–6 WE in Ruhe ohne Abnahme auf < 3–4 WE durch intravenöse Vasodilatantien
Akute und chronische Infektionen
Akutes Magen- oder Duodenalulcus
Maligne Erkrankung oder Systemerkrankung mit schlechter Prognose
Ausgeprägte Lungenparenchymerkrankung
Leberinsuffizienz (Bilirubin > 2,5 mg/dl)
Insulin-pflichtiger Diabetes mellitus mit hochgradigen sekundären Organkomplikationen
Divertikulitis
Fehlende Patientencompliance
Bestehende Drogen- oder Alkoholabhängigkeit
Relative Kontraindikationen
Akute Lungenembolie (≤ 1 Monat)
Schwer einstellbarer Insulin-pflichtiger Diabetes mellitus
Nierensuffizienz
Ausgeprägte Osteoporose
Ausgeprägtes Übergewicht
Biologisches Alter über 65 Jahre
Psychosoziale Instabilität

psychosozialen Aspekte erfassen, die das postoperative Risiko erhöhen und so eine Kontraindikation für die Transplantation bedeuten können. Die wesentlichen Umstände sind in Tabelle 5.3 aufgeführt. Aufgrund des medizinischen Fortschritts sind ehemals als Kontraindikation beschriebene Erkrankungen wie der insulinpflichtige Diabetes mittlerweile kein Grund mehr gegen eine Transplantation. Lediglich beim Vorliegen schwerer Organkomplikationen kann weiterhin von einer absoluten Kontraindikation ausgegangen werden. Weitere allgemein akzeptierte Kontraindikationen sind schwere prognostisch ungünstige System- oder Tumorerkrankungen oder aktive Suchterkrankungen.

Tab. 5.4 Notwendige Untersuchungen vor einer Herztransplantation.

Allgemeine Untersuchungen
Anamnese
Körperliche Untersuchung, Größe, Gewicht
Klinisch-chemische Untersuchungen (incl. Nieren-, Leberfunktion, Elektrolyte, Differentialblutbild, Gerinnungsstatus, Glukose, Lipidstatus, Schilddrüsenhormone, Eiweißelektrophorese, Urinsediment, Hämoccult etc.)
Lungenfunktion
Doppler extrakranielle Halsgefäße
Abdominalsonographie
Gastroskopie*
Coloskopie*
CT-Abdomen*
CT-Schädel
Rö – NNH, Zähne, Kiefer
Konsile
Zahnarzt, HNO-Arzt incl. Audiogramm, Psychiatrie, Gastroenterologie, ggf. weitere
Kardiale Untersuchungen
EKG, Röntgen-thorax, Echokardiographie, Rechtsherz-Katheter, Linksherz-Katheter incl. Koronarangiographie*, maximale Sauerstoffaufnahme unter Belastung
Immunologische Untersuchungen
Blutgruppenbestimmung, HLA-Typisierung, Bestimmung präformierter reaktiver Antikörper
Serologische und mikrobiologische Untersuchungen
Serologien für Hepatitis A, B, C, Herpes-Viren, HIV, CMV, EBV, Toxoplasmose, Lues, Candida Mycoplasmose, ggf. weitere
Urin- und Stuhlkulturen
Rachenabstrich, Nasenabstrich, Achselabstrich, Leistenabstrich

* fakultativ, wünschenswert

Eine besondere Bedeutung kommt der Messung des Lungengefäßwiderstandes (PVR) zu. Ein erhöhter PVR geht mit der Gefahr eines intraoperativen Rechtsherzversagens des an die hohen Lungengefäßwiderstände nicht gewöhnten Spenderorgans einher. Da bei den meisten Patienten, die für eine

Herztransplantation anstehen, eine langjährige Linksherzinsuffizienz mit chronischer pulmonaler Stauung besteht, ist bei vielen eine pulmonale Hypertonie mit Erhöhung der Widerstände nachweisbar. Da eine fixierte Erhöhung des Lungengefäßwiderstandes auf über 3 Wood-Einheiten (> 240 $dyn \times s \times cm^{-5}$) als Kontraindikation für eine Herztransplantation anzusehen ist, muss bei diesen Patienten ein Rechtsherzkatheter mit pharmakologischer Testung auf eine Reversibilität des erhöhten PVR durchgeführt werden. Aufgrund der höchsten Effektivität sollten hierbei Prostaglandinderivate wie z.B. Iloprost (nach Verträglichkeit 0,5-2,0 ng/kg KG langsam intravenös oder 50 µg per Inhalation über ca. 15 Min.) verwendet werden, da hierunter mit der niedrigsten non-responder-Rate zu rechnen ist. Alternativ kann inhalatives NO mit ähnlicher Effektivität verwendet werden. Wenn bei Patienten mit pulmonaler Hypertonie der Lungengefäßwiderstand unter pharmakologischer Testung wieder auf Werte unter 3 Wood-Einheiten gesenkt werden kann, besteht keine Kontraindikation gegen eine Herztransplantation. In einer deutschen Multizenter-Studie (Prophet-Studie) mit Gabe von intravenösem Alprostadil konnte gezeigt werden, dass bei 95 % der Patienten vor Herztransplantation mit einer Erhöhung des Lungengefäßwiderstandes über 2,5 Wood-Einheiten (> 200 $dyn \times s \times cm^{-5}$) keine fixierte pulmonale Hypertonie vorlag und die Werte auf für ein zur Transplantation akzeptables Niveau absenkbar waren.

Alle zu einer genauen Evaluation und individuellen Risikoabschätzung vor einer Herztransplantation notwendigen Untersuchungen sind in Tabelle 5.4 aufgeführt.

5.3 Das transplantierte Herz

5.3.1 Das denervierte Herz

Durch die kardiale Denervierung bestehen keine afferenten und efferenten Kontakte zwischen Transplantat und Empfänger. Folgen der fehlenden afferenten Innervation sind das Fehlen eines Angina-pectoris-Schmerzes sowie eine Augmentation der Cyclosporin-induzierten arteriellen Hypertonie durch Verlust der cholinergen Reflexvasodilatation (von Scheidt et al., 1992). Wegen des fehlenden efferenten parasympatischen Einflusses besitz das denervierte Herz eine höhere Ruhefrequenz zwischen 90 und 110/min. Die Entkopplung vom sympathischen Nervensystem macht sich erst in körperlichen oder seelischen Stresssituationen bemerkbar. So ist die Belastungsanpassung beim herztransplantierten Patienten deutlich verzögert und tritt erst nach einigen Minuten nach Freisetzung der Katecholamine aus dem Nebennierenmark ein. Durch die sympathische Denervierung des transplantierten Herzens kommt es zu einer verstärkten Ausbildung von sympathischen Rezeptoren und somit zu einer Überempfindlichkeit des Organs bzw. des Empfängers gegenüber Katecholaminen wie Adrenalin und Noradrenalin (von Scheidt et al., 1992). Ebenso lässt sich eine negativ chronotrope und inotrope Supersensitivität gegenüber parasympathikomimetischer Stimulation nachweisen (Koglin et al., 1996).

Eine mögliche Reinnervierung des Transplantats konnte zunächst nicht nachgewiesen werden (Schroeder 1979), in neueren Arbeiten zeigt sich jedoch, dass zumindest eine partielle sympathische Reinnervierung ab 2-3 Jahren nach Transplantation wahrscheinlich ist (Frey et al., 1997). Neueste Untersuchungen konnten zudem Hinweise für eine klinische Relevanz dieser Reinnervierung finden. So wurde bei Patienten mit Nachweis einer sympathischen Reinnervation in der Positronen-Emissions-Tomographie eine signifikant erhöhte maximale Sauerstoffaufnahme gegenüber Patienten ohne Reinnervation gemessen (Toledo et al., 2002).

5.3.2 Chimerismus im transplantierten Herz

Beim Menschen wurden jetzt erstmals Hinweise für das Vorhandensein einer Immigration von Zellen des Organempfängers in das transplantierte Spenderorgan gefunden. So konnten beim männlichen Empfänger eines weiblichen Spenderorgans im Transplantat zahlreiche Zellen mit einem Y-Chromosom (also Zellen des Empfängers), die sich molekulargenetisch als Vorläuferzellen von z.B. Endothel oder Myokard identifizieren lassen, nachgewiesen werden (Quaini et al., 2002). Die genaue Herkunft und Bedeutung dieser Zellen ist derzeit noch unklar. Denkbar wäre eine Rolle bei reparativen Vorgängen im transplantierten Herz oder im Rahmen von Reinnervierungsprozessen.

5.4 Immunsuppression

Die Immunantwort des Empfängers gegen die Alloantigene des Spenderorgans beginnt direkt mit der Implantation. Aufgrund des ersten Kontakts mit den Spenderantigenen geht die Frühphase nach Transplantation mit dem höchsten Abstoßungsrisiko einher. Im Zeitverlauf kommt es zu einer gewissen Adaptation des Immunsystems und zur Abnahme des Abstoßungsrisikos. Eine lebenslange immunsuppressive Therapie mit einem Maximum in der vulnerablen direkten postoperativen Phase ist nach Herztransplantation unumgänglich. Die gemeinsamen Nachteile aller zur Verfügung stehenden Immunsuppressiva sind die begrenzte Spezifität und Effektivität, eine jeweils substanzspezifische Toxizität sowie das deutlich erhöhte Infektionsrisiko durch die geschwächte Immunabwehr des Patienten.

Ziel der immunsuppressiven Therapie ist die Verhinderung einer akuten oder chronischen Abstoßung bei möglichst geringer Toxizität und unter Vermeidung von Infektionen und anderen Komplikationen im Zusammenhang mit dem geschwächten Immunsystem des Patienten (z. B. Malignome). Ein völlig einheitliches, weltweit akzeptiertes Immunsuppressionsschema nach Herztransplantation gibt es bislang nicht. Gegenwärtiger Standard ist eine 3-fach-Therapie mit Cyclosporin A bzw. Tacrolimus, Azathioprin bzw. Mycophenolat-Mofetil (MMF) und Kortikoiden. Bei Patienten mit einem unkomplizierten Verlauf wird nach einigen Monaten zumeist eine steroidfreie 2-fach-Therapie angestrebt. Zur Verhinderung einer Abstoßung in der Frühphase verwenden viele Zentren eine zusätzliche Induktionstherapie mit polyklonalem Antithymozytenglobulin (ATG vom Kaninchen), monoklonalem Anti-CD3-Antikörper (Muromonab-CD3 von der Maus) oder einem der neuen Interleukin-2-Rezeptor-Antikörper Daclizumab bzw. Basiliximab. Für die Induktionstherapie konnte bezogen auf Abstoßungsreaktionen ein Benefit nachgewiesen werden. Da aber der Effekt auf das Langzeitüberleben des Organempfängers unklar ist und eine erhöhte Inzidenz von Infektionen und Malignomen diskutiert wird, besteht bislang kein internationaler Konsens bezüglich der Durchführung einer Induktionstherapie. Ob die neu zur Verfügung stehenden Interleukin-2-Rezeptor-Antikörper dieses ändern bleibt abzuwarten.

Durch die Entwicklung neuer Immunsuppressiva sind in den letzten Jahren die Ergebnisse nach Organtransplantation verbessert worden. So belegen aktuelle Daten den Vorteil des erst 1998 zur HTX zugelassenen Mycophenolat-Mofetil gegenüber Azathioprin (Kobashigawa et al., 1998), so dass im Zentrum Köln das MMF mittlerweile Azathioprin als Standard abgelöst hat. Das bislang nur zur Nieren- und Lebertransplantation zugelassene Tacrolimus bietet eine potente Alternative zum bereits seit den 80-er Jahren verwendeten Cyclosporin A und kommt bei Abstoßungsreaktionen unter Cyclosporin A oder in manchen Zentren bereits als Basismedikament zum Einsatz. Ein neues viel versprechendes Immunsuppressivum das Sirolimus (Rapamycin) hat deutlich weniger nephrotoxische Eigenschaften als Cyclosporin A. In aktuellen Untersuchungen konnte der Cyclosporin-Spiegel durch Kombination mit Sirolimus deutlich gesenkt werden, was bei Herztransplantierten zu einer vebesserten Nierenfunktion ohne erhöhte Abstoßungsraten führte (Snell et al., 2002). Ein Derivat des Sirolimus mit besserer oraler Verfügbarkeit ist Everolimus. Ob die letztgenannten Medikamente die Langzeitprognose nach Herztransplantation verbessern können, bleibt abzuwarten.

Cyclosporin A

Die Einführung des Cyclosporin in die klinische Transplantation 1983 stellte den wesentlichsten medikamentösen Fortschritt in der Transplantationsmedizin dar. Cyclosporin A besitzt eine spezifische Wirkung auf immunkompetente T-Lymphozyten. Die Bildung und Freisetzung von Interleukin-1 aus aktivierten Makrophagen und Interleukin-2 aus aktivierten T-Helferzellen wird inhibiert und damit die Bildung zytotoxischer T-Lymphozyten und T-Helferzellen verhindert. T-Suppressorzellen bleiben unbeeinflusst. Durch eine verbesserte lipophile Galenik kann eine optimierte und konstantere Resorption erzielt werden (z.B. Sandimmun® optoral). Die Dosierung wird unter Blutspiegelkontrollen durchgeführt. Standardmäßig erfolgt die Bestimmung mittels eines monoklonalen Radioimmunoassays vor Medikamenteneinnahme, das heißt 12 Stunden nach der letzten Einnahme (Talspiegelbestimmung). Hierbei werden Vollblutspiegel von 150-250 ng/ml angestrebt; in der frühpostoperativen Phase im oberen Bereich, in der späten postoperativen Phase im niedrigen Bereich. Leider besitzt der Talspiegelwert (C0) von Cyclosporin A nur eine schlechte Korrelation zum Goldstandard der Medikamentenspiegelbestimmung, der „Area under the curve“ (AUC). Eine deutlich bessere Korrelation zur AUC bietet die Bestimmung des C2-Wertes zwei Stunden ± 15 Minuten nach Einnahme des Medikaments (Keown 2002). Bei Leber- und Nierentransplantierten konnte das C2-Monitoring im Vergleich zur Talspiegelbestimmung die Inzidenz von Abstoßungsreaktionen und das Transplantatüberleben signifikant verbessern (Levy et al., 2002).

Wichtigste Nebenwirkung des Cyclosporin A ist in der frühpostoperativen Phase ein Nierenversagen durch arterioläre Medianekrosen und Tubulusschädigung. Auch im langfristigen Verlauf wirkt Cyclosporin A nephrotoxisch. Durch geringere initiale Cyclosporin-Dosierungen ist jedoch die Rate bleibender ausgeprägter Nierenfunktionsbeeinträchtigungen deutlich geringer geworden. Weitere Nebenwirkungen von Cyclosporin bestehen in der Induktion einer arteriellen Hypertonie, einer Einschränkung der Leberfunktion, Hypertrichose, Tremor, Krampfanfällen, brennenden Parästhesien, Gingivahyperplasie, Anämie, Hyperkaliämie, Hypomagnesiämie und Hyperlipidämie. Cyclosporin kann lymphoproliferative Erkrankungen, insbesondere das PT-LPD-Syndrom (posttransplant lymphoproliferative disorder) induzieren.

Cyclosporin besitzt pharmakologische Interaktionen mit einer Reihe von Medikamenten. Cyclosporin-Spiegelsteigerungen werden beobachtet unter der Gabe von Makrolidantibiotika (Erythromycin etc.), Doxicyclin, Ketokonazol, oralen Kontrazeptiva, Kalziumantagonisten und Propafenon. Cyclosporin-Spiegelsenkungen werden induziert durch Carbamazepin, Phenytoin, Barbiturate, Metamizol und Rifampicin aufgrund der Induktion des Cytochrom-P-450-Systems. Kombinationen mit anderen potentiellen nephrotoxischen Substanzen sollten vermieden werden.

Azathioprin

Azathioprin ist ein Imidazolderivat des 6-Merkaptopurin. Zur Minimierung und Stratifizierung der Nebenwirkungen war es fester Bestandteil der üblichen 3-fach-Immunsuppression. Mittlerweile ist es vom potenteren Mycophenolat-Mofetil (MMF) mehr und mehr verdrängt worden und kommt zumeist nur bei MMF Unverträglichkeit zum Einsatz. Die Dosierung ist abhängig von der Leukozytenzahl. Bei Leukozytenwerten unter 4000 wird Azathioprin reduziert bzw. pausiert. Nebenwirkungen umfassen u.a. Myelosuppression, Schwindel, Cholestase, Pankreatitis, Alveolitis und Fieber. Bei Kombination mit Allopurinol ist unter Blutbildkontrolle eine Reduktion des Azathioprin auf 25 % der Dosis nötig. Besser sollte die Kombination überhaupt vermieden werden.

Mycophenolat-Mofetil

Mycophenolat-Mofetil hemmt die De-novo-Synthese von Purinen, die für T- und B-Lymphozyten essentiell sind. Hierdurch wird die zelluläre und humorale Abstoßung inhibiert. Mycophenolat ersetzt in der Kombinationstherapie Azathioprin. Die Kombination Cyclosporin und Mycophenolat-Mofetil wies in einer großen randomisierten multizentrischen Studie mit 650 Patienten im Vergleich zu Cyclosporin und Azathioprin eine geringere Häufigkeit behandlungsbedürftiger Abstoßungsepisoden auf (Kobashigawa et al., 1998). Die derzeit empfohlene Dosierung bei Herztransplantierten beträgt 2 mal 1,5 g pro Tag. Bei Talspiegelkonzentrationen unter 0,9 mg/l konnte ein erhöhter Score an bioptisch gesicherten Abstoßungsreaktionen nachgewiesen werden als bei Patienten mit höheren Talspiegeln (DeNofrio et al., 1999). Weitere Studien an Patienten nach Herztransplantation sprechen dafür, dass ein Talspiegel von über 2,5 mg/l angestrebt werden sollte (Meiser et al., 1999). Hierfür waren allerdings zum Teil höhere Tagesdosen erforderlich. Bei Patienten mit schwerer Niereninsuffizienz ist eine sorgfältige Überwachung geboten, da es bei diesen Patienten zur Akkumulation der Mycophenolsäure kommen kann. Tagesdosen von über 2 mal 1 g sollten bei diesen Patienten nicht überschritten werden.

Kortikoide

Kortikoide sind neben Cyclosporin A und MMF das dritte verwendete Standardimmunsuppressivum. Nach intra- und perioperativer intravenöser Gabe wird im postoperativen Verlauf über mehrere Wochen eine kontinuierliche Reduktion auf zuletzt 0,1-0,15 mg/kg KG/Tag nach 3 Monaten vorgenommen. Im längerfristigen Verlauf sollte bei Fehlen rezidivierender Abstoßungsreaktionen ein Versuch unternommen werden, Kortikoide vollständig abzusetzen. Gründe hierfür sind die ernsthaften Cortisonnebenwirkungen wie Osteoporose, Diabetes mellitus und das Infektionsrisiko. Darüber hinaus ist eine hohe kumulative Cortisongesamtdosis assoziiert mit einem erhöhten Risiko einer Transplantatvaskulopathie.

Tacrolimus

Tacrolimus wurde erstmals 1989 in der klinischen Herztransplantation eingesetzt. Der Wirkmechanismus ähnelt dem von Cyclosporin A, die Effektivität ist jedoch 10-100-mal größer (Taylor 1997). Tacrolimus führt im Vergleich zu Cyclosporin zu einer geringeren Häufigkeit behandlungsbedürftiger Abstoßungen (Meiser et al., 1997). Aufgrund fehlender großer Studien bei Herztransplantierten ist Tacrolimus bislang jedoch nicht offiziell zur Immunsuppression nach HTX zugelassen. Der empfohlene Talspiegel vor Einnahme liegt bei 8-18 ng/ml und sollte wie beim Cyclosporin A in der frühen Phase im oberen Bereich und langfristig bei komplikationslosem Verlauf im unteren Bereich gehalten werden. Das Nebenwirkungsspektrum ähnelt dem des Cyclosporin. Ein negativer Einfluss auf den Fettstoffwechsel oder eine Erhöhung des Blutdrucks sind für Tacrolimus im Gegensatz zum Cyclosporin nicht beschrieben. Jedoch besteht eine erhöhte Neurotoxizität sowie eine vermehrte Neigung zur Entwicklung eines Diabetes mellitus (Baid et al., 2002). Insgesamt bietet Tacrolimus auch bei herztransplantierten Patienten eine gute Alternative zum Cyclosporin A und kann bei Abstoßungen unter Cyclosporin oder ausgeprägten Fettstoffwechselstörungen und/oder Bluthochdruck eingesetzt werden. In einigen Zentren wird Tacrolimus bereits als Basismedikament eingesetzt.

Sirolimus

Sirolimus (Rapamycin) hemmt die T-Zell-Aktivierung, indem es sowohl die kalziumabhängige als auch die kalziumunabhängige intrazelluläre Signaltransduktion hemmt. Seine Wirkungen werden durch einen Mechanismus ausgelöst, der anders ist als der von Ciclosporin, Tacrolimus und anderen immunsuppressiven Substanzen. Experimentelle Befunde lassen vermuten, dass Sirolimus an das spezifische zytosolische Protein FKPB-12 bindet und dass der FKPB-12-Sirolimus-Komplex die Aktivierung des mammalian Target Of Rapamycin (mTOR) hemmt, einer essentiellen Kinase für die Progression des Zellzyklus. Die Hemmung von mTOR führt zu einer Blockade von mehreren spezifischen Signaltransduktionspfaden. Als Folge wird die Lymphozytenaktivierung gehemmt und dadurch die Immunantwort unterdrückt. In ersten Studien bei Nierentransplantierten konnte durch Kombination mit Sirolimus die Cyclosporin-Dosis deutlich reduziert werden, was zu einer geringeren Nephrotoxizität führte (Snell et al., 2002). Inwieweit Sirolimus zur Immunsuppression nach Herztransplantation eingesetzt werden kann, ist derzeit Gegenstand klinischer Studien.

Im Kölner Herzzentrum wird im Rahmen von Herztransplantationen derzeit initial eine Dreierkombination mit Cyclosporin A, Myocophenolat-Mofetil und Prednisolon angewandt. Das Steroid wird langsam durch Biopsie-Ergebnisse gesteuert ausgeschlichen, so dass spätestens nach 12 Monaten eine Erhaltungstherapie mit Cyclosporin A und Myocophenolat-Mofetil besteht. Eine Induktionstherapie wird im Zentrum Köln bislang nicht durchgeführt.

5.5 Komplikationen

Aufgrund der anfänglich besonders ausgeprägten Abwehrreaktion des Empfängers gegen das Spenderorgan und der damit verbundenen hochdosierten immunsuppressiven Therapie, stellen im ersten Jahr nach Herztransplantation akute myokardiale Abstoßungen und Infektionen die Hauptkomplikationen dar. Mit Entwicklung einer partiellen Toleranz gegenüber dem Spenderorgan und somit möglicher Reduzierung der Immunsuppression, treten jenseits des ersten Jahres andere Probleme in den Vordergrund. Eine der führenden Todesursachen stellt die Transplantatvaskulopathie dar. Hierbei handelt es sich um eine spezifische immunologisch vermittelte Form einer akzelerierten Koronararteriosklerose (Weis 1997), die häufig zu langstreckigen Koronarstenosen führt. Weitere Probleme im Langzeitverlauf stellen u. a. die Entwicklung von Neoplasien, Niereninsuffizienz, Hypertonie, Hyperlipoproteinämien oder Osteoporose dar (siehe Tab. 5.5).

Tab. 5.5 Probleme nach einer Herztransplantation (Auswahl).

- Abstoßung (zellulär, humoral, hyperakut)
- Infektionen
- Transplantatvaskulopathie
- Transplantations-assoziierte Hypertonie
- Neoplasien
- Niereninsuffizienz
- Osteoporose
- Hyperlipoproteinämie
- Andere Immunsuppressiva-assoziierte Nebenwirkungen

5.5.1 Abstoßungsreaktionen

Trotz der immunsuppressiven Therapie können lebenslang Abstoßungsreaktionen auftreten. Eindeutige klinische Hinweise können fehlen oder lediglich in uncharakteristischen Symptomen wie allgemeines Krankheitsgefühl, innere Unruhe, Gewichtszunahme, Spannungsgefühl im Bauch oder Dyspnoe bestehen. Eine regelmäßige Abstoßungsdiagnostik ist daher dringend indiziert. Die überwiegende Zahl der Abstoßungsreaktionen wird als zellulär vermittelt angesehen (ca. 70 %), der Rest als Antikörper vermittelt oder gemischt. Selten ist die hyperakute peri- bzw. direkt postoperative Abstoßung bei Vorliegen präformierter HLA-Antikörper. Aufgrund des immensen „antigenic challenge" besteht das höchste Abstoßungsrisiko innerhalb der ersten 4 Wochen postoperativ mit einem Maximum in der zweiten Woche (siehe Abb. 5.2). In den ersten 24 Monaten nach Transplantation sind Abstoßungen für knapp 25 % der Todesfälle verantwortlich. Ca. 40 % der Patienten erleiden im ersten Jahr eine Abstoßung, bei 20 % sind es mehr als eine (Miller et al., 1993). Als Risikofaktoren für das Auftreten der ersten Abstoßung bzw. für eine höhere Abstoßungsinzidenz im ersten Jahr gelten die Anzahl der HLA-Mismatches, weibliches Empfänger- oder Spendergeschlecht sowie junges Empfänger- oder Spenderalter (Opelz et al., 1994).

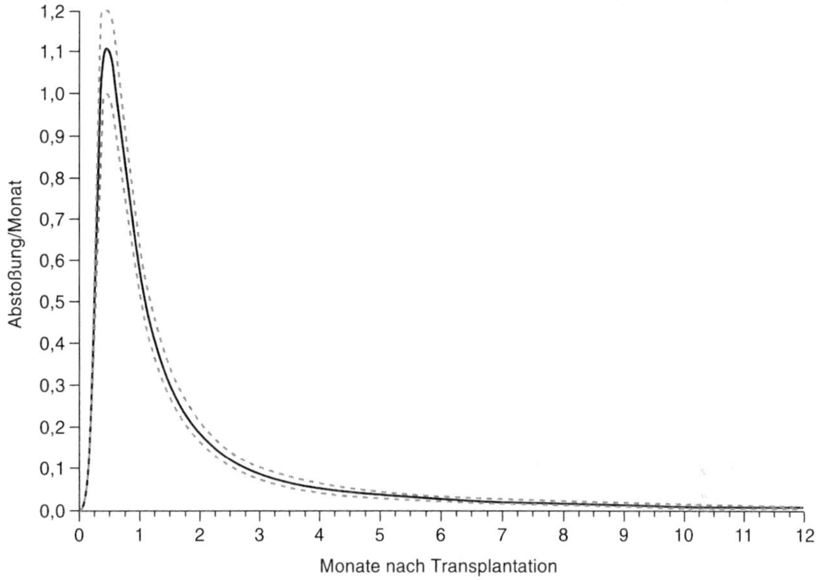

Abb. 5.2 Häufigkeitsverteilung der ersten Abstoßung im Zeitverlauf nach Herztransplantation (nach Kirklin und Barrat-Boyes, 1993).

Diagnostik von Abstoßungsreaktionen

Die Endomyokardbiopsie über die rechte Vena jugularis interna gilt als Goldstandard der Abstoßungsdiagnostik. Histologisch ist die Abstoßung durch ein fokales oder diffuses mononukleäres Zellinfiltrat, überwiegend durch aktivierte T-Lymphozyten gekennzeichnet. Bei aggressiver Lymphozyteninfiltration sind Myozytenschädigungen bis hin zur Nekrose, bei sehr starker Ausprägung ein polymorphes Zellinfiltrat mit Ödem, Hämorrhagie, Zellnekrosen und Vaskulitis sichtbar. Die Einteilung der zellulären Abstoßungsreaktionen erfolgt nach der Klassifikation der „International Society for Heart and Lung Transplantation“ (ISHLT) und ist in Tabelle 5.6 dargestellt (Billingham 1990). Die antikörpervermittelten, vaskulären Abstoßungen, die eine deutlich schlechtere Prognose haben und daher ein aggressiveres Behandlungsprotokoll erfordern, können durch eine zusätzliche immunhistochemische Aufarbeitung des Gewebes diagnostiziert werden.

Da die meisten Abstoßungsreaktionen klinisch asymptomatisch verlaufen, müssen die diagnostischen Maßnahmen in regelmäßigen, mit zunehmendem Zeitabstand von der Transplantation größer werdenden Abständen routinemäßig durchgeführt werden. Dies verursacht einen hohen logistischen und personellen Aufwand für die Erkennung eines statistisch seltenen Problems. Weit über 90 % aller routinemäßig durchgeführten Endomyokardbiopsien zeigen keine Abstoßungsreaktion. Auch aus diesem Grund werden zunehmend nichtinvasive Methoden zur Absto-

Tab. 5.6 Histologische Klassifikation der zellulären Abstoßung gemäß der International Society for Heart Transplantation (Billingham et al., 1990).

Grade	„Neue" Nomenklatur
0	Keine Abstoßung
1	A = Herdförmiges (perivaskuläres oder interstitielles) Infiltrat ohne Nekrose B = Diffuses, aber spärliches Infiltrat ohne Nekrose
2	Nur ein Herd mit aggressiver Infiltration und/oder fokaler Myozytenzerstörung
3	A = Multifokales aggressives Infiltrat und/oder Myozytenzerstörung B = Diffuser entzündlicher Prozess mit Nekrose
4	Diffuses, aggressives, polymorphes ± Infiltrat ± Ödem ± Hämorrhagie

ßungsdiagnostik eingesetzt. In der früh postoperativen Phase existiert bereits seit Mitte der 80er Jahre das zytoimmunologische Monitoring (Klanke et al., 1989). Hierbei werden T-Lymphozyten und Monozyten Subpopulationen mittels „Fluorescence Activated Cell Sorter" (FACS) genauer differenziert, um so Zellen zur Infektabwehr von für das Transplantat schädigenden Zellpopulationen zu unterscheiden. Auf diese Weise erhält man ein genaueres Bild zum Immunstatus des Patienten (Unter- versus Überimmunsuppression) und kann so die immunsuppressive Therapie individueller anpassen.

Ein in jüngster Zeit zur Abstoßungsdiagnostik Verbreitung findendes Verfahren stellt die Echokardiographie und Dopplerechokardiographie dar. Hierbei werden mehrere Parameter aus 2-D-Bild, M-Mode und Pulsed-Waved- (PW)-Dopplerechokardiogramm zur intraindividuellen Verlaufskontrolle verwendet. Am sensitivsten ist hierbei die Beurteilung diastolischer Funktionsstörungen. Zu Bedenken ist jedoch, dass auch diastolische Funktionsstörungen nicht spezifisch für eine Abstoßung sind, sondern auch bei Überimmunsuppression oder bei myokardialer Hypertrophie vorkommen. Mittlerweile liegen von mehreren Zentren Untersuchungen zur echokardiographischen Abstoßungsdiagnostik vor, die keine negativen Auswirkungen des biopsiefreien Vorgehens im Vergleich zu regelmäßigen Endomyokardbiopsien finden konnten (Rahmel et al., 1994; Günther et al., 1995). Wesentlich für den Erfolg des echokardiographischen Monitorings ist jedoch ein erfahrener Untersucher sowie eine ausreichende Beschallbarkeit der Patienten.

Weitere Möglichkeiten zur Abstoßungsdiagnostik werden von Zentrum zu Zentrum unterschiedlich eingesetzt und beurteilt. Hierzu gehören das intramyokardiale Elektrokardiogramm (Müller et al., 2001), Anti-Myosin-Antikörper-Szintigraphie (Ballester et al., 1990), die Magnetresonanztomographie (Marie et al., 2001) sowie diverse weitere bildgebende Methoden oder serologische (Tumornekrosefaktor α, Troponin) Methoden.

Therapie einer Abstoßung

Die Therapie einer Abstoßungsreaktion richtet sich nach dem histologischen Schweregrad bzw. nach dem Vorliegen einer hämodynamischen Beeinträchtigung. Konsens besteht über die Notwendigkeit einer Abstoßungstherapie bei ISHLT Grad IIIa, IIIb oder IV. Wird bei geringen Abstoßungsreaktionen der Grade Ib und II keine Therapie durchgeführt, so sind engmaschige Kontrollen angezeigt, um eine Progression zu einem höheren Schweregrad, der in ca. einem Drittel der Fälle stattfindet, zu erfassen. Milde Abstoßungsformen können durch eine passagere Erhöhung der Standardimmunsuppression auf hochnormale Spiegel behandelt werden. Bei Vorliegen behandlungsbedürftiger Abstoßungsepisoden ist eine Cortisonstoßtherapie mit 500-1000 mg Methylprednisolon i. v. täglich über 3 Tage Standard. Unter diesem Behandlungskonzept kommt es in 85 % zu einer Rückbildung der Abstoßung (Miller 1990).

Bei schweren Abstoßungen mit Myozytolysen (Grad III-IV nach ISHLT) oder steroidrefraktärer Abstoßungsreaktion wird zusätzlich mit Antithymozytenglobulin (5 mg/kg/d) oder monoklonalem Antikörper Muromonab® (5 mg/Tag) behandelt.

Bei mehreren Abstoßungen trotz ausreichender Basistherapie mit Cyclosporin A, MMF und Steroiden kann eine Umstellung von Cyclosporin auf Tacrolimus durchgeführt werden.

Bei Nachweis einer humoralen Abstoßung, die durch immunhistochemische Aufarbeitung der Biopsien gesichert werden kann, werden Immunsuppressiva mit höherer B-Lymphozyten-Spezifität wie Cyclophosphamid eingesetzt. In Betracht kommen auch Verfahren wie die Plasmapherese oder IgG-Immunadsorption.

Bei der hyperakuten Abstoßung innerhalb von 48 Sunden nach Transplantation besteht eine sehr schlechte Prognose. Auch bei Durchführung einer akuten Retransplantation liegt die Ein-Jahresletalität über 50 % (Ensley 1992). In aller Regel wird man sich daher gegen eine Retransplantation entscheiden, um einem anderen Empfänger auf der Warteliste mit statistisch deutlich besserer Prognose das Organ nicht vorenthalten zu müssen.

5.5.2 Infektionen

Neben Abstoßungsreaktionen stellen Infektionen die wichtigste Komplikation nach einer Herztransplantation dar. 37 % aller Patienten erleiden im ersten Jahr eine Infektion. Die Infektionshäufigkeit beträgt im Schnitt 0,6 Infektionen pro Patient im ersten Jahr (Miller et al., 1994). Das Risiko, innerhalb des ersten Jahres nach Transplantation an einer Infektion zu versterben, beträgt 4 %. Bei Vorliegen einer Infektion besteht eine Letalität von insgesamt 13 %. Bakterielle Infektionen stellen mit bis zu 30 % die häufigste Infektionsform dar. Zytomegalievirus- (CMV)-Erkrankungen sind die häufigste virale Erkrankung und machen bis zu 25 % der infektiösen Erkrankungen aus. Systemische Pilzinfektionen kommen bei bis zu 15 % der herztransplantierten Patienten vor. Die infektionsbedingte Letalität beträgt bei Pilzinfektionen 36 %, bei pulmonalem Pilzbefall 62 %, bei Zytomegalievirus-Infektion 7 %. Das zeitliche Auftreten der unterschiedlichen Infektionen ist in Abbildung 5.3 dargestellt.

Das höchste Infektionsrisiko besteht innerhalb der ersten 8 Wochen nach der Transplantation, bedingt durch bakterielle und fungale Infektionen. Die häufigste Ursache für Infektionen in dieser frühen postoperativen Phase sind chirurgische Komplikationen, d. h. Wundinfektionen, nosokomiale Pneumonien oder katheterassoziierte Infektionen. Die Phase mit den lebensbedrohlichsten Infektionen liegt zwischen dem 2. und 6. postoperativen Monat. In dieser Zeit stehen opportunistische, nicht bakteri-

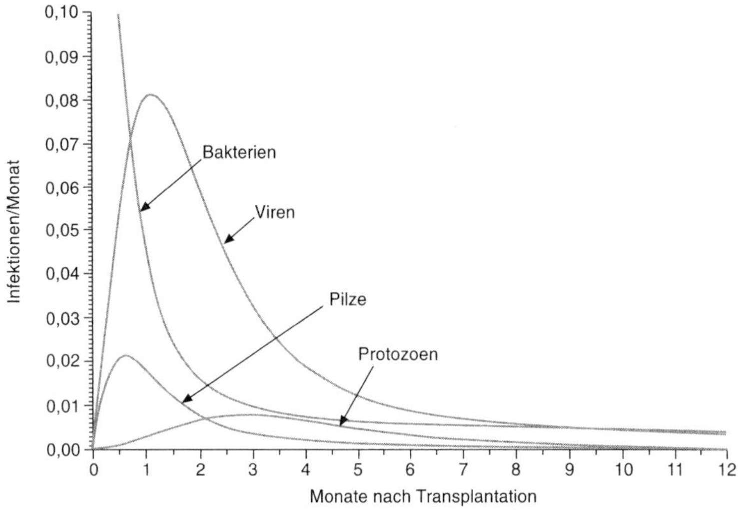

Abb. 5.3 Häufigkeitsverteilung und Genese der ersten Infektion nach Herztransplantation (nach Miller et al., 1994).

elle (Viren, Protozoen) Infektionen im Vordergrund. Die häufigste Infektion in dieser Phase ist eine Zytomegalievirus-Infektion, das am häufigsten infizierte Organ ist die Lunge. Pulmonale Infektionen sind zu 48 % bakteriell, 29 % viral, 14 % durch Protozoen und 10 % durch Pilze bedingt (Miller et al., 1994). Infektionsursachen sind in Tabelle 5.7, Infektionslokalisationen und -letalität in Tabelle 5.8 angegeben.

In der späten Posttransplantationsphase weisen die Transplantierten kaum ein höheres Infektionsrisiko auf als die Normalbevölkerung. Dennoch kommen auch Jahre nach Transplantation noch opportunistische Infektionen vor. Bei einer Steigerung der Immunsuppression aufgrund einer Abstoßung ist besonders auf klinische Zeichen einer Infektion zu achten.

Der CMV-Infektion kommt aufgrund ihrer Häufigkeit, ihrer Assoziation mit

Tab. 5.7 Probleme nach Herztransplantation (nach Miller et al., 1994).

Bakterien: 47 %
grampositiv: Staphylococcus aureus* > Staphylococcus epidermidis* > Streptokokken > Chlostridien
gramnegativ: Escherichia coli, Pseudomonas, Enterobacter
Viren: 41 %
Cytomegalie >> Herpes simplex, Herpes zoster
Pilze: 7 %, Protozoen: 5 %
Candida > Aspergillus
Pneumocystis > Toxoplasma

* meist Venenkatheter-assoziiert

Tab. 5.8 Infektionslokalisation und -letalität (nach Miller et al., 1994).

Lokalisation	Häufigkeit	Letalität
Lunge/Pleura	28 %	23 %
Blut	26 %	19 %
Gastrointestinaltrakt	17 %	14 %
Urogenitaltrakt	12 %	16 %
Haut	8 %	3 %
Wunde	7 %	22 %
Endokarditis	2 %	43 %

Abstoßungen und der Transplantatvaskulopathie sowie ihrer potentiellen Vorläuferfunktion für weitere Infektionen, durch Minderung der zellulären Immunität, eine sehr große Bedeutung zu. 13 % aller Patienten entwickeln im Laufe der ersten beiden Jahre eine Zytomegalievirus-Infektion. Die häufigsten Organlokalisationen sind das Blut, die Lunge sowie der Gastrointestinaltrakt. Das Risiko einer Zytomegalievirus-Infektion ist wesentlich abhängig vom serologischen Status des Spenders und des Empfängers mit höchstem Risiko bei positivem Spender und negativem Empfänger. Neben der Übertragung der Infektion durch ein CMV-positives Spenderorgan oder der Reaktivierung einer Infektion bei CMV-positivem Empfänger ist die Möglichkeit einer CMV-Übertragung durch Blutprodukte zu beachten, wobei letzteres durch moderne Aufbereitung der Konserven sicherlich selten geworden ist. Die Diagnostik einer CMV-Infektion umfasst, neben den klinischen Zeichen des allgemeinen Krankheitsgefühls, subfebrile Temperaturen und ggf. Leukopenie, den serologischen Nachweis einer Serokonversion oder neu auftretender IgM-Antikörper. Aussagekräftiger als die Antikörperbestimmung ist der Nachweis von Phosphoprotein-65- und/oder Phosphoprotein-67-Antigen (pp65- oder pp67-Antigen), der als spezifischer Nachweis einer CMV-Replikation gilt. Auch die Bestimmung von zirkulierender CMV-DNA im Blut des Patienten ist möglich. Die Standardtherapie bei Verdacht auf eine CMV-Infektion ist Ganciclovir i. v. (initial 7,5 mg/kg/d).

Infektionsprophylaxe

Aufgrund des zum Teil lebensbedrohlichen Verlaufs von Infektionen bei den immunsupprimierten Patienten sind prophylaktische Maßnahmen enorm wichtig. Allgemeine Infektionsprophylaxemaßnahmen wie Händedesinfektion sowie Mundschutz des Patienten und der betreuenden Personen gelten in der perioperativen Phase als ausreichend, eine Umkehrisolation ist entbehrlich. Eine perioperative intravenöse Antibiotikaprophylaxe erfolgt typischerweise mit einem Cephalosporin der 1. oder 2. Generation (z. B. Cefazolin, Cefuroxim). Eine orale lokale Pilzprophylaxe wird in der Regel mit einer Amphotericin B Mundspülung durchgeführt. Die antivirale Infektionsprophylaxe wird derzeit unterschiedlich gehandhabt. Hierbei werden verschiedene Therapieverfahren (z. B. Hyperimmunglobulin als passive Immunisierung oder antivirale Chemotherapeutika) über einen variablen Zeitraum verwendet. In vielen Zentren wird eine CMV-Hyperimmunglobulinprophylaxe im Sinne einer passiven Immunisierung durchgeführt. Umstritten ist die prophylaktische Therapie mit Ganciclovir. Es konnte zwar gezeigt werden, dass CMV positive Patienten, die Ganciclovir erhielten, eine niedrigere Inzidenz von CMV Infektionen zeigten, die Hochrisikogruppe der CMV-negativen Patienten mit positivem Spenderorgan profitierten jedoch nicht von einer prophylaktischen Ganciclovir-Therapie im Vergleich zu Plazebo. Bei Bestehen von besonderen Risikokonstellationen wie Z. n. Immunsuppression mit Antilymphozyten-Antikörpern oder Nachweis von CMV-DNA oder pp65-Antigen (Verlaufskontrolle) liegt auch bei Fehlen von Symptomen eine akzeptierte Indikation zur Therapie vor.

Die Prophylaxe einer *Pneumocystis carinii-* und einer *Toxoplasma gondii*-Infektion erfolgt in den meisten Zentren für mehrere Monate nach Transplantation mit Trimethoprim/Sulfametoxazol. Die verwendeten Dosierungen sind allerdings unterschiedlich und reichen von 80/400 mg pro Tag bis zu 160/800 mg 3 mal pro Woche. Ein internationaler Standard besteht derzeit nicht.

Eine weitere wesentliche prophylaktische Maßnahme besteht in rechtzeitig präoperativ durchgeführten Impfungen. So sollten alle auf einer Warteliste befindlichen Patienten mit den bekannten Totimpfstoffen gegen Tetanus, Diphterie, Polio, Pneumokokken und Influenzavirus immunisiert worden sein. Auch nach Transplantation ist eine aktive Impfung mit Totimpfstoffen möglich. Lebendimpfungen sind grundsätzlich kontraindiziert. Im Einzelfall kann jedoch auch hier zwischen dem möglichen Impfschaden einer Lebendimpfung und dem Risiko einer akuten Infektion beim nichtimmunen Patienten abgewogen werden. Eine passive Immunisierung ist selbstverständlich nach denselben Richtlinien wie in der Normalbevölkerung möglich.

5.5.3 Transplantatvaskulopathie

Jenseits des ersten Jahres nach Transplantation wird im Langzeitverlauf die Transplantatvaskulopathie zum wesentlichsten Problem nach Herztransplantation. Ihr Ursprung ist nicht exakt geklärt. Angenommen wird jedoch zumindest initial eine immunologisch vermittelte zelluläre und humorale Endothelschädigung in einem Milieu zusätzlicher nicht immunologischer Risikofaktoren (Weis 1997). Die Inzidenz beträgt 5-10 % pro Jahr, 5 Jahre nach Transplantation weisen ca. 50 % aller Transplantierten angiographische Veränderungen auf, wobei kritische Koronarstenosen sich mit einer Häufigkeit von unter 10-20 % in diesem Zeitraum nachweisen lassen (von Scheidt, 1996). Klinische Folgen sind stumme Infarkte, plötzlicher Herztod sowie selten die Ausbildung einer ischämischen Kardiomyopathie. Patienten mit pathologischem angiographischem Befund haben ein 2,4-fach erhöhtes Risiko eines plötzlichen Todes sowie ein 4,6-fach erhöhtes Risiko eines kardial bedingten Todes (Uretsky et al., 1992).

Die histologischen Veränderungen der Transplantatvaskulopathie sind heterogen und umfassen sowohl konzentrische, fibröse, homogene Intimaverdickungen wie auch fokale, exzentrische Stenosen wie bei nativer Atherosklerose. Nach Transplantation findet sich ein zeitabhängig variables Spektrum histopathologischer Veränderungen. Früh nach Transplantation wird histopathologisch überwiegend eine diffuse konzentrische Intimaverdickung oder eine Vaskulitis gefunden. Im Langzeitverlauf nach Transplantation dominieren entweder fokale atherosklerotische Plaques oder eine diffuse Intimaverdickung bzw. eine variable Mischung beider Veränderungen (Johnson et al., 1989).

Als nicht immunologische Risikofaktoren der Transplantatvaskulopathie sind die Hypercholesterinämie, die Hypertriglyceridämie und die arterielle Hypertonie von großer Bedeutung, da sie einer medikamentösen Therapie zugänglich sind. Hohe LDL- bzw. niedrige HDL-Cholesterinwerte gehen einher mit größerer Intimaproliferation in Herzkatheteruntersuchungen mit intravaskulärem Ultraschall (Gross et al., 1997). Ein additiver Effekt einer länger persistierenden CMV-Infektion auf die Entwicklung der Transplantatvaskulopathie gilt als hoch wahrscheinlich (Grattan et al., 1989).

Die nicht invasive Diagnostik der Transplantatvaskulopathie hat eine niedrige Sensitivität. Lediglich mittels Dobutamin-Stressechokardiographie scheint mit ausreichend hoher Spezifität der Ausschluss einer Transplantatvaskulopathie möglich zu sein (Spes et al., 1995). Die höchste Sensitivität zur Diagnostik besitzt die Koronarangiographie. Aufgrund der Häufigkeit der Transplantatvaskulopathie gilt die jährliche Durchführung einer Koronarangiographie in den meisten Zentren als Standard. Durch Kombination mit intravaskulärem Ultraschall (IVUS) lässt sich bei über 80 % der Transplantierten in einem 1-9-jährigen Verlauf eine pathologische Intimaproliferation als Zeichen der Vaskulopathie nachweisen (Tuzcu et al., 1996).

Leider ist bislang für kein im klinischen Einsatz befindliches Immunsuppressivum ein Benefit bezüglich der Prävention der Transplantatvaskulopathie nachgewiesen worden. Sowohl für Cyclosporin A, Tacrolimus als auch MMF existieren widersprüchliche Studien (Arai et al., 1992; Pham et al., 1996). Eine hohe kumulative Prednisondosis hat sogar einen ungünstigen Einfluss (Mehra et al., 1995). Im Tiermodell konnten für Sirolimus positive Effekte nachgewiesen werden (Poston et al., 1999). Ob sich die Inzidenz einer Transplantatvaskulopathie beim Menschen durch Sirolimus reduzieren lässt bleibt abzuwarten.

Positive Effekte auf die Transplantatvaskulopathie konnten am Menschen bislang nur für konventionelle nicht immunologische Therapieansätze gezeigt werden. So konnte für den Kalziumantagonisten Diltiazem in einem 2-jährigen Verlauf an 116 herztransplantierten Patienten angiographisch eine geringere koronare Lumendurchmesserabnahme nachgewiesen werden. Zusätzlich zeigte sich eine signifikant verbesserte Überlebensrate (Schroeder et al., 1995). Durch den HMG-CoA-Reduktase-Inhibitor Pravastatin konnte in einem 1-jährigen Verlauf nach Transplantation eine signifikant geringere Intimaproliferation im Vergleich zum Plazebokollektiv mittels intravaskulärem Ultraschall nachgewiesen werden (Kobashigawa et al., 1995). Durch Pravastatin waren eine Abnahme der Häufigkeit schwerer Abstoßungsepisoden sowie ein signifikant verbessertes Überleben im 1-Jahres-Verlauf zu erzielen. In einem 4-Jahres-Verlauf konnte eine signifikante Reduktion der Letalität, der angiographischen Prävalenz der Transplantatvaskulopathie und der Häufigkeit von Abstoßungen $\geq$ IIIb durch Simvastatin gezeigt werden (Wenke et al., 1997). Neben der Cholesterinsenkung werden für die HMG-CoA-Reduktase-Inhibitoren auch immunmodulatorische Effekte diskutiert, die möglicherweise gerade bei der Transplantatvaskulopathie Bedeutung erlangen könnten.

Katheterinterventionelle Therapieformen (z.B. PTCA, Stenting) sind primär effektive, jedoch lediglich palliative Therapieoptionen von zeitlich begrenztem Nutzen, da eine hohe Restenoserate besteht. Ebenso wird der Therapieerfolg durch die Progression der Erkrankung in nicht behandelten Gefäßabschnitten limitiert. Bypassoperationen sind nur in Ausnahmefällen sinvoll und im Einzelfall kritisch zu diskutieren. Eine Retransplantation geht wie oben bereits erwähnt mit einer deutlich schlechteren Prognose als die Erstimplantation einher (Hosenpud et al., 1997).

5.5.4 Neoplasien

Die Wahrscheinlichkeit für das Auftreten einer Neoplasie nach Herztransplantation wird mit 1-2% pro Jahr eingeschätzt. Karzinomerkrankungen scheinen hierbei nicht gehäuft aufzutreten mit Ausnahme des Adenokarzinoms der Lunge, jedoch besteht eine erhöhte Inzidenz von Haut- und Schleimhautneoplasien (Johnson 1995). Eine der häufigsten Neoplasien ist eine spezielle Lymphomform, die sogenannte lymphoproliferative Erkrankung nach Organtransplantation (Miller et al., 1993). Innerhalb des ersten Jahres nach Herztransplantation tritt sie bei 1,2% der Patienten auf (Opelz und Henderson 1993). Nach dem ersten Jahr fällt die Inzidenz auf 0,3% ab. Insgesamt kommt die lymphatische Neoplasie bei Transplantierten 20 bis 120-mal häufiger als in der Normalbevölkerung vor. Bei den Transplantierten hängt die Inzidenz von der Art der Immunsuppression ab und ist bei den herztransplantierten Patienten wohl aufgrund des aggressivsten Therapiekonzepts am höchsten. In über 90% der Fälle besteht eine Assoziation mit einer Ebstein-Barr-Virus- (EBV)-Infektion. Es wird vermutet, dass die lymphoproliferative Erkrankung nach Organtransplantation (engl. PT-LPD „posttransplantation lymphoproliterative disorder") als polyklonale Proliferation EBV-infizierter B-Lymphozyten beginnt und dann als monoklonales B-Zell-Lymphom entartet. Häufig kann durch eine Reduktion der Immunsuppression eine Lymphomregression erreicht werden. Bei fehlender Regression sind übliche onkologische Therapiestrategien angezeigt.

5.5.5 Osteoporose

Eine Osteoporose tritt bei Herztransplantierten häufig auf und kann die Lebensqualität der Patienten deutlich beeinträchtigen und zu Spontanfrakturen führen. Prädisponierende Faktoren hierfür sind Malnutrition und Bewegungsmangel bereits vor der Transplantation und die Therapie mit Cortison und Cyclosporin A im postoperativen Verlauf. Der Knochensubstanzverlust ist innerhalb des ersten halben Jahres nach Transplantation am stärksten ausgeprägt (Johnson, 1995). Eine schwere Osteoporose stellt daher eine Kontraindikation für eine Herztransplantation dar. Eine Knochendichtemessung gehört in vielen Zentren bereits zur Routinediagnostik vor einer Transplantation, zumindest bei Verdacht auf eine Osteoporose sollte ein präoperatives Screening in jedem Fall erfolgen. Eine Osteoporoseprophylaxe mit Vitamin D_3 und Kalzium ist nach Herztransplantation empfohlen (Stempfle et al., 1996). In neueren kleineren Studien konnte durch Bisphosphonate eine effektivere Prävention und Therapie der Osteoporose erreicht werden (Pisani und Mullen 2002).

5.5.6 Hyperlipoproteinämie

Durch Therapie mit Kortikosteroiden und Cyclosporin A entwickelt sich bei ungefähr der Hälfte aller Transplantierten eine Hyperlipoproteinämie. Eine effektive Einstellung der Cholesterinwerte ist bei den meisten transplantierten Patienten durch CSE-Hemmer möglich und auch indiziert, da die Verwendung von CSE-Hemmern nach Herztransplantation zu einer geringeren Inzidenz einer angiographischen Transplantatvaskulopathie sowie einer verbesserten Prognose (Wenke et al., 1997) führt. Cholesterinsynthese-Hemmer in niedriger bis mittlerer Dosierung (z.B. Simvastatin 10-15 mg täglich) sind trotz der Cyclosporintherapie und der möglichen Interaktionen aufgrund der gemeinsamen Verstoffwechslung über das Cytochrom P450-System ohne erhöhtes Risiko einer Myositis bzw. Rhabdomyolyse sicher einsetzbar (Wenke et al., 1997). Bei Wechselwirkung kann versucht werden, auf z.B. Pravastatin, das nicht über das Cytochrom P450-System verstoffwechselt wird, umzustellen (Williams und Feely 2002).

Tab. 5.9 Nachsorgeplan nach HTX am Kölner Herzzentrum.

Zeit post-HTX (Monat)	Intervall	Körperl. Untersuchung	Labor	CMV-Diagnostik	Rö-Thorax	EKG	Echokardiographie	Ergometrie	Myokardbiopsie	Rechts-/Links-Katheter	Sonographie Abdomen	Dermatol. Konsil
1–3	14-tägig	X	X	X		X	X		X			
4–6	14-tägig	X	X			X						
	Monatlich	X	X			X	X		X			
7–11	Monatlich	X	X			X						
	Alle 2 Monate						X		X			
	Alle 3 Monate			X				X				
Ab 12	Monatlich	X	X			X						
	Alle 3 Monate			X			X					
	Alle 6 Monate							X				
	Jährlich				X				X	X	X	X

5.5.7 Arterielle Hypertonie

Eine arterielle Hypertonie tritt bei bis zu 70 % der herztransplantierten Patienten auf (Kaye 1993). Neben der Induktion eines erhöhten Blutdrucks durch Cyclosporin (Vasokonstriktion, Natriumretention) wird der Verlust eines zügelnden, afferenten ventrikulären Barorezeptorsignals aufgrund kardialer Denervation (von Scheidt et al., 1992) als Ursache angesehen. Ob zudem eine Aktivierung des Renin-Angiotensin-Aldosteron-Systems (RAAS) beteiligt ist, wird unterschiedlich beurteilt (Bellet et al., 1985; Bennet und Porter 1988; Johnson 1995). Die arterielle Hypertonie des Herztransplantierten ist im Regelfall gut medikamentös beherrschbar. Bewährt haben sich z.B. Ca^{2+}-Antagonisten (Diltiazem), ACE-Inhibitoren, Vasodilatantien und Diuretika. Betablocker sind aufgrund der verstärkten Wirksamkeit am denervierten Herzen mit Vorsicht einzusetzen jedoch nicht kontraindiziert.

Um die genannten Probleme nach Herztransplantation rechtzeitig erkennen zu können, müssen regelmäßige Kontrolluntersuchungen bei den Transplantierten durchgeführt werden. Eine Übersicht über den Nachsorgeplan des Kölner Herzzentrums ist in Tabelle 5.9 dargestellt. Diese Übersicht soll als Anhaltspunkt dienen und ersetzt in keinem Fall die individuelle Beurteilung des Einzelfalles. Oft ist ein Abweichen vom Routine-Schema notwendig.

5.6 Lebensqualität nach Herztransplantation

In allen bislang vorliegenden Studien geben herztransplantierte Patienten eine deutlich verbesserte Lebensqualität an. In Selbsteinschätzungsscores erreichen Transplantierte ähnliche Werte wie die Normalbevölkerung. So wurde in einer amerikanischen Studie, die 85 % aller Transplantationsprogramme erfasste, die subjektive Einschätzung der Lebensqualität erfragt. Auf einer Skala der allgemeinen Lebenszufriedenheit schätzten sich bei einer maximalen Punktzahl von 7 herztransplantierte Patienten im Mittel bei 5,11 Punkten im Vergleich zu 5,55 Punkten bei der Normalbevölkerung ein. Auf einer Skala von 1-15 bezüglich des subjektiven Wohlbefindens lagen Herztransplantierte bei 11,1, die Normalbevölkerung bei 11,7. Auch kleinere neuere Studien bestätigen noch 10 Jahre nach Transplantation eine gute Lebensqualität der Patienten (Bunzel et al., 2002).

Trotz der guten Lebenszufriedenheit der Patienten begleitet doch den meisten Patienten lebenslang die Sorge um die Abstoßung des neuen Herzens. Daher ist eine psychologische Betreuung der Patienten auch lange nach der Transplantation wichtig. In diesem Rahmen bietet sich vor allem der Austausch mit anderen Herztransplantierten an. An vielen Zentren gibt es solche Gruppen, teilweise sogar mit Betreuung durch einen Psychologen. Wenn solche Gruppen nicht existieren, gibt es die Möglichkeit Ansprechpartner über den Bund der Organtransplantierten (BDO) zu finden. Insgesamt besteht trotz leichter körperlicher Einschränkungen und häufig fortbestehender psychologischer Belastungen im Vergleich zum Status vor Herztransplantation eine deutlich verbesserte Lebensqualität, die sogar der der Normalbevölkerung ähnelt.

Literatur

Aaronson, K. D., Schwartz, S., Chen, T. M., Wong, K. L., Goin, J. E., Mancini, D. M.: Development and prospective validation of a clinical index to predict survival in ambulatory patients referred for cardiac transplant evaluation. Circulation **95**, 2660–2667 (1997).

Arai, S., Taramato, S., Senoo, Y.: The impact of FK506 on graft coronary disease of rat cardiac allograft: a comparison with cyclosporine. J Heart Lung Transplant **11**, 757–762 (1992).

Baid, S., Tolkoff-Rubin, N., Farrell, M., Delmonico, F., Williams, W., Hayden, D., Ko, D., Cosimi, A., Pascual, M.: Tacrolimus-associated posttransplant diabetes mellitus in renal transplant recipients: role of hepatitis c infection. Transplant Proc **34**(5), 1771 (2002).

Ballester, M., Obrador, D., Carrio, I., Auge, J.M., et al.; Indium-111-monoclonal antimyosin antibody studies after the first year of heart transplantation. Identification of risk groups for developing rejection during longterm follow-up and clinical implications. Circulation **82**, 2100–2107 (1990).

Bellet, M., Cabrol, C., Sassano, P. et al.: Systemic hypertension after cardiac transplantation: effect of cyclosporine on the renin-angiotensin-aldosterone system. Am J Cardiol **56**, 927–931 (1985).

Bennett, W. M., Porter, G. A.: Cyclosporine-associated hypertension. Am J Med **85**, 131–133 (1988).

Billingham, M. E., Cary, N. R. B., Hammond, M. E., Kemnitz, J., Marboe, C., McCallister, H. A., Snovar, D. C., Winters, G. L., Zerbe, A.: A working formulation for the standardization of nomenclature in the diagnosis of heart and lung rejection: heart rejection study group. J Heart Transplant **9**, 587–593 (1990).

Bunzel, B., Laederach-Hofmann, K., Grimm, M.: Survival, clinical data and quality of life 10 years after heart transplantation: a prospective study. Z Kardiol **91**(4), 319–27 (2002).

Caves, P., Stinson, E., Billingham, M., Rider, A., Shumway, N.: Diagnosis of human cardiac rejection by serial cardiac biopsy. J Thorac Cardiac Surg **66**, 461–466 (1973).

DeNofrio, D., Loh, E., Kao, A., et al.: Mycophenolic acid concentrations are associated with cardiac allograft rejection. J Heart Lung Transplant **18**, 46 (1999)

De Marco, T., Goldman, L.: Predicting outcomes in severe heart failure. Circulation 95, 2597–2599 (1997).

Ensley, R. D., Hunt, S., Taylor, D. O.: Predictors of survival after repeat heart transplantation. J Heart Lung Transplant **11**, S142–S158 (1992).

Frey, A. W., Dambacher, M., Achakri, H., Schwaiger, M., Überfuhr, P., Spadacini, G., Bernardi, L., Roskamm, H.: First evidence of parallel vagal and sympathetic reinnervation long term after heart transplantation (abstract). J Heart Lung Transplant **16**, 88 (1997).

Grattan, M. T., Moreno-Cabral, C. E., Stames, V. A., Oyer, P. E., Stinson, E. B., Shumway, N. E.: Cytomegalovirus infection is associated with cardiac allograft rejection and atherosclerosis. JAMA **261**, 3561–3566 (1989).

Gross, T., Koglin, J., Wenke, K., Thiery, J., Weis, M., Meiser, B., von Scheidt, W.: The effect of hypercholesterinemia on intimal thickness and endothelial function after heart transplantation (abstract). J Heart Lung Transplant **16**, 48 (1997).

Günther, F., Deng, M.C., Rahmel, A., Kerber, S., Scheld, H.H., Breihardt, G.: Der herztransplantierte Patient in der Nachsorge. Medwelt **46**, 202–210, (1995).

Hammond, E. H., Yowell, R. L., Nunoda, S., Menlove, R.L., Renlund, D.G., et al.: Vascular (humoral) rejection in heart transplantation: pathologic observations and clinical implications. J Heart Transplant **8**, 430–443 (1989).

Hosenpud, J. D., Bennett, L. E., Keck, B. M., Fiol, B., Novick, R. J.: The Registry of the International Society for Heart and Lung Transplantation: Fourteenth Official Report – 1997. J Heart Lung Transplant **16**, 691–712 (1997).

Johnson, M. R.: Clinical follow-up of the heart transplant recipient. Current Opinion Cardiol **10**, 180–192 (1995).

Johnson, D. E., Gao, S. Z., Schroeder, J. S. et al.: The spectrum of coronary artery pathologic findings in human cardiac allografts. J Heart Transplant **88**, 349–359 (1989).

Kao, W., McGee, D., Liao, Y. et al.: Does heart transplantation confer additional benefit over medical therapy to patients who have waited > 6 months for heart transplantation? J Am Coll Cardiol **24**, 1547–1551 (1995).

Kaye, D. M., Thompson, J., Jennings, G. et al.: Cyclosporine therapy after cardiac transplantation causes hypertension and renal vasoconstriction without sympathetic activation. Circulation **88**, 1101–1109 (1993).

Keown, P.A.: New concepts in cyclosporine monitoring. Curr Opin Nephrol Hypertens **11**(6), 619–626 (2002).

Klanke, D., Hammer, C., Schubel, C., Caca, C., Dirschedl, P., et al.: Reproducibility and reliability of cytoimmunological monitoring (CIM) of heart transplanted patients (HTP). Transplantation **66**, 507–515 (1989).

Kobashigawa, J. A., Katznelson, S., Laks, H. et al.: Effects of pravastatin on outcome after cardiac transplantation. N Engl J Med **333**, 621–627 (1995).

Kobashigawa, J. A., Miller, L., Renlund, D., Mentzer, R., Aldermann, E., et al.: A randomized active controlled trial of mycophenolat-mofetil in heart transplant recipients. Transplantation **66**, 552–565 (1998).

Koglin, J., Überfuhr, P., von Scheidt, W.: Parasympathetic denervation supersensitivity of the transplanted human ventricle in vivo. Am J Physiol **271**, H435–H439 (1996).

Levy, G., Burra, P., Cavallari, A., Duvoux, C., Lake, J., Mayer, A.D., Mies, S., Pollard, S.G., Varo, E., Villamil, F., Johnston, A.: Improved clinical outcomes for liver transplant recipients using cyclosporine monitoring based on 2-hr post-dose levels (C2). Transplantation **73**(6), 953-959 (2002)

Mancini, D. M., Eisen, H., Kussmaul, W., Mull, R., Edmunds, L. H., Wilson, J. R.: Value of peak exercise oxygen consumption for optimal timing of cardiac transplantation in ambulatory patients with heart failure. Circulation **83**, 778–786 (1991).

Marie, P.Y., Angioi, M., Carteaux, J.P., Escanye, J.M., Mattei, S., Tzvetanov, K., Claudon, O., Hassan, N., Danchin, N., Karcher, G., Bertrand, A., Walker, P.M., Villemot, J.P.: Detection and prediction of acute heart transplant rejection with the myocardial T2 determination provided by a black-blood magnetic resonance imaging sequence. J Am Coll Cardiol **37**(3), 825–831 (2001).

Mehra, M. R., Ventura, H. O., Chambers, R., Smart, F. W., Stapleton, D. D.: The prognostic impact of immunosuppression and cellular rejection on cardiac allograft vasculopathy: time for a reappraisal (abstract). Circulation **92**, I-245 (1995).

Meiser, B. M., von Scheidt, W., Weis, M., Böhm, D., Kur, F., Koglin, J., Reichenspurner, H., Überfuhr, P., Reichart, B.: Herztransplantation – State of the Art Today. Herz **22**, 237–252 (1997).

Meiser, B. M., Schmidt, D., Pfeiffer, M., et al.: MMF-dose adjustments based on MPA-trough levels after heart transplantation: difference between high and low dose pharmacokinetics. Transplantation **67** (7), 110 (1999).

Miller L. W.: Treatment of cardiac allograft rejection with intravenous corticosteroids. J Heart Transplant **9**, 283–287 (1990).

Miller, L. W., Schlant, R. C., Kobashigawa, J. et al.: Task force 5: Complications. J Am Coll Cardiol **22**, 41–54 (1993a).

Miller, L. W., Wesp, A., Jennison, S. H. et al.: Vascular rejection in heart transplant recipients. J Heart Lung Transplant 12, S147–S152 (1993b).

Miller, L. W., Naftel, D. C., Bourge, R. C. et al.: Infection after heart transplantation: a multiinstitutional study. J Heart Lung Transplant **13**, 381–393 (1994).

Miller, L. W., Kubo, S. H., Young, J. B. et al.: Report of the Consensus Conference on Candidate Selection for Heart Transplantation – 1993. J Heart Lung Transplant **14**, 562–571 (1995).

Müller, J., Eubel, A., Dandel, M., Hummel, M., Hetzer, R.: Non-invasive monitoring of rejection after cardiac transplantation. The method and retrospective analysis of data on 734 patients. Dtsch Med Wochenschr **126**(44), 1223–1228 (2001).

Myers, B. D.: Cyclosporine nephrotoxicity. N Engl J Med 30, 964–974 (1986).

Opelz, G., Henderson, R.: Incidence of Non-Hodgkin lymphoma in kidney and heart transplant recipients. Lancet **342**, 1514–1516 (1993).

Opelz, G., Wujciak, T. for the Collaborative Transplant Study: The influence of HLA compatibility on graft survival after heart transplantation. N Engl J Med 330, 816–819 (1994).

Pham, S. M., Kormos, R. L., Hattler, B. G. et al.: A prospective trial of tacrolimus (FK 506) in clinical heart transplantation: intermediate-term results. J Thorac Cardiovasc Surg **11**, 764–772 (1996).

Pisani, B., Mullen, G.M.: Prevention of osteoporosis in cardiac transplant recipients. Curr Opin Cardiol **17**(2):160–4 (2002).

Poston, R.S., Billingham, M., Hoyt, E.G., Pollard, J., Shorthouse, R., Morris, R.E.,

Robbins, R.C.: Rapamycin reverses chronic graft vascular disease in a novel cardiac allograft model. Circulation **100**(1), 67–74 (1999).

Quaini, F., Urbanek, K., Beltrami, A., Anversa, P., et al.: Chimerism of the transplanted heart. N Engl J Med **346** (1), 5–15 (2002).

Rahmel, A., Deng, M. C., Scheld, H. H., Breithardt, G., et al.: Herztransplantationsnachsorge: Das Münsteraner Modell. TX Med **4**, 270–276 (1994).

Salvo di, T. G., Mathier, M., Semigran, M. J., Dec, G. W.: Preserved right ventricular ejection fraction predicts exercise capacity and survival in advanced heart failure. J Am Coll Cardiol **25**, 1143–1153 (1995).

Scheidt von, W., Böhm, M., Schneider, B., Autenrieth, G., Erdmann, E.: Cholinergic baroreflex vasodilatation: Defect in heart transplant recipients due to denervation of the ventricular baroreceptor. Am J Cardiol **69**, 247–252 (1992a).

Scheidt von, W., Böhm, M., Schneider, B. et al.: Isolated presynaptic inotropic b-adrenergic supersensitivity of the transplanted denervated human heart in vivo. Circulation 85, 1056–1063 (1992b).

Scheidt von, W., Überfuhr, P., Koglin, J., Watzolowik, P., Ziegler, S., Schwaiger, M.: Sympathische Reinnervation nach Herztransplantation: Übereinstimmung der Noradrenalinfreisetzung und -aufnahme (abstract). Z Kardiol **85**, 88 (1996).

Scheidt von, W., Überfuhr, P., Reichart, B., Steinbeck, G.: The role of PTCA in the management of focal critical lesions in transplant coronary artery disease. Transplant Proc **3**, 1936–1938 (1995).

Schroeder, J. S., Gao, S. Z.: Calcium blockers and atherosclerosis: lessons from the Stanford Transplant Coronary Artery Disease/Diltiazem Trial. Can J Cardiol **11**(8), 710–5 (1995).

Snel, G. I., Levvey, B. J., Chin, W., Kotsimbos, T., Whitford, H., Waters, K. N., Richardson, M., Williams, T. J.: Sirolimus allows renal recovery in lung and heart transplant recipients with chronic renal impairment. J Heart Lung Transplant **21**(5), 540–546 (2002).

Spes, C. H., Mudra, H., Schnaak, S. D., Klauss, V., Reichle, F. M., Überfuhr, P., Angermann, C. E., Theisen, K.: Noninvasive Screening for cardiac allograft vasculopathy by serial dobutamine stress echocardiography in comparison with intravascular ultrasound (abstract). Circulation **92**, I-88 (1995).

Stempfle, H. U., Werner, C., Echtler, S. et al.: Veränderungen des Sexualhormonhaushalts verstärken die Entwicklung der Posttransplantations-Osteoporose. Z Kardiol **86** (Suppl.), 292 (1997).

Stevenson, L. W.: Selection and management of candidates for heart transplantation. Current Opinion Cardiol **11**, 166–173 (1996).

Stevenson, L. W., Couper, G., Natterson, B. et al.: Target heart failure populations for newer therapies. Circulation **92** (Suppl. II), 174–181 (1995a).

Stevenson, L. W., Steimle, A. E., Fonarow, G. et al.: Improvement in exercise capacity of candidates awaiting heart transplantation. J Am Coll Cardiol **25**, 163–170 (1995b).

Taylor, D. O.: The use of tacrolimus and mycophenolate mofetil after cardiac transplantation. Current Opinion Cardiol **12**, 161–165 (1997).

Toledo, E., Pinhas, I., Aravot, D., Almog, Y., Akselrod, S.: Functional restitution of cardiac control in heart transplant patients. Am J Phys **282** (3), 900–908 (2002).

Tuzcu, E. M., de Franco, A. C., Goormastic, M. et al.: Dichotomous pattern of coronary atherosclerosis 1 to 9 years after transplantation: insights from systematic intravascular ultrasound imaging. J Am Coll Cardiol **27**, 839–846 (1996).

Uretsky, B. F., Kormos, R. L., Zerbe, T. R.: Cardiac events after heart transplantation: incidence and predictive value of coronary arteriography. J Heart Lung Transplant **11**, S45–S51 (1992).

Weis, M., von Scheidt, W.: Cardiac allograft vasculopathy. Circulation **96**, 2069–2077 (1997).

Weis, M., Gross, T., Meiser, B. M., Wildhirt, S. M., Schulze, C., Überfuhr, P., Reichart, B., von Scheidt, W.: Koronare Endothelfunktion im Frühstadium nach Herztransplantation: Vergleich zwischen Tacrolimus und Cyclosporin-Immunsuppression (abstract). Z Kardiol **86** (Suppl.), 230 (1997a).

Weis, M., Hartmann, A., Marzzilli, N., Olbrich, H. G., Burger, W., Satter, P.: Variations of segmental endothelium dependent and endothelium independent vasomotor tone in the long term follow up after cardiac transplantation (qualitative changes in endothelial function). Am Heart J **134**, 306–315 (1997b).

Wenke, K., Meiser, B., Thiery, J., Nagel, D., von Scheidt, W., Steinbeck, G., Seidel, D., Reichart, B.: Simvastatin reduces graft vessel disease and mortality after heart transplantation. Circulation **96**, 1398–1402 (1997).

Williams, D., Feely, J.: Pharmacokinetic-pharmacodynamic drug interactions with HMG-CoA reductase inhibitors. Clin Pharmacokinet **41**(5), 343–70 (2002).

Biventrikuläre Schrittmacher

6

U. C. Hoppe

Obwohl in den letzten Jahren durch Fortschritte der Pharmakotherapie die Morbidität und Letalität herzinsuffizienter Patienten reduziert werden konnte, bleibt die Mehrzahl der Patienten trotz maximal tolerierter Medikamentendosierungen symptomatisch. Nach aktuellen Schätzungen könnte bei 5-15 % schwerst herzinsuffizienter Patienten im NYHA-Stadium III-IV eine kardiale Schrittmacherstimulation die Beschwerdesymptomatik und Hämodynamik weiter verbessern (Farwell et al., 2000).

Linksschenkelblock bei Herzinsuffizienz

Eine Vielzahl herzinsuffizienter Patienten weisen Veränderungen im Oberflächen-EKG im Sinne einer inter- bzw. intraventrikulären Leitungsstörung auf. Eine Verbreiterung des QRS-Komplexes auf mehr als 120 ms wird in Studien bei 27 bis 45 % der Patienten gefunden. Die Häufigkeit steigt mit Verschlechterung des Herzinsuffizienzschweregrades. Zumeist handelt es sich um eine Linksschenkelblockkonfiguration. Mit zunehmender Breite des QRS-Komplexes nimmt die Prognose bei chronischer Herzinsuffizienz unabhängig von anderen Risikofaktoren ab (Hoppe, Erdmann 2002; Silverman et al., 1995).

Hämodynamisch resultiert bei Patienten mit Linksschenkelblock eine asynchrone Kontraktion zwischen rechtem und linkem Ventrikel mit Verzögerung der linksventrikulären Ejektion. Der verspätete Aortenklappenschluss führt zu einer relativen Abnahme der diastolischen linksventrikulären Füllungszeit, die verlängerte isovolumetrische linksventrikuläre Kontraktion zu einer relativen Zunahme der Mitralregurgitationszeit (Xiao et al., 1991). Durch die gestörte Erregungsausbreitung weisen die meisten Patienten mit Linksschenkelblock eine Dyskinesie des Septums auf. Eine regionale Kontraktionsminderung und/ oder eine zeitlich gestörte Kontraktionssequenz kann bei Herzinsuffizienz nur unzureichend durch eine Hyperkontraktilität anderer Myokardabschnitte kompensiert werden. In hämodynamischen Untersuchungen von Patienten mit intermittierendem Linksschenkelblock wurde gezeigt, dass die globale linksventrikuläre Auswurfleistung durch den anomalen Kontraktionsablauf um 10-15 % vermindert wird (Bramlet et al., 1983).

Zweikammerstimulation bei Herzinsuffizienz

Bei deutlicher Verlängerung des atrioventrikulären (AV-) Intervalls kann die Vorhofkontraktion so früh erfolgen, dass die atriale Füllungskomponente des linken Ventrikels verloren geht. Dopplerechokardiographisch wird dies anhand einer Verschmelzung der E- und A-Welle des Mitralklappenflussprofils deutlich (Nishimura et al., 1995). Einige herzinsuffiziente Patienten mit AV-Block I. Grades profitieren daher symptomatisch von einer Optimierung des AV-Intervalls mittels rechtsseitiger AV-sequentieller (Zweikammer-) Schrittmacherstimulation (Brecker et al., 1992). In größeren Studien konnte dieser positive Effekt jedoch nicht generell verifiziert werden (Gold et al., 1995; Nishimura, et al., 1995). Ein wesentlicher Grund liegt wahrscheinlich darin, dass durch die rechtsventrikuläre Stimulation „iatrogen" ein Linksschenkelblock induziert wird. Die resultierende Störung des ventrikulären Kontraktionsablaufs und der Hämodynamik scheinen den Nutzen einer AV-Intervalloptimierung bei der Mehrzahl herzinsuffizienter Patienten zu überwiegen (Rosenqvist et al., 1991).

6.1 Linksventrikuläre und biventrikuläre Stimulation

6.1.1 Technische Aspekte und historische Entwicklung

Eine Verbesserung der beschriebenen Erregungsausbreitungs- und Kontraktionsstörungen bei Patienten mit schwerer symptomatischer linksventrikulärer Dysfunktion und intraventrikulärer Leitungsstörung bzw. Linksschenkelblock wurde in den letzten Jahren durch eine linksventrikuläre bzw. simultane biventrikuläre Stimulation des rechten und linken Ventrikels angestrebt. Die erste biventrikuläre Stimulation erfolgte 1994 mit Hilfe epikardialer linksventrikulärer Patchelektroden. Dieser Zugang erfordert jedoch eine belastende Thorakotomie oder Thorakoskopie und birgt ein erhöhtes Risiko für einen „Exit"-Block im Verlauf (Auricchio et al., 1999). Cazeau et al. berichteten 1996 erstmalig über eine transvenöse Sondierung des Koronarsinus in eine kardiale Vene, zunächst mit einer Standardschrittmacherelektrode. Im weiteren wurden spezielle Koronarsinuselektroden entwickelt. Als optimale linksventrikuläre Stimulationsregion gelten laterale oder posterolaterale Venen (siehe Abb. 6.1).

Aufgrund der sehr variablen Koronarvenenanatomie muss jedoch bei einigen Patienten auf ungünstigere Venenlokalisationen zurückgegriffen werden. Die transvenöse Elektrodenimplantation wird derzeit generell bevorzugt. Die Erfolgsrate einer effektiven transvenösen Sondenplatzierung liegt bei etwa 90 %, die Dislokationsrate bei 5-6 % (Daubert et al., 1998; Gras et al., 1998). Andere spezifische Früh- und Spätkomplikationen (z. B. Perikarderguss, Koronarsinusverletzung) treten nur äußerst selten auf. Bei biventrikulären Systemen werden neben der linksventrikulären Elektrode in üblicher Weise eine atriale und rechtsventrikuläre Sonde platziert (siehe Abb. 6.2). Prinzipiell ist auch eine transseptale, endokardiale Stimulation im linken Ventrikel technisch möglich, klinische Erfahrungen sind jedoch noch sehr begrenzt. Aufgrund des hohen Thrombembolierisikos ist bei diesem Zugang eine systemische Antikoagulation immer zwingend (Jais et al., 2000). Seit 1999 stehen zudem kombinierte Implantierbare Cardioverter Defibrillatoren (ICD)/biventrikuläre Schrittmacher-

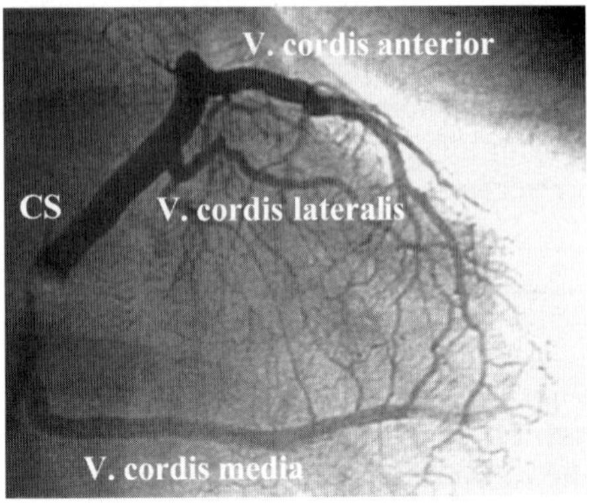

Abb. 6.1 Okklusionsvenogramm des Koronarsinus (CS). Nach retrograder Kontrastmittelinjektion in den Koronarsinus wird das kardiale Venensystem dargestellt (V = Vena).

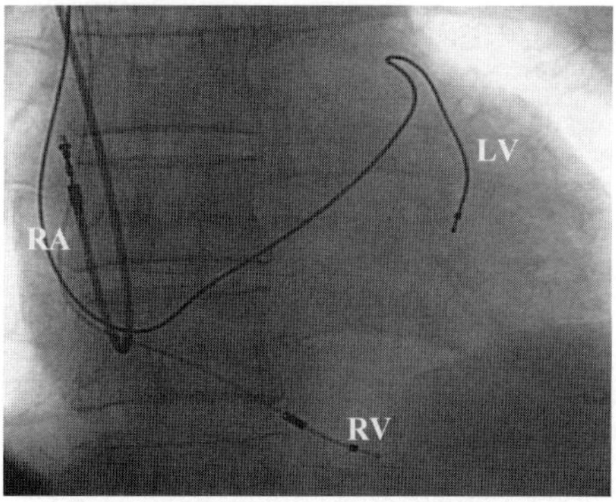

Abb. 6.2 Sondenposition nach Implantation eines biventrikulären Schrittmachersystems bei einem Patienten mit schwerster dilatativer Kardiomyopathie. RV = rechtsventrikuläre Sonde, RA = rechtsatriale Sonde, LV = transvenöse linksventrikuläre Sonde.

systeme zur Verfügung, die bei herzinsuffizienten Patienten mit zusätzlichen malignen Tachyarrhythmien zum Einsatz kommen können.

6.1.2 Hämodynamische Effekte

In mehreren Studien wurde der akute hämodynamische Effekt einer linksventrikulären bzw. biventrikulären Stimulation bei Patienten mit schwerster systolischer Kontraktionsstörung und breitem Kammerkomplex untersucht. Unter Stimulation konnte eine sofortige Zunahme des invasiv gemessenen Schlagvolumens und Herzzeitvolumens, der linksventrikulären Druckanstiegsgeschwindigkeit und des systolischen Blutdrucks sowie eine Reduktion des pulmonal-kapillären Verschlussdrucks und der V-Welle (als Zeichen einer Abnahme der Mitralregurgitation) demonstriert werden (Auricchio et al., 1999; Cazeau et al., 1996). Die hämodynamische Verbesserung ist dabei deutlich ausgeprägter bei Patienten mit initial sehr weitem QRS-Komplex (> 150 ms) und eher nicht zu erwarten bei grenzwertiger QRS-Breite bzw. inkomplettem Linksschenkelblock. Eine isolierte linksventrikuläre Stimulation führte akut zu vergleichbaren Ergebnissen wie eine biventrikuläre Stimulation (Auricchio, et al., 1999; Kass et al., 1999). Entsprechend erster invasiver Messungen (Nelson et al., 2000) und Untersuchungen mit der Positronenemissionstomographie (Braunschweig et al., 2001) scheint die systolische Funktionssteigerung unter biventrikulärer Stimulation bei dilatativer Kardiomyopathie mit einer Abnahme des myokardialen Sauerstoffverbrauchs und somit einer Ökonomisierung der Herzarbeit vergesellschaftet zu sein. Dies ist insofern von besonderem Interesse, da Therapiestrategien zur Pumpfunktionssteigerung, die mit einer Zunahme des Energiebedarfs verbunden sind, zu einer Übersterblichkeit bei chronischer Herzinsuffizienz führten. Die positiven hämodynamischen Effekte lassen sich auch echokardiographisch anhand einer Abnahme der Mitralinsuffizienz und Septumdyskinesie sowie Zunahme der diastolischen linksventrikulären Füllungszeit (erkennbar an einer Separation der E- und A-Welle im Mitralflussprofil) demonstrieren (siehe Abb. 6.3). Neben akuten Veränderungen der Hämodynamik fanden Hamdan et al. bzw. Saxon et al. eine sekundäre Reduktion der sympathischen neuronalen Aktivität und der Noradrenalinspiegel im Serum während kardialer Resynchronisation. (Hamdan et al., 2000; Saxon et al., 1998).

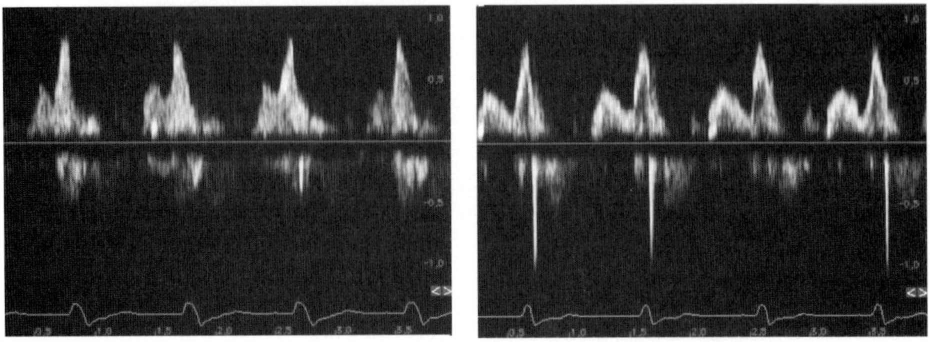

Abb. 6.3 Einfluss der biventrikulären Stimulation auf das Doppler-echokardiographische Mitralflussprofil. Im Vergleich zum Mitralflussprofil bei spontanem Linksschenkelblock (A) kommt es unter biventrikulärer Stimulation (B) zu einer Verlängerung der diastolischen Füllungszeit und zu einem Auseinanderweichen der E- und A-Welle.

6.1.3 Klinische Verlaufsbeobachtungen

Im Oberflächen-EKG wird die elektrische Resynchronisation zwischen linkem und rechtem Ventrikel anhand einer Verkürzung der QRS-Dauer (im Mittel um 30-50 ms) unter Stimulation deutlich (siehe Abb. 6.4) (Gras et al., 1998). Inwieweit das Ausmaß der Änderung der QRS-Breite mit einer klinischen oder hämodynamischen Verbesserung direkt korreliert, wird derzeit kontrovers beurteilt (Alonso et al., 1999; Kass et al., 1999). Von Bedeutung erscheint jedoch die initiale QRS-Breite. In einer Verlaufsbeobachtung an 190 Patienten profitierten am meisten diejenigen mit schwerer Herzinsuffizienz (NHYA-Stadium ≥ III) und initial ausgeprägter QRS-Verlängerung (>150 ms) (Zaridini et al., 2000). Neben einer isolierten Bewertung des Oberflächen-EKGs könnte sich entsprechend jüngster Ergebnisse die direkte Beurteilung der erzielten

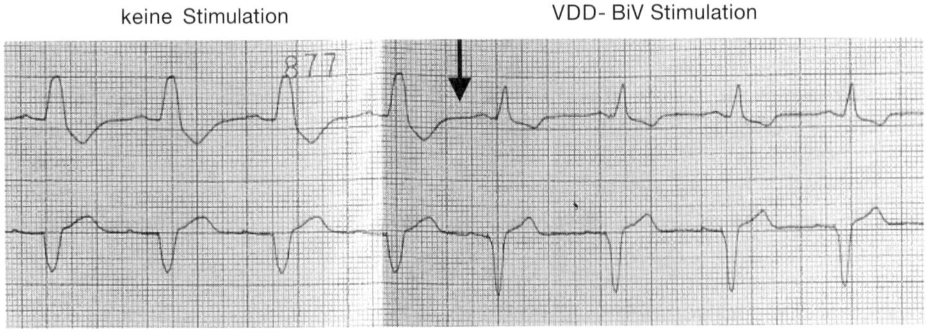

Abb. 6.4 Effekt der biventrikulären Stimulation auf die QRS-Dauer im Elektrokardiogramm (Ableitungen I und II) eines Patienten mit schwerster dilatativer Herzinsuffizienz und Sinusrhythmus. Im Vergleich zu keiner Stimulation (rechts) zeigt sich unter biventrikulärer Stimulation (VDD-BiV; links) ein deutlich schmalerer QRS-Komplex.

Resynchronisation des kardialen Kontraktionsablaufs mit der echokardiographischen Gewebedopplertechnik (tissue Doppler imaging) als besserer Prädiktor für das klinische Ansprechen von Patienten erweisen (Ansalone et al., 2001).

Nach ersten Observationsuntersuchungen liegen nun auch Daten kontrollierter, randomisierter Studien vor, die den klinischen Effekt einer linksventrikulären bzw. biventrikulären Stimulation objektivieren. Bei Patienten mit einer Ejektionsfraktion < 35 % im NYHA-Stadium III-IV verbesserte sich unter einer aktiven atrio-biventrikulären Stimulation nach 6 Monaten die Symptomatik (NYHA-Klasse), die Belastbarkeit im 6-Minuten-Gehtest und die maximale Sauerstoffaufnahme. Die Hospitalisationsrate verminderte sich signifikant. Darüber hinaus konnte eine Abnahme des echokardiographischen Mitralinsuffizienz-Regurgitationsjets unter Stimulation demonstriert werden. Trotz eines Plazeboeffektes bei den Kontrollpatienten kam es zu einer signifikant ausgeprägteren Steigerung der Lebensqualität in der biventrikulären Resynchronisationsgruppe (Abraham 2002; Cazeau et al., 2001). Bei Patienten mit Vorhofflimmern fand sich ein ähnlicher Trend, die Ergebnisse erreichten jedoch keine statistische Signifikanz. Bei Vorhofflimmern besteht in der Regel die Notwendigkeit einer AV-Knoten-Ablation, um eine adäquate ventrikuläre Stimulation zu erzielen.

Somit stellt die kardiale Resynchronisation durch biventrikuläre Schrittmacherstimulation eine vielversprechende additive Therapieoption für symptomatische Patienten mit schwerer systolischer linksventrikulärer Dysfunktion im NYHA-Stadium III-IV unter optimaler Herzinsuffizienzmedikation einschließlich ACE-Hemmer, ß-Blocker und Aldactone dar. Durch die kardiale Resynchronisation kann die Symptomatik, Belastbarkeit und Lebensqualität dieser Patienten verbessert werden. Besonders scheinen Patienten mit breitem QRS-Komplex (≥ 150 ms) und erhaltenem Sinusrhythmus zu profitieren. Weitere Untersuchungen sind erforderlich, um einen eventuellen symptomatischen Nutzen der biventrikulären Stimulation bei Rechtsschenkelblock, Vorhofflimmern und Herzinsuffizienz im NHYA-Stadium II zu definieren, sowie individuell die beste Sondenposition voraussagen zu können. Darüber hinaus stehen Ergebnisse laufender Studien zur Langzeitmorbidität und Letalität aus, die vor einer abschließenden Beurteilung des Stellenwerts und ggf. generellen Empfehlung der Resynchronisationstherapie bei schwerer chronischer Herzinsuffizienz abgewartet werden müssen.

6.1.4 Effekt der biventrikulären Stimulation auf die Arrhythmogenese

Etwa 50 % aller Patienten mit chronischer Herzinsuffizienz sterben an einem plötzlichen Herztod. Die Hälfte dieser unerwarteten Todesfälle ist wahrscheinlich durch ventrikuläre Tachyarrhythmien bedingt. Neben einer hämodynamischen Verbesserung könnte die biventrikuläre Stimulation auch antiarrhythmische Effekte aufweisen. In einer randomisierten „crossover"-Studie wurden unter biventrikulärer Stimulation im Vergleich zu keiner Stimulation bei 21 Patienten signifikant weniger ventrikuläre Extrasystolen und Salven in

24 Stunden registriert (Walker et al., 2000). Nach kombinierter Implantation eines ICD's und biventrikulären Schrittmachers beobachteten Higgins und Mitarbeiter (Higgins et al., 2000) während der Resynchronisationstherapie bei 32 Patienten eine verminderte Anzahl adäquater antitachykarder ICD-Therapieabgaben. Der zugrundeliegende Pathomechanismus ist bisher unklar, könnte jedoch mit der verbesserten Hämodynamik unter Stimulation zusammenhängen. Demgegenüber fanden Theuns et al. (Theuns et al., 2001) keinen Einfluss einer biventrikulären Stimulation auf die Rezidivrate ventrikulärer Tachyarrhythmien. Größere laufende Studien werden weitere Aufschlüsse über ein eventuell antiarrhythmisches Potential der kardialen Resynchronisation liefern.

Literatur

Abraham, W. T., Fisher, W. G., Smith, A. L., Delurgio, D. B., Leon, A. R for the MIRACLE study group: Cardiac Resynchronization in Chronic Heart Failure. N Engl J Med **346**, 1845–1853 (2002).

Alonso, C., Leclercq, C., Victor, F., Mansour, H., de Place, C., Pavin, D., Carre, F., Mabo, P. and Daubert, J. C.: Electrocardiographic predictive factors of long-term clinical improvement with multisite biventricular pacing in advanced heart failure. Am J Cardiol **84**, 1417–1421 (1999).

Ansalone, G., Giannantoni, P., Ricci, R., Trambaiolo, P., Laurenti, A., Fedele, F. and Santini, M.: Doppler myocardial imaging in patients with heart failure receiving biventricular pacing treatment. Am Heart J **142**, 881–896. (2001).

Auricchio, A., Stellbrink, C., Block, M., Sack, S., Vogt, J., Bakker, P., Klein, H., Kramer, A., Ding, J., Salo, R., Tockman, B., Pochet, T. and Spinelli, J.: Effect of pacing chamber and atrioventricular delay on acute systolic function of paced patients with congestive heart failure. The Pacing Therapies for Congestive Heart Failure Study Group. The Guidant Congestive Heart Failure Research Group. Circulation **99**, 2993–3001. (1999).

Auricchio, A., Stellbrink, C., Sack, S., Block, M., Vogt, J., Bakker, P., Mortensen, P. and Klein, H.: The Pacing Therapies for Congestive Heart Failure (PATH-CHF) study: rationale, design, and endpoints of a prospective randomized multicenter study. Am J Cardiol **83**, 130D–135D. (1999).

Bramlet, D. A., Morris, K. G., Coleman, R. E., Albert, D. and Cobb, F. R.: Effect of rate-dependent left bundle branch block on global and regional left ventricular function. Circulation **67**, 1059–1065. (1983).

Braunschweig, F., Ryden, L., Linde, C. and Sorensen, J.: Biventricular pacing improves myocardial oxygen consumption during stress: a study using carbon-11 acetate positron emission tomography. Europ Heart J **23**, 442 (2001).

Brecker, S. J., Xiao, H. B., Sparrow, J. and Gibson, D. G.: Effects of dual-chamber pacing with short atrioventricular delay in dilated cardiomyopathy. Lancet **340**, 1308–1312. (1992).

Cazeau, S., Leclercq, C., Lavergne, T., Walker, S., Varma, C., Linde, C., Garrigue, S., Kappenberger, L., Haywood, G. A., Santini, M., Bailleul, C. and Daubert, J. C.: Effects of multisite biventricular pacing in patients with heart failure and intraventricular conduction delay. N Engl J Med **344**, 873–880. (2001).

Cazeau, S., Ritter, P., Lazarus, A., Gras, D., Backdach, H., Mundler, O. and Mugica, J.: Multisite pacing for end-stage heart failure: early experience. Pacing Clin Electrophysiol **19**, 1748–1757. (1996).

Daubert, J. C., Ritter, P., Le Breton, H., Gras, D., Leclercq, C., Lazarus, A., Mugica, J., Mabo, P. and Cazeau, S.: Permanent left ventricular pacing with transvenous leads inserted into the coronary veins. Pacing Clin Electrophysiol **21**, 239–245. (1998).

Farwell, D., Patel, N. R., Hall, A., Ralph, S. and Sulke, A. N.: How many people with heart failure are appropriate for biventricular resynchronization? Eur Heart J **21**, 1246–1250. (2000).

Gold, M. R., Feliciano, Z., Gottlieb, S. S. and Fisher, M. L.: Dual-chamber pacing with a short atrioventricular delay in congestive heart failure: a randomized study. J Am Coll Cardiol **26**, 967–973. (1995).

Gras, D., Mabo, P., Tang, T., Luttikuis, O., Chatoor, R., Pedersen, A. K., Tscheliessnigg, H. H., Deharo, J. C., Puglisi, A., Silvestre, J., Kimber, S., Ross, H., Ravazzi, A., Paul, V. and Skehan, D.: Multisite pacing as a supplemental treatment of congestive heart failure: preliminary results of the Medtronic Inc. InSync Study. Pacing Clin Electrophysiol **21**, 2249–2255. (1998).

Hamdan, M. H., Zagrodzky, J. D., Joglar, J. A., Sheehan, C. J., Ramaswamy, K., Erdner, J. F., Page, R. L. and Smith, M. L.: Biventricular pacing decreases sympathetic activity compared with right ventricular pacing in patients with depressed ejection fraction. Circulation **102**, 1027–1032. (2000).

Higgins, S. L., Yong, P., Sheck, D., McDaniel, M., Bollinger, F., Vadecha, M., Desai, S. and Meyer, D. B.: Biventricular pacing diminishes the need for implantable cardioverter defibrillator therapy. Ventak CHF Investigators. J Am Coll Cardiol **36**, 824–827. (2000).

Hoppe, U. C., Erdmann, E.: Chronische Herzinsuffizienz – Stellenwert der biventrikulären Stimulation. Dtsch Med Wochenschr **127**, 677–681. (2002).

Jais, P., Takahashi, A., Garrigue, S., Yamane, T., Hocini, M., Shah, D. C., Barold, S. S., Deisenhofer, I., Haissaguerre, M. and Clementy, J.: Mid-term follow-up of endocardial biventricular pacing. Pacing Clin Electrophysiol **23**, 1744–1747. (2000).

Kass, D. A., Chen, C. H., Curry, C., Talbot, M., Berger, R., Fetics, B. and Nevo, E.: Improved left ventricular mechanics from acute VDD pacing in patients with dilated cardiomyopathy and ventricular conduction delay. Circulation **99**, 1567–1573. (1999).

Nelson, G. S., Berger, R. D., Fetics, B. J., Talbot, M., Spinelli, J. C., Hare, J. M. and Kass, D. A.: Left ventricular or biventricular pacing improves cardiac function at diminished energy cost in patients with dilated cardiomyopathy and left bundle-branch block. Circulation **102**, 3053–3059. (2000).

Nishimura, R. A., Hayes, D. L., Holmes, D. R., Jr. and Tajik, A. J.: Mechanism of hemodynamic improvement by dual-chamber pacing for severe left ventricular dysfunction: an acute Doppler and catheterization hemodynamic study. J Am Coll Cardiol **25**, 281–288. (1995).

Rosenqvist, M., Isaaz, K., Botvinick, E. H., Dae, M. W., Cockrell, J., Abbott, J. A., Schiller, N. B. and Griffin, J. C.: Relative importance of activation sequence compared to atrioventricular synchrony in left ventricular function. Am J Cardiol **67**, 148–156. (1991).

Saxon, L. A., DeMarco, T., Chatterjee, K. and Boehmer, J.: The magnitude of sympathoneural activation in advanced heart failure is altered with chronic biventricular pacing. Pacing Clin Electrophysiol **21**, 914 (1998).

Silverman, M. E., Pressel, M. D., Brackett, J. C., Lauria, S. S., Gold, M. R. and Gottlieb, S. S.: Prognostic value of the signal-averaged electrocardiogram and a prolonged QRS in ischemic and nonischemic cardiomyopathy. Am J Cardiol **75**, 460–464. (1995).

Theuns, D., Klootwijk, P. and Szili-Torok, T.: Ventricular tachyarrhythmias in patients with biventricular ICDs. Europace **2**(suppl), B17 (2001).

Walker, S., Levy, T. M., Rex, S., Brant, S., Allen, J., Ilsley, C. J. and Paul, V. E.: Usefulness of suppression of ventricular arrhythmia by biventricular pacing in severe congestive cardiac failure. Am J Cardiol **86**, 231–233. (2000).

Xiao, H. B., Lee, C. H. and Gibson, D. G.: Effect of left bundle branch block on diastolic function in dilated cardiomyopathy. Br Heart J **66**, 443–447. (1991).

Zaridini, M., Tritto, M. and Bargiggia, G.: The InSync Italian Registry: analysis of clinical outcome and considerations on the selection of candidates to left ventricular resynchronization. Eur Heart J **2**(suppl J), J16–22 (2000).

7 Anhang

Leitlinien zur Therapie der chronischen Herzinsuffizienz*

Herausgegeben vom Vorstand der Deutschen Gesellschaft für Kardiologie – Herz- und Kreislaufforschung
Bearbeitet im Auftrag der Kommission für Klinische Kardiologie in Zusammenarbeit mit der Arzneimittelkommission der Deutschen Ärzteschaft

U. C. Hoppe, E. Erdmann für die Kommission Klinische Kardiologie

Hinweise zur Erstellung der Leitlinien zur Therapie der chronischen Herzinsuffizienz:

Diese Leitlinien wurden erstmals herausgegeben vom Vorstand der Deutschen Gesellschaft für Kardiologie-Herz- und Kreislaufforschung in Zusammenarbeit mit der Arzneimittelkommission der Deutschen Ärzteschaft 1998. Dies ist die revidierte Fassung. Der Erstellung dieser Fassung lagen bis August 2000 veröffentlichte Arbeiten zum Thema „chronische Herzinsuffizienz" zugrunde. Eine systematische Literaturrecherche der letzten 10 Jahre wurde durchgeführt. Berücksichtigt wurden auch die Publikationen und Empfehlungen der WHO 1995, der amerikanischen Fachgesellschaften (AHA/ACC) 1995 und der European Society of Cardiology 1997. Es ist vorgesehen, dass eine Überarbeitung der Leitlinie zur Therapie der chronischen Herzinsuffizienz in drei Jahren erfolgen sollte.

Grundlagen

Definition

Pathophysiologisch ist das Herz bei der Herzinsuffizienz nicht mehr in der Lage, die Gewebe mit genügend Blut und damit genügend Sauerstoff zu versorgen, um den Gewebestoffwechsel in Ruhe oder unter Belastung sicherzustellen. Klinisch liegt dann eine Herzinsuffizienz vor, wenn typische Symptome (Dyspnoe, Müdigkeit, Flüssigkeitsretention) bestehen, denen ursächlich eine kardiale Funktionsstörung zugrunde liegt (209).

Epidemiologie

Die Herzinsuffizienz stellt eine der häufigsten internistischen Erkrankungen dar. Weltweit wurde 1995 die Anzahl von Patienten mit Herzinsuffizienz auf etwa 15 Millionen geschätzt (63). In der Gesamtpopulation westlicher Länder treten pro Jahr 1–4/1000 Neuerkrankungen auf (128, 134). Die Prävalenz und Inzidenz sind deutlich altersabhängig. Im Alter zwischen 45–55 Jahren leiden weniger als 1 % der Bevölkerung an einer Herzinsuffizienz (96, 103, 131), zwischen dem 65. und 75. Lebensjahr bereits 2–5 %(96, 131, 169, 174) und bei

* Quelle: Z Kardiol 90:218–237 (2001)

über 80-Jährigen fast 10 % (44, 63, 96, 103, 128, 131). Männer sind häufiger als gleichaltrige Frauen betroffen mit einer Geschlechterrelation von etwa 1,5:1 (45, 103, 169, 174).

Vorbemerkungen zur Ätiologie und Pathophysiologie

Eine chronische Herzinsuffizienz kann durch perikardiale, myokardiale, endokardiale Störungen oder Veränderungen der Herzklappen und großen Gefäße verursacht werden. Bei 80–90 % herzinsuffizienter Patienten beruhen Symptome auf einer ventrikulären Funktionsstörung, in etwa 60 % auf einer systolischen Dysfunktion mit einer EF ≤40 % (2, 177, 206). Die häufigste Ursache einer Herzinsuffizienz in westlichen Ländern ist die koronare Herzerkrankung (54–70 %), die bei 35–52 % dieser Patienten von einer arteriellen Hypertonie begleitet ist (134). Eine isolierte arterielle Hypertonie wird bei 9–20 % als Herzinsuffizienzursache angenommen, eine idiopathische Kardiomyopathie bei 18–28 %. Seltenere Ursachen sind Herzvitien, alkoholische Kardiomyopathien, Myokarditiden, Endokarditiden und andere (45, 66, 96, 103, 134, 136, 192).

Nach einer initialen myokardialen Schädigung (Druck-/Volumenüberlastung, Gewebeverlust) kommt es – mit dem Ziel der Aufrechterhaltung eines bedarfsgerechten Schlagvolumens – kompensatorisch zu einer ventrikulären Dilatation und einem ventrikulären Remodeling mit Myozytenhypertrophie (38). Die ventrikuläre Dilatation führt über einen dehnungsinduzierten programmierten Zelltod (Apoptose) zu einer weiteren Dilatation und somit zu einer progredienten Myokardschädigung (8). Zur Kompensation der reduzierten kardialen Pumpleistung und als Folge der Minderperfusion lebenswichtiger Organe entsteht zudem systemisch eine neuroendokrine Aktivierung (Aktivierung des sympathischen Nervensystems und Renin-Angiotensin-Aldosteron-Systems, erhöhte Freisetzung von NO, Vasopressin und Cytokinen, erhöhter Plasmaendothelinspiegel) (133, 138, 162, 178, 212). Aus der neuroendokrinen Aktivierung resultieren periphere Vasokonstriktion, Flüssigkeitsretention, Arrhythmieneigung und Katecholaminrefraktärität des Herzens sowie klinisch eine Zunahme der Symptomatik des Patienten (175). Darüber hinaus begünstigen Angiotensin II und eine Adrenozeptorenstimulation weiterhin einen Zelltod durch Apoptose und Nekrose (171, 188). Die chronische Herzinsuffizienz stellt somit einen dynamischen Prozess dar, bei dem Kompensationsmechanismen in einem Circulusvitiosus zu einer weiteren kardialen Funktionsverschlechterung und damit Progression der Erkrankung beitragen.

Klassifikation

International erfolgt die Einteilung der Herzinsuffizienz nach der revidierten New York Heart Association (NYHA) Klassifikation. Herzinsuffiziente Patienten werden entsprechend ihrer Leistungsfähigkeit in die Stadien I–IV eingestuft (Tab. 1). Durch eine ergänzende Angabe objektiver Befunde (A–D) kann jedes Stadium weiter präzisiert werden (Tab. 1).

Prognose

Die Zahl an Todesfällen durch eine Herzinsuffizienz hat sich seit 1968 mehr als vervierfacht. Etwa 92 % dieser Todesfälle treten bei Patienten im Alter

Tab. 1 Revidierte NYHA-Klassifikation bei Herzinsuffizienz

Funktionelle Klassifizierung

I. Herzerkrankung ohne körperliche Limitation. Alltägliche körperliche Belastung verursacht keine inadäquate Erschöpfung, Rhythmusstörungen, Luftnot oder Angina pectoris.

II. Herzerkrankung mit leichter Einschränkung der körperlichen Leistungsfähigkeit. Keine Beschwerden in Ruhe. Alltägliche körperliche Belastung verursacht Erschöpfung, Rhythmusstörungen, Luftnot oder Angina pectoris.

III. Herzerkrankung mit höhergradiger Einschränkung der körperlichen Leistungsfähigkeit bei gewohnter Tätigkeit. Keine Beschwerden in Ruhe. Geringe körperliche Belastung verursacht Erschöpfung, Rhythmusstörungen, Luftnot oder Angina pectoris.

IV. Herzerkrankung mit Beschwerden bei allen körperlichen Aktivitäten und in Ruhe. Bettlägrigkeit.

über 65 Jahren auf. Die Sterblichkeit ist bei Männern ca. 25 % höher als bei Frauen (96, 104, 128). Die Letalität nimmt deutlich mit dem Schweregrad der kardialen Dysfunktion zu und wird zudem von der Therapie beeinflusst (116). So reicht die 1-Jahresletalität von 9–12 % bei Patienten im NYHA-Stadium II und III unter ACE-Hemmer-Medikation (SOLVD und V- HeFTII-Studie) (40, 197) bis 52 % bei Patienten im NYHA Stadium IV ohne ACE-Hemmer-Therapie (CONSENSUS-Studie) (191). Patienten mit normosystolischer Herzinsuffizienz haben eine günstigere Prognose als Patienten mit systolischer Dysfunktion (206).

Diagnostik

Die Sicherung der Diagnose einer chronischen Herzinsuffizienz beruht auf der typischen Symptomatik des Patienten (Leistungsminderung, Belastungsdyspnoe, paroxysmale nächtliche Dyspnoe mit eventuellem Husten) bzw. dem klinischen Untersuchungsbefund (Ödeme abhängiger Körperpartien, Tachykardie, Hepatomegalie, hepatojugulärer Reflux, Aszites, Jugularvenenstauung, pulmonale Rasselgeräusche, Kardiomegalie, 3. Herzton) sowie dem Nachweis einer zugrundeliegenden Herzerkrankung. Zur Einleitung der adäquaten, ggf. kausalen Therapie ist es entscheidend, die Ätiologie der Herzinsuffizienz zu klären und den Schweregrad einzuschätzen. Die Anamnese kann bereits einen Anhalt für eine kardiale Erkrankung geben (früherer Myokardinfarkt, Angina pectoris, Hypertonie, rheumatisches Fieber, Alkoholabusus etc.). Bei jedem Patienten sollten eine Laboruntersuchung (Nierenfunktion, Elektrolyte, Blutbild) ein EKG (z.B. Zeichen des abgelaufenen Infarkts, Myokardhypertrophie) und ggf. ein Röntgen-Thorax (Nachweis von pulmonaler Stauung, Kardiomegalie, Pleuraerguss) durchgeführt werden. Als besonders hilfreich zur Diagnosestellung, Schweregradbeurteilung und Verlaufskontrolle hat sich die zweidimensionale Echokardiographie einschließlich Dopplersonographie erwiesen. Echokardiographisch kann eine systolische Herzinsuffizienz (globale oder segmentale Kontraktionsstörungen, ventrikuläre Dilatation) von einer diastolischen Funktionseinschränkung (früh-diastolische Relaxationsstörung, spät-diastolische Compliancestörung evt. mit Nachweis einer ursächlichen Myokardhypertrophie, Perikarderkrankung, Speichererkrankung) differenziert werden (1). Zudem eignet sich die Echokardiographie zur Erkennung und Quantifizierung kardialer Vitien. Bei Verdacht auf eine koronare Herzerkrankung sind eine nicht-invasive Stressdiagnostik (Fahrradergometrie oder Stressechokardiographie) und die Durchführung einer Koronarangiographie zur Abschätzung der Revaskularisationsmöglichkeit sinnvoll.

Therapie

Indikationsstellung zur Therapie

Jede symptomatische Herzinsuffizienz aber auch jede kardiale Pumpfunktionsstörung mit einer Ejektionsfraktion ≤40 % ohne Beschwerden des Patienten stellt eine Behandlungsindikation dar.

Behandlungsziele (Tab. 2)

Die Herzinsuffizienz-Therapie hat das Ziel, die Letalität zu senken, die Progression einer bestehenden kardialen Funktionsstörung bereits im asymptomatischen Stadium zu vermeiden bzw. zu verlangsamen, die Symptome und damit Lebensqualität der Patienten zu verbessern, die Hospitalisationsrate zu vermindern und hämodynamische Parameter zu verbessern. Hierzu stehen medikamentöse und nicht-medikamentöse therapeutische Maßnahmen zur Verfügung (s. u.). Liegt eine behebbare Herzinsuffizienzursache vor, ist die kausale Therapie vordringlich.

Tab. 2 Therapieziele bei chronischer Herzinsuffizienz

1.	Letalitätssenkung
2.	Progressionshemmung
3.	Beschwerdebesserung
4.	Senkung der Hospitalisationsrate
5.	Verbesserung hämodynamischer Parameter

Darüber hinaus besteht ein vorrangiges Ziel in der Prävention einer initialen oder weiteren Myokardschädigung bei Patienten mit erhöhtem Herzinsuffizienzrisiko. Hauptrisikofaktoren für eine Herzinsuffizienz sind die koronare Herzerkrankung und die arterielle Hypertonie (96, 103, 104, 134). Durch eine effektive Hypertonie-Behandlung, speziell auch der isolierten systolischen Hypertonie und durch eine effektive Behandlung einer Hypercholesterinämie konnte die Inzidenz einer Herzinsuffizienz signifikant reduziert werden (48, 106, 107, 111, 141, 180, 207). Bei koronarer Herzerkrankung kann zudem eine ASS-Therapie und postinfarziell eine -Blocker- Gabe das Risiko für Koronarereignisse vermindern und damit einer linksventrikulären Dysfunktion entgegenwirken (17, 72, 82). Die Ausdehnung eines Myokardinfarkts kann durch eine frühzeitige thrombolytische Therapie oder Angioplastie begrenzt werden (85).

Kausale Therapie (Tab. 3)

Bei jedem Patienten sollten zunächst kausale Therapieansätze (operativ, katheterinterventionell, medikamentös) zur Beseitigung der Ursache einer Herzinsuffizienz ausgeschöpft werden (Tab. 3).

Revaskularisation

Voraussetzung einer Myokardrevaskularisation wegen Herzinsuffizienz ist der Nachweis ischämischen, vitalen Myokards sowie bypassfähiger Koronarien. Bei ischämischer Kardiomyopathie mit

Tab. 3 Mögliche kausale Therapieansätze bei Patienten mit chronischer Herzinsuffizienz

Ätiologie der Herzinsuffizienz	Kausale Therapie
Arterielle Hypertonie	Antihypertensive Therapie
Koronare Herzerkrankung mit Myokardischämie („hibernating" Myokard)	Myokardrevaskularisation (Bypassoperation, Angioplastie) Statine
Erworbene/ kongenitale Vitien	Operation, Ballonvalvuloplastie
Perikarderguss, Perikardkonstriktion	Perikardpunktion, Ballonperikardiotomie, operative Perikardektomie
Tachykardie-induziert	Katheterablation, Kardioversion, Antiarrhythmika
Bradykardie-induziert	Schrittmacher
Metabolisch bedingt (z. B. Schilddrüsenfunktionsstörung, Beri-beri-Erkrankung)	Ausgleich hormoneller und metabolischer Faktoren

deutlich eingeschränkter systolischer Pumpfunktion (EF<25–35 %) und dominierender Angina pectoris ohne symptomatische Herzinsuffizienz (NYHA I) zeigte sich in einer randomisierten Studie (CASS) eine höhere 5-Jahresüberlebensrate nach Bypassoperation als unter medikamentöser Therapie (3). **B**

Trotz schwerer symptomatischer Herzinsuffizienz (NYHA III–IV) kann bei ausgewählten Patienten mit Ischämienachweis („hibernating" Myokard in mindestens 2 Hauptgefäßregionen, ≥ 50 % vitales Myokard, EF mindestens 20 %, enddiastolischer linksventrikulärer Durchmesser <70–75 mm) eine Bypassoperation zu einer Verbesserung der Beschwerden und der Auswurffraktion führen. Die perioperative Letalität lag in diesem Patientenkollektiv in früheren Studien bei 11–16 %, in neueren Untersuchungen bei 2–7 % und wird entscheidend durch den Anteil vitalen Myokards beeinflusst (20, 21, 56, 86, 87, 123, 137, 153, 154). Die Langzeitüberlebensrate kann mit der nach einer Herztransplantation (unter Berücksichtigung der Wartezeit) vergleichbar sein (20, 21, 123, 200). **B**

Nicht medikamentöse Therapie

Diät/Flüssigkeitszufuhr/ Gewichtskontrolle (Tab. 4)

Bei jedem Patienten sollte das Normalgewicht angestrebt werden. Übergewicht führt besonders bei körperlicher Aktivität zu einer zusätzlichen Belastung. Bei ausgezehrten Patienten sollte der Ernährungszustand möglichst verbessert werden. **B**

Tab. 4 Nicht-medikamentöse Therapie bei chronischer Herzinsuffizienz

1. Gewichtsnormalisierung
2. Begrenzte Kochsalzzufuhr ≤ 3 g/Tag
3. Limitierung der Flüssigkeitszufuhr auf 2 l/Tag, bei schwerer Herzinsuffizienz 1–1,5 l/Tag
4. Reduktion koronarvaskulärer Risikofaktoren
5. Begrenzter Alkoholkonsum (maximal 30 g/Tag beim Mann und 20 g/Tag bei der Frau), bei alkoholtoxischer Kardiomyopathie Alkoholkarenz
6. Regelmäßige körperliche Bewegung bei stabiler Herzinsuffizienz, Bettruhe bei akuter/dekompensierter Herzinsuffizienz

Die Salzzufuhr sollte bei allen Patienten, auch bereits bei der asymptomatischen linksventrikulären Dysfunktion, begrenzt werden (kein Nachsalzen, ≤ 3 g Salz pro Tag), um eine Flüssigkeitsretention herauszuzögern oder zu vermindern. **B**

Die Flüssigkeitszufuhr sollte in der Regel 2 Liter pro Tag, bei schwerer Herzinsuffizienz 1–1,5 Liter pro Tag nicht überschreiten. In besonderen Situationen (Wärme, Erbrechen, Diarrhoe, Fieber etc.) ist die Flüssigkeitszufuhr bzw. ggf. die Diuretikadosis entsprechend anzupassen. **B**

Bei koronarer Herzerkrankung sollten normale Cholesterinwerte diätetisch, wenn erforderlich auch medikamentös erzielt werden, um eine Progression zu vermindern (106). **A**

Jeder Patient sollte angehalten werden, täglich sein Gewicht morgens nüchtern zu kontrollieren und bei einer Gewichtszunahme >1 kg pro 24 h oder >2 kg pro Woche einen Arzt zu konsultieren. **B**

Alkoholkonsum/Rauchen

Alkohol kann das Myokard schädigen und Arrhythmien begünstigen. Der Alkoholkonsum sollte daher vermieden oder auf maximal 30 g pro Tag beim Mann, 20 g pro Tag bei der Frau (0,5/0,33 l Bier oder 0,25/0,2 l Wein) beschränkt werden. Studienergebnisse liegen hierzu bisher nicht vor. Bei Verdacht auf eine alkoholinduzierte Kardiomyopathie ist jeder Alkoholkonsum zu unterlassen. **B**

Rauchen sollte von allen Patienten unterlassen werden. **B**

Körperliche Bewegung

Die Einschränkung der körperlichen Belastbarkeit von Patienten mit Herzinsuffizienz ist nicht nur durch die verminderte kardiale Auswurfleistung bedingt. Bei der Mehrzahl der Patienten wird die Leistung zudem durch Störungen der Ventilation, der peripheren Zirkulation und des Skelettmuskelmetabolismus limitiert (94, 97, 210). Bei stabiler chronischer auch schwerer Herzinsuffizienz verbessert eine regelmäßige moderate dynamische Betätigung (z.B. Gehen, Radfahren) bei den meisten Patienten die maximale Belastungstoleranz und das subjektive Wohlbefinden (32, 33, 92, 210). Darüber hinaus konnten eine Zunahme der maximalen Sauerstoffaufnahme, der oxidativen Kapazität der Skelettmuskulatur, eine Verbesserung der endothelialen Funktion und eine Abnahme der autonomen Dysregulation nachgewiesen werden (33, 91, 92).

Bei der stabilen Herzinsuffizienz ist daher eine regelmäßige körperliche Tätigkeit, z.B. 5-mal pro Woche 20 min oder 3-mal pro Woche 30–45 min Radfahren mit einer Belastung von 40–80 % der maximalen Herzfrequenz bzw. Sauerstoffaufnahme (14, 33, 210), zu empfehlen. Das körperliche Training sollte dabei zunächst stets unter ärztlicher Kontrolle erfolgen. Überzeugende Befunde zum Einfluss auf die Prognose liegen nicht vor. **A**

Zur Dyspnoe führende körperliche Anstrengungen und speziell isometrische Belastungen, die zu einer peripheren Widerstandserhöhung führen, sind generell zu vermeiden. Strenge körperliche Schonung und Bettruhe sind nur bei akuter bzw. dekompensierter chronischer Herzinsuffizienz indiziert.

Tab. 5 Medikamentöse Stufentherapie bei systolischer linksventrikulärer Dysfunktion (EF < 35 %)

Medikament	NYHA I	NYHA II	NYHA III	NYHA IV
ACE-Hemmer	indiziert	indiziert	indiziert	indiziert
β-Blocker (ohne ISA)	nach Myokardinfarkt bei Hypertonie	indiziert*	indiziert*	indiziert*
Diuretika				
Thiazide	bei Hypertonie	bei Flüssigkeitsretention	indiziert und zur Potenzierung der Schleifendiuretika-Wirkung	indiziert und zur Potenzierung der Schleifendiuretika-Wirkung
Schleifendiuretika	–	bei Flüssigkeitsretention	indiziert	indiziert
Aldosteron-Antagonisten (Spironolacton)	–	bei persistierender Hypokaliämie	indiziert	indiziert
Herzglykoside	bei tachysystolischem Vorhofflimmern	bei tachysystolischem Vorhofflimmern, bei persist. Symptomen unter ACE-Hemmer und Diuretika	indiziert	indiziert
AT_1-Rezeptor-Blocker	–	bei ACE-Hemmer NW	bei ACE-Hemmer NW	bei ACE-Hemmer NW

ISA = intrinsische sympathomimetische Aktivität; NW = Nebenwirkung
* nur bei stabilen Patienten, langsam einschleichend unter engmaschiger Kontrolle

Pharmakotherapie (Tab. 5)

ACE-Hemmer

ACE-Hemmer inhibieren die Konversion von Angiotensin I zu Angiotensin II und der Abbau von Kininen. Die Hemmung des Renin-Angiotensin-Aldosteron- Systems wie auch die Verstärkung der Kininwirkung und damit der kininvermittelten Prostaglandinsynthese werden als pathophysiologische Mechanismen für die positiven prognostischen und hämodynamischen (Verminderung des kardialen Remodeling) Effekte von ACE-Hemmern bei Herzinsuffizienz angesehen (73, 120, 129, 130, 187). Die relative Bedeutung der ACE-Hemmer-Wirkung auf diese beiden Systeme ist bisher unklar.

In mehreren kontrollierten Studien konnte durch ACE-Hemmer im Vergleich zu Placebo bei Patienten mit Herzinsuffizienz in den NYHA-Stadien II–IV die Symptomatik und Belastungstoleranz verbessert, die Hospitalisationsrate aufgrund einer progredienten Herzinsuffizienz vermindert und die Letalität signifikant reduziert werden (40, 74, 191, 197). In diese Studien wurden zur überwiegenden Mehrheit Patienten mit systolischer Herzinsuffizienz eingeschlossen. **A**

Auch bei asymptomatischen Patienten mit systolischer linksventrikulärer Dysfunktion und einer EF ≤ 35 % vermindert eine ACE-Hemmer-Therapie die Inzidenz einer symptomatischen Herzinsuffizienz und senkt die Hospitalisationsrate (198). Eine signifikante Senkung der Letalität konnte bei diesen Patienten noch nicht verifiziert werden. **B**

Postinfarziell verbessern ACE-Hemmer bei Patienten mit klinischen Herzinsuffizienzzeichen im Rahmen des Infarktes oder mit einer systolischen Pumpfunktionsstörung (EF ≤ 35 %) signifikant die Überlebensrate und vermindern die Reinfarktrate und Häufigkeit einer erneuten Krankenhauseinweisung wegen einer Herzinsuffizienz (69, 89, 99, 108, 157). Die Langzeitprognose nach Myokardinfarkt ist unter ACE-Hemmern verbessert (157, 197). **A**

Die Gabe eines ACE-Hemmers ist somit bei allen Patienten mit eingeschränkter linksventrikulärer Funktion und einer EF ≤ 35 % unabhängig von der Symptomatik(NYHA I–IV) und bei Patienten, die periinfarziell eine Herzinsuffizienz entwickelt haben, zu empfehlen. In der ATLAS (Assessment of Treatment with Lisinopril and Survival Study)-Studie, in der eine Lisinopril-Hochdosis- (32,5–35 mg/Tag) mit einer Niedrigdosistherapie (2,5–5 mg/Tag) verglichen wurde, fand sich in der Hochdosisgruppe eine tendentiell niedrigere Gesamtletalität (n. s.) und eine signifikant geringere kombinierte kardiovaskuläre Letalität und Hospitalisationsrate bei gleicher Nebenwirkungshäufigkeit (147). Daher sollten die in den Letalitätsstudien verwandten hohen Dosierungen als Zieldosen bei der Therapie herzinsuffizienter Patienten angestrebt werden (Tab. 6).

Die Erstdosis eines ACE-Hemmers sollte, wie in den dazu durchgeführten Studien, niedrig gewählt (Tab. 6) und der Patient für 2–6 Stunden nach der Erstgabe überwacht werden. Unter einer ACE-Hemmer-Therapie kommt es bei der Mehrzahl der Patienten zu einer Blutdruck-Abnahme, die jedoch nur selten zu Symptomen führt. Besonders hypotoniegefährdet sind dehydrierte Patienten (ggf. vorher Diuretikadosis reduzieren). Unabhängig vom Ausgangskreatininwert (jedoch ≤ 3 mg/dl) steigt unter einer ACE-Hemmer-Therapie auch bei schwerer Herzinsuffizienz das Kreatinin initial bei den meisten Patienten um 10–15 %, aber bleibt dann konstant (122). Bei einer Kombinationstherapie von ACE-Hemmern und kaliumsparenden Diuretika besteht aufgrund der gleichgerichteten Wirkungen beider Stoffgruppen die Gefahr einer Hyperkaliämie. Eine derartige Kombinationstherapie von ACE-Hemmern mit kaliumsparenden Diuretika ist nur bei persistierender Hypokaliämie bzw. als niedrigdosierte Spironolactongabe bei schwerer Herzinsuffizienz unter engmaschiger Elektrolyt- und Kreatininwertekontrolle zu erwägen (161). Die ACE-Hemmer-Dosis darf nicht gesteigert

Tab. 6 ACE-Hemmerdosierung in Letalitätsstudien bei chronischer Herzinsuffizienz

Substanz	Erstdosis (mg/Tag)	Zieldosis (mg/Tag)	Studie
Captopril	3·6,25	3·50	SAVE (157)
Enalapril	2·2,5	2·10	SOLVD, CONSENSUS (191), (197)
Ramipril	2·1,25	2·5	AIREX (89)
Trandolapril	1·1	1·4	TRACE (108)
Lisinopril	1·2,5	1·35	ATLAS (147)

werden beim Auftreten einer Hyperkaliämie (≥ 5,5 mmol/l), einer symptomatischen Hypotonie oder einem Kreatinin-Anstieg auf >3 mg/dl. Weitere wesentliche Nebenwirkungen sind Husten und selten ein potentiell lebensbedrohliches Angioödem. Absolute Kontraindikationen sind beidseitige Nierenarterienstenosen, die hypertrophische Obstruktion des linksventrikulären Ausflusstraktes und ein Angioödem während einer früheren ACE-Hemmer-Therapie.

AT_1-Rezeptor-Blocker

Da die Angiotensin-II-Bildung nicht nur durch das Angiotensin Converting Enzyme (ACE), sondern auch durch alternative, lokale Enzyme (z.B. die Chymase) reguliert wird, können ACE-Hemmer die Angiotensin-II-Wirkung am Herzen nicht vollständig blockieren (102). Die direkte Blockade des AT_1-Rezeptors könnte somit den Vorteil einer effektiveren Hemmung schädigender Angiotensin-II-Effekte am Myokard haben. Eine Akkumulation von Kininen, denen ein Teil der Nebenwirkungen aber auch der positiven Effekte von ACE-Hemmern zugeschrieben werden, bleibt unter AT_1-Rezeptor-Blockern aus.

AT_1-Rezeptor-Blocker können im Vergleich zu Placebo die Belastungstoleranz und Symptomatik herzinsuffizienter Patienten signifikant verbessern (168). Diese Effekte wie auch die Senkung der Hospitalisationsrate aufgrund einer Herzinsuffizienzverschlechterung waren in den NYHA-Stadien II–IV vergleichbar mit einer ACE-Hemmertherapie oder einer Kombinationstherapie mit ACE-Hemmer und AT_1-Rezeptor-Blocker (132, 160, 201). Bisher liegt nur eine vergleichende Letalitätsstudie zwischen einem AT_1-Rezeptor-Blocker (Losartan) und ACE-Hemmer (Captopril) beim älteren Patienten (> 60 Jahre) mit systolischer Herzinsuffizienz im Stadium NYHA II–IV (EF ≤ 40 %) vor, die keinen Unterschied hinsichtlich der Gesamtsterblichkeit, der plötzlichen Herztodesrate oder Reanimationshäufigkeit ergab (159). Therapieabbrüche waren unter AT_1-Rezeptor- Blockern jedoch aufgrund einer niedrigeren Nebenwirkungsrate signifikant seltener als unter ACE-Hemmern. Die Kombination eines ACE-Hemmers mit einem AT_1-Rezeptor-Blocker scheint das ventrikuläre Remodeling stärker zu hemmen als jede der Einzelsubstanzen (132). Inwieweit eine Kombinationstherapie jedoch einen additiven Effekt auf die Langzeitprognose hat, ist derzeit ungeklärt.

AT_1-Rezeptor-Blocker müssen wie ACE-Hemmer bei Herzinsuffizienzpatienten initial niedrig dosiert werden (Einstiegsdosis 12,5 mg Losartan bzw. 2 mg Candesartan/Tag; Dosisverdopplung nach 1 Woche, wenn toleriert). Die Zieldosis in vorliegenden Studien lag bei 50 mg Losartan bzw. 8–16 mg Candesartan einmal pro Tag (132, 160, 168).

AT_1-Rezeptor-Blocker scheinen eine den ACE-Hemmern vergleichbare positive Wirkung bei systolischer Herzinsuffizienz im Stadium NYHA II–IV zu haben und stellen eine sinnvolle Alternative zu ACE-Hemmern dar, wenn diese aufgrund von Nebenwirkungen (z.B. Reizhusten) nicht verordnet werden können. Eine generelle Überlegenheit von AT_1-Rezeptor-Blockern oder von einer Kombinationstherapie mit ACE-Hemmern und AT_1-Rezeptor-Blockern gegenüber einer ACE-Hemmer-Therapie lässt sich aus den bisherigen Daten (ELITE-II-Studie) nicht ableiten. **B**

β-Adrenozeptor-Blocker

Die Aktivierung des sympathischen Nervensystems ist ein signifikanter Prädiktor für die Prognose herzinsuffizienter Patienten und trägt entscheidend zur Progression der kardialen Dysfunktion bei (41). In kontrollierten Studien konnte belegt werden, dass additiv zu einer ACE-Hemmer-Basismedikation bei herzinsuffizienten Patienten im NYHA-Stadium II–IV eine vorsichtig eingeleitete β-Blocker-Therapie sicher ist und zu einer Verbesserung der linksventrikulären Pumpfunktion führt (24, 29, 58, 114, 136, 148, 208). Dies wurde für 1-selektive Adrenozeptorblocker (z.B. Metoprolol, Bisoprolol) (24, 29, 58, 136, 208) wie auch für vasodilatierende nicht-selektive β-Blocker (β_1-, β_2-, α_1-Blockade) (Carvedilol) (114, 124, 148) gezeigt. Unter β-Blocker-Therapie waren im Vergleich zu Placebo weniger Hospitalisationen wegen einer Linksherzdekompensation und weniger Herztransplantationen erforderlich (29, 30, 115, 136, 148, 208). β-Blocker ohne intrinsische Aktivität reduzieren die Gesamtletalität und plötzliche Herztodesrate herzinsuffizienter Patienten im Stadium NYHA II–IV (10, 30, 88, 115, 136, 148, 183). Inwieweit selektive oder nicht-selektive, vasodilatierende β-Blocker prognostisch günstiger sind, ist derzeit nicht geklärt (172). Kontraindiziert sind jedoch partiell agonistische β-Blocker (z.B. Xamoterol), da diese bei Herzinsuffizienz zu einer Übersterblichkeit führen können (199).

Eine β-Blocker-Therapie darf nur bei Patienten mit stabiler Herzinsuffizienz eingeleitet werden. Initial muss mit einer sehr niedrigen Dosierung (etwa 1/10 der Zieldosis) begonnen und die Dosis extrem langsam unter engmaschiger Kontrolle gesteigert werden (Tab. 7), da es zunächst zu einer Abnahme der Auswurffraktion und des Blutdrucks und zu einer Zunahme des enddiastolischen Ventrikeldrucks kommen kann. Erst nach 3 Monaten nimmt die Ejektionsfraktion zu, und der Blutdruck normalisiert sich während der enddiastolische Ventrikeldruck sinkt (90). Als Zieldosis sollten langfristig die in den Letalitätsstudien verwandten hohen Dosierungen angestrebt werden (Tab. 7), da die Steigerung der Ejektionsfraktion wahrscheinlich dosisabhängig ist (24). Wesentliche Nebenwirkungen, die eine Dosisreduktion erforderlich machen können, sind Bradykardie, symptomatische Hypotonie oder Bronchialobstruktion.

Eine sympathoadrenerge Aktivierung wurde bereits bei der asymptomatischen linksventrikulären Dysfunktion nachgewiesen (15, 71) β-Blocker-Studien, die eine Senkung der Morbidität oder Letalität bei asymptomatischen Patienten mit eingeschränkter Pumpfunktion belegen, liegen bisher jedoch nicht vor.

Somit ist additiv zu ACE-Hemmern eine vorsichtige, einschleichende Therapie mit einem β-Blocker ohne intrinsi-

Tab. 7 Blockertherapie bei chronischer stabiler Herzinsuffizienz

β-Blocker	Testdosis (mg/Tag)	Startdosis* (mg)	Zieldosis (mg)
Metoprolol	10	2·10	2·100
Bisoprolol	1,25	1·1,25	1·10
Carvedilol	3,125	2·3,125	2·25

* Dosisverdoppelung nicht eher als alle 14 Tage, wenn toleriert

Tab. 8 Dosierung und Wirkdauer einiger häufig verwandter Diuretika (orale Applikation)

Diuretikum	Dosisbereich (mg/Tag)	Wirkeintritt (h)	Wirkdauer (h)	Wichtige Nebenwirkungen
Thiazide/Derivate				
Hydrochlorothiazid	25–50	1–2	6–12	Hypokaliämie
Chlortalidon	50–200	2	48–72	Hyponatriämie
Metolazon	5–10	1	12–24	Hypomagnesiämie
Schleifendiuretika				Hypotonie
Furosemid	40–160	0,5	6–8	Hyperurikämie
Torasemid	5–20	1	6–8	Glucosetoleranzstörung
Etacrynsäure	50–200	0,5	6–8	
Piretanid	3–20	1	4–6	
Kaliumsparende Diuretika				
Spironolacton	25–100	2–6	24–36	Hyperkaliämie, Gynäkomastie
Triamteren	50–100	2	8–16	Hyperkaliämie
Amilorid	5–10	2	10–24	

* Nur bei stabilen Patienten, langsam einschleichend unter engmaschiger Kontrolle

sche Aktivität bei der stabilen Herzinsuffizienz NYHA II–IV (COPERNICUS-Studie) unter engmaschiger Kontrolle eines kardiologisch erfahrenen Arztes zu empfehlen. **A**

Diuretika (Tab. 8)

Diuretika sind bei jeder Herzinsuffizienz mit Flüssigkeitsretention (z.B. periphere Ödeme, Lungenstauung) indiziert. In kontrollierten Studien führten Diuretika bei symptomatischer Herzinsuffizienz zu einer signifikanten Gewichtsabnahme und Beschwerdebesserung (23, 155). Ergebnisse zu weiteren klinischen Endpunkten, wie z.B. zur Beeinflussung der Letalität, Krankheitsprogression oder Hospitalisationshäufigkeit, liegen für Diuretika nicht vor. Placebokontrollierte Studien mit diesen Endpunkten wären aufgrund allgemeiner klinischer Erfahrungen jedoch auch als unethisch zu bewerten. Bei herzinsuffizienten Patienten mit vorausgegangener pulmonaler Stauung kam es nach einem Diuretikaentzug zur akuten Linksherzdekompensation (167). Daher sollte eine Diuretika-Therapie auch nach Stabilisierung des Patienten zur Vorbeugung einer erneuten Flüssigkeitsretention fortgesetzt werden. Diuretika sollten nicht als Monotherapie zum Einsatz kommen, sondern wenn möglich mit einem ACE-Hemmer und -Blocker kombiniert werden. Die Diuretikadosis sollte entsprechend der Diurese angepasst werden. Als günstiger Kontrollparameter hat sich das (tägliche) Wiegen des Patienten erwiesen. Eine zu geringe Entwässerung des Patienten vermindert die Wirksamkeit einer begleitenden ACE-Hemmer-Therapie (34), während eine übermäßige Dehydratation die Inzidenz einer Hypotension unter ACE-Hemmern und Vasodilatatoren sowie einer Niereninsuffizienz unter ACE-Hemmern und AT_1-Rezeptor-Blockern steigert (35, 126, 151). Unter jeder Diuretika-Therapie sollten die Serumelektrolyte (besonders Kalium) wegen eines erhöhten Arrhythmierisikos regelmäßig kontrolliert und gegebenenfalls ausgeglichen werden (43).

Bei geringgradiger Flüssigkeitsretention können Thiazide mit Erfolg angewandt werden. Eine eingeschränkte Nierenfunktion (glomeruläre Filtrationsrate <30 ml/min) oder ausgeprägtere Flüssigkeitsretention machen die Gabe von Schleifendiuretika, ggf. intravenös erforderlich. Inwieweit die höhere Resorptionsrate und geringere Resorptionsvariabilität von oralem Torasemid im Vergleich zu Furosemid bei herzinsuffizienten Patienten klinische Relevanz hat, ist derzeit noch ungeklärt (205). Bei therapieresistenten Ödemen hat sich die Kombinationstherapie von einem Schleifendiuretikum mit einem Thiazid oder Metolazon durch eine sequentielle Nephronblockade als effektiv erwiesen (27, 62). **A**

Aldosteron-Antagonisten

ACE-Hemmer führen nur zu einer inkompletten Inhibition der Aldosteronsynthese. Eine additive Gabe niedrig dosierten Spironolactons (25 mg/Tag) zu einer Basistherapie mit ACE-Hemmer und Schleifendiuretikum führte bei schwer herzinsuffizienten Patienten (NYHA III–IV, EF $\leq$ 35 %) zu einer Verbesserung der Symptomatik, der endothelialen Funktion, und zu einer Reduktion der Hospitalisationshäufigkeit, der Arrhythmieinzidenz unter Belastung, der plötzlichen Herztodesrate und Letalität infolge Pumpversagens (65, 161, 164). Bei normaler Nierenfunktion und unter regelmäßiger Elektrolyt- und Kreatininkontrolle ist bei schwer herzinsuffizienten Patienten die Gabe von Spironolacton auch in Kombination mit ACE-Hemmern sicher und zu empfehlen (161, 195). Inwieweit Spironolacton bei gleichzeitiger β-Blockergabe einen additiven Einfluss auf die Prognose hat, ist bisher ungeklärt. **B**

Bei schwer herzinsuffizienten Patienten, die aufgrund einer Hypotonie nur niedrig dosiert ACE-Hemmer tolerierten, konnte durch eine Kombination von Schleifendiuretika mit Spironolacton (25 mg p.o.) eine Verbesserung der Diurese erzielt werden (50, 204). Außer zur Potenzierung der Schleifendiuretikawirkung können Spironolacton und ggf. andere kaliumsparende Diuretika zur Behandlung einer persistierenden Hypokaliämie eingesetzt werden. **B**

Herzglykoside

Herzglykoside wirken über eine Hemmung der Na^+/K^+-ATPase positiv inotrop, senken die Herzfrequenz und vermindern die neurohormonale Aktivierung bei Patienten mit Herzinsuffizienz (76, 113).

Bei tachykardem Vorhofflimmern oder -flattern und systolischer linksventrikulärer Dysfunktion sind Herzglykoside zur Reduktion der Kammerfrequenz zu empfehlen. Da Herzglykoside oft die Ruhefrequenz, nicht hingegen die Belastungsfrequenz ausreichend reduzieren, können sie mit einem niedrigdosierten β-Blocker oder Kalziumantagonisten vom Verapamil- Typ oft mit Erfolg kombiniert werden (173, 211). Randomisierte Studien zum Vergleich einer Herzglykosid und β-Blocker-Monotherapie bei herzinsuffizienten Patienten mit Vorhofflimmern liegen nicht vor. Herzglykoside begünstigen nicht die Konversion von Vorhofflimmern in den Sinusrhythmus. **B**

Bei Sinusrhythmus und systolischer linksventrikulärer Dysfunktion (Ejektionsfraktion <35–40 %) kann die ergänzende Gabe eines Herzglykosids zu einer Therapie mit ACE-Hemmer und Diuretikum bei Patienten im NYHA-Stadium II–IV die Symptomatik und Belastbarkeit verbessern und die Notwendigkeit der Hospitalisation wegen Herzinsuffizienz vermindern (150, 192). Herzglykoside sind somit auch bei Patienten im Sinusrhythmus mit persistierender Symptomatik unter einer ACE-Hemmer-Therapie zu empfehlen. Inwieweit die günstigen Wirkungen einer Herzglykosidtherapie auch bei gleichzeitiger Gabe von β-Adrenozeptor-Blockern, deren Stellenwert in der Herzinsuffizienztherapie (NYHA II–IV) jetzt fest etabliert ist, erhalten bleibt, ist derzeit nicht geklärt. Herzglykoside haben keinen Einfluss auf die Gesamtletalität (192). **A**

Bei asymptomatischen Patienten mit Sinusrhythmus (nur 13 % der Patienten in der DIG-Studie) sollten Herzglykoside selbst bei eingeschränkter Pumpfunktion aufgrund ihrer potentiell proarrhythmischen Wirkung nicht eingesetzt werden (146, 192). **D**

Verschiedene Herzglykoside unterscheiden sich nicht hinsichtlich ihrer Pharmakodynamik, haben aber deutlich unterschiedliche pharmakokinetische Eigenschaften (Tab. 9). In Deutschland werden am häufigsten Digoxin, Digitoxin und halbsynthetische Glykoside (β-Acetyldigoxin, β-Methyldigoxin etc.) eingesetzt. Strophantin hat wegen unzuverlässiger und geringer oraler Resorption und auch bei intravenöser Gabe unvorhersehbarer, variabler Abklingquote keine klinische Bedeutung. Gravierende Nebenwirkungen treten bei normaler Dosierung und therapeutischen Plasmakonzentrationen (Tab. 9) selten auf. Die Dosis von Digoxin muss wegen der renalen Elimination bei Niereninsuffizienz und im Alter (oft bereits eingeschränkte Kreatininclearance bei noch normalem Serumkreatinin) sowie bei reduzierter Muskelmasse (Kachexie) reduziert werden. Bei der Herzinsuffizienztherapie sind mögliche Interaktionen mit Diuretika (erhöhtes Intoxikationsrisiko bei Hypokaliämie) und Amiodaron bzw. Chinidin (Digoxinspiegelerhöhung) zu beachten. Eine Kontraindi-

Tab. 9 Herzglykosidtherapie bei Herzinsuffizienz mit normaler Nierenfunktion

Herzglykosid	Langsame Sättigung (Gesamtdosis [mg] über 2–5 Tage)	Erhaltungsdosis (mg/Tag)	Elimination	Tägliche Abklingquote (%)	Plasmaspiegel	Wesentliche Nebenwirkungen*
Digitoxin	1,0–1,5	0,07	hepatisch/renal	7	10–25 (Digitoxin)	AV-Blockierung
Digoxin	1,0–1,5	0,25–0,5	renal	20	0,7–1,5 (Digoxin)	ventrikuläre Tachykardien
ß-Acetyldigoxin	1,0–1,5	0,2–0,4	renal	20	0,7–1,5 (Digoxin)	Farbsehstörungen
ß-Methyldigoxin	0,8–1,6	0,1–0,3	renal	15–20	0,7–1,5 (Digoxin)	Übelkeit

* Gilt für alle Herzglykoside, erhöhtes Nebenwirkungsrisiko bei Hypokaliämie

kation für Herzglykoside besteht bei Bradykardie, AV-Block II. und III. Grades, Hypo-/Hyperkaliämie, Hyperkalziämie, Wolff-Parkinson-White- Syndrom, höhergradige Aortenstenose, hypertrophischer obstruktiver Kardiomyopathie und Karotissinussyndrom.

Hydralazin-Isosorbiddinitrat-Kombination

Die Kombinationstherapie von Hydralazin und Isosorbiddinitrat zusätzlich zu einer Diuretika- und Digitalis- Medikation führte bei symptomatischer Herzinsuffizienz zu einer Beschwerdebesserung und Letalitätssenkung (37), die jedoch geringer als bei einer ACE-Hemmer-Therapie ist (40, 70). Eine Kombinationsbehandlung mit Hydralazin (Zieldosis 300 mg/ Tag) und Isosorbiddinitrat (Zieldosis 160 mg/Tag) stellt somit keine gleichwertige Alternative zu einer ACE-Hemmer- oder AT_1-Rezeptor-Blocker-Therapie dar, sondern ist nur bei ACE-Hemmer/AT_1-Rezeptor- Blocker-Unverträglichkeit bzw. -Kontraindikation zu erwägen (37, 40). Wesentliche Nebenwirkungen einer Kombinationstherapie mit Hydralazin und Isosorbiddinitrat sind Kopfschmerzen, Hypotonien, Artritiden und ein Lupus-erythematodes. **C**

Bei einer Persistenz von Symptomen unter ACE-Hemmer-Therapie können Nitrate, eine Kombination aus Hydralazin und Nitrat oder andere Vasodilatatoren (z.B. Prazosin) aus rein symptomatischer Indikation zusätzlich zum ACE-Hemmer und -Blocker gegeben werden (36). Es liegen jedoch keine Hinweise dafür vor, dass die additive Gabe dieser Vasodilatatoren zu einer ACE-Hemmer-/-Blocker-Basistherapie eine weitere Prognoseverbesserung bewirkt.

Kalziumantagonisten

Kalziumantagonisten können wegen ihrer negativ inotropen Wirkung zu einer Herzinsuffizienzverschlechterung führen und die Letalität von Patienten mit reduzierter systolischer Ventrikelfunktion erhöhen. Auch die Langzeitgabe von Kalziumantagonisten (außer Amlodipin s. u.) ergab bei Patienten mit eingeschränkter systolischer linksventrikulärer Funktion keine Verbesserung der Letalität oder Morbidität. Dies gilt sowohl für Dihydropyridine der 1. Generation (z.B. Nifedipin (61)), Diltiazem (79, 193), Verapamil (51, 67, 139) als auch für neuere Dihydropyridinderivate (z.B. Nicardipin (75), Nisoldipin (12), Felodipin (42, 121)). Diese Kalziumantagonisten sollten somit bei Patienten mit eingeschränkter systolischer linksventrikulärer Funktion vermieden werden. Eine Ausnahme stellt tachyarrhythmisches Vorhofflimmern dar (siehe S. 225). **D**

Lediglich für die additive Gabe von Amlodipin zu einer Basistherapie mit ACE-Hemmer, Diuretikum und Digitalis fand sich keine Übersterblichkeit bei herzinsuffizienten Patienten im Stadium NYHA III– IV (146 b, 152). Unter Amlodipin traten im Vergleich zu Placebo symptomatische kardiale Ischämien und unkontrollierte Hypertensionen zwar seltener auf, Herzinsuffizienzzeichen wie periphere und pulmonale Ödeme waren unter einer Amlodipintherapie jedoch häufiger. Amlodipin führte zu keiner Änderung der Belastungstoleranz (203). Wenn Kalziumantagonisten, z. B. wegen persistierender Angina pectoris bei Herzinsuffizienz notwendig werden, ist Amlodipin (144), zu bevorzugen. Amlodipin kann also bei speziellen Indikationen auch bei der Herzinsuffizienz angewandt werden (Initialdosis 1 × 5 mg/Tag, maximale Dosis 1 × 10 mg/Tag) (52, 152). **B**

Positiv inotrope Substanzen (außer Herzglykosiden)

Alle positiv inotropen Substanzen, die über einen intrazellulären cAMP-Anstieg und eine Steigerung des intrazellulären Kalziums wirken, können die Beschwerden und die Belastungstoleranz von Patienten mit symptomatischer systolischer Herzinsuffizienz verbessern, führen aber bei der Langzeittherapie oder intermittierenden intravenösen Gabe zu einer Erhöhung der Letalität. Dies gilt sowohl für Substanzen, die eine Phosphodiesterase III inhibierende Wirkung haben (z.B. Amrinon, Milrinon, Enoximon, Vesnarinon, Pimobendan) (39, 46, 149, 166, 194, 213) als auch für β-adrenerge Agonisten wie Katecholamine (z.B. Dobutamin) (112), Dopaminagonisten (z.B. Ibopamin) (93, 166) und partiell agonistische β-Blocker (z.B. Xamoterol) (199). Positiv inotrope, cAMP-abhängige Substanzen sind daher für die Langzeittherapie der Herzinsuffizienz generell nicht zu empfehlen. **D**

Eine Ausnahme stellt die Behandlung der exazerbierten, sonst therapierefraktären Herzinsuffizienz und die Überbrückung bis zu einer Herztransplantation dar (16, 46, 125).

Antikoagulation

Herzinsuffiziente Patienten haben ein erhöhtes Thrombembolierisiko mit einer Inzidenz von etwa 2,0–2,4 % pro 100 Patientenjahre. Besonders gefährdet sind Patienten mit Vorhofflimmern. Das Thrombembolierisiko steigt kontinuierlich mit abnehmender Auswurffraktion (11, 57, 135, 163). Bei Vorhofflimmern sollte zur primären Prophylaxe von Embolien eine systemische Antikoagulation (INR 2–3) durchgeführt werden, da hierdurch die Insultrate reduziert werden kann (53, 57). **A**

Bei Patienten mit Sinusrhythmus liegen keine kontrollierten prospektiven Studien über den Wert einer Antikoagulation vor. In einer retrospektiven Analyse von SOLVD (EF ≥ 35 %) reduzierte eine systemische Antikoagulation die Gesamtletalität und Hospitalisationsrate aufgrund einer symptomatischen Herzinsuffizienz bei Patienten mit und ohne Vorhofflimmern, bei ischämischer und nicht-ischämischer Kardiomyopathie (4). Eine Antikoagulation ist auch bei Sinusrhythmus bei deutlich eingeschränkter Ejektionsfraktion (< 20–25 %) zu erwägen, bei intrakavitären Thromben oder vorausgegangenen systemischen bzw. pulmonalen Embolien zu empfehlen. Studienergebnisse, die eine systemische Antikoagulation mit einer Acetylsalicylsäure (ASS)-Gabe bei systolischer Dysfunktion vergleichen, stehen noch aus. **B**

ASS kann bei Patienten mit koronarer Herzerkrankung die Inzidenz von Koronarereignissen vermindern. Eine Interferenz von ASS mit der vasodilatierenden Wirkung von ACE-Hemmern wird bisher noch kontrovers beurteilt, und die klinische Relevanz ist fraglich (31, 84, 105, 184). In einer retrospektiven Analyse reduzierte eine ASS-Gabe die Letalität von Postinfarktpatienten mit und ohne symptomatischer Herzinsuffizienz auch in Gegenwart einer ACE-Hemmer-Therapie (117). **B**

Antiarrhythmika

Antiarrhythmika können bei Herzinsuffizienz zur Therapie von Vorhofflimmern oder von ventrikulären Arrhythmien eingesetzt werden. Antiarrhythmika der Klasse I sollten wegen ihrer negativ inotropen und proarrhythmischen Wirkung bei Herzinsuffizienz nicht verwandt werden (68, 145, 165, 185). β-Blocker eignen sich zur Frequenzkontrolle bei tachykardem Vorhofflimmern in Kombination mit Herzglykosiden, müssen bei Herzinsuffizienz wegen ihrer negativ inotropen Wirkung jedoch vorsichtig und einschleichend gegeben werden (211). β-Blocker vermindern das plötzliche Herztodesrisiko herzinsuffizienter Patienten (30, 115, 136). Sotalol wird bei asymptomatischer linksventrikulärer Dysfunktion meist gut vertragen, hat jedoch ein Proarrhythmierisiko von etwa 2–4 % (95). Amiodaron wirkt bei oraler Gabe nicht negativ inotrop, verbessert eventuell sogar geringgradig die systolische linksventrikuläre Pumpfunktion (127). Amiodaron kann bei einem Teil herzinsuffizienter Patienten mit Vorhofflimmern den Sinusrhythmus wiederherstellen und erhalten (81). Bei Patienten mit eingeschränkter linksventrikulärer Pumpfunktion nach Herz-Kreislaufstillstand oder hämodynamisch gravierender, anhaltender ventrikulärer Tachykardie hat sich die Implantation eines ICD als effektiver als eine Amiodaron-Therapie erwiesen (179, 190). Hinsichtlich einer prophylaktischen Gabe von Amiodaron bei asymptomatischen ventrikulären Arrhythmien liegen widersprüchliche Studienergebnisse vor (54, 181, 182). Eine prophylaktische Amiodaron-Therapie kann nicht generell empfohlen werden (186). Wichtige Nebenwirkungen von Amiodaron sind Schilddrüsenfunktionsstörungen, Cornea-Ablagerungen, eine erhöhte Photosensibilität der Haut, Hepatitiden und Lungenfibrose.

Dofetilid führte bei Patienten mit schwerer linksventrikulärer Dysfunktion zu einer signifikant häufigeren Konversion von Vorhofflimmern in einen Sinusrhythmus als Placebo und verminderte die Hospitalisationsrate aufgrund einer Herzinsuffizienz (202). Dofetilid hatte keinen Einfluss auf die Gesamtletalität. Bei 3,3 % behandelter Patienten traten jedoch trotz strikter Einschlusskriterien Torsade de pointes auf. Zur Wiederherstellung eines Sinusrhythmus stellt Dofetilid nur bei ausgewählten Patienten ohne zusätzliches Torsade de pointe-Risiko unter mindestens 3-tägiger stationärer Überwachung eine Alternative zu Amiodaron dar.

Phythopharmaka und Coenzym Q

Crataegus-Extrakt

Es liegen experimentelle Anhaltspunkte dafür vor, dass Crataegus-Extrakt vasodilatierend, antioxidativ und am Herzmuskel cAMP-unabhängig positiv inotrop wirkt (25, 176). In klinischen Studien konnte bei Patienten mit systolischer Herzinsuffizienz nahezu ausschließlich im Stadium NYHA II eine Beschwerdebesserung erzielt werden (19, 118, 144, 189). Resultate aus klinischen Studien, die eine günstige Beeinflussung von Letalität, Krankheitsprogression oder Hospitalitätshäufigkeit zeigen würden, liegen nicht vor. Zur symptomatischen und/oder prognostischen Wirkung von Crataegus-Extrakt additiv zu einer Basistherapie mit ACE-Hemmern liegen noch keine Ergebnisse vor. Die Gabe von Crataegus- Extrakten kann nach den bisherigen Daten nicht empfohlen werden. **C**

Coenzym Q (auch unter dem Namen Ubichinon bekannt) ist eine vitaminähnliche Substanz, die die mitochondriale Funktion in der Herzmuskelzelle verbessern soll. Positive Effekte wurden bei Herzinsuffizienz in einer kontrollierten Studie nicht nachgewiesen. Da das freiverkäufliche Mittel teuer ist und kein Nutzen belegt ist, kann es nicht empfohlen werden. **C**

Weiterführende therapeutische Verfahren

Schrittmacher

Eine Schrittmacherimplantation ist bei symptomatischer Bradykardie oder höhergradiger AV-Blockierung indiziert. Wenn kein Vorhofflimmern besteht, sollte stets eine sequentielle Stimulation unter Erhalt der AV-Synchronisation (Zweikammersystem) einer asynchronen Ventrikelstimulation vorgezogen werden (13). Bei herzinsuffizienten Patienten fand sich nach Implantation von Zweikammersystemen eine signifikant höhere Überlebensrate als nach Implantation von rechtsventrikulären Einkammersystemen (VVI-Systemen) (6, 7). **B**

Obwohl bei chronischer Herzinsuffizienz ein bedeutsamer Anteil plötzlicher Herztodesfälle durch Bradykardien bedingt ist, liegen keine Studien vor, die eine Letalitätssenkung oder Reduktion der plötzlichen Herztodesrate durch eine prophylaktische Schrittmacherimplantation belegen. Eine hämodynamische Verbesserung bei schwerer Herzinsuffizienz durch Schrittmacherimplantation mit Optimierung des AV-Intervalls konnte in prospektiven Studien nicht nachgewiesen werden (77, 78, 98, 119). Vorläufige Studienergebnisse deuten jedoch daraufhin, dass eine biventrikuläre Stimulation bei Linksschenkelblock in Abhängigkeit der erzielten QRS-Verkürzung bei Patienten mit schwerer systolischer Herzinsuffizienz im Stadium NYHA III–IV die Symptomatik und Belastungstoleranz verbessern kann (5, 83). Größer angelegte Studien zur Verifizierung dieser Ergebnisse werden z. Zt. durchgeführt. **C**

Implantierbarer Cardioverter Defibrillator (ICD)

Eine generelle prophylaktische ICD-Implantation bei Patienten mit linksventrikulärer Dysfunktion und asymptomatischen, ventrikulären Salven oder anderen Risikomarkern ist nicht gerechtfertigt (18). Bei Patienten mit eingeschränkter systolischer Pumpfunktion und erfolgreich überstandenem Herz-Kreislaufstillstand oder einer hämodynamisch gravierenden, anhaltenden ventrikulären Tachykardie (VT) ist eine ICD-Implantation indiziert. Ein ICD kann bei diesen Patienten Arrhythmierezidive terminieren und die plötzliche Herztodesrate und Gesamtletalität im Vergleich zu einer antiarrhythmischen Therapie mit Amiodaron reduzieren (179, 190). Bei postinfarzieller eingeschränkter linksventrikulärer Funktion (EF $\leq$ 40 %) konnten ICD's die Überlebensrate auch bei einer hochselektierten Patientengruppe mit dokumentierter nicht-anhaltender ventrikulärer Tachykardie, jedoch invasiv induzierbarer und durch mindestens ein Antiarrhythmikum nicht supprimierbarer, anhaltender ventrikulärer Tachykardie verbessern (26, 142).

Herztransplantation

Bei Patienten mit schwerer therapieresistenter Herzinsuffizienz ist eine Herztransplantation prinzipiell indiziert. In den meisten Zentren gelten ein Alter >60 Jahre, Drogen-/Alkoholabusus, fehlende Compliance, schwere andere Grunderkrankungen (z.B. Malignome mit <5 Jahren Remission, systemische Infektionen, schwere Nieren-/Leberfunktionsstörung, etc.) und eine fixierte pulmonale Hypertonie als Kontraindikationen für eine Transplantation. Die 5-Jahresüberlebensrate nach Herztransplantation liegt bei etwa 70–80 % (196).

Diastolische Herzinsuffizienz

Die medikamentöse Therapie der diastolischen Herzinsuffizienz ist durch Studien nicht sicher belegt. Eine Verbesserung der Symptomatik kann bei einem Teil der Patienten mit normo-systolischer Herzinsuffizienz durch eine Senkung des ventrikulären Füllungsdrucks und damit einer Verminderung der venösen Stauung mittels Diuretika und Nitraten erreicht werden. Da die kardiale Auswurfleistung aber entscheidend von der Vorlast abhängt, dürfen Diuretika und Nitrate nur vorsichtig in einem Maße gegeben werden, das den erhöhten linksventrikulären enddiastolischen Druck senkt, ohne das Schlagvolumen zu vermindern (170). Mit steigender Herzfrequenz verkürzt sich vorrangig die diastolische ventrikuläre Füllungsdauer. Daher profitieren einige Patienten von einer Herzfrequenzsenkung durch β-Blocker oder bradykardisierende Kalziumantagonisten. β-Blocker und Verapamil sollen zudem eine direkte positive Wirkung auf die Ventrikelrelaxation haben (9, 59). Bei Patienten mit Vorhofflimmern sollte eine Konversion in den Sinusrhythmus angestrebt und der Sinusrhythmus so lange wie möglich erhalten werden, um eine aktive Ventrikelfüllung durch die atriale Systole zu gewährleisten. Bei tachysystolischem Vorhofflimmern (das nicht konvertierbar ist) sollte die Herzfrequenz mit Herzglykosiden, β-Blockern oder Verapamil kontrolliert werden. Außer bei Vorhofflimmern sind Herzglykoside und andere positiv inotrope Substanzen zur Therapie der diastolischen Herzinsuffizienz nicht geeignet.

Neben einer rein symptomatischen Therapie sollten stets eventuell zugrundeliegende Ursachen behandelt werden. Eine arterielle Hypertonie sollte adäquat eingestellt werden, vorrangig mit Medikamenten, die dem ventrikuläre Remodeling entgegenwirken und zu einer Regression der Myokardhypertrophie beitragen (besonders ACE-Hemmer) (49). Bei koronarer Herzerkrankung kann die ventrikuläre Relaxation durch eine Verminderung der Myokardischämie (medikamentös oder interventionell) verbessert werden. Bei ursächlichen Klappenvitien (z.B. Mitralstenose) oder einer Perikardrestriktion sollten eine Operation oder Katheterintervention erwogen werden.

Mechanische Unterstützungssysteme („Assist devices")

Eine Vielzahl verschiedener mechanischer, implantierbarer oder extrakorporaler Unterstützungssysteme zum vollständigen oder partiellen mechanischen Ersatz der kardialen Pumpfunktion stehen derzeit zur Verfügung. Durch diese „Assist devices" können Patienten mit sonst therapierefraktärer Herzinsuffizienz über Tage, Wochen und sogar länger als 1 Jahr am Leben gehalten werden (28, 60, 101). Neue tragbare Systeme sind sicher, um Patienten aus einer stationären Betreuung zu entlassen. Diese Patienten können Alltagsbeschäftigungen nachgehen und in bis zu 30 % ihre Arbeit aufnehmen (140, 143). Als mögliche Komplikationen treten Infektionen,

Blutungen und Thrombembolien auf (60, 158). In 88–96 % ist mit Hilfe mechanischer Unterstützungssysteme eine Überbrückung bis zu einer Herztransplantation erfolgreich (110, 140, 156). Bei einzelnen Patienten können „Assist devices“ nach kardialer Stabilisierung explantiert werden (140).

Operative Verfahren

Durch eine linksventrikuläre partielle Ventrikulektomie (Batista Operation) kann bei einigen Patienten mit sonst therapierefraktärer systolischer Herzinsuffizienz und ventrikulärer Dilatation eine Verbesserung der Auswurffraktion und Symptomatik erzielt werden (80). Die postoperative Morbidität und Letalität, besonders die Inzidenz ventrikulärer Tachyarrhythmien sind hoch (22, 47). Die perioperative Letalität elektiver Eingriffe mit Mitralrekonstruktion liegt bei 6–7 %, die 1-Jahresüberlebensrate bei 81–86 % (55, 100, 109). Trotz initialer Besserung müssen viele dieser Patienten im weiteren Verlauf einer Herztransplantation zugeführt werden, sodass die linksventrikuläre partielle Ventrikulektomie meist eine Überbrückungstherapie und keine definitive therapeutische Versorgung darstellt (64). Nach anfänglicher Euphorie wird deswegen heute nur noch selten die Indikation dazu gestellt.

Die dynamische Kardiomyoplastie hat sich nicht bewährt und ist verlassen worden.

Neuere chirurgische Versuche, das dilatierte, insuffiziente Herz mit einem biokompatiblen Polyester-Netz zu umhüllen bzw. einzuengen, um eine weitere Dilatation zu verhindern, können noch nicht abschließend beurteilt werden.

Tab. 10 In klinischen Studien nachgewiesene Erreichbarkeit bedeutsamer therapeutischer Ziele durch verschiedene bei der Herzinsuffizienz eingesetzte Medikamente

Medikament	Letalitätssenkung	Progressionshemmung	Symptomat. Verbesserung	Senkung der Hospitalisationsrate	Verbesserung hämodynamischer Parameter
ACE-Hemmer	A	A	A	A	A
β-Blocker (ohne ISA)	A	A	A	A	A
Diuretika					
Thiazide	C	C	B	B	B
Schleifendiuretika	C	C	B	B	B
Aldosteron-Antagonisten (Spironolacton)	B	B	B	B	B
Herzglykoside	C	C	B	B	B
AT_1-Rezeptor-Blocker	B	B	A	A	B

ISA = intrinsische sympathomimetische Aktivität

„Evidenced based“-Therapie

A Positive Aussage gestützt durch mehrere randomisierte kontrollierte klinische Studien. Positive Aussage sehr gut belegt.

B Positive Aussage gestützt durch eine randomisierte kontrollierte klinische Studie oder durch klinische Erfahrung. Positive Aussage gut belegt.

C Es liegen keine sicheren Studienergebnisse vor, die eine günstige oder schädigende Wirkung belegen.

D Negative Aussage gestützt durch eine oder mehrer klinische Studien.

Literatur

(1) How to diagnose diastolic heart failure (1998) European Study Group on Diastolic Heart Failure. Eur Heart J 19:990–1003

(2) Consensus recommendations for the management of chronic heart failure (1999) On behalf of the membership of the advisory council to improve outcomes nationwide in heart failure. Am J Cardiol 83:1A–38A

(3) Alderman E, Fisher L, Litwin P, Kaiser GC, Myers WO, Maynard C, Levine F, Schloss M (1983) Results of coronary artery surgery in patients with poor left ventricular function (CASS). Circulation 68:785–795

(4) Al-Khadra AS, Salem DN, Rand WM, Udelson JE, Smith JJ, Konstam MA (1998) Warfarin anticoagulation and survival: a cohort analysis from the Studies of Left Ventricular Dysfunction. J Am Coll Cardiol 31:749–753

(5) Alonso C, Leclercq C, Victor F, Mansour H, de Place C, Pavin D, Carre F, Mabo P, Daubert JC (1999) Electrocardiographic predictive factors of long-term clinical improvement with multisite biventricular pacing in advanced heart failure. Am J Cardiol 84:1417–1421

(6) Alpert MA, Curtis JJ, Sanfelippo JF, Flaker GC, Walls JT, Mukerji V, Villarreal D, Katti SK, Madigan NP, Krol RB (1986) Comparative survival after permanent ventricular and dual chamber pacing for patients with chronic high degree atrioventricular blockw ith and without preexistent congestive heart failure. J Am Coll Cardiol 7:925–932

(7) Alpert MA, Curtis JJ, Sanfelippo JF, Flaker GC, Walls JT, Mukerji V, Villarreal D, Katti SK, Madigan NP, Morgan RJ (1987) Comparative survival following permanent ventricular and dual-chamber pacing for patients with chronic symptomatic sinus node dysfunction with and without congestive heart failure. Am Heart J 113:958–965

(8) Anversa P, Kajstura J, Olivetti G (1996) Myocyte death in heart failure. Current Opinion Cardiol 11:245–251

(9) Arrighi JA, Dilsizian V, Perrone-Filardi P, Diodate JG, Bacharach SL, Bonow RO (1994) Improvement of the age related impairment in left ventricular diastolic filling with verapamil in the normal human heart. Circulation 90:213–219

(10) Australia/New Zealand Heart Failure Research Collaborative Group (1997) Randomised, placebo-controlled trial of carvedilol in patients with congestive heart failure due to ischemic heart disease. Lancet 349:375–380

(11) Baker DW, Wright RF (1994) Management of heart failure IV. Anticoagulation for patients with heart failure due to left ventricular systolic dysfunction. JAMA 272:1614–1618

(12) Barjon JN, Rouleau JL, Bichet D, Juneau C, DeChamplain J (1987) Chronic renal and neurohumoral effects of the calcium entry blocker nisoldipine in patients with congestive heart failure. J Am Coll Cardiol 9:622–630

(13) Barrington WW, Windle JR, Easley AR, Rundlett R, Eisenger G (1995) Clinical comparison of acute single to dual chamber pacing in chronically incompetent patients with left ventricular dysfunction. PACE 18:433–440

(14) Belardinelli R, Georgiou D, Scocco V, Barstow TJ, Puracaro A (1995 Low intensity exercise training in patients with chronic heart failure. J Am Coll Cardiol 26:975–982

(15) Benedict CR, Shelton B, Johnstone DE, Francis G, Greenberg B, Konstam M, Probstfield JL, Yusuf S for the SOLVD Investigators (1996) Prognostic significance of plasma norepinephrine in patients with asymptomatic left ventricular dysfunction. Circulation. 94:690–697

(16) Benoti JR, McCue JE, Alpert JS (1985) Comparative vasoactive therapy for heart failure. Am J Cardiol 56:19B–24B

(17) Beta, Blocker, Heart, Attack, Study and Group (1982) A randomized trial of propranolol in patients with acute myocardial infarction. I. Mortality results. Jama. 247:1707–1714

(18) Bigger JT for the Coronary Artery Bypass Graft (CABG) Patch Trial Investigators (1997) Prophylactic use of implanted cardiac defibrillators in patients at high risk for ventricular arrhythmias after coronary-artery bypass graft surgery. N Engl J Med 337: 1569–1575

(19) Blesken R (1992) Crataegus in der Kardiologie. Fortschr Med (1992). 110:290–292 (1992).

(20) Blitz A, Laks H (1996) The role of coronary revascularization in the management of heart failure: identification of candidates and review of results. Current Opinion Cardiol. 11: 276–290

(21) Blitz A, Laks H, Drinkwater D, Scholl F (1996) Revascularization versus transplantation for ischemic cardiomyopathy. Ann Thorac Surg. 62: 1832–1836

(22) Bocchi EA, Bellotti G, deMoraes AV, Bacal F, Moreira LF, Esteves-Filho A,
Fukushima JT, Giumaraes G, Stolf N, Jatene A (1997) Clinical outcome after left ventricular surgical remodeling in patients with idiopathic dilated cardiomyopathy referred for heart transplantation. Short-term results. Circulation 96 (suppl II):II-165–171

(23) Brater DC (1996) Benefits and risks of torasemide in congestive heart failure and essential hypertension. Drug Safety 14:104–120

(24) Bristow MR, O'Connell JB, Gilbert EM, French WJ, Leatherman G, Kantrowitz NE, Orie JS, Marshall G, Kelly P, Deitchman D, Anderson JL for the, Bucindolol and Investigators (1994) Dose-response of chronic β-blocker treatment in heart failure from either idiopathic dilated or ischemic cardiomyopathy. Circulation. 89:1632–1642

(25) Brixius K, FrankK, Münch G, Müller-Ehmsen J, Schwinger RHG (1998) WS 1442 (Crataegus-Spezialextrakt) wirkt am insuffizienten menschlichen Myokard Kontraktionskraft-steigernd. Herz/Kreisl 30:28–33

(26) Buxton AE, Lee KL, Fisher JD, Josephson ME, Prystowsky EN, Hafley G for the Multicenter Unsystained Tachycardia Trial Investigators (1999) A randomized study of the prevention of sudden death in patients with coronary artery disease. N Engl J Med 341:1882–1890

(27) Channer KS, McLean KA, Lawson-Matthew P, Richardson M (1994) Combination diuretic treatment in severe heart failure: a randomised controlled trial. Br Heart J 71:146–150

(28) Chu SH, Hsu RB (2000) Current status of artificial hearts and ventricular assist devices. J Formos Med Assoc 99:79–85

(29) CIBIS Investigators and Committees (1994) A randomized trial of β-blockade in heart failure. The cardiac insufficiency bisoprolol study (CIBIS). Circulation. 90:1765–1773

(30) CIBIS-II Investigators and Committees (1999) The Cardiac Insufficiency Bisoprolol Study II (CIBIS-II): a randomised trial. Lancet 353:9–13

(31) Cleland JGF, Bulpitt CJ, FalkRH (1995) Is aspirin safe for patients with heart failure? Br Heart J 74:215– 219

(32) Coats AJS, Adamopoulos S, Meyer TE, Conway J, Sleight P (1990) Effects of physical training in chronic heart failure. Lancet 335:63–66

(33) Coats AJS, Adamopoulos S, Radaelli A, McCance A, Meyer, TE, Bernardi L, Solda PL, Davey P, Ormerod O, Forfar C, Conway J, Sleight P (1992) Controlled trial of physical training in

chronic heart failure. Exercise performance, hemodynamics, ventilation, and autonomic function. Circulation 85:2119–2131

(34) Cody RJ, Covit AB, Schaer GL, Laragh JH, Sealey JE, Feldschuh J (1986) Sodium and water balance in chronic congestive heart failure. J Clin Invest 77:1441–1452

(35) Cody RJ, Franklin KW, Laragh JH (1982) Postural hypotension during tilt with chronic captopril and diuretic therapy of severe congestive heart failure. Am Heart J 103:480–484

(36) Cohn JN (1994) Treatment of infarct related heart failure: Vasodilators other than ACE inhibitors. Cardiovasc Drug Ther 8:119

(37) Cohn JN, Archibald GD, Ziesche S, Franciosy JA, Harston WE, Tristani FE, Dunkman B, Jacobs W, Francis GS, Flohr KH, Goldman S, Cobb FR, Shah PM, Saunders R, Fletcher RD, Loeb HS, Hughes VC, Baker B (1986) Effect of vasodilator therapy on mortality in chronic congestive heart failure. Results of a Veterans Administration Cooperative Study. N Engl J Med 314:1547–1552

(38) Cohn JN, Ferrari R, Sharpe N (2000) Cardiac remodeling – concepts and clinical implications: a consensus paper from an international forum on cardiac remodeling. Behalf of an International Forum on Cardiac Remodeling. J Am Coll Cardiol 35:569–582

(39) Cohn JN, Goldstein SO, Greenberg BH, Lorell BH, Bourge RC, Jaski BE, Gottlieb SO, McGrew F 3rd, DeMets DL, White BG (1998) A dose-dependent increase in mortality with vesnarinone among patients with severe heart failure. Vesnarinone Trial Investigators. N Engl J Med 339:1810–1816

(40) Cohn JN, Johnson G, Ziesche S, Cobb F, Francis G, Tristani F, Smith R, Dunkman B, Loeb H, Wong M, Bhat G, Goldman S, Flechter RD, Doherty J, Hughes V, Carson P, Cintron G, Shabetai R, Haakenson C (1991) A comparison of enalapril with hydralazine- isosrbide dinitrate in the treatment of chronic congestive heart failure. N Engl J Med 325:303–310

(41) Cohn JN, Levine TB, Olivari MT, Garberg V, Lura D, Francis GS, Simon AB, Rector T (1984) Plasma norepinephrine as a guide to prognosis in patients with chronic congestive heart failure. N Engl J Med 311:819–823

(42) Cohn JN, Ziesche S, Smith R, Anand I, Dunkman WB, Loeb H, Cintron G, Boden W, Baruch L, Rochin P, Loss L (1997) Effect of the calcium antagonist felodipine as supplementary vasodilator therapy in patients with chronic heart failure. Circulation 96:856–863

(43) Cooper HA, Dries DL, Davis CE, Shen YL, Domanski MJ (1999) Diuretics and risko f arrhythmic death in patients with left ventricular dysfunction. Circulation. 100:1311–1315

(44) Cowie MR, Mosterd A, Wood DA, Deckers JW, Poole-Wilson PA, Sutton GC, Grobbee DE (1997) The epidemiology of heart failure. Eur Heart J 18:208–225

(45) Cowie MR, Wood DA, Coats AJ, Thompson SG, Poole-Wilson PA, Suresh V, Sutton GC (1999) Incidence and aetiology of heart failure; a population- based study. Eur Heart J 20:421–428

(46) Cowley AJ, Skene AM (1994) Treatment of severe heart failure: quantity or quality of life? A trial of enoximone. Br Heart J 72:226–230

(47) Cury PM, Higuchi ML, Gutierrez PS, Moreira LF, Bocchi EA, Stolf NA, Jatene AD (2000) Autopsy findings in early and late postoperative death after partial left ventriculectomy. Ann Thorac Surg 69:769–773

(48) Dahlöf B, Lindholm LH, Hansson L, Scherstén B, Ekbom T, Wester P-O (1991) Morbidity and mortality in the

swedish trial in old patients with hypertension (STOP-Hypertension). Lancet 338:1281–1285
(49) Dahlöf B, Pennert K, Hansson L (1992) Reversal of left ventricular hypertrophy in hypertensive patients. A Metaanalysis of 109 treatment studies. Am J Hypertens 5:95–110
(50) Dahlström U, Karlsson E (1993) Captopril and spironolactone therapy for refractory congestive heart failure. Am J Cardiol 71:29A–33A
(51) Danish Study Group on Verapamil in Myocardial Infarction (1990) Effect of verapamil on mortality and major events after acute myocardial infarction (The Danish Verapamil Infarction Trial II – DAVIT II). Am J Cardiol 66:779–785
(52) de Vries RJ, van Veldhuisen DJ, Dunselman PH (2000) Efficacy and safety of calcium channel blockers in heart failure: focus on recent trials with second-generation dihydropyridines. Am Heart J 139:185–194
(53) Dec GW, Fuster V (1994) Idiopathic dilated cardiomyopathy. N Engl J Med 331:1564–1575
(54) Doval HC, Nul DR, Grancelli HO, Perrone SV, Bortman GR, Curiel R for GESICA (1994) Randomised trial of low-dose amiodarone in severe congestive heart failure. Lancet 344: 493–498
(55) Dowling RD, Koenig S, Laureano MA, Gray LA (1999) Intermediate-term results of partial left ventriculectomy.
J Card Surg 14:214–217
(56) Dreyfus GD, Duboc D, Blasco A, Vigoni F, Dubois C, Brodaty D, deLentdecker P, Bachet J, Goudot B, Guilmet D (1994) Myocardial viability assessment in ischemic cardiomyopathy: benefits of coronary revascularization. Ann Thorac Surg 57:1402–1408
(57) Dunkman WB, Johnson GR, Carson PE, Bhat G, Farrell L, Cohn JN (1993) Incidence of thrombembolic events in congestive heart failure. The V-HeFT VA Cooperative Studies Group. Circulation. 87 (suppl IV):94–101
(58) Eichhorn EJ, Heesch CM, Barnett JH, Alvarez LG, Fass SM, Grayburn PA, Hatfield BA, Marcoux LG, Malloy CR (1994) Effect of metoprolol on myocardial function and energetics in patients with non-ischemic dilated cardiomyopathy: a randomized, doubleblind, placebo-controlled study. J Am Coll Cardiol 24:1310–1320
(59) Eichhorn EJ, Heesch CM, Risser RC, Marcoux L, Hatfield B (1995) Predictors of systolic and diastolic improvement in patients with dilated cardiomyopathy treated with metoprolol. J Am Coll Cardiol. 25:154–162
(60) El-Banayosy A, Minami K, Arusoglu L, Fey O, Kizner L, Hartmann D, Körtke H, Körner M M, Kleikamp G, Körfer R (1997) Long-term mechanical circulatory support. Thorac Cardiovasc Surg 45:127–130
(61) Elkayam U, Amin J, Mehra A, Vasquez J, Weber L, Rahimtoola SH (1990) A prospective, randomized, double-blind, crossover study to compare the efficacy and savety of chronic nifedipine therapy with that of isosorbide dinitrate and their combination in the treatment of chronic congestive heart failure. Circulation. 82:1954–1961
(62) Ellison DH (1991) The physiologic basis of diuretic synergism: its role in treating diuretic resistance. Ann Intern Med 114:886–894
(63) Eriksson H (1995) Heart failure: a growing public health problem. J Intern Med. 237:135–141
(64) Etoch SW, Koenig SC, Laureano MA, Cerrito P, Gray LA, Dowling RD (1999) Results after partial left ventriculectomy versus heart transplantation for idiopathic cardiomyopathy. J Thorac Cardiovasc Surg. 117:952– 959

(65) Farquharson CA, Struthers AD (2000) Spironolactone increases nitric oxide bioactivity, improves endothelial vasodilator dysfunction, and suppresses vascular angiotensin I/angiotensin II conversion in patients with chronic heart failure. Circulation. 101:594–597

(66) Felker GM, Thompson RE, Hare JM, Hruban RH, Clemetson DE, Howard DL, Baughman KL, Kasper EK (2000) Underlying causes and long-term survival in patients with initially unexplained cardiomyopathy. N Engl J Med 342:1077–1084

(67) Ferlinz J, Gallo CT (1984) Responses of patients in heart failure to long-term oral verapamil administration. Circulation 70 (suppl 2):305 (abstract)

(68) Flaker GC, Blackshear JL, McBride R, Kronmal RA, Halperin JL, Hart RG (1992) Antiarrhythmic drug therapy and cardiac mortality in atrial fibrillation. J Am Coll Cardiol. 20:527–532

(69) Flather MD, Yusuf S, Kober L, Pfeffer M, Hall A, Murray G, Torp-Pedersen C, Ball S, Pogue J, Moye L, Braunwald E (2000) Long-term ACE-inhibitor therapy in patients with heart failure or left-ventricular dysfunction: a systematic overview of data from individual patients. ACE-Inhibitor Myocardial Infarction Collaborative Group. Lancet 355:1575–1581

(70) Fonarow GC, Chelimsky-Fallick C, Stevenson LW, Luu M, Hamilton MA, Moriguchi JD, Tillisch JH, Walden JA, Albanese E (1992) Effect of direct vasodilation with hydralazine versus angiotensin-converting enzyme inhibition with captopril on mortality in advanced heart failure: The Hy-C Trail. J Am Coll Cardiol. 19:842–850

(71) Francis GS, Benedict C, Johnstone DE, Kirlin PC, Nicklas J, Liang C, Kubo SH, Rudin-Toretsky E, Yusuf S for the SOLVD Investigator (1990) Comparison of neuroendocrine activation in patients with left ventricular dysfunction with and without congestive heart failure. A substudy of the studies of left ventricular dysfunction (SOLVD). Circulation. 82: 1724–1729

(72) Freemantle N, Cleland J, Young P, Mason J, Harrison J (1999) beta Blockade after myocardial infarction: systematic review and meta regression analysis. Bmj 318:1730–1737

(73) Gainer JV, Morrow JD, Loveland A, King DJ, Brown NJ (1998) Effect of bradykinin-receptor blockade on the response to angiotensin-convertingenzyme inhibitor in normotensive and hypertensive subjects. N Engl J Med 339:1285–1292

(74) Garg R, Yusuf S for the Collaborative Group on ACE Inhibitor Trials (1995) Overview of randomized trials of angiotensin-converting enzyme inhibitors on mortality and morbidity in patients with heart failure. JAMA 273:1450–1456

(75) Gheorghiade M, Hall V, Goldberg D, Levine TB, Goldstein S (1991) Long-term clinical and neurohormonal effects of nicardipine in patients with severe heart failure on maintenance therapy with angiotensine converting enzyme inhibitors. J Am Coll cardiol 17 (suppl A):274

(76) Gheorghiade M, Hall VB, Jacobsen G, Alam M, Rosman H, Goldstein S (1995) Effects of increasing maintenance dose of digoxin on left ventricular function and neurohormones in patients with chronic heart failure treated with diuretics and angiotensin-converting enzyme inhibitors. Circulation 92:1801–1807

(77) Gold MR, Feliciano Z, Gottlieb SS, Fisher ML (1995) Dual-chamber pacing with a short atrioventricular delay in congestive heart failure: A randomized study. J Am Coll Cardiol. 26:967–973

(78) Gold MR, Shorofsky SR, Metcalf MD, Feliciano Z, Fisher ML, Gottlieb SS (1997) The acute hemodynamic effects of right ventricular septal pacing in patients with congestive herat failure secondary to ischemic or idiopathic dilated cardiomyopathy. Am J Cardiol 79:679-681
(79) Goldstein RE, Boccuzzi SJ, Cruess D, Nattel S (1991) Diltiazem increases late-onset congestive heart failure in postinfarction patients with early reduction in ejection fraction. Circulation 83:52–60
(80) Gorcsan III J, Feldman AM, Kormos RL, Mandarino WA, Demetris AJ, Batista RJV (1998) Heterogeneous immediate effects of partial left ventriculectomy on cardiac performance. Circulation 97:839–842
(81) GosselinkA TM, Crijns HJGM, vanGelder IC, Hillige H, Wiesfeld ACP, Lie KI (1992) Low-dose amiodarone for maintenance of sinus rhythm after cardioversion of atrial fibrillation or flutter. J Am Med Assoc 267: 3289–3293
(82) Gottlieb SS, McCarter RJ, Vogel RA (1998) Effect of beta-blockade on mortality among high-riskand lowriskp atients after myocardial infarction. N Engl J Med 339:489–497
(83) Gras D, Mabo P, Tang T, Luttikuis O, Chatoor R, Pedersen AK, Tscheliessnigg HH, Deharo JC, Puglisi A, Silvestre J, Kimber S, Ross H, Ravazzi A, Paul V, Skehan D (1998) Multisite pacing as a supplemental treatment of congestive heart failure: preliminary results of the Medtronic Inc InSync Study. Pacing Clin Electrophysiol 21:2249–2255
(84) Guazzi M (1999) Hemodynamic interaction of aspirin with enalapril. Circulation 100:e141–142
(85) Guerci AD, Gerstenblith G, Brinker JA, Chandra NC, Gottlieb SO, Bahr RD, Weiss JL, Shapiro EP, Flaherty JT, Bush DE et al. (1987) A randomized trial of intravenous tissue plasminogen activator for acute myocardial infarction with subsequent randomization to elective coronary angioplasty. N Engl J Med 317:1613–1618
(86) Gunning MG, Chua TP, Harrington D, Knight CJ, Burman E, Pennell DJ, Pepper J, Fox K, Underwood SR (1997) Hibernating myocardium: clinical and functional response to revascularisation. Eur J Cardiothorac Surg 11:1105–1112
(87) Haas F, Haehnel C, Picker W, Nekolla S, Martinoff S, Meisner H, Schwaiger M (1997) Preoperative positron emission tomographic viability assessment and perioperative riskin patients with advanced ischemic heart disease. J Am Coll Cardiol 30:1693– 1700
(88) Haim M, Shotan A, Boyko V, Reicher- Reiss H, Benderly M, Goldbourt U, Behar S (1998) Effect of beta-blocker therapy in patients with coronary artery disease in New YorkH eart Association classes II and III. The Bezafibrate Infarction Prevention (BIP) Study Group. Am J Cardiol 81:1455– 1460
(89) Hall AS, Murray GD, Ball SG (1997) on behalf of the AIREX Study Investigators. Follow-up study of patients randomly allocated ramipril or placebo for heart failure after acute myocardial infarction: AIRE Extension (AIREX) Study. Lancet 349:1493–1497
(90) Hall SA, Cigarroa CG, Marcoux L, Risser RC, Grayburn PA, Eichhorn, EJ (1995) Time course of improvement in left ventricular function, mass and geometry in patients with congestive heart failure treated with beta-adrenergic blockade. J Am Coll Cardiol 25:1154–1161
(91) Hambrecht R, Fiehn E, Weigl C, Gielen S, Hamann C, Kaiser R, Yu J, Adams V, Niebauer J, Schuler G (1998) Regular physical exercise corrects endothelial dysfunction and improves exercise capacity in patients

with chronic heart failure. Circulation 98:2709–2715

(92) Hambrecht R, Niebauer J, Fiehn E, Kälberer B, Offner B, Hauer K, Riede U, Schlierf G, Kübler W, Schuler G (1995) Physical training in patients with stable chronic heart failure: Effects on cardiorespiratory fitness and ultrastructural abnormalities of leg muscle. J Am Coll Cardiol 25:1239– 1249

(93) Hampton JR, van Veldhuisen DJ, Kleber FX, Cowley AJ, Ardia A, BlockP , Cortina A, Cserhalmi L, Follath F, Jensen G, Kayanakis J, Lie KI, Mancia G, Skene AM (1997) Randomised study of effect of ibopamine on survival in patients with advanced severe heart failure. Second Prospective Randomised Study of Ibopamine on Mortality and Efficacy (PRIME II) Investigators. Lancet 349:971–977

(94) Harrington D, Coats AJS (1997) Mechanisms of exercise intolerance in congestive heart failure. Current Opinion Cardiol 12:224–232

(95) Haverkamp W, Martinez-Rubio A, Hief C, Lammers A, Mühlenkamp S, Wichter T, Breithardt G, Borggrefe M (1997) Efficacy and safety of d,l-sotalol in patients with ventricular tachycardia and in survivors of cardiac arrest. J Am Coll Cardiol 30:487–495

(96) Ho KKL, Anderson KM, Kannel WB, Grossman W, Levy D (1993) Survival after the onset of congestive heart failure in Framingham heart study subjects. Circulation. 88:107–115

(97) Hornig B, Volker M, Drexler H (1996) Physical training improves endothelial function in patients with chronic heart failure. Circulation. 93:210–214

(98) Innes D, Leitch JW, Flechter PJ (1994) VDD pacing at short atrioventricular intervals does not improve cardiac output in patients with dilated heart failure. PACE 17:959–965

(99) ISIS-4 Collaborative Group (1995) ISIS-4: A randomised factorial trial assessing early oral captopril, oral mononitrate, and intravenous magnesium sulphate in 58 050 patients with suspected acute myocardial infaarction. Lancet 345:669–685

(100) Isomura T, Suma H, Horii T, Sato T, Kikuchi N, Iwahashi K (1999) The Batista operation in patients with dilated cardiomyopathy. J Card Surg 14:124–128

(101) Jacquet L, Dion R, Noirhomme P, DijckMV , Goenen M (1997) Successful bridge to retransplantation with the wearable Novacor left ventricular assist system. J Heart Lung Transplant 15:620–622

(102) Johnston CI (1995) Angiotensin receptor antagonists: focus on losartan. Lancet 346:1403–1407

(103) Kannel WB, Belanger AJ (1991) Epidemiology of heart failure. Am Heart J 121:951–957

(104) Kannel WB, Ho K, Thom T (1994) Changing epidemiological features of cardiac failure. Br Heart J 72 (suppl):3–9

(105) Katz SD, Lejemtel TH, Radin M, Mirage R, Graves T, HauckC, BlockA (1997) Aspirin does not inhibit the vasodilating effects of enalapril in the skeletal muscle circulation of patients with heart failure. Circulation 96:I–20

(106) Kjekshus J, Pedersen T, on, behalf, of, the, 4S, Study and Group (1995) Lowering of cholesterol with simvastatin may prevent development of heart failure in patients with coronary heart disease. J Am Coll Cardiol 25:282A

(107) Kjekshus J, Pedersen TR, Olsson AG, Faergeman O, Pyorala K (1997) The effects of simvastatin on the incidence of heart failure in patients with coronary heart disease. J Card Fail 3:249–254

(108) Kober L, Torp-Pedersen C, Carlsen JE, Bagger H, Eliasen P, Lyngborg K, VidebaekJ , Cole DS, Auclert L,

Pauly NC, Aliot E, Persson S, Camm AJ for the Trandolapril Cardiac Evaluation (TRACE) Study Group (1995) A clinical trial of the angiotensin-converting- enzyme inhibitor trandolapril in patients with left ventricular dysfunction after myocardial infarction. N Engl J Med 333:1670–1676

(109) Konertz W, Hotz H, Khoynezhad A, Zytowski M, Baumann G (1999) Results after partial left ventriculectomy in a European heart failure population. J Card Surg 14:129–135

(110) Korfer R, El-Banayosy A, Arusoglu L, Minami K, Korner MM, Kizner L, Fey O, Schutt U, Morshuis M, Posival H (2000) Single-center experience with the thoratec ventricular assist device. J Thorac Cardiovasc Surg 119:596– 600

(111) Kostis JB, Davis BR, Cutler J, Grimm RH, Berge KG, Cohen JD, Lacy CR, Perry M, Blaufox MD, Wassertheil- Smoller S, BlackHR, Schorn E, Berkson DM, Curb JD, Smith WM, McDonald R, Applegate WB (1997) Prevention of heart failure by antihypertensive drug treatment in older persons with isolated systolic hypertension. JAMA 278:212–216

(112) Krell MJ, Kline EM, Bates ER., Hodgson JM, Dilworth LR, Laufer N, Vogel RA, Pitt B (1986) Intermittent, ambulatory dobutamine infusions in patients with severe congestive heart failure. Am Heart J. 112:787–791

(113) Krum H, Bigger T, Goldsmith RL, Packer M (1995) Effect of long-term digoxin therapy on autonomic function in patients with chronic heart failure. J Am Coll Cardiol 25:289–294

(114) Krum H, Sackner-Bernstein JD, Goldsmith RL, Kukin ML, Schwartz B, Penn J, Medina N, YushakM, Horn E, Katz SD, Levin HR, Neuberg GW, DeLong G, Packer M (1995) Double-blind, placebo-controlled study of the long-term efficacy of carvedilol in patients with severe heart failure. Circulation 92:1499–1506

(115) Lechat P, Packer M, Chalon S, Cucherat M, Arab T, Boissel JP (1998) Clinical effects of beta-adrenergic blockade in chronic heart failure: a metaanalysis of double-blind, placebocontrolled, randomized trials. Circulation. 98: 1184–1191

(116) Lenarda DIA, Secoli G, Perkan A, Gregori D, Lardieri G, Pinamonti B, Sinagra G, Zecchin M, Carnerini F (1994) Heart Muscle, Disease, Study and Group. Changing mortality in dilated cardiomyopathy. Br Heart J 72:46–51

(117) Leor J, Reicher-Reiss H, Goldbourt U, Boyko V, Gottlieb S, Battler A, Behar S (1999) Aspirin and mortality in patients treated with angiotensin-converting enzyme inhibitors: a cohort study of 11575 patients with coronary artery disease. J Am Coll Cardiol 33: 1920–1925

(118) Leuchtgens H (1993) Crataegus-Spezialextrakt WS 1442 bei Herzinsuffizienz II. Fortschr Med 111:352–354

(119) Linde C, Gadler F, Edner M, Nordlander R, Rosenqvist M, Rydén L (1995) Results of atrioventricular synchronous pacing with optimized delay in patients with severe congestive heart failure. Am J Cardiol 75:919–923

(120) Linz W, Scholkens BA (1992) A specific B2-bradykinin receptor antagonist HOE 140 abolishes the antihypertrophic effect of ramipril. Br J Pharmacol 105:771–772

(121) Littler WA, Sheridan DJ (1995) Placebo controlled trial of felodipine in patients with mild to moderate heart failure. Br Heart J 73:428–433

(122) Ljungman S, Kjekshus J, Swedberg K for the CONSENSUS Trial Group (1992) Renal function in severe congestive heart failure during treatment with enalapril (the Cooperative

North Scandinavian Enalapril Survival Study [CONSENSUS] Trial). Am J Cardiol 70:479–487
(123) Louie HW, Laks H, Milgater E, Drinkwater DC, Hamilton MA, Brunken RC, Stevenson LW (1991) Ischemic cardiomyopathy: criteria for coronary revascularization and cardiac transplantation. Circulation 84 (suppl 5):290–295
(124) Macdonald PS, Keogh AM, Aboyoun CL, Lund M, Amor R, McCaffrey DJ (1999 Tolerability and efficacy of carvedilol in patients with New York Heart Association class IV heart failure. J Am Coll Cardiol 33:924–931
(125) Mancini D, LeJemtel T, SonnenblickE (1985) Intravenous use of amrinone for the treatment of the failing heart. Am J Cardiol 56:8B–15B
(126) Massie B, Kramer B, Haughom F (1981) Postural hypotension and tachycardia during hydralazine – isosorbide dinitrate therapy for chronic heart failure. Circulation 63:658–664
(127) Massie BM, Fisher SG, Deedwania PC, Singh BN, Flechter RD, Singh SN, for, the, CHF-STAT and Investigators (1996) Effect of amiodarone on clinical status and left ventricular function in patients with congestive heart failure. Circulation 93:2128–2134
(128) Massie BM, Shah NB (1996) The heart failure epidemic: magnitude of the problem and potential mitigating approaches. Current Opinion Cardiol. 11:221–226
(129) McDonald KM, Garr M, Carlyle PF, Francis GS, Hauer K, Hunter DW, Parish T, Stillman A, Cohn JN (1994) Relative effects of alpha 1-adrenoceptor blockade, converting enzyme inhibitor therapy, and angiotensin II subtype 1 receptor blockade on ventricular remodeling in the dog. Circulation. 90:3034–3046
(130) McDonald KM, MockJ , D'Aloia A, Parrish T, Hauer K, Francis G, Stillman A, Cohn JN (1995) Bradykinin antagonism inhibits the antigrowth effect of converting enzyme inhibition in the dog myocardium after discrete transmural myocardial necrosis. Circulation. 91:2043–2048
(131) McKee PA, Castelli WP, McNamara PM, Kannel WB (1971) The natural history of congestive heart failure: the Framingham study. N Engl J Med 285:1141–1146
(132) McKelvie RS, Yusuf S, Pericak D, Avezum A, Burns RJ, Probstfield J, Tsuyuki RT, White M, Rouleau J, Latini R, Maggioni A, Young J, Pogue J (1999) Comparison of candesartan, enalapril, and their combination in congestive heart failure: randomized evaluation of strategies for left ventricular dysfunction (RESOLVD) pilot study. The RESOLVD Pilot Study Investigators. Circulation. 100:1056–1064
(133) McMurray JJ, Ray SG, Abdullah I, Dargie HJ, Morton JJ (1992) Plasma endothelin in chronic heart failure. Circulation 85:1374–1379
(134) McMurray JJ, Stewart S (2000) Epidemiology, aetiology, and prognosis of heart failure. Heart 83:596–602
(135) Meltzer RS, Visser CA, Fuster V (1986) Intracardiac thrombi and systemic embolization. Ann Intern Med 104:689–698
(136) MERFIT-HF Study Group (1999) Effect of metoprolol CR/XL in chronic heart failure: Metoprolol CR/XL Randomised Intervention Trial in Congestive Heart Failure (MERIT-HF). Lancet 353:2001–2007
(137) Mickleborough LL, Maruyama H, Takagi Y, Mohamed S, Sun Z, Ebisuzaki L (1995) Results of revascularization in patients with severe left ventricular dysfunction. Circulation 92:II73–79
(138) Middelkauff HR (1997) Mechanisms and implications of autonomic nervous system dysfunction in heart failure. Current Opinion Cardiol 12:265– 275

(139) Mohindra SK, Udeani GO (1989) Long-acting verapamil and heart failure. JAMA 261:994
(140) Morales DL, Catanese KA, Helman DN, Williams MR, Weinberg A, Goldstein DJ, Rose EA, Oz M (2000) C Six-year experience of caring for forty-four patients with a left ventricular assist device at home: safe, economical, necessary. J Thorac Cardiovasc Surg 119:251–259
(141) Moser M, Hebert PR (1996) Prevention of disease progression, left ventricular hypertrophy and congestive heart failure. J Am Coll Cardiol 27:1214–1218
(142) Moss AJ, Hall WJ, Cannom DS, Daubert JP, Higgins SL, Klein H, Levine JH, Saksena S, Waldo AL, Wilber D, Brown MW, Heo M (1996) Improved survival with an implanted defibrillator in patients with coronary artery disease at high riskof ventricular arrhythmias. N Engl J Med 335:1933–1940
(143) Mussivand T (1999) Mechanical circulatory devices for the treatment of heart failure. J Card Surg 14:218–228
(144) O'Connolly M, Bernhöft G, Bartsch G (1987) Behandlung älterer, multimorbider Patienten mit stenokardischen Beschwerden. Therapiewoche 37: 3587–3600
(145) Packer M (1991) Hemodynamic consequences of antiarrhythmic drug therapy in patients with chronic heart failure. J Cardiovasc Electriphysiol 2(suppl):240–247
(146) Packer M (1997) End of the oldest controversy in medicine. Are we ready to conclude the debate on digitalis? N Engl J Med 336:575–576
(146b) Packer M (2000) Prospective randomized amlodipine survival evaluation (PRAISE-2). J Am Coll Cardiol 36:322–323
(147) Packer M, Poole-Wilson PA, Armstrong PW, Cleland JG, Horowitz JD, Massie BM, Ryden L, Thygesen K, Uretsky BF (1998) Comparative effects of low and high doses of the angiotensin-converting enzyme inhibitor, lisinopril, on morbidity and mortality in chronic heart failure ATLAS Study Group. Circulation 100:2312–2318
(148) Packer M, Bristow MR, Cohn JN, Colucci WS, Fowler MB, Gilbert EM, Shusterman NH for the US Carvedilol Heart Failure Study Group (1996) The effect of carvedilol on morbidity and mortality in patients with chronic heart failure. N Engl J Med 334:1349–1355
(149) Packer M, Carver JR, Rodeheffer RJ, Ivanhoe RJ, DiBianco R, Zeldis SM, Hendrix GH, Bommer WJ, Elkayam U, Kukin ML, Mallis GI, Sollano JA, Shannon J, Tandon PK, DeMets DL for the PROMISE Study Research Group (1991) Effect of oral milrinone on mortality in severe chronic heart failure. N Engl J Med 325:1468–1475
(150) Packer M, Gheorghiade M, Young JB, Costantini PJ, Adams KF, Cody RJ, Smith LK, VanVoorhees L, Gourley LA, Jolly MK for the RADIANCE Study (1993) Withdrawal of digoxin from patients with chronic heart failure treated with angiotensin-converting-enzyme inhibitors. N Engl J Med 329:1–7
(151) Packer M, Lee WH, Medina N, YushakM, Kessler PD (1987) Functional renal insufficiency during long-term therapy with captopril and enalapril in severe chronic heart failure. Ann Intern Med 106:346–354
(152) Packer M, O'Connor CM, Ghali, JK, Pressler ML, Carson PE, Belkin RN, Miller AB, Neuberg GW, Frid D, Wertheimer JH, Cropp AB, DeMets DL for the Prospective Randomised, Amlodipine Survival Evaluation Study Group (1996) Effect of amlodipine on morbidity and mortality in severe chronic heart failure. N Engl J Med 335:1107–1114

(153) Pagano D, Townend JN, Bonser RS (1999) What is the role of revascularisation in ischaemic heart failure? Heart 81:8–9

(154) Pagano D, Townend JN, Littler WA, Horton R, Camici PG, Bonser RS (1998) Coronary artery bypass surgery as treatment for ischemic heart failure: the predictive value of viability assessment with quantitative positron emission tomography for symptomatic and functional outcome. J Thorac Cardiovasc Surg 115:791–799

(155) Patterson HJ, Adams KF, Applefeld MM (1994) Oral torsemide in patients with chronic congestive heart failure: effects on body weight, edema, and electrolyte excretion. Pharmacotherapy 14:514–521

(156) Pennington DG, McBride LR, Peigh PS, Miller LW, Swartz MT (1994) Eight years' experence with bridging to cardiac transplantation. J Thorac Cardiovasc Surg 107:472–481

(157) Pfeffer MA, Braunwald E, Moyé LA, Basta L, Brown EJ, Cuddy TE, Davis BR, Geltman EM, Goldman S, Flaker GC, Klein M, Lamas GA, Packer M, Rouleau J, Rouleau JL, Rutherford J, Wertheimer JH, Hawkins CM, on, behalf of the SAVE Investigators (1992) Effect of captopril on mortality in patients with left ventricular dysfunction after myocardial infarction. Results of the survival and ventricular enlargement trial. N Engl J Med 327:669–677

(158) Piccione W (1997) Mechanical circulatory assistance: changing indications and options. J Heart Lung Transplant 16:25–28

(159) Pitt B, Poole-Wilson PA, Segal R, Martinez FA, Dickstein K, Camm AJ, Konstam MA, Riegger G, Klinger GH, Neaton J, Sharma D, Thiyagarajan B (2000) Effect of losartan compared with captopril on mortality in patients with symptomatic heart failure: randomised trial – the Losartan Heart Failure Survival Study ELITE II. Lancet 355:1582–1587

(160) Pitt B, Segal R, Martinez FA, Meurers G, Cowley AJ, Thomas I, Deedwania PC, Ney DE, Snavely DB, Chang PI, on behalf of ELITE Study Investigators (1997) Randomised trial of losartan versus captopril in patients over 65 with heart failure (Evaluation of Losartan in the Elderly Study, ELITE). Lancet 349:747–752

(161) Pitt B, Zannad F, Remme WJ, Cody R, Castaigne A, Perez A, Palensky J, Wittes J (1999) The effect of spironolactone on morbidity and mortality in patients with severe heart failure. Randomized Aldactone Evaluation Study Investigators. N Engl J Med 341:709–717

(162) Pousset F, Isnard R, Lechat P, Kalotka H, Carayon A, Maistre G, Escolano S, Thomas D, Komajda M (1997) Prognostic value of plasma endothelin-1 in patients with chronic heart failure. Eur Heart J 18:254–258

(163) Pullicino PM, Halperin JL, Thompson JL (2000) Stroke in patients with heart failure and reduced left ventricular ejection fraction. Neurology 54: 288–294

(164) Ramires FJ, Mansur A, Coelho O, Maranhao M, Gruppi CJ, Mady C, Ramires JA (2000) Effect of Spironolactone on ventricular arrhythmias in congestive heart failure secondary to idiopathic dilated or to ischemic cardiomyopathy. Am J Cardiol 85:1207–1211

(165) Ravid S, Podrid PJ, Lampert S, Lown B (1989) Congestive heart failure induced by six of the newer antiarrhythmic drugs. J Am Coll Cardiol 14:1326–1330

(166) Reddy S, Benatar D, Gheorghiade M (1997) Update on digoxin and other oral positive inotropic agents for chronic heart failure. Current Opinion Cardiol 12:233–241

(167) Richardson A, Bayliss J, Scriven AJ, Parameshwar J, Poole-wilson PA, Sutton GC (1987) Double-blind comparison of captopril alone against frusemide plus amiloride in mild heart failure. Lancet II:709–711

(168) Riegger GA, Bouzo H, Petr P, Munz J, SpacekR , Pethig H, von Behren V, George M, Arens H (1999) Improvement in exercise tolerance and symptoms of congestive heart failure during treatment with candesartan cilexetil. Symptom, Tolerability, Response to Exercise Trial of Candesartan Cilexetil in Heart Failure (STRETCH) Investigators. Circulation 100:2224– 2230

(169) Rodeheffer RJ, Jacobsen SJ, Gersh BJ, Kottke TE, McCann HA, Bailey KR, Ballard DJ (1993) The incidence and prevalence of congestive heart failure in Rochester, Minnesota. Mayo Clin Proc 68:1143–1150

(170) Ruzumna P, Gheorghiade M, Bonow RO (1996) Mechanisms and management of heart failure due to diastolic dysfunction. Current Opinion Cardiol 11:169–275

(171) Sabbah HN, Sharov VG (1998) Apoptosis in heart failure. Prog Cardiovasc Dis 40:549–562

(172) Sanderson JE, Chan SK, Yip G, Yeung LY, Chan KW, Raymond K, Woo KS (1999) Beta-blockade in heart failure: a comparison of carvedilol with metoprolol. J Am Coll Cardiol 34:1522–1528

(173) Sarter BH, Marchlinski FE (1992) Redefining the role of digoxin in the treatment of atrial fibrillation. Am J Cardiol 69:71G–81G

(174) Schocken DD, Arrieta MI, Leaverton PE, Ross EA (1992) Prevalence and mortality rate of congestive heart failure in the United States. J Am Coll Cardiol 20:301–306

(175) Schrier RW, Abraham WT (1999) Hormones and hemodynamics in heart failure. N Engl J Med 341:577–585

(176) Schwinger RH, Pietsch M, Frank K, Brixius K (2000) Crataegus special extract WS 1442 increases force of contraction in human myocardium cAMP-independently. [In Process Citation]. J Cardiovasc Pharmacol 35:700–707

(177) Senni M, Tribouilloy CM, Rodeheffer RJ, Jacobsen SJ, Evans JM, Bailey KR, Redfield MM (1998) Congestive heart failure in the community: a study of all incident cases in Olmsted County, Minnesota, in 1991. Circulation 98: 2282–2289

(178) Shan K, Kurrelmeyer K, Seta Y, Wang F, Dibbs Z, Deswal A, Lee-Jackson D, Mann DL (1997) The role of cytokines in disease progression in heart failure. Current Opinion Cardiol 12:218–223

(179) Sheldon R, Connolly S, Krahn A, Roberts R, Gent M, Gardner M, on behalf of the CIDS Investigators (2000) Identification of patients most likely to benefit from implantable cardioverter- defibrillator therapy. The Canadian Implantable Defibrillator Study. Circulation 101:1660–1664

(180) SHEP Cooperative Research Group (1991) Prevention of stroke by antihypertensive drug treatment in older persons with isolated systolic hypertension. JAMA 265:3255–3264

(181) Sim I, McDonald KM, Lavori PW, Norbutas CM, Hlatky MA (1997) Quantitative overview of randomized trials of amiodarone to prevent sudden cardiac death. Circulation 96:2823–2829

(182) Singh SN, Flechter RD, Fisher SG, Singh BN, Lewis HD, Deedwania PC, Massie BM, Colling C, Lazzeri D (1995) Amiodarone in patients with congestive heart failure and asymptomatic ventricular arrhythmia. N Engl J Med 333:77–82

(183) Slatton ML, Eichhorn EJ (1996) – blocker therapy for heart failure. Current Opinion Cardiol 11:263–268

(184) Spaulding C, Charbonnier B, Cohen-Solal A, Juilliere Y, Kromer EP, Benhamda K, Cador R, Weber S (1998) Acute hemodynamic interaction of aspirin and ticlopidine with enalapril: results of a double-blind, randomized comparative trial. Circulation 98:757–765

(185) Stanton MS, Prystowsky EN, Fineberg NS, Miles WM, Zipes DP, Heger JJ (1989) Arrhythmogenic effects of antiarrhythmic drugs: A study of 506 patients treated for ventricular tachycardia or fibrillation. J Am Coll Cardiol 14:209–215

(186) Stevenson WG, Sweeney MO (1997) Pharmacologic and nonpharmacologic treatment of ventricular arrhythmias in heart failure. Current Opinion Cardiol 12:242–250

(187) Swartz SL, Williams GH, Hollenberg NK, Levine L, Dluhy RG, Moore TJ (1980) Captopril-induced changes in prostaglandin production: relationship to vascular responses in normal man. J Clin Invest 65:1257–1264

(188) Tan LB, Jalil JE, Pick R, Janicki JS, Weber KT (1991) Cardiac myocyte necrosis induced by angiotensin II. Circ Res 69:1185–1195

(189) Tauchert M, Gildor A, Lipinski J (1999) [High-dose Crataegus extract WS 1442 in the treatment of NYHA stage II heart failure (published erratum appears in Herz 1999 Nov; 24(7): 586)]. Herz 24:465–474; discussion 475

(190) The Antiarrhythmics versus Implantable Defibrillators (AVID) Investigators (1997) A comparison of antiarrhythmic drug therapy with implantable defibrillators in patients resuscitated from near-fatal ventricular arrhythmias. N Engl J Med 337:1576–1583

(191) The CONSENSUS Trial Study Group (1987) Effects of enalapril on mortality in severe congestive heart failure. Results of the Cooperative North Scandinavian Enalapril Survival Study (CONSENSUS). N Engl J Med 316:1429–1435

(192) The Digitalis Investigation Group (1997) The effect of digoxin on mortality and morbidity in patients with heart failure. N Engl J Med 336:525–533

(193) The Multicenter Diltiazem Postinfarction Trail Research Group (1988) The effect of diltiazem on mortality and reinfarction after myocardial infarction. N Engl J Med 319:385–392

(194) The Pimobendan in Congestive Heart Failure (PICO) Investigators (1996) Effect of pimobendan on exercise capacity in patients with heart failure: main results from the pimobendan in congestive heart failure (PICO) trial. Heart 76:223–231

(195) The RALES Investigators (1996) Effectivenss of spironolactone added to an angiotensin-converting enzyme inhibitor and a loop diuretic for severe chronic congestive heart failure (The Randomized Aldactone Evaluation Study [RALES]). Am J Cardiol 78: 902–907

(196) The Registry of the International Society for Heart and Lung Transplantation (1992) Ninth official report 1992.
J Heart Lung Transplant 11: 599–606

(197) The SOLVD Investigators (1991) Effect of enalapril on survival in patients with reduced left ventricular ejection fractions and congestive heart failure. N Engl J Med 325:293–302

(198) The SOLVD Investigators (1992) Effect of enalapril on mortality and the development of heart failure in asymptomatic patients with reduced left ventricular ejection fraction. N Engl J Med 327:685–691

(199) The XAMOTEROL in Severe Heart Failure Study Group (1990) Xamoterol in severe heart failure. Lancet 336: 1–6

(200) Tjan TD, Kondruweit M, Scheld HH, Roeder N, Borggrefe M, Schmidt C, Schober O, Deng MC (2000) The bad

ventricle – revascularization versus transplantation. Thorac Cardiovasc Surg 48:9–14

(201) Tonkon M, Awan N, Niazi I, Hanley P, Baruch L, Wolf RA, BlockA J (2000) A study of the efficacy and safety of irbesartan in combination with conventional therapy, including ACE inhibitors, in heart failure. Irbesartan Heart Failure Group. Int J Clin Pract 54:11–14, 16–18

(202) Torp-Pedersen C, Moller M, Bloch-Thomsen PE, Kober L, Sandoe E, Egstrup K, Agner E, Carlsen J, Videbaek J, Marchant B, Camm AJ (1999) Dofetilide in patients with congestive heart failure and left ventricular dysfunction. Danish Investigations of Arrhythmia and Mortality on Dofetilide Study Group. N Engl J Med 341:857–865

(203) Udelson JE, DeAbate CA, BerkM, Neuberg G, Packer M, Vijay NK, Gorwitt J, Smith WB, Kukin ML, LeJemtel T, Levine TB, Konstam MA (2000) Effects of amlodipine on exercise tolerance, quality of life, and left ventricular function in patients with heart failure from left ventricular systolic dysfunction. Am Heart J 139:503–510

(204) vanVliet AA, Donker AJB, Nauta JJP, Verheugt FWA (1993) Spironolactone in congestive heart failure refractory to high-dose loop diuretic and lowdose angiotensin-converting enzyme inhibitor. Am J Cardiol 71:21A–28A

(205) Vargo DL, Kramer WG, BlackPK, Smith WB, Serpas T, Brater DC (1995) Bioavailability, pharmacokinetics, and pharmacodynamics of torsemide and furosemide in patients with congestive heart failure. Clin Pharmacol Ther 57:601–609

(206) Vasan RS, Larson MG, Benjamin EJ, Evans JC, Reiss CK, Levy D (1999) Congestive heart failure in subjects with normal versus reduced left ventricular ejection fraction: prevalence and mortality in a population-based cohort. J Am Coll Cardiol 33:1948–1955

(207) Veterans, Administration, Cooperative, Study and Group (1970) Effects of treatment on morbidity in hypertension. II. Results in patients with diastolic blood pressure averaging 90 through 114 mmHg. JAMA 213:1143– 1152

(208) Waagstein F, Bristow MR, Swedberg K, Camerini F, Fowler MB, Silver MA, Gilbert EM, Johnson MR, Goss FG, Hjalmarson A, for the Metoprolol in Dilated Cardiomyopathy (MDC) Trial Study Group (1993) Beneficial effects of metoprolol in idiopathic dilated cardiomyopathy. Lancet 342:1441–1446

(209) WHO (1995) Physician Guidelines (for GPs) designed to be translated and distributed worldwide to primary care physicians

(210) Wilson JR, Groves J, Rayos G (1996) Circulatory status and response to cardiac rehabilitation in patients with heart failure. Circulation 94:1567–1572

(211) Yahalom J, Klein HO, Kaplinsky E (1977) Beta adrenergic blockade as adjunctive oral therapy in patients with chronic atrial fibrillation. Chest 71:592–596

(212) Yazaki Y, Yamazaki T (1997) Reversing congestive heart failure with endothelin receptor antagonists. Circulation 95:1752–1754

(213) Young RA, Ward A, Milrinone A (1988) preliminary review of its pharmacological properties and therapeutic use. Drugs 36:158–192

Sachregister

A

B

C

D

E

F

I

Q

R

S